독일의 재발견

역사를 품은 독일문화산책

이성만 지음

신아사

왜, 역사 속의 독일 문화인가?

21세기의 최대 화두는 무엇일까? 문화다. 미래 변화의 트렌드를 읽는 핵심 코드 중 하나가 문화이기 때문이다. 고전적 패러다임이 사회를 경제적으로만 관찰한다면, 근대적 패러다임은 사회를 문화적인 변화의 관점에서 바라본다. 윤택한 삶은 문화적 관심도를 향상시킨다. 선진국에서 문화산업이 발달하고 문화소비가 늘어나는 이유다. 4차 산업혁명 시대에 선진국들이 유독 문화적 변화에 주목하는 이유도 이런 맥락에서 이해할 수 있을 것이다. 문화의 관점에서 사회적 변화를 이해해야 우리의 변화도 올바로 읽을 수 있는 것이다. 과학기술의 발달은 그에 걸맞게 새로운 문화를 만들어낸다. 인간이 만든 과학기술, 예컨대 인공지능의 가공할 위협에 직면하게 되면 인간은 필연적으로 인간의 삶과 가치를 돌이켜보게 된다. 인간은 그의 땀과 고뇌의 산물인 문화에서 기쁨과 행복을 찾을 수밖에 없기 때문이다.

그런 관점에서 우리가 주목하는 것은 선진문화의 표본으로 간주되는 통일 독일이다. 그렇다면 왜 역사 속의 독일 문화인가? 이 질문에 대한 대답을 찾으면서 이 책의 배경과 목적을 제시하겠다.

독일과 독일인, 어떤 나라이고 어떤 민족인가? 현재의 시점에서 그것과 그들을 아는 가장 빠른 방법은 역사 속에 비친 그들의 문화를 통해서 일 것이다.

한국은 건국신화가 있다. 그렇다면 독일은? 없다. '지크프리트' 신화? 북유럽의 신화일 뿐이다. 아르미니우스? 실존인물이다.

그렇다면 독일 역사의 시작은 언제부터일까? 프랑크제국? 아니다. 엄격히 말하면 동프랑크왕국부터 독일의 역사이다. 우리에게 익숙한 신성로마제국은 통일 독일의 첫 번째 제국이다. 제국 안에는 많을 때에는 400여 개의 나라(왕국 및 제후국)가 있었다. 그런 만큼 제1제국은 저마다 다른 시기에 다른 문화적 배경을 가지고 성장한 도시들의 집합체였다. 그러니 지역마다 나름의 전통과 문화가 발달한 나라였다. 이처럼 독특한 문화 영역에 따라 독일의 문화권을 나누면 현재의 독일 주 단위 구분과도 어느 정도 일치하는 12여 개의 문화권이 나타난다.

북쪽의 슐레스비히(홀슈타인), 동쪽의 메클렌부르크, 그 남쪽의 프로이센, 그 밑의 작센, 그 서쪽의 튀링겐, 그 아래의 프랑켄과 바이에른, 그 서쪽의 슈바벤과 바덴, 그 위쪽의 헤센, 그 서쪽의 라인란트, 그 위의 니더작센으로 대별할 수 있다. 이 책도 이에 기초하여 독일의 문화권들을 연방 주 단위로 다룰 것이다.

■ 북부 문화권

- 슐레스비히(홀슈타인): 덴마크의 지배를 받던 유틀란트 반도 일부와 낙농지대로, 현재의 슐레스비히-홀슈타인 주와 함부르크
- 메클렌부르크: 발트 해와 맞닿은 지역으로, 한자동맹의 중심 지역. 현재의 메클렌부르크-포어포메른 주

■ 중부 문화권

- 프로이센: 수도 베를린과 그 주변 지역. 현재의 베를린과 브란덴부르크 주
- 작센: 드레스덴을 중심으로 한 작센왕국의 바로크 궁전문화, 마이센의 도자기 문화. 현재의 작센 주
- 튀링겐: 하르츠 산맥을 낀 지역. 괴테, 실러, 바흐, 루터 등이 활약한 근대 독일문화의 중심지. 현재의 튀링겐 주
- 헤센: 그림 동화의 진원지이자 유럽의 허브공항 프랑크푸르트 국제공항이 위치한 지역. 현재의 헤센 주
- 라인란트: 독일 최대의 와인 산지. 현재의 라인란트-팔츠 주와 자를란트 주
- 니더작센: 하노버를 중심으로 사용되는 저지독일어가 현재의 표준 독일어, 라인 강의 기적으로 탄생한 루르공업지대. 현재의 노르트라인-베스트팔렌 주와 브레멘

■ 남부 문화권

- 프랑켄과 바이에른: 바이에른 북부의 구릉지와 옥토버페스트의 뮌헨을 둘

러싼 지역. 독일 남부의 허브공항 뮌헨 국제공항. 현재의 바이에른 주
- 슈바벤과 바덴: 독일 구두쇠들의 땅 슈바벤과 물이 좋아 온천이 많은 바덴 지역. 벤츠 자동차의 본고장. 현재의 바덴-뷔르템베르크 주

이 책은 이렇게 분류된 세 권역의 문화권에 근거하여 지리적 특징, 역사적 발전과 직결된 문화를 살피되, 무엇보다 산재한 문화적 특징들을 그의 역사성과 관련하여 개발한 로드(길)를 중심으로 접근할 것이다. 예를 들어 헤센 주는 그림 동화와 연계된 동화가도를 중심으로 헤센 주의 문화적 특징을 살펴보는 식이다. 여기에 더하여 주목하는 것은 항공 산업과 관련된 주제들이다. 예컨대 함부르크에서는 항공기제조업체인 에어버스사가 있다. 그러니 에어버스사를 역사적으로 살피는 일에도 소홀히 하지 않을 것이다. 헤센 주에는 독일항공(LUFTHANSA)의 허브공항인 프랑크푸르트 국제공항이 있다. 독일항공과 관련된 프랑크푸르트 국제공항과 뮌헨 국제공항 그리고 각 연방주의 지역 공항들에도 주목할 것이다.

왜 이렇게 접근할까? 좋은 이야기의 중요한 소재는 역사를 품은 문화, 문화를 품은 역사에서 찾을 수 있기 때문이다. 영화 '반지의 제왕'은 북유럽 신화에 심취한 작가의 자유로운 정신적 산물이었다. '해리 포터' 같은 소설은 영국의 문화와 고성, 전승 이야기들이 축적되어 형성된 역사와 환경의 산물이다. 단순히 작가의 천재적 영감으로 만들어진 것이 아니다. 독일의 〈헤르만 전투〉에 등장하는 헤르만은 실존인물임에도 로마인들과의 피나는 역사적 사실을 소재로 삼은 신화적 이야기의 주인공이 되었다. 그리스 로마 신화 이야기가 많은 서구 문학과 연극, 영화에서 인용되어 등장하듯이, 독일의 문화를 이해하기 위해서는 신성로마제국의 도시국가들이 남긴 문화적 유산들을 추적하지 않을 수 없다. 예컨대 한자로드를 이해하려면 발트 해를 낀 북부독일의 지형적, 역사적 사실을 꿰뚫고 있어야 한다. 고성가도의 무수한 고성들을 이해하

려면 고성의 탄생 과정뿐 아니라 시대별 고성 건축 양식과 궁정문화를 두루 알고 있어야 한다. 그런 인문학적 탐색과 고찰이 전제될 때 역사 속에서 배태한 차별화된 문화적 스토리텔링을 만들어낼 수 있다.

예를 들어보자. 유럽이나 미국의 초·중등학생들은 역사의 현장에서 선인의 숨결을 찾고 있다. 역사가 일천한 미국에서도 중학교 수학여행지는 워싱턴DC다. 자랑스러운 독립의 과정과 헌법의 초석을 만들어 낸 과정, 독립 선언서에 서명한 인물들, 내전을 극복하고 통합된 연방정부를 지켜낸 링컨을 만나기 위해서다. 또한 독립전쟁과 남북전쟁의 역사적 숨결이 배어 있는 전쟁터와 유적지를 둘러본다. 이것이 자유를 위해 건너온 이민자들이 민주 국가를 구성하게 된 미국의 역사성이자 정체성이기에, 자라나는 청소년들에게 의무적으로 보여주는 것이다.

유럽의 대도시 한 복판에서 만나게 되는 조그마한 유적도 그 당시의 분위기를 잘 보전하고 있다. 베를린의 빌헬름 황제 기념교회를 상기해보라. 작은 도시에도 그 곳을 거쳐 간, 별로 유명하지도 않았던 인물들의 흔적을 남겨둔다. 그 속에서 삶의 숨결과 체취를 느낄 수 있기 때문이다. 가공하지 않은 원본 그대로가 가장 값진 것이다. 이런 것이 모두 스토리텔링 또는 광의의 문화콘텐츠의 중요한 소재가 되기도 하는 때문이다.

그래서 이 책은 독일의 유적지를 소개할 때 유난스럽게 역사적인 사실을 추적하는 데 인색하지 않을 것이다. 그 속에서 독일의 정신문화와 정체성을 발견할 수 있기 때문이다. 역사는 수많은 값진 이야기를 만들 수 있도록 조상들이 남겨 준 고귀한 자산이다. 창의력은 외딴 산 속에서 혼자서 명상한다고 나오는 게 아니고, 우리의 생활 현장과 역사 속에서 찾을 수 있는 것이다.

차 례

II. 중부문화권

III. 남부문화권

제1부

유럽 속의 독일

유럽(Europa)이라는 거대한 대륙 안에서 독일은 무엇인가?

01
독일의 지리

“세상에서 가장 얇은 책은 독일 유머집과 영국 요리책이다.”

1. 자연

국명

독일연방공화국 또는 독일
독어: Bundesrepublik Deutschland / Deutschland
영어: Federal Republic of Germany / Germany

지형

- 9개 국가들과 국경을 마주한다. 북쪽은 덴마크, 동쪽은 폴란드와 체코공화국, 남쪽은 오스트리아와 스위스, 서쪽은 네덜란드, 벨기에, 룩셈부르크, 프랑스와 국경을 마주한다.
- 북쪽은 발트 해, 북해와 맞닿아 있고, 남쪽은 알프스 산맥과 연결된다. 최고봉은 바이에른 주에 있는 추크슈피체 봉(2,962m), 최저지대는 표고보다 3.54m 낮은 슐레스비히-홀슈타인 주의 노이엔도르프-작센반데 지역.
- 면적은 357,340km². 프랑스, 스페인, 스웨덴 다음으로 넓은 국가.
- 기후는 온화한 편이다. 7월 평균기온이 최고 21.8℃, 최저 12.3℃. 1월 평균기온은 최고 2.1℃, 최저 -2.8℃. 그러나 근래에는 겨울철에 대서양에서 불어오는 바람이 거의 태풍 수준이다. 2017년 10월 30일에는 최고 시속 180km의 강풍을 동반한 태풍 '헤르바르트'가 독일과 오스트리아, 체코 등 중부 유럽을 덮쳐 5명이 숨지고 7명이 다치기도 했다.

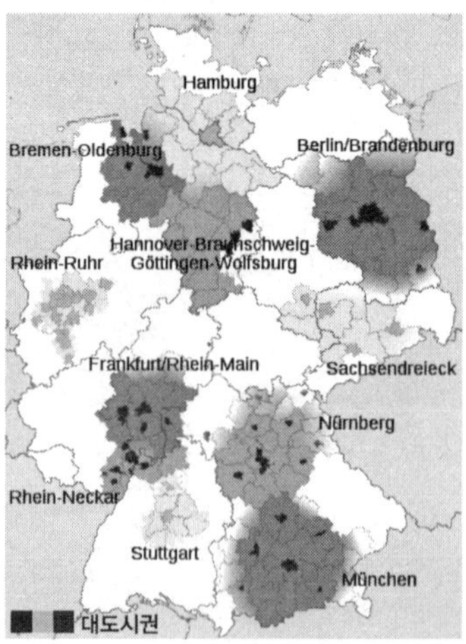

대도시권

- 대도시를 중심으로 주변의 군소 도시들과 함께 하나의 광역도시와 같은 성격의 인구 과밀 지역. 메트로폴리탄이라고도 한다.
- 대도시권의 가장 큰 원동력은 하나의 거대 경제 생활권. 대도시에 공통된 경제 중심지가 형성되고, 주변 소도시들은 위

성 도시의 역할을 한다. 교통이 하나로 연결되어 있어서 도시권 안에서 경제 활동을 하는 사람들의 이동이 활발하다.

▶ 대도시권은 11개 권역으로 나뉜다

■ 유럽통합과 독일통일, 경제구조 변화 등에 대응한 경쟁력 제고차원에서 대도시권을 육성하고 있다.

- 단일 유럽시장이 형성되면서 독일 내 개별 도시체제로는 런던권, 파리권 등 세계적인 대도시권과의 경쟁에서 한계가 있다. 그래서 지역발전을 공간영역으로 구분하는 '모자이크'형에서 상호 연계에 의한 '네트워크'형으로 전환을 꾀하고 있다.

■ 라인-루르, 함부르크 등 11개 대도시권

- 거점 대도시권은 서비스 거점지역으로서 첨단기술 허브, 관문의 기능을 강화하고 있고, R&D, 생산, 문화 · 예술, 스포츠 분야 등 혁신 기능도 갖추고 있다. 기업본사, 금융기관 등 의사결정 및 조정 기능을 갖춘 대도시권 서비스 거점 역할뿐 아니라 국제적 교통, 정보의 관문 기능도 담당하고 있다.

대도시권	인구(백만 명)	면적(km²)	경제력(1인당GDP, £)
라인-루르(Rhein-Ruhr)	11.5	10,800	29,486
베를린(Berlin)	6.0	30,300	21,981
프랑크푸르트(Frankfurt) / 라인 · 마인(Rhein-Main)	5.5	13,400	35,000
슈투트가르트(Stuttgart)	5.3	10,900	31,909
뮌헨(München)	5.2	5,500	39,155
작센 삼각지대(Sachsen-Dreieck)	4.4	1,210	21,482
함부르크(Hamburg)	4.3	19,800	33,210
하노버(Hannover)	4.0	18,600	27,251
뉘른베르크(Nürnberg)	3.5	19,045	29,955
브레멘-올덴부르크(Bremen-Oldenburg)	2.4	11,600	27,046
라인-네카어(Rhein-Neckar)	2.4	5,600	29,891

하천과 산악지대

- 저지대 (200m까지), 중지대 (1500m까지), 고지대 (1500m 이상).
- 가장 긴 강은 라인 강 (1320km).
- 가장 높은 산은 추크슈피체 (Zugspitze, 2962m, 알프스 산맥). 그밖에 펠트베르크

(Feldberg, 1.493m, 슈바르츠발트), 그로서 아르버 (Großer Arber, 1.456m, 바이리셔 발트), 피히텔베르크 (Fichtelberg, 1.215m, 에르츠게비르게 산맥), 브로켄 (Brocken, 1.142m, 하르츠 산맥) 등이 유명하다.

- 가장 큰 호수는 보덴제 (Bodensee, 약 572km^2)

강	길이km	국내km	수원	하구	지류
도나우 Donau	1.857	647	푸르트방엔 Furtwangen	흑해	Iller, Lech, Altmühl, Naab
라인 Rhein	1.233	867	디젠티스 Disentis	북해	Neckar, Main, Mosel, Ruhr, Lippe, Lahn
엘베 Elbe	1.245	727	슈핀들러뮐레 Spindlermühle	북해	Elster, Mulde, Saale, Havel
오더 Oder	1.045	179	오스트라우 Ostrau	동해	Lausitzer, Neiße
베저 Weser	750	750	힐트부르크하우젠 Hildburghausen	북해	Aller, Hunte
모젤 Mosel	549	242	에피날 Épinal	라인 강	Saar, Saur, Kyll
마인 Main	524	524	굴름바흐 Kulmbach	라인 강	Saale, Tauber

교통망

- 인구밀도, 유럽의 핵심 중앙경제권에 위치, 수출 주도 경제, 높은 국민복지 등으로 독일의 교통 및 운송 관련 조세수입은 아주 높다.

▶ 도로망

- 연방고속도로는 12.531km, 연방국도는 40.711km, 지방도로는 86.597km, 군과 면 단위 연결도로는 91.520km(2007년 기준)에 이른다.

▶ 철도망

- 전체 약 35.000km, 매일 약 610만 명이 이용한다.
- 핵심 추진업체는 독일철도청(Deutsche Bahn AG)이고, 더불어 350여 개의 지역 철도회사들이 있다.
- 원거리교통에 투입되는 기차의 종류에는 두 가지가 있다. 하나는 ICE (Intercityexpress). 약 260대의 ICE-기차는 원거리 교통에서 가장 빠른 초고속열

차(300km/h). 일부는 시간 단위로 독일, 스위스, 오스트리아, 프랑스, 벨기에, 덴마크, 네덜란드 소재 180여 개의 역을 이용한다. 다른 하나는 IC (Intercity)와 EC (EuroCity). 원거리 교통에서 냉난방 시설을 갖춘 급행열차의 국제적인 명칭이다.

- ICE 노선망: 시속 300km 이상, 시속 250km부터 300km까지, 시속 200km부터 250km까지, 160km부터 가능한 다양한 ICE 노선들이 있다.
- 근거리교통과 원거리교통의 차이: 정거장의 많고 적음과 속도의 느림 정도. 근거리교통은 방역 교통망을 정기 운행하며, 4종류 (IRE Interregional Express, RB Regionalbahn, RE Regional-Express, S-Bahn)가 있다.
- 기차표의 유효기간은 이틀. 그러니 표기된 구간 안에서는 언제든 맘껏 탈 수 있다. 기본은 자유석, 지정석을 원하면 4유로를 더 내고 예약하면 된다.
- 각 주마다 할인 티켓을 판매한다. 예컨대 바이에른 주에는 바이에른 티켓(Bayern-Ticket)이, 작센 주에는 작센-티켓(Sachsen-Ticket)이 있다. 아침 9시부터 다음 날 새벽까지 해당 주 안에서 ICE를 제외한 모든 기차를 이용할 수 있다. 작센-티켓의 경우 1명이면 23유로, 여기에 한 명씩 늘 때마다 4유로가 더해진다. 그러니까 둘이면 27유로, 셋이면 31유로 식으로 더해져서 다섯 명까지(30유로) 이 티켓으로 작센 주를 두루 여행할 수 있다.
- 셰네스 보헨엔데 티켓(Schöneswochenendeticket, '즐거운 주말 티켓'): 주말에만 이용 가능한 티켓. ICE를 제외한 모든 기차로 독일 전역을 다닐 수 있는 장점이 있다.

▸ 수로(운하)

- 독일 전역에는 약 7,300km에 이르는 수로가 있다. 그 중 약 4,800km는 유럽 내 국가 간 근거리 화물운송에서 중요한 역할을 한다. 가장 중요한 항해 가능 하천은 라인 강과 엘베 강인데, 남쪽에서 북쪽으로 흐른다.
- 약 100km에 이르는 '북해-동해 운하'는 북해와 동해를 잇고 있다. 라인-마인-도나우 운하는 미텔란트(중부지역) 운하를 거쳐 북부지역으로 가는 교통편과 연결되는 중요한 동-서 교통로이다. 매년 2억3천5백만 톤에 이르는 화물이 운송된다. 뒤스부르크 항구는 유럽에서 가장 규모가 큰 내륙 항구이다.
- 유럽 수로망의 혈맥이자 세계에서 가장 교통량이 많은 내륙수로는 네카어,

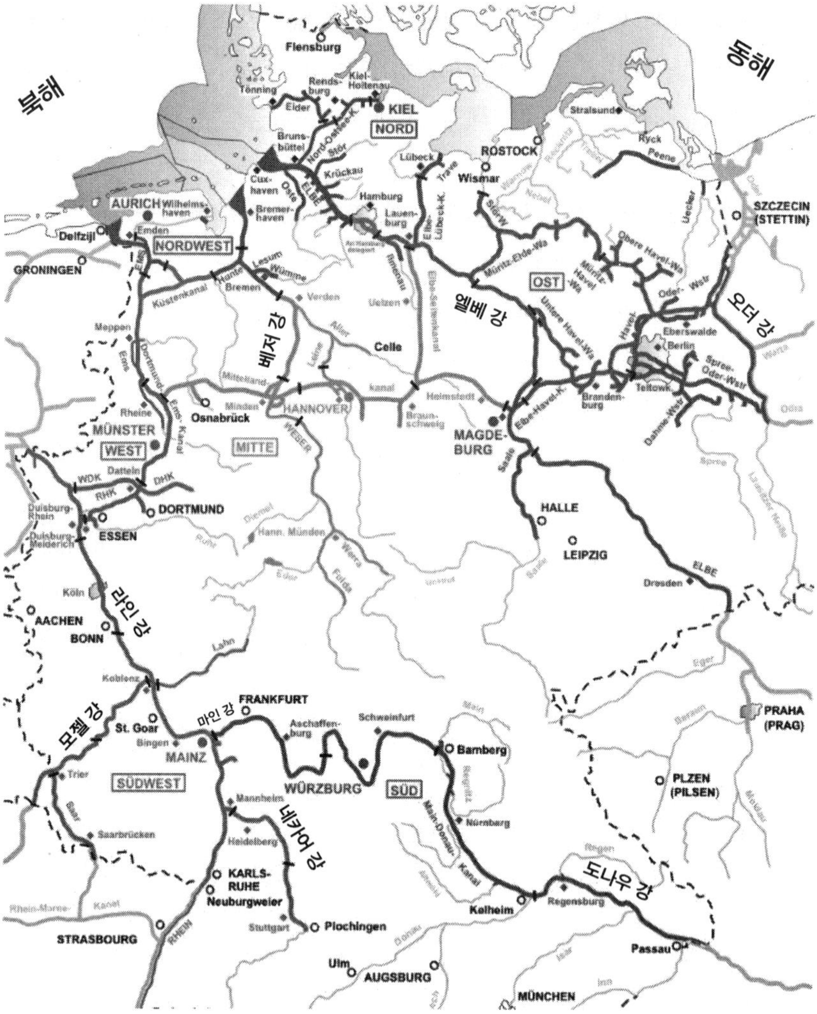

마인, 모젤, 자르 등의 지류들을 가진 라인 강이다. 이른바 라인 강 유역, 일부는 자유롭게 흐르고 일부는 조정된 지류들인 베저, 엠스, 도나우, 슈프레, 오더 강과 인공으로 조성된 운하 구간들인 도르트문트-엠스 운하, 미텔란트 운하, 엘베-자이텐 운하, 마인-도나우 운하는 견고한 사회 기반 운송 망을 이룬다. 거의 모든 주요 산업 및 무역 중심지들과 56개 이상의 독일 대도시들이 수로 교통망과 친환경적인 사회 기반 교통망을 이용한다. 이들 교통망은 유럽의 주요 항구도시들인 함부르크, 브레머하펜, 로테르담, 암스테르담, 안트베르펜과도 연결된다.

▸공항

- 독일은 약 550개의 공항 또는 비행장을 보유하고 있다. 그 중 39개 공항은 항공사들이 항공운항에 이용 중인 곳이다. 여객운송에는 프랑크푸르트, 뮌헨, 뒤셀도르프, 베를린-테겔, 함부르크, 쾰른-본, 슈투트가르트 공항들(교통량에 따른 순서)이 주로 이용되고 있다.
- 새로 조성중인 수도공항 베를린-브란덴부르크 공항은 건축학적 결함 때문에 개항이 여러 번 연기되었다. 계획상의 비용은 원래 17억 유로였으나 51억 유로 정도가 더 들어갔다. 국립 항공사이던 루프트한자는 1997년에 민영화 되었다.

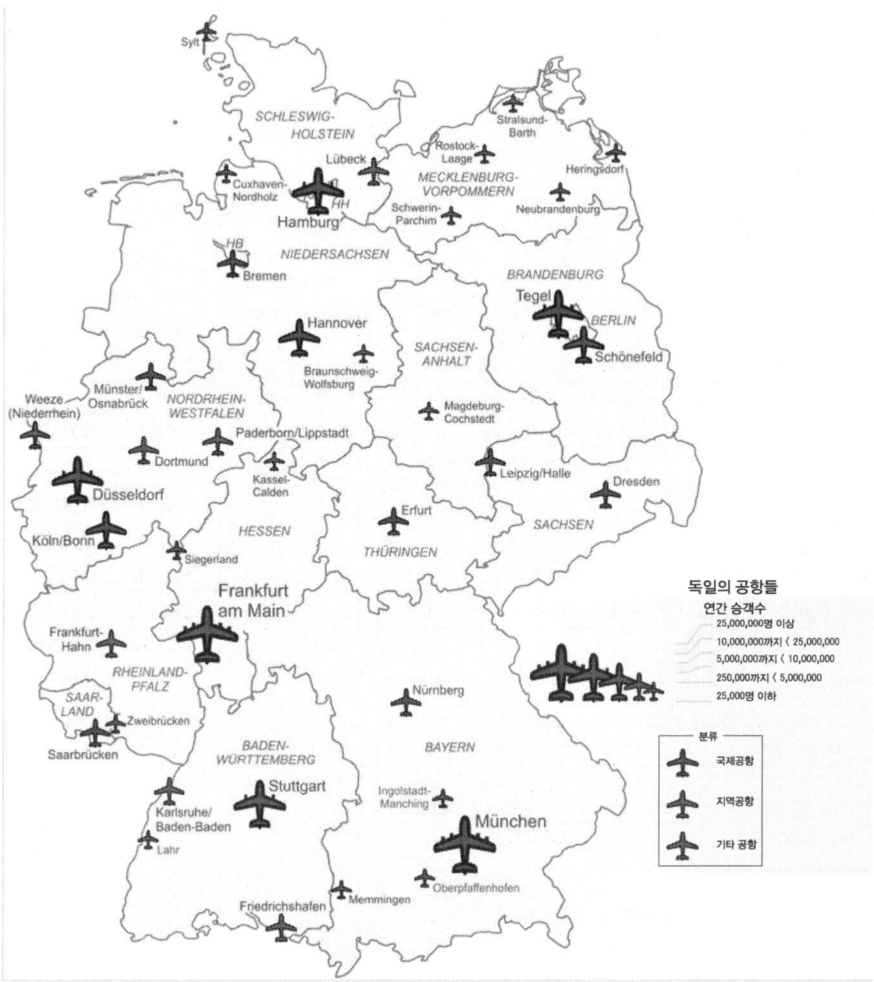

◦ 주요 공항들

공항	IATA-Code	ICAO-Code	분류	연방주	개항	활주로(m)	방향
Berlin-Schönefeld	SXF	EDDB	국제	BB	1946	3600×45	07/25
Berlin-Tegel	TXL	EDDT	국제	BE	1948	3023×46	08L/26R
Braunschweig-Wolfsburg	BWE	EDVE	지역	NI	1934	2300×45	08/26
Bremen	BRE	EDDW	국제	HB	1913	2040×45 0700×23	09/27
Cuxhaven/Nordholz	FCN	ETMN	지역/군용	NI	2002	2439×45	08/26
Dortmund	DTM	EDLW	지역	NW	1960	2000×45	06/24
Dresden	DRS	EDDC	국제	SN	1935	2850×60	04/22
Düsseldorf	DUS	EDDL	국제	NW	1927	3000×45 2700×45	05R/23L 05L/23R
Erfurt-Weimar	ERF	EDDE	국제	TH	1935	2600×50	10/28
Frankfurt am Main	FRA	EDDF	국제	HE	1936	4000×45 4000×60 4000×45 2800x45	07R/25L 07C/25C 07L/25R
Frankfurt-Hahn	HHN	EDFH	지역	RP	1993	3800×45	03/21
Friedrichshafen	FDH	EDNY	지역	BW	1913	2356×45	06/24
Hamburg	HAM	EDDH	국제	HH	1911	3666×46 3250×46	15/33 05/23
Hannover-Langenhagen	HAJ	EDDV	국제	NI	1952	2340×45 3200×45 0780×23	09R/27L 09L/27R 09C/27C
Heringsdorf	HDF	EDAH	지역	MV	1925	2305×35	10/28
Ingolstadt/Manching	IGS	ETSI	특수/ 군용	BY	2001	2940×60 2439×30	07R/25L 07L/25R
Karlsruhe/Baden-Baden	FKB	EDSB	지역	BW	1995	3000×45	03/21
Kassel-Calden	KSF	EDVK	지역	HE	2013	2500×45	09/27
Köln/Bonn	CGN	EDDK	국제	NW	1938	3815×60 1863×45 2459×45	14L/32R 14R/32L 06/24
Rostock-Laage	RLG	ETNL	지역	MV	1992	2520×45	10/28
Lahr	LHA	EDTL	특수	BW	1996	3000×45	03/21
Leipzig/Halle	LEJ	EDDP	국제	SN	1927	3600×45 3600×60	08L/26R 08R/26L
Lübeck-Blankensee	LBC	EDHL	지역	SH	1917	2102×60	07/25
Magdeburg-Cochstedt	CSO	EDBC	지역	ST	1957	2500×45 0800×40	08/26 08/26

Memmingen	FMM	EDJA	지역	BY	1936	2401×30	06/24
München	MUC	EDDM	국제	BY	1992	4000×60 4000×60	08L/26R 08R/26L
Münster/Osnabrück	FMO	EDDG	국제	NW	1972	2170×45	07/25
Neubrandenburg	FNB	EDBN	지역	MV	1934	2293×45	09/27
Niederrhein	NRN	EDLV	지역	NW	2003	2440×45	09/27
Nürnberg	NUE	EDDN	국제	BY	1955	2700×45	10/28
Oberpfaffenhofen	OBF	EDMO	특수	BY	1936	2286×45	04/22
Paderborn/Lippstadt	PAD	EDLP	지역	NW	1971	2180×45	06/24
Saarbrücken	SCN	EDDR	국제	SL	1928	2000×45 0545×50	09/27 09/27
Schwerin-Parchim	SZW	EDOP	지역	MV	1992	3000×55	06/24
Siegerland	SGE	EDGS	지역	NW	1967	1620×30 0600×30 0500×30	13/31 13/31 04/22
Stralsund-Barth	BBH	EDBH	지역	MV	1936	1685×30	09/27
Stuttgart	STR	EDDS	국제	BW	1936	3345×45	07/25
Sylt	GWT	EDXW	지역	SH	1918	2120×45 1696×45	14/32 06/24
Zweibrücken	ZQW	EDRZ	지역	RP	1992	2675×45	03/21

〈상식〉 IATA-Code와 ICAO-Code?

- 항공 분야에서는 항공기가 뜨고 내리는 공항을 IATA(International Air Transport Association, 국제항공운송협회) 혹은 ICAO(International Civil Aviation Organization, 국제민간항공기구)의 규칙에 맞춰 코드화하여 사용한다. 일반 명칭 사용에서 발생하는 동일 이름의 중복이나 혼선을 방지하기 위함이다.
- 공항 코드 외에 도시 코드(City Code)도 사용한다. 도시 코드와 공항 코드가 일치하는 경우도 있고 다른 경우도 있다. 예컨대 서울의 IATA 도시 코드는 'SEL' 이고 인천공항은 'ICN' 인 것처럼 도시 코드와 공항 코드가 다르지만, 부산은 도시 코드, 공항 코드 모두 'PUS' 를 사용한다.
- 공항(또는 도시)코드는 IATA 기준으로는 3자리 영문자로 구성되며, ICAO 기준에서는 4자리 영문자로 되어 있다.

- IATA 기준 코드

도시명 혹은 공항 명칭을 유추할 수 있는 문자 3개로 구성한다. 예컨대 서울(Seoul)은 'SEL', 로스앤젤레스(Los Angeles)는 'LAX', 시드니(Sydney)는 'SYD' 등으로 표기한다. 주로 일반인들이 많이 접하는 예약, 발권, 공항 분야에 널리 사용된다. 항공권의 도시(공항)코드, 위탁수하물 태그에 기재되는 도시(공항)코드 등이 대표적이다.

- ICAO 기준 코드

ICAO에서 제정한 공항코드는 전 세계 지역을 1차 코드로 분류하고 다시 나라마다 2차 코드, 그리고 도시(공항)에 따라 3차 코드로 분류하며, 총 4자리 영문자로 구성된다. ICAO 코드는 공항뿐 아니라 비행정보구역(FIR)에도 부여된다. 우리나라는 지역코드 'R'과 국가코드 'K'를 조합해 시작하며, 미국은 지역코드이자 국가코드인 'K'로 시작한다. 예컨대 인천(인천공항)은 'RKSI', 김포(Gimpo) 공항는 'RKSS', 미국 뉴욕 JFK공항은 'KJFK', 프랑스 파리(Paris) 샤를드골공항은 'LFPG' 이다.

ICAO 도시(공항)코드는 애초에는 미국, 캐나다의 무선통신구역을 구분하기 위해 사용하던 코드였다. 이 무선통신부호는 비행기, 항공기가 운항할 때 필수적으로 접촉해야 하는 Station으로 인식되면서 공항코드, 비행정보구역 코드로 사용이 확대된 것이다. 그래서 조종사 등 항공기 운항 관련 분야에서는 IATA 코드가 아닌 ICAO 코드를 사용하여 교신하고 통신한다.

국경일 : 명절과 휴일

▶ 주마다 별도의 공휴일이 있다.

- 독일은 기독교와 관련된 명절이 많고 연방제 국가이므로 각 주마다 조금씩 다르다. 가장 대표적인 차이가 10월 31일과 11월 1일이다. 10월 31일은 루터가 종교개혁을 한 기념일이므로, 개신교가 강세인 독일 북부의 연방주들은 이 날을 공휴일로 정하고 있다. 반대로 독일 남부의 바이에른 주는 가톨릭이 강세여서 이날은 공휴일이 아니고 할로윈일 뿐이고, 대신 11월 1일이 공휴일이다. 이 날은 모든 성인의 날(Allerheiligentag, 만성절)인데, 죽은 가족을 만나러 성묘하러 가는 날이다. 그밖에 예수공현일(Heilige Drei Könige, 아기예수를 방문한 동방박사 3인을 기념하는 날, 1월 6일), 성체축일(Fronleichnam, 성체를 모신 꽃가마들이 화려하게 가두행진을 하는 날, 부활절 60일 후), 성모승천일(Mariä Himmelfahrt, 8월 15일), 속죄의 날(Buß- und Bettag, 11월 23일 이전 수요일)이 있다.
- 독일의 모든 주가 공통적으로 적용한 국정 공휴일로는 신년(Neujahrstag, 1월 1일과 2일), 부활절(Ostern, 부활절 일요일을 전후로 금, 토, 일, 월요일까지), 노동절(Tag der Arbeit, 5월 1일), 예수승천일(Christi Himmelfahrt, 부활절 39일 후), 오순절(Pfingstmontag, 부활절 50일 후), 통일기념일(Tag der Deutschen Einheit, 10월 3일), 크리스마스(Weihnachtstag, 12월 25일과 26일)

가 있다.

▶ 독일의 국정 공휴일 관련 사이트 : http://www.feiertage.net/frei-tage.php

- 바이에른 주의 국경일(예)

날짜	공휴일명
01.01 (목)	신정 (Neujahr)
01.06 (화)	예수공현일(Heilige Drei Könige)
04.03 (금)	성 금요일(Karfreitag)
04.06 (월)	부활절 월요일(Ostermontag)
05.01 (금)	노동절(Maifeiertag)
05.14 (목)	예수 승천일(Christi Himmelfahrt)
05.25 (월)	성령강림 월요일(Pfingstmontag)
06.04 (목)	성체축일(Fronleichnam)
08.15 (토)	마리아 승천일(Mariä Himmelfahrt)
10.03 (토)	독일 통일 기념일(Tag der Deutschen Einheit)
11.01 (일)	만성절(Allerheiligen)
12.25 (금)	크리스마스 (1. Weihnachtstag)
12.26 (토)	크리스마스 다음날 (2. Weihnachtstag)

- 독일 국경일 (전체)

공휴일명	2015년	요일	공휴일 적용 주
신정(Neujahr)	2015.01.01	목요일	공통 공휴일
예수공헌일(Heilige Drei Könige)	2015.01.06	화요일	바덴-뷔르템베르크, 바이에른, 작센-안할트
성 금요일(Karfreitag)	2015.04.03	금요일	공통 공휴일
부활절 월요일(Ostermontag)	2015.04.06	월요일	공통 공휴일
노동절(Tag der Arbeit)	2015.05.01	금요일	공통 공휴일
예수승천일(Christi Himmelfahrt)	2015.05.14	목요일	공통 공휴일
오순절(Pfingstmontag)	2015.05.25	월요일	공통 공휴일
성체축일(Fronleichnam)	2015.06.04	목요일	바덴-뷔르템베르크, 바이에른, 헤센, 노르트라인-베스트팔렌, 라인란트팔츠, 자를란트
성모승천대축일(Mariä Himmelfahrt)	2015.08.15	토요일	바이에른, 자를란트
통일의 날(Tag der Deutschen Einheit)	2015.10.03	토요일	공통 공휴일

종교개혁의 날(Reformationstag)	2015.10.31	토요일	브란덴부르크, 메클렌부르크-포어포메른, 작센, 작센-안할트, 튀링겐
만성절(Allerheiligen)	2015.11.01	일요일	바덴-뷔르템베르크, 바이에른, 노르트라인-베스트팔렌, 라인란트팔츠, 자를란트
속죄의 날(Buß- und Bettag)	2015.11.18	수요일	작센
크리스마스(1. Weihnachtstag)	2015.12.25	금요일	공통 공휴일
크리스마스 다음날(2. Weihnachtstag)	2015.12.26	토요일	공통 공휴일

2. 제도

- 16개의 연방주로 구성된 연방제 국가.

[참고: '독어'는 표준독일어]

연방주	가입(년)	주도	면적/km²	인구(백만)	언어
바덴-뷔르템베르크	1949	슈투트가르트	35.751	10,880	독어
바이에른	1949	뮌헨	70.550	12,844	독어
베를린	1990	—	892	3,520	독어
브란덴부르크	1990	포츠담	29.655	2,485	독어, 저지독어, 저지소르브어
브레멘	1949	브레멘	419	0,671	독어, 저지독어
함부르크	1949	—	755	1,787	독어, 저지독어
헤센	1949	비스바덴	21.115	6,176	독어
메클렌부르크-포어포메른	1990	슈베린	23.211	1,612	독어, 저지독어
니더작센	1949	하노버	47.614	7,927	독어, 저지독어
노르트라인-베스트팔렌	1949	뒤셀도르프	34.110	17,865	독어, 저지독어
라인란트-팔츠	1949	마인츠	19.854	4,053	독어
자를란트	1957	자르브뤼켄	2.569	0,996	독어
작센	1990	드레스덴	18.420	4,085	독어, 상부소르브어
작센-안할트	1990	막데부르크	20.452	2,245	독어, 저지독어
슐레스비히-홀슈타인	1949	킬	15.800	2,859	독어, 덴마크어, 북프리젠어, 저지독어
튀링겐	1990	에어푸르트	16.173	2,171	독어

- 베를린, 함부르크, 브레멘은 도시이자 연방주.
- 통일 기념일은 10월 3일 (과거에는 6월 17일)
- 16개 연방주의 문장들:

▸ 특정 명칭을 가진 연방주들

- 독일연방공화국에서 공적으로 '주(Land)'로 지칭되는 것은 11개이다. 그밖에 바이에른, 작센, 튀링겐의 3주에는 자유국(Freistaat, '자치주')이라는 추가표현이 따라붙는다. 이 주들이 이러한 명칭을 갖게 된 것은 이들의 지난 역사와 무관하지 않다. 19세기에 국가는 한 군주의 지배를 받지 않아서 초기 공화국으로 간주되던 자유국으로 불린 것이다. 바이에른, 작센, 튀링겐 등의 주들은 1918년과 1920년부터 그들의 전통적 명칭이던 '자유국'을 유지하고 있다. 오늘날의 경계에서 보면 바이에른은 옛날의 바텐 주처럼 1945년부터 이 부가표현을 달고 있다. 자유국 작센은 1990년 독일 재통일 이후부터 그렇게 불리고 있으며, 튀링겐은 1993년부터 새 이름을 붙이기로 결정했다.
- 자유국 외에 브레멘과 함부르크 같은 자유시도 있다. 공식적으로는 자유 한자도시 브레멘, 자유시이자 한자도시 함부르크로 불린다. 이 두 가지 명칭도 이들의 전통과 무관하지 않다. 이 도시들이 과거에 한자동맹에 속했음을 의미하는 것이다. 또한 '자유도시'라는 명칭은 브레멘과 함부르크가 1871년부터 독일제국을 구성하는 개별 주였음을 뜻한다. 수도 베를린은 공식적으로 주로 불리는 일원들에 속하지만, 베를린은 동시에 브레멘과 함부르크처럼 '도시국(Stadtstaat)'이기도 하다. 자유국 또는 자유시 같은 명칭들은 모두 주들의 권한에는 아무런 영향력이 없다. 부가표현들은 전통에 따라 생겨난 것이며 역사적인 배경만 품고 있다. 독일연방공화국의 모든 주들은 헌법에 따라 동일한 위상을 가지며, 주들의 부가명칭들에 의해 특정 위상을 가지는 것은 아니다.

▸ 정체

- 의회민주주의 국가
- 헌법기구로는 연방하원, 연방상원, 연방대통령, 연방정부, 연방헌법재판소가 있다.
- 독일의 대표적 헌법기관인 연방하원(Bundestag)은 모든 유권자에 의해 4년마다 직선제로 선출된다. 연방하원의 가장 중요한 기능은 입법과 대정부 감독이다. 연방하원은 비밀선거를 통해 의회의 임기 동안 집권할 연방총리를 선출한다.
- 연방총리(연방수상, Bundeskanzler)는 연방정부의 정책방향을 결정할 권한을 가지며, 연방장관을 임명하고 그 중에서 부총리를 지명한다. 그러나 실질적으로 연정 협상을 통해 각 정당에 할당된 부문의 인사를 결정하는 것은 정부를 구성하는 정당들이다.
- 연정이 깨질 경우 연방총리도 4년 임기 이전에 물러나야 할 수도 있다. 연방하원은 표결을 통해 언제든지 정부 수반을 해임시킬 권한이 있기 때문이다. 물론 이 경우 하원은 일명 '건설적 불신임투표'를 통해 후임자를 결정해야 한다. 의회가 선출하지 않은 정부는 존재할 수 없기 때문이다.

3. 교육

- 대부분의 학교는 주에서 운영하는 공립학교이다. 각 주마다 교육정책이 다르다. 공립학교 이외에도 공교육과 같은 교육을 제공하는 종교재단의 사립학교들이나, 학비가 매우 비싼 귀족학교들도 상당수 존재한다. 멘사(MENSA) 학교도 있다.

제도

- 만 6세부터 의무교육과정으로 초등학교에 입학한다. 초등학교를 마친 후 세 종류 중 한 곳의 상급학교(김나지움, 레알슐레, 하웁트슐레)로 진학한다.
- 김나지움(Gymnasium, 인문계): 9년 과정

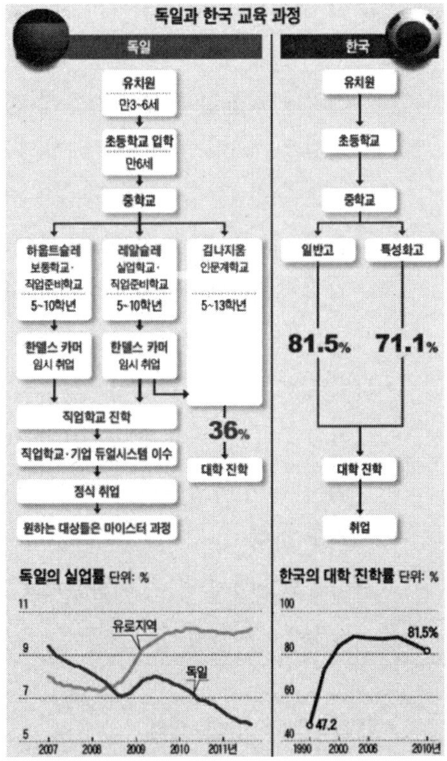

- 레알슐레(Realschule, 실업계): 6년 과정
- 하웁트슐레(Hauptschule, 보통 및 직업준비학교): 5년 과정
- 연방통계청의 진학 비율 자료에 따르면, 김나지움 33%, 레알슐레 27%, 하웁트슐레 24%, 게잠트슐레(Gesamtschule) 및 발도르프슐레(Waldorfschule) 10%, 기타 7%의 진학률을 보인다.

▸ 성적. 1등급에서 6등급까지(1등급은 매우 좋음, 5등급 이하는 낙제)

- 김나지움 졸업반에서는 2개의 주요 과목이 선정되는데, 1점이 최하점, 15점이 최고점이다.
- 학기 말에 5등급이 2개 또는 6등급이 하나라도 있으면 예외 없이 유급당한다.
- 두 번 유급되면 세 번째는 졸업장도 없이 학교에서 쫓겨난다.

▸ 아비투어(Abitur). 김나지움 과정 수료 후 졸업시험에 합격하면 받는 합격증서

- 전인교육(예, 체육도 포함)을 받았고 장차 어떤 전문 교육도 받을 능력이 있다는 증서.
- 자연과학이나 인문과학 분야 대학에 제약 없이 진학할 수 있는 자격을 가지며, 자격은 평생 유효하다.

▸ 레알슐레(Realschule)

- 과정 수료 후 졸업 시험에 성공적으로 합격하면 '미틀레레 라이페(Mittlere Reife)'라는 학력 증서를 받는다.
- 이 증서의 소유자는 곧장 대학 진학은 못한다. 그러나 이 증서는 사무직이

나 행정직(예를 들어 은행원, 경찰, 공무원, 비서, 이공계 기능직 등의) 직업과정을 이수한 후 업무수행능력이 있다는 증서이기 때문이다.

- 레알슐레 졸업 후 김나지움에 편입하여 아비투어를 취득하거나 2년간의 직업교육(Fachlehre) 후 전문대학진학자격증(Fachhochschulreife)을 취득하면 파흐호흐슐레(전문대학, Fachhochschule)로 진학할 수 있다.
- 슐레스비히-홀슈타인 주는 아비투어나 전문대학진학자격증 없이도 대학에 갈 수 있는데, 직업교육으로 마이스터(Meister)를 취득한 경우에 가능하다.

▸ 하웁트슐레(Hauptschule)

- 과정 수료 후 졸업 시험에 합격하면 하웁트슐레졸업증서(Hauptschulabschluss)가 수여된다. 이 졸업증서는 직업교육에 필요한 최소 학력 증서이자 전제 조건이기도 하다.
- 하웁트슐레 졸업 후 레알슐레로 편입하여 미틀레레 라이페(Mittlere Reife, 중급자격증)을 취득할 수도 있다.

▸ 레알슐레와 하웁트슐레

- 졸업 후 일반 기업과 직업학교에서 이원화된 직업교육을 받을 수 있다. 이 과정을 수료한 후 각 지방의 상공회의소에서 주관하는 직업 자격시험에 합격하면 정식 취업이 가능하다. 이후 원하는 학생들은 마이스터 과정을 밟을 수도 있다.

대학체계

- 종합대학, 전문대학, 음악대학, 미술대학 등으로 나뉜다.

▸ 종합대학(Universität)

- 학업은 전통적으로 이론적이고 학술적인 부분에 집중한다(학사(Bachelor) 및 석사(Magister). 박사(Dissertation) 및 교수자격취득(Habilitation) 과정은 기본적으로 이곳에서만 가능하다.

▸ 전문대학(Fachhochschule)

- 실천적이고 응용적인 측면을 강조하며, 3년(또는 7학기) 과정이다. 대부분 직

업 관련 실습이 학위과정에 의무로 규정되어 있다.

▸ 전문대학과 종합대학의 차이점: 실습기간

- 예, 전문대학 호텔경영학과 학생은 의무적으로 한 학기를 외국 사업체에서 실습을 해야 한다.
- 음악, 미술 등의 순수예술 분야의 실기교육은 각각 음악대학, 조형예술대학 등의 단과대학에서만 가능하다.

▸ 이원제 대학제도(Duales Studium)

- 종합대학도 전문대학도 아닌 제3의 중간형태로서, 직업교육과 대학의 아카데미시스템을 결합시킨, 대학과 기업을 한데 묶어 놓은 학업제도이다.
- 1960~70년대 폭발적인 대학생 증가에 따른 대학의 질적 성장과 능력을 갖춘 미래의 일꾼을 목표로, 벤츠 자동차회사가 있는 바덴-뷔르템베르크 연방주에서 주정부, 산학이 함께 고민하여 1970년대 중반에 설치한 시스템이다. 현재는 독일 전역에서 시행 중이다.
- 수학기간의 절반은 대학에서 수학하고, 절반은 회사나 기업체에서 근무하고 월급을 받는 모델이다. 분야에 따라 수학, 독일어, 영어 등에서 최소한 'B-' 이상의 성적을 요구한다.

4. 사회

▸ 독일계 미국인이 미국 백인 중 가장 많은 인구비율을 차지한다. 미국 백인의 절반 이상이 독일인의 피가 섞였다는 뜻이다.

- 제2차 세계대전에서 미국의 영웅으로 대통령까지 지낸 아이젠하워도 독일계. 'Eisenhauer'에서 'Eisenhower'로 고치긴 했지만 'Eisen'('쇠, 철'의 뜻)만 봐도 독일계임을 알 수 있다.
- 체스터 니미츠 제독과 록펠러도 독일계. 야구계에서 베이브 루스, 루 게릭, 워렌 스판, 존 스몰츠, 빌리 와그너, 스티븐 스트라스버그 등도 독일계, 할리우드의 미국 백인 배우들의 절반 이상은 독일인의 피가 섞여 있다. 배우 레

오나르도 디카프리오는 어머니가 독일인이다.

- 산 이름을 딴 -버그(-berg), 사람이란 의미의 -만(-man, mann), 어 및 워(-er, uer)로 끝나는 이름 중 대부분은 독일계이거나 독일 출신 유대인들이다.
- 독일 귀족들은 브라운(Braun), 바이스(Weiss), 슈바르츠(Schwarz) 등과 같이 색깔을 성으로 사용하기도 한다.

‣ 독일에는 터키계 이민자들이 300만 이상이나 살고 있다. 독일 전체 인구의 3~4% 수준이다. 제1차 세계대전 이전부터 독일이 식민지가 많은 영국, 프랑스와 대항하기 위한 동맹자로서 터키(당시 오스만 제국)와 손잡은 이후 터키인들이 독일로 이주한 때문이다. 당시 독일의 외교정책의 근간이었던 3B정책, '베를린 - 비잔티움 - 바그다드'도 이런 성향을 반영한 것이다. 지금도 독일은 터키의 가장 중요한 유럽 동반자, 유명한 터키의 여행지 설명문이 자국어 다음에 독일어로 되어 있고 그 다음에 영어로 되어 있다. 터키어 알파벳에도 이러한 흔적이 남아 있다.

‣ 독일에서는 부모가 있는 앞에서 어린아이에게 혈액형을 물어보면 안 된다. 독일에서 혈액형을 묻는 것은 일종의 부모와의 혈연관계를 의심하는 것이 되기 때문이다. 무엇보다 어린 아이는 자신의 혈액형을 모를 가능성이 높고, 아이의 혈액형을 병원에서 안 가르쳐 주기 때문에 부모마저도 아이의 혈액형을 모른다.

‣ 매춘이 합법화된 나라

- 유럽에서 가장 안전한 밤 문화(시내투어에 포함).
- 프랑크푸르트 암 마인의 카이저 거리(Kaiserstrasse)
- 함부르크의 레퍼반(Reeperbahn)

‣ 고령화 국가. 독일의 출산율은 1.42%로 세계 최하위권이다. 65세 이상 인구가 20% 이상인 초고령화 사회에 속한다. 영국은 출산율 1.90%, 프랑스는 2.08%로 선진국 중에서는 선방하고 있는 편이다. 이 추세라면 수 십 년 후 독일의 인구 및 GDP는 유럽연합 내 1위에서 3위로 떨어질 가능성이 높다.

봉급

- 2015년 법정 최저임금 도입. 2018년 독일 법정 최저임금은 시급 8.84유로. 전체 노동자의 25%가 이웃 프랑스의 최저시급 이하를 받고 일한다.

- 전체 일자리의 1/5이 월급이 450유로가 안 되는 미니-잡이다. 법정 최저임금 도입 전까지만 해도 서비스업종에서는 인건비를 아낄 수 있는 미니-잡 일자리가 많았다. 미니-잡은 소득세 면제 및 의료 보험가입 불필요라서 월급을 그대로 받을 수 있다. 고용주도 각종 세금이 면제되기 때문에 900유로 월급에 1명을 고용하는 것보다 미니-잡으로 2명을 고용하는 것을 선호한다.

‣ 저소득층의 소득세는 14%에 불과하다. 실제 문제가 되는 것은 월급의 1/4에 달하는 의료보험료. 참고로 미니-잡은 의료보험을 내지 않기 때문에 당연히 의료보험의 혜택이 없다.

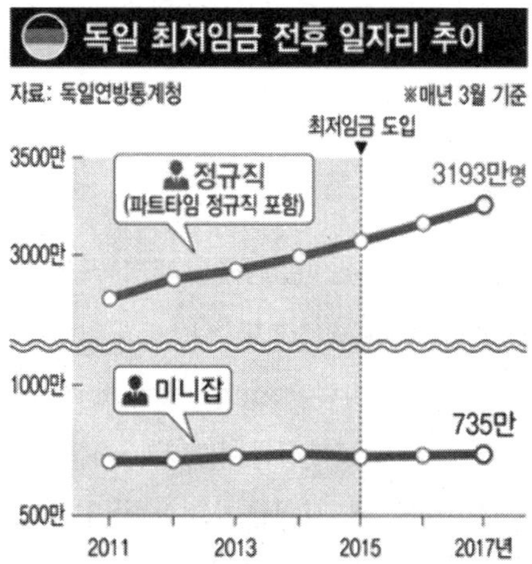

- 최저임금 도입 첫해인 2015년 초 미니-잡에서만 일하는 노동자는 한해 전보다 10만 명 줄었고, 이 가운데 절반가량(5만 명)은 사회보험 의무 가입 대상인 정규직으로 전환됐다.[1] 특히 최저임금제 도입에 따른 영향이 큰 소매업 · 외식업에서 미니잡의 감소가 두드러졌다. 예를 들어, 시급이 7유로일 때는 주당 15시간 일해도 월 420유로를 지급하는 미니-잡에 속했지만, 시급이 8.5유로(2015년 기준)로 오르면서 같은 시간 일해도 월 510유로를 줘야 하므로 미니-잡이 줄고 그 자리가 정규직으로 대체된 것이다.

- 이런 일이 가능했던 것은 최저임금 도입과 함께 미니-잡의 노동시간을 기록하는 의무가 생겼기 때문이다. 출퇴근 시간은 그대로 둔 채 휴게시간만 늘려 노동시간을 줄이는 '꼼수'를 쓰지 못하도록 노동시간을 기록해 관청에 보고하는 의무를 부여한 것이다. 또 연방관세청에는 최저임금 감독기관으로서 모든 관련 문서를 열람할 수 있는 권한을 부여했다. 최저임금법을 위반하면 하청업체에 책임을 묻지 않고 원청업체가 법적 책임을 지는데 벌금이 최대 50만 유로(약 6억7천만 원)에 이른다.

1) 인용: http://www.hani.co.kr/arti/economy/economy_general/832813.html

〈상식〉 독일의 법정 최저임금제?

- 독일 법정 최저임금제에는 두 가지가 있다. 하나는 2년마다 새로 적용되는 법정 최저임금제이고(1), 다른 하나는 산업 분야별 고용주와 노동자 간 단체협약에 의한 최저임금제(2)이다.
- (1)은 한국의 최저임금제와 동일한 개념으로, 모든 노동자에게 적용된다. 2018년 최저임금은 8.84유로이다.
- (2)는 산업 분야별 고용주와 노동자 간 단체협약을 통해 최저시급을 법으로 명시한 산업분야별 최저임금제와 산업 분야별 고용주와 노동자 간 단체협약을 통해 최저시급을 자유롭게 협상으로 정하는 최저임금제로 나눠진다.
- 한국에서 적용되는 최저임금제는 독일의 (1)에만 해당한다. (1)은 고용주와 노동자 간 단체협약이 아닌 최저 임금위원회에서 최저시급 안을 마련하고 연방정부에서 최종 결정한다. 다시 말해서 독일의 법정 최저임금제는 고용주와 노동자 간 단체협약의 보호를 받지 못하는 노동자를 위한 법이고, 산업 분야별 차등화된 최저임금제로도 보호받지 못하기 때문에 국가가 지켜주는 최저노선이다.

▶ 2011년 7월 1일 징병제 폐지. 공식 명칭은 '징집 유예'

▶ 하르츠 법안(Hartz IV)

- 독일 사람은 실업상태에 놓이게 되면 처한 상황에 따라 실업급여I, 실업급여II 또는 사회급여(Sozialgeld)를 지원받는다. 하르츠 법안은 실업급여II에 해당하는데, 실업급여는 노동자가 월급을 받을 때 지불한 실업보험에 의해 실업 후 최대 1년까지 받게 되는 급여다. 한국에도 근래에 도입된 제도이다.
- 하르츠 법안(실업급여II)은 2005년 1월 1일부터 시행되었다. 노동의지는 있지만 일자리를 구하지 못한 경우, 실업급여 수급이 만료된 경우, 실업자 본인과 그가 생계를 책임져야 할 가족구성원들이 인간으로서의 최소한의 삶을 꾸려갈 수 있도록 지원받는 지원금이다.
- 지원금은 물가상승률을 반영해 매년 새로 정한다. 생계를 책임져야 할 가족구성원이 있으면 실업자 본인 수급액에 더해서 추가로 지원된다. 2016년의 예를 들어보자.
  - ◦ 독립세대의 1인 가정 본인이나 한 부모 가장(성인): 399유로→ 404유로
  - ◦ 부부 또는 파트너 각 1인(성인): 360유로→ 364유로
  - ◦ 비 독립세대(성인): 320유로→ 324유로
  - ◦ 만15세~만18세 자녀: 302유로→ 306유로
  - ◦ 만7세~만14세 자녀: 267유로→ 270유로

◦ 0세~만6세 자녀: 234유로→ 237유로

성인 1인 가정인 경우 월 399유로를 지원받지만, 만5세, 만10세, 만14세의 자녀가 셋이고 아내와 함께 사는 50대 가장이 실직하여 실업급여 수령이 만료된 상황이라면 1,562유로 정도를 지원받는 셈이다. 이는 최저 생계를 유지할 수 있도록 지원하는 지원금이고, 추가로 임대주택과 난방비 보조금액이 나오지만 대도시에 거주 시 주택 수당으로 주택비 납부가 불가능한 상황이어서 무의미하다. 자녀 양육을 위한 유아보조금(Kindergeld)과는 중복 수급이 안 되므로 유아보조금 수급액만큼 하르츠 법안 수급액에서 공제되어 지급된다. 위의 예에서 3명의 자녀를 둔 5인 가정의 하르츠 법안 수급액은 유아보조금 수급분(558유로)이 공제되어 지급되지만, 유아보조금 수급액과 합하면 5인 가족의 전체 수급액은 위의 금액이 된다. 그런데 싱글 부모가 자녀를 키우고 있거나, 병을 앓고 있거나, 본인이나 부양가족 중 임신 13주차 이상이면 추가 지급된다.

- 문제는 한번이라도 정부에 손을 벌렸다면 은행신용도는 최하로 내려가서 제 1 금융권을 이용하기는 불가능해진다. 간단한 창업을 위해 돈을 빌리는 것도 불가능하고, 경력 단절로 인해 정규직 입사도 힘겨워서 미니-잡으로 직행해야 한다. 독일에서 빈민층의 고착화는 유럽 내에서도 최상위권이다.

‣ 2013년 총선 이후 기민 · 기사연합과 사민당 간 연정 협약서에 따라 2017년 1월 1일부터 전국적으로 8.5유로 최저시급제가 시행되고 있다.

- 이런 저임금 노동자들의 상황과는 반대로 대졸자 연봉은 1인당 국민소득과 비슷하다. 이웃의 프랑스보다 최소 10,000유로가량 높다.
- 대졸자와 비대졸자 간의 소득격차는 아일랜드에 이어 서유럽에서 2위를 차지할 정도이다. 가장 큰 문제는 대학교 학위가 없는 계급을 독일에서는 '노동자의 자녀들(Arbeiterkinder)', 즉 노동자로 지칭하는데, 노동자 계급의 자녀 중 단 9%만 대학교에 진학한다.

‣ 부모의 학력에 따라 자녀의 학력도 대물림 되는 경향이 유럽 내에서도 제일 높은 나라. 독일 여자의 32%는 최종학력이 중학교(하웁트슐레) 졸업 이하이다.

‣ 상대적으로 높은 대졸자와 기술 숙련자의 연봉차이가 독일 내에서도 큰 문제.

- 미용사의 평균 연봉은 15,787유로, 트럭운전기사의 평균 연봉은 28,534유로
- 22세의 대학교 학부 졸업생의 평균 초봉은 40,000유로 수준. 4만유로는 본

봉 기준이며 수당이나 보너스는 포함이 안 된 통계. 한국 기준으로 보면 트럭운전사 평균 연봉은 2850만원, 대학교 학부 졸업생 초봉은 4000만원인 셈이다.

연금제도도 유럽 내에서는 최하위권

‣ 전체 연금 수령인의 50% 이상이 한 달 700유로가 안 되는 연금을 수령한다.

- 남유럽의 이탈리아도 유로화 위기 이후 삭감되었지만 기초연금이 한 달 520유로, 스페인은 15년간 세금을 낸 연금 수령인들에게 550유로, 독일과 함께 최하위권인 영국조차 30년간 납세한 연금 수령인들에게 매달 500파운드를 준다.
- 그러나 독일인의 실제 소득 및 생활수준은 반론의 여지도 있다. 독일은 다른 서유럽 국가들에 비해 물가가 꽤 저렴한 편이다. 난방/전기/수도 요금은 꽤 비싸지만, 공산품과 식료품은 프랑스나 스위스, 벨기에, 네덜란드보다 확실히 저렴하다. 경제사정이 안 좋다는 이탈리아 등에 비해서도 물가가 낮고 안정되어 있다. 공교육 비용이 거의 없고, 의료보험이나 연금제도도 나쁘다고는 하지만 충실하다. 실업급여제도도 이전 세후 소득의 60~67% 수준에서 최장 960일까지 지급되는 수준이므로 실업에 대한 두려움도 낮다. 따라서 큰 돈 들 일이 없으니 저축이나 투자에 대한 욕구도 적은 편이다.

‣ 김나지움 진학이 만사가 아니다. 오히려 일반 회사의 사무직은 김나지움이 아닌 레알슐레를 나오면 충분히 가능하다.

‣ 미니-잡 역시 월급을 적게 주기 위한 나쁜 제도가 아니라, 소득세율이 높은 독일에서 소득세를 피하면서 부가수입을 얻을 수 있는 방법이다.

‣ 독일은 가구당 소득세를 부부 합계로 납부한다.

- 1인 기준 53,000유로 이상 소득을 납부해야 두 번째 세율구간에 진입하지만, 부부는 그 2배인 10만유로까지 연봉을 받아도 24% 세금만 낸다. 단, 배우자가 전문의라서 연봉 10만 유로 이상 받는다면, 월 400유로 미만의 임시 소득에 대해서는 소득세가 적용되지 않는다. 이를 이용한 파트타임이나 임시직들이 활성화되어 있어서 주부나 학생들은 이를 아르바이트로 활용한다. 보통 주당 10~16시간 미만 선에서 업무의 난이도에 따라 미니-잡 시급이 결정

된다. 그러니 이것을 풀타임 급여와 단순 비교하는 것은 말도 안 된다. 이는 독일 남부의 부자지역의 기준에 해당한다. 베를린만 가도 400유로를 주면서 40시간 근무를 요구하는 곳은 비일비재하다.

‣ 독일도 노인 빈곤층 인구가 늘고 있다.

- 2017년에 연금 생활을 시작한 이들 중 빈곤 위험군은 16.2%에 달한다. 노동시장 변화가 노인 빈곤층 확대의 가장 큰 원인으로 꼽힌다. 지난 25년간 시간제 노동 같은 비정규직 일자리가 늘었지만, 노동시장 진입 연령도 높아졌다. 독일에서는 1인 기준 월 917유로(약 122만원) 미만의 수입으로 생활하는 사람을 빈곤층으로 분류한다. 독일 연방통계청(2016년 기준)에 따르면 은퇴 후 연금 생활에 들어간 사람들 중 15.6%가 빈곤층에 속했다. 독일 빈곤층에서 가장 큰 비중을 차지하는 부류는 여성 혼자 아이를 키우는 가정, 장기 실업자 그리고 노인들이다.
- 1990년대에 독일에서 대량 실업이 발생하면서 많은 사람들이 장기간 실업 상태에 놓였다. 그러니 이 기간에는 상당수 노동자가 연금 보험료도 제대로 납부할 수 없는 지경이었다. 이 기간을 통과한 이들은 대부분 베이비부머 세대이다. 1950년대 말부터 1960년대 말 사이에 태어난 이들은 2022년부터 연금 생활자로 유입되기 시작한다(독일은 2012년 연금 수령 연령을 65세에서 2029년 단계적으로 67세까지 높이기로 했다).
- 노인 빈곤에 특히 취약한 계층은 여성이다. 여성은 직업 노동에 기초한 연금 정책의 사각지대에 놓인 때문이다. 출산과 육아뿐 아니라 가정 내 노인이나 환자를 돌보기 위해 직장을 그만두는 비율도 여성이 남성에 비해 월등히 높다. 이런 이유로 직장 노동 기간이 짧아서 미래를 위한 충분한 연금 보험료를 납부하지 못하는 실정이다. 독신 여성의 경우, 배우자의 연금을 기대할 수도 없기 때문에 빈곤층으로 떨어질 가능성이 더 높다. 남편이 사망한 여성도 마찬가지다. 남편 사망 이후 아내는 남편이 받던 금액에서 최대 절반까지만 연금을 수령할 수 있다.

5. 경제

▸세계 4위 경제대국, 그러나 동서독 격차는 여전하다.

- 2000년대 초까지 통일 후유증에 시달리던 독일은 '유럽의 병자'로 통했다. 경제 시스템이 합쳐지면서 동독 지역의 임금은 통일 이후 1년 만에 50%까지 치솟았다. 임금 폭등은 상품가격 상승과 기업들의 투자 부담으로 이어져서 내수 시장은 한동안 갈피를 잡지 못했다.
- 독일 전체로 눈을 돌리면 경제 규모는 통일 직후인 1991년에 비해 비약적으로 성장했다. 독일 연방 통계청이 집계한 국내총생산(GDP)을 살펴보면, 1991년 1조5847억 유로에서 2012년 2조8141억 유로(3807조원), 2017년에는 3조 263억 유로로 1.5배 가까이 늘었고, 지역 간 경제적 격차도 최근 많이 줄었다. 동독 지역의 1인당 GDP는 통일 직후 서독 지역의 33%에 불과했지만, 2014년에는 67% 수준까지 상승했다.
- 그러나 장벽의 흔적은 아직도 남아 있다. 동독 지역의 여러 지표는 서독에 못 미친다. 동독의 2014년도 실업률은 10.3%로 서독의 6.0%보다 다소 높다. 임금 수준도 여전히 차이가 난다. 일반적으로 동독 지역의 임금은 서독 지역의 2/3 수준에 불과하다.

▸문화 차이와 통일 이후의 심리적 괴리감도 적지 않다.

- 두 지역 간 문화 · 심리적 괴리도 풀기 어려운 문제. 동독 지역에는 공산주의 체제의 분위기가 여전히 남아있다. 전통적 가정의 가치를 강조하는 기독교적 색채가 엷어졌고 여성들도 노동 현장에 나가는 경우가 많아서 서독 지역에 비해 공공 보육시설에서 돌보는 3세 미만 영 · 유아 비율이 높다. 동독 지역은 65세 이상 인구가 전체의 23%나 되어 서독(20%)보다 고령화 현상이 심하다.

독일의 산업 현황

▶ 자동차 분야

- 메르세데스 벤츠, BMW, 아우디, 폭스바겐, 포르셰 등.
- 독일 대기업들이 세계 각국의 자동차 브랜드들을 접수했다. 벤틀리, 부가티, 람보르기니 등의 슈퍼 카 브랜드들은 폭스바겐 산하로, 영국의 자존심이었던 롤스로이스는 BMW 산하로 편입되어 독일의 기술로 생산 중이다.

▶ 기계공업 분야

- 라인메탈(Rheinmetall AG)[2)]: 뒤셀도르프에 본사를 둔 방위산업체.
- 티센크루프(ThyssenKrupp): 제철과 엘리베이터 전문회사.
- 칼 차이스(Carl Zeiss): 광학 전문 회사, 의료용품으로 안과용 측정기, 미세수술용 현미경, 라식수술 장비 등을 생산한다.
- MAN: 상용차 제조업체. 저상버스, 굴절버스, 하이데커 버스 등 다양한 버스, 대형 트럭, 트랙터 등을 제작한다. 선박용 엔진이나 관련 산업장비도 생산한다. 세계 최초의 모노레일이자 세계에서 가장 오래된 고가철도인 부퍼탈의 현수식 모노레일(Wuppertaler Schwebebahn)도 이 회사의 작품이다.
- 지멘스(Siemens): 현재 유럽 최대의 엔지니어링 업체. 자동화 및 제어시스템, 통신 분야, 독일의 모든 원자로를 건설했다. 독일철도의 기관차를 생산하고 ICE도 개발했다. 북미 대륙의 경전철 차량은 거의 대부분 이 회사 차량, 한국에서도 의정부 경전철이 지멘스에서 생산한 고무 차륜형 차량을 채택하여 운용 중이다. 형광등, 밸브 따위를 만드는 오스람이 이 회사의 자회사.
- 보쉬(Bosch Group): 자동차 및 산업 기술, 소비재 및 빌딩 기술 분야의 선도적 기업.
- 프랑스의 타이어회사 미슐랭(Michelin)의 경우, 프랑스 본사 공장에서 만든 제품보다 독일 공장의 제품이 더욱 우수한 것으로 평가되고 있다.
- 광학기술: 세계적인 렌즈회사인 칼 차이스, 슈나이더, 로덴스톡도 독일회사.

---

2) 제2차 세계대전 당시부터 유명했던 88mm 대공포를 만든 곳. 현재 120mm 활강포는 독일의 레오파트2 계열, 미군의 M1A1 전차나 우리나라의 K1A1 전차의 주포 등이 라인메탈의 것이거나 라이센스 제품.

- 손목시계가 스위스와 일본의 것이 최고라면, 뻐꾸기시계나 괘종시계는 독일제가 최고. 물론 90%가 태엽식이다. 세계에서 가장 크고 오래 된 뻐꾸기시계들도 독일에 있다. 최고급 손목시계 중 하나인 A. Lange & Sohne도 독일제.

제조강국, 독일의 5가지 비결은?

‣ 전통적인 제조업 강국 독일이 유럽 금융 위기가 있었음에도 세계 3위 수출 및 성장을 이어가는 비결은 무엇일까? 지속적인 연구개발(R&D) 및 인재에 대한 투자, 안정적인 노사관계를 통한 생산성, 가족경영 등 5대 경쟁력을 꼽고 있다.

▸ 경기와 무관한 R&D에 대한 지속적인 투자

- 2017년 기준 전 세계에서 R&D에 가장 많이 투자하는 기업은 독일의 폭스바겐. 1980년부터 시장상황과 관계없이 매년 매출의 5% 이상을 연구개발에 투자하는 '5% 룰'을 지켜오고 있다. 글로벌 IT기업인 삼성전자와 MS는 그 뒤를 잇는 2위와 3위이며, 다국적 제약회사인 노바티스는 7위에 그쳤다.

▸ 기술선도형 시장창조

- 2017년 기준 R/D 투자의 경우 글로벌 500대 기업 중 독일기업은 총 41개에, 한국은 13개에 달한다. 매출액 대비 R&D 비중도 독일(6.5%)이 한국(3.1%)의 2배를 웃돈다, 특히 독일은 국가 전역에 구축된 300여 개의 산업클러스터를 통한 산학협력을 통해 이 같은 R&D 경쟁력을 키워가고 있다.

▸ 안정적 노사관계

- 독일의 노동생산성은 세계 1위, 노사관계 생산성은 8위로 평가받고 있다. 한국의 노동생산성은 8위, 노사관계 생산성은 56위를 기록했다.
- 다임러벤츠의 경우 2009년 글로벌 금융위기 때 정리해고를 하지 않는 대신 20억 유로의 노동비용을 절감하는 노사협약을 체결했다. 모든 근로자는 노동시간을 8.75% 감소시켰으며, 각종 성과급 및 임금인상 계획을 유보시켰다. 독일 정부가 재계와의 공동 작업으로 시간선택제 일자리 확대 등을 포함하는 노동시장 유연화 정책을 단행한 것도 실업률 증가 없이 금융위기를 넘기는 데에 일조했다.

▸ 기술인재 양성

- ‘기술은 마르지 않는 금광과도 같다’는 독일속담에서 보듯이 독일에서 기술은 전통과 장인정신의 산물로 역사적, 국가적으로 큰 의미를 갖는다.
- 독일은 중 · 고등학생 60%가 학교와 현장 연계형 직업교육(Dual System)을 통해 전문기술을 습득하며, 기업도 전문 프로그램을 운영 중이다. 예컨대 BMW는 전문 인력 양성을 위해 매년 800여 명의 인턴에게 자동차 개발부터 제작, 정비 등 12가지 전문 직무에 따라 기술을 전수하고 있다. 이들은 졸업 후 동일 분야에 바로 취업하게 된다. 폭스바겐, 다임러 등 50만개 이상의 대 · 중소기업들도 전문 인력 양성 프로그램을 운영 중이다.

▸ 노하우 상속: 가족경영

- 독일에는 200년 이상의 장수 기업이 1천500개가 넘는다. 이 중 상당수는 우수한 기술력을 바탕으로 세계시장 점유율 1~3위를 기록하는 독일 제조업 경쟁력의 원천이다. 특히 이들 기업의 성공한 이면에는 가족경영기업이라는 공통점이 있다. 독일은 전체 기업의 95%가 가족기업 형태로, 책임경영과 더불어 근로자 및 지역사회와 높은 유대감을 유지해 온 것이 장점으로 꼽힌다.
- 2010년 장기간 고용 유지 등 일정 조건만 이행되면 상속세가 부과되지 않도록 상속세법을 개정하기도 했다. 이는 현재 한국 상속세 최고세율이 50%로 OECD 평균의 약 2배에 달하고, 가업승계 요건이 까다로워 장수 가족기업 탄생의 걸림돌이 되고 있는 것과는 대조적이다.

독일의 청년 실업

< 한국 청년실업률 및 전체실업률 >

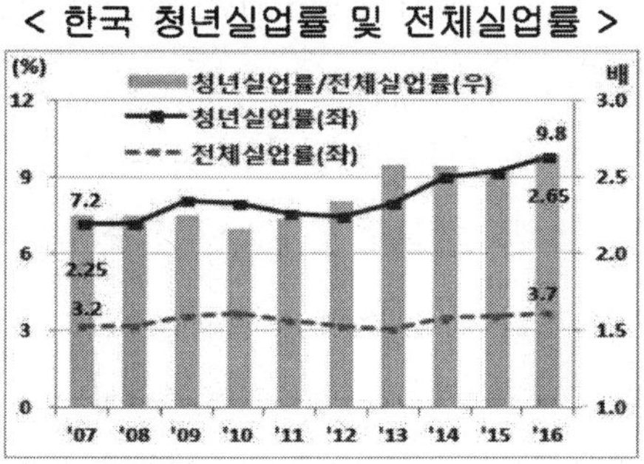

자료 : 통계청.

< 독일 청년실업률 및 전체실업률 >

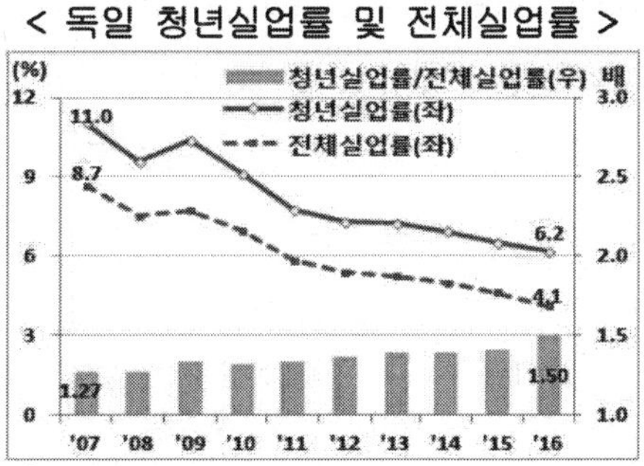

자료 : Eurostat.

[인용: 현대경제연구원]

- 2012년 기준 한국의 청년 실업률은 7.5%에서 2016년 9.8%로 증가한 반면, 독일은 동일한 기간 7.3%에서 6.2%로 감소하여 3.6%의 차이를 보이고 있다.
- 내용면에서도 질적인 차이가 있다. 한국은 청년의 수가 줄어드는 반면, 독일은 청년의 인구가 증가하는 경향을 보인다.
- 대학교 진학률의 경우, 한국은 2015년 70%이고 독일은 30%인 점을 고려하면, 한국과 독일의 경제력, 기술력 등 경제적 측면에서 청년의 실업을 흡수할 경제적 여건도 상이하다. 특히 대학출신인의 전공 불일치 비율은 한국이 51%, 독일은 35.7%로 전공 일치도에서도 차이가 있다.

6. 문화

독일은 고대 로마제국 시대부터 현대에 이르기까지 무수한 국가들의 흥망성쇠를 경험한 곳이다. 그런 만큼 다양한 문화가 꽃핀 곳이기도 하다. 자국의 이러한 문화유적들을 독일인들은 결코 좌시하지 않고 경제적 자산으로서의 가치를 극대화시키고 있다. 그 중 하나가 독일식 가도 문화를 통한 지역 경제 활성화를 꾀한 점이다. 가도문화는 문화콘텐츠로서, 대개는 지역별 특색을 담은 테마형 가도들이기 때문에 그 길을 따라 가는 것만으로도 훌륭한 테마 여행이 된다. 경제대국, 전쟁 추축국, 축구명문 등 별난 수식어의 이미지와는 또 다른 독일만의 다채로운 문화유적들을 넘나들며 즐기는 색다른 독일 여행이기도 하다. 우리 아이들이 글자를 배우면서 처음 만나는 동화들의 흔적도 바로 이곳에서 경험할 수 있다.

동화가도, 고성가도, 환상 가도, 괴테가도, 에리카 가도, 벤츠 가도, 한자 가도 등 그 명칭만으로도 나름의 특징을 읽어낼 수 있을 정도로 모두 독일의 유명 문화유적지들이 이어지고 있다. 예를 들어보자.

고성 가도는 말 그대로 중세시대의 고성들을 훑어볼 수 있는 도시들을 엮은 코스다. 전체 길이가 250㎞나 되는 이 로드에는 50여 개의 고성이나 폐성이 남아 있고 각 성에 얽힌 사연과 비사를 듣는 재미가 각별하다. 만하임에서 시작하여 하이델베르크,

네카어 계곡의 도시와 마을들, 로텐부르크, 뉘른베르크, 바이로이트를 거쳐 체코의 프라하까지 연결된다.

환상 가도는 슈바르츠발트('검은 숲') 산맥의 온천 휴양지 바덴-바덴에서부터 보덴 호반의 콘스탄츠에 이르는 300㎞에 달하는 힐링 로드다. 검은 숲과 고성, 호반이 끊임없이 이어지는 환상적인 분위기 때문에 '판타스틱'이란 수식어가 붙었다. 바덴바덴은 로마제국 식민 시절에 카라칼라 황제(Marcus Aurelius Severus Antoninus Augustus, 188~217)가 온천 치료를 위해 다녀갔을 만큼 유명한 독일 최고의 온천 휴양지다.

괴테가도는 베를린에서 시작하여 괴테의 탄생지 프랑크푸르트까지 연결된 코스다. 괴테가 약 50년을 보낸 바이마르를 중심으로 한 튀링겐 지역이 이 길의 하이라이트다. 튀링겐은 '독일 문화의 뿌리'란 수식어처럼 바흐의 탄생지 아이제나흐, 루터의 성서 번역과 관련된 바르트부르크 성, 헤겔뿐 아니라 수많은 사상가들이 거쳐간 예나 대학교도 이곳에 있다.

에리카 가도는 독일에서 제일 먼저 여름을 맞는 곳으로 유명하다. 적자색 꽃 에리카는 뤼네부르거 하이데의 상징이다. 매년 8~9월이면 흐드러지게 핀다. '꽃과 물' 그리고 음악이 접목된 도시들이 이어진다. 바흐의 뤼베크, 리하르트 슈트라우스의 교향시, '틸 오일렌슈피겔(Till Eulenspiegel)'이 세상을 떠난 도시 묄른, 세계 최대의 파이프 오르간을 가진 중세도시 슈타데, 브람스의 함부르크, 그리고 박람회의 도시 하노버가 그런 도시들이다.

동화가도는 그림형제의 작품 배경이 된 도시들을 연결한 문화가도다. 장미 공주의 성도 깊은 숲속에 있고, 거위를 지키는 처녀는 숲을 지나서 여행을 하고, 하멜른의 아이들은 산골짜기 숲속으로 사라져갔다. 어린 시절에 들었던 바로 그 숲들이 모인 동화 가도는 그림형제의 기념비가 있는 하나우에서 브레멘 음악대로 유명한 브레멘까지 이어진다. '빨간 모자'의 알스펠트, '피리부는 사나이'의 하멜른, '장미 공주'의 자바부르크 성, 그림형제 박물관 도시 카셀 등을 만날 수 있다.

독일의 유네스코 등재 세계유산

	세계유산	의 미	분류	연도
1	아헨 대성당	고대 이래 알프스 북부 지역에서 건축된 천장이 둥근 첫 번째 건축물, 고전 양식과 비잔틴 양식의 전통, 서유럽 통합과 카를 대제 치하의 종교적 · 정치적 부흥 상징	문화	1978년
2	뷔르츠부르크 주교관	독일에서 크고 아름다운, 정원으로 둘러싸인 바로크 양식 궁전 중 하나	문화	1981년
3	슈파이어 대성당	신성로마제국에서 로마네스크 양식의 가장 중요한 기념비적 건축물, 300여 년간 독일 황제들의 묘지로 이용	문화	1981년
4	비스 순례 성당(1745~1754)	역동적인 장식, 다채로운 색채, 경쾌한 분위기의 바이에른 로코코 양식의 걸작	문화	1983년
5	브륄의 아우구스투스부르크 성과 팔켄루스트	쾰른의 선제후이자 대주교인 아우구스트의 저택, 팔켄루스트는 매 사냥용 작은 별장으로 18세기 독일의 초기 로코코 양식 건축물 중 하나	문화	1984년
6	힐데스하임 대성당과 성 미하엘 교회	오토 왕조 시대의 로마네스크 양식의 탁월한 기독교 건축물. 2개의 아프시스가 대칭적으로 배치된, 목조 천장과 채색 치장 벽토 세공, 유명한 청동 문과 베른바르트의 청동 기둥은 신성로마제국 로마네스크 양식 교회의 대표적 사례	문화	1985년
7	트리어의 로마 유적, 대성당, 성모 마리아 성당	1세기부터 로마의 식민지, 이후 대규모 무역 중심지, 3세기 말엽 사분 통치시기에 로마 제국의 수도 중 하나, 로마 문명을 탁월하게 보여주는 대표적 사례.	문화	1986년
8	뤼베크	한자 동맹의 세력과 역사적 역할을 알 수 있는 도시	문화	1987년
9	로마제국의 국경	독일 북서부에서 남동부의 도나우 강에 이르는 로마국경(550㎞). 하드리아누스 방벽(118㎞)은 뛰어난 군사 구역으로, 고대 로마의 방어 기술과 지정학적 전략을 보여주는 대표적 사례	문화	1987년
10	베를린과 포츠담의 궁전과 정원	포츠담 상수시 궁전은 이탈리아 · 영국 · 플랑드르 · 파리 · 드레스덴으로부터 영향을 받은 건축물. 18세기 유럽의 도시와 왕궁의 예술 동향을 통합한 성과 공원은 오더 강 동부의 기념물 건축과 공간 조직 발달에 영향을 미친 모델	문화	1990년
11	로르쉬의 수도원과 알텐뮌스터	카롤링 시대의 누문은 카를 대제 시대에 서양이 중세 초기와 전성기의 정신을 자각했음을 건축에 표출한 대표적 사례	문화	1991년
12	라멜스베르크 광산과 고슬라르 역사지구, 운터하르츠 물 관리 시스템	비철금속 채광 및 야금과 관련된 유럽 최대 복합구조물 중 하나, 채광기술 및 산업용 수자원 관리 분야에서 인간의 창조성을 보여주는 우수한 사례	문화	1992년
13	마울브론 수도원 지구	유럽에 있는 시토 수도회 건물 중 가장 완벽한 상태로 남아 있는 수도원 지구. 저수지와 수로 등 용수 관리 시스템이 남아 있으며, 과도기적 로마네스크-고딕 양식의 마울브론 교회는 북부와 중부 유럽의 고딕 양식 건축물 전파에 중요한 역할을 함	문화	1993년

14	밤베르크 중세도시 유적	중세와 르네상스 시기에 밤베르크 도시의 설계와 건축은 11세기 이후 중부 유럽의 도시 형태와 발달에 큰 영향, 중부 유럽 중세 초기형 도시의 탁월하고 대표적 사례	문화	1993년
15	크베들린부르크의 옛 시가지 협동교회	현재까지 보존된 중세의 거리 형태, 도시 특유의 16세기~17세기 목골가옥, 로마네스크 양식 성 세르바티우스 협동교회 등 유럽 중세 도시의 성장을 보여주는 고전적 사례	문화	1994년
16	푈클링겐 제철소	19세기와 20세기에 건설된 서유럽과 북미 지역 종합 선철 생산 공장의 뛰어난 사례	문화	1994년
17	메셀 화석 유적	57백만~36백만 년 전의 에오세(世)(신생대 제3기의 2번째 시기)의 생활환경 이해와 관련된, 세계에서 가장 풍부한 유적	자연	1995년
18	바우하우스와 바이마르, 데사우의 바우하우스 유적	20세기의 예술과 건축 사상, 관행을 혁신한 모더니즘 운동 중 특히 유겐트 양식(아르누보)의 진보적 건축 개념을 보인 사례	문화	1996년
19	아이스레벤과 비텐베르크의 루터기념물	개신교 종교개혁의 고유한 증언을 간직한 기념물, 종교 개혁은 19세기 역사주의를 보여주는 뛰어난 사례	문화	1996년
20	쾰른 대성당(1248~1880)	중세 시대와 근대 유럽의 기독교 신앙의 영속성을 입증하는, 인류의 창조적 재능으로 만들어진 고딕 양식의 걸작	문화	1996년
21	고전주의 바이마르 지역	도시 안팎의 공공·개인 건물과 공원은 바이마르 고전주의 시대의 뛰어난 문화를 반영한 대표적 사례	문화	1998년
22	바르트부르크 성	중부 유럽 봉건 시대의 뛰어난 기념물, 마르틴 루터가 〈신약성서〉를 독일어로 번역한 곳이자 독일 통합과 단결의 강력한 상징	문화	1999년
23	박물관 섬	'도시 중심부'라는 상징적 배경에서 유형적 형태로 나타난, 현대 박물관 설계의 발전 과정을 제시한 대표적 사례	문화	1999년
24	데사우-뵈를리츠 정원	예술·교육·경제를 조화롭게 통합하는 계몽주의 시대의 철학적 원칙을 조경 설계에 적용한 뛰어난 사례	문화	2000년
25	라이헤나우 수도원 섬	중세 초기 베네딕트회 수도원의 종교적·문화적 영향력을 보이는 곳, 교회들은 9세기~11세기 중부 유럽 수도원 건축의 대표적 사례, 서적 장식은 오토 왕조의 서적 삽화에 대한 완벽한 본보기	문화	2000년
26	에센의 촐페어아인 광산 공업지대	탄광 기반 시설의 역사적 유적과 뛰어난 건축적 가치를 지닌, 150년간 발달과 쇠락을 되풀이한 탄광 산업의 흔적을 보여주는 훌륭한 유산	문화	2001년
27	슈트랄준트와 비스마르 역사지구	13세기부터 15세기까지 이어진 한자 동맹의 벤트 지역에 속했던 주도적 도시로, 한자 동맹 도시들의 건축 기술과 도시 형태 발달에 결정적 역할	문화	2002년
28	중상류 라인 계곡	성채와 역사 도시, 포도원 등을 통해 독일의 역사, 전설과 밀착된, 역사적으로 수많은 작가와 예술가, 작곡가에게 영향을 미친 곳	문화	2002년
29	무스카우어 공원	이상적인 인공 조경 개발 분야에 새로운 지평을 개척한, 지역 특유의 초목을 이용하여 내재적 특징을 살린 유럽 조경 공원의 대표적 사례	문화	2004년

30	브레멘 시청사와 롤란트 석상	도시의 자치와 시장의 자유를 상징하는 복합 구조물, 시청은 중세의 회관고성건축 형태의 북독일 베저 르네상스 양식을 대표하는 사례. 롤란트 석상은 상업적 권리와 자유 상징	문화	2004년
31	드레스덴-엘베 계곡 (현재는 유산목록에서 삭제됨)	엘베 강을 낀 드레스덴 중심 시가지와 주변 녹지대가 포함된 지역으로, 자연 경관과 중세 문화 유적지가 르네상스 시대부터 보존된 대표적 사례.	문화	2004년
32	슈타트 암 호프와 레겐스부르크 구시가지	남부 독일의 초기 · 후기 중세 건축물 중심지(로마네스크와 고딕 양식), 레겐스부르크는 고대 로마 군단의 캠프지역, 중세 초기 동프랑크 제국의 중심지, 최남단 프로테스탄트 제국 도시	문화	2006년
33	카르파티아 원시 너도밤나무 숲	너도밤나무는 온대 활엽수림 생물군계의 중요한 요소 중 하나, 마지막 빙하기 이후 현재까지 진행 중인 지구상의 생태계 회복과 발전 과정을 보여 주는 중요한 장소	자연	2007년
34	베를린 모더니즘 주택단지	주택 단지 6곳은 사회적 생활환경을 개선하기 위해 설계된 새로운 도시 · 건축 형태의 탁월한 사례. 새로운 설계디자인과 기술적 · 미학적 혁신을 이 주택 단지 건설에 적용한 걸작	문화	2008년
35	바덴 해	세계에서 가장 넓고 훼손되지 않은 조간대 모래 및 갯벌 체계	자연	2009년
36	알펠트의 파구스 공장	발터 그로피우스가 설계한, 현대 건축과 산업 디자인의 발전을 보여주는 기념비적 복합건물 10동으로 이루어진 공장 단지	문화	2011년
37	알프스 주변 선사시대 호상가옥	BC5000-BC500년까지 알프스와 주변 호숫가, 강변, 습지 등에 건축된, 초기 농업 공동체의 정착지 및 가정생활을 엿볼 수 있는 대표적 유적	문화	2011년
38	바이로이트 후작 오페라 하우스	목재 단으로 된 객석과 건축 양식 · 음향 · 장식 · 도상적 속성 등에서 바로크 양식 궁정 극장 건축의 걸작품	문화	2012년
39	빌헬름스회에 산상공원	헤라클레스 동상과 다채로운 워터디스플레이는 유럽 절대주의 시대를 보여주는 특출한 상징. 산상공원의 다채로운 워터디스플레이는 탁월하고 고유한 기념비적인 수경시설의 대표적 사례	문화	2013년
40	카롤링 시대의 베스트베르크와 키비타스코르바이	본래의 자리에 남아 있는 카롤링 양식 베스트베르크 빌딩의 유일한 사례, 옛 수도원 구역과 중세 마을은 중세시대 정치 · 문화 · 경제생활의 모습을 간직한 고고학적 기념물	문화	2014년
41	슈파이혀슈타트 칠레하우스와 콘토어하우스 지역	함부르크의 해상무역사의 주요 유적. 대규모 창고 단지인 슈파이혀슈타트와 20세기 표현주의 건축 양식 콘토어하우스 건물 밀집 지역	문화	2015년
42	슈바벤 유라 산맥의 빙하기 예술과 동굴	빙하기 시대의 동굴에서 인류 초기의 예술품 등 장신구 출토	문화	2017년
43	하이타부와 다네베르크 경계유적군	하이타부는 덴마크 바이킹 및 스웨덴 바랑기아인 바이킹의 주요 취락지, 중세시대 원거리 무역의 중심지, 다네베르크는 중세 초 · 중기의 축성지구	문화	2018년
44	나움부르크 대성당	유럽 중세전성기 최대 성당건축물 중 하나. 우타 폰 나움부르크 조각상으로 유명함	문화	2018년

02
독일의 역사

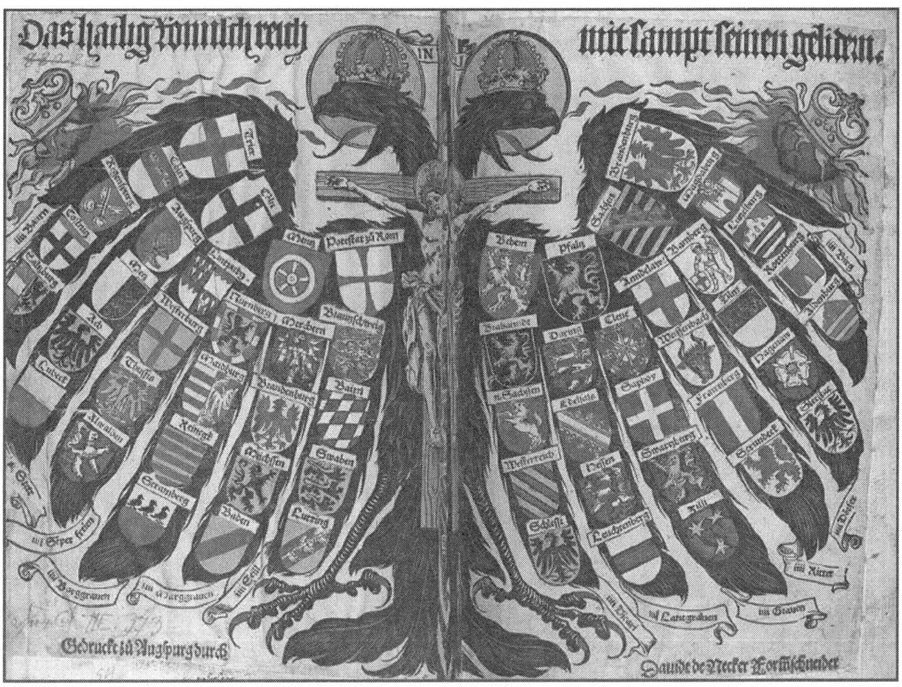

<인용: https://en.wikipedia.org/wiki/File:Quaterionenadler_David_de_Negker.jpg>

1. 배경

- 지리적 배경: 중부 유럽.
- 인종적 배경: 프랑크족, 작센족, 바이에른족, 알레만족, 튀링겐족, 켈트족, 슬라브족의 주거지역
- 언어적 배경: '독일(theodiscus)'이라는 말이 처음 사용된 곳은 영국에 있던 교황의 특사가 작성한 보고서. 813년의 투르 공의회에서는 테오티스카(teotisca)로 표시되었다. 10세기 말에 이르러 비로소 '독일인의 땅(terra teutonica)'이라는 말과 '독일 왕국'이라는 표현이 사용되었다. 제국은 1157년부터 다시 '신성제국'으로 불린다. 오랫동안 그 용어 안에 독일이라는 말이 들어가지 않다가, 1512년 막시밀리안 1세 때 그 명칭이 '독일 민족의 신성로마 제국'으로 바뀐다.
- 독일의 특성: 독일은 하나로 묶어줄 구심점이 없었다. 독일인들은 '서유럽이 국가민족(Staatsnation)이라면, 독일은 문화민족(Kulturnation)이다'라는 말로 변명한다. 독일의 언어가 혈통보다 더 중요한 통일적 요소라고 할 수 있다. 독일인들은 자신들이 이질적이기 때문에 상대적으로 다문화적 요소들에 대해 배타적인 입장을 취했다.
- 프로이센 이후 형성된 합리성: '규율(Disziplin)', '질서(Ordnung)' 의식, 비합리성: '순응(Gehorsamkeit)'
- 독일 역사 개관

<table>
<tr><th colspan="2">고대</th><th colspan="5">중세~근세</th><th colspan="7">근대</th><th colspan="3">현대</th></tr>
<tr><td rowspan="2">게르마니아</td><td rowspan="2">게르만족</td><td rowspan="3">프랑크왕국</td><td rowspan="3">동프랑크</td><td rowspan="3">독일왕국</td><td rowspan="2">독일기사단국</td><td rowspan="2">프로이센공국</td><td rowspan="2">프로이센왕국</td><td rowspan="3">독일연방</td><td rowspan="2">북독일연방</td><td rowspan="3">독일제국</td><td rowspan="3">바이마르공화국</td><td rowspan="3">나치 독일 플렌스부르크 정부</td><td rowspan="3">연합군 군정기</td><td colspan="2">동독</td><td rowspan="3">독일</td></tr>
<tr><td>서독</td><td rowspan="2">서독</td></tr>
<tr><td>로마제국</td><td>서로마</td><td colspan="2">신성 로마 제국</td><td>라인동맹</td><td>바이에른 헤센 바덴 뷔르템-베르크</td><td>자르</td></tr>
</table>

2. 게르만족과 민족이동(100~200)

- 게르만 민족의 대 이동은 몇 가지 사건들 때문에 시작되었다.

사마천의 〈사기〉

- 기원전 2세기, 몽골고원을 통일한 최초의 유목제국은 흉노. 선우(單于)라는 영웅이 약 30만 명의 상시 동원 기마전사군을 조직했다. 당시 유방이 세운 한나라의 인구는 약 5천만 명. 흉노 기마 전사들은 유방의 군대를 백등산에서 포위, 유방이 선우의 아내에게 로비를 한 후 포위망을 풀어주어 유방이 도망쳤다. 이후 한나라는 흉노의 속국처럼 매년 왕족 여인들과 금품을 조공했다.
- 70년 후, 중국 역사상 가장 황제다운 면모를 남긴 한무제(BC 157-BC87, 제위 141-BC87)가 흉노를 공격하면서 주도권이 전도되었다. 한무제와 흉노의 대결은 이후 대초원의 대폭발과 동서양의 큰 격변을 준비한 시기였다. 한무제의 공격을 받은 흉노는 약화되었다가 동서 흉노로 분열, 이후 다시 남북으로 분열되었다.
- 서기 1세기, 한과 손잡은 남흉노와 동쪽의 유목민족인 선비족에게 협공당한 북흉노는 알타이 산맥을 넘어 지금의 중앙아시아로 퇴각, 그 뒤 중국의 기록에서 북흉노에 관한 언급은 사라진다.
- 서기 2세기, 지금의 카자흐스탄 북쪽에 머물던 북흉노(유럽사에는 훈족으로 등장)는 다시 서쪽으로 이동하여 흑해 북안을 거쳐 4세기 말(370~375년경) 러시아 초원 남쪽의 볼가 강을 건너 게르만족인 동고트족을 살육하고 약탈한다. 이에 그 이웃에 살던 서고트족이 훈족을 피해 헝가리, 이탈리아, 발칸반도 등으로 이동했다. 이것이 기폭제가 되어 게르만족의 대이동이 연쇄적으로 발생한다. 독일과 그 주변에 살던 게르만의 여러 부족(야만인으로 불리던 고트족, 반달족, 롬바르드족, 색슨족, 부르고뉴족, 프랑크족, 앵글로족 등)이 훈족에게 쫓겨 로마 영내로 밀려들어간다.[3] 이들 부족이 지금의 이탈리아, 프랑스, 영국, 스

3) 게르만족 중에는 로마와 정식으로 계약을 맺고 로마영토 안에 들어와 사는 집단도 있었다. '포에데라티(foederati)'라는 동맹체가 그것. 이 동맹계약을 통해 게르만족은 로마제국으로부터 자치적

페인, 아프리카 북안(北岸), 당시 로마문명권으로 쳐들어가서 기존정권을 정복한 뒤 게르만족이 지배하는 정권을 건설한다. 이 정권이 모태가 되어 영국, 프랑스, 독일 등 오늘날의 유럽 국가들이 탄생한다. 로마제국은 붕괴되고 게르만족이 세운 국가들이 중세를 연다.

- 98년, 로마의 역사가 타키투스의 〈게르마니아〉에 등장. 당시 로마인들은 북방의 이민족들을 구별할 수 없어서 뭉뚱그려 '게르만'이라고 지칭했는데, 이 용어가 그대로 굳어져서 독일의 영문명(Germany)과 민족명이 되었다.
- '도이칠란트': 게르만 부족 중 하나인 토이톤(Teuton)에서 유래. 바로 독일이라는 의미로 사용되지는 않았다.
- 토이톤 인(Teutonicus): 라틴어와 대비되는 이교적(paganic) 언어를 사용하는 족속의 뜻. 11세기부터 토이톤이 도이치로 발음되면서 특정 지역이나 민족을 뜻하기 보다는 넓은 지역의 뜻으로 사용된다.

로마제국 시기: 게르마니아[4]

- 독일의 정신적 뿌리가 토이거부르거 발트 전투[5]에서 승리한 게르만족에 있는 것으로 보기 쉽지만, 이는 19세기 독일 통일 이후 민족주의를 고양하기 위한 역사관일 뿐. 독일인들은 자신들의 뿌리를 로마 제국에 두고 있다.
- 즉, 근세까지 독일 지역에서 살고 있는 독일인들은 자신들이 로마 제국의 후손, 더 거슬러 올라가면 트로이인들의 후손으로 간주한다. 이는 로마인들이 자신들을 트로이 인들의 후손으로 간주한 때문이다.

으로 살아갈 땅이나 정착금을 얻어 합법적으로 살아갈 수 있었고, 로마는 그들을 이용하여 자주 국경을 침범해 로마를 괴롭히는 다른 게르만족을 막는 데 도움을 받았다.

4) 고대 로마제국 시절 독일 지방을 부르던 말. 라인 강 동쪽에서 도나우 강 북쪽 일대를 말하는 것으로, 라인 강 서쪽의 로마 속주도 게르마니아로 불렸다.

5) 오스나브뤼크(Osnabrück) 북쪽 20km정도 떨어진 곳에 위치. 토이토부르거 발트 전투(Varusschlacht, Schlacht im Teutoburger Wald) 또는 헤르만 전쟁(Hermannsschlacht). AD9년 아르미니우스가 통합한 게르만 부족 연맹과 로마군 간의 전투.

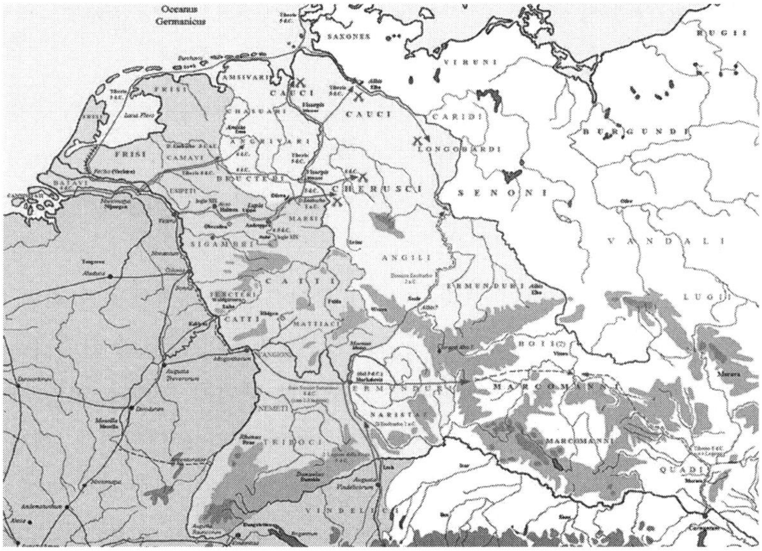

〈노란색 부분이 토이토부르거 발트 전투로 로마군이 상실한 지역. 로마군 최악의 패전. 총사령관 바루스가 전사(자살)하고 3개 군단(2만여 명)의 로마군이 지상에서 사라졌고, 20년간 점령한 라인 강 동쪽 영토를 모두 잃었다.〉

〈상식〉 독일역사의 출발점은?

독일 역사의 출발점에 대해서는 역사가들도 의견일치가 없다. 어떤 역사가는 843년 베르됭 조약 이후 세워진 동프랑크를, 또 다른 역사가는 911년 콘라트 1세가 독일 왕국의 왕으로 뽑힌 때나 936년 오토 대제가 독일의 왕으로 뽑힌 때를, 또 어떤 역사가는 962년 오토 대제가 교황으로부터 서로마 제국의 황제로 인정받아 신성로마제국이 성립한 때를 독일역사의 출발점으로 본다. 더구나 베르됭 조약 이전에 카를 대제(카롤루스, 샤를마뉴)가 즉위한 시점을 독일의 기점으로 보는 역사가도 있다.

3. 프랑크 왕국(481~843)

- 프랑크족은 다른 게르만족과는 달리 정착민이었고 일찍부터 기독교를 받아들였다.
- 서프랑크 족은 동쪽지역으로 영토를 확장하여 최초의 국가 체계를 갖춘 카를 대제의 왕국을 형성했다.

〈카를 대제 때의 프랑크 왕국〉

- 그러나 카를 대제(재위 768~814) 사후 843년 동, 중, 서 프랑크왕국으로 분열된다(베르됭 조약).

▶ 카를 대제의 가계도: 카롤링 가문의 군주들

- 서게르만 프랑크족의 왕조(481~843). 751년부터 프랑크왕국의 왕권을 가졌다.
- 카롤링 가문은 아우스트라시아[6]의 궁재(프랑크 왕국의 재상)인 피핀 1세(580~640)부터 시작한다. 피핀 3세(714~768)는 메로빙 왕조의 힐데리히 3세(킬데리쿠스 3세, 재위 743-751)를 폐위하고 스스로 왕위에 오른다. 교황 자카리아(679~752, 재위 741~751)는 피핀 3세(714~768)의 왕위를 인정한다. 피핀 3세는 754년 롬바르디아 왕국을 격파하고 교황 스테파노 2세(705~757)에게 라벤나 일대의 토지를 기증하여('피핀의 기증'이라고 함) 교황령의 토대를 구축한다.
- 피핀 3세의 아들이 바로 카를 대제. 800년 교황 레오 3세(750~816)에게 로마제국 황제의 칭호를 받아 신성로마제국의 시초가 된다. 그러나 카를 대제의 아들 경건왕 루트비히 1세(778~840) 때 3명의 아들 로타르, 루트비히, 샤를에게 나라를 각자 분할해주면서 카롤링 왕조는 세 나라(서 - 중 - 동 프랑크)로 분열된다.
- '카롤링'은 성씨가 아닌 '카를의'라는 뜻. 당시 프랑크족에게는 성씨가 없었다.
- 카를 대제의 아들 중 로타르 1세는 왕국의 중앙 부분인 로타링기아(Lotharingia, '로타르의 나라'의 뜻), 알자스, 부르고뉴, 프로방스, 이탈리아 왕국을(중프랑크 왕국), 루트비히 1세는 왕국의 동쪽 부분인 라인 강 동쪽에서 이탈리아 북동쪽에 이르는 지역을(동프랑크 왕국), 샤를(카를)은 왕국의 서쪽 지역인 라인 강 서쪽에서 이탈리아 북서쪽에 이르는 지역(서프랑크 왕국)을 갖는다.

---

6) 게르만어로는 '동쪽의 땅'의 뜻. 지명으로 사용된 때는 6세기 후반에서 8세기까지. 지역은 갈리아 북동부(프랑크왕국의 북동부지역, 현재의 독일 대부분과 룩셈부르크 지역)에 해당한다. 아우스트라시아와 경쟁관계에 있던 곳이 네우스트리아('새로운 땅'의 뜻, 프랑크왕국의 서쪽 지역)였다. 613년 클로타르 2세의 왕국 통일 후 재분할되어 분국 명칭으로 정착하였다. 다른 여러 분국과 더불어 궁재직위를 두었는데, 카롤링 왕조는 아우스트라시아 궁재의 가계에서 배출되었다.

서유럽의 역사				
프랑크 왕국	→	중프랑크 왕국	→	동프랑크 왕국
				서프랑크 왕국

‣ 843년 베르됭 조약에서 동프랑크 왕국(루트비히 2세, 독일왕 804~876)이 분할되고, 메르센 조약(870)에서 프랑크왕국이 완전 분할된다.

〈좌: 베르됭 조약(843)에 따른 프랑크제국의 분할, 우: 메르센 조약(870)에 따른 분할〉

‣ 중프랑크 왕국: 장남 로타르 1세(795~855, 재위 840~855)의 나라. 중심지인 로타링기아를 비롯한 중부 영토, 이탈리아 영토, 로마 제국 황제 칭호를 받았다. 따라서 왕에 불과한 동프랑크 왕국, 서프랑크 왕국을 명목상으로 지배하였다.

독일의 역사				
프랑크 왕국	→	동프랑크 왕국	→	독일 왕국

- 10세기 초: 독일의 시작. 콘라트 1세(911~918)

‣ 동프랑크 왕국: 삼남 루트비히 2세(802~876)의 나라. 훗날 독일의 기초가 된다.

프랑스의 역사				
프랑크 왕국	→	서프랑크 왕국	→	프랑스 왕국

‣ 서프랑크 왕국: 후처 소생의 막내 샤를 2세(823~877)의 나라. 훗날 프랑스의 기초가 된다.

4. 신성로마제국(제1제국, 962~1806)

- 919~1024년: 작센 왕조의 하인리히 1세(919~936)부터 독일의 역사가 시작한다고 보는 학자도 있다.
- 하인리히 1세의 아들 오토 1세가 동프랑크 왕국을 계승(936년)하여 신성로마제국(정식 명칭은 Imperium Romanum Sacrum, 962년 건국)이 시작된다. 제국의 마지막 왕은 프란츠 2세(1792~1806).
- 왕조들의 계보: 작센 왕조 - 잘리어 왕조 - 호엔슈타우펜 왕조 - 대공위시대 - 합스부르크 왕조 - 합스부르크-로트링겐 왕조(1745~1806)

▶ 작센 왕조

- 오토 1세(936~973)부터 하인리히 2세(재위 1002~1024)까지
- 오토 1세: 황제가 되기 이전에는 독일 왕이었다. 국가의 군주가 보편성과 특수성 사이에서 정체성을 정하지 못한 점은 신성로마제국이 민족 국가로 변화하지 못한 이유 중 하나였다. 실제로 제국의 황제는 독일 내부의 강력한 지방 귀족들을 제압하지 못한 상태에서 그 정체성을 이탈리아에서 찾고[7] 이탈리아를 차지하여 그 정치적 토대를 두고자 했다.
- 독일의 민족적 신화가 된 바르바로사 황제(신성로마제국의 황제 프리드리히 1세의 별명, 합스부르크 왕가 출신)도 이런 굴레에서 벗어나지 못했다.

▶ 봉건체제의 중세시대

- 가신이 주군에게 충성을 맹세하고 그 대가로 봉토를 부여받아 상호 권리와 의무를 지는 계약관계가 이루어진 시기이다. 봉건주의 시대의 왕은 대영주였다.

▶ 잘리어(프랑켄) 왕조

- 콘라트 2세(재위 1024~1039)부터 하인리히 5세(1099~1125)까지

7) 오토는 951년 롬바르디아의 왕(중 프랑크왕국도 계속 이 이름을 사용함)을 자처했고, 955년부터 이탈리아의 왕이 되었으며, 이후에도 남진하여 비잔티움 제국의 남이탈리아와 전쟁을 벌였다.

- 황제와 교황 사이에 주교 서임권을 두고 끊임없이 다투었다. 황제는 교황을 이겨야 했고, 또 교황의 신임을 얻어야 했기에 통치가 어려웠다. 나중에 교황파와 황제파로 갈라지는 당파까지 형성한다. 다수 독일황제들은 과거 로마제국에의 꿈을 접지 못했다. 1122년 보름스협약에서 이 서임권 투쟁이 타협된다. 교황이 성직자를 임명하는 대신 황제에게 가서 봉토를 받는 것이다. 카노사의 굴욕을 당한 하인리히 4세(1050~1106)도 이 왕조 출신이다.

▸ 호엔슈타우펜 왕조

- 1138년부터 1254년까지 독일의 왕과 황제 및 슈바벤 공작을 배출한 가문. 1194년부터는 시칠리아 왕도 이 가문에서 배출되었다.
- 이 가문의 이름인 호엔슈타우펜은 슈바벤에 소유한 가문의 성 이름인 슈타우펜에서 유래한 것이다.
- 호엔슈타우펜 왕조가 몰락하면서 이탈리아를 경영하여 서유럽 전체의 황제가 되고자 했던 독일 왕들의 오랜 꿈도 함께 무너졌다.

▸ 대공위시대(1254~1273)

- 콘라트 4세(호엔슈타우펜 왕조 출신)가 죽은 1254년부터 교황의 권유에 따라 제후들이 합스부르크 왕조의 루돌프 1세를 왕으로 선출한 1273년까지 신성로마제국의 황제 직위가 공석이었던 시대.
- 이 대공위 시대는 왕은 많았지만 명목뿐이었고 왕의 권위는 완전히 실종된 시기였다. 그 후 실추된 왕권은 거의 회복불능이 되었고, 독일 땅은 유력 가문들의 각축장이 되었다.

▸ 금인칙서와 선제후제도

- 금인칙서는 1356년 신성로마제국의 황제 카를 4세가 뉘른베르크와 메츠에서 열린 제국 의회에서 반포한 칙서. 이후 처음으로 7명의 선제후가 투표로 제국의 황제를 추대하는 체계가 확립되었다. 이 칙서는 선제후는 7명으로 하되 마인츠, 쾰른, 트리어의 대주교가 겸임하는 3명의 성직 선제후와 보헤미아 왕, 작센 공작, 브란덴부르크 변경백, 팔츠 백작의 4명의 세속 선제후로 국한하여 구성하고, 황제의 소집 없이도 선제후 의회를 개최할 수 있음

을 규정하고 있다. 선거는 다수결로 결정하되 마인츠의 대주교가 가장 마지막으로 투표하도록 되어있다. 단순히 선거 과정뿐 아니라 기타 상당한 의전 문제도 규정하고 있다. 예를 들면 선거는 프랑크푸르트에서 하고, 대관식은 아헨에서 거행하고, 재위 기간 중 첫 번째로 소집되는 제국 의회는 반드시 뉘른베르크에서 열려야 한다.

- 이 칙서의 결과, 브란덴부르크 변경백이 새로 선제후가 되면서 기존 선제후였던 바이에른 공작은 선제후로서의 지위를 잃게 되었다. 바이에른 공작은 1623년 팔츠를 대체해서 선제후가 되기 전까지는 이를 회복하지 못했다.
- 7선제후는 누구? 마인츠 대주교, 트리어 대주교, 쾰른 대주교, 보헤미아 왕, 팔츠 변경백, 작센 공작, 브란덴부르크 변경백.

▸합스부르크 왕조

- 루돌프 1세(Rudolf I von Habsburg, 1273~1291)에 의해 성립(1282년). 1438년 알브레히트 2세(1438~1439)부터 합스부르크 왕가의 세습적 제위계승제도가 확립되었고, 막시밀리안 1세 대공 때 처음 합스부르크 왕가의 '오스트리아'라는 세습 왕국이 성립되었다. 마리아 테레지아 여제(1740~1780) 때 처음으로 오스트리아가 유럽의 근대 국가로 인정받았다.

▸종교개혁(1517~1531)

- 당시 교회 안에서도 성서중심주의를 주장하고 교황권의 세속화를 비판하는 개혁의 목소리가 있었다. 교황의 타락상이 극에 달하고 보헤미아의 종교개혁가 얀 후스가 처형당하고, 베드로 성당 증축에 필요한 자금을 마련하기 위해 교황은 면죄부를 판매하기 시작한다. 원래 면죄부는 가톨릭교회에서 고해성사 때 죄를 사해주는 형식이었다.
- 당시 루터는 수사였다. 이 타락상을 실감하고 1517년 루터는 죄를 사해주는 증명서인 면죄부 판매로 수익을 올리는 교회를 비판했다. 루터의 95개조 논제는 그가 목격한 교회, 특히 면죄부 판매의 근본 수익자인 교황의 수치스러운 행동을 공격하는 것이었다. 그는 기독교가 성사, 선행을 강조하는 가톨릭에서 이제 복음과 믿음을 중시하는 종교로 다시 태어나야 한다고 생각한다. 루터의 논제는 빠르고 강력한 반응을 얻는다. 루터가 보름스 의회에

서 논제의 철회를 거부하자 교회는 그를 이단으로 선언하는 것으로 대응한다. 그러나 루터는 영지 내에서 교회의 영향력을 약화시키고 자신의 권력을 키우려던 강력한 독일 제후들에게 지지를 얻게 된다. 그들과 시민들의 지지로 종교개혁은 탄력을 받는다. 루터는 바르트부르크 성에 은거하면서 신약성서를 독일어로 번역하기도 한다. 당시 도처에서 농민전쟁[8]이 일어났는데, 루터는 농민들의 행동과 사회적 혁명론을 비난한다. 그는 통치자의 권한은 우주적으로 정해진 것이기에 통치자에 대한 반란은 신에 대한 공격이라고 생각한다.

- 아욱스부르크 신앙고백. 1530년 아욱스부르크 국회에서 신교도 제후들이 아욱스부르크 신앙고백(Confessio Augustana)을 제출한다. 루터의 추종자 필리프 멜란히톤이 작성한 이 문서에 그의 주장이 정리되어 있다. 1531년 신교도 제후들은 로마가톨릭 교회의 탄압으로부터 종교적 권리를 보호하기 위해 군사적 행동을 취한 슈말칼덴 동맹을 맺고 종교의 자유를 위해 투쟁한다.
- 가톨릭 개혁. 예수회(1534년 설립)가 가톨릭 개혁의 지지 세력으로 탄생한다. 당시 예수회원이던 페트루스 카니시우스(1521~1597, 1541년 사제서품)가 1543년부터 독일 전역을 전도한다. 1597년 이후 바이에른은 합스부르크 왕가 출신 황제 막시밀리안 1세(재위 1493~1519) 시기에 강력한 가톨릭 세력이 된다. 그는 공국 내 신교도 도시들을 강제로 개종시킨다.
- 1555년 아욱스부르크 화의. 신성로마제국 황제 카를 5세가 슈말칼덴 동맹의 토벌을 결의한 이듬해에 벌어진 슈말칼덴 전쟁(1546~1547)은 1551/52년 제후전쟁으로 이어진다. 아욱스부르크 화의는 신교도 제후들의 승리로 끝난다. 조약은 각 제후들이 자기 영토와 백성들의 종교를 결정할 수 있도록 승인한다.

▸ 30년 전쟁(1618~1648)

- 1618년 보헤미아 왕위계승 논쟁과 함께 시작된다. 논쟁을 통해 신성로마제국에서는 신교와 구교의 갈등이 격화된다. 유럽의 주요 국가들이 각각 동맹

8) 15세기부터 농민들은 귀족과 수도원이 매긴 높은 세금과 의무에서 벗어나려 했다. 이런 조짐은 종교개혁에 자극받아 1524년 농민전쟁으로 발전한다. 농민들은 수많은 장원과 수도원을 약탈하고 파괴한다. 그러나 이 전쟁의 패배로 10만 여 명의 농민이 사망한다.

을 맺으며 전쟁은 유럽 전체로 확산된다. 구교국인 에스파냐는 합스부르크 왕가의 황제를 지원하고, 신교국인 스웨덴은 같은 종교 제후국을 지원한다. 전쟁은 독일 전역을 황폐화시켰고, 1648년에 전쟁 당사국들은 베스트팔렌 조약으로 전쟁을 끝낸다.

- 베스트팔렌 조약으로 각 영방이 주권을 인정받으면서 난립하는 영방국가시대가 열린다. 네덜란드와 스위스가 신성로마제국에서 완전 독립하게 된다. 프랑스와 스웨덴이 각각 영토를 확장하게 되고 큰 이득을 본다. 신성로마제국에는 상징적 권력만 가진 황제만 남게 된다.
- 30년 전쟁은 양민들에게 큰 고통을 안겼다. 지휘관인 알브레히트 폰 발렌슈타인 같은 소수 사람들만 토지 점유와 무기 판매로 이익을 챙겼다. 일반 병사들은 월급을 받지 못해 점령지를 약탈한 것으로 급료를 대신했다. 엄청난 고문과 학살, 강간이 빈번하게 자행되었다, 전쟁이 끝날 무렵에는 인구가 전쟁 전 대비 70% 정도 늘어났다.

〈정리〉 로마제국부터 신성로마제국까지

로마제국 성립 → 서로마/동로마 제국으로 분열 → 서로마 제국 멸망(오도아케르) → 프랑크왕국 성립 → 신성로마제국 → 프랑크왕국, 동, 중, 서로 분열 → 동프랑크가 신성로마제국 황위 계승 → 동로마제국 멸망(오스만제국) → 신성로마제국 멸망(나폴레옹)

5. 프로이센 시대(1515~1918)

▶ 절대주의시대

- 서유럽형: 영국과 프랑스는 시민혁명을 통해 근대시민국가로 발전한다. 상공업의 발달로 시민계층이 형성되고 왕에 대항하여 입헌군주국을 세운다.
- 동유럽형: 독일과 오스트리아는 중세의 봉건제도가 오히려 더 강화되는 경향이 있다. 즉, 서유럽에 곡물을 팔기 위해 대농노제가 확대된다. 시민계층이 형성되지 않고 위로부터의 개혁이 이루어진다("계몽절대주의"=예: 프리드리히

대왕). 이로써 기형적인 특수한 길을 가게 된다.

- 서유럽의 계몽주의는 시민들이 국가, 교회, 사회를 비판하면서 시작했지만, 독일 계몽주의의 특징은 시민들로 하여금 철저히 체제에 순응하게 만들었고, 정신만 비판하게 만들었다는 점이다.
- 절대주의시대의 국가는 형태만 근대 국가였다. 상비군, 궁정, 관료의 3요소가 핵심이었다: "프로이센은 군대를 가진 국가가 아니라 국가를 가진 군대이다."
- 오스트리아, 러시아, 프랑스 등 강대국 틈에 낀 프로이센이 신흥국가로 발흥한다. 프로이센은 일찍부터 군대를 키우고, 전국가의 병영화를 시도한다. 여기에서 합리적이면서 비합리적인 독일적 특성이 생겨난 것이다.

▶ 프로이센 제후국

- 프로이센은 베스트팔렌 조약 이후 가장 강해진 독일 영방 제후국. 본래 발트인의 땅이었지만, 수백 년에 걸친 동방 정주로 독일인이 다수 거주하게 된다. 제후국이면서도 제국 밖에 영토를 많이 소유하여 확장이 용이하고 통치자가 '왕'의 칭호를 받기도 용이했다.
- 브란덴부르크 선제후 프리드리히 빌헬름(1640~1688)이 1525년 튜튼기사단이 점령한 땅에 세워진 프로이센 공작령을 1618년에 물려받는다. 빌헬름 선제후는 30년 전쟁 후 재건에 몰두한다. 프랑스가 1598년 프랑스 신교도의 권리를 승인한 낭트칙령을 1685년에 폐지하고 20여만 명의 위그노교도(칼뱅파)를 추방하는 사건에 맞서서 빌헬름 선제후가 제시한 포츠담 관용칙령에 따라 숙련공들인 위그노 교도들이 프랑스에서 프로이센으로 망명할 수 있게 된다.
- 프리드리히 2세(1712~1786, 제3대 왕)는 뛰어난 군사적 재능과 합리적 국가경영으로 프로이센을 당시 유럽 최강의 군사대국으로 성장시킨다. 그는 신성로마제국의 해체와 독일 통일 달성에 주도적 역할을 한다.
- 그러나 프로이센 지역은 경제적으로 크게 발달하지 못한 곳. 경제적으로 발달한 곳은 오히려 엘베 강 서쪽, 그래서 프로이센은 경제적 후진국이었다. 서유럽은 농노제를 거의 폐지했지만, 엘베 강 동부는 재판농노제라고 하여 오히려 농노제를 강화한다. 후자 지역의 영주들을 일컫는 명칭이 '융커

(Juncherre/'young nobleman')'. 기본적으로 상공업을 천시하고, 매우 검소한 생활을 하고, 영지의 경영에 적극적 이윤을 추구한다.

- 프로이센의 왕은 계몽 절대군주를 표방한다. 계몽주의와 절대주의는 사실 모순되는 것이지만, 국가의 후진성을 은폐하기 위해 그런 구호를 사용한다.

〈상식〉 호엔촐레른 왕가와 프로이센

- 프로이센 및 독일제국의 왕조. 본래 독일 남서부 슈바벤 지방의 귀족가문 출신. 1191년에 촐레른의 백작 프리드리히 3세(1139?~1200, 뉘른베르크-촐레른의 프리드리히 3세)가 프랑켄 지역으로 세력 확장. 이후 그의 영지는 그의 두 아들에게 분할 · 상속되었다. 이후 호엔촐레른 왕가는 프랑켄계(프로이센 왕가)와 슈바벤계(지크마링엔 공가[공작가문])로 나눠진다. 그러니까 슈바벤계가 본가이고, 프랑켄계는 분가이지만 번영을 누렸다.
- 슈바벤계 (호엔촐레른 공가): 호엔촐레른 공국들의 군주 및 루마니아의 국왕을 배출한 가계. 가톨릭. 독일 남서부의 공국들을 통치. 작은 영방(領邦) 국가들로 존재하였다. 1576년에 호엔촐레른 백작령은 호엔촐레른-지크마링엔과 호엔촐레른-헤칭엔 백작령으로 분할되고, 1623년에 이들 백작령은 공국으로 승격된다. 그러다가 1850년에 호엔촐레른-지크마링엔과 호엔촐레른-헤칭엔 두 공국은 프로이센에 흡수된다.
- 프랑켄계 (프로이센 왕가): 브란덴부르크 선제후령, 프로이센 공국, 프로이센 왕국의 군주 및 독일제국의 황제를 배출한 가계. 프로테스탄트. 프랑켄계의 콘라트는 프랑켄 지역을 중심으로 뉘른베르크와 바이로이트, 안스바흐 등의 지역을 통치하였다. 1415년에는 프리드리히가 신성로마제국의 황제인 지기스문트(1368~1437)에게 충성을 맹세하고 오스만 제국을 격파한 공으로 새로운 영지인 브란덴부르크를 상속받고 브란덴부르크 선제후(1378~1388, 1411~1415)가 되었다. 1525년에 튜튼기사단의 기사단장이던 호엔촐레른-안스바흐 가문의 알브레히트 폰 호엔촐레른이 마르틴 루터의 권유에 따라 신교로 개종하고 기사단의 영지를 세속화, 폴란드의 봉신국인 프로이센 공국의 1대 프로이센 공작이 되어 가문의 영지를 넓혔다. 이렇게 성립된 프로이센계 호엔촐레른 가문은 1618년에 단절되었고, 공작위는 맏사위이자 알브레히트 폰 호엔촐레른의 외증손 브란덴부르크 선제후 요한 지기스문트(1572~1619)가 공국의 공작으로서 프로이센 공국을 상속받아 브란덴부르크-프로이센 동군연합이 성립된다.
- 이후 30년 전쟁에서 신교 측에 가담, 1648년 베스트팔렌 조약으로 후포메른과 막데부르크, 뮌덴 등을 확보. 1701년 브란덴부르크 선제후 겸 프로이센 공작 프리드리히 1세(1657~1713)가 스페인 왕위계승전쟁 때 신성로마제국 황제 레오폴트 1세에게 군대를 지원해준 공으로 정식으로 프로이센 국왕으로 승인.
- 독일제국 수립 후 호엔촐레른 왕조 출신 카이저: 빌헬름 1세(1871~1888), 프리드리히 3세(1888), 빌헬름 2세(1888~1918)
- 호엔촐레른 왕가는 '프로이센 왕실'이지 '독일 황실'은 아니었다. 황제, 황후, 황태후, 황태자, 황태자비 개인에게만 "독일의 황제 아무개"라는 칭호로 불릴 수 있었고, 나머지 왕족들의 칭호는 '프로이센 왕자', '프로이센 공주'였다. 그래서 호엔촐레른 가문의 종가인 호엔촐레른 성은 프로이센이나 프랑켄 지방에서 멀리 떨어진 바덴-뷔르템베르크 주의 슈바벤 지방에 있으며, 지

금도 호엔촐레른 가문의 수장이 호엔촐레른 성을 소유하고 있다.

- 1789년 프랑스 혁명으로 독일에 위기가 닥친다. 혁명 프랑스군의 뛰어난 활약으로 프로이센과 오스트리아가 크게 패한 것.
- 19세기 초는 나폴레옹 치하에서 벗어나려는 해방전쟁의 시대. 19세기의 자유주의는 곧 민족주의를 의미한다. 봉건체제로부터의 자유 쟁취가 민족국가를 형성하려는 의지로 나타난 때문이다.
- 1805년과 1806년에 수많은 공국과 자유도시로 분산되어 있던 프로이센은 아우스터리츠 전투에서 나폴레옹 군대에 유린당한 후 엘베 강 서쪽을 나폴레옹에게 바친다. 나폴레옹은 독일 남부와 서부 16개 주로 구성된 라인동맹을 강요한다. 프랑스와의 동맹으로 독일의 바이에른과 뷔르템베르크 주는 왕국을 세운다. 1806년 프란츠 2세가 신성로마제국 황제 자리를 내려놓으면서 제국은 해체된다. 프로이센은 오스트리아제국을 세워 신성로마제국의 마지막 왕가였던 합스부르크 왕가는 1918년까지 지속된다. 프로이센은 사실상 프랑스의 속국이 되고, 오스트리아는 신성로마제국의 패권을 상실한다. 이 때문에 독일의 민족의식은 전 계층으로 확대된다. 나폴레옹 정권은 독일을 개혁하면 독일인을 안심시킬 수 있을 것으로 판단했지만, 프랑스에서 보낸 왕들이 다스리는 왕국들(예, 베스트팔렌)로 구성된 라인동맹은 부패의 온상이었고, 개혁은 지지부진한다. 이런 상황에서 프랑스인은 독일인에게 압제자이자 타도 대상이 되어, 프랑스인에 대비되는 독일 민족상이 한층 더 강화된다. 예컨대 베를린 대학 총장이던 피히테는 게르만 인의 민족혼, 독일 국민으로서의 자부심과 의무감을 일깨운다. 칸트와 헤겔 등도 프로이센 국민들이 각자의 책임을 각성하게 하고, 국가에 충성하면 합당한 보상을 받을 수 있는 체계를 구축하게 한다. 그래서 '사익편취보다는 공익에 기여하고, 권리를 주장하기 보다는 책임과 의무를 먼저 이행하는 국민'을 만든다.
- 1815년 빈 체제 수립. 오스트리아 수상 클레멘스 폰 메테르니히(1773~1859)가 주최한 빈 회의에서 유럽의 영토가 재편된다. 프랑스 점령지는 오스트리아, 러시아, 프로이센에게 나눠진다. 기존의 전제 왕정은 유지되고, 제국을 대체하기 위한 정치체제로 독일동맹이 탄생하지만 동맹의 운명은 프로이센, 오스트리아 같은 강국에 의해 좌우된다.

▸ 1848년 프랑스의 영향을 받은 3월 혁명[9)]

- 독일 전역에서 발생하여 프로이센-오스트리아 양국 정부는 전복 위기에 처한다. 혁명 수뇌부이던 민족자유주의자들이 프랑크푸르트 국민회의에서 혁명 방향을 논의하지만 혁명은 오래가지 못한다. 경제 상황이 좋아지면서 노동자들의 이탈도 증가한다. 슐레스비히-홀슈타인 문제에서도 의회가 제 기능을 못하고, 결정적으로 새 독일제국의 황제로 추대된 프리드리히 빌헬름 4세(Friedrich Wilhelm, 1620~1688)가 제위를 거부하여 의회의 무용론이 재확인된다.
- 제국은 행정부가 없어서 제국헌법을 바꾸려면 각 동맹국가의 동의를 얻어야 했다. 1848년 프랑크푸르트 암 마인의 파울 교회에 각 동맹에서 파견된 대표들이 입헌군주국 헌법을 기초하고 최초의 국민의회를 개최한다. 의원들은 영국식 모델에 따라 통일 국가체제를 입헌군주국(황제는 프로이센의 왕)을 지향한다. 당시 프로이센의 왕은 혁명과 유관한 왕관은 받을 수 없다고 거부한다. 국왕은 선제후들이 합의한 왕관 수용에 익숙해서 국민이 주는 왕관은 하찮게 여긴다.
- 혁명은 실패했지만, 그 영향으로 프로이센은 자유주의자들을 위한 개혁을 수용해야 했다. 그들의 민족적 이념은 보수적 관점에서 독일 통일에 기여했다.

▸ 1871년: 프로이센(재상 비스마르크)에 의한 독일민족 통일과 독일제국 탄생.

- 독일민족이 아니라 프로이센의 영광을 위해 통일한 것이다. 비스마르크는 러시아와 프랑스가 결탁하지 못하도록 외교전술을 편다. 프로이센은 독일제후국들의 정점에 서고 1860년대 이후 다뉴브 강을 낀 군주국 내의 전쟁에 휘말리지 않도록 오스트리아를 제외한 독일 단일화를 결성한다. 뒤이은 동맹정책과 비스마르크가 이끄는 보오전쟁(1866년)으로 독일동맹은 끝나고 보불전쟁(1870년)에서 승리한다. 1871년, 베르사유 거울의 방에서 프로이센의 빌헬름 1세가 황제로 선언되며 독일제국(1871~1914)이 건국되고, 비스마르크는 수상에 오른다.

---

9) 독일과 오스트리아에서 일어난 혁명. 프로이센 왕국의 수도 베를린과 오스트리아 제국의 수도 빈에서 혁명이 폭발, 오스트리아의 재상 메테르니히는 영국으로 망명, 바이에른, 작센 같은 독일 연방의 국가들에서도 시민 봉기 발생. 다민족국가였던 오스트리아에서는 헝가리인, 체코인, 이탈리아인, 폴란드인이 잇따라 봉기하여 독립을 요구함에 따라 순식간에 합스부르크 제국이 공중분해의 위기에 처했다.

▸ 독일 제2제국은 알자스-로트링겐 제국 외에도 25개의 연방국들로 구성된다.

- 4 왕국: 프로이센, 바이에른, 작센, 뷔르템베르크
- 6 대공국: 바덴, 헤센, 메클렌부르크-슈베린, 작센-바이마르-아이제나흐, 메클렌부르크-슈테를리츠, 올덴부르크
- 5 공국: 안할트, 브라운슈바이크, 작센-코부르크-고타, 작센-마이닝엔, 작센-알텐부르크
- 7 영주국: 슈바르츠부르크-루돌슈타트, 슈바르츠부르크-존더하우젠, 발데크, 로이스 앨테레 리니에(Reuß ältere Linie), 로이스 융에레 리니에(Reuß jüngere Linie), 리페, 샤움부르크-리페
- 3 자유도시국: 함부르크, 브레멘, 뤼베크

▸ 문화 투쟁

- 비스마르크는 모든 학교와 종교도 국가의 감독 하에 둔다. 모든 성직자도 국가시험을 봐야 하고, 가톨릭 교회에 대한 지원도 중단한다. 이의를 제기하는 주교는 체포되거나 추방당했다.

▸ 토사구팽

- 빌헬름 2세는 비스마르크의 영향에서 벗어나 자신의 정책을 세우고자 1890년에 제국 총리 비스마르크를 해임한다. 이는 젊은 황제가 외교적으로 대체 전략을 구사하며 분명해진다.
- 충동적이고 오만한 빌헬름 2세는 1898년 알프레트 폰 티르피츠 제독의 지휘 하에 함대건설계획을 세운다. 독일은 영국에 이어 두 번째 해상강국이 된다.

제1차 세계대전(1914.7.28~1918.11.11)

- 1914년, 7월 28일 오스트리아-헝가리 이중제국과 세르비아의 전쟁으로 촉발되어, 1918년 11월 11일까지 전개된 전쟁. 기관총, 참호, 독가스, 비행선 폭격으로 대표되는 전쟁. 독가스 대신 철조망이 나오기도 한다. 인류 전쟁사에서 마지막으로 기사도가 존재한, 인류 역사상 최초로 조직적인 양민학살이 벌어진 전쟁.
- 35개국이 관련된 대규모 전쟁이자 전장이 확대된 최초의 전쟁이라는 점에서

세계대전.

- 전 계층이 전쟁에 참가한 인민전쟁, 전쟁 참가국 대부분이 제국주의 국가들(예, 독일, 영국, 러시아, 오스만, 오스트리아-헝가리 제국)이어서 '제국전쟁'이라고도 한다.
- 이 전쟁으로 3개의 제국(독일, 오스트리아-헝가리, 오스만 제국)이 몰락하고 나머지 제국들도 역사의 주도권을 상실하는 제국주의 종말 전쟁.

▶ 일반 원인

- 유럽의 팽창으로 인한 독일의 딜레마. 산업혁명과 과학기술의 발전으로 유럽의 생산력은 급성장한다. 이런 상황에서 산업에 필요한 자원을 얻고 생산된 상품을 판매할 식민지가 필요해서 유럽 각국은 식민지 쟁탈전에 열을 올린다. 신흥 강국 독일제국은 통일전쟁을 거치면서 영국, 프랑스에 비해 산업과 공업 발달이 늦어진 관계로 뒤늦게 식민지 쟁탈전에 뛰어든다. 그래서 영국, 프랑스의 식민지를 뺏는 것이 유일한 방법이었다. 그래서 독일은 기존 식민국가인 영국, 프랑스와 대립하면서 제1차 세계대전의 주범으로 등장한다.
- 식민지와 무관한 오스트리아-헝가리 이중제국의 범게르만주의와 러시아 제국의 범슬라브주의로 인한 발칸 반도를 둘러싼 갈등. 발칸 반도는 19세기까지 오스만 제국의 지배를 받다가 독립 이후 발칸 반도 각국은 영토를 놓고 치열한 전쟁을 벌인다. 이런 와중에 발칸 반도의 슬라브족을 선동하여 지중해로 진출하려던 러시아와 이를 견제하려는 오스트리아-헝가리 이중제국 간에 갈등이 증폭된다. 이 과정에서 불만이 가장 큰 나라는 세르비아였다. 오스트리아-헝가리 이중제국이 보스니아를 합병하고 러시아가 독일의 압력으로 이에 굴복하자 (1878년, 1908년) 세르비아는 오스트리아에 극렬한 적대감을 품는다. 세르비아의 적대감은 1914년 6월 28일 사라예보를 방문한 오스트리아-헝가리 이중제국의 황태자 프란츠 페르디난트 대공을 세르비아 비밀결사 '검은 손'과 연계된 세르비아계 보스니아인 가브릴로 프린치프가 암살하는 사건으로 흘러간다. 이는 제1차 세계대전에 또 다른 도화선이 된다(사라예보 사건).
- 실제 원인: 러시아가 영-불과 연결된 점. 독일의 결정적 실책은 오토 폰 비스마르크가 노련하게 유지하던 독일, 러시아, 오스트리아-헝가리 삼각동맹체

제를 빌헬름 2세가 폐기시킨 것이다. 비스마르크는 프랑스-러시아가 동맹을 맺어 포위되는 것을 피하기 위해 껄끄러운 오스트리아-헝가리 이중제국과 러시아를 설득하여 삼각동맹을 유지한다. 그러나 빌헬름 2세는 즉위 후 비스마르크를 강제로 은퇴시키고 외교체제를 개편하면서 러시아를 버리고 오스트리아-헝가리 이중제국을 유일한 동맹 파트너로 선택한다. 이에 러시아가 (서로 고립된) 프랑스와 연합함에 따라(1894년) 독일은 전략적으로 불리한 위치에 놓인다. 영국도 러일전쟁 이후 러시아가 충분히 약화되었다고 보고 1907년 동맹을 맺는다. 이에 따라 독일은 이러한 전략적 약점을 작전술로 해결하기 위해 '먼저 프랑스를 치고 나중에 러시아를 손본다!'는 슐리펜 계획을 수립한다. 이 계획이 제1차 대전의 개전에 결정적인 도화선 중 하나다. 따라서 제1차 세계대전 개전의 가장 큰 책임은 독일의 빌헬름 2세.

- 발발 일지

1914년	
날짜	사 건
6.28	사라예보 사건: 사라예보에서 프란츠 페르디난트 황태자 암살
7.05	독일제국의 빌헬름 2세가 독일-오스트리아 동맹에 의거 개전 시 오스트리아 지지 천명
7.28	오스트리아-헝가리 제국, 세르비아에 선전포고
7.29	러시아 제국, 보호국 세르비아를 위해 총동원령 발동
8.01	독일제국, 러시아 제국에 선전포고
8.03	독일제국, 프랑스에 선전포고 하고 벨기에 침공. 슐리펜 계획 발동
8.04	독일제국, 영국에 선전포고
8.06	오스트리아, 러시아에 선전포고
1919년	
1.04	파리 강화 회의 열림
7.21	스캐퍼플로 독일 대양함대 자침 사건
7.28	베르사유 조약 체결

6. 바이마르 공화국(1918~1933)

- 제1차 대전 종전 무렵 킬에서 발생한 수병들의 항명으로 황제는 네덜란드로 달아난다. 공화국 헌법이 바이마르에서 선포된 뒤 사민당 집권. 사민당은 그때까지 사회주의자들이라고 탄압을 받는다.
- 베를린은 당시 권위주의, 황제, 군국주의의 상징이었기에 사민당은 베를린을 기피하고 고전주의 문화의 상징인 바이마르를 선택한다. 그래서 탄생한 것이 바이마르 공화국. 사민당은 전쟁 후 사회적, 경제적 혼란이 극심하여 처음에 32% 득표에 그치는 바람에 의회민주주의를 제대로 실현하지 못한다. 그러나 이 시대는 문화적으로는 크게 번영한다.
- 바이마르공화국은 좌절과 무질서를 넘어 세계 대공황의 여파로 경제가 파탄난다. 이런 무질서를 일거에 척결해준 강력한 지도자가 1934년에 등장한 히틀러(Adolf Hitler)이다. 그는 무질서를 싫어하고 체제에 순응하기를 좋아하는 강한 독일인들에게 강력하게 어필한다.

7. 독일 제3제국(나치 독재시대, 1939: 2차 세계 대전, 1933~1945)

▶ 제2차 세계대전

- 히틀러가 총통이 되어 제3제국(1934~1945)을 선포한다.
- 제2차 세계대전을 일으키지만, 결국 참혹한 패배로 끝나고, 알자스-로렌과 동프로이센을 비롯한 동부 영토를 잃은 뒤 동독과 서독으로 분단된다.

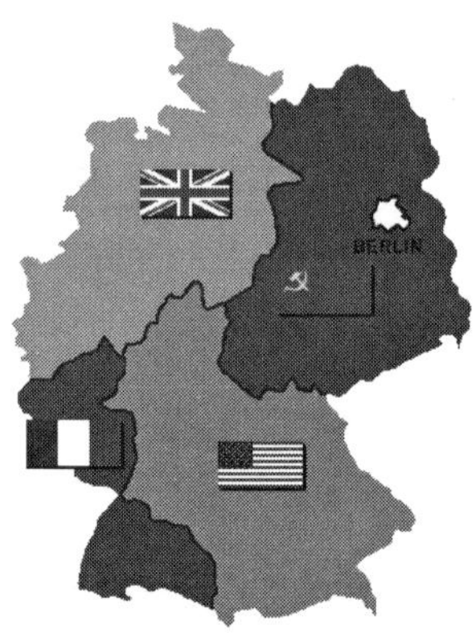

▶ 제2차 세계대전 이후 1945~1952년: 연합국 점령

- 미국, 영국, 프랑스, 소련이 독일의 영토를 분할한다.

- 미국, 영국, 프랑스는 각자 점령한 독일의 영토를 통합하기로 합의하지만 소련만 거부. 그 결과, 미국, 영국, 프랑스가 점령한 독일 영토는 서독이, 소련이 점령한 독일 영토는 동독이 된다. 그래서 베를린도 2등분, 소련 점령지역만 동독이 된다. 이후 동독 정부는 동독 사람들이 동독 안에 있는 서독의 영토인 서베를린으로 가지 못하게 베를린 장벽을 건설한다.

8. 분단과 통일(1949～1991)

- 1949～1991년: 독일 연방공화국(BRD = 서독)
- 1949～1991년: 독일 민주공화국(DDR = 동독)
- 서독은 미국의 압도적인 지원을 바탕으로 공산주의에 맞서는 보루가 되어 자본주의 국가들 중 일본 다음가는 3위의 경제대국이 된다.
- 동독도 경제개발로 사회주의 국가들 중 소련 다음의 경제력을 갖는다.[10] 하지만 소련의 개혁개방정책의 결과는 동유럽 공산주의의 와해로 이어지고, 결국 1989년 베를린 장벽이 붕괴한다.
- 1991-현재: 동독이 서독에 흡수 통일. 베를린 장벽 붕괴의 여파로 동독주민들의 자유선거에 따라 1990년 독일 통일을 이루면서 이후 독일은 하나 된 국가로서, 유럽연합의 주도국가로서 현재에 이르고 있다.

▸정리:

- 프랑크 왕국(카를 대제) → 동프랑크 왕국 → (독일인의) 신성로마제국 → 프로이센 제국(독일제국) → 제1차 세계대전 → 바이마르 공화국 → '제3 제국' → 제2차 세계대전 → 분단 독일(서독과 동독) → 통일 독일 → 현재

10) 다른 분야에서도 동독은 무척 발달한 상황이라서, 1988년 서울 올림픽 등에서도 동독은 2위를 차지하기도 한다. 그럼에도 서독과의 경제력은 10배 이상 차이가 있었다.

제2부

연방주의 재발견

연방주	주도
바덴-뷔르템베르크	슈투트가르트
바이에른	뮌헨
베를린 / 브레멘 / 함부르크	
브란덴부르크	포츠담
헤센	비스바덴
니더작센	하노버
메클렌부르크-포어포메른	슈베린
노르트라인-베스트팔렌	뒤셀도르프
라인란트-팔츠	마인츠
자를란트	자르브뤼켄
작센	드레스덴
작센-안할트	막데부르크
슐레스비히-홀슈타인	킬
튀링겐	에어푸르트

I. 북부 문화권

01. 슐레스비히-홀슈타인 주

02. 메클렌부르크-포어포메른 주

03. 함부르크

01
슐레스비히-홀슈타인
(Schleswig-Holstein)

https://en.wikipedia.org/wiki/Schleswig-Holstein

슐레스비히-홀슈타인 - 바다와 바다 사이, 고요한 동해와 포효하는 북해 사이에 낀 독일 유일의 연방 주. 이 두 바다 사이에서 울창한 충적토 사구와 호수들로 가득한 온화한 지대가 끝없이 펼쳐진다. 육중한 벽돌고딕 양식의 교회들, 갈대로 뒤덮인 농장들, 수많은 박물관들은 독일 최북단 연방주가 얼마나 풍성한 문화로 가득한지를 증언해준다.

1. 자연을 품은 슐레스비히-홀슈타인

주도: 킬(Kiel)
면적: 15.799,38 km²
인구: 2.881.926명 (2016년)
언어: 독일어(270만여 명), 저지독일어(13만여 명), 덴마크어(65.000여 명), 북프리슬란트어 (10.000여 명), 로마(집시)어 (5000여 명)

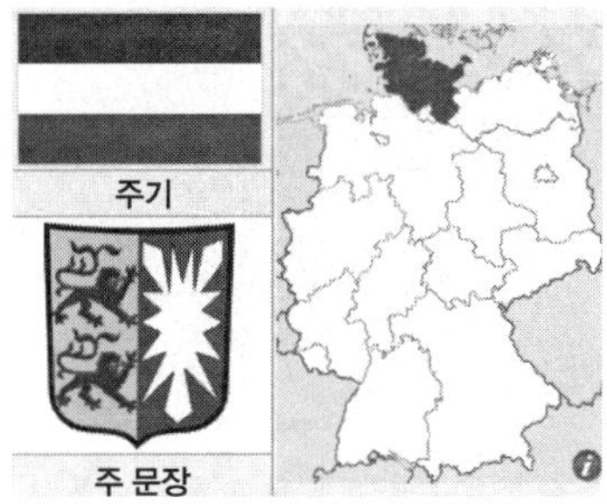

▸ 주기

- 왼쪽의 두 마리 파랑색 사자는 옛 슐레스비히 주의 상징.
- 오른쪽의 은색 모시풀잎은 옛 홀슈타인 지역의 상징

▸ 위치

- 2개의 바다와 인접한 유일한 연방주. 서쪽에는 북해와, 동쪽에는 동해와 인접해 있다. 함부르크, 메클렌부르크-포어포메른, 니더작센 주와 인접, 덴마크와의 국경은 북쪽.

▸ 두 지역으로 구분

- 북부의 슐레스비히: 중세에 게르만 부족(알겔, 작센, 바이킹, 데임)이 거주하던 곳.
- 남부의 홀슈타인: 주요 거주민이던 슬라브인들은 12세기 말경 기독교로 개종. 역사적으로 한자동맹 도시들과 덴마크의 통치자들 사이의 다툼이 극심했던 곳. 18세기에는 남쪽의 알토나(현재의 함부르크의 일부)에서 북으로는 콜딩에 이르는 전 지역이 덴마크의 영토였으나 1886년 비스마르크의 프로이센 제국에 편입되었다. 1920년 국민투표 이후 덴마크가 다시 슐레스비히 일부를 자국 영토로 편입시키면서 두 국가의 경계가 현재와 같은 모습이 되었다. 이 과정에서 다수의 덴마크 인들이 독일에 남아 소수 민족 집단을 형성했다.

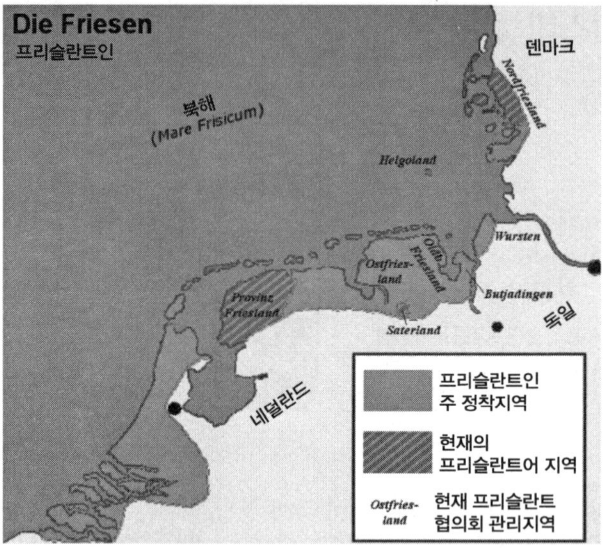

- 프리슬란트인도 거주. 독일어 외에 덴마크어와 프리슬란트어(프리젠어라고도 함)도 통용
- 중세 때 발트 해에서 가장 강력한 한자동맹도시였던 뤼베크(특히 뤼베크의 구시가)은 현재 예술가들의 발길을 끄는 명소

▸지형

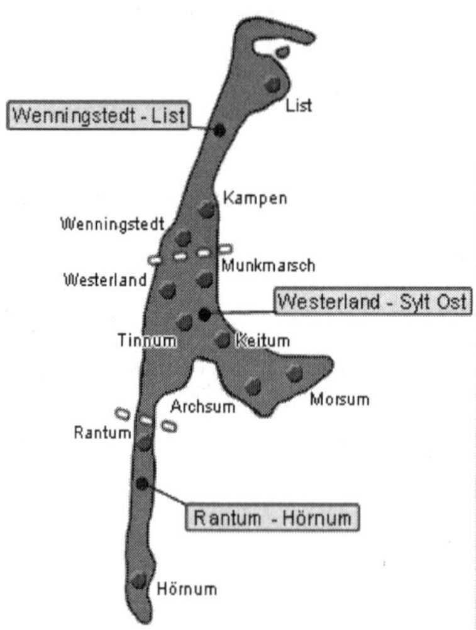

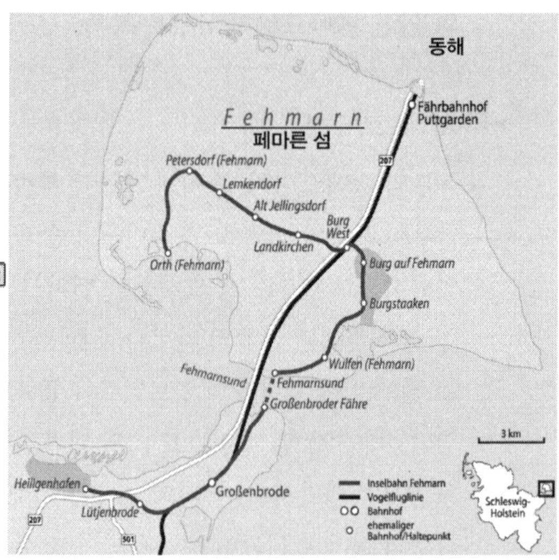

〈쥘트(Sylt) 섬과 페마른(Fehmarn) 섬〉

〈킬-할테나우의 북해-동해운하의 수문관리소〉

- 이 주를 가로지르는 인공 수로인 북해-동해 운하(Nord-Ostsee-Kanal)는 북해를 동해와 잇는다. 이 수로는 세계에서 가장 많이 항행되는 인공 수로이기도 하다. 거대 상선들이 통과할 수 있도록 철교(Brücke-Fehmarn Insel)를 아주 높이 건설했다.

▸ 경제

- 절대 다수 주민들이 농업에 종사하고 있다. 소, 돼지, 양, 염소, 말을 사육하는 동물사육농장들이 아주 많다. 육류 외에 우유도 많이 생산되는데, 대부분은 '낙농장'에 납품되어, 치즈, 버터, 분유 등으로 가공된다.
- 또 다른 경제 분야는 이 주의 북쪽과 서쪽의 어업이다. 어부들은 북해로 가서 수많은 물고기 종류들을 잡아들인다. 연어, 대구, 가자미가 가장 많다. 북해에는 게를 잡는 어부들도 있다. 북부프리슬란트에는 다수의 섭조개 양식업체들도 있는데, 조개들을 양식하고 가공한다.

- 수십 년 전부터 북해 연안에서는 바람을 에너지 생산(풍력발전)에 이용하고 있다. 이른바 '풍력공원(Windpark)'에는 풍력발전기들이 설치되어있는데, 전기를 주변의 지역구(게마인데)에 공급한다. 일반인들에게 환경 친화적인 에너지 생산을 홍보하기 위해 매년 후줌 시의 박람회장에서 "후줌풍력박람회(HUSUMwind)"를 열고 있다.
- 킬에서는 페리 연락선들이 러시아, 노르웨이, 스웨덴을 왕래한다. 킬에는 독일에서 가장 큰 조선소가 있다. 북유럽과 연결된 가장 중요한 카페리 항구는 트라베뮌데(Travemünde) 항구, 독일의 동해에서 가장 큰 항구는 뤼베크이다.

〈상식〉 독일도 산유국!

독일에도 석유가 채굴되고 있다는 사실! 최대의 석유 채굴지역은 유네스코 자연유산으로 지정된 국립공원 "슐레스비히-홀슈타인 조수바다(Schleswig-Holsteinisches Wattenmeer) 내 프리드리히스코크(Friedrichskoog) 근처 미텔플라테(Mittelplate)에 있다.

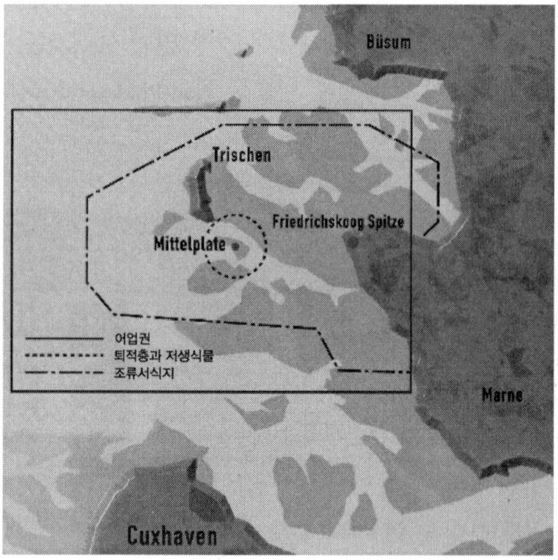

2. 역사를 품은 슐레스비히-홀슈타인

▸ '홀슈타인' 의 어원

- 고대 저지독일어 'Holseta Land'('숲에 사는 자들의 땅'이란 뜻)에서 기원했다. 현대 독일어로 목재를 뜻하는 'Holz'에 그 흔적이 남아있다.
- '홀슈타인'은 엘베 강 북쪽에 살던 작센 족 세 부족의 중심지를 이르는 말인데, 대략 슈퇴르 강과 함부르크 사이에 해당한다. 작센 족의 홀슈타인은 8세기 후반 카를 대제의 정복사업으로 신성로마제국에 편입된다. 811년 이후 제국의 북쪽 경계는 아이더 강이 끝이었다. 그래서 홀슈타인의 북쪽 경계도 아이더 강.

▸ '슐레스비히' 의 어원

- 슐레스비히 시에서 유래했다. 슐레스비히 시의 이름은 동쪽에 있는 'Schlei'(슐라이) 만에서 기원한 것. 이곳에 고대 저지독일어나 고대 노르드 어로 만(灣)을 뜻하는 'vik' (또는 'vig')가 결합하여 만들어진 단어.
- 유틀란트 반도 남부의 슐레스비히 공국은 원래 덴마크 영토의 일부였다. 이 땅은 중세 시대에는 덴마크 왕국 내의 봉건영지로서 자치를 누렸다. 1100년경 작센 공작이 홀슈타인을 샤우엔부르크의 아돌프 1세 백작에게 이양했다.

▸ 슐레스비히와 홀슈타인의 역사

- 덴마크와 독일에 깊은 관련이 있다. 역사적으로 두 지방은 두 국가 중 하나(지방 전체 또는 일부분)에 복속되었거나 두 국가 모두로부터 실질적인 독립을 누렸다.
- 슐레스비히는 1864년 제2차 슐레스비히 전쟁 이전까지는 한 번도 독일 영토가 된 적이 없다. 수세기동안 덴마크 국왕이 덴마크의 슐레스비히 공작과 독일의 홀슈타인, 작센 공작을 겸임했다. 그러니까 슐레스비히는 덴마크의 완전한 영토 또는 덴마크 내의 봉건영지였던 셈이다.
- 홀슈타인은 독일 내의 영지로서 오래전부터 주권국가의 지위에 있었다. 두 지방 모두 여러 세기에 걸쳐 덴마크의 국왕이 다스렸다. 1721년 슐레스비히

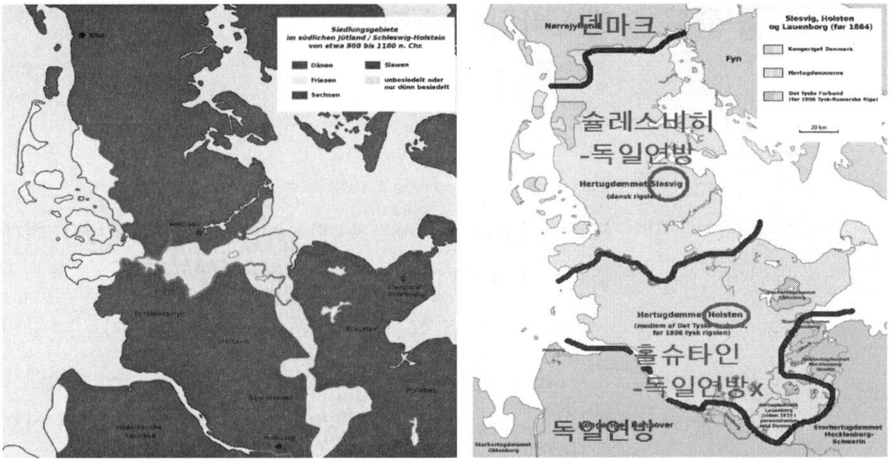

〈**좌**: 800~1200년 남부 유틀란트반도/슐레스비히-홀슈타인의 취락지역(빨강: 덴마크인, 노랑: 프리슬란트인, 흙색: 슬라브인, 보라: 작센인, 흰색: 비 정주 지역), **우**: 독일-덴마크 전쟁〉

지역 전체가 덴마크 왕이 다스리는 하나의 공국으로 통합되고, 유럽열강들은 국제조약을 맺어 덴마크 국왕이 자동적으로 슐레스비히 공작 지위를 물려받는 것에 합의했다. 덴마크 왕과 슐레스비히 공작 지위가 하나로 합쳐지면서 슐레스비히 공작 지위 계승자는 덴마크 왕위계승자와 동일 인물이 되었다.

- 나폴레옹 전쟁 이후 독일에 민족주의가 발흥하면서 홀슈타인과 남부 슐레스비히를 프로이센 왕국 중심의 새로운 독일에 통합시키려는 운동이 거세진다. 1815년 빈 협약으로 슐레스비히는 독일연방으로, 홀슈타인은 비 독일연방으로 개편되면서 땅 문제가 복잡해진다.
- 이런 통합 운동이 일어난 즈음에 덴마크와 북부 슐레스비히에서도 민족주의가 확산되면서 독일 민족주의 운동과 대립하게 된다. 덴마크 민족주의 운동은 슐레스비히를 덴마크에 완전히 재통합시킬 것과, 슐레스비히에 거주하는 덴마크 인들에 대한 차별을 없애라고 요구한다. 결국 홀슈타인 공국은 독일연방 사이에 낀 섬 모양새. 또한 슐레스비히와 홀슈타인은 독일인 지역임에도 덴마크 국왕이 대공을 겸하고 있어서 지리적, 역사적으로도 복잡한 지역 모양새다.
- 1848년, 올덴부르크 왕가 출신의 마지막 덴마크 군주 프레데리크 7세(1808~1863, 재위 1848~1863)는 덴마크에 자유주의 헌법을 실시하겠다고 공표한다.

이에 따라 덴마크 민족주의자들의 목표는 이 헌법이 덴마크 국내뿐 아니라 슐레스비히의 덴마크인과 독일인에게도 적용되도록 만드는 것. 또한 19세기 초부터 슐레스비히의 1/4에 해당하는 지역에서 지배적인 언어가 덴마크어에서 독일어로 바뀌면서 슐레스비히 지역에서 덴마크어를 보호하고자 했다.

- 1848년, 2월 혁명으로 덴마크는 두 공국을 병합하려 했지만 프로이센의 도움으로 공국의 지위를 유지한다. 그러나 1863년 덴마크가 슐레스비히를 병합하려고 하자 프로이센-오스트리아 연합국이 덴마크를 침공한다. 이는 1848년부터 1851년까지 지속된 제1차 슐레스비히 전쟁의 서곡. 전쟁은 이트슈테트에서 덴마크의 승리로 끝난다.
- 1863년, 프레데리크 7세가 후사 없이 죽고, 크리스티안 9세(재위 1863~1906)가 등극한 후 슐레스비히와 홀슈타인을 놓고 충돌하는데, 이것이 프로이센-오스트리아가 덴마크와 벌인 전쟁(1863년)이다. 쟁점은 슐레스비히, 홀슈타인의 공국 문제. 덴마크와 슐레스비히의 왕위(공작 지위) 계승 계보에 따르면, 덴마크와 슐레스비히의 지배권은 모두 크리스티안 글뤽스부르크 공작(1818~1906, 1863년부터 크리스티안 9세 덴마크 왕으로 즉위)에게 상속되어야 했다. 논란은 홀슈타인의 지배권이 누구에게 상속되어야 하느냐는 문제였다. 이 결정은 적대관계에 있던 친독일 성향의 덴마크 왕가 아우구스텐보르크 가문의 반발을 부른다. 이들은 1848년 독일혁명에서의 주장처럼 다시 슐레스비히와 홀슈타인 모두의 공작 지위를 요구한다.
- 1863년, 11월 덴마크와 슐레스비히 공동 헌법이 통과된다. 비스마르크는 이를 프로이센과 오스트리아가 이 문제에 간섭하여 덴마크에 전쟁을 선포하는 빌미로 삼는다. 이로써 제2차 슐레스비히 전쟁이 발발하여 덴마크가 패배한다. 영국은 1864년 런던회의를 열어 중재에 나서지만 실패하고, 덴마크는 슐레스비히 전체(현재는 북부 슐레스비히는 다시 덴마크의 땅), 홀슈타인, 라우엔부르크를 프로이센과 오스트리아에 빼앗긴다.
- 1866년, 프로이센-오스트리아 전쟁의 결과 체결된 프라하 평화조약 5조에는 북부 슐레스비히의 주민들이 프로이센의 지배하에 남을지 덴마크령으로 돌아갈지를 결정하는 국민투표를 할 권리를 가진다고 규정하고 있다. 그러나 프로이센은 이를 이행하지 않는다. 전쟁의 결과, 승전국 프로이센은 북부

슐레스비히와 남부 슐레스비히, 홀슈타인 모두를 병합한다. 1871년 프로이센-프랑스 전쟁에서도 승리한 프로이센이 독일제국을 선포함에 따라, 슐레스비히-홀슈타인 지역도 독일제국의 일부가 된다.

- 제1차 세계대전에서 독일제국이 패배하자 연합국은 북부와 중부 슐레스비히의 귀속 결정을 위한 국민투표를 실시한다. 북부 슐레스비히에서는(투표일: 1920년 2월 10일) 75%가 덴마크와의 재통합을 선택, 25%는 독일령으로 남을 것을 선택한다. 중부 슐레스비히에서는(투표일: 1920년 3월 14일) 거꾸로 80%가 독일에 귀속되는 것을, 20%가 덴마크에 귀속되는 것을 선택한다. 남부 슐레스비히에서는 국민투표도 계획되었지만 실시되지 않았다. 귀속문제 결정에서 중요한 것은 투표구 전체 득표율이었으므로, 한 도시나 군에서 투표구 전체의 선택과 반대되는 의견이 다수이더라도 전체 투표구의 선택에 따라 국가귀속이 결정되는 때문이었다.
- 1920년, 6월 15일, 북부 슐레스비히는 덴마크에 반환된다. 이때부터 정해진 덴마크-독일 간 국경은 제1차 세계대전 패전으로 베르사유 조약에서 새로 정한 여러 독일국경 중 히틀러가 인정한 유일한 국경이다.
- 1937년, 나치는 소위 대(大) 함부르크 법을 제정하여 함부르크 자유 한자도시를 프로이센 자유주의 슐레스비히-홀슈타인 지역에 속한 여러 마을까지 넓힌다. 이때 프로이센 자치주는 독일제국 몰락 이후 프로이센 왕국이 멸망하자 그 영역을 계승한 주였다. 프로이센 자치주가 입은 영토 손실에 대한 보상으로 뤼베크가 슐레스비히-홀슈타인 지역에 통합된다. 뤼베크는 711년간 누린 자유 한자 도시의 지위를 상실한다.
- 제2차 세계 대전 후, 프로이센 자유주 슐레스비히-홀슈타인 지역은 영국이 점령하여 감독한다. 1946년 8월 23일, 연합군 군정은 프로이센 자치주를 해체하고 각 지역들을 새로운 연방주로 만들면서 슐레스비히-홀슈타인 지역은 슐레스비히-홀슈타인 주로 재창설. 제2차 세계대전으로 독일영토가 다시 축소되고 상실한 영토에서 독일인이 축출되고 슐레스비히-홀슈타인 주로 이주함에 따라 이 주의 인구는 전후 33 퍼센트나 증가한다(86만 명).
- 1946년 슐레스비히-홀슈타인 주 탄생.
- 1950년 독일연방공화국의 연방주에 편입.

3. 문화를 품은 슐레스비히-홀슈타인

3.1. 슐레스비히-홀슈타인 치즈가도(Käsestraße, Cheese Route)[1]

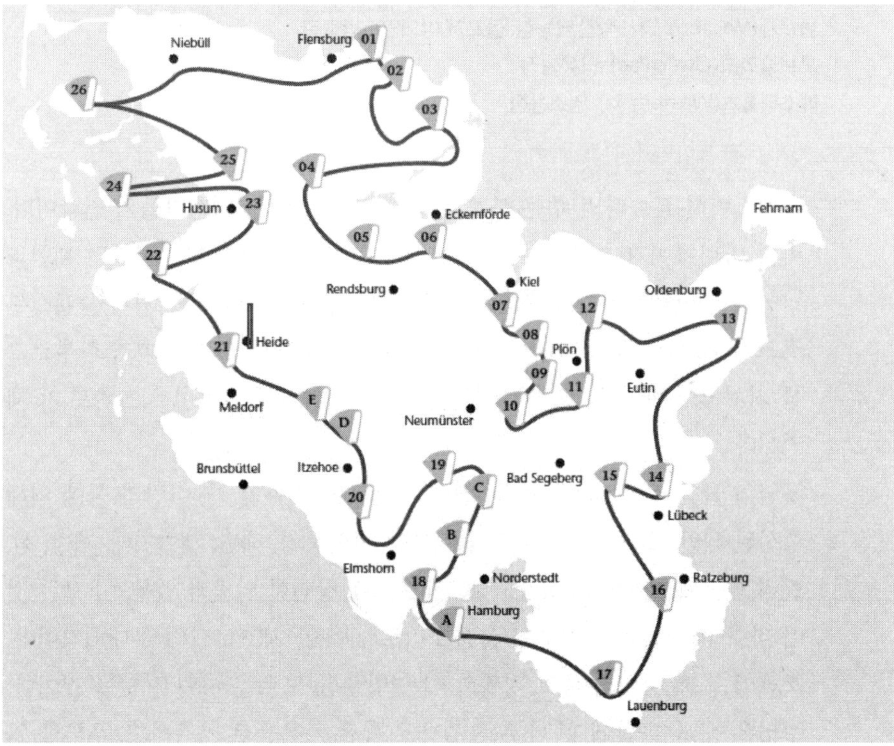

길이: 500km
주제: 식도락, 치즈제조, 바다, 경관
하이라이트:
플뢴 강변의 벨(Behl/b. Plön): 치즈제조공장
벤도르프(Bendorf): 치즈농가 로뮐레(Lohmühle)

---

1) 지도상의 치즈공방들(선별). 01-Hofladen Mangelsen mit Hofkäserei, 02-Jahnkes Ziegenkäse, 03-Milchschäferei Hof Ahmen, 04-Milchschafhof Solterbeck, 06-Ziegenhof Rehder, 10-Demeter-Hofkäserei Klostersee, 12-Die Ziegen vom Redderhof, 13-Betriebsgemeinschaft Domäne Fredeburg, 14-Erdmannshof, 16-Axel Brinkhaus GmbH & Co. KG, 22-Föhrer Insel Käse John und Jens Hartmann GbR.

보크제(Boksee): 염소농가 레데르(Rehder)
키스마르(Cismar): 수도원, 데메테르-치즈농장
다나우(Dannau): 영농치즈농장(Bauernkäserei)
라우엔부르크(Lauenburg): 구시가, 박물관, 고성유적
뤼베크(Lübeck): 유네스코문화유산, 낙농장, 박물관
글뤽스부르크(Glücksburg): 해자성, 에너지-체험공원
홀트제(Holtsee): 낙농협동조합, 치즈식당
몰프제(Molfsee): 역사적인 낙농장, 몰프제 야외민속박물관
오브슐라크(Owschlag): 양유농장
베스터홀츠(Westerholz): 염소농장

- 슐레스비히-홀슈타인 주는 북해와 동해를 끼고 있는 미식가들의 천국이다. 바다 마니아이거나 육지 마니아라면 꼭 가봐야 할 곳! 자연 친화적 체험과 낙농품을 만끽하려면 라우엔부르크에서부터 뤼베크와 킬을 거쳐 플렌스부르크에 이르는, 푀르(Föhr) 섬에서부터 북해 해안과 엘바 강을 따라 함부르크를 거쳐 라우엔부르크로 이어지는 '슐레비스비히-홀슈타인 치즈가도'가 제격이다.
- 독일의 쿨한 북부, 북해, 동해, 엘베 강으로 둘러싸인 곳, 바람과 물에 의해 형성된 해안, 밀물과 썰물이 만들어내는 자연풍경, 해변, 갯벌지대, 제방, 섬, 할리겐 군도(만조 때 수몰될 수도 있는 작은 섬들), 장엄한 일출과 일몰, 이 모든 것이 바다 파도소리와 갈매기 울음소리로 가득한 치즈로드의 무대배경이다. 북해와 동해 사이의 좁고 평평한 이 연방주를 모르는 사람은 없을 것이다. 수많은 등대, 바람에 휜 나무들, 갈대로 덮은 가옥들로 가득하고, 푸른 초원을 수놓은 검은 반점으로 얼룩진 젖소들과 수많은 양들이 만들어낸 우유에서 120가지나 되는 탁월한 치즈종류들이 탄생하는 곳, 그곳이 슐레스비히-홀슈타인 치즈로드이다.
- 슐레스비히-홀슈타인은 전통적인 치즈 랜드. 하지만 이곳 북쪽에서 치즈의 풍미를 즐길 수 있으리라고는 그 누구도 상상하지 못했으리라. 치즈로드는 이 주에 산재한 약 30개의 치즈 제조사들을 연결하고 있다. 이곳에서 역량 있는 치즈전문가들이 옛 전통을 고수하며 고급식품을 생산하고 있다. 젖소, 양, 염소의 우유 중 어떤 것으로 만든 것이든 치즈 특산물은 끝이 없다. 치즈 종류가 단순히 치즈를 얹은 빵 종류들보다 훨씬 더 많은 곳이 이곳이다.

- 먹거리의 수호신: 엄청난 기술적인 진보에도 불구하고 치즈는 수공업으로 남아서 치즈명장의 기술과 애정으로 만들어지는 것이다. 이곳에서는 수많은 치즈 제조사에서 곧바로 구입할 수도 있고, 치즈 생산 과정을 관람하거나 음식 맛을 음미할 수도 있다. 물론 엄격한 위생 관련 규정 때문에 어디서나 이렇게 할 수 있는 것은 아니다. 치즈제조사를 구경하려면 사전 신청은 필수!
- 바다를 즐기다: 바다와 육지가 맞닿은 곳에서는 인간의 마음을 끌어당기는 요술 같은 에너지가 넘친다. 맨발로 해변을 거닐며 구름 저편에 뭐가 있을까 동경도 해보고, 이글거리는 파도를 즐기며 갈매기와 함께 항구에 서서 어부들의 귀환을 기다려 볼 수도 있다. 이곳에서 조수간만의 리듬을 타고 있노라면 시간을 초월하게 될 것이다. 북해와 동해 사이에는 좁은 육지도 있는데, 후줌과 슐레스비히 사이에서 가장 좁은 곳은 폭이 36km밖에 안 된다.
- 그렇다고 해변, 등대, 풍차만 있는 것은 아니다. 우리의 발걸음을 멈추게 하는 더 많은 것들이 있다. 역사를 품은 매력적인 내륙은 오늘날까지도 농업구조를 유지하고 있는 경작지와 농경지로 뒤덮여 있다. 또한 치즈로드를 따라 널브러지게 자태를 뽐내는 멋진 별장들, 당당한 귀족 저택들, 바로크 양식의 궁전들, 북독일 특유의 벽돌고딕양식 건물들, 아름다운 종교건물들, 수많은 박물관들은 도보여행이나 자전거여행을 하며 방문하기에 최적이다.

[1] 키스마르(Cismar)

- 동부홀슈타인 군의 그뢰미츠(Grömitz) 자치구에 속한 인구 800여 명의 마을.
- 키스마르의 핵심은 옛 베네딕트 교단 수도원인 키스마르 수도원이다. 이 수도원은 1245년 뤼베크에서 키스마르로 옮겨온 것이다. 세속화 과정에서 수도원의 기능은 폐지되고 키스마르 공공 관청으로 전환되었다.

▶ 키스마르 수도원

- 1245년부터 1561년까지 키스마르의 베네딕트 교단 수도원이었다. 슐레스비히-홀슈타인 주의 그뢰미츠 자치구에 있다. 현재는 여름에는 슐레스비히-홀슈타인 주립미술관 지점으로서 미술 전람회장으로 이용되고 있다.

- 이 건물은 벽돌고딕 양식으로 건축되었는데, 상당수 벽돌들이 특별히 미래에 사용할 목적으로 생산되었다. 이 건물은 현재 본당이 하나이고 첨탑이 없는 교회로 되어 있다. 서쪽의 옛 세속 건물은 따로 분리되어 있는데, 바로크 양식으로 키스마르 관청의 고위직 공무원 아파트로 개축된 것이다. 분리된 이 건물은 현재는 슐레스비히-홀슈타인 주립미술관 지점이다. 또 다른 단층 건물들은 동쪽과 남쪽에 사각형 안마당을 둘러싸고 있다. 회랑의 윤곽은 석재 이정표를 통해 알 수 있다. 서쪽의 건물 부분은 사라지고 없다. 건물의 서쪽 정면은 계단 모양의 박공지붕으로 되어 있다(위의 좌측 사진 참조). 1965년 발굴물들을 통해 원래의 건물이 1320년 무렵에 확장된 사실이 밝혀졌다. 전체 건물 복합체는 해자와 흙벽으로 둘러싸여 있었다.
- 이 키스마르 수도원은 1982년부터 대대적인 복구와 개축 후 1987년부터 슐레스비히-홀슈타인 주립박물관 재단의 지점으로 이용되었다. 여름시즌에 이곳에서 열리는 다채로운 전람회는 전국적인 의미가 있다. 겨울시즌에는 아치형 홀에서 권위 있는 콘서트가 열린다. 8월 둘째 주말에 열리는 키스마르 수도원 축제는 주를 넘어서는 유명세를 얻고 있다.
- 수도원 투어.

  개장시간: 3/4월부터 10월까지 - 수요일과 토요일 17시, 크리스마스 기간과 그믐날은 수요일과 토요일 15시까지.

  입장료: 성인 2€, 어린아이: 1€

  투어시간: 약 1시간.

  투어가 아닌 경우에는 수도원 교회의 대기실만 입장 가능(부활절부터 10월까지만 가능). 외부 시설물은 상시 관람 가능.

[2] 데메테르-클로스터제 치즈 농장(Hof Klostersee)

- 1987년부터 친환경적으로 경영하고 있는 농장이다. 농장은 뤼베크 만에 접해 있는데, 아름다운 자연 해변에서 2,5km 떨어진 곳에 있다. 농장 뒤에는 태고의 신비를 간직한 떡갈나무로 뒤덮인 켈렌후젠 숲(Kellenhusener Forst)이 있다. 농장경영 외에도 농장직영가게, 직영빵집, 치즈가게를 운영하고 있다. 이 농장은 축제, 세미나, 예식도 개최하고 있다.
- 농장의 치즈가게에서는 매년 클로스터제 농장의 젖소 우유 약 45,000리터로 치즈, 요구르트, 응유를 가공하고 있다. 원유도 이 농장에서는 병입하여 판매하고 있다. 상품의 품질에 큰 가치를 두고 있으며, 수제 전통에 따라 치즈 제조 작업을 하고 있다.
- 기본상품인 클로스터제 우유는 보통 젖소와 연결된 관을 거쳐 치즈탱크로 들어간다. 이 우유 품질은 낙농제품의 성공여부에 결정적인 역할을 한다. 우유의 품질은 두 가지 매개변수(세포 수와 배아 수)로 측정된다. 세포 수는 젖소의 건강 상태를, 배아 수는 젖을 짜는 과정의 청결 정도를 알려주는 수치이다. 이 두 가지 매개변수에서 이 농장은 수년전부터 그 어떤 불평불만도 받은 적이 없다고 한다.
- 직영농장가게. 2010년부터 클로스터제 농장에서 구매하기가 더 좋아졌다. 과거에는 가게가 농장 중간의 옛 기계실 옆에 있었는데, 현재는 이곳에서 대규모 농장직영가게로 이전했다. 이 가게에는 테라스가 딸린 조그만 카페도 있는데, 카푸치노와 여타 커피들을 즐기며 맛있는 케이크도 시음할 수 있다. 물론 지금은 유명한 클로스터제 농장 특식, 이를테면 농장 들판에서 직접 경작한 곡물들로 신선하게 구워낸 통밀가루 빵 종류들, 중독성 있는 치즈종류들, 소시지 상품, 농장에서 사육한 소와 돼지 육가공품들도 맛볼 수 있다.

- 역사. 클로스터제 농장은 1862년에 함부르크 출신 상인 랑에에 의해 클로스터제-저지대 끝자락에 건립되었다. 클로스터제라는 이름은 동해의 해안 호가 13세기에도 여전히 키스마르 수도원에까지 뻗어있었음을 말해준다. 해안 호가 동해와 분리된 곳(좁고 긴 반도)은 대략 오늘날의 제방이 있는 곳에 있었다. 수세기가 지나면서 이 해안 호는 육지로 바뀌면서 질퍽거리는 저지대가 된 것이다. 이 저지대는 농장이 건립되면서 오늘날과 같은 단단한 땅으로 변모되었다. 물길을 만들어서 주변의 수분을 말리는 방식을 취한 까닭에 현재의 농장은 해면보다 2.5m나 낮은 위치에 있다.

[3] 뤼베크(Lübeck)

▶ 배경

- 고대도시가 몰락하여 중세도시가 형성되었고 봉건제와 장원제의 핵심권력층인 영주와 기사단이 초기 중세도시의 주인 행세를 했다. 그러나 기사단의 압박 속에서도 꾸준히 자신들의 길드를 형성한 상인들에 의해 해안유역을 따라 상업도시들이 나타났다.
- 그 사이 발트 해 연안에는 광범위한 교역 망들이 있었는데, 그 중심지가 뤼베크였다. 뤼베크는 한자동맹을 기점으로 빠르게 성장하여 한자동맹의 맹주 노릇을 할 정도로 국제적인 명성을 누렸다. 당시 뤼베크는 상인들과 수공업자가 주인이 되어 자유롭고 자치적인 도시의 성격을 지니고 있었다. 이는 중세후기에 시민계층이 문화의 주도자가 되는 발판이 되었다.
- 구시가 전체가 유네스코 세계문화유산에 등재되어 있다.

▶ 역사

- 홀슈타인 백작 아돌프 2세(1128~1164)가 1143년에 성과 성벽[2)]을 세움으로서 도시의 모습이 형성되었다. 남북 방향의 교차로인 데다 좋은 항구를 갖춘 덕분에 발트 해로 들어가는 어부와 상인들의 통상에 이상적이었다. 하지

---

2) 상업이 부활하면서 다양한 약탈행위가 빈번해짐에 따라 상인들의 안전에 요긴한 요새 형태의 도시를 건설했는데, 이것이 중세도시의 기본 특징을 이루게 되었다. 도시와 촌락을 구분하는 기준들 중 하나가 성벽이었다. 성벽은 도시에 필수적인 '권리' 혹은 '특권'이었다.

만 이런 특성 때문에 질시하는 적의 공격을 여러 차례 받기도 하였다. 실제로 뤼베크는 1145년, 이웃 벤트 족에 의해 화재를 당했으며, 1158년에는 작센 공작 사자공 하인리히에게 정복당했다. 그는 뤼베크 상인에게 북부 독일을 열어주고, 올덴부르크 주교를 불러들여 첫 정부를 구성했다. 1180년부터 시작된 정치투쟁으로 뤼베크는 신성로마제국의 황제 프리드리히 1세(1122~1190, 재위 1155~1190)의 지배를 받다가 덴마크 왕의 지배를 받기도 한다. 1226년에 덴마크가 물러가면서 자유 제국도시가 된다.

- 이후 뤼베크 시민은 자치적으로 화폐를 주조하고 무역활동을 한다. 이로 인해 12세기 중엽에는 뤼베크에 상인 거주지가 형성된다. 14세기 중엽부터는 북유럽의 해상무역을 주도한다. 또한 뤼베크 상인은 동쪽 발트 해에서 십자군이 프로이센과 리보니아를 공략하는 동안 스웨덴과 러시아에 플랑드르의 직물과 독일의 인근 광산에서 캐낸 철과 소금을 팔았다. 또 육로로는 함부르크와 해로로는 브레멘과 교역하면서 발트 해와 노르웨이의 생선, 러시아의 밀랍과 모피, 폴란드의 곡식과 프로이센의 목재를 거래했다.
- 그러나 1347년부터 100년 동안 반복적으로 페스트가 유럽에 창궐하면서 인구의 반 정도가, 많은 지역에서는 인구의 2/3 정도가 페스트로 목숨을 잃었다. 경제 성장은 좌초되었고 사회적 활력도 오랫동안 되살아나지 못했다. 뤼베크도 이에 영향을 받아 성장의 위기를 맞았다. 이후 17세기에는 북유럽 무역의 패권을 쥐고 있던 한자동맹이 쇠퇴하면서 뤼베크의 전성기도 막을 내렸다. 그러나 뤼베크 구시가지에는 현재까지 성문과 교회를 비롯한 과거 한자도시 시절의 유적이 집중적으로 남아 있는 덕분에 1987년에 유네스코 세계문화유산으로 지정되었다.

▶ 한자 동맹과 뤼베크의 상업

- 중세 후기 상업의 부활은 처음부터 원거리 상업에서 시작되었다. 중세의 원거리 무역은 해양을 주된 무대로 삼았다. 원거리 무역은 남방의 지중해 무역과 북방의 북해·발트 해 무역으로 대별된다. 이 두 무역권은 성격상 대조적이다. 먼저 지중해에서 전개되는 남방 무역권은 이탈리아인이 주도했는데, 중개무역에서 주류 상품은 호박, 향료, 견직물, 보석 등 사치품으로 투기적 성향이 강했다. 반대로 북방 무역권은 독일인이 주체가 되었는데, 곡물, 목

재, 모직물, 어물, 광석, 소금, 양모 등 생필품이 주종을 이루었다.[3)]

- 이 중 북방 무역권에서는 하천 유역을 중심으로 발달한 내륙의 도시 세력과 함께 독일의 북쪽 해안의 새로운 도시 세력권인 '한자동맹[4)]'이 생성되었다. 한자동맹은 처음에는 무역상인 조합들의 동맹체로 출발했는데, 나중에 이 상인 동맹이 소속된 도시들 간의 동맹으로 발전하였다. 13세기 말경에는 그 동안 비약적인 성장세를 기록하며 독일 최대의 항구도시가 된 뤼베크가 비스비를 밀어내고 한자의 중심이 되었다.[5)] 뤼베크가 이끄는 한자동맹 세력은 14세기에 전성기를 맞았다. 동쪽으로는 러시아의 노브고로트, 서쪽으로는 런던, 북쪽으로는 노르웨이의 베르겐에까지 해외 지점을 설치하는 등 발트 해와 북해의 상권을 장악하였다. 한자도시의 연합은 정치적 색채를 지닌 서남독일의 라인, 슈바벤 도시동맹과는 달리 북해 및 발트 해역에서 상권의 유지 확보를 위한 경제적인 성격을 띠고 있었다. 이는 라인 강에서 러시아의 라도가 해까지 북해와 발트 해 연안과 그 배후의 모든 도시들을 포함하고 있어서, 역사상 그 유례를 찾아볼 수 없는 규모의 광역 성격을 가지고 있었다. 한자동맹은 5세기라는 긴 기간 동안 존립했다. 이는 후에 많은 도시들이 제국적인 규모의 한자기구에 대동단결하여 전쟁, 강화, 조약체결, 사절파견, 경제봉쇄, 협상 등 대외문제에서 국가적인 기능까지 수행하였다.[6)]
- 한자동맹의 중심도시였던 뤼베크는 주로 뤼네부르크에서 캐낸 소금을 동방으로 수송하는 역할을 담당하였다. 주로 스웨덴 남부의 스코네(Skåne) 지방에 공급되었기에 청어의 상품화에 결정적 계기를 제공했다. 중세에는 주로 가톨릭이나 그리스 정교를 믿었기 때문에 가톨릭의 사순절 같은 주기에는 육류를 대체할 수 있는 생선이 필요했다. 이러한 상황에서 대량의 말린 생선이나 소금에 절인 생선은 단식주간에 각 지역의 부족한 어획량의 보충 자원으로서 그리고 일반 주민들을 위한 겨울철 식량과 전쟁터의 군용 식

3) 곽정섭, 「중세후기 독일도시동맹의 성격」, 《西洋中世史硏究》, 2(1997, 12), 146쪽.

4) '한자'는 어원적 의미로 '무리', '그룹', '단체'의 뜻이 있다.

5) 비스비는 모피 거래 때문에 영국과의 무역이 뤼베크보다 30년 앞섰다. 사치품인 모피거래는 왕실과 교섭에 유리했으나 한자상인들이 전적으로 공급했던 생필품을 다루지 않은 것은 치명적 약점으로 작용했다. 나중에 비스비가 한자무역의 패권을 뤼베크에게 상실한 이유도 여기에서 찾을 수 있다. 참고: 곽정섭(2005), 「한자에서 뤼벡의 지위」, 《西洋中世史硏究》, 15, 108쪽.

6) 곽정섭(1997), 「중세후기 독일도시동맹의 성격」, 《西洋中世史硏究》, 2, 145~146 참조.

량으로서 중요한 역할을 했다. 이후 뤼베크는 중간도매의 역할로 소금을 저장하고 일꾼들에게 필요한 식료품과 맥주를 공급하면서 막대한 이익을 챙겼다. 그러나 15세기에 들어서면서 한자동맹은 영국인에 이어 네덜란드인들이 해상강자로 부상하게 되면서 서서히 몰락의 길을 걸었다. 각국의 보호무역 정책과 종교개혁으로 금식기간의 생선수요 감소 등으로 몰락이 가속화되어 해외지사들이 잇달아 폐쇄되었다. 1699년에 뤼베크에서 마지막 한자동맹 회의가 열렸고, 이후 1937년에 뤼베크는 독립성을 상실했다.

- 14세기. 뤼베크에는 벽돌 다층주택, 견고한 창고, 화려한 교회, 복지시설이 많았다. 주민과 손님이 함께 이용하는 식당과 술집 그리고 여관도 있었다. 아름다운 장식에 각종 설비를 갖춘 공공 생활의 중심인 시청사는 북유럽 르네상스 건축의 걸작이다. 뤼베크 시장은 어물전, 구리세공, 푸줏간, 종 공장 등 취급하는 분야가 도로명이 되는 경우도 많았다.[7]
- 뤼베크의 주요 건축물로는 뤼베크 시청사, 홀스텐 성문, 옛 소금창고, 마리엔 교회, 성 야코비 교회, 성 페트리 교회 등이 있다. 그밖에 도시의 복지를 담당했던 삼위일체 요양원, 선원조합 회관, 뤼베크 극장, 부덴브로크 하우스, 빌리브란트 하우스, 귄터 그라스 하우스 등도 빠질 수 없다.

▸ 부르크 성문(Burgtor)

- 이 벽돌 성문은 뤼베크의 북쪽 도시성문이었다. 현재의 성문은 1444년에 군사방어시설 내 로마네스크 양식 첨탑 자리에 시의 건축기사인 니콜라스 펙(Nicolas Peck)에 의해 후기고딕 양식으로 건립된 것이다. 중세에 건축된 4개의

〈현재의 부르크 성문〉

〈1900년경 부르크 성문〉

7) 존 줄리어스 노리치, 〈위대한 역사도시 70〉, 124쪽.

타워형 성문들 중 남아있는 2개 중 하나. 다른 하나가 홀스텐 성문이다. '성문'이란 이름은 트라베 강을 마주한 고성(1227년에 고성수도원으로 개축됨)에서 따온 것이다.

- 뤼베크의 구시가에 위치하며, 탑의 위쪽과 주변에 건물들이 들어선 모양새이다. 원래 이 성문과 경계를 이룬 곳이 세관건물과 외양간이었다.

▸홀스텐 성문(Holstentor)

〈**좌**: 구도심 방향으로 본 홀스텐 성문 서쪽 모습. 왼쪽은 성모교회(Marienkirche)의 쌍탑, 오른쪽은 베드로교회의 첨탑; 오른쪽 그 앞쪽: 소금저장고, **우**: 홀스텐 성문과 그 왼쪽의 소금저장고〉

중세에 도시의 방어용 성벽으로 서쪽에 있던 성문. 1478년에 도시를 드나드는 네 개의 성문 중 하나로, 뤼베크를 상징하는 후기 고딕양식 건축물. 부르크 성문과 함께 오늘날까지 남아있는 유일한 성문이다.

- 중앙부의 지상 층에는 사람들이 통과할 수 있는 문이 있다. 두 탑에는 원뿔 모양의 지붕이 얹혀 있으며, 중앙부의 위 부분은 합각머리 판 장식. 성문 중앙에 "concordia domi, foris pax"(안으로는 화합, 밖으로는 평화)라는 글이 새겨져 있다.
- 1950년부터 뤼베크 시립 역사박물관으로 사용 중이다. 성문은 2006년 독일에서 발행된 2유로 동전에도 각인되어 있다.

▸성모교회(Marienkirche): 벽돌고딕 양식 건축물의 걸작

- 중세 유럽의 주요 건축자재가 벽돌 또는 주로 자연석이었다. 북부 독일 지역에서는 자연석을 구하기가 쉽지 않아서 이른바 박슈타인('북유럽식 벽돌')을 이용한 벽돌고딕양식(Backsteingotik)이라는 독특한 건축양식이 탄생했다.

〈좌: 교회의 남쪽 측면, 중: 교회의 동쪽 후면, 우: 40m높이 중앙본당의 아치형 천장〉

- 벽돌을 건축에 사용하는 기술은 12세기 중엽 이탈리아의 롬바르디아 출신 노르베르티네 수도사들에 의해 소개된 것. 이 양식은 둥근 모양의 천장, 아치 대신 부벽의 사용, 유약을 바른 벽돌로 다채로운 색깔을 낼 수 있었다.
- 1250년부터 1350년까지 건축. 건축된 직후 슈베린에 있는 성당을 포함하여 무수한 건물들의 모델이 되었다. 3랑 본당을 가진 교회. 정면에는 부벽이 2개의 쌍둥이 첨탑을 떠받치는 형상. 이런 벽돌고딕 건축기법은 교회건물에만 국한되지 않고 시청, 화물창고, 성문 그리고 일반 주택 건설에도 이용되었다. 주로 좁은 장소에 회백색의 석고와 유약을 바른 벽돌로 섬세한 박공구조로 건축하였다.
- 성모교회는 뤼베크 대성당(Dom zu Lübeck)이라고도 불리는데, 현재 유네스코 세계문화유산에 등재되어 있다. 뤼베크의 구시가지 중심에 있으며, 독일에서 가장 규모가 큰 교회 중 하나이기도 하다. 교회 내부의 아치형 천장 높이는 38.5m로 세계에서 가장 높다.

〈상식〉 벽돌의 역사

- B.C. 6,000년경 메소포타미아의 수메르 인들이 점토로 만든 생 벽돌(불에 굽지 않은 벽돌)로 집을 짓기 시작한 것이 시초였다.
- 오리엔트 문명이 싹트면서 B.C. 3,000년경 나일 강 유역 이집트에서 생 벽돌을 소성하여 점토벽돌로 만든 것이 건축 재료사에서 최초의 점토벽돌로 기록되고 있다. 이후 메소포타미아에서도 벽돌이 생산되었고, B.C. 2,100년경에는 벽돌로 성, 탑, 신전 등의 큰 건물도 벽돌로 건축하였다.
- 이 벽돌문화는 서쪽으로는 지중해로 전파되었고, 동쪽으로는 인도로 전파되어 B.C. 2,000년경에는 벽돌건물이 꽃을 피우는 전성기를 이루었다.

- 중국에서는 약 2,500년 전 묘재(墓材), 성재(城材), 탑재(塔材) 등에 벽돌이 사용되었다.
- 한국에서는 낙랑시대의 벽돌 고분이 평양 인근 지역에서 약 1,700여기가 발굴되었다. 이 벽돌들은 모르타르를 사용하지 않았기 때문에 길이와 너비가 넓고 높이가 낮게 만들어졌다.
- 백제, 신라, 고구려 벽돌은 주로 4각형으로서 한 변의 길이가 1척(30cm) 정도였다. 이 벽돌은 실내를 다녀도 신발 바닥에 흙이 묻지 않도록 하는 주로 실내의 바닥용 벽돌이었다. 조선 시대에 실내 구조가 온돌방으로 발전되면서부터는 바닥에 까는 벽돌(깔벽돌)이 사라졌다.

▶ 부덴브로크 하우스(Buddenbrookhaus)

〈좌: 부덴브로크 하우스 전면, 중: 서재, 우: 정문〉

- 토마스 만(Thomas Mann, 1875~1955)의 생가. 토마스 만은 1875년 이곳에서 출생, 1929년 노벨 문학상을 수상한 독일 작가.
- 하얀 페인트칠로 외벽을 단장한 건물이 부덴브로크 하우스. 지금은 만 형제(토마스 만과 그의 형인 하인리히 만)의 문학 기념관이다.
- 1289년에 건축된 것으로, 만 가문은 1841년부터 1891년까지 소유했다. 1901년에 발간된 토마스 만의 소설 〈부덴브로크 가의 사람들〉의 실제 무대가 된 곳이기도 하다. 이곳에서 형제작가인 토마스와 하인리히 만이 어린 시절을 보냈다. 성모교회 건너편에 위치한다. 제2차 세계대전 때 포격으로 거의 완파되어 파사드만 남은 것을 재건했다.

▶ 뤼베크 시청사

- 독일에서 가장 장대하고 중요한 시청사 중 하나. 특히 야경이 장관이다.
- 건물 외벽에 덧붙인 계단은 르네상스 양식. 1층의 로비는 신 고딕양식. 대 회

〈좌: 뤼베크 시청사, 우: 성삼위일체 요양원〉

의장은 로코코 양식. 그래서 서구의 대다수 건축양식들을 엿볼 수 있는 독특한 구조를 보이고 있다. 이곳은 지금도 뤼베크 시장의 집무실로 사용 중이다.

▶ 하일리겐-가이스트(성삼위일체) 요양원(Heiligen-Geist-Hospital)

- 이 병원은 외형적으로 하늘을 향해 치솟은 지붕과 첨탑으로 인해 병원처럼 보이지 않는다. 하지만 이곳은 13세기부터 병자를 돌보는 공간이었다. 그 일부는 오늘날에도 여전히 병원으로 사용 중이다.
- 1286년, 부유한 상인들의 기부금으로 건축된 요양원이다. 세계에서 가장 오래 된 사회복지시설 중 하나라고 할 수 있다. 처음에는 가난한 사람들을 구제하고 다른 복지기관을 돕는 역할을 주로 담당했다. 원래는 수도원의 규율로 생활하는 종교적 색채가 강한 기관이었지만, 종교개혁 이후 종교적 색채를 덜고 순수한 요양 양로시설로 변모하였다. 건물의 정면은 5개의 탑이 우뚝 솟은 비대칭 구조를 보인다. 유네스코 세계문화유산으로 등록된 뤼베크 구시가지 내에서도 가장 눈에 띄는 건물 중 하나이다.

▶ 선원조합의 회관

- 뤼베크의 선원이나 어부들의 거주지가 모여 있던 곳으로, 성 야콥 교회 부근에 있다.
- 강변 쪽으로 여러 채의 옛 건물들이 줄지어 있는 모습인데, 그 중 가장 유명한 곳은 르네상스 양식의 선원들의 길드홀(Schiffergesellschaft)이다. 문자 그대

로 1535년 선원들의 길드홀로 지어진 곳. 현재에도 뤼베크에 거주하는 선원들의 회관으로 사용 중이다. 건물에 자리 잡은 펍(pub)은 고전적인 분위기를 만끽할 수 있는 곳이기도 하다.

[4] 글뤽스부르크 성(Schloss Glücksburg)

- 슐레스비히-홀슈타인 주에서 가장 유명한 성들 중 하나이자 북유럽에서 가장 중요한 르네상스 양식 성 중 하나이다. 1582년부터 1587년까지 화강암 대지 위에 건축된 해자성. 독일 최북단 도시 글뤽스부르크에 위치한 다. 현재는 박물관으로 사용 중이다.

〈글뤽스부르크 성과 시 전경〉

▶ 성의 역사

- 뤼데수도원(Rüdekloster)에서 글뤽스부르크(Glücksburg)로
- 현재의 고성부지는 이곳 산 정상에 존재했던 성 미카엘 복식수도원(Doppelkloster St. Michael)이 사라진 1292년의 슐레스비히로 소급된다. 이곳 수녀들은 슐레스비히 인근의 현존하는 성 요하네스 수도원에 머물고 있었지만, 수사들은 이곳을 떠나 랑제 호숫가의 굴트홀름(Guldholm)으로 갔다. 1209~1210년 사이에 수사들은 오늘날의 글뤽스부르크에 새로운 시토수도원(시토 교단, 수도회 창설지 프랑스 시토(Cîteaux)의 라틴이름인 Cistercium에서 유래함, 베네딕트파의 한 분파)을

창건했는데, 이후의 고성 위치에서 조금밖에 떨어지지 않았다. 이른바 뤼데 수도원과 그 소유지는 이후 수백 년 동안 수도사들이 거주하면서 관리하였다. 이 수도원은 1538년 종교개혁 시기에 세속화되어 1544년 덴마크의 크리스티안 3세(1503~1559)의 소유지가 되었다. 수도원 건물은 그 이후 지방태수의 거주지로만 사용되었다.

- 고성의 실질적인 역사는 1582년부터 시작된다. 덴마크 왕 프리드리히 2세가 동생인 요한 3세에게 준데비트(Sundewitt)의 땅, 라인펠트 수도원, 옛 뤼데 수도원을 봉토로 하사했다. 요한은 또 다른 지역들도 추가로 얻었다. 그는 분할 소유자이기는 하였지만, 공작령의 통치는 계속 그의 형이 맡았다. 그러나 그는 자신의 능력과 신망을 다른 방식으로 신장시켜 초기 중상주의적 기업가임을 성공적으로 입증하였다. 그는 당시에 전형적인 공작으로서 자신의 재력을 건축사업에 투자하였다. 라인펠트(Reinfeld)와 아렌뵈크(Ahrenbök)의 허물어진 궁전들의 기초를 닦고, 존더부르크 성(Sonderburger Schloss)을 근대화하고, 1582년부터 뤼데수도원 자리에 있던 글뤽스부르크 성도 자신과 가족을 위한 새로운 주거용 지방 궁전으로 건축했다.
- 요한 3세(1545~1622) 사망 후 그의 유언에 따라 슐레스비히-홀슈타인-존더부르크 공작령은 분할된다. 요한 3세의 아들 필립 공작(1584~1663)은 글뤽스부르크 성과 토지를 받으면서 슐레스비히-홀슈타인-존더부르크-글뤽스부르크라는 최초의 가문을 창립하였다.
- 1864년, 제2차 슐레스비히 전쟁 때 이 성은 처음에는 프리드리히 카를 폰 프로이센(1828~1885)의 숙영지로, 나중에는 군병원과 병영으로 사용되었다. 전쟁 후 덴마크 왕가와 슐레스비히-홀슈타인 공국의 오랜 정합국(Personalunion, 둘 이상의 독립국이 한 군주를 모시는 명목상의 연합국)이 소멸하면서 이 성은 프로이센제국의 소유가 되었다. 그러나 프로이센 왕 빌헬름 1세는 이 성을 글뤽스부르크 공작 가문에게 돌려줌에 따라 카를 공작은 이 성을 다시 핵심 거주지로 사용하였다.

▸ 슐레스비히-홀슈타인 특유의 귀족저택

- 이 고성은 레오나르도 다빈치가 설계한 프랑스의 샹보르 성(Château de Chambord)을 모델로 건축한 것이다. 그러나 중세와 르네상스 시대에 슐레스

〈샹보르 성(왼쪽)과 글뤽스부르크 성의 평면도(오른쪽)〉

비히-홀슈타인 지역의 독특한 건축양식을 가미한 다중건물이다. 동시대에 건축된 아렌부르크 성(Schloss Ahrenburg)도 이런 양식을 따랐다.

- 건물은 바로 물 위로 튀어나온 2.5m 높이의 화강암반 위에 건축. 성은 흰색으로 석회 칠을 한 북부 독일의 벽돌로 건축되었는데, 이 벽돌들은 대부분 철거된 수도원에서 가져온 것들. 저면(底面)은 모서리 길이가 약 30m나 되는 정방형을 이루고 있는데, 각각 수평단면과 지붕을 가진 세 개의 개별 건물들로 구성되어 있다. 중간 건물은 거대한 2개의 홀과 하나의 현관으로 되어 있고, 측면의 두 건물은 주거공간들을 갖추었다. 궁성 예배당은 제단벽면이 동쪽을 향하고 있는데, 전체저면으로 통하면서 동쪽 건물과 중간 건물 안에 위치한 유일한 공간이기도 하다.
- 고성의 모서리들은 네 개의 팔각형 첨탑으로 강조하였는데, 각각의 직경이 7m나 된다. 궁성의 마당 쪽은 2개의 돌출 창(Arker) 형태의 계단첨탑이 있는데, 위층과 연결되는 유일한 통로이다. 전체적으로 이 고성은 두 개의 홀, 현관, 궁전예배당, 12개의 중간크기의 방, 12개의 첨탑방과 11개의 구석방이 있다. 건물의 전체 면적은 약 3,000m^2이다.
- 지하층에는 옛날에는 부엌과 여러 개의 저장 공간들이 있었다. 지하공간들은 고성 다리를 거쳐 들어갈 수 있도록 설계된 통로(주출입구)를 갖추고 있고, 예배당이 있어서 이용자나 직원들은 현관을 이용할 필요가 없었다. 지상 1층의 입구 아래에는 옛 감옥이 있었지만, 실제로 감옥 용도로 사용된 적은 없는 듯하다.
- 예배당은 원래 르네상스 양식으로 건축되었다. 필립 에른스트 공작(1673~1729)이 1717년 성 안에 자신의 예배당을 마련했다. 이 예배당은 슐레스비히-

〈좌: 고성 예배당, 제단 쪽 광경, 우: 로터잘〉

홀슈타인에서 가장 오래된 프로테스탄트 교회 중 하나이기도 하다. 이 예배당의 바로크 양식 장식은 북부 독일에 전형적인 설교제단과 세례재단인데, 17세기 중엽(1640년경)에 나무 조각가 클라우스 가브리엘(Claus Gabriel)이 제작한 것을 이곳으로 옮겨다 놓은 것들이다. 오르간은 1847년 현재의 덴마크 도시 오벤로(Aabenraa, 독일어로는 아펜라데(Apenrade))의 마르쿠세 회사에서 제작한 것이라서 마르쿠세 오르간(Marcussenorgel)으로 불린다. 1973년 개축 때 건축초기의 프레스코화가 발굴되었다.

- 예배당은 1965년까지 글뤽스부르크 시의 공식 게마인데 교회로 사용되었다.
- 서쪽 사면에 인접한 아치 모양의 지하 납골당에는 1811년에 마지막으로 왕가의 일원들이 매장되었다.
- 지상 2층: 실질적인 주거 공간. 건축초기부터 이곳에 침실과 공작 가족의 응접실이 있었다. 동편 공간들은 원래 공작을 위한 곳이었고, 서편 공간은 공작의 부인을 위한 곳이었다. 이런 공간 분할이 계속 유지된 것은 아니다. 지상2층의 중앙은 붉은색 홀이란 뜻의 '로터잘(Roter Saal)'. 안트완 펜(Antoine Pesne, 1683-1757, 프랑스 출신 프로이센 화가)의 초상화가 있다. 이 공간은 옛날에 제거된 붉은색 벽지 때문에 이런 이름을 얻게 되었다. 길이 30m, 폭이 10m, 높이가 4m 크기의 이 홀은 중간건물의 전체 저면을 차지한다. 둥근 천장의 장식들은 슐레스비히-홀슈타인 최초의 치장용 석회 도료 세공이다. 이 공간은 응접실과 거실뿐 아니라 궁전의 파티장소로도 사용되었다. 또한 이 공간은 현관 홀(라운지)로도 이용되었는데, 이곳을 거쳐 측면 건물들에 있는 양쪽 네 개의 방으로 갈 수 있기 때문이다.
- 로터잘(Roter Saal, '붉은 홀'의 뜻)은 나지막한 아치형 천장과 벽면을 장식한 다

수의 18세기 브뤼셀 산 테피스트리(수를 놓은 양탄자) 등으로 유명하다. 황후침탑과 황후응접실은 아우구스타 빅토리아(1858-1921, 프로이센 왕비이자 독일제국의 마지막 황후. 부군은 빌헬름 2세)가 이용하던 곳이다.

- 지상 3층: 건축초기에 이곳이 어떤 용도로 사용되었는지는 알려진 것이 별로 없고, 주로 창고와 곡물저장고로 사용되었을 것이란 추측만 할 따름이다. 이 궁전은 18세기부터 몇 개의 객실이 있었다. 이른바 후작의 방은 프리드리히 에른스트 후작을 떠올리게 하는 곳이다. 그는 슐레스비히-홀슈타인의 태수로 근무하면서 글뤽스부르크에서 숙박할 때 이 공간을 이용했다. 1857년부터 이 층에 왕자와 공주들을 위한 주거공간을 설치했다.
- 특징: 현재도 이 성에는 노르웨이 왕 하랄드 5세(Harald V.), 덴마크 여왕 마르그레테 2세(Margrethe II.), 스페인 여왕 소피아와 왕자 필립 마운트바텐 에딘버러 공작(Philip Mountbatten)이 거주하고 있다. 이 성은 TV시리즈 〈영주와 소녀, Der Fürst und das Mädchen〉의 무대배경으로도 이용되었다. 또한 글뤽스부르크는 1960년 에드가 왈라스(Edgar Wallace)의 범죄소설을 영화화한 〈공포의 갱단, Die Bande des Schreckens〉의 무대가 되었다. 1977년부터 고성과 궁전(Burgen und Schlösser) 우표시리즈에서 10페니히 우표의 모티브로, 2013년부터 독일우체국의 45센트 우표의 모티브로 사용되었다. 〈스트롱홀드(Stronghold, 요새의 뜻)〉 게임의 일부인 23개의 고성/궁전 중 하나로 선정되었다.

〈상식〉 글뤽스부르크 가문?

- 공식 명칭이 꽤 길다: 슐레스비히-홀슈타인-존더부르크-글뤽스부르크 왕가(Schleswig-Holstein-Sonderburg-Glücksburg).
- 현재는 덴마크, 노르웨이, 옛 그리스, 아이슬란드의 왕조.
- 시조 가문은 '올덴부르크 가문'. 이름과 같은 독일 북부 올덴부르크의 백작가문으로 신성로마제국의 제후국이었다. 15세기 중엽 덴마크와 칼마르 연합의 왕으로 선출되면서 왕조로 등극하였다. 이때부터 북유럽사에 본격적으로 개입하게 된다. 글뤽스부르크 가문은 이 올덴부르크 가문의 분가인 슐레스비히-홀슈타인-존더부르크 가문의 분가이다. 분가할 때마다 성이 계속 늘어났다.
- 글뤽스부르크 가문은 슐레스비히-홀슈타인 지방의 공가(公家)로, 슐레스비히 공국과 홀슈타인 공국의 군주로 덴마크 왕국과 신성로마제국의 이중 봉신이었다.

3.2. 플렌스부르크(Flensburg)

- 독일의 최북단 도시, 16세기까지 200여 척의 선박을 가진 주요 무역 요충지.
- 플렌스부르크에는 다양한 언어와 방언들, 곧 표준독일어(고지독일어) 외에 니더작센 인들의 저지독일어 방언, 덴마크어, 저지덴마크어 등이 사용되고 있다. 북프리슬란트에서 이주해온 소수의 프리슬란트 인들만 현재도 북프리슬란트어를 사용한다. 널리 사용되고 있는 인사말 'Moin Moin'의 어원이 저지독일어와 동프리슬란트어의 것으로 추측된다.

▶ 북문(Nordertor, 1595년 건축)은 도시의 상징

〈좌: 북문, 우: 북문 북쪽에 부착된 덴마크 왕 크리스티안 4세와 플렌스부르크 문장의 현판〉

- 오늘날의 성문은 시의 북부지구인 람스하르데(Ramsharde)에서부터 도시를 북쪽으로 수백 미터 가량 확장하기 위해 건축한 것이다. 오늘날의 북문의 정확한 건축날짜는 확실하지 않다. 대략 1595년과 1596년 사이로 추측할 따름이다. 북문은 붉은 벽돌, 한 개의 아치형 천정, 여러 개의 계단형 합각머리로 구성되어 있다.
- 성문의 북쪽에는 2개의 현판이 부착되어 있다. 왼쪽 현판은 덴마크 왕 크리스티안 4세(1577-1648)의 문장(紋章)이 있다. 거기에는 라틴어 모토 'Regna Firmat Pietas'(강력한 신앙심의 왕국)[8]가 새겨져 있다. 오른쪽 현판에는 플렌스

8) 덴마크의 코펜하겐에 라운드 타워(Rundetårn)가 있다. 높이는 약 35m에 불과하지만, 나선형의 경사로로 이어져 있어서 전망대까지는 총 257.5m를 걸어서 올라가야 한다. 이 타워는 1643년 핀케(Kaspar Fincke)가 만든 것인데, 이곳에도 덴마크 왕 크리스티안 4세의 모토를 뜻하는 RFP(Regna

부르크 도시 문장이 있다. 이 성문은 플렌스부르크-문장 위에 독일어 제명(Friede ernährt, Unfriede verzehrt [평화는 먹이고 불화는 삼킨다])을 새겨 넣었다. 이 도시 문장에는 이후의 보수날짜(1767년)도 명시되어 있다. 그러니까 도시 성문은 크리스티안 7세(1749-1808) 시절에 보수된 셈이다. 왼쪽 현판이 두 개의 현판 중에서 더 오래된 것이라고 하는데, 북문이 건축된 시기의 것으로 추측된다.

▸ 성모교회(Marienkirche)

- 루터파 복음교회. 이전 건물은 로마네스크 양식 석조 건물이었는데, 발데마르 1세(Waldemar I.) 시기인 1165/70년 무렵에 건축되었다. 또 다른 원전에 따르면 덴마크 왕 크누트 6세(Knut VI.)가 취임한 이후인 1182년에 건축되었다고도 한다. 덴마크 왕 에리크 4세(1216~1250)[9]가 1246년 홀슈타인을 침공하면서 동생인 아벨 폰 슐레스비히 공작(1218~1252)과의 2차 형제의 난(1246~49)이 발생했는데, 그 와중인 1248년에 파괴되었다. 오늘날의 성모교회는 1284년 5월 2일 덴마크 주교 티코 폰 아르후스(Tyco von Aarhus)의 면죄부에서 처음 등장한다. 이전 교회의 자리에 3랑식 홀형 교회가 벽돌 고딕양식으

〈좌: 성모교회, 중: 최후의 만찬, 우: 후기르네상스양식 제단〉

Firmat Pietas)가 적혀 있다. 유럽에서 가장 오래된 전망대. 1642년부터 천문관측소로 사용됐다. 노란색과 붉은색 벽돌로 쌓은 원통형 건물로 되어 있다.

9) 그는 1232년 5월 30일 룬드 성당에서 즉위식을 거행하면서 발데마르 2세와 함께 덴마크의 공동 군주가 되었다. 같은 해에 동생인 아벨(Abel)에게 슐레스비히 공작위를 넘겨줬다. 1241년 자신의 아버지인 발데마르 2세가 사망하면서 덴마크의 유일한 국왕이 되었다. 재위 기간 동안 농민들에게 세금을 부과했기 때문에 '푼돈 농민왕'(Plovpenning)이란 별칭이 붙었다.

로 재축되었는데, 플렌스부르크 시내의 교회 중 가장 오래된 것으로, 가장 거대하고 가장 중요한 교회에 속한다. 세월이 흐르면서 여러 번 개축되었다. 1526년 이곳에도 종교개혁의 물결이 밀려왔다. 1598년 재단과 교황 예찬 그림들이 교회에서 제거되고 새로운 제단과 조각상들이 들어섰다. 특히 제단은 북부독일식 후기르네상스 양식의 걸작으로 꼽힌다. 1878-1880년에 바로크 양식 첨탑이 뾰족한 투구 모양을 한 신고딕 양식으로 교체되었다. 명화 〈최후의 만찬(Das letzte Abendmahl)〉(1598)이 소장된 곳이기도 하다.

- 플렌스부르크 서편의 제빌은 예술가 에밀 놀데가 20세부터 1956년 임종할 때까지 머물면서 작품 활동을 한 곳이다.

▸ 에밀 놀데(Emil Nolde, 1867～1956)

- 본명은 에밀 한젠(Emil Hansen). 놀데라는 이름은 자신의 출생지를 따서 개명한 것. 슐레스비히의 조각학교를 졸업한 후 공업학교의 용기화(用器畵) 교사로 교편을 잡다가 회화 쪽으로 전향한다. 코펜하겐, 뮌헨, 파리 등에서 미술 수업을 받고 작품 활동에 전념, 그래픽 아트 분야에서도 큰 성공을 거둔다.
- 1906-07년 표현주의 작가 협회인 '다리파(Die Brücke, 1905-06, 예술가들의 다리라는 뜻의 집단)'의 소속으로 활동한다. 특히 생생한 색감과 정밀하게 대상을 묘사하여 강인한 역동성을 추구한 작가로 유명하다.
- 그는 나치당에 가입하여 표현주의 예술을 다시 한 번 부흥시키려 하지만 놀데의 정치적 전략은 자신의 무덤을 스스로 판셈. 훗날 나치로부터 표현주의 예술이 '퇴폐예술'로 낙인찍혀 창작활동이 전면 금지되기도 한다. 이후 놀데는 직접 설계하여 지은 제빌의 집으로 이사하여 작품 활동을 한다. 유채화와 함께 많은 수채화와 판화는 현대 독일 회화에서 독보적인 위치를 차지한다.
- 그는 젊은 시절에 목공예를 배워 한때 베를린에서 가구와 장식미술가로 일한 경력도 있다. '다리파' 시절에 습득한 목판화 제작 기술을 그림에도 적용하여 감정표현, 특히 현실 사회를 넘어선 종교적 감정표현을 통한 이색적인 종교적 표현주의 회화를 구현한다.
- 독일 표현주의자들이 시대정신을 반영한 사회 문제를 다루었다면, 놀데는 인간 본연의 문제를 나름의 시각으로 주제화했다. 놀데는 1910년부터 민속

〈좌: 에밀 놀데, 중: Smiling Matterhorn(1896), 우: 저녁노을 풍경(1913)〉

박물관 방문, 남태평양 여행 등을 통해 원시미술에 주목한다. 단순화된 원시미술 외에 홀더와 뭉크의 단순한 표현방식도 홀더의 작품에 영향을 미친다. 그가 표현하고자 한 인간의 본성과 존재, 즉 자연의 원천적이고 근원적인 힘을 표현하고자 놀데는 형태들을 단순한 요소들로 분해하여 넓은 지면에 마네와 고흐의 작품에서 볼 수 있는 밝고 강한 색채로 표현한다. 놀데는 정해진 규칙에 얽매이지 않고 각 색채가 가진 표현력을 하고자 작품에서 구체화한다. 그래서 윤곽선 대신 바다나 구름을 묘사하는 방식에서 보듯이 색채 덩어리나 소용돌이로 나타나는 윤곽만 나타난다. 또한 컬러의 물질성과 유동성을 강조하고 있어서 넓은 색 면은 풍부한 뉘앙스를 갖는 시각효과를 갖는다. 이런 색채는 놀데의 감정을 읽어낼 수 있는 상징으로 작용한다. 놀데의 이런 독특한 표현방식은 마네나 후기 인상주의 작품에서도 발견되는데, 북유럽의 정신세계를 표현하는, 컬러의 힘으로 자연 이면에 감추어진 힘에 대한 자신의 반응을 이미지로 승화시키는 놀데 특유의 기법이기도 하다. 예컨대 〈저녁노을 풍경(Marschlandschaft Mit Wolkenspiegelung)〉(1913년)은 야수파[10] 마티스의 작품과는 대비된다. 마티스가 통제된 균형과 질서정연한 형식을 고집한

10) 야수파와 입체파는 20세기 초 거의 동시에 등장한 미술운동. 이들이 추구한 표현 방식과 목적은 달랐다. 야수파가 인상파의 화풍에 반기를 든 젊은 화가들이 일시적으로 교류를 맺게 되어 형성했다면 입체파는 인상파로 활동했던 폴 세잔의 구축적인 원근법에 매료되어 초창기 입체파는 세잔의 영향을 받았다. '야수'라는 이름에서도 알 수 있듯이 야수파 소속 화가들은 색채의 강렬함을 강조한다. 그림으로 표현하려는 사물과 모델에서 볼 수 있는 실제 색채를 그대로 표현하기보다는 실제 색과는 상관없이 원색으로 표현한다. 야수파 화가들은 원색으로서 빨강, 노랑, 파랑 등과 같은 화면의 전체적인 효과를 펼칠 수 있는 강렬한 색채들을 많이 사용한다.

〈좌: 무희 그림이 있는 정물, 우: 오순절〉

회화를 추구했다면, 놀데는 균형과 질서는 무시하고 작가의 세계를 암묵적으로 암시하면서 감성의 생생한 변화를 표현하고자 했다.

- 놀데는 1913~14년에 오세아니아의 여러 섬들을 순례하면서 원시 토속문화를 체험하기도 한다. 그때 체험한 원주민들의 춤을 여타 정물들과 엮어서 그린 작품이 〈무희 그림이 있는 정물〉(1914). 이 작품에 등장하는 여인들은 비정상적이라고 착각할 정도의 열광적 모습이다. 붉은 머리와 반라의 옷차림은 생동감을 극대화시킨 사례라 할 수 있다.
- 놀데의 작품들 중 가장 유명한 것이 1909년부터 그리기 시작한 20여점의 종교 관련 작품들. 그의 종교화는 전통적인 기독교 도상에서 일탈한 표현주의적 화풍을 보인다. 예컨대 〈오순절〉(1909)은 그리스도를 북부 독일의 건장한 농부로 묘사한 작품. 농부를 둘러싼 사람들도 깊은 신앙적인 체험을 함께 나누는데, 사람들의 눈이 유난히 크고 선명하게 묘사되어 있다. 전통적으로 서양미술에서 눈은 마음과 정신을 상징하는데, 이런 정신을 강조할 때 눈을 크게 그린다.
- 1913년 놀데는 남태평양 여행 중 한국을 방문하여 관련 작품들도 남겼다. 1913년 가을 베를린을 출발한 놀데는 시베리아 횡단열차를 타고 몽골을 지나 서울에 도착한다. 그의 자서전에는 이에 관한 기록도 있다. 특히 그의 부인은 한국인과 한국에 대한 각별한 애정을 글로 남기기도 한다.

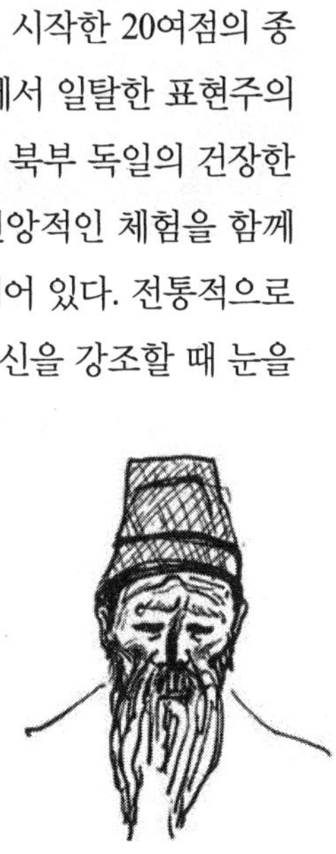

〈한국노인〉(1913, 펜과 잉크 소묘)

- 놀데는 여행 중에 스케치한 것들 중에는 한국 사람

을 펜과 잉크로 속기처럼 그린 작품들도 있다. 간결한 표현 속에서도 강렬한 느낌을 전달하고 있는 노인의 얼굴 소묘는 지금의 시선으로 보면 당시의 암울한 시대적 상황이 반영된 듯 절망스런 표정이다. 반면 어린 낭자를 그린 소묘에서는 소녀가 가질 수 있는 보편적 정서인 순수함과 사랑스러움이 엿보이기도 한다. 여기에다 서양인이 투영하고 있는 약간의 이국적 신비감까지 겹쳐지고 있다.

3.3. 헬골란트 섬

- 프리슬란트어로는 'Deät Lun', '땅'의 뜻.
- 독일 해안에서 46km 떨어진 섬. 삼각형 모양을 한 1.0km² 넓이의 유인도인 본섬과 동쪽에 0.7km²의 뒤네 섬(Düne)으로 구성되어 있다. 1720년까지 두 섬이 하나였으나 폭풍우로 끊어졌다.
- 이 섬의 상징은 '랑에 안나(Lange Anna, '길쭉한 안나'의 뜻)'. 높이가 47m나 되는 암석. 랑에 안나의 붕괴를 막기 위해 해안을 따라 보호 장벽을 건설했다.

〈좌: 헬고란트 섬(앞쪽)와 뒤네(Düne) 섬(뒤쪽), 우: 랑에 안나(Lange Anna)〉

- 나폴레옹 전쟁 중이던 1807년 영국이 이곳을 점령했다. 1814년 1월 14일 킬 조약을 통해 공식적으로 덴마크령에서 영국령으로 전환되었다.
- 1890년 독일제국은 헬골란트 섬과 아프리카 동부 인도양에 있는 섬 잔지바르 섬을 영국과 맞바꿨다. 이는 독일제국이 해군 성장의 발판을 마련하기 위한 작업의 일환이었다. 현재는 관광명소로서의 역할을 톡톡히 하고 있다. 본토에서 가장 멀리 떨어진(약 50km) 이 섬은 대대로 전략적 요충지이기도 하다.

02
메클렌부르크-포어포메른
(Mecklenburg-Vorpommern)

해수욕장, 급경사 해안, 크고 작은 만, 내륙으로 펼쳐진 활엽수림지대, 수천 개의 습지와 호수 - **메클렌부르크-포어포메른** 주의 경관은 진정 자연그대로의 모습이다. 문화사적으로 흥미로운 흔적을 찾아 길을 떠나더라도 후회하지 않을 것이다. 옛 융커지역에는 여전히 수많은 궁전과 동화같은 마을이 있다. 옛날의 영광을 예감할 수 있는 비스마르, 로슈토크, 슈트랄준트, 그라이프스발트 같은 한자동맹 도시들도 근사하게 복구되었다.

1. 자연을 품은 메클렌부르크-포어포메른

- 독일 북동부에 위치한 연방 주. 주도는 슈베린(Schwerin)이지만, 가장 큰 도시는 로스토크(Rostock)
- 농업과 관광이 주된 산업. 특히 호수가 많기로 유명하다.
- 북쪽은 동해와, 서쪽은 슐레스비히-홀슈타인 주 및 니더작센 주와, 남쪽은 브란덴부르크 주와 인접해 있고, 동쪽은 폴란드와 국경을 마주하고 있다. 중부와 남부에는 수많은 호수들이 있다. 이 전체가 대부분 평지이고, 구릉지는 거의 없다.
- 해안에는 몇 개의 섬들이 있는데, 그 중 가장 큰 섬이 뤼겐(Rügen). 이곳은 인상적인 백색 석회암(Kreidefelsen)으로 유명하다. 그밖에도 히덴제(Hiddensee), 포엘(Poel), 우제돔(Usedom) 같은 섬과 다르스-칭스트(Darß-Zingst) 같은 반도도 있다.

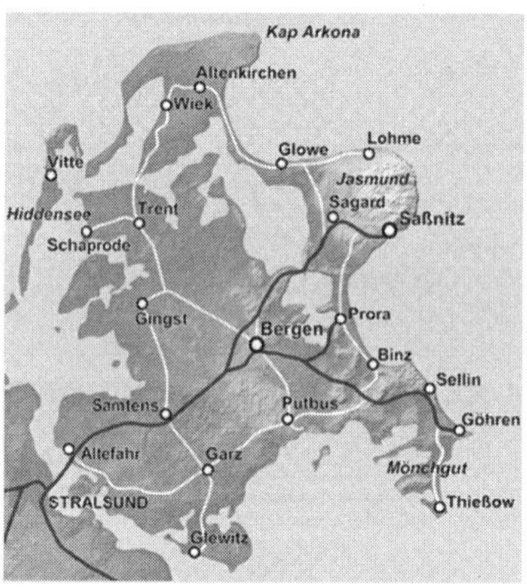

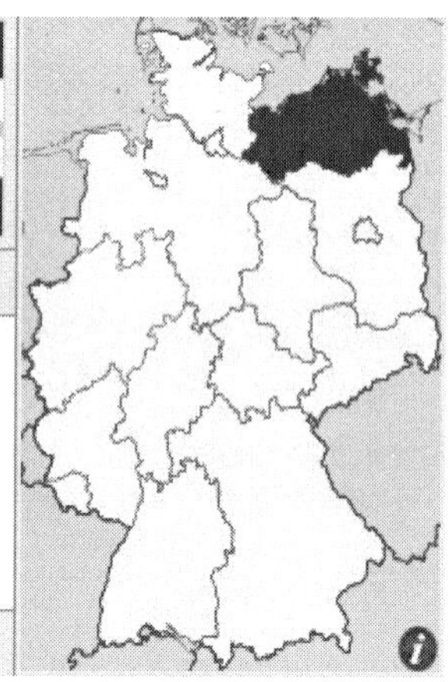

언어: 독일어, 저지독일어

주도: 슈베린(Schwerin)

면적: 23.180,14 km²

인구: 1.610.674명(2016년)

밀도: 69명/km²

창건: 1990년 10월 3일

▸ 주 명칭

- 고대작센어로 mikil이 'groß(=great)'의 뜻이다. 10/11 세기에 단어 Mikilinborg('große Burg=great casle'의 의미)가 통용되었다. 이 이름은 비스마르 근처의 메클렌부르크 고성(Burg Mecklenburg)과 관련이 있다. 중세에는 중세저지독일어 'Mekelenborch'가 사용되다가 나중에 독일어 'Mecklenburg'가 되었다.
- 'Pommern'이란 이름은 슬라브어에 뿌리를 둔 'po more', 곧 '바닷가의 땅(Land am Meer)'이란 뜻이다. 일상어에서는 MV 또는 MeckPomm(맥폼)으로 줄여서 통용되고 있다.

▸ 주기

- 파랑, 흰색, 노랑, 흰색, 빨강의 다섯 횡선. 이 네 가지 색은 바다, 하늘, 들판 그리고 이 지역의 수많은 가옥 건축에 사용된 벽돌을 상징한다.

▸ 문장

- 대형은 네 부분으로, 소형은 두 부분으로 세분되어 있다. 대형 문장의 박스들은 오늘날의 메클렌부르크-포어포메른 주의 초석이 된 옛 지역들을 나타낸 것이다.

▸ 정세

- 독일이 제2차 세계 대전에서 패하고 기존 포메른 지방의 대부분을 폴란드에 할양하게 됨에 따라 신설된 주. 할양하고 남은 부분인 포어포메른 지방과 기존의 메클렌부르크 지방을 합쳐서 1945년 하나의 주로 통합했다.
- 행정구조상 2011년 군 단위 지역 개혁 이후 6개의 군(Landeskreis)과 두 개의 도시로 분할되었다. 주도이자 두 번째로 큰 도시가 슈베린 호수 변에 위치한 슈베린. 주의회가 슈베린 성(Schweriner Schloss)에 입주해 있다.

2. 역사를 품은 메클렌부르크-포어포메른

역사

- 예수 탄생 즈음에 게르만 종족들인 랑고바르드 족, 작센 족, 젬노넨 족이 동해안 지역으로 이주한다.
- 600년경. 대규모 민족이동 시기에 게르만족은 대부분 이 주를 떠난다. 그 자리에 동쪽에서 밀려온 슬라브족이 정착한다. 이 주의 서부지역에는 서슬라브족의 일파인 아보드리텐(Abodriten) 족, 리오넨(Lionen) 족, 레다리어(Redarier) 족이 정주한다. 주의 동부지역에는 루티체(Lutize) 족, 포모라네(Pomorane) 족이, 뤼겐섬에는 라넨(Ranen) 족이 이주한다.
- 929년경. 중세의 시작과 독일제국의 형성을 위해 독일왕 하인리히 1세(876~936)가 슬라브족의 원정과 정복 그리고 가톨릭으로의 개종을 단행한다.
- 983년. 슬라브족의 대대적인 봉기로 엘베 강 동쪽은 독일의 지배에서 벗어난다.
- 995년. 신성로마제국 황제 오토 3세가 아보드리텐 족을 무찌르고 9월 10일 비스마르 남쪽에 있는 이 종족의 본거지였던 고성에서 문서에 서명한다. 이 고성의 이름인 미헬렌부르크(Michelenburg = Michilin-/Michelin-/Mikelinburg = '거대한 고성'의 뜻, 오늘날의 메클렌부르크 마을과 일치함)에 의거하여 나중에 명명된 것이 이 주의 명칭이다.
- 12세기. 작센공작 하인리히 사자공(1129~1195)이 엘베 강을 건너 메클렌부르크 지방의 벤트 족(아보드리텐 족)을 정벌하고 식민 정책, 도시 건설을 추진한다. 12세기 후반에는 벤트 십자군이 조직되어 발트 지역과 메클렌부르크, 루사티아 일대의 비기독교 부족민들을 가톨릭으로 개종시킨다.
- 1160년. 아보드리텐 족의 영주 니클로트(Niklot, 1090~1160)[11]가 독일기사단에 의해 살해된다. 그의 아들 프리비슬라브는 어쩔 수없이 기독교로 개종함으로써 하인리히 사자공의 봉신으로서 아버지의 유산을 상속받을 수 있게 된

11) 메클렌부르크 가문의 시조. 슬라브 계통의 인물. 이 가문은 1130년부터 시작되었다. 1329년에 공국으로 승격되었고, 두세 분파로 이어져오다 1701년에 슈트렐리츠, 슈베린 두 분파로 재편되었다.

다. 수십년 동안 그는 자기 민족을 지배하고, 1918년까지 지배하는 메클렌부르크 왕가의 시조가 된다.

- 1200년. 이때부터 슬라브족의 피가 베스트팔렌, 니더작센, 프리슬란트, 홀슈타인으로부터 이주해온 독일 정착민의 피와 뒤섞인다. 13세기 초 독일기사단이 프로이센 지역에 새로운 십자군 국가인 독일기사단국을 세운다.
- 13세기말. 뤼베크의 주도로 독일 한자동맹이 탄생한다. 로슈토크, 비스마르, 슈트랄준트, 그라이프스발트, 안클람, 데민이 강력한 중세 무역동맹에 가입하여 꽃피운다.
- 1295년. 포메른이 슈테틴과 볼가스트로 분할된다.
- 1325년. 뤼겐 왕가가 사라진다. 메클렌부르크와 포메른 간의 왕위계승전에서 뤼겐 공국이 1327년 포메른-볼가스트 공국에게 넘어간다.

〈상식〉 **포메른에는 역사상 다수의 공국들이 존재했다.**

- 포메른-바르트(Pommern-Barth) 공국(1372-1451)
- 포메른-데민(Pommern-Demmin) 공국(1170-1264)
- 포메른-슈테틴(Pommern-Stettin) 공국(1170/1295-1464, 1532/41-1625/37)
- 포메른-볼가스트(Pommern-Wolgast) 공국(1295-1474/8, 1532/41-1625/37)
- 포메른-슈톨프(Pommern-Stolp) 공국(1368/72-1459)

- 1370년. 덴마크와의 대결에서 한자도시들은 전쟁을 통해 패권을 차지한다. 이는 동해권에서 덴마크의 패권이 종말을 맞았고, 한자동맹이 권력의 정점에 있었음을 뜻한다.

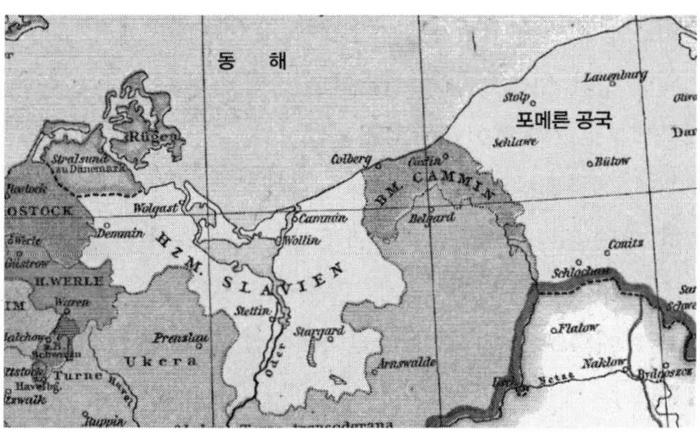

- 1419년. 로슈토크 대학교가 북유럽 전체에서 최초로 창건된다.
- 1534년. 필립 1세(Philipp I. von Wolgast, 1515~1560, 재위 1530~1560) 공작이 포메른에서 프로테스탄트의 교리를 받아들인다. 1549년 메클렌부르크에서 열린 슈테른베르거 의회가 루터파를 국교로 정한다.
- 1621년. 메클렌부르크가 슈베린과 귀스트로의 두 공국으로 분할된다. 이들 공국이 덴마크와 합병되었기 때문에 1627년 이 두 메클렌부르크 공작들은 망명길에 오른다. 1630년 스웨덴이 포메른에 상륙하자 이 두 공작들도 다시 복귀한다.
- 1648년. 베스트팔렌 평화조약으로 30년 전쟁이 종결되고, 비스마르, 노이클로스터 및 포엘 섬은 스웨덴에 넘어간다. 포어포메른과 뤼겐은 1815년까지 스웨덴의 관리를 받는다.
- 1701년. 메클렌부르크-귀스트로 라인이 소멸된 후 메클렌부르크 땅은 메클렌부르크-슈베린(1701~1918, 1815년부터 대공국, 1918년 자유국)과 메클렌부르크-슈트렐리츠(1701~1918)의 두 공국으로 분할된다.
- 1755년. 낭만주의 화가 카스파르 다비트 프리드리히가 그라이프스발트에서 탄생(1810년 사망)
- 1777년. 낭만주의 화가 필립 오토 룽에(Phillip Otto Runge)가 볼가스트에서 탄생(1810년 사망)
- 1793년. 메클렌부르크-슈베린 공작에 의해 바트 도베란(Bad Doberan) 시 근처에 온천장이 건설됨에 따라 하일리겐담과 함께 독일 해수욕의 전통이 시작된다.
- 1803년. 비스마르와 노이클로스터 및 포엘 섬이 100년간 메클렌부르크-슈트렐리츠에게 스웨덴의 담보물이 된다. 포어포메른에서 1806년 구스타프 4세 스웨덴 왕에 의해 스웨덴 헌법이 도입되고 예속된다. 곧이어 나폴레옹군이 메클렌부르크와 포어포메른을 점령한다.
- 1808년. 메클렌부르크-슈베린과 메클렌부르크-슈트렐리츠 공국이 나폴레옹 치하 때 오스트리아와 프로이센에 대항하여 라인동맹에 가입한다.
- 1815년. 빈 회의에 따라 두 메클렌부르크 공국들은 대공국으로 승격된다. 뤼겐과 포메른의 스웨덴령은 프로이센에 귀속된다.
- 1820년. 두 메클렌부르크 대공국들에서도 농노제도가 폐지된다.

- 1871년. 이때부터 메클렌부르크와 포어포메른이 독일제국의 영토가 된다.
- 1903년. 비스마르와 노이클로스터 그리고 포엘 섬이 독일에 귀속된다.
- 1919년. 이때부터 메클렌부르크-슈트렐리츠와 메클렌부르크-슈베린이 시민-민주주의 자유국(자치주)이 된다. 포어포메른은 프로이센의 포메른 주에 소속된다.
- 1952년. 구동독 시절에는 3개의 메클렌부르크 관구(로슈토크, 슈베린, 노이브란덴부르크)가 탄생한다.
- 1990년. 재통일 후 슈베린을 주도로 하는 메클렌부르크-포어포메른 연방주가 창립된다.
- 2003년. 이 연방주가 독일에서 가장 선호하는 여행지로 선정된다.
- 2008년. 하일리겐담에서 G8정상회담이 개최된다.

포메라니아(포메렐렌) 지역의 역사성

▶ 현재의 행정 단위

- 독일: 메클렌부르크-포어포메른
- 폴란드: 서부포메른, 쿠야빈-포메른, 포메른

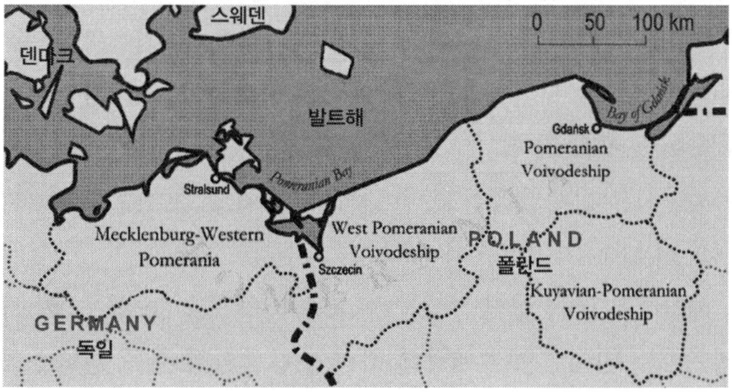

〈포메라니아 지역의 현재의 행정단위〉

▶ 포메라니아(라틴어: Pomerania, 폴란드어: Pomorze, 독일어: Pommern)

- 어원: 고대 슬라브어에서 비롯된 것으로, 'po'는 '옆', '~를 따라'의 뜻이고 'more'는 '바다'의 뜻이므로 '포메라니아'는 문자 그대로 '해안'이란 뜻. 이 지방이 발트 해와 가깝다는 말이기도 하다.

- 1046년 신성로마제국의 문서에서 처음 'Zemuzil dux Bomeranorum'('포메라니아 공 제무질')으로 표기되었다. 포메라니아는 브레멘의 아담(1070년경)과 갈루스 아노니무스(1113년경)의 연대기에도 자주 등장한다.
- 유럽 중북부, 발트 해 남쪽 연안에 자리 잡은 역사적인 지방. 현재는 대부분 폴란드에 속하며, 서쪽 끝 일부 지역만 독일 땅이다.
- 범위: 서쪽으로는 슈트랄준트와 가까운 레크니츠 강에서 슈체친 근처의 오더르 강 삼각주를 지나 동쪽으로 그단스크 인근 비스와 강 어귀에 이른다.
- 포메라니아는 북유럽의 저지평원지대에 속한다. 슈체친과 트로이미아스토 등 일부 외곽의 척박한 토지는 주로 농지로 이용되고 있이며, 수많은 호수, 숲, 마을도 산재한다. 이 지역의 농업은 목축, 임업, 수산업, 그리고 곡물과 사탕무, 감자 재배 등이 주류를 이룬다. 19세기 말부터 포메라니아, 특히 해안을 따라 들어선 위락지역이 중요한 관광 수입원이 되었다.
- 포메라니아는 발트 해의 포메라니아 만 연안 중 서쪽의 레크니츠 강과 동쪽의 비스와 강 사이의 지역. 옛 포메라니아는 남쪽으로 노테츠 강(네츠 강)과 바르타 강(바르테 강)까지 아우른 지역이었으나, 1250년부터 남방 경계는 훨씬 북쪽으로 바뀌게 된다. 이 지역 대부분은 북유럽 평원의 해안 저지대이며, 남쪽의 구릉지는 플라시스토세에 형성된 빙퇴석 띠인 'Baltic Ridge'에 속한다. 이 'Ridge'(저지, 주능선의 뜻) 안에 빙퇴석호가 고리 모양으로 형성되어 포메라니아 호수 지역을 이룬다. 토질은 척박하고, 모래가 많기도 하고, 습지대를 이룬 곳도 있다.
- 서쪽 해안선은 들쭉날쭉하고, 반도(다르스 반도, 칭스트 반도 등)와 섬(뤼겐, 우제돔, 볼린 등), 석호(슈체친 석호 등)가 많다.
- 동쪽 해안선은 굴곡 없이 부드러운 모양새. 웹스코 호, 양노 호, 가르드노 호는 과거에는 만이었으나 지금은 바다와 단절된 호수들. 그단스크 만(과 푸크 만), 비스와 만을 따라 동쪽 끝 해안선으로는 헬 반도와 비스와 반도가 발트 해로 뻗어있다.

▶ 포메라니아는 오늘날 다음의 지역들로 세분되었다.

- 포어포메른(독일의 '서부 또는 가까운 포메라니아'의 뜻) : 레크니츠 강에서 오더-나이세 강 사이의 지역. 이곳은 독일의 메클렌부르크-포어포메른 주의 일부.

역사적으로 포어포메른의 남쪽 끝 지역[12]은 폴란드 서부 포모제 주에 속한다. 과거 포어포메른 지역은 뤼겐 공국과 귀츠코브 토후국으로 구성된 곳이다.

- 자호드뇨포모르스키에(폴란드의 '서부 포모제 주'): 오더-나이세 선에서 스우피아 강 사이의 지역.
- 포메렐렌(폴란드의 '포모제 주' 대부분과 쿠야비안-포모제 주의 일부를 아우른 지역): 스우피아 강에서 그단스크 인근 비스와 강 삼각주 사이의 지역.
- 과거 먼 포메라니아 지방은 오늘날 서부 포모제 주 안에 있고, 그 동쪽 끝 지역(스웁스크 지역)은 오늘날 포모제 주의 북서쪽 끝자락이다. 먼 포메라니아에는 과거 여러 옛 지방이 있었는데, 슐라베-스톨프 영토, 라우엔부르크-뷔토브 영토, 나우가르트 영토, 캄민 주교령이 유명했다. 제2차 세계대전 때 먼 포메라니아 남쪽 지역에는 옛 노이마르크 땅과 그렌츠마르크 포젠-베스트 프로이센도 추가되었다. 이런 복잡한 관계를 도식화하면 다음과 같다.

<table>
<tr><th rowspan="2"></th><th>←서쪽</th><th colspan="5">포메라니아</th><th>동쪽→</th></tr>
<tr><th>슈트랄준트</th><th>안클람</th><th>슈체친
(슈테틴)</th><th>코워브제크
(콜베르크)</th><th>스웁스크
(스톨프)</th><th>그디니아
(그딩엔)</th><th>그단스크
(단치히)</th></tr>
<tr><th>현재
지역</th><td colspan="2">포어포메른
(독일 메클렌부르크포어포메른 주)</td><td colspan="2">자호드니에포모르스키에
(폴란드 서포모제 주)</td><td colspan="3">포메렐렌(폴란드 포모제 주)</td></tr>
<tr><th rowspan="2">독일어
용례
(영어 용례 및
철자)</th><td colspan="5">포메른(포메라니아)</td><td colspan="2" rowspan="2">포메렐렌(Pomerellen,
Pommerellen)
카슈바이(Kaschubei)</td></tr>
<tr><td colspan="2">포어포메른
(오늘날에는 슈체친을 제외한
뜻으로 쓰임)
(서부 포메라니아)
(가까운/상부 포메라니아)</td><td colspan="3">힌터포메른(Hinterpommern
먼 포메라니아)
오스트포메른(Ostpommern,
동부 포메라니아)</td></tr>
<tr><th>카슈브어 용례</th><td colspan="4">Zôpadnô Pòmòrskô(서부 포메라니아)</td><td colspan="3">Pòrénkòwô Pòmòrskô(동부 포메라니아)</td></tr>
</table>

- 독일제국의 포메른 주(1905년)도 제1차 세계 대전과 제2차 세계 대전을 거치면서 독일의 패망으로 폴란드에 귀속되었다. 먼저 제1차 세계 대전으로 동부 지역(독일어로는 '서 프로이센 지역')이 폴란드로 반환되는 바람에 이곳은 독일 본토와 동프로이센 사이의 이른바 폴란드 회랑 지대가 형성되었다. 그러나

12) 가르츠 지역은 오늘날 독일 브란덴부르크 주에 속하고, 옛 동쪽 끝자락(오더 강 어귀, '슈테티너 치펠'(Stettiner Zipfel))이었다.

폴란드 회랑 지대의 형성은 독일의 반감을 사게 되면서 제2차 세계 대전의 빌미 중 하나가 되었다. 제2차 세계대전에서도 패한 독일은 오더-나이세 선 동쪽의 전 지역 영토를 잃었다. 오더 강 동쪽의 포메라니아 전 지역이 폴란드로 넘어가면서 포메라니아로 불리는 지역의 오더 강 서쪽 일부만 독일 땅이 되고 나머지 대부분은 폴란드에 귀속되었다. 또한 오더 강 동쪽에 살던 독일인은 대부분 독일로 추방되었다.

- 전쟁 후, 폴란드에는 자호드니오포모르스키에 주('서부 포모제'라는 뜻)와 포모르스키에 주가 형성되었다. 독일 쪽에는 독일 동부 지역을 점령한 소련이 옛 메클렌부르크 지방과 포메른 지방의 서부를 합쳐 메클렌부르크-포어포메른 주(포어포메른은 '서부 포메른'의 뜻)를 신설했지만, 독일 민주 공화국(동독) 정권 수립 후 메클렌부르크-포어포메른 주는 로슈토크, 노이브란덴부르크, 슈베린의 세 현으로 분할되었다. 그 후 1990년 독일 통일과 함께 동독 시절의 세 현이 폐지되고 메클렌부르크-포어포메른 주가 부활되어 현재에 이르고 있다.

3. 문화를 품은 메클렌부르크-포어포메른

3.1. 로슈토크(Rostock)

▸ 도시의 명칭

- 서슬라브계 종족 집단인 빌첸족(Wilzen, '벨레티 족'이라고도 함)이 8~9세기에 동부 메클렌부르크, 포어포메른, 브란덴부르크 북쪽에 정착했다. 이 종족은 바르노프 강이 갈라져서 흘러가는 모습을 'rastokŭ'라고 불렀다. 이 고대 폴라브어 이름에서 'roz'는 '서로 갈라져서'로, 'tok'는 '강, 하천'으로 번역될 수 있다.
- 이 이름은 수백 년이 지나서도 조금밖에 바뀌지 않았다. 1165년경에 처음으로 'Rozstoc'라는 이름으로 등장했다. 이 고성은 1171년에는 'Urbs Rozstoc'으로, 1182년에는 'Rostoch'로 불렸다. 또 다른 변이형들도 있다. 1189년에는 Rotstoc와 Rotstoch로, 1218에는 Rozstoc로, 1219년에는 Roztoc로, 1240년에는 Rostok로, 1366년경에 와서 Rostock로 나타났다. 바르노프 강(옛날에는 Varnowa)이 동해로 흘러들어가는 곳에 정확히 바르네뮌데가 있다. Varna 및 Varn은 까마귀 및 바다가마우지를 뜻한다.
- 역사적으로 로슈토크는 라틴어로 Rhodopolis 또는 Rostochium라는 이름으로 불리기도 했다.
- 1990년부터 이 도시에는 한자도시라는 명칭이 추가되었다. 2016년 3월 18일에 메클렌부르크-포어포메른 주 내무부가 '한자도시이자 대학도시'라는 부가명칭을 허용했는데, 로슈토크는 2018년 1월 1일부터 이 부가명칭을 도입하고 있다.

▸ 도시의 구조

- 중세성곽으로 둘러싸인 구도심지는 역사의 흔적을 찾아볼 수 있는 곳이다. 대략 5개의 구역, 이를테면 서유럽 쇼핑가를 닮은 구역, 구동독의 모습을 간직한 구역, 지형을 살린 구역, 자연을 살린 구역, 항구 구역으로 나눌 수 있다.

- 매년 이곳 구시가지를 배경으로 로슈토크의 해양 축제가 열리기도 한다. 이 축제는 동해 지역 전체의 행사로서 다양한 음악 공연, 바닷가에서 펼쳐지는 불꽃놀이, 중세 장터, 대(大)관람차 등을 품은 인류 화합의 한마당 축제이다. 4km에 달하는 놀이동산도 들어선다.

▸ 도시의 역사

- 1161년 덴마크 왕 발데마르 1세가 도시를 세웠다. 1218년 자치시가 되었고, 한자동맹에 가입하였다. 스웨덴의 지배하에 있다가 메클렌부르크-슈베린 대공국의 도시가 되었다. 1419년에 북독일 및 스칸디나비아권 최초의 대학이 설립되었다. 제2차 세계대전 때 심각한 피해를 입었지만 전후에 구동독의 중요 항구로 재건되었다.

▸ 도시의 문화유산

- 구시가지는 한자 동맹 시대에 지어진 다홍색의 전형적인 벽돌고딕양식 건물들로 가득하다. 아직도 잔해가 남아 있는 로슈토크 요새도 그 중 하나이다. 특히 30년 전쟁 동안 발렌슈타인이 건축한 부분도 포함되어 있다.
- 구시가지 동쪽, 성 페트리 교회 부근에 긴 성벽이 남아있다. 근처에는 당시의 대포가 있는 피셔 요새 일부도 남아있다. 성벽 안쪽에는 원래 4개가 있었던 큰 교회 중 3개는 아직도 남아 있다. 그 중 가장 큰 것은 시내 중심에 위치한 고딕 양식의 마리엔 교회. 로슈토크가 탄생한 장소인 구 광장에는 루터파 성 페트리 교회가 있다. 이미 1300년 무렵에 이 교회 자리에 3랑식 교회

〈좌: 시청사, 중: 구시가지 동쪽의 성 페트리교회와 도시성곽, 우: 마리엔교회〉

건물이 들어섰다. 14세기 중엽에 이 교회 자리에 다시 북유럽 특유의 벽돌고딕양식의 3랑식 바실리카가 들어섰다. 1500년 무렵에 약 127m 높이의 첨탑이 추가되었는데, 1543년에 번개를 맞고 붕괴되었다. 1578년까지 이 첨탑은 투구 모양으로 재건되었는데, 폭풍우로 다시 일부가 파손되었다. 이후에 건립된 높이 117m의 첨탑(1902년 대대적으로 보수됨)과 함께 이 교회는 로슈토크의 랜드 마크가 되었다.

- 시청사는 13세기에 탄생한, 3개의 건물로 구성된 건물복합체이다. 동해권에서 바로크 양식의 파사드가 덧붙여진 가장 중요한 고딕 양식 건물이기도 하다. 뤼베크와 슈트랄준트의 시청사들과도 견줄 수 있는 수준이다.

▶ 항구 구역

- 동해로 흘러가는 바르노프(Warnow) 강의 하구에 있다. 바르노프 강은 바르네뮌데(Warnemünde, '바르노프 강의 입'이란 뜻)와 로스토크를 관통하는 강이다. 2003년 로스토크와 이 강의 서쪽을 연결하는 독일 최초의 현대식 바르노프 터널(Warnowtunnel)이 개통되었다.
- 오래된 벽돌고딕양식 건물들이 수없이 많다. 이런 건물들은 메클렌부르크 전체에도 아주 흔한 건축 재료인 인조벽돌로 건축되었다. 중세도시인 노이브란덴부르크에도 이런 건물들이 있는데, 중세시대에 이 도시는 4개의 옛 도시 성문을 통해서만 시내로 들어갈 수 있어서 '4-성문도시(Vier-Tore-Stadt)'라고도 불린다.
- 시내 중심가는 19세기 중엽까지 거의 모든 시민들이 거주한 지역으로, 노이브란덴부르크 시의 문화와 관광의 중심지이다.

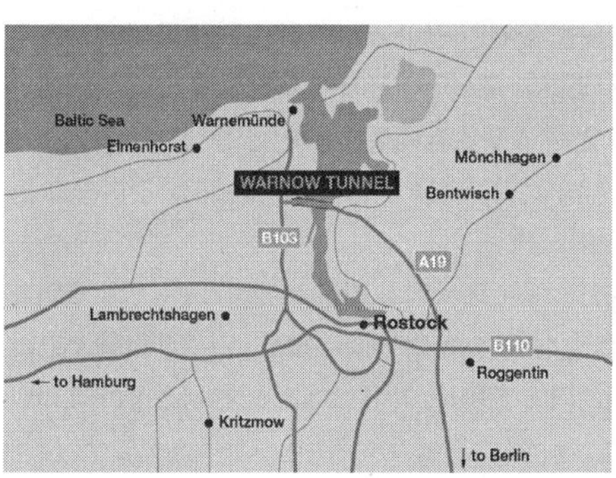

〈바르노프 터널 위치와 터널 개통 10주년 로고〉

〈좌: 트렙타워 성문, 우: 프리드리히 얀 흉상〉

- 이 도시의 서쪽과 북서쪽 경계 지역인 얀 지구(Janvietel)에는 19세기 말과 20세기 초의 인상적인 서민가옥들이 즐비하다. 이 지구의 공식 이름은 중심에 위치한 얀 거리(Jahstraße)에서 파생되었다, 이 거리는 이곳에 세워진 얀 기념비와 함께 기계체조의 아버지 프리드리히 얀(Friedrich Ludwig Jahn, 1778~1852)이 노이브란덴부르크에서 하던 가정교사 시절을 상기시킨다. 이와는 달리 '나흐트야켄 지구'(Nachtjackenviertel, '잠옷 지구'란 뜻)' 개념은 이 구역이 옛날에 주거지역이라기보다는 환락가였음을 암시한다.

〈쉬어가기〉 프리드리히 얀(Friedrich Jahn)

- 독일체조의 산실은 1811년 베를린 교외의 하젠하이데에 얀이 처음 개장한 노천체조장(Turnplatz: 일종의 체조학교)이었다. 얀의 노력으로 체조운동은 독일 전역으로 확산되었는데, 프로이센과 오스트리아의 쌍두체제에서 수많은 나라들로 갈려있던 독일 민족을 하나로 묶는 띠가 되었다.
- 할레대학교와 괴팅겐대학교에서 신학과 문헌학을 공부한 얀이 스포츠에 눈길을 돌리고 체조를 창안한 것 자체가 민족적 위기의식에서 비롯되었다. 프로이센군에 복무하며 조국이 나폴레옹군의 말발굽에 짓밟히는 것을 지켜봐야 했던 얀은 스포츠가 독일 어린이들의 성격을 강인하게 하고 애국심을 함양해 문화와 언어공동체로서의 독일민족을 지탱할 버팀목이 될 것이라고 판단했다.
- 얀 자신도 군인으로서 교육자로 그 시대 독일인들에게 애국의 모범을 보였다. 그는 민족주의가 진보적 가치를 지니던 시대에 민족주의자의 삶을 살았다. 얀의 민족주의적 • 민주주의적 사고와 행동은 당대 독일 지배계급과의 충돌로 이어지기도 했는데, 1819년에는 노천체조장이 폐쇄되고 그 자신도 얼마간 옥살이와 가택연금을 겪었다.
- 그러나 그는 나폴레옹 전쟁 때의 공훈을 인정받아 1840년 프로이센 정부로부터 철십자훈장을

받았고, 1848년 3월 혁명 기간에는 독일 통일운동의 이정표가 된 프랑크푸르트 국민의회 의원으로 뽑히기도 했다.

〈상식〉 세계 3대 체조는?

얀이 고안한 **독일 체조**, 페르 헨리크 링(1776~1839)이 고안한 **스웨덴 체조**, 그리고 두 체조의 장점을 묶어 프란츠 나흐테갈(1777~1847)이 창안한 **덴마크 체조**

3.2. 주도 슈베린(Schwerin)

- 역사적인 구시가지는 유네스코 세계문화유산에 등록되어 있다.
- 슈베린 성(Schweriner Schloss)은 슈베린 호수[13] 속에 위치한 슈베린 시의 상징적인 건축물이다. 이곳은 현재 연방 주 의회(Landtag) 소재지이기도 하다.
- 이 성은 슈베린 시 중심에 위치한 슐로스인젤(Schlossinsel '성의 섬'이란 뜻)에 있다. 유럽과 독일에서 가장 아름다운 역사적 건축물 중 하나이다. 오랜 세월 동안 메클렌부르크 영주의 거처로 사용되었다.
- 그 주변에 슐로스 정원, 국립 박물관, 승전 기념탑, 구 궁전, 왕궁 마구간, 고전주의적인 수상 관저 등이 있다.

〈상식〉 슈베린(Schwerin)의 어원

- 이 도시는 1012/18년경 'Zuarina'란 이름으로 처음 언급되었다. Helmold von Bosau가 이것을 1170년 Zuerin, 곧 Zwerin으로 명명했다. 15세기 이후에 Swerin으로 불리다가, 16세기 이후부터 Schwerin으로 명명되었다. 이 명칭은 폴라브 어 zvěŕ (야생동물) 또는 zvěŕin (야생사육장, 동물원 또는 말 목장)에서 왔다고도 한다. 이와는 달리 고대게르만어 swaran (방어하다)에 뿌리를 둔 것이라고도 한다. 이것은 나중에 이주해온 슬라브 인들에 의해 zvěŕ (야생동물)의 의미로 재해석된 것이라고도 한다.

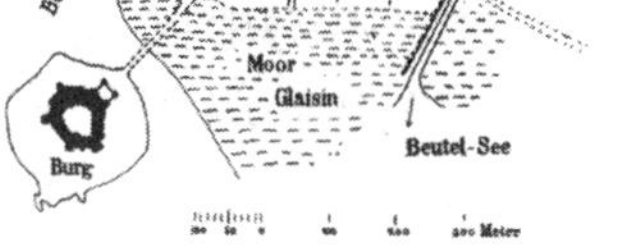

a. das Schelfthor, b. das Schmiedethor, c. das Mühlenthor, d. der Plötzenthurm, e. der alte Begräbnissplatz, f. das Heilige Geist-Haus, g. das alte Rathhaus, i. die Marktpumpe.

13) 슈베린 시에는 12개의 호수(Schweriner See, Burgsee, Faule See, Grimkesee, Heidensee, Große Karausche, Lankower See, Medeweger See, Neumühler See, Ostorfer See, Pfaffenteich Ziegelsee)가 있는데, 그 중 슈베린 성은 슈베린 호수 속에 있다.

- 역사적 문헌에 처음으로 기록된 것은 약 1천 년 전인 973년.

▸슈베린 성

- 1160년에야 도시가 성립되고 성채가 재건되었는데, 그 성채가 오늘날의 슈베린 성이다. 그 후 얼마 지나지 않아 첫 번째 돔이 완성되었다. 이는 슈베린 지역에서 유일한 중세 시대 건축 문화재이다. 비록 형태가 변경되기는 했지만, 지난 수 세기를 견뎌 왔다. 첫 번째 돔은 공간 관계상 탑신만을 남긴 채 곧 철거되어야 했다.
- 1248년에 완공된 로마네스크 양식의 성당도 감당할 수 없는 지경에 놓였다. 슈베린 백작 하인리히 1세(1155~1228)가 십자군 원정으로부터 예수의 핏방울, 즉 성혈을 가져왔다. 그래서 순례 행렬을 수용할 만한 보관소가 필요하게 되어서 1270년에 건축한 것이 바로 이 새로운 돔이다. 그 후 이곳은 독일 제국 북동부에서 가장 유명한 순례자 교회 중의 하나가 되었다.

〈상식〉 메클렌부르크-슈베린 대공국(Großherzogtum Mecklenburg-Schwerin)

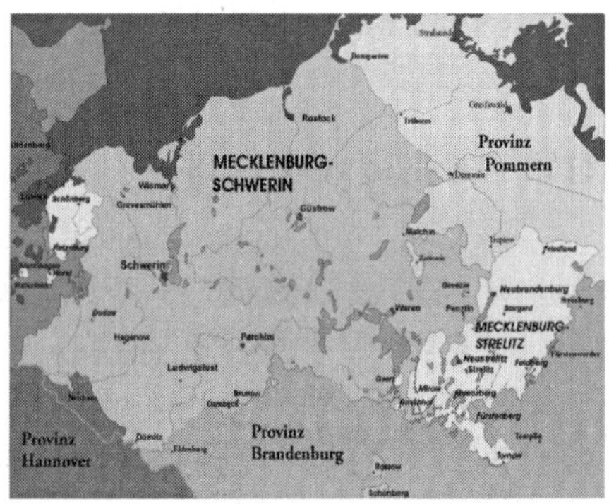

발트 해에 면하고 있었으며, 수도는 슈베린이었다. 면적은 13,000㎢, 국교는 루터파 프로테스탄트였다. 1348년 메클렌부르크 공국이 되었다가, 1701년 메클렌부르크-슈베린과 메클렌부르크-슈트렐리츠로 나뉘었다. 1815년에 대공국으로 승격하였고, 1871년 독일 제국의 일부가 되었다. 그러나 제1차 세계대전 패전의 여파로 대공 프리드리히 프란츠 4세가 퇴위하여 자유 주가 되었다. 1934년 나치에 의해 메클렌부르크-슈트렐리츠와 통합, 메클렌부르크 주가 되었다. 현재 메클렌부르크-포어포메른 주의 일부이다.

- 테라코타를 비롯한 아름다운 장식들로 꾸며진 르네상스 양식의 성으로, 오늘날의 모습은 1843년부터 1857년까지 개축된 것이다. 당시 건축은 게오르크 아돌프 데믈러(Georg Adolph Demmler)와 프리드리히 아우구스트 슈튈러(Friedrich August Stüler)가 맡았다. 프랑스의 르네상스 양식 궁전 건축의 영향을

받았고, 특히 프랑스 루아르의 샹보르 성을 모델로 한 것으로 알려져 있다. 성의 내부에는 아름답게 장식된 연회장과 기사의 방 등이 있다. 마이센 자기와 18세기에서 20세기까지의 미술품 등을 전시해 놓은 갤러리가 있다. 성을 둘러싼 바로크 양식의 정원과 오랑주리가 특히 아름답다.

- 격조 높은 연중 행사들도 많다. 슈베린은 메클렌부르크-포어포메른 페스티벌의 행사지이며, 5월에는 영화 축제와 백색 함대 퍼레이드가 개최되고, 6월과 7월에는 점토 공예전, 달리기 대회, 호모 섹슈얼 축제인 Christopher Street Day(CSD)[14] 용선 축제, 구시가지 축제, 와인 축제, 슈베린 문학 주간이 이어진다. 연중행사의 대미는 매켈보르거 크리스마스 시장이 장식한다.

〈상식〉 퀴어 퍼레이드(Queer parade, 게이축제)

- 레즈비언, 게이, 양성애자, 트랜스젠더 등 성소수자들이 자긍심을 높이고, 권리를 인정받기 위해 벌이는 행진이다. 퀴어 퍼레이드는 스톤월 항쟁을 기념하기 위해 대략 매년 6월에 열린다.
- 스톤월 항쟁 1주년을 맞은 1970년 6월 28일, 크리스토퍼 길 해방의 날은 크리스토퍼 길에 있는 의회와 센트럴 파크를 뒤덮은 미국 역사 최초의 퀴어 퍼레이드가 열린 날로 기록되었다. 행진은 사람들의 흥분과 동성애자 현수막과 피켓을 들고 도시를 걸어간다는 경계심 때문에 예정된 시간보다 일찍 끝났다.

3.3. 안클람(Anklam)

▶ 도시명칭

- 1243년 역사에 처음 등장한 이름은 Tachlim이었다. 1256년에는 Thanglim으로, 1264년에는 Tanchlim으로 등장한다. 'T'가 처음으로 탈락하여 Anclim으로 불린 때는 1284년이다. 1285년에는 Anclem으로 명명되었다.
- 이후 수많은 문헌들에서 이 이름이 번갈아 등장한다. 1524년 이후부터 'T' 없는 쓰기에서 c와 k의 교체가 일어났다. 이 이름은 슬라브어로 이 장소의 위치를 가리키는 "언덕배기에"라는 어휘 의미와 무관하지 않다. 1990년부터 한자도시라는 부가명칭이 붙었다.

14) 'Christopher Street Day'라고도 한다. 이 명칭은 독일과 스위스에서도 사용된다. 오스트리아에서는 'Regenbogenparade'('무지개 퍼레이드'의 뜻)라 하고, 영어권과 로만스어권 국가에서는 Gay Pride 또는 Pride Parades라고 한다. 오스트레일리아에서는 카니발 때 함께 퍼레이드를 펼치기 때문에 Mardi Gras라고 한다.

▸ 역사적인 건축물들도 적지 않다.

- 마리엔교회: 13세기에 건축된, 남서쪽 첨탑을 가진 벽돌고딕양식의 3랑식 홀형교회. 1296년에 처음 문헌에 등장했다. 원래는 쌍탑을 가진 로마네스크 양식 교회였다. 쌍탑은 고딕양식으로 증축되었다. 로마네스크 양식 첨탑은 고딕양식으로 증축된 성벽석재에서 오늘날에도 여전히 알아볼 수 있다. 그래서 첨탑과 교회본당이 비대칭적 구조를 보인다. 고딕양식의 이러한 쌍탑 양식은 뤼베크의 마리엔교회의 전형에 따라 이미 15세기에 등장한 것이다. 건립되지 않은 두 번째 첨탑의 위치에는 예배당이 건립되었다. 15세기 말까지 마리엔교회는 현재의 모습을 갖추었다.
- 니콜라이교회: 14세기에 건축된, 서쪽 첨탑을 가진 벽돌고딕양식의 3랑식 홀형교회. 1945년 전소되었고, 1995년부터 보수되었다. 현재는 콘서트와 전시회용으로 사용되고 있다.
- 안클라머 슈타인토어(Anklamer Steintor): 1450년경에 건축된, 마지막 남은 도시 성문으로서 이 도시의 랜드 마크(높이 32m). 1989년에 복원되었고, 현재는 향토박물관으로 사용 중이다.

〈좌: 마리엔교회, 중: 니콜라이교회, 우: 앙클라머 슈타인토어〉

- "오토 릴리엔탈 박물관(Otto Lilienthal Museum)". 이곳 출신인 비행기 개척자 오토 릴리엔탈(Otto Lilienthal)의 발명품들이 전시되어 있다.

▸ 오토 릴리엔탈(1848~1896), 누구인가?

- 사람이 탈 수 있는 글라이더를 개발한 독일 항공의 개척자. 릴리엔탈의 가장

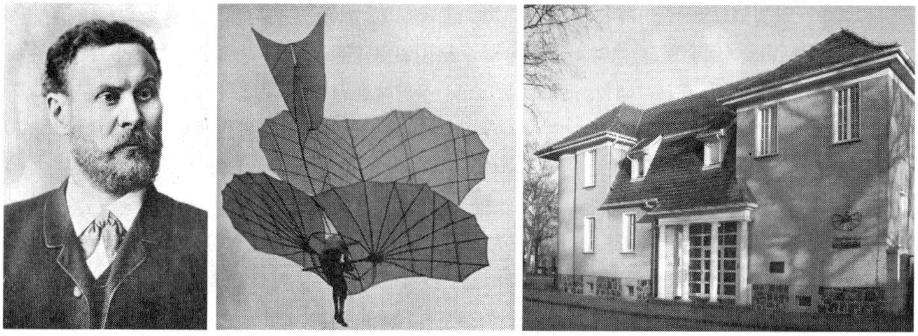

〈좌: 오토 릴리엔탈, 중: 복엽기, 우: 릴리엔탈박물관〉

큰 업적은 공기보다 무거운 비행물체의 개발에 기여한 것. 그는 조류의 비행 동작과 날개의 움직임을 정확히 묘사하고 연구하기 위하여 극좌표를 이용하였다. 그는 새의 날개의 움직임에 주목하여 향상된 글라이더 고안에 활용하였다.

- 1848~1896년. 행글라이더를 만들어 직접 2000회 이상 비행했다. 1877년 첫 글라이더를 시험 제작, 1891년 처음으로 사람이 탈 수 있는 글라이더를 개발하여 베를린 근처의 인공 언덕에서 25m 처녀비행에 성공하면서 활공비행 시대를 열었다.
- 1893년. 250m 거리를 비행하는 데 성공하였다. 이 기록은 그가 죽는 날까지 깨지지 않았다.
- 1895년. 복엽기로 실험을 진행했다. 1896년 발동기를 가설할 예정이었지만 활공 중 강풍을 만나 추락사하였다.
- 릴리엔탈의 연구 성과는 미국의 라이트형제에게도 영향과 영감을 주었다.

〈상식〉 주의 대학들(Hochschulen)

- 두 곳의 종합대학(Universität)과 여러 개의 전문대학(Hochschule)이 있다.
- 그라이프스발트대학교(Ernst-Moritz-Arndt-Universität Greifswald, 1456년 창설)와 로슈토크 대학교(Universität Rostock, 1419년 창설)는 북유럽에서 가장 오래된 대학교들이다. 대학교에 소속되지 않은 수많은 연구소들도 있다. 주로 그라이프스발트와 로슈토크 시내와 주변에 집중해 있으며, 의학, 생물학, 물리학, 우주공학, 동물 보건학, 농학을 연구한다. 가장 유명한 연구소로는 로슈토크 소재 막스플랑크 영양학 연구소와 농업용 가축 생물학 연구소, 그라이프스발트 소재 막스플랑크 플라즈마 물리학 연구소, 노이슈트렐리츠 소재 분원 독일항공우주센터가 있다. 그라이프스발트 소속 림스(Riems) 섬에는 프리드리히-뢰플러 연구소가 있는데, 출혈 없이 절개 가능한 고압 수류 수술 메스(Wasserskalpells/Helix-Hydro-Jet), 최초의 어린이용 인공

간 등의 발명으로 유명하다.

- 전문대학들. 로슈토크 음악과 연극 대학, 노이브란덴부르크 대학, 실기 중심의 슈트랄준트 전문대학과 비스마르 대학, 귀스트로 소재 공공행정경찰 전문대학 및 연방고용사무 대학(Hochschule der Bundesagentur für Arbeit)(본부는 만하임과 슈베린에 있음) 등이 유명하다.
- 슈베린 소재 사립대학인 발트 칼리지(Baltic College)는 마케팅, 경영, 보건, 관광 분야에 특화된 과정이 있다.
- 대학도시들인 로슈토크와 그라이프스발트는 대학생 수가 급격히 늘고 있다. 이유는 이 주가 'Studieren mit Meerwert'란 슬로건으로, 특히 그라이프스발트 대학교는 'Studieren, wo andere Urlaub machen'이라는 슬로건으로 광고를 한 덕분이다.

3.4. 그라이프스발트(Greifswald)

〈중앙광장(Marktplatz, central market square)〉

▸지리

- 대학도시이자 한자도시 그라이프스발트(저지독일어: Griepswoold)는 독일 북동부에 위치한 메클렌부르크-포어포메른 주의 도시
- 포어포메른의 섬들인 뤼크 강변의 뤼겐과 우제돔 그리고 동해의 그라이프스발더 보덴 해(Greifswalder Bodden) 사이에 위치하며, 포어포메른-그라이프스발트 군의 군청소재지이기도 하다.
- 1456년 건립된 그라이프스발트 대학교는 동해권에서는 로스토크 다음으로 오래된 대학. 학생은 약 12,000명, 교직원이 약 5000명에 이른다. 2008년도의 연구보고서에 따르면, 그라이프스발트는 독일에서 가장 역동적인 도시이자 가장 젊은 도시이다.
- 인구 57.985명(2016년)으로, 메클렌부르크-포어포메른 주에서 다섯 번째로 큰 도시. 슈트랄준트, 로슈토크, 슈베린, 노이브란덴부르크와 함께 이 주의 상부지역 중심도시를 이룬다. 그 아래 지역의 메트로폴로는 동부의 슈테틴, 남부의 베를린, 서부의 함부르크, 북부의 코펜하겐-말뫼가 있다.
- '자립도시' 그라이프스발트로 발전한 정착촌의 원래 이름은 전해진 것이 없

다. 1248년의 문헌에서 현재의 이름이 처음 발견되었다. 1249년 6월의 영지 문서에 독일어로 Gripeswald가 사용되었는데, 이 정착촌이 원래 또 다른 슬라브어나 덴마크어나 독일어의 이름을 가지고 있었던 것으로 추측된다. 원래의 이름이 덴마크어였다는 이론(덴마크에 있는 Eldena 수도원의 모체수도원인 Esrom 근처의 숲 이름인 Gripscogh에 기대었다는 이론)은 근거가 희박하다. 이후 수백 년 동안 문서에서 다양한 명칭들이 사용되었다.

- 중부저지독일어 grip은 Grief(그리스 신화에서 독수리 머리와 날개에 사자 몸을 한 괴물)에 해당하는데, 포메른 공작들이 사용한 문장의 동물을 가리키는 것으로 추측되며, 이후에 Greifen으로도 표기되었다. wolt/wold는 Wald(숲)에 해당한다. Greif와 Wald는 그라이프스발트의 문장에서도 발견된다.
- 역사적으로 그라이프스발트는 라틴어 이름인 Gryphisvaldia로도 명명되었다.
- 1990년에 도시 명칭에 'Hansestadt'('한자도시')를 추가하여 〈Universitäts- und Hansestadt Greifswald〉['대학도시이자 한자도시 그라이프스발트']로 표기하고 있다.

▸ 문화

건축물과 건축

- 중세의 벽돌고딕양식에서부터 현대 건축양식에 이르기까지 다양한 건축양식들을 두루 찾을 수 있는 곳. 비교적 오래된 건축물들은 북부독일과 동해권에서 건설된 통상적인 양식인데, 뤼베크나 비스마르 같은 한자도시들에서도 발견된다. 그러나 이 도시에는 의고전주와 창설 초기의 건축 흔적도 남아있다. 구동독 시절에 북부지역의 대다수 역사도시들이 헐리고 그 자리에 철근콘크리트 조립식 연립아파트들이 건축되었다. 통일된 1990년부터 역사적인 건축물의 복구와 재건을 위해 대대적인 노력을 기울이고 있다.
- 올드타운. 주목할 것은 복부독일에서 규모와 외형에서 독특한 마르크트 광장이다. 마르크트 광장에는 13세기에 지어진 고딕-바로크 양식의 그라이프스발트 시청사가 있다. 건축사에서 특히 중요한 것은 중세 한자동맹 시절의 서민주택들인 마르크트 11과 13인데, 준트식 벽돌고딕 양식으로 건축되었다.

〈좌: 시청사(성 니콜라이 대성당), 우: 성 마리엔 교회, 옛 그라이프스발트 군청사 마르크트 10, 서민주택 마르크트 11〉

- 뮐렌거리(Mühlenstraße)의 모퉁이에 위치한 백색의 의고전주의 건물에는 현재 포메른 주립박물관의 미술관이 들어섰다. 이 건물은 요한 퀴스토르프(Johann Gottfried Quistorp, 1755~1835)가 설계하여 건립했다.
- 올드타운은 그라이프스발트 대학교의 건물들, 이를테면 대강당이 있는 메인 캠퍼스와 일부 대학병원 건물 및 다양한 연구소 건물들이 주축을 이룬다. 가장 큰 종교 건물로는 벽돌고딕양식으로 건립된 세 개의 교회가 있다. 성 니콜라이 대성당(Dom St. Nikolai, 1263년 건축)은 이 도시의 상징(첨탑의 높이가 100m)으로, 대학교 본관건물 근처에 있다. 이 대성당은 독일에서 루터파 복음교회("북부교회(Nordkirche)")의 포메른 복음 교구("포메른 교구")의 본부교회이자 감독교회이다. 성 마리엔 교회 - 주민들은 'Dicke Marie'('뚱보 마리아'의 뜻)라고도 함 - 는 세 개의 교회들 중 가장 오래된 교회이다(1260년경 건축). 성 야코비 교회(1280년)는 도심 외곽에 있으며, 세 개의 본부교회들 중 가장 작은 교회이다.

▶ 대학

- 바로크 양식의 본관건물은 1747년 안드레아스 마이어(Andreas Mayer, 1716~1782)의 설계에 따라 건축된 것이다. 대학의 본관건물 주변에 올드타운 캠퍼스가 모여 있는데, 대학도서관(1882), 대강당 건물(1886), 물리학부(1891), 안과 클리닉(1887), 생리학부(1888)가 있다. 올드타운의 북쪽에는 내과, 외과, 산부인과 클리닉 건물들이 있는 옛 클리닉 단지가 있다. 이 단지는 이후 정신과학과 법학 건물로 용도가 바뀌었다.

〈좌: 바로크 양식의 본관 건물, 중: 옛 대학 캠퍼스,
우: 세 개의 역사적인 서민주택들 중 하나였던 그라이프스발트 시립도서관〉

- 베르톨트-바이츠 광장(Berthold-Beitz-Platz)에 위치한 새 캠퍼스에 자연과학과 의과대학이 들어섰다. 건축학적 관점에서 주목을 끄는 곳은 물리학과 생화학 학부 및 약학부 건물들이다.

3.5. 슈트랄준트(Stralsund)와 비스마르(Wismar)

- 2002년 〈슈트랄준트와 비스마르의 역사지구〉라는 이름으로 비스마르와 슈트랄준트를 묶어 유네스코 세계문화유산에 등재되었다.
- 독일 북부 발트 해 연안의 중세도시들로서 14, 15세기에 한자 동맹의 주요 교역 중심지였다. 17, 18세기에는 스웨덴이 점령했던 독일 영지의 행정과 방어 중심지의 기능을 한 곳들이다.
- 이들 도시는 발트 해 지역 한자 동맹 도시들에 특징적인 벽돌고딕 건축 양식이 기술적, 형식적으로 발달하고 확산되는 디딤돌 역할을 했다. 이곳의 벽돌로 건축한 대성당, 슈트랄준트 시청사, 주거, 상업, 수공업 용도의 주택들은 수세기 동안 발전한 건축 양식을 현재까지도 오롯이 간직하고 있다.

▸ 역사

- 도시의 성립. 비스마르와 슈트랄준트는 선박의 안전한 정박, 원활한 조선 및 하역이 가능한 지역에 들어선 도시들이다. 비스마르는 13세기 초 슬라브족에 속하는 아보드리텐 족의 옛 중심지인 메클렌부르크에서 5㎞ 떨어진 곳에서 태동했다. 비스마르는 옛 교역로였던 비아 레기아((Royal Highway)를 따라 해안에 세워진 벤트족의 어촌 마을과 가까웠으며, 13세기 초에 이미 탁월한 위치와 우수한 항구 시설 덕분에 빠르게 발달했다.

- 비스마르 동쪽의 슈트랄준트도 항구의 잠재력을 활용할 수 있는 위치에 세워졌는데, 그 앞바다에 있는 슈트렐라 섬(Strela, 나중에는 '덴홀름(Dänholm)')으로부터 부차적인 이득을 누렸다. 비스마르가 역사서에 처음 등장한 것은 1229년, 슈트랄준트는 1234년이었다. 이곳이 자치 법령권을 부여받은 것은 이미 그 입지를 확고이 한 때였다. 뤼베크법으로 알려진 이 법령은 발트 해 지역의 도시들을 대상으로 한 것인데, 관습법, 상법, 시장법, 건축법 등 모든 법적 장치를 아울렀다. 비스마르와 슈트랄준트는 자치 법령권을 획득한 이후 방어 시설을 짓기 시작하여 13세기 말과 14세기 초에 완성하였다.

▶ 한자 동맹 시기

- 한자 동맹은 13세기에 국외 거주 독일 북부 상인 조합으로 탄생한 것인데, 같은 세기 말에 '한자도시동맹'으로 발전했다. 한자 동맹은 순식간에 북해와 발트 해 지역에서 주도권을 잡았다. 전성기에는 200여 개의 도시를 아우를 정도로 시세를 확장하기도 했다. 한자동맹은 뤼베크를 중심으로 벤트, 베스트팔렌, 작센, 프로이센의 4개 지역 군으로 이루어졌다.
- 이 중 가장 중요한 벤트 지역에 비스마르와 슈트랄준트가 있었다. 1470년대 초에 네덜란드와 영국이 부상하여 주요 선박 운항로가 발트 해에서 대서양으로 이동하게 되면서 한자 동맹의 힘은 약화되기 시작했다. 비스마르와 슈트랄준트는 1293년에 뤼베크, 로슈토크, 그라이프스발트와 함께 한자동맹에 합류했다.
- 13세기경 비스마르와 슈트랄준트는 플랑드르의 천, 영국의 모직물, 베스트팔렌의 금속제품, 라트비아와 루스족의 목재, 타르, 석회, 꿀, 모피 그리고 밀랍, 뤼네부르크와 부르뇌프(Bourgneuf) 만의 소금, 라인 강 유역 · 프랑스 · 스페인 · 포르투갈의 포도주, 노르웨이와 쇠넨의 생선 등 다양한 물품들을 중계 무역하는 등 활발한 상업 활동을 전개했다. 비스마르에서는 맥주 생산이 특히 중요했다. 맥주는 음료수로서 뿐 아니라 음식이나 의약품의 기초 재료로도 사용되는 주력 생산품이었다.
- 14세기 초에 발생한 비스마르와 메클렌부르크의 갈등은 독일 북부 영주들과 덴마크 왕의 연합, 이에 대항하여 독립을 추구하던 뤼베크, 비스마르, 로스토크, 슈트랄준트, 그라이프스발트 등 주요 도시들 간의 전쟁으로 이어

졌다. 비스마르가 전쟁에서 패하는 바람에 고난을 겪은 반면, 슈트랄준트는 1316년 지역 주도권을 잡으며 포메라니아 주의 가장 강력한 도시로 부상했다. 이때부터 한자 동맹의 전성기가 시작되었다. 그 결과 1330년과 1380년 사이에 이곳에 중요한 건축물들이 들어섰다. 이러한 건축 붐은 특이한 벽돌 건축 양식인 준트식 벽돌고딕 양식을 탄생시켰다. 이는 슈트랄준트의 경제 성장과 정치적 파워를 나타내는 징표라 할 수 있다. 1367년에 한자동맹 도시들과 네덜란드 도시들로 이루어진 쾰른 연방과 덴마크 왕국 의회 간의 협상에 따라 1370년 3월 24일에 슈트랄준트 평화 협정이 채결되었다. 이로써 한자 동맹은 유럽에서 중요한 역할을 차지하면서 그 파워도 한층 더 공고해졌다.

▶ 스웨덴 시기

- 한자 동맹이 약화되던 15세기 후반부터 비스마르와 슈트랄준트의 상업적 · 정치적 중요성도 꽤 약화되었다. 30년 전쟁(1618~1648)의 결과로 비스마르와 슈트랄준트는 스웨덴의 통치를 받게 되면서 스웨덴의 행정 중심지로서 중요 역할을 담당했다. 비스마르의 왕궁 정원 퓌어슈텐호프에는 독일 영지를 관할하는 스웨덴 왕국의 대법원으로 스웨덴 왕실 법원이 설치되었다. 비스마르와 슈트랄준트의 방어 시설은 스웨덴 통치 시기에 전쟁에 최적화된 형태로 재건축되었다. 배후 지역이 없었던 탓에 상업 활동은 제약을 받았지만, 1651년부터 관세 면제 덕분에 짧게나마 경제적으로 번영하였다.
- 그러나 루스차르국과 스웨덴이 발트해의 주도권을 장악하고자 벌인 대북방 전쟁(1700~1721)에서 스웨덴이 패한 뒤, 비스마르는 덴마크, 프로이센, 하노버의 군대에 점령당하고 방어 시설은 모두 파괴되었다. 1720년 평화 협정이 체결되어 비스마르는 스웨덴의 통치 하에 남았지만 이전과 같은 도시의 위상은 사라졌다. 반면 슈트랄준트는 스웨덴의 서포메라니아 주의 정치적 주도가 되었다. 이 시기에 지어진 바로크 양식의 박공지붕 가옥들은 공장들과 함께 지금까지도 많이 남아 있다.

▶ 19세기와 20세기

- 19세기에 스웨덴 지배가 막을 내리자 비스마르와 슈트랄준트의 정치적 상

황도 바뀌었다. 비스마르는 메클렌부르크 공작령으로 반환되었지만, 정치적 태도가 모호한 상태로 1903년까지 스웨덴과 연계했다. 1815년 빈 회의에 따라 슈트랄준트는 프로이센에 귀속되었지만, 경제 상황은 나아지지 않았다. 1848년 비스마르에 철도 노선과 신 항구가 들어서는 개발이 전개되지만 중세의 요소는 훼손되지 않고 보존되었다.

- 슈트랄준트는 1863년에 철도가 생기고 산업도 발전하면서 프로이센 해군의 주요 항구가 되었다. 19세기 초부터 20세기 초까지 이들 도시의 인구는 거의 배로 늘어났다(슈트랄준트, 15,000~32,000명, 비스마르 10,000~19,000명). 비스마르와 슈트랄준트는 제2차 세계대전이 끝날 무렵 공습을 당했지만 역사지구는 거의 온전한 상태를 유지할 수 있었다. 이들은 1945년부터는 소련 점령 지역에 들어갔다. 이후 동독이 탄생하면서 그 지역에 속하게 되었다. 이 시기에 조선소가 들어서면서 항구의 활동 범위도 확장되었다.

▶ 문화유산

- 비스마르의 경우 북쪽에 있던 중세 시대의 항구는 보존상태가 양호하다. '그루베(Grube)'라는 운하, 한때 북쪽의 항구 지역과 남동쪽의 저수지를 연결하던 인공 운하의 흔적도 남아 있다. 비스마르의 현재 윤곽은 원형에 가까우며, 구도심지는 19세기 후반부터 시작된 도시개발지에 둘러싸여 있다. 거리에는 아직도 중세의 역사적 흔적이 고스란히 남아 있다. 동과 서로 펼쳐진 주요 도로인 륍셔 거리(Lübsche Strasse)는 시청사가 있는 중앙시장을 통과하던 옛 교역로인 비아 레기아를 따라 펼쳐져 있다.
- 슈트랄준트는 타원형에 가까운 섬에 세워진 도시이다. 고립된 위치 때문에 도시의 형태와 윤곽이 전체적으로 훌륭하게 보존되어 있다. 북쪽의 구시장과 남쪽의 신시장이 도심지 기능을 한다. 성 니콜라스 성당과 시청사로 구성된 꽤 이례적인 복합 구조물이 구시장의 범위를 결정하고 있다.
- 비스마르와 슈트랄준트는 도시의 규모와 형태를 결정짓는 '뤼베크 건축 규약(Lübeck Building Code)'을 따랐다. 이들 도시는 경제적 구조 측면에서도 차이가 있었다. 슈트랄준트는 한자 동맹에서 장거리 무역과 중계 무역을 지향했기 때문에 상대적으로 물류 보관 공간이 많이 필요했던 반면, 비스마르는 생산에 중점을 두었기 때문에 장인과 농업 종사자들의 공간이 필요했다.

그 결과 슈트랄준트의 주택은 비스마르의 것에 비해 크기가 컸지만 거주하기에 적합한 박공지붕 가옥은 비스마르 쪽에 더 많았다. 이 지역의 전형적인 건축 자재는 구운 벽돌이었다. 이는 북해와 발트 해 지역의 독특한 '벽돌고딕' 양식이 발달하는 계기가 되었다.

- 슈트랄준트 시청사는 '옛 마르크트 광장(Alter Markt)'의 성 니콜라이 복음교회 서쪽 맞은편에 위치해 있다. 시청사 파사드에는 6개 한자도시의 문양이 있는데, 슈트랄준트가 한자동맹의 일원임을 나타낸 것이다. 시청사는 1250년부터 건축되기 시작했다. 처음부터 시청사 겸 상업시설을 고려하여 건축한 것이기 때문에 지금도 건물 1층에는 상업시설을 갖춘 홀 같은 공간이 남아 있다. 현재도 가게들은 영업 중이며, 대리석 기둥 등 겉보기와는 전혀 다른 느낌의 내부를 관람할 수 있다. 시청사는 훌륭한 입면 벽돌 장식과 함께 준트식 벽돌 고딕 양식을 가장 훌륭하게 표현한 사례로 꼽힌다.
- 시청사 안마당에는 17세기 후반에 지은 2층짜리 콜로네이드 같은 바로크 양식의 요소도 있다. 르네상스와 후기 스웨덴 통치시기에 도시 건축물들은 계속 증축되었다. 이 건축물들은 르네상스, 바로크, 신고전주의 건축 양식을 반영함에 따라 운치 있는 도시 경관을 이루고는 있지만, 뤼베크 건축 규약에 기초한 중세 스타일을 위반하지는 않았다. 이와 같은 사례는 화려한 비스마르의 왕궁 정원인 퓌어슈텐호프(Fürstenhof)에서도 발견된다. 1817년~1819년에는 고전주의 양식의 비스마르 신시청사는 옛 중세 양식의 시청 요소를 통합하며 건축된 것이다.

〈좌: 시청사(왼쪽 첨탑 건물은 성 니콜라이 복음교회), 중: 불플람하우스, 우: 성 니콜라이 복음교회〉

- 슈트랄준트 시청사 맞은편에는 붉은 벽돌고딕 양식의 독특한 건물이 있다. 불플람 하우스(Wulflamhaus)이다. 규모는 크지 않지만, 14세기 무렵에 건축된 서민주택이다. 게다가 북부 독일 지역에서 건축된 후기고딕양식 서민주택 중 보존상태가 가장 양호한 것들 중 하나다. 이 건물은 당시 시참사회 의원이자 나중에 시장이 된 메르트람 불플람의 주문으로 지은 집이었다. 그는 이 주택을 1358년 슈트랄준트 시청사 맞은편에 건축하게 했다. 눈에 띄는 것은 북부독일의 벽돌고딕양식에 전형적인 과시형 파사드다. 이것은 특히 슈트랄준트에 전형적인 합각머리형 기둥구조의 특징이 있다. 이 기둥구조는 수차례 변화를 겪었는데, 1988년부터 1991년까지 전면적으로 재건되었다. 이 가옥과 근처에 있는 안마당에는 라운지 외에 갤러리, 서너 개의 창고 및 한 개의 양조장도 있다. 이 가옥 내부에는 15세기에 제작된 벽화들도 보존되어 있다. 현재 이 불플람 하우스에는 레스토랑과 슈트랄준트 시정 공보실이 입주해 있다.
- 성 니콜라이 복음교회는 한자도시 슈트랄준트의 세 교구교회 중 가장 오래된 것이다. 이 교회는 1270년에 처음 문헌에 등장했다. 교회의 이름은 선원의 수호성인인 성 니콜라우스 폰 미라(Nikolaus von Myra, 270~345)[15]에서 따온 것이다. 전형적인 벽돌고딕 양식이다. 교회의 남쪽 첨탑은 높이가 103m나 되는데, 신 마르크트 광장의 마리엔교회보다 조금 작다. 교회의 전체 길이는 87m, 중간 신도석의 높이는 29m나 된다. 양쪽 측랑은 중간 신도석보다 반쯤 낮은 구조다. 두 첨탑의 폭은 각각 밑은 16,09m, 위는 14,60m. 남쪽 첨탑은 풍향계까지 102,60m(이 중 58,07m는 벽돌로 쌓아올린 부분임)에 이른다. 니콜라이 교회는 처음에는 첨탑이 하나인 홀형 교회(지성소와 신도석이 같은 높이로 되어 있는 교회당)로 건축되었다. 당시에는 미완성이던 니콜라이교회는 뤼베크의 마리엔 교회의 모범에 따라 1270년 무렵 - 이 해에 처음 문헌에 등장함 - 바실리카 양식으로 개축되었다. 두 첨탑 중 남쪽 첨탑은 15세기 초에, 뒤이어 북쪽 첨탑이 완성된 것으로 추측되고 있다. 고딕 양식의 두 첨탑은 처음에는 높이가 같았다. 야코비교회에서 시작된 1662년 화재 때 목재로 된 첨탑

15) 3세기~4세기 동로마 제국에서 활동하였던 기독교의 성직자. 산타클로스의 유래가 된 인물이다. 성인 축일은 12월 6일이다. 상징물은 황금이 든 세 개의 자루이며, 어린이 · 죄수 · 선원 · 그리스 · 벨기에 · 불가리아 · 시칠리아 · 세르비아 · 몬테네그로 · 마케도니아공화국 · 슬로바키아 · 그루지야 · 로렌 · 러시아 · 한국 성공회의 수호성인이다.

구조물들이 파괴되었다. 1667년 남쪽 첨탑은 바로크 양식 원추형 지붕으로 변신했고, 북쪽 첨탑의 지붕은 재해를 입은 상태를 유지했다. 내부도 전형적인 고딕 양식이다. 목재로 된 재단은 높이가 12m나 되며, 100개 이상의 조각 인물상을 담고 있다. 내부에 천문 시계도 있다.

3.6. 기타 관광 중심지들

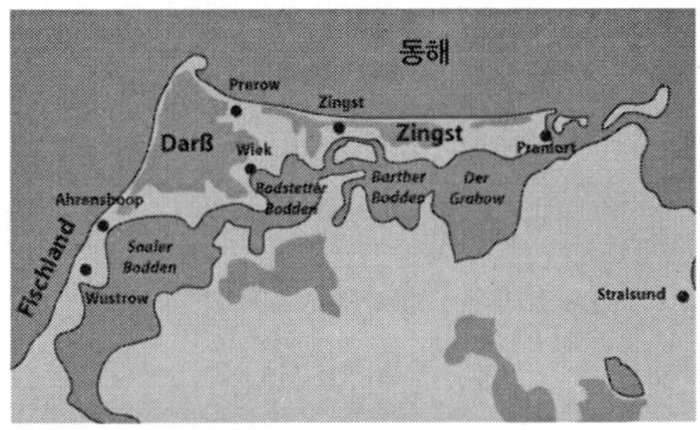

- 포어포메른 지역에 위치한 우제돔, 뤼겐, 히덴제 등의 섬들
- 피쉬란트-다르스-칭스트 반도
- 메클렌부르크 지역의 하일리겐담, 그랄-뮈리츠, 퀼룽스보른 같은 해수욕장들
- 역사적 한자동맹도시들인 슈트랄준트, 그라이프스발트, 로슈토크, 비스마르는 중세도시의 모습을 엿볼 수 있고, 메클렌부르크 레지덴츠 도시들인 귀스트로, 루드비히스루스트, 슈베린은 당시 제후들의 궁전들이 있어서 중요한 관광 연계도시들이다. 특히 중세도시 슈트랄준트와 비스마르는 2002년 유네스코 세계문화유산에 등재됐다.
- 자연을 사랑하고, 낚시를 즐기고, 수상스포츠를 좋아하는 사람이라면 메클렌부르크 호수지대와 뮈리츠 국립공원이 제격이다.
- 해변을 따라 관광객을 유혹하는 곳도 있다. 석회해안이 있는 야스문트 국립공원과 여러 개의 석호들을 품은 포어포메른 보덴지대 국립공원이 그런 곳이다.

3.7. 인물

■ 카스파르 다비트 프리드리히(Caspar David Friedrich)

- 독일낭만주의 회화를 대표하는 작가. 풍경에 집중했으며, 특히 가을 · 겨울 · 새벽 · 안개 · 월광 등의 정경을 독특한 정적인 감각으로 표현하였다.
- 여타 독일 낭만파 화가들처럼 관념적이고 낭만적 심정이나 정취를 담은 풍경화에 인간과 자연과의 친화력을 표현하였다.
- 1774년 9월 5일 독일의 북동부 메클렌부르크-포어포메른 주의 그라이프스발트에서 태어났다.
- 1794년에서 1798년까지 덴마크의 코펜하겐에 있는 코펜하겐 아카데미에서 그림공부를 마쳤다.
- 1798년부터 독일 남동부 작센 주의 드레스덴에 정착하여 작품 활동을 시작하면서 낭만주의 운동에 동참하였다. 그러던 1816년에는 드레스텐 아카데미에서 그림을 가르치기 시작하였고, 1824에 교수가 되었다.
- 1807년까지는 수채화를 주로 그린다. 이후로는 전통적인 종교화에서 과감하게 탈피하여 순수한 풍경화나 산의 일출과 일몰 등 매혹적인 독일 풍경과 고딕 전통으로 귀환한다. 시간이 흐르면서 그의 풍경화에는 상징적 요소들이 점차 풍부해진다.
- 가장 순수한 독일 낭만주의의 회화를 대표하는 작가인 만큼 계절의 변화와 자연의 풍경을 주로 그린다. 특히 가을, 겨울, 새벽, 안개, 월광 등의 정경을

〈좌: 까마귀들이 나는 나무, 1822, 우: 바닷가의 달맞이, 1822〉

독특한 고요함과 적막감으로 표현하고 있다. 그의 이런 독특한 화풍은 드레스덴 지방 이외로는 거의 전파되지 않아서 독일화단에서도 잊어졌지만, 20세기 초부터 재평가되었다. 오늘날에는 19세기 전반의 가장 뛰어난 화가로 평가받고 있다.

- 범신론적 종교관과 풍경화. 낭만주의가 등장하면서 독일에서는 카스파르 다비트 프리드리히와 같은 화가가 대안적이고 주관적인 종교체험을 그림으로 표현하기 시작한다. 작품에 꽃, 나무, 물, 공기 등 자연에 깃든 신성한 존재에 대한 범신론적인 종교관을 표현해낸 것이다. 당시 프리드리히도 '무한'이란 개념에 매료되어 있었다. 앞의 그림처럼, 관찰자로 등장하는 주인공들의 시선은 화폭 안의 햇살이나 달빛을 가로질러 수평선에 떠오르는 노을 속으로 사라지며, 마찬가지로 관객들의 시선도 역시 저 멀리 노을 속으로 사라진다. 신비한 정신, 위대한 보편 정신이 자연에 스며들어 있으며, 그런 신비감을 경험하고 직관하기 위하여 그는 스스로를 버리는 절제된 생활을 실천한다. 프리드리히의 완벽할 만큼 고요한 풍경그림들은 상징주의가 스며든 영적인 이미지들의 구현이라 할 수 있다.
- 우주의 섭리를 상징적, 비유적으로 묘사한 풍경화. 풍경화에서 빛과 어둠은 그림의 주제로서 상징의 의미가 있다. 밤에서 낮으로 끊임없이 변화하는 과정을 화폭에 담아내어 유한한 인간의 존재보다 위대하고 영원한 우주의 체계나 신의 계획 등을 비유한다. 빛과 어둠을 더욱 상징적인 의미로 사용할 경우, 앞의 그림에서처럼 태양은 적극적이고 남성적인 힘을 나타내며, 자연계에 생명을 주는 힘과 에너지로 그려진다. 반면에 차가운 은빛의 달은 휴식과 잠, 꿈, 정신적 명상과 관련하여 그려지며, 더 적극적으로는 죽음의 시간을 나타내는 밤과 함께 여성적이고 조용하고 억제된 것을 상징하는 경우가 많다. 앞의 작품을 통하여 프리드리히는 자연의 위대함과 인간존재의 나약함을 상징적으로 동시에 표현하고 있으며, 어둡고 차분한 색조로 노골적으로 드러내지 않고 그러한 암시를 지그시 억제하고 있다. 이처럼, 프리드리히는 독일의 관념주의(이상주의)와 낭만주의 개념들을 화폭에 성공적으로 옮겨놓았다는 평가를 받는다.
- 앞의 달맞이와 관련한 풍경화는 다른 어느 화가의 그림을 통해서도 만나기 어려운 소재이다. 이것이 그가 낭만주의 화가의 선구자로 평가받는 이유 중

하나이기도 하다. 아주 독특한 정취를 자아내기에 충분한데, 이는 그의 자연에 대한 면밀한 관찰력이라기보다는 자연의 위엄과 신의 존재를 상징한다. 그가 말했듯이, 산은 신앙을 상징한다. 또한 지는 태양광선은 기독교 이전세계의 종말을 상징하며, 나무(특히 전나무)는 희망을 향해 일어섬을 상징한다. 이런 상징을 통하여 인간과 신이 깃든 자연과의 소통을 암시하고 있다. 그는 거대하고 신비스러운 자연의 힘에 비하면 인간은 한없이 무력한 존재임을 일깨우며, 숭고의 미학을 낭만주의 운동의 주요개념으로 확립하는 큰 힘이 된 까닭에 후기 독일 낭만주의 화가들에게 영향을 주었다. 이는 관념철학자인 임마누엘 칸트(1724~1804)가 당시 유럽의 문학과 예술을 탄생시킨 감정을 '숭고'라는 단어로 나타낸 데서 비롯한 것이다.

3.8. 벽돌고딕 건축가도(Europäische Route der Backsteingotik)

- 벽돌고딕 건축로드는 동해 지역의 국경들을 초월하여 약 1500km에 걸쳐 한자 중세시대의 벽돌고딕양식의 건축 유산들을 연결시킨 길이다. 덴마크, 폴란드, 독일이 관련 국가들이다. 동해안을 따라 형성된 독일 지역은 플렌스부르크에서부터 슐레스비히, 비스마르, 슈트랄준트, 뤼겐 섬을 거쳐 동해의 우제돔 섬으로 가는 관문인 볼가스트에까지 이른다.
- 주제: 중세와 한자동맹 문화
- 하이라이트:

  플렌스부르크: 교회, 역사적인 항구, 박물관들
  그라이프스발트: 박물관 항구, 구시가, 교회들
  뤼겐 섬: 아르코나 곶, 해수욕, 석회암지대
  뤼네부르크: 뤼네 수도원, 성 미카엘 교회
  노이브란덴부르크: 4-성문 도시, 문화공원, 교회들
  리프니츠-담가르텐: 베른슈타인 박물관이 있는 클라리센 수도원
  슐레스비히: 고토르프 성, 하이타부 바이킹 박물관, 성 요하네스 수도원
  슈트랄준트: 유네스코 문화유산, 오체아노임 해양생물 박물관, 항구
  볼가스트: 교회, 박물관, 동물공원
- 동해의 해안과 내륙으로 가는 운송 루트를 따라 한자동맹, 수도원 창건, 중세기사단 시기 이후 수백 년간 역사적인 흔적 등이 고스란히 남아 있다. 우

리의 주목을 끄는 것은 중세의 문화유산, 그러니까 이 로드를 따라 곳곳에 산재한 벽돌고딕양식 건물들이 오늘날까지 남아있다는 사실이다. 이곳은 중세에 유럽경제의 중심지였다. 바이킹과 기사단원들의 유적들 및 후기 종교개혁도 동해 지역에 남아있다.

- 오래된 벽돌 그 이상의 것들도 있다: 이 지역에는 세속적으로나 종교적으로 막강했던 전성기 시절의 수많은 유적들(수도원, 시청사, 도시성문, 거대한 성벽시설, 인상적인 종교건물들)도 보존되어 있다. 이런 기념비적 건축물들은 중세의 종교적, 세속적 영향력을 보여주는 역사적 상징물들이라 할 수 있다. 붉은 빛을 발하는 것은 대성당과 도시교회들의 첨탑들, 도시성문들 그리고 서민주택들인데, 이들의 전형적인 북부독일 벽돌양식 건축은 오늘날에도 여전히 동해 해변을 따라 형성된 도시와 마을들의 멋진 경관을 이루고 있다.
- 벽돌고딕양식 건축 문화유산. 독특한 붉은 색 돌들을 손으로 갈고 다듬어서 건축에 사용했다. 각 건물은 모두 나름의 역사를 가진 원본들이다. 아름답게 장식한 파사드와 거대한 첨탑들은 이곳의 여러 도시들에서 간과할 수 없는 랜드 마크들이다. 수많은 상징물들은 원래의 용도대로 보존되어 있고, 나머지 것들은 콘서트 하우스와 박물관들로 이동하여 보관중이다.

북유럽 벽돌고딕 건축로드 여행기획(사례)

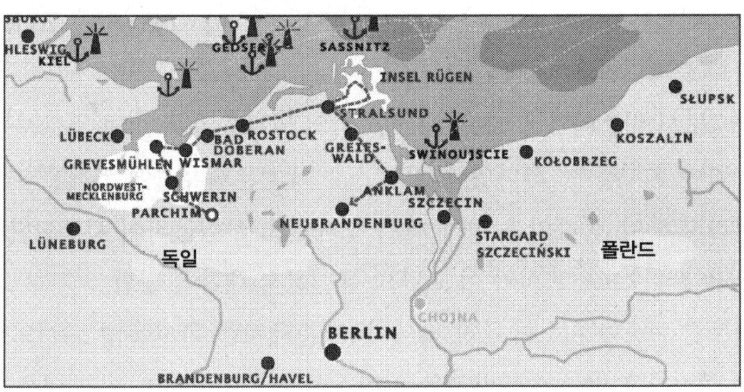

▶ 제1일

파르힘(Parchim) 〉 60Km|1시간 30분 슈베린 〉 32Km| 1시간 그레베스뮐렌(Grevesmühlen)

- 파르힘(시내투어, 성모교회 방문) 여행 후 슈베린(주도)으로 이동. 구시가지의 환상적인 풍광, 섬 모양의 고성 그리고 대성당을 둘러보며 슈베린 내륙호수 주변산책. 이와 연계하여 슈베린 대성당 내부 관람. 대성당은 3랑식 구조의 고딕양식 바실리카이자 북부독일에서 가장 큰 교회건축물 중 하나. 고딕양식의 좌우양문형 제단과 프리드리히 라데가스트(Friedrich Ladegast, 1818~1905, 오르간 제작자)가 제작한 제일 큰 오르간이 있다.

〈상식〉 슈베린-파르힘 국제공항(Parchim International Airport, PIA)
- IATA: SZW, ICAO: EDOP
- A380과 AN124기를 포함한 모든 유형의 상업용 비행기들이 이용할 수 있는 공항으로, 파르힘 근처에 있다.
- 1934년에 건설되었고, 1945년에 파괴되었다. 전쟁 후 이곳을 점령한 소련이 재건하여 군용비행장으로 사용했다. 1991년 소련이 물러가고 개축된 후 민간용으로 계속 사용되다가, 미국-캐나다 항공 컨설팅 회사인 위진그룹(Wiggins Group)에게 넘어갔다. 이 그룹은 지역 여행 및 화물공항으로 사용하려 했지만 파산했다. 시와 군의 자본으로 창고가 건립되었다.
- 2007년 5월. 중국 화물운송기업인 링크글로벌 로지스틱스(LinkGlobal Logistics Co. Ltd.)가 파르힘 공항 및 주변 지역을 매입했다. 해난성의 중국 중부 도시 장저우의 화물기와 더불어 여객기도 주당 1회 운항 중이다. 머지않아 1000여 개의 일자리가 생길 전망이다. 이 공항은 2016년 11월부터 정기 운항노선은 없어졌다.

▸ 제2일

그레베뮐렌(Grevesmühlen) 〉 26 Km | 45분 비스마르(Wismar) 〉 70 Km | 1시간 바트 도베란(Bad Doberan)

- 한자도시 비스마르로 이동, 1229년 시의 권리를 획득한, 한자도시들 중 가장 강력한 도시들 중 하나였다. 유네스코 세계문화유산에 등재된 역사적인 구시가지 투어. 동해안을 따라 바트 도베란으로 이동하여 시토교단의 유명한 고딕양식 수도원교회와 이 교단의 유일한 실내장식 관람.
- 슈트랄준트와 비스마르의 역사지구. 중세시대 한자동맹 도시의 생활상을 잘 간직하고 있는 슈트랄준트와 비스마르의 구시가지. 이 지역은 중세 시대 한자동맹에 속했던 도시들로 한자동맹이 꽃을 피웠던 14세기 한자동맹 도시의 전형적인 모습을 잘 간직하고 있어서 역사적인 가치를 인정받아 2002년 6월 유네스코 세계문화유산으로 선정되었다. 수 세기 동안 고스란히 보존되어 전해지는 두 도시의 건축물들은 중세 시대 발트 해 연안에 있던 해

상 무역 도시의 경제적 풍요로움과 정치적 의미를 생생하게 나타내고 있다. 벽돌로 지어진 교회들은 한자동맹 도시들의 화려하고 장대한 종교 건축물의 스타일을 잘 표현한다.

- 슈트랄준트는 발트 해 연안 도시로, 뤼겐 섬으로 가는 관문이기도 한다. 유네스코 세계문화유산으로 지정된 구시가지에는 해마다 국내외에서 몰려드는 관광객들의 발길이 끊이지 않고 있다. 독일 통일 이후부터 정부 차원의 지원을 비롯 단체나 개인의 경제적 지원으로 구 시가지의 역사적 건축물들과 주변 환경이 새롭게 보수, 관리되기 시작하면서 많은 건물이 붕괴나 훼손의 위험에서 벗어날 수 있었다. 구시가지의 알터 마르크트(Alter Markt, '옛 시장 광장')에 있는 시청사는 여섯 개의 탑과 뾰족하게 솟은 파사드 장식으로 유명하며, 성 니콜라이 교회와 붙어 있다. 이 시청사는 비종교적 건물 중 북부독일에서 가장 의미 있는 벽돌고딕양식 건축물이다. 2004년에 대대적인 개 · 보수 공사를 했다. 알터 마르크트에는 시청사뿐만 아니라 볼플람 하우스, 아르투스호프 등의 중요한 건축물들이 몰려있다. 아르투스호프는 1316년에 건축된 것인데, 옛 마르크트 광장의 서쪽에 있다. 이곳에서는 시의 공식적인 행사나 파티가 개최되는 등 사교의 장으로서 역할을 했으며 시의 중요한 손님들이 묵는 숙소로도 사용되었다.
- 비스마르는 발트 해 연안도시. 구시가지의 마르크트 광장은 가로와 세로가 각각 100m 크기로 북부독일에서는 가장 큰 광장이다. 이 부근에 비스마르의 중요한 건축물들이 모여 있다. 1817년부터 1819년에 걸쳐 지어진 고전주의 양식의 시청사와 르네상스 양식의 비스마르 분수대, 서민주택 알터 슈베데[16], 박물관 등이 있다. 벽돌로 지어진 르네상스 양식 건물 퓌르스텐호프(Fürstenhof, '궁정'의 뜻)도 주요 건축물 중 하나다.

〈알터 슈베데 건물 정문 위의 슈베덴코프〉

16) 'Alter Schwede'는 비스마르에서 가장 오래된 서민주택. 이 건물은 1380년경 후기 벽돌고딕 양식으로 비스마르 마르크트 광장에 있다. 'Alter Schwede'란 개념은 19세기 스웨덴이 비스마르를 통치하던 시기에 이 건물을 새로 단장하면서 생겨난 것이다. 그 근거는 입구 정문 위 '슈베덴코프('Schwedenkopf, 한자도시 비스마르의 상징물로 '머리를 짧게 깎은 두상'의 뜻) 중 하나에서 읽을 수 있다.

또한 벽돌로 지어진 고딕양식의 마리엔 교회와 독일에서 가장 높은 교회들 중 하나로 꼽히는 성 니콜라이 복음교회, 게오르겐 교회 등의 종교 건물도 다수 보존되어 있다.

▶ 제3일

바트 도베란(Bad Doberan) 〉 20Km | 30분. 로슈토크(Rostock) 〉 110 Km | 1시간 15분 슈트랄준트(Stralsund)

- 로슈토크로 이동. 멋진 실루엣으로 유명한 슈트랄준트로 이동. 고딕양식 니콜라이교회의 쌍둥이 파사드와 고딕양식 시청사의 호화건축, 야코비교회와 성모교회. 오후에 유네스코 문화유산의 구시가지 투어. 수많은 벽돌고딕양식 박공지붕 주택과 수도원 시설들로 가득한 곳. 카타리넨 수도원 내의 오체아노임(독일 해양생물 박물관) 방문.
- 슈트랄준트. 뤼겐 섬 맞은편의 발트 해 어귀에 있다. 뤼겐 섬과는 1936년부터 제방으로 연결되었고, 그 위로 철도와 도로가 지난다. 1209년 건설된 도시로 13세기 말 한자동맹의 일원이 되었다. 덴마크와 한자동맹 사이에 체결된 슈트랄준트 조약(1370)이 체결된 곳이기도 하다. 30년 전쟁(1618~1648) 때는 발렌슈타인의 포위 공격을 막아냈다(1628). 덴마크군과 스웨덴군의 도움을 받았으며, 1648년 베스트팔렌조약에 따라 스웨덴에 귀속되었다. 1807년 프랑스가 이 도시를 탈취, 킬 조약(1814)으로 한때 덴마크의 땅이었다가 빈회의(1814~1815)의 결과에 따라 프로이센의 영토가 되었다.
- 오체아노임은 슈트랄준트 항구에 자리를 잡은, 세계 각 지역에서 들여온 해양 생물과 식물을 전시하는 아쿠아리움. 처음 세워진 것은 2008년. 항구 도시 슈트랄준트의 해양 자원을 관광 자원으로 승화시킬 목적으로 '독일 해양 박물관 재단'의 주도로 설립된 박물관. 전시공간은 모두 네 동으로 구성되어 있는데, 각 동마다 다른 주제로 해양 생물들을 전시하고 있다. 수족관마다 먹이를 주는 시간을 정해 수중 생물들이 먹이를 먹는 모습을 관람객들에게 공개한다. 발트 해와 북해의 수상 생물을 전시하는 독립 수족관이 따로 마련돼 있다. '바다의 거인들(Giants of the Seas)'이라는 전시관에는 고래 등 거대한 해양 생물들이 실물 크기 그대로 재현돼 있다. 살아있는 생물 외에 화석 등 자연사 관련 자료와 잠수함 등 해양 탐사 도구도 함께 진열돼 있다.

- 성 니콜라이 복음교회. 슈트랄준트 구시가지에 위치하며, 시 교회들 중 가장 오래된 교회. 역사 문서에 처음 등장한 것은 1276년이었다. 현재의 교회는 13세기 말에 재건축된 것. 북독일 벽돌고딕 양식의 진수를 보여주는 종교 건물로 꼽힌다. 슈트랄준트 구 시청사와 함께 중세 슈트랄준트의 중심지 역할을 했다. 고딕 양식의 쌍둥이 탑은 1662년에 화재로 소실되었다가 5년 뒤에 재건축된 것이다. 재건축 당시 한쪽 탑에는 바로크 양식의 높은 첨탑 지붕이 얹혔고, 다른 한쪽은 피라미드형의 나지막한 지붕이 얹혔다. 1970년대에 교회 내부를 전체적으로 수리하는 보수공사가 있었다. 교회의 제단 뒤쪽에는 1394년에 제작된 천문 시계가 있다. 1611년에 지어진 설교단과 1708년에 만들어진 성찬대 등 많은 아름다운 종교 예술품과 유물들이 보존되어 있다.
- 시청사. 북독일 지역에서 가장 아름다운 벽돌고딕 양식 건축물로 꼽힌다. 구시가지에 있는 성 니콜라이 교회의 바로 옆에 있다. 건축이 시작된 때는 13세기. 1234년 슈트랄준트가 시로 승격된 이후 1250년경에 시청사 건축이 시작되었다. 건축 당시 시의 행정 업무용 공간인 동시에 상업적으로 사용하기 위해 지은 건물이다. 건물의 지하층은 포목점으로 사용되었던 것으로 추정되며, 1층에는 40여 개의 상점이 들어서 있었다. 1579년에 르네상스 양식의 계단이 지어졌다. 1980년대에서 1990년대를 거치며 여러 차례의 보수 공사가 있었으며, 2001년에서 2004년에 걸쳐 대대적인 재건축 공사가 있었다. 과거에는 재판 기관인 참사회(Stadtrat)가 있었다.
- 성모교회(St. Marienkirche). 노이에(신) 마르크트 광장에 있다. 역사적 문서에 처음 언급된 것은 1298년. 슈트랄준트에서 가장 큰 교구 교회. 중부 유럽에 있는 후기 고딕양식의 종교 건축물 중 가장 아름다운 작품으로 평가받고 있다. 1625년에서 1647년까지는 세계에서 가장 높은 건물이었던 것으로 기록되어 있다. 104m 높이의 교회 탑 위에 있는 전망대에 올라가면 슈트랄준트 시내뿐 아니라 시 외곽과 뤼겐 섬까지 볼 수 있다. 탑 꼭대기의 아름다운 바로크 양식 첨탑은 1708년에 건축된 것. 1807년에서 1810년까지는 프랑스 군대의 병사 겸 건초 창고로 사용되기도 했다. 제2차 세계대전 당시 폭격으로 큰 손해를 입었다가 전쟁 이후 재건되었다. 재건 당시 교회의 창문들이 새롭게 교체되었으며, 파이프오르간도 보수되었다. 교회 내부에는 1480년에 만들어진 십자가 위의 예수상과 1600년대에 만들어진 샹들리에, 아름다운 설

교단과 제단 등이 보존되어 있다.

▶ 제4일

슈트랄준트(Stralsund 〉 30Km | 45분 뤼겐(Rügen) 〉 70Km | 2시간 그라이프스발트(Greifswald)

- 뤼겐섬으로 이동. 수많은 벽돌고딕양식 건물들, 다르스에 있는 예술가 마을 아렌스호프 투어. 한자도시 그라이프스발트로 이동. 1456년에 창건된 대학도시. 역사적인 구시가지도 체험!
- 뤼겐 섬. 본토와 슈트랄준트 사이의 해협에는 1936년에 제방이 구축되었고, 그 위를 철도 · 도로가 통하게 되었다. 섬은 대체로 평탄해서 대부분 농지로 이용되고 있지만, 동안(東岸)은 가파른 절벽을 이룬다. 섬 전체는 너도밤나무 숲으로 덮여 있다. 해안선은 굴곡이 심하고 백악의 절벽과 물결이 잔잔한 모래해변으로 자스니츠를 비롯한 많은 해수욕장이 있어서 휴양객들이 찾아온다. 이 섬에는 처음에는 동게르만 인(루기 인)이 거주했고, 이어서 슬라브인이 이주해왔다. 선사시대의 유적도 많다.

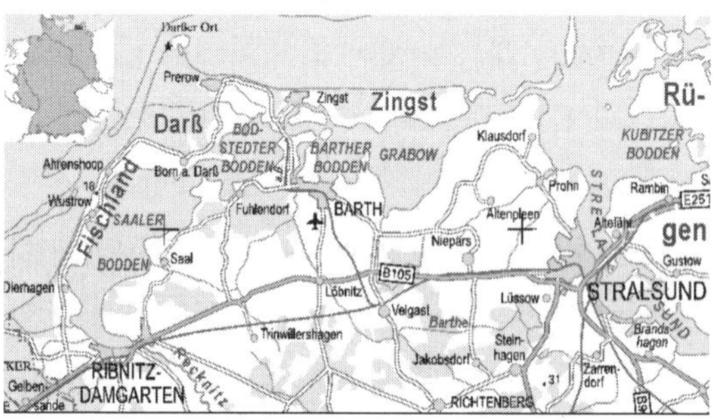

▶ 제5일

그라이프스발트(Greifswald) 〉 35Km | 45분 안클람(Anklam) 〉 60Km | 1시간 노이브란덴부르크(Neubrandenburg)

- 아침에 그라이프스발트와 벽돌고딕 양식의 교회첨탑들 구경. 시티투어를 하며 이 도시의 다사다난했던 역사와 유명 화가 카스파르 다비트 프리드리히의 생가도 둘러본다. 페네 강변의 안클람으로 이동. 이곳은 오토 릴리엔탈의 출생지로 유명하다. "네 개의 성문도시" 노이브란덴부르크로 이동. 가장 아

름다운 벽돌고딕 양식 교회들 중 하나로 꼽히는 마리엔 교회 관람.

- 그라이프스발트 시청사. 13세기에 지어졌다. 여러 차례 보수 및 확장 공사를 거쳐 오늘날의 모습이 되었다. 그라이프스발트 시내 중심가의 마르크트 광장에 있다. 성 니콜라이 대성당이 시청사 인근에 있다. 붉은 외벽 색깔 때문에 '붉은 시청사'로도 불린다. 같은 자리에 상업적 목적의 건물이 있었던 것으로 기록되어 있다. 시청사로 사용되기 시작한 것은 1551년부터이다. 1713년에 시내에서 발생한 대형 화재로 피해를 입었다. 1738년에 재건축이 마무리되었다. 전체적으로 바로크 양식으로 지어졌다. 붉은 벽돌로 된 건물 전면에는 18개의 창문이 있다. 건물이 실제보다 더 높고 크게 보이도록 창문의 크기는 위층으로 갈수록 점점 작아지도록 설계되었다. 건물 1층에는 개방형 로비와 고딕 양식으로 만들어진 세 개의 문이 있어서 광장을 지나는 사람들이 통로로 사용할 수 있었으나 1997년부터 폐쇄되었다. 1966년에 조각가인 요아킴 야스트람(Joachim Jastram 1928~2011)이 만든 청동 문이 설치되었다.
- 노이브란덴부르크. 톨렌제 강이 유입되는 톨렌제 호수 북쪽, 슈트랄준트 남쪽 85km에 위치. 1248년 브란덴부르크 후작에 의해 요새로 건설. 슈베린과 귀스트로 사이의 교역로, 슈트랄준트와 베를린 사이의 도로 교차점 근처에 위치한다. 1292년 메클렌부르크에 귀속, 1352~1471년 메클렌부르크슈타르가르트 공국의 수도였다. 이 시기에 방적 공업과 교역 중심지로 번성하였다. 그 후 30년 전쟁(1618~1648), 두 차례의 대화재, 그리고 나폴레옹전쟁(1797~1815) 등을 겪으면서 다소 쇠락했다. 중세 건축물 중 대부분은 제2차 세계대전 때 파괴되었는데, 1952년 이후 도시 전체가 현대식으로 재건되었다. 그라이프스발트대학교의 농학연구소가 있다.
- 성모교회(St. Marienkirche). 북부독일에서 가장 의미 있는 벽돌고딕 양식 건축물. 1248년에 지어지기 시작하여 1298년에 완공. 당시는 목조 건축물이었다. 초기 고딕양식으로 재건축된 것은 14세기 초반. 현재의 교회 모습은 1832년부터 당시 궁정 건축가이던 프리드리히 빌헬름 부텔(Friedrich Wilhelm Buttel, 1796~1869)이 건축을 맡아 1841년 8월에 완공된 것이다. 교회 동쪽의 화려한 합각머리 벽장식과 88m 높이의 첨탑이 특히 아름답다. 메클렌부르크 지역의 모든 교회들처럼 이 교회도 처음에는 가톨릭 교회였지만, 종교개혁의 영향으로 프로테스탄트 교회로 전향했다. 1970년대에 이 교회를 콘서트홀과

갤러리 등의 문화 공간으로 사용하려는 계획이 있었다. 이후 오랫동안 재건축을 거쳐 2001년에야 콘서트 홀로 완공되었다. 재건축 이후 '노이브란덴부르크 콘체르트교회'라는 새로운 명칭을 얻게 되었다. 교회의 첨탑은 박물관으로 사용되고 있다.

- 안클람의 성모교회. 처음 역사 문서에 등장한 것은 1296년. 교회 건축이 시작된 것은 이보다 40여 년 이전이라고 한다. 본래 이 교회 자리에는 로마네스크 양식의 교회가 있었으나 나중에 고딕양식으로 재건축되었다. 로마네스크 양식의 교회첨탑은 오늘날까지도 본래의 모습이 남아있다. 현재의 모습으로 완공된 때는 15세기 말. 벽돌이 주재료로 사용되었다. 교회의 첨탑은 4층 규모, 탑의 꼭대기 부분은 시대가 바뀌면서 계속해서 바뀌었다. 19세기 말에는 고딕양식의 뾰족한 지붕이 얹혀서, 탑의 전체 높이가 100m에 이르렀다. 제2차 세계대전 때 폭격으로 심하게 파괴된 것을 전쟁 이후 재건했다. 교회 내부에는 후기 로마네스크 양식의 제단이 있다. 초기 고딕양식으로 만들어진 세례반이 유명하다. 후기 고딕양식의 성모 마리아 상도 유명하다.

03
함부르크
(Hamburg)

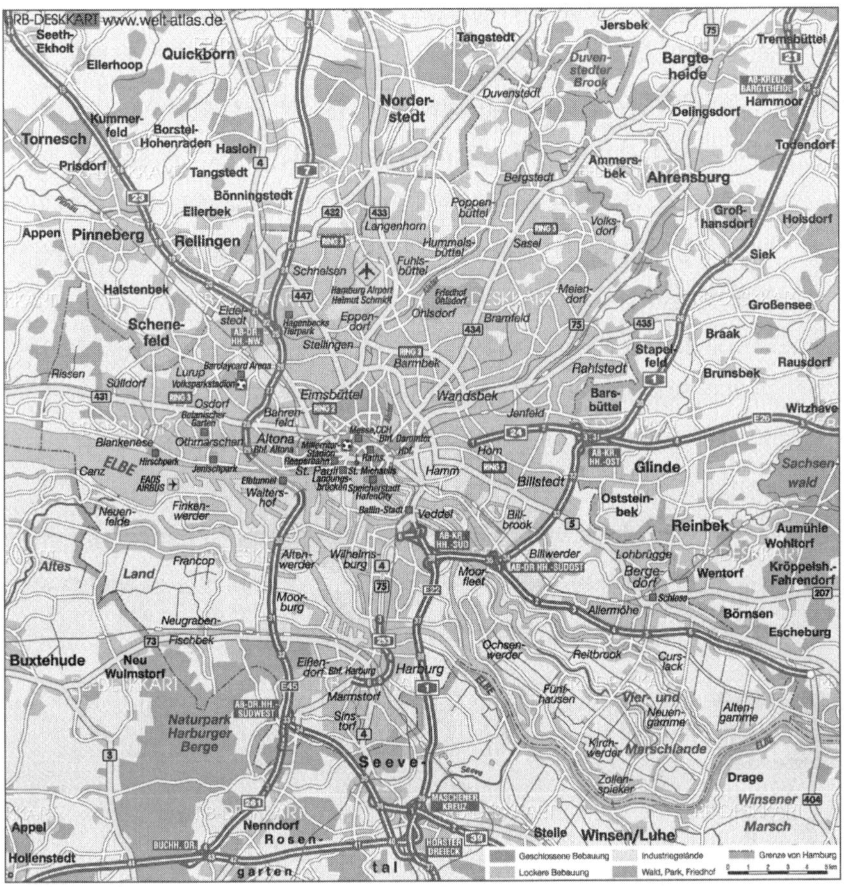

함부르크의 심장은 항구에서 고동친다. 그 맥박은 800여 년 이전부터 엘베 강변 메트로폴의 우여곡절에 영향을 미치고 있다. 그 맥박이 없다면 세계로 열린 경제 메트로폴, 국제적 상업중심지, 다채로운 문화도시로서 오늘날의 '자유 한자동맹도시'는 생각할 수 없을 것이다. '세계로 가는 관문'은 수세기 동안 끊임없이 재탄생하였지만, 한자도시로서의 전통은 충실히 지켜오고 있다.

1. 자연을 품은 함부르크

▸ 자치-한자 도시 함부르크(Freie und Hansestadt Hamburg)

- 베를린 다음으로 큰 도시이자 독일 최대의 항구도시. 그래서 함부르크 항구는 "세계로 가는 독일의 관문"으로 불린다. 독일 최대 해항이자 유럽에서 세 번째로 큰 해항이다(로테르담과 안트베르펜 다음, 2016년). 세계적으로는 15위의 항구이다.
- 슐레스비히-홀슈타인 주, 니더작센 주와 인접한 도시 연방주.
- 엘베 강이 함부르크를 가로 질러 북해로 흘러간다. 알스터 강, 빌레 강도 함부르크에서 합류하여 북해로 유입된다. 엘베 강이 북해로 흘러 들어가는 곳에 국립공원 '함부르크 여울바다'가 있다. 도시에서 약 100km나 떨어진 곳이지만 엄연히 함부르크의 일부다.
- 자연과 도시가 멋지게 조화될 수 있음을 보여주는 도시. 그래서 2011년 '물가의 녹색 대도시'라는 이름으로 유럽 환경 수도로 지정되기도 했다. 도시의 거의 절반이 휴식공간이나 녹지 그리고 자연 보호구역과 숲이다(녹지비율 40%).
- 중심에 엘베 강의 지류인 알스터 강의 물을 막아 알스터 호수(내부 호수와 외부 호수로 구성됨)와 수많은 운하 건설. 이 호수로 운하들(Fleete)의 물이 흘러들고, 이 운하들은 시내까지 연결된다.

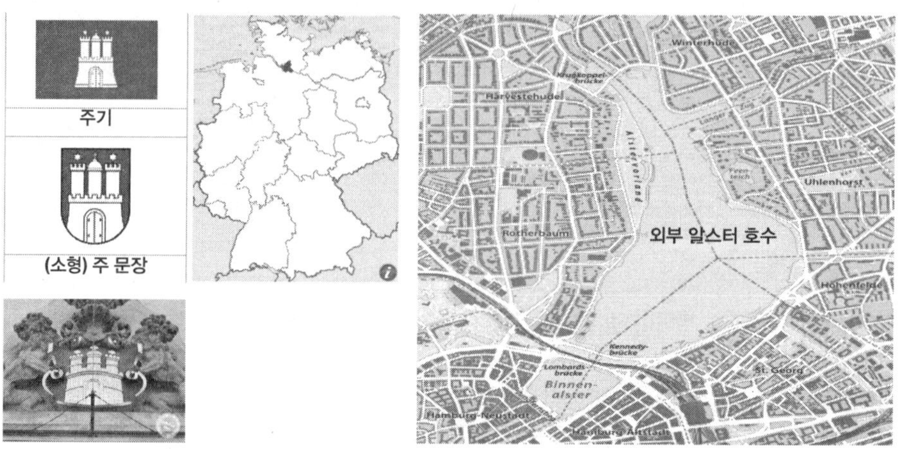

〈함부르크의 주기와 문장(사진은 시청 외벽의 문장) 그리고 알스터 호수들〉

언어: 독일어, 저지독일어
차량: HH
인구: 1.830.584명(2017년) 외국인: 302.368명(2016년) (외국인 비율: 16,2 %)
밀도: 2424명/m² (2017년)
면적: 755,26km²

- 행정구역: 7개의 관구(Bezirke) (알토나, 아임스뷔텔, 노르트, 반츠베크, 미테, 하르부르크, 베르게도르프)로 구성.
- 주의 문장(Wappen): 13세기의 옛 도시인장(Stadtsiegel)에서 유래한 것, 고성 위의 2개의 성모의 별들은 이 도시의 수호여신들을 상징한다.

함부르크의 자랑은 무엇일까?

- 미디어. 함부르크는 독일 최대 미디어 산지이다. 총 매상고가 250억 유로에 달하는 다종다양한 미디어 업계들이 정주해 있다. 14,063개의 기업에서 70,000여 명의 종업원들이 근무한다. 대개는 광고 분야(기업의 51%), 출판사(16%), 음악(9%), 영화산업(8%), 인쇄(4%), 방송(1%) 그리고 문화산업(11%) 분야의 기업들이다. 게다가 함부르크에는 약 2000개의 멀티미디어 기업이 있다. 또한 함부르크는 다양한 언론 학교와 미디어 분야의 교육 기회가 있는 미디어 교육의 산실이다. 미디어 메트로폴로서의 함부르크는 인쇄매체가 독일에서 단연 독보적이다. 독일 대중 신문의 시장 점유율 중 거의 50%가 함부르크의 대형출판사들이 차지하고 있다. 함부르크는 "창조 도시"로 간주되기도 한다. 그 근거는 함부르크 광고에이전시들이 국내 및 국제 대회에서 언제나 선두권이라는 사실에서 찾을 수 있다.
- 음악 관련 경영에서도 함부르크는 독보적이다. 이곳 함부르크의 슈피겔 출판사에서는 독일 최대 판매부수를 자랑하는 주간지 〈Der Spiegel〉이 출간되고 있는데, 1947년 루돌프 아우크슈타인(Rudolf Augstein)이 창건했다. 〈Der Spiegel〉은 1952년부터 이 한자도시에 본사를 두고 있다. 독일 전국 주간지 〈Die Zeit〉(그리고 이 주간지의 온라인 판)도 1946년 창건 이래 함부르크에 본사를 두고 있다. 또한 전국 일간지 〈Financial Times Deutschland〉(FTD)도 2012년 휴간될 때까지 함부르크에 본사가 있었다. 유럽 최대 출판사인 〈Gruner + Jahr〉도 바로 엘베 강변에 그 본사가 있다. 독일에서 유명한 출판물들 중

〈Stern〉, 〈Brigitte〉, 〈Geo〉, 〈Capital〉, 〈Schöner wohnen〉 등 수많은 잡지들도 함부르크에서 간행되고 있다. 폭넓은 독자층을 가지고 있는 독일 철도청의 자매회사에서 발간된 잡지 〈mobil〉도 이곳 한자도시에서 간행되고 있다. 1971년 알렉산더 야르(Alexander Jahr)가 창건한, 현재는 알렉산드라 야르(Alexandra Jahr) 소유의 〈Top Special Verlag〉 출판사는 20가지 이상의 특정 분야 전문잡지들을 간행하고 있다. 대형 출판사로는 바우어 미디어 그룹(Bauer Media Group)도 있다. 옛 바우어 출판그룹 및 하인리히 바우어 출판사는 현재는 1875년 함부르크에서 창건된 출판사의 창업자의 후손인 하인츠 바우어(Heinz Bauer)가 이끌고 있다. 그는 300종 이상의 잡지를 출판하고 있는데, 그 중 약 50종의 잡지는 독일에서 출간되고 있다. 바우어 미디어 그룹은 〈TV Hören〉, 〈Sehen〉 같은 프로그램 잡지, 주간 여성잡지, 청소년잡지(예, 〈Die Bravo〉) 분야의 시장을 주도하고 있다. 풍케 미디어그룹(Funke Mediengruppe)은 함부르크에서 석간지 〈Hamburger Abendblatt〉, 프로그램 잡지 〈Hörzu〉, 〈TV Digital〉, 여성잡지 〈Bild der Frau〉, 〈Frau von Heute〉 등을 발행하고 있다. 함부르크에서 활약하고 있는 〈악셀 슈프링어 출판사(Axel Springer Verlag)〉는 1946년 함부르크에서 창건되었다. 이 출판사에서 발간하는 일간지 〈Die Welt〉와 1952년에 창간된 〈Bild-Zeitung〉은 세계적으로 유명하다. 이 출판사는 그밖에도 〈Sport Bild〉, 〈Auto Bild〉, 〈Computer Bild〉도 발행한다.

- 주요 라디오 방송사와 텔레비전 방송사들의 본사도 함부르크에 있다. 〈노르트도이체 룬트풍크N(orddeutsche Rundfunk, NDR, '북부독일 공중파방송'의 뜻)〉이 대표적이다.

함부르크의 상징은 무엇일까?

- 한스 후멜(Hans Hummel)이다. 함부르크 주민들은 거리에서 만나면 이렇게 인사를 나눈다. "후멜, 후멜 - 모르스, 모르스(Hummel, Hummel - Mors, Mors"). 왜 이런 함부르크식의 인사법이 생겨났을까? 바로 한스 후멜이란 인물과 무관하지 않다.

- 그의 원래 이름은 요한 벤츠(Johann Wilhelm Bentz, 1787~1854)이고 한스 후멜은 별명이다. Johann을 줄인 Hans와 결합해서 생긴 한스 후멜이란 별명으로 더 유명하다.
- 함부르크 시내 곳곳에 물동이를 지고 나르는 동상들이 들어섰다. 2003년부터는 같은 모습이 아니라 다채로운 형상으로 세워졌다. 그의 분수도 있다. 그의 직업이 함부르크 신시가지에서 물을 나르는 남자였기에 물지게를 지고 있다. 19세기 초 나폴레옹이 함부르크를 점령한 시기(1806~1814)에 아이들이 그의 별명인 "Hummel, Hummel"이라고 부르면 그가 "Mors, Mors"라고 대답했다고 한다. "Mors, Mors"는 이 지역의 저지독일어 발음인 "Klei di an'n Mors"("Kratz dich am Hintern"[네 등 긁어봐!])을 줄인 말이다. 그는 오늘날에도 여전히 함부르크에서 가장 유명한 인물로 꼽힌다.

함부르크 공항(Hamburg Airport „Helmut Schmidt")

ICAO-Code: EDDH
IATA-Code: HAM
터미널 2개.
활주로 2개. 05/23 3250m × 46m, 15/33 3666m × 46m

▸ 일반

- 독일에서 가장 오래된(1911년 개항) 공항이자 다섯 번째로 큰 공항. 1911년에 '함부르크비행선주식회사(Hamburger Flugschiffhallen GmBH)'가 창건되었고, 1912년 1월에 약 45헥타르의 비행선 공항이 영업을 시작했다. 그래서 처음에는 비행선들이 이 공항을 이용했다. 1913년에 약 60헥타르의 면적으로 확장되었다.
- '함부르크 공항(Flughafen Hamburg)'이란 명칭은 1945년 영국점령군에 의해 붙여진 것이다. 현재의 명칭은 2016년 11월 10일 함부르크 명예시민이던 헬무트 슈미트 전직수상을 기념하여 붙여진 것이다.
- 2017년에 약 16,62만 명의 여객이 이용했다. 전년도보다 8.6% 상승한 수치다.
- 이 공항은 독일의 유로윙즈(Eurowings), 영국의 이지젯(Easyjet), 아일랜드의 라이언에어(Ryanair) 등 저비용항공사(LCC)의 거점공항이기도 하다.

▸ 터미널(여객청사)

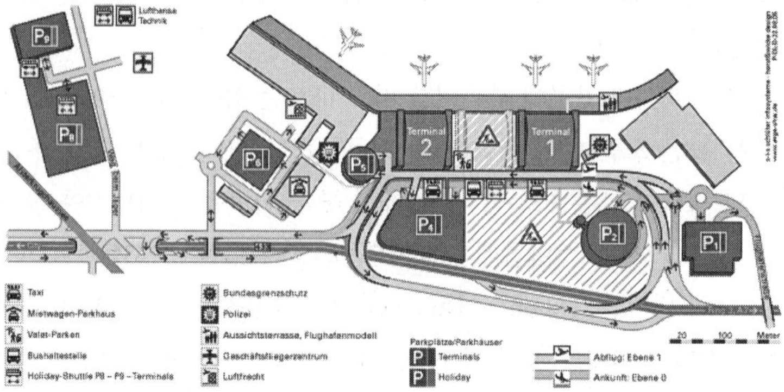

- 제1 터미널은 2005년에 낙성된 건물로, 건평은 6300m²에 이른다. 빗물을 이용한 시설과 지열을 이용한 냉난방장치시설이 특징적이다.
- 제2 터미널(출발용⇩)은 1993년부터 영업 중이다. 건평은 5850m². 이곳은 특히 루프트한자와 스타얼라이언스 소속 항공사들이 이용한다.

▸ 통계

- 국가별 운항빈도에 따른 순위

순위	목표국가	여객2016 (명)	변동	여객2015 (명)	출2016 (명)	변동	출2015 (명)
1	독일	2.696.403	▲1,34 %	1.660.826	26.264	▲0,61 %	26.104
2	스페인	1.130.234	▲16,99 %	966.062	6.848	▲14,11 %	6.001
3	영국	577.233	▲5,27 %	548.344	6.081	▲5,21 %	5.780
4	스위스	475.019	▲8,42 %	438.143	4.229	▲5,3 %	4.016
5	터키	465.046	▼~10,69 %	520.731	3.232	▼~5,88 %	3.434
6	오스트리아	355.922	▼~7 %	382.711	2.860	▼~13,93 %	3.323
7	프랑스	305.762	▲1,19 %	302.170	3.167	▲5,36 %	3.006

8	이탈리아	277.505	▲7,69 %	257.685	2.361	▲5,45 %	2.239
9	네덜란드	251.741	▲6,06 %	237.359	2.608	▼~10,35 %	2.909
10	아랍에미리트	215.753	▼-0,2 %	216.184	735	▲0,68 %	730
11	포르투갈	189.537	▲4,01 %	182.226	1.391	▲1,98 %	1.364
12	그리스	151.619	▲5,88 %	143.200	1.052	▲6,37 %	989
13	스웨덴	104.014	▲2,1 %	101.874	1.363	▼~4,95 %	1.434
14	덴마크	92.129	▼~10,33 %	102.738	1.510	▼~9,47 %	1.668
15	벨기에	90.835	▲15,83 %	78.418	1.411	▼~2,76 %	1.451
16	폴란드	82.647	▲67,8 %	49.254	1.202	▲35,82 %	885
17	노르웨이	73.787	▲8,95 %	67.725	968	▲1,15 %	957
18	러시아	71.180	▼~21,76 %	90.974	621	▼~27,62 %	858
19	핀란드	58.142	▲6,97 %	54.354	725	▲0,14 %	724
20	아일랜드	50.443	▲19,04 %	42.375	360	▲18,42 %	304

에어버스(Airbus)

- 미국의 보잉과 함께 대형 민항기 시장을 양분하고 있는 항공기 제조업체
- 본사는 프랑스 오트가론 주의 툴루즈에 있다. 에어버스사의 설립부터 프랑스 정부가 주도해 왔고, 이에 걸맞은 투자도 이루어졌기 때문이다. 툴루즈 본사, 독일 함부르크, 스페인 마드리드(이상의 공장은 최종 생산 라인 보유), 영국 체스터에 주요 공장이 있고, 기타 유럽 여러 곳에 생산 공장을 두고 있다. 유럽 외에는 미국 앨라배마 주 모빌, 중국 톈진에 최종 생산 라인이 있는 공장이 있다. 미국 등 미주 지역에 공급되는 A320은 툴루즈가 아닌 미국 앨라배마 공장에서 최종 조립된다. 톈진공장도 A320을 전문으로 만드는 공장이고, 중국 항공사에 공급되며, A330도 생산할 예정이다.
- 대표적인 에어버스 항공사로는 루프트한자, 아에로플로트, 핀에어, 체코항공, 알리탈리아, 에어 링구스, 에어마카오, 하와이안 항공, 아시아나항공 등이 있다.

▶ 민항기종

항공기	특징(엔진, 유형, 생산)	좌석수	최초비행
A300	2개, 광폭동체(twin aisle), (2007년 단종)	250~361	1972.10
A310	2개, 광폭동체(twin aisle), 변형 A300 (2006년 단종)	200~280	1982.4
A318	2개, 협폭동체(single aisle), A320을 6.17m 단축 (현재 생산중)	136	2002.1

A319	2개, 협폭동체(single aisle), A320을 3.77m 단축 (현재 생산중)	145	1995.8
A320	2개, 협폭동체(single aisle) (현재 생산중)	180	1987.2
A321	2개, 협폭동체(single aisle), A320을 6.94m 연장 (현재 생산중)	220	1993.3
A330	2개, 광폭동체(twin aisle) (현재 생산중)	253~295	1992.11
A340	4개, 광폭동체(twin aisle) (2011년 단종)	261~380	1991.10
A350	2개, 광폭동체(twin aisle) (현재 생산중)	270~310	2013.6
A380	4개, 광폭동체(twin aisle), 2층구조(double deck) (현재 생산중)	555~853	2005.4

▸ 민항기종 생산기지

- 툴루즈(Toulouse): A320, A330 family, A350 family, A380
- 함부르크(Hamburg): A318, A319, A321, A380
- 세비야(Seville): A400M
- 톈진(Tianjin): A319, A320
- 모빌(Mobile, 미국 앨라배마): A319, A320, A321

▸ 함부르크 에어버스 공장투어(Werksführung)

- A320과 2층 구조의 대형항공기 A380의 조립과정을 관람할 수 있다.
- 투어 일정: 월요일부터 토요일까지 첫 투어 9시30분, 마지막 투어 16시 30분 (약 2시간 30분소요)
- 그룹 별 가격 - 개인 별 가격

가격(그룹)	범주(그룹)	가격(개인)	범주(개인)
€ 597,50	정상가 그룹 (Tour-Bus 포함)	€ 23,90	정상가
€ 522,50	정상가 그룹 (자가 버스 투어)	€ 20,90	학생/연금수령자
€ 522,50	할인 그룹 (Tour-Bus 포함)		
€ 447,50	할인 그룹 (자가 버스 투어)		

- 참고:

14세 이상의 가격은 그룹 단위로 계산한다.

투어그룹 별 1~25명. 다수 투어그룹도 예약 가능하다.

세부 할인내용

할인	범주
€ 3,-	정상가 할인: 초중고생/대학생/연금수령자(신분증 필수)
€ 75,-	자가 버스 이용 시 그룹 별 할인

* 예: 할인 인원(초중고생/대학생/연금수령자)이 25명이면 정상가에서 할인된 가격은 522.50유로. 자가 버스 투어이면 할인된 가격(25명)은 447.50유로.

2. 역사를 품은 함부르크

- 기원전과 로마제국 식민 시대에 켈트 족과 작센 족(게르만 족의 일파) 거주.
- 4~6세기. 작센(색슨)족이 북부엘베강 지역에 정착한다.
- 8세기. 하마부르크 탄생. 이곳에 카를 대제가 북부의 이교도들을 선교하기 위해 810년 세례교회를 건립한다.
- 825년. 하마부르크 성이 현재의 함부르크 지역에 건설된 뒤 번창한다.
- 831년 루트비히 데어 프로메(Ludwig der Fromme, 778~840, 프랑크 제국의 왕 781~814, 황제 813~840)가 이곳에 주교구를 창설하고 얼마 후 대주교가 된다. 그러나 843년 베르됭 조약에 따라 프랑크제국이 분할된 이후 바이킹 족이 이 지역을, 나중에는 엘베슬라브계 오보트리테 족[17]을 점령한다. 대주교 청사도 브레멘으로 이전된다.
- 프리드리히 1세(1122~1190, 바르바로사 황제)가 신성로마제국의 황제로 선출된 뒤 1189년 이 도시에 무역특권과 사용료를 면제하고, 운항 특권을 인정한다.
- 중세~르네상스. 에스파냐, 노르웨이, 포르투갈, 영국과 네덜란드와 깊은 관계를 유지한다.
- 르네상스 이후. 황금기, 뤼베크 다음으로 한자 동맹에서 중요한 항구로서 특권을 누린다.
- 제2차 세계대전 후 영국의 점령지역, 1949년부터 독일의 연방 주에 편입된다.

〈상식〉 한자동맹(Hanseatic League)과 한자도시(Hansestadt)

- 한자동맹: 중세 독일의 도시 상인 조합
- 최초의 'Hanse'는 1267년에 등장했지만, 14세기 초 플랑드르가 강력한 세력으로 부상하여 라인 강과 발트 해의 상업도시들이 생존과 공동 대처를 위해 길드와 한자를 설치한 것이 단초가 되었다. 무력을 동반한 무역봉쇄를 시도한 것이다. 뤼베크를 맹주로 쾰른, 브레멘, 베를린이 뭉쳤고, 함부르크와 로스토크, 막데부르크, 단치히, 리가까지 최대 90여 개 도시가 참여했다.

17) 8세기부터 12세기까지 오늘날의 메클렌부르크와 홀슈타인 동부지역에 정주한 민족. 그 이름은 오보드리테 족에서 파생된 것이다. 이 종족은 비스마르와 슈베린 주변에 정주했으며, 연합 내에서는 주도적 역할을 했다.

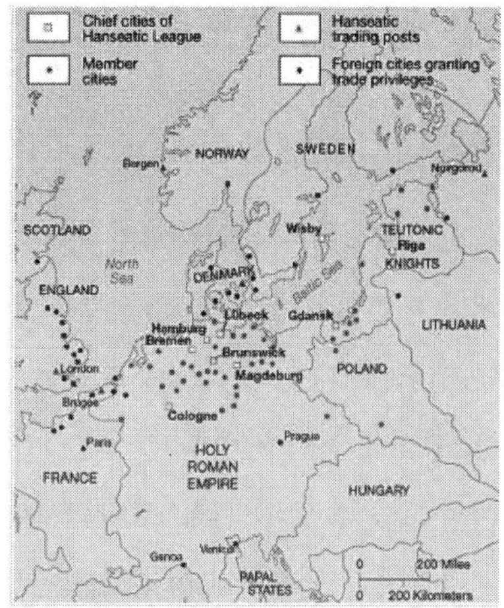

- 상인들이 이익의 극대화를 위해 국가나 황제의 통치를 받지 않는 네트워크를 형성했고 이를 중심으로 자유 도시들이 발전하기 시작했다. 에스토니아의 탈린, 라트비아의 리가, 스웨덴의 스톡홀름, 벨기에의 부르게, 독일의 뤼베크 등이 이렇게 해서 발전한 도시다. 전성기에는 160개 이상의 도시들이 동맹에 참여했다. 한자동맹은 발트해로부터 영국에 이르는 지역의 무역을 총체적으로 관리했다.
- 한자동맹의 기본 골격은 회원 도시들 간에 자유무역, 즉 역내 자유무역이다. 주요 취급품목은 소금, 독일의 맥주, 영국의 양모, 플랑드르의 아마, 방직물 등이었고, 최대거점인 뤼베크의 특산은 '백금'이란 별명의 소금이었다.
- 이렇게 역내 교역으로 높은 이익을 챙긴 한자동맹은 독자적으로 해상 교역을 추진했다. 상품 보호를 위해 군대까지 조직해 해적 소탕에 나섰던 한자동맹의 도시들은 치열한 경쟁을 벌이다가 중세 교역 망이 무너지면서 함께 몰락했다.
- 이들이 몰락한 것은 상인들에 대한 지나친 맹신 때문이었다. 한자동맹 도시들은 상인들에게 지방채를 발행해 거액의 돈을 빌려주었으나 교역에 실패한 상인들이 돈을 제대로 갚지 못하면서 덩달아 도시들이 파산하게 됐다.
- 한자동맹은 1669년 마지막 회의를 끝으로 몰락했다. 그러나 가장 비중이 컸던 독일의 뤼베크, 함부르크, 브레멘 등의 세 도시는 1806년까지 도시국가로 살아남았다. 이후 이들은 독일 경제발전의 중요한 토대가 됐다.
- 한자동맹의 도시들에는 광장과 항구로 이어지는 길목 주변에 거대한 건물들을 건축했다. 마르크트플라츠, 곧 시장광장에는 내부가 다목적용으로 설계된 시청사가 있다. 도시의 대성당은 주로 성모 마리아나 성 니콜라우스에게 헌정되었다. 박공가옥의 정면에는 독특한 문을 달아 구분하였다. 항구와 인접한 도시 여기저기에 곡물창고, 화물창고, 기중기 등이 있었다. 중세 한자도시 슈타데가 대표적이다. 기중기를 비롯하여 30년 전쟁 당시 이곳을 점령한 스웨덴이 만든 스웨덴 곡물창고-박물관(Schwedenspeicher-Museum)이 있다. 한자도시는 전체를 견고한 요새로 둘러싸서 외부의 침입에 대비했다.
- 길드: '공동기금의 출연' · '공동주연 및 그런 행위를 하는 결의단체'를 뜻한다. 중세도시의 경제활동에 대한 통제 단위로 과세와 경제통제 · 군사적 의무부과 단위였다. 도시민 자체가 외지의 이주자들로 구성되어 혈연적 · 지연적 결속력이 희박했기에 상부상조 · 공동보호 · 공동이익 추구를 위해 인위적으로 결합되었다.
- 길드는 각 도시에서 동업자끼리 조합을 결성하여 반드시 가입시켰다. 이들의 주된 임무는 경제적 측면에 두고, 제품가격 규제, 임금 결정, 제품의 품질수준 결정, 제조법의 비밀 감시 등을 수행하면서 엄격한 규율로 신인의 길드 가입을 통제했다.

3. 문화를 품은 함부르크

한자도시이자 상업도시의 매혹적인 분위기를 품은 역사적인 도시. 함부르크를 제대로 체험하고 싶으면 항구 투어가 필수다. 아니면 구시가지에서 느긋한 산책을 하는 것도 또 다른 매력으로 다가올 것이다. 한자시대에는 이곳 구시가지에서는 커피, 차, 향신료 등이 왕성하게 거래되었다. 17~19세기의 주택들이 있고 그 사이사이에 원래의 모습을 간직한 레스토랑과 선술집들(지금은 기업체 지점)이 즐비하다.

그렇지만 전형적인 함부르크는 역사적인 슈파이혀슈타트 지구에서 만날 수 있다. 이곳에는 세계 최대의 물류창고 복합단지가 있다. 구식 벽돌로 고풍스레 건축되었는데, 수천 개의 참나무 기둥이 그 건물의 기반을 이룬다. 각 동 사이에 소형 운하가 있어서 선박 운항이 가능하다.

함부르크의 전형은 하펜시티(HafenCity, 인공 섬 신시가지)에서 만날 수 있다. 유럽 최대 규모의 도시 건축 프로젝트가 이곳에서 진행되고 있다. 해양 전통과 초현대식 건축이 빚어내는 앙상블. 그 심장은 위버제(Übersee) 구역에서 뛰고 있다. 이 구역은 슈파이혀슈타트와 항구 사이에 있다. 'Hamburg Cruise Center'(함부르크 크루즈 센터)로 가는 대로변에 상점들은 바닷가의 정취를 느낄 수 있는 지역으로 탄생하게 된다.

항구도시의 멋진 해양 경관을 즐기려면 크루즈 센터의 전망대나 엘베 강의 '보석 강변'이나 마젤란 테라스는 필수 코스다. 보석 강변에는 호화로운 저택들과 일류 레스토랑들이 늘어서 있다. 마젤란 테라스에서는 하펜시티 서쪽 끝자락에 있는 함부르크의 새로운 상징물인 엘프 필하모니의 모습을 바라볼 수 있다. 미래파 스타일의 Dockland(도크랜드)는 엘베 강 위로 약 40m나 솟아오른 사무용 건물인데, 무료 전망대가 있다. 그곳에서 이 항구 도시의 분위기를 진지하게 느껴볼 수 있다.

이와는 분위기가 딴판인 곳은 악명 높은 유흥거리 레퍼반과 장크트 파울리이다. 생기가 넘치는, 전위적인 느낌을 주는 지역. 알토나의 어시장도 그런 곳. 매주 일요일 동이 틀 무렵, 생선 경매가 시작된다.

3.1. 명소

- 연극장이 60개, 뮤직클럽이 100개, 박물관이 약 60개, 음악출판사가 약 280개, 음악저장장치 회사가 100개 이상이나 있다.
- 10,000명 이상의 독립 예술가들이 활동하고 있다.
- 영화관은 30개. 매년 천만 명 이상의 방문객들이 공식 회합에 참석하고, 450여만 명의 방문객들이 연극장을 찾는다(2016년). 인구 1000명당 2,400명이 연극장을 찾는 셈이다. 뮤지컬 공연장을 찾는 숫자를 빼면 브레멘(921명)과 베를린(907명)에 이은 제3의 수치다.
- 지역을 넘어서는 명소들. DZT(Deutsche Zentrale für Tourismus, 독일관광센터)의 설문조사에 따르면, 독일의 100대 명소들 중 함부르크에서 네 곳이 선정되었다. 함부르크 항구와 어시장이 22위, 미니애처 원더랜드가 있는 물류창고복합단지가 26위, 레퍼반(Reeperbahn)이 58위, 알스터 호수가 93위에 랭크되었다.
- 수많은 클럽, 디스코, 바, 술집, 카페가 모인 홍등가 레퍼반, 북부 독일에서 가장 큰 민속 축제인 함부르크 돔, 알스터 페어크뉘겐 축제(Alstervergnügen), 항구탄생일, 일요일에 열리는 생선시장, 일본식 벚꽃 축제와 크리스마스 시장 등.

주요 건축물

- 성 미카엘리스 교회(St. Michaelis). 함부르크 사람들은 애칭으로 '함부르크의 미켈(Hamburger Michel)'이라고 한다. 당연히 도시의 상징이다.
- 시청사, 역사(驛舍), 칠레하우스, 5개의 복음교회도 유명하다.

〈시청: 1290년 최초 건축, 17세기초 르네상스 양식 추가 건축, 1842년 화재로 소실, 1957년 재건〉

성 미카엘 교회(Hauptkirche Sankt Michaelis)

〈좌: 성 미카엘 교회 전경, 우: 교회 내 전면 제단〉

- 천사장 미카엘에게 바친, 북부독일에서 가장 중요한 바로크 양식 교회.
- 거대한 미카엘 상, 433피트(132m) 높이의 청동 첨탑(정문 위에 대천사 미카엘이 악마와 싸우고 있는 청동 조각상)과 시계탑. 신도석 2,500석. 미카엘은 군인들과 기사들의 수호성인.
- 현재의 위치에 들어선 최초의 건축물은 1647년부터 1669년까지 두 건축가(Peter Marquard와 Christoph Corbinus)에 의해 건축되었다. 1685년 미하엘리스 교회는 성 페트리(St. Petri), 성 야코비(St. Jacobi), 성 니콜라이(St. Nikolai), 성 카타리넨(St. Katharinen) 교회와 함께 함부르크를 상징하는 다섯 번째 복음 교회다.
- 두 번째 건축물은 1750년 번개로 소실된 후 1751년 두 번째 미카엘리스 교회의 초석이 놓여졌다. 1786년에야 이 신축건물은 요한 프라이(Johann Leonhard Prey)와 에른스트 조닌(Ernst Georg Sonnin)의 설계에 따라 첨탑 건축을 끝으로 완성되었다. 이 첨탑은 전체가 목재와 구리로 감싸여 있다.
- 1802년 요한 벤첸베르크가 이 첨탑에서 자전을 입증하기 위한 낙하실험에 성공하였다. 이는 레온 푸코(Léon Foucault)의 진자실험보다 약 50년 앞선 것이었다.
- 1906년 7월 3일 첨탑에 납땜작업을 하던 중 서까래에 불이 붙는 바람에 신도석 뿐 아니라 하부구조까지 완전 소실되었다. 이후 세 번째 재건축이 시작되었는데, 6년간의 각고 끝에 1912년 10월에 재개장되었다. 세례반과 헌금함은 1763년의 것이다.

- 제2차 세계대전 중에 주변 전체가 연합군의 폭격으로 심하게 파괴되었지만 이 교회는 거의 손상을 입지 않고 남아있었다. 1944년과 1945년에 본당이 폭격되었다. 1952년까지 손상된 채로 방치되었다가, 1983년부터 지속적으로 보수되기 시작했다. 1983～1996년까지 첨탑이 수리되었다. 2007년 납골당이 보수되는 등 2016년에 네 부분으로 된 시계가 완성되면서 새로운 모습을 갖추게 되었다.
- 성 미카엘 교회에는 벽돌건축 방식으로 쌓아올린, 바로크 양식의 핵심 건축물로 서쪽첨탑이 있다. 1762/86년 재건 당시에는 5대 핵심 교회들 중 역사는 가장 짧았지만, 규모로는 2500명의 좌석을 가진 최대의 교회였다. 교회 공간은 십자가 모양의 평면도에 폭은 44m, 길이는 52m, 높이는 27m나 된다. 대리석으로 된 설교단이 공간의 중심을 이룬다. 첨탑 높이는 132,14m나 되는데, 도시의 실루엣을 만들어낸다. 83m 높이에 첨탑전망대가 있다. 걸어서는 453개의 계단을 올라가야 한다. 엘리베이터도 있다. 중앙의 회중석에는 세 대의 오르간이 있다.

성 니콜라이 교회(Hauptkirche St. Nikolai)

- 함부르크의 5대 복음교회 중 하나. 현재의 정식 명칭은 성 니콜라이 기념관(Mahnmal St.Nikolai). 교회라고 부르지 않고 기념관(Mahnmal)이라고 부르는 이유는 교회가 제2차 세계대전 중이던 1943년에 파괴된 상태로 보존된 때문이다.

- 이 교회는 1195년 창건되었고, 1874년 신고딕 양식으로 완성되었다. 147,3m에 이르는 첨탑은 1874~1877년에 완성되었다. 당시에는 세계에서 가장 높은 건축물이었다. 1943년에 전쟁에서 파괴되어 1951년에 철거된 후 현재는 첨탑 외에도 남쪽 외벽과 합창단 벽면의 일부가 남아있다. 기념물 박물관이 2012/13년에 개축, 확장되었다.
- 2005년부터 전망대와 광장을 겸한 전시관으로 활용 중이다. 유료 입장을 하면 엘리베이터로 75m 높이의 첨탑 전망대에 오를 수 있고, 지하의 전시관도 둘러볼 수 있다.

미니아투어 분더란트(Minatur Wunderland, '미니어처 원더랜드')

- 간단히 '미불라(MiWuLa)'로도 불린다. 세계 최대의 미니어처 테마파크다. 그저 도시를 작게 만들어 놓은 게 아니다. 이 테마파크에 전시된 자동차, 비행기, 기차 등은 중앙통제센터로부터 디지털로 조종을 받아서 실제처럼 움직인다. 930개의 모형 기관차, 274대의 달리는 자동차, 30만 개의 전등, 21만 명 이상의 사람모형, 15만 개의 고정 자동차, 23만 개의 나무, 40개의 비행기가 날아다니는 세계에서 가장 작은 공항, 세계에서 가장 긴 철도 모형까지 갖춘 미니어처의 세상이다.
- 미니어처 원더랜드를 기획한 쌍둥이 형제 프레드릭 브라운과 게릿 브라운은 세상 전체를 미니어처 모형으로 만들겠다는 꿈을 가지고 2001년에 문을 열었다. 그들은 당시 환율로 약 12억 원에 달하는 초기 투자비용을 은행으로부터 대출받아 미니어처 원더랜드를 건설하기 시작했다. 이렇게 탄생된 이곳은 수많은 모형 제작자들이 50만 시간 이상의 노력으로 완성한 테마파

크 형태의 박물관이다. 관람객이 눈으로 볼 수 없는 모형 내부까지 실물 그대로 재현되어 있어서, 완전히 독립된 또 다른 세계가 존재하는 듯하다. 철도모형 뿐만 아니라 비행기, 선박, 자동차, 사람모양의 피규어가 중앙 통제실의 250대 컴퓨터의 통제를 받아 움직인다. 미니아투어 분더란트의 하루는 15분이다. 밤에는 30만개의 LED가 만들어 내는 야경을 감상할 수 있다.

- 이 미니아투어 분더란트는 역사적인 슈파이혀슈타트, 즉 물류창고복합단지 안에 있으며, 함부르크 미니아투어 분더란트 주식회사가 운영한다. 독일의 역사를 한눈에 볼 수 있는 미니어처 역사관을 시작으로 총 8개의 테마를 관람할 수 있다. 스위스, 독일 바이에른, 가상 도시 크누핑엔(Knuffingen), 독일 중부지방, 오스트리아, 함부르크, 미국, 스칸디나비아 등 여덟 지역의 지형적, 문화적 요소를 본떠서 만들었다. 2015년에는 이탈리아(로마)와 프랑스가, 2017년에는 영국이 완성되었다. 2019년도에는 아프리카를 계획 중이다. 곳곳에 버튼이 있어서 누르면 재미나는 상황들을 간접 체험할 수 있다.
- 가상 도시 크누핑엔에는 1490km^2 크기의 면적에 총 15.4km 레일(2016년 10월 기준)이 놓여있다. 실제 거리로는 약 1340km 철로에 해당하는 거리다. 이 철로에는 약 1040개의 디지털로 조종되는 열차들이 왕래하고 있다. 또한 실제로 달리는 자동차가 있는 도로 시스템도 있다.
- 2011년에는 6여 년에 걸쳐 건축하고 개발하여 만든 세계 최대 규모의 미니어처 공항이 들어섰다. 3백5십만 유로를 투자하여 개장한 "크누핑엔 공항(Knuffingen Airport)"이 그것이다. 크기가 150m^{2}나 된다. 비행기가 이착륙을 반복하고, 공항 주변에는 택시들이 움직인다. '스타워즈'의 밀레니엄 팔콘도 이 공항에서 이착륙을 한다. 공항 건물은 함부르크 공항과 닮았다. 가상의 크누핑엔 공간에서처럼 여기서도 직업소방대원들이 네 대의 공항진화장비들을 이용한 시뮬레인션도 수행한다.

	조형물 종류	완성년도	규모
1	중부독일 하르츠산맥	2001년 8월	120 m²
2	크누핑엔	2001년 8월	120 m²
3	오스트리아	2001년 8월	060 m²
4	함부르크	2002년 11월	200 m²
5	아메리카	2003년 12월	100 m²

6	스칸디나비아	2005년 7월	300 m²
7	스위스	2007년 11월	250 m²
8	크누핑엔 에어포트	2011년 5월	150 m²
4 a	함부르크- 하펜시티와 엘프하모니 일부 조형물	2013년 11월	009 m²
9	이탈리아	2016년 9월	190 m²
9 a	이탈리아 - 베네치아 일부 조형물	건축 중	010 m²
10	모나코	2019 (계획)	

물류창고복합단지: 세계문화유산

- 물류창고복합단지로 번역되는 '슈파이혀슈타트(Speicherstadt)'는 함부르크에서 가장 인기 있는 명소. 독특한 건축과 역사는 매년 백만 명의 방문객들을 유혹한다.
- 떡갈나무 기둥들로 건축된 세계 최대 물류창고 복합단지. 1991년부터 문화재보존지구로 지정, 2015년 7월 5일 이웃한 통상센터 지구(Kontorviertel)와 함께 유네스코 세계문화유산에 등재되었다.

▶ 역사와 특징

- 1883년부터 함부르크 자유항의 일부로서 구축되었다. 첫 번째 구역은 1888년에 완성, 2003년 1월 1일부터 자유항 지역에서 제외, 2008년 3월 1일부터 'Großes Grasbrook'에 있는 신흥건축지역을 합쳐서 함부르크 미테(Hamburg-Mitte) 구의 '하펜시티(HafenCity)' 지구로 탄생, 즉 2008년부터 그로세스 그라스브로크가 하펜시티로 개명된 것이다.
- 관세: 1871년 제국이 탄생하면서 함부르크는 독일제국의 연방 주가 된다. 함부르크의 주 지역은 그 당시 관세 제외 지역이었다. 1881년에 이 관세 제외 지역에 함부르크와 독일제국 간에 '물류창고복합단지(Speicherstadt)' 건축에 합의했다. 이는 이곳을 독일 관세협회(Deutscher Zollverein)에 등록될 수 있게 하려는 조치였다. 항구에서 조세 부담 없이 무역을 할 수 있으려면 자유항으로서 독일의 관세구역에 속하지 않은 특별구역을 설정할 필요가 있었다.

이 엔클로저(Enklave)에서는 함부르크 상인들의 특권이 적용되고, 수입상품들을 면세로 보관하고, 정제하고 가공할 수 있었다. 함부르크가 1888년 독일 관세협회에 가입하면서 물류창고복합단지의 서막이 자유항 구역으로 개통되었다.

▶ 건설

- 1883년. 물류창고복합단지 건설 시작. 당시에는 먼저 16세기부터 엘베 강의 섬들인 케르비더(Kehrwieder) 지구와 반트람(Wandrahm) 지구에서 성장한 주거단지가 헐린다. 케르비더는 조밀한 건물들로 들어찬 노동자와 수공업자 지구였다. 반트람은 특히 17세기와 18세기 때의 상인주택과 서민주택들로 가득했는데, 네덜란드 이주자들이 건설한 곳. 약 20.000명이 강제 이주되었다. 상당수는 몇 년 되지 않아서 건물들이 들어선 바름베크(Barmbek)와 하름브로크(Hammerbrook) 노동자 지구로 들어갔다. 나머지는 알스터와 엘베 강변에 있는 그들의 여름용 별장을 개조하여 주거주지로 사용했다. 1.100개의 건물들이 헐렸다. 그래서 함부르크 미술관의 초대 관장인 리히트바르크(Alfred Lichtwark)는 이를 빌미로 함부르크를 "자유도시이자 철거도시"라고 조소했다.

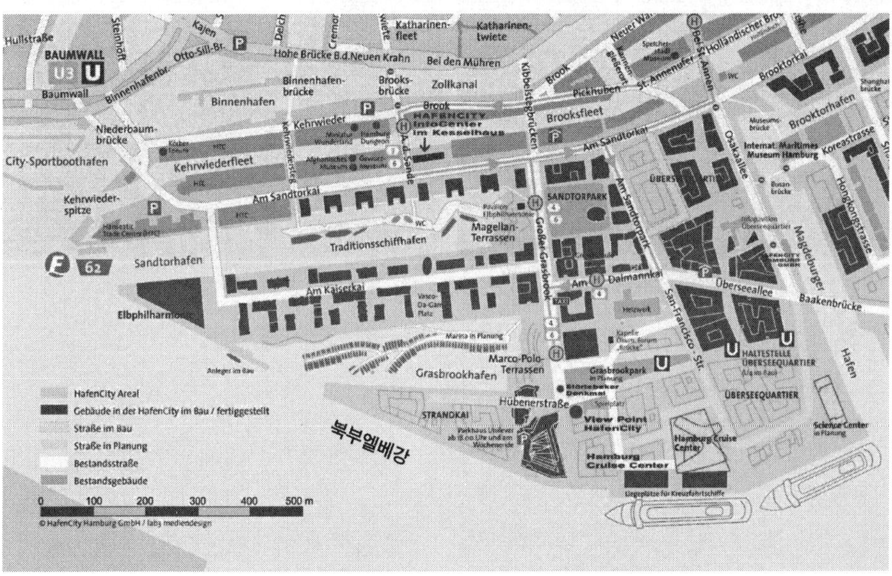

- 1888년. 물류창고복합단지의 낙성식이 빌헬름 2세 황제에 의해 개최된다.
- 1898년. 건설계획이 2/3정도 종결된다.
- 1914년. 동쪽 부분의 건설작업은 제1차 세계대전이 일어나기 전에 완성된다. 자모순으로 명명된 블록들 중 에리쿠스슈피체(Ericusspitze) 지구가 예정이던 Y와 Z 블록은 더 이상 건설되지 못한다.
- 물류창고복합단지의 관리는 1885년 함부르크 지유항 창고협회(Hamburger Freihafen-Lagerhaus-Gesellschaft, HFLG)가 맡았다. 이 협회는 처음부터 주식회사로서 설계된 것. 그래서 시가 30,000km^{2}의 기본 부지를 기부하고, 노르트도이체 방크(Norddeutsche Bank)가 9백만 마르크 상당의 자본금을 출연한다. 배당금으로 조성된 것이 함부르크 시가 은행의 지분을 사들인 기금이었다. 1927년부터는 함부르크 시가 단독주주였다.
- 사업장의 위치는 1902년 완공된 '물류창고복합단지 청사'(Rathaus der Speicherstadt). 성 아넨우퍼(St. Annenufer)에 위치한 네오르네상스 양식의 이 청사는 벽돌고딕양식의 창고건물들과 대조를 이룬다. 제2차 세계대전 때 연합군의 공습으로 전체 건물의 절반 정도가 파괴되었다. 전후 원형 복구는 1967년에 종결되었다.

〈물류창고복합단지 청사(좌)와 성 아넨우퍼 모퉁이(좌), 뒤쪽은 성 카타리넨 성당〉

3.2. 인물

작가

- 함부르크가 본거지였던 작가들: 지크프리트 렌츠, 페터 륌코르프

▶ 함부르크와 긴밀한 관계에 있는 문학가들:

- 보르헤르트(Wolfgang Borchert), 데멜(Richard Dehmel), 슈미트(Arno Schmidt), 폰 하게도른(Friedrich von Hagedorn), 헤벨(Christian Friedrich Hebbel), 하이네(Heinrich Heine), 클롭슈토크(Friedrich Gottlieb Klopstock), 레싱(Gotthold Ephraim Lessing), 폰 릴리엔크론(Detlev von Liliencron), 노사크(Hans Erich Nossack), 폰 오시츠키(Carl von Ossietzky) 등

▶ 작곡가 요하네스 브람스(Johannes Brahms, 1833～1897)

- 1833년 5월 7일 함부르크에서 출생.
- 19세기 후반의 원숙한 낭만주의를 대표하는 음악가의 한 사람이며, 고전주의적 색체를 중시한 독일음악의 전통을 계승한 인물.
- 창작 활동은 ① 초기(1851～55): 피아노 대곡 중심. 격렬한 감정 표출이 특징 ② 양식적 과도기(～1860년대 중엽) ③ 양식적 완성기(～1890): 관현악 · 합창곡 · 실내악 등의 대곡과 가곡으로 대표되는 시기 ④ 말년(～1897): 명상적인 실내악과 피아노 소품 등으로 대표되는 4기로 구분할 수 있다. 창작 장르는 오페라와 같은 극음악을 제외한 대부분의 영역에 걸쳐 있다. 음악사와 음악이론에 대한 깊은 관심으로, 바흐를 비롯한 바로크와 고전파 대가의 작품을 연구하여 귀중한 자필악보를 수집하였고, 몇몇 학문적인 전집판 악보를 교정하기도 했다.
- [헝가리 무곡] 1868년, 1880년 두 차례에 걸쳐서 완성한, 헝가리 집시의 영향을 크게 받은 곡. 원래는 하나의 피아노를 두 사람이 함께 치는 연탄곡, 이후 오케스트라 형식으로 편곡. 특히 남성적 성격이 강한 제5번은 헝가리 무곡 중 가장 많은 사랑을 받은 곡.

▶ 펠릭스 멘델스존(1809~1847)

- 본명은 야콥 루트비히 펠릭스 멘델스존 바르톨디(Jakob Ludwig Felix Mendelssohn

Bartholdy). 특히 영국에서 작곡가, 지휘자, 솔로 연주자로 호평을 받았기에 영어권에서는 주로 '펠릭스 멘델스존'으로 불린다.

- 유태인 가문에서 4남매 중 둘째로 태어나서 유복하게 성장. 할아버지는 독일 계몽시대 철학자이자 라이프니츠 볼프학파의 한 사람인 모제스 멘델스존.
- 천재적인 음악적 재능, 유복한 집안환경, 우아한 용모와 세련된 사교성까지 모든 것을 다 갖춘 초기 낭만파 음악가.
- 작곡 외에 연주와 지휘도 했다. 당시 유명한 피아노와 오르간 연주자, 지휘자이기도 했다. 자신의 작품이나 다른 작곡자의 작품 모두를 지휘했다. 시나 그림에도 재주가 있었고, 영어, 이탈리아어, 그리스어, 프랑스어, 라틴어까지 자유롭게 구사한 재주꾼이었다. 요한 제바스티안 바흐 사후 약 80년의 시간이 흐른 1829년, 마태 수난곡을 복원하며 바흐의 음악을 다시 세상에 알린 인물이기도 하다.
- 멘델스존의 천재성은 음악 작곡보다는 독일의 음악적 위상을 제고하는 곳에 더 많이 쓰인 듯하다. 라이프치히 음악학교의 이름이 라이프치히 '펠릭스 멘델스존 바르톨디' 예술대학이듯이 독일에서 가장 오래된 음악학교의 설립자이자 교수였고, 슈만과 함께 경제적으로 어려운 음악가들에게 기회를 제공하는 노력을 하는 등 독일의 음악적 위상은 실제로 아주 높아졌다.
- 멘델스존은 가곡, 교향곡, 협주곡, 관현악곡, 피아노곡, 오라토리오, 실내악, 합창곡, 찬송가, 성악곡 등 밝고 아름다운 음악을 많이 작곡했다. 그의 음악은 분야별로 성격이 많이 달라진다. 그러나 유명한 곡은 대부분 밝고 표제스럽다. 선율. 리듬. 화성에서는 고전파 양식을 따랐지만 내용 면에서는 표제스럽고, 있는 그대로의 모습을 한 폭의 그림처럼 자세히 보여 주는 낭만파의 특징을 보인다. 〈한여름 밤의 꿈〉, 〈이탈리아교향곡〉, 〈바이올린 협주곡〉, 〈현악8중주〉 등이 유명하다.
- 교향곡 4번 A장조 "이탈리아" Op. 90은 이탈리아를 여행하며 느낀 것을 그린 작품. 1833년 초연된 작품으로, 매우 밝고 경쾌한 곡이다.
- 바이올린 협주곡 E단조 Op. 64는 1844년에 완성된 멘델스존의 마지막 대규모 관현악곡. 베토벤, 브람스의 곡과 함께 3대 바이올린 협주곡으로 간주되며, 바이올린 협주곡의 여왕이라 불리는 걸작. 아름다운 멜로디와 정열적인 감성이 곡 전반에 흐르면서도 형식미가 조화된 명작이다.

- 가곡: '노래의 날개 위에 (Auf Flügeln des Gesanges, Op. 34~2). 1834년에 작곡. 가곡 중 잘 알려진 노래 중 하나. 가사는 하인리히 하이네의 시.

3.3. 하펜시티(HafenCity): 친수형 항구 도시로 재생되다

- 총 2백 32만 km^2 이상의 건평면적은 새로 건설한 재생도시.
- 예컨대 12,000명의 주민용 6,000개의 주택, 45,000개 이상의 일자리를 갖춘 서비스 면적, 요식업, 문화 및 여가 상품, 소매업 및 공원, 광장과 산책로 등이 탄생한다.
- 일반 자료

  전체면적 : 157 ha

  지상면적 : 126 ha

  전체 건평 면적(Bruttogeschossfläche, BGF): 신축건물만 약 2백 32만 km^2

  6,000개의 주택과 45,000개 이상의 일자리 창출

  함부르크 시가 40% 정도 확장되는 효과

  10,5km의 새로운 수변시설(산책로와 광장을 가짐)

  약 26ha의 공공 주차시설, 광장, 산책로

▶ 개발 역사

- 1997년, 하펜시티 프로젝트 공고, 2000년 마스터플랜을 상원에서 의결, 2001년 항만 재개발에 착수, 2025년 완공 예정.
- 하펜시티는 강변에 위치한다. 땅과 강을 포함해서 약 47만평 정도의 규모. 시청역, 기차역, 박물관, 극장 등이 1km 내외에 있을 정도로 도심의 핵심지역.
- 19세기의 첨단시설에서 주변 항구 신설, 기술 발전, 도심과의 관계로 인해 슬럼화하여 낙후된 항만이 도심에 새로운 활력을 주고 국가 경쟁력을 높여 줄 수 있다는 가능성을 가진 공간으로 인식. 결국 1997년 함부르크 시의회는 하펜시티를 재개발하기로 결정하고 2001년에 착공했다.
- 하펜시티의 개발은 유럽에 도시의 새로운 기준이 되었다. 단절된 도심과 항만을 연계하는 것과 복합적 토지이용을 통한 주거와 여가, 문화, 레저, 상업시설 등이 들어서는 신도시가 창조된 셈이다.
- 2013년, 하펜시티 대학교(HafenCity Universität Hamburg, HCU) 완공

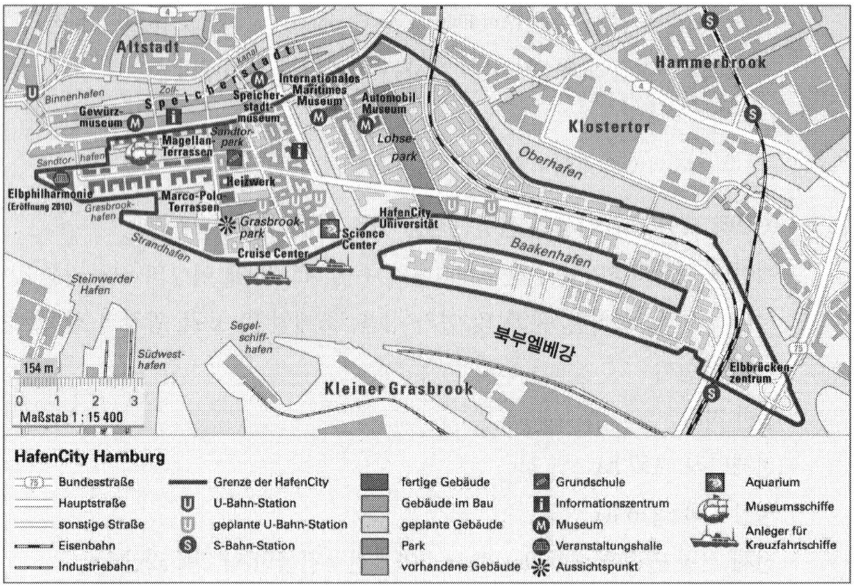

▶ 재생도시로서의 하펜시티

- 지금도 도시 개발이 진행 중인 하펜시티는 함부르크 시청사에서 남쪽으로 5분 정도 떨어진 도심에 위치한 항구 도시이다. 한강 르네상스 프로젝트의 롤 모델이 된 이 하펜시티 도시 재생 프로젝트는 20세기 초 네덜란드 로테르담에게 내주었던 유럽 최고의 항구도시라는 칭호를 되찾기 위해 주정부가 발 벗고 나선 프로젝트이다.
- 이 프로젝트는 여타 국가의 도시재생 프로젝트와는 컨셉에서 다르다. 세계 어디에도 없는 철저히 함부르크다운 도시 재생을 겨냥하고 있다. 건축물 높이도 제한하고, 역사적 가치가 있는 건축물이나 대상들도 최대한 보존하고 새롭게 정립하여 신축 건축물들과의 조화와 균형을 추구한다. 항구도시로서 수변 개발을 통해 친수형 물의 도시를 창조한다는 컨셉이다.
- 이렇듯 새롭게 구축되는 하펜시티는 도심의 거주 기능을 강화하고 상업, 교육, 문화, 관광 등의 분야에서도 다양하고 새로운 고용 기회를 창출하는 복합 도시로 개발 중이다.
- 프로젝트가 완료되는 2025년에 하펜 항구도시에는 12,000명이 거주하고, 40,000여 명이 매일 출퇴근을 하고, 80,000여 명의 여행객이 방문하는 친수형 복합도시가 된다. 항구의 전형적인 모습을 유지하면서도 수변 공간을 개

발하여 현대적인 도시의 특징을 갖도록 설계되었고, 하펜시티와 함부르크 시가 밀접히 연결되어 시너지 효과를 극대화하도록 설계되었다. 결국 하펜시티 프로젝트는 100년 이상 유리되었던 함부르크 시내와 항구를 재결합하는 기능이 있다.

- 개발 구역 내에는 오피스, 주거 시설 외에 문화 관광시설 등도 포함된다. 엘베 필하모니와 국제 유람선 선착장, 국제 해양 박물관 및 하펜시티 함부르크 대학교 등 다양한 문화 및 교육 관련 시설들이 조성되고 있다. 가장 대표적인 건물이 세계적인 명성을 가진 '엘베 필하모니'의 이름을 딴 '엘베 필하모니 콘서트홀'이다.
- 하펜시티는 컨테이너 항만시대로 접어들면서 항구로서의 기능은 이미 상실했고 도심의 인구도 주변으로 빼앗기면서 기존의 건물들은 창고나 저장소의 기능들만 남게 되었다. 그 중 코코아 저장소로 사용되던 칙칙한 '조적식 건물'[18]이 크리스탈 왕관을 쓴 모습을 한 필하모니 콘서트 홀(형태에서 재료까지 상하부가 극적인 대조를 이루는 필하모니 콘서트 홀)로 탈바꿈하기도 했다. 기존 창고 건물은 육중한 반면, 새로 추가되는 상부 꼭지 점들이 더욱 강조된 비정형이라서 입면이 주는 대조는 자극적이다. 약 2000석의 좌석을 갖춘 이 콘서트홀은 규모면에서도 세계 10대 콘서트홀에 들지만 음향 기능 면에서는 명실상부 세계 최고 수준이다. 건물 내에는 대형 및 소형 콘서트홀 외 250개

18) 돌, 벽돌, 콘크리트 블록 등 일정 크기의 재료를 모르타르와 같은 접착제로 붙여가면서 쌓아 만든 건축구조. 근대건축에서는 재료 규격화에 따른 생산 효율화를 위해 벽돌이 대량으로 사용되기 시작하면서 조적조 건물(돌, 벽돌, 콘크리트 블록 등으로 쌓아 올려서 벽을 만드는 건축 구조)이 널리 유행하였다.

의 방을 가진 최고급 호텔, 45개의 아파트까지 포함된 문화, 관광, 주거 등의 복합건물이다.

- 하펜시티가 다른 시들과 구별되는 또 다른 특징은 친수형 문화공간적 성격과 세계 각국을 향한 국제적인 개방형 성격을 지녔다는 점이다. 친수형 공간의 역할을 하는 3개의 야외 테라스 명칭도 마르코 폴로 등 모두가 세계사에 큰 족적을 남긴 해양 탐험가들의 이름을 딴 것이고, 오사카 거리, 코리아 거리, 상하이 거리 등 해외 도시 혹은 국가의 이름을 딴 거리들도 조성됐다. 국제 항구도시로서 거듭나게 될 하펜시티, 즉 함부르크가 갖는 세계도시의 성격과 시민들의 개방성을 의도적으로 반영한 것이다.

〈좌: 〈하펜시티 수변에 새로이 건설되는 주거와 오피스 빌딩들, 우: 새롭게 조성된 마르코 폴로 테라스〉

II. 중부문화권

01. 베를린
02. 브란덴부르크 주
03. 작센-안할트 주
04. 자치주 튀링겐 주
05. 자치주 작센 주
06. 헤센 주
07. 라인란트-팔츠 주
08. 자를란트 주
09. 노르트라인-베스트팔렌 주
10. 니더작센 주
11. 브레멘

01
베를린(Berlin)

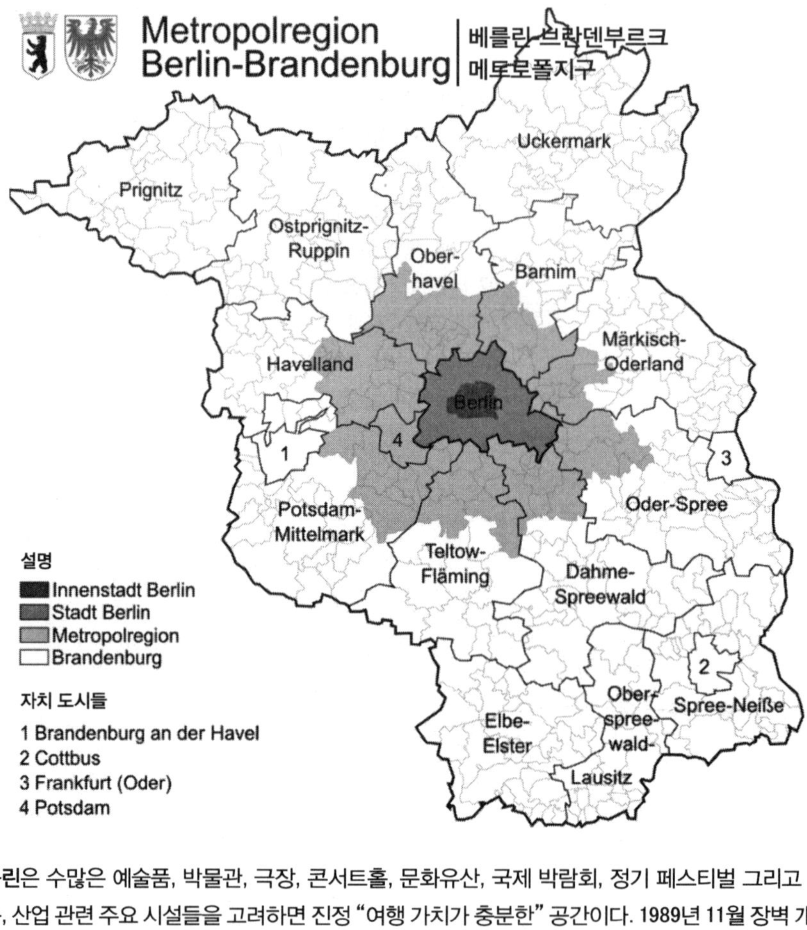

베를린은 수많은 예술품, 박물관, 극장, 콘서트홀, 문화유산, 국제 박람회, 정기 페스티벌 그리고 학문, 연구, 산업 관련 주요 시설들을 고려하면 진정 "여행 가치가 충분한" 공간이다. 1989년 11월 장벽 개방과 독일 통일은 베를린을 한층 더 매력적인 도시로 만들었다. 국경통과 절차 없이 도시 전체가 방문객과 토착민들에게 개방된 것이다. 독일 현대사의 발전 흔적과 양분되었던 독일 두 지역의 동반성장은 쾨페니크(Köpenick)와 라이니켄도르프(Reinickendorf), 슈판다우(Spandau), 마르찬(Marzahn) 등에서 어렵지 않게 확인할 수 있다.

1. 자연을 품은 베를린

- 북동부 슈프레 강과 하펠 강변에 위치한 독일연방공화국의 수도.
- 브란덴부르크 연방 주에 둘러싸여 있고, 독일 연방 주의 하나이기도 하여서 도시주(Stadtstaat)로도 불린다.
- 베를린을 가로지르는 강이 슈프레 강. 이 강은 시내에서 하펠 강과 만난다. 하펠 강에는 휴양지로 이용되는 여러 개의 호수들이 있다. 테겔러제(Tegeler See)와 반제(Wannsee) 등도 그런 호수들 중 하나이다.

〈상식〉 베를린의 반제 호수와 하인리히 폰 클라이스트

1. 베를린은 독일에서 가장 큰 도시이자 유럽연합에서 두 번째로 큰 도시. 영국의 런던 시가 유럽연합에서 가장 큰 도시.
2. 작은 반제(호수)는 독일 작가 하인리히 폰 클라이스트(Heinrich von Kleist, 1777~1811)의 슬픈 사연을 간직하고 있다. 1811년 11월 베를린에 있는 작은 반제 호숫가에서 한 작가가 먼저 자기 애인을 권총으로 쏜 다음 자신도 쐈다. 무엇을 그를 이렇게 만들었을까? 그의 문학작품들은 어느 문예사조에 속할까? 말년에 6개월 동안 일간지 〈베를리너 아벤트블래터 Berliner Abendblätter〉를 편집했다. 그러나 이 신문 발행이 중단되자 그는 생계 수단을 잃어버린다. 게다가 나폴레옹의 침략으로 조국의 굴욕에 대한 마음의 상처가 깊어지고 삶에도 실망을 느낀다. 이런 와중에 탄생한 그의 작품 〈헤르만 전투 Die Hermannschlacht〉(1808)는 나폴레옹에 대한 프로이센의 애국심을 고취시키려는 작품이다. 특히 괴테를 비롯한 동시대 고전주의 작가들이 그를 인정해주지 않은 것도 그의 심경을 괴롭힌다. 그래서 그는 반고전주의 작가로 분류된다. 이런 와중에 불치의 병에 걸린 헨리에테 포겔이란 여성을 알게 된다. 병마에 시달리던 그녀가 자신을 제발 죽여 달라고 그에게 애원한 것이 그의 비극적인 생애를 끝내는 결정적인 계기가 된다. 1811년 11월 21일 작은 반제 호숫가에서 헨리에테와 함께 권총 자살로 생을 마감했다.

- 독일연방공화국의 정부청사(Bundesregierung)가 있다. 연방정부, 연방참의회(Bundesrat, '상원')와 연방의회(Bundestag, '하원')의 정치가들도 독일과 독일의 법률문제를 해결하고자 이 도시로 몰려들었다.

인구: 3.574.830명 (2016년)
- 외국인: 18,4 % (2016년)
- 이주인: 31,4 % (2016년)

- 인구밀도: 4.009 명/km^2

주기

주 문장

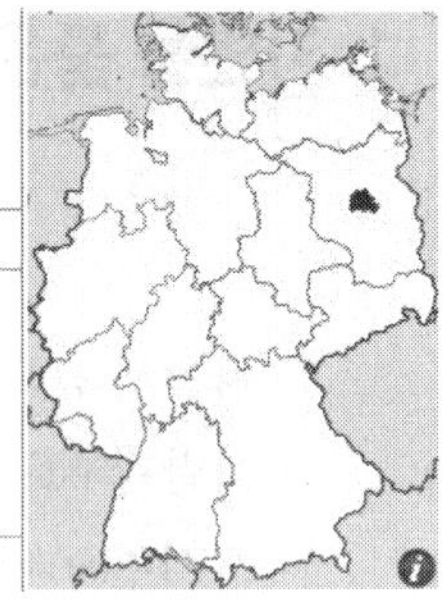

▸인구

- 독일인을 제외한 인구의 약 18.4%가 외국인. 이들은 베를린에 근로자로 들어온 사람들인데, 절반은 터키인들. 베를린은 이스탄불에 이어 세계 두 번째로 터키인들이 많은 도시. 그리스, 이탈리아, 전 유고슬라비아, 폴란드, 러시아인들과 아시아, 아프리카에서 온 이민자들도 있다.
- 베를린 시민의 25%는 루터교 신자이고, 10%는 로마 가톨릭 신자들. 유대교와 외국 이민자들이 믿는 이슬람, 정교회도 있다.

▸행정구역

- 12개의 관구(Bezirke)로 나뉜다. 이 관구는 다시 96개의 지역구(Ortsteile)로 세분된다.
- 지역구들은 행정 단위는 아니지만, 관공서의 위치를 나타내는 토대가 되므로 행정상의 경계가 있다. 세 번째 단위는 지리상의 단위로서 지구(Ortslagen)가 있는데, 정확한 경계는 없다. 지역구와 지구는 일상에서는 중요한 역할을 한다. 이들은 기계적인 행정단위에 불과한 관구와는 달리 역사 속에서 배태한 구성단위들이기 때문이다.
- 1920년 8개의 도시 및 59개 자치단체(Gemeinde)와 27개 기초단체(Gutsbezirk)가 통합되었다. 이렇게 생긴 거대-베를린은 당시 94개의 지구를 가진 20개 관구를 포함했다. 이 20개의 관구들 중 베를린 시가 분할되면서 12개는 서베를린에, 8개는 동베를린에 위치하게 되었다. 1990년 베를린이 재통일되어 관구 수가 23개로 늘어났다. 1998년 6월 10일 발효된 구역 개혁법에 따라 2001년 1월 1일부터 구역 합병을 통해 12개로 축소되었다.
- 베를린 주의 일부로서 관구들은 수식어 “Berlin-”없이 관구 고유의 이름을 유지하고 있다. 이런 언어사용은 관구에 따라 명명된 주의 법원, 세무서 같은 공공기관들에도 적용되고 있다. 예를 들면 ‘Amtsgericht Tiergarten’(티어가르텐 지방법원)이나 ‘Finanzamt Charlettenburg’(샤를로텐부르크 세무서) 같은 명칭들

이 그렇다.

- 베를린의 문장에는 곰이 등장한다. 이미 수백만 년 전부터 곰은 베를린 문장의 상징이 되었다. 황금색 성벽 왕관은 200여 년 전부터 문장에 등장했다.

▸교통

- 베를린 S반, 베를린 U반, 트램과 페리까지 매우 다양한 교통수단들이 있다. 모두 승차권 한 장이면 탈 수 있다. 베를린은 워낙 크기 때문에 기본요금 구간도 A, B, C 등으로 나눠져 있다. 다른 도시에 비하면 교통비가 비싸다고는 할 수 없다.
- 베를린 지하철(U반), 베를린 버스만 타도 웬만한 관광명소는 한 번에 갈 수 있다. 특히 관광객용이라고도 불리는 100번, 200번 버스만 타면 관광버스를 타지 않아도 싼 값에 웬만한 곳은 구경할 수 있다.

- 베를린 시내에서 〈Berlin ABC〉 승차권을 구입하면 시외인 Potsdam AB 구역에서도 쓸 수 있다. 일반 승차권뿐 아니라 패스에도 동일하게 적용된다. 쇠네펠트에서 포츠담까지 단돈 3유로! 그리고 시내버스로 6 정거장 이내나 S/U반으로 3 정거장 이내를 환승 없이 이동할 때에는 일반 승차권의 반값인 '쿠르츠슈트레케(Kurzstrecke, '짧은 구간')'이 특례운임으로 적용된다. 'Kurzstrecke'로 이동할 수 있는 정류장의 범위는 버스정류장에 표시되어 있거나, VBB[1)] 홈페이지에서 경로검색으로 찾을 수 있다. 즉, S반/U반은 출발시점에서 3정류장까지 타고 갈 수 있고, 버스는 6 정류장까지 갈 수 있는 짧은 구간용 티켓이다. 그래서 가격이 상대적으로 저렴한 편(1,70유로, 2017년 기준)이다. 4번 사용 가능한 짧은 구간용 티켓은 5,60유로이다. 타게스카르테(Tageskarte)는 온종일 무제한으로 탈 수 있는 종일티켓이다. 이것도 구간을 정해서 살 수 있다. 구간마다 가격이 다르고, 1인용이나 그룹용으로 나누어 구입할 수도 있다. 그룹은 최대 5명까지 가능

1) Verkehrsverbund Berlin-Brandenburg(홈페이지: http://www.vbb.de/)의 약어. '베를린-브란덴부르크 교통협회'

하다. 타게스카르테는 모두 다음날 새벽 3시까지 유효하다. 구입한 시점부터 24시간이 아니다. 그밖에도 7-타게-카르테(7-Tage-Karte)와 모나츠카르테(Monatskarte)도 있다. 전자는 일주일용 티켓이고 후자는 한 달 정기권인데, 모두 구간을 정해서 구입할 수 있다.

- 국제공항으로는 베를린-쇠네펠트 국제공항과 베를린-테겔 국제공항이 있다. 현재 신 공항인 베를린-브란덴부르크 국제공항을 쇠네펠트 바로 옆에 짓고 있으며, 브란덴부르크 공항이 완공되면 쇠네펠트와 테겔은 폐쇄하고 브란덴부르크 공항에 통합할 예정이다. 안타깝게도 대한민국에서 베를린으로 가는 직항 편은 없고, 베를린으로 가려면 프랑크푸르트 국제공항이나 뮌헨 국제공항을 통해 독일에 입국한 뒤 환승하거나 프라하 바츨라프 하벨 국제공항에서 환승하던지, 아니면 ICE를 이용해야 한다.

베를린-쇠네펠트 국제공항(Flughafen Berlin-Schönefeld)

- IATA 코드: SXF
- ICAO 코드: EDDB
- 터미널 4개
- 활주로 1개. 07L/25R 3600m × 45m

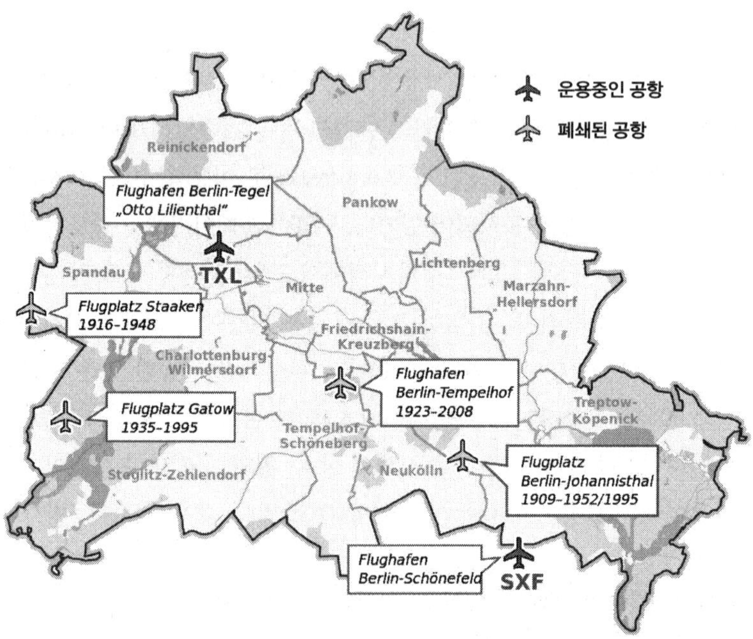

▸ 일반

- 베를린에서 현재 사용 중인 공항은 베를린-쇠네펠트 공항과 베를린-테겔 공항 등 2개이다. 슈타텐 비행장, 베를린-템펠호프 공항, 가토프 비행장, 베를린-요하니스탈 비행장은 폐쇄되었다.
- 베를린 동남부의 브란덴부르크 주 쇠네펠트에 위치한 공항이자, 베를린 제2공항이다.

▸ 신공항

- 쇠네펠트 공항 바로 옆에 신 공항인 베를린-브란덴부르크 국제공항(BER)이 공사 중이다. 이 공항이 개항하면 쇠네펠트 공항은 테겔 국제공항과 함께 폐쇄되고 활주로와 주기장은 베를린-브란덴부르크 공항에 소속된다. 아래의 그림은 베를린-쇠네펠트 공항(진한 노랑색 부분)과 확장 공사 중인 베를린-브란덴부르크 국제공항(연한 노랑색 부분 포함)을 제시한 것이다.

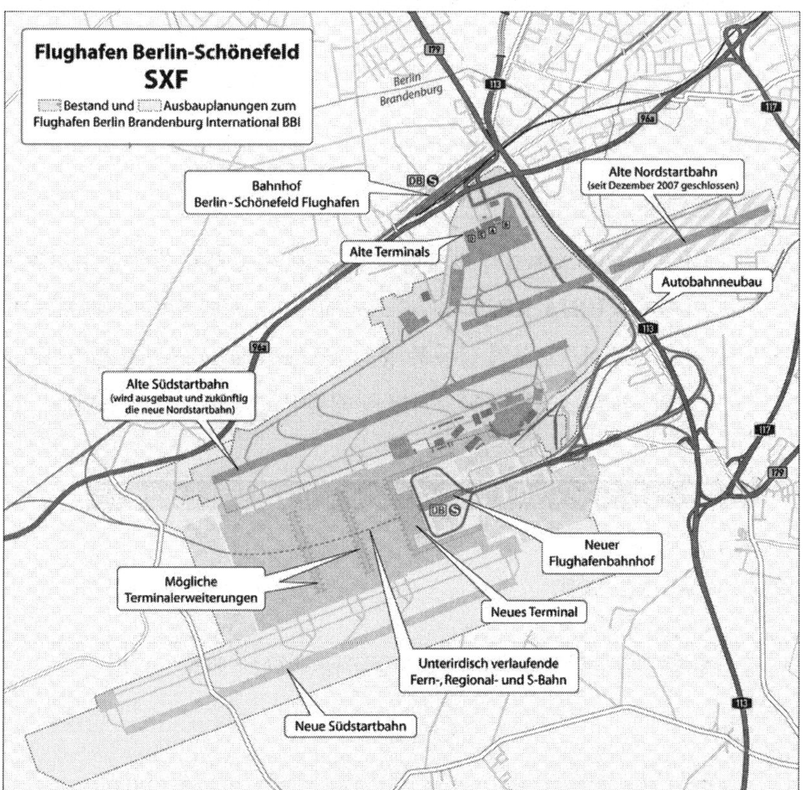

- 아래의 도표는 베를린-쇠네펠트 공항 출발(도착 제외) 국가별 운항구간 빈도를 제시한 것이다.

순위	목표국가	여객 2016	변화	여객 2015	이륙 2016	변동	이륙 2015
1	영국	935.737	▲20,31 %	777.743	6.647	▲17,63 %	5.651
2	스페인	800.447	▲59,35 %	502.329	5.025	▲51,22 %	3.323
3	이탈리아	679.791	▲47,92 %	459.552	4.630	▲41,07 %	3.282
4	독일	399.604	▲212,36 %	127.930	4.964	▲62,22 %	3.060
5	스위스	319.512	▲2,29 %	312.364	2.381	▲3,03 %	2.311
6	프랑스	288.572	▲27,67 %	226.034	2.453	▲29,11 %	1.900
7	러시아	233.222	▲24,35 %	187.551	2.310	▲13,35 %	2.038
8	벨기에	221.988	▲110,88 %	105.267	2.039	▲86,04 %	1.096
9	그리스	217.545	▲40,63 %	154.690	1.464	▲41,59 %	1.034
10	노르웨이	195.790	▲5,98 %	184.750	1.349	▲6,64 %	1.265
11	네덜란드	183.847	▲44,81 %	126.961	1.378	▲48,17 %	930
12	터키	175.461	▼~12,54 %	200.625	1.119	▼~12,03 %	1.272
13	포르투갈	145.737	▲10,52 %	131.866	1.081	▲6,82 %	1.012
14	이스라엘	137.557	▲4,1 %	132.137	875	▲2,82 %	851
15	아일랜드	115.030	▼~22,21 %	147.871	697	▼~28,88 %	980

▸ 교통연계

- RE7 AirportExpress가 베를린 초역-중앙역-동역을 거쳐 공항까지 다니고 사이사이에 RB14, RB22(시내로는 월-금요일만 운행)와 S반(S9/S45)도 다닌다. 급행버스 X7은 U7호선의 남동쪽 종점 루도프(Rudow) 역까지 무정차로 연결되고, 그 외 시내버스 163, 164, 171번은 베를린 남동쪽으로 연결된다.

베를린-테겔 국제공항(Flughafen Berlin-Tegel „Otto Lilienthal“)

- IATA 코드: TXL
- ICAO 코드: EDDT
- 터미널: 5(A-E) 개
- 활주로: 2개. 08R/26L 2428m × 46m, 08L/26R 3023m × 46m

▸ 일반

- 에어 베를린(2017년 10월 파산)의 허브공항이었다. 루프트한자의 포커스 시티이다.

- 정기편 운항은 1960년부터 시작되었다.

▸ 터미널

- 2001년 터미널 A의 남쪽에 현재 터미널 D가 들어섰다. 이후 공간이 부족해서 2007년 제2터미널 예정지에 터미널 C와 주차장이 들어섰다.
- 공항의 3 터미널 및 면세 구역은 서로 에어사이드에서 연결되지 않기 때문에 게이트를 잘 보고 들어가야 한다. 터미널 A는 효율적인 구조다. 체크인 카운터가 게이트 바로 앞에 있고, 옆으로 가서 보안 검색을 통과하면 바로 보딩 브리지가 나온다. 게이트별로 에어사이드가 나뉘어 있기 때문에 면세점도 게이트별로 나뉘어 있고, 규모도 거의 구멍가게 수준이다. 도착하는 경우에도 보딩 브리지를 통과하면 곧바로 게이트별 입국 심사대와 수화물 찾는 곳이 나온다. 문제는 환승하는 경우이다. 환승한다면 무조건 게이트를 빠져나갔다가 다시 들어와야 한다.
- 보딩 브리지가 터미널 A에만 설치되어 있어서 터미널 B, C나 D에서 출발하거나 도착한다면 무조건 버스를 타고 이동해야 한다. 터미널 A처럼 에어사이드가 나뉘어 있지 않기 때문에 가게 규모가 '상대적으로' 크지만 여전히 다른 공항에 비하면 초라하다.
- 보안 검색은 경찰이 하는데, 출입국 도장도 경찰이 한다.

▸ 교통연계

- 테겔에는 공항철도가 없다. 버스(공항버스 TXL, 급행버스 X9, 시내버스 109번 · 128번) 타고 나가서 지하철과 S반을 탈 수 있다.
- 테겔 공항은 앞으로 베를린-쇠네펠트 국제공항 바로 옆에 건설 중인 베를린-브란덴부르크 국제공항에 이양될 예정이다.

▸ 통계 (단위: 명)

순위	목표국가	승객 2016	변동	승객 2015	출2016	변동	출 2015
1	독일	3.886.095	▲0,01 %	.885.560	34.498	▼-0,2 %	34.566
2	스페인	785.782	▲1,38 %	775.103	4.991	▲4,17 %	4.791
3	스위스	510.975	▲2,17 %	500.111	4.142	▲4,12 %	3.978
4	터키	496.000	▼~7,74 %	537.612	3.556	▼~2,5 %	3.647

5	오스트리아	487.007	▼~4,25 %	508.636	4.615	▲1,56 %	4.544
6	영국	475.996	▲9,85 %	433.319	4.452	▲23,12 %	3.616
7	프랑스	454.632	▼~2,34 %	465.505	3.387	▲0,5 %	3.370
8	이탈리아	439.090	▼~4,59 %	460.220	4.101	▼~1,13 %	4.148
9	스웨덴	382.186	▲7,72 %	354.788	3.212	▲1,26 %	3.172
10	네덜란드	289.153	▼~1,08 %	292.302	2.268	▼-0,18 %	2.272
11	덴마크	237.747	▲8,09 %	219.951	2.442	▲5,71 %	2.310
12	미국	233.498	▲3,34 %	225.948	1.038	▲1,86 %	1.019
13	핀란드	226.602	▲10,71 %	204.685	1.719	▲3,18 %	1.666
14	아랍에미리트	179.418	▲7,03 %	167.634	769	▲0,79 %	763
15	벨기에	140.363	▼~8,22 %	152.942	1.553	▼~6,67 %	1.664
16	폴란드	122.532	▼~ 21,67 %	156.428	2.326	▼~ 23,03 %	3.022
17	그리스	117.593	▲14,64 %	102.572	778	▲9,27 %	712
18	헝가리	93.455	▲32,5 %	70.530	889	▲42,93 %	622
19	카타르	89.731	▲11,01 %	80.832	366	▲0,27 %	365
20	러시아	78.448	▼~ 58,31 %	188.188	695	▼~ 61,58 %	1.809

정치체제

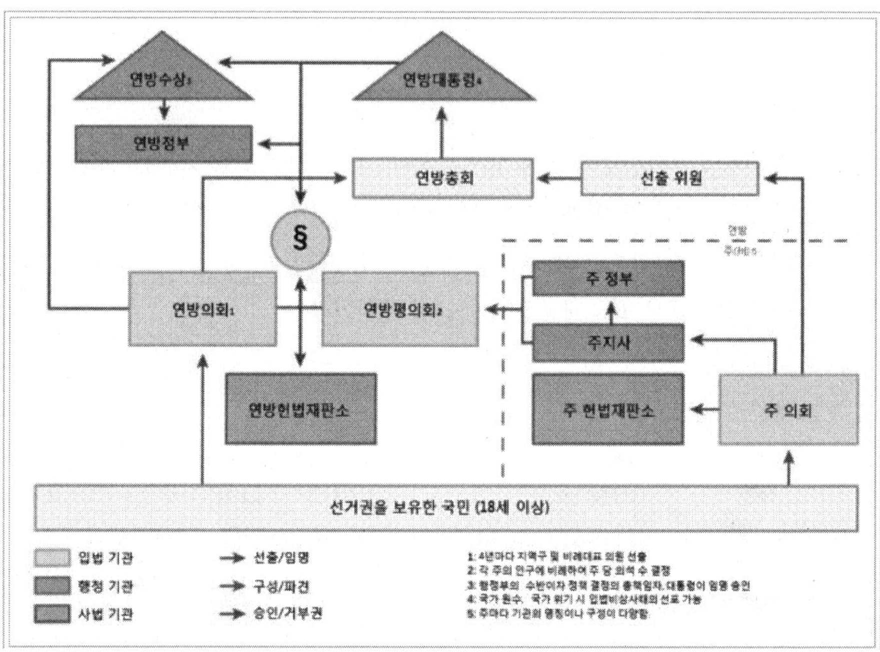

- 다양한 국적의 이민족들로 구성된 미국과는 달리, 단일 민족적 연방국가 형태를 이룬다.
- 독일은 전후 미국식의 '란트(주) 우위적 연방국가 모델'에서 1960년대 거시경제 정책의 필요성에 따라 연방정부의 힘이 강화된 '단일형 연방국가 모델'로 변화하였다. 현재는 광범위하게 단일 국가화하고 있다는 평가를 받고 있다. 과거 입법 영역에 한정되었던 연방의 주도권과 영향력이 집행권이나 사법권의 영역에서도 증가하고 있는 것이다. 1993년 출범한 유럽연합의 등장과 유럽의 통합으로 독일 연방주의는 새로운 전기를 맞고 있다. 유럽이 하나의 큰 연방국가의 모습을 갖추면서 독일 연방과 주 사이의 이원적 관계는 유럽연합까지 포함한 삼원적 관계로 변화하였다.

〈상식〉 독일식 연방제의 역사

- 1806년 신성로마제국의 몰락으로 독일의 국가체제 수립문제가 대두했다. 중앙집권제, 지방분권제, 연방제가 격돌하게 된 것이다. 라인동맹(Rheinbund, '라인연방'이라고도 함)은 1806년 7월 12일 나폴레옹의 후원으로 조직된 남서독일 16개 제국 공작령으로 건립되었다. 가맹국은 각각 주권을 주장하고 독일제국으로부터의 탈퇴를 선언했기 때문에 8월 6일 프란츠 2세가 제위에서 물러나고 신성로마제국은 역사의 막을 내렸다. 끝까지 가맹하지 않은 나라는 오스트리아, 프로이센, 브라운슈바이크, 헤센뿐이었다. 이 동맹은 1813년의 해방전쟁에서 나폴레옹이 패배하며 해체되었지만, 독일 최초의 국가연합으로서 연방제의 시작이었다.

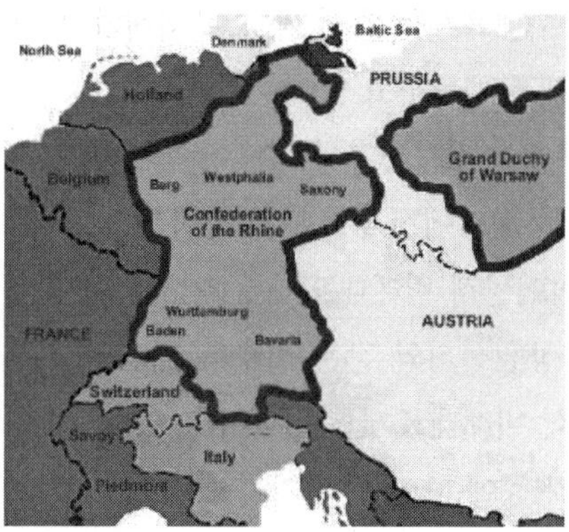

- 해체 이후 각 정부는 빈회의(1814~15)에서 독일통일에 관한 협상을 벌였지만, 합의점을 찾지 못하고 독일연방(Deutscher Bund)이란 새로운 국가연합이 탄생했다.
- 보오전쟁(1867년)에서 승리한 프로이센이 17개 소국가들로 '북독일연방'을 결성하였다. 이것이 독일 지역 최초의 연방제 국가이다. 1848년 프랑크푸르트 국민의회가 기초한 제국헌법에 기

초한 북독일연방 헌법은 1871년 건립된 연방국가인 독일제국의 기초가 되었다.
- 바이마르 공화국은 주권재민의 원칙에 따라 기존의 국가연합 및 독일제국에서 '국가(Staat, state)'로 불리던 독일의 각 나라들을 처음으로 '주(Land)'라고 불렀다. 바이마르 공화국의 연방제는 히틀러에 의해 폐지되었다.
- 제2차 세계대전 후 구서독이 다시 연방제에 기초하여 국가체제를 완성했다.

- 독일의 국가원수는 대통령이다. 대통령은 연방의회 의원 및 동수의 각주 대표로 구성되는 연방총회에서 선출되며, 임기는 5년, 1회에 한하여 재선될 수 있다. 대통령의 권한은 극히 형식적인 것이다. 의회에 대한 수상(총리)의 추천 및 임명, 연방재판관과 연방관리의 임명, 연방의회의 소집요구, 법률의 공포, 외국과의 조약의 서명, 외국 대사 · 공사의 신임장 수령 등이다.
- 독일 연방정부의 내각 총리(연방수상)는 연방의회의 투표에서 재적의 과반수를 얻은 자가 연방수상에 의해 임명되며 임기는 4년이다. 연방수상 아래 16명의 연방 각료가 있다. 대통령이 명예직이라면 수상은 실질적인 권한을 가지고 있다.

▶ 정당명부식 비례대표제

- 다수대표제과 비례대표제로 나눠진다.
- 비례대표제는 의회가 다양한 국민의 의사를 반영할 수 있도록 만들어진 제도이다. 현재 한국에서 소선거구제 다수대표제를 총선 제도로 채택하고 있는 반면, 독일은 정당명부식 비례대표제를 채택하고 있다.
- 정당명부식 비례대표제는 해당 선거구에서 후보명부를 정당이 작성하여 제출하고, 유권자는 후보명부를 보고 이들 정당에게 투표하는 방식을 말한다.
- 비례대표제를 채택한 국가에서는 단기이양식 비례대표제를 채택한 아일랜드, 몰타의 하원선거, 그리고 호주의 상원선거와 같은 일부를 제외하고는 대부분 독일과 마찬가지로 정당명부식 비례대표제를 시행하고 있다. 이는 기표방식, 당선결정방식, 선거구의 크기 등에 따라 여러 가지 방식으로 운용하는 것이 가능하다.

▶ 연방의회(Bundestag)

- 독일연방 공화국의 대의기관. 구성 의원은 국민의 직접 선거를 통해 선출한

다. 연방의회는 국민의 대표기관이자 독립된 최고의 국가기관으로 그 업무를 스스로 규율하며, 다른 어떤 국가기관의 감독도 받지 않고 어떠한 지시에도 구속되지 않는다. 연방의회의 구성원은 면책특권, 증언거부권, 불체포특권(기본법 제46조) 그리고 기타 편익을 받을 권리(기본법 제48조) 등의 특권을 갖는다. 연방의회의 의원은 보통 · 평등 · 자유 · 비밀의 원칙에 의거하여 치러지는 국민의 직접 선거를 통해 선출되며, 지역에서 선출하는 지역구의원과 정당명부식 비례대표 방식에 의해 선출되는 동수의 비례대표 의원으로 구성된다. 본래 지역구 의원 328명과 비례대표 의원 328명으로 총 656명이 정원이었으나, 2002년에 치러진 15대 총선거부터 지역 선거구의 수가 299개로 축소됨에 따라 총 의석은 598석으로 축소되었다. 모든 의원은 정당에 소속되어야 하며, 2013년 현재 연방하원에는 독일 기독교 민주연합(기민당 CDU, 255석), 독일 사회민주당(사민당 SPD, 193석), 좌파당(Die Linke, 64석), 동맹 90/녹색당(Bündnis 90/Die Grünen, 63석), 바이에른 기독교 사회연합(기사당 CSU, 56석) 등 5개 정당이 진출해 있다. 연방의회는 국가 기관 중 유일하게 법안의 의결권을 가지고 있으며, 연방대통령, 연방수상, 연방재판소 구성원 중 반수를 선출할 권한이 있다.

▸ 연방평의회(Bundesrat)

- 연방의 법률 제정과 행정 집행 시 주 정부의 의견과 입장이 전달되는 곳이다. 연방의회와는 달리 선거에 따른 선출기간이 존재하지 않으며, 독일 연방 공화국을 구성하고 있는 16개 주의 정부각료 또는 그들이 파견한 행정공무원, 즉 지방정부에 의해서 임명 및 해임되는 지방정부의 구성원으로 구성된다. 각 주는 최소한 3명의 의석을 보유하며, 인구 200만 명 이상인 주는 4개, 600만 명 이상인 주는 5개, 700만 명 이상인 주는 6석을 배분받는다. 연방평의회의 의원 수는 각 주의 인구수에 비례하여 배분되며, 하나의 주를 대표하는 의원들은 특정 안건에 대하여 동일한 투표권을 행사해야 한다. 따라서 같은 주 소속의 의원들은 특정 안건에 대한 연방평의회의 투표 이전에 충분한 의견 교환으로 안건에 대한 공동 입장을 결정해야 한다. 연방평의회는 연방의회에서 통과된 법안을 인계해 검토하며, 외교 · 국방 등 연방정부의 고유 영역에 속하는 법안을 제외한 모든 법안을 승인하는 방식으로 입법

에 참여한다. 또한 연방의회와 함께 대통령 탄핵소추권을 가지며, 연방헌법재판소의 구성원 중 반수를 선출한다.

▸ 연방대통령(Bundespräsident)

- 국민의 직접선거가 아닌 연방총회(Bundesversammlung)에서 선출된다. 이 총회는 연방대통령 선거를 위해 연방의회 의원 전원과 그와 동수인 각 주의 대표자들로 구성된다. 오직 연방대통령의 선출 때만 존재하는 일시적인 헌법기관이다. 당선을 위해서는 두 차례에 걸친 투표에서 구성원 과반수의 찬성표가 필요하다. 연방대통령의 임기는 5년이고 한 차례만 중임이 가능하다.

▸ 연방정부(Bundesregierung)

- 대·내외적으로 독일 전체의 이익을 대표하는 핵심 조정기관이자 통치기관이다. 연방의 최고 의사결정기구로서 연방수상과 연방장관으로 구성되어 있다.
- 기본 원칙은 기본법 제65조에 명시하고 있다. 그 내용은 연방수상이 국정운영의 이념과 정책의 기본 노선을 제시하고 이에 대한 책임을 지는 수상 원칙, 연방의 모든 법안이나 주요 정책은 내각회의의 심의와 결정을 거쳐야 된다는 내각 원칙, 연방수상의 국정 운영 기본 노선과 내각 결정의 테두리 안에서 각 부처 장관들이 자신의 관할권을 재량껏 발휘하고 이에 대해 책임을 지는 부처 원칙으로 구성되어 있다. 연방정부는 이들 원칙에 따라 운영되고 있다.

▸ 연방수상(Bundeskanzler)

- 독일 국정 운영의 최고 책임자이며, 정치와 행정의 핵심이다. 이에 독일의 정치체제를 특별히 수상민주주의라고도 한다. 연방수상은 연방대통령의 추천으로 연방의회에 의하여 연방의회 의원 과반수의 득표로 선출된다.
- 연방 수상은 연방장관을 선출하여 내각을 조각하고 그 역할을 정한다. 연방정부의 임기와 관련해서는 별도의 규정을 두고 있지 않지만, 연방수상이나 연방장관의 임기는 언제나 새로운 연방의회의 집회와 동시에 종료하며(기본법 제69조), 불신임투표에 의해 임기가 종료될 수도 있다(기본법 제67조).
- 연방정부 전체 내지 연방수상 및 각 연방장관은 임의적으로 사퇴할 수 있다. 연방 수상이 해임되면 연방장관은 대통령에 의해 해임된다. 연방수상은 기

본방침결정권, 인사권, 조각권, 국가경영권, 비상시 군 통수권 등의 권한을 갖는다.

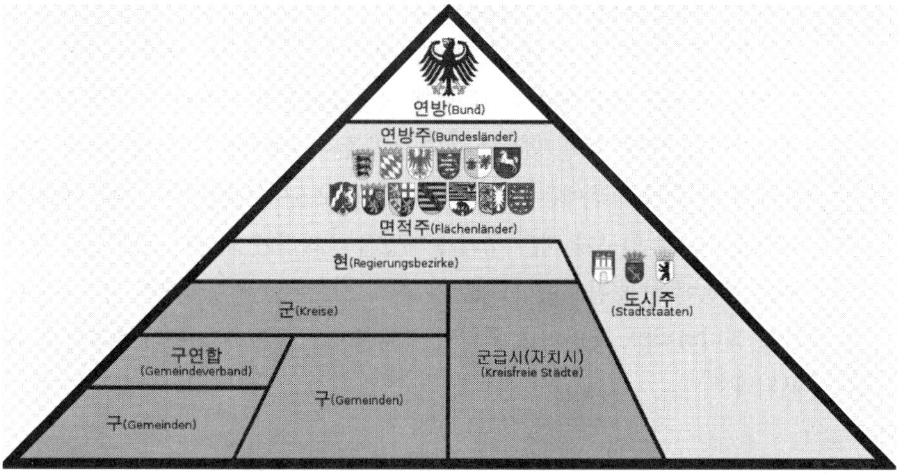

▸ 지방자치제

- 행정구조는 연방행정(Bundesverwaltung), 주행정(Länderverwaltung), 지방자치행정(Kommunalverwaltung) 등의 세 단계로 구분된다. 그러나 실제로 도시국가나 소규모 주들의 경우에는 단계가 축소되어 있고, 반대로 대규모 주들은 대부분 행정단계가 세분되어있다.
- 독일 행정의 실질적인 전체 구성은 연방(Bund), 주(Land), 주정부 관구(Regierungsbezirk, 현), 군(Kreis)/자치시(Kreisfreie Stadt, 군급 시), 구(Gemeinde, 자치단체)의 다섯 단계로 나누어진다.
- 이처럼 주 정부와 연방 정부 사이에 강력한 권력분리가 일어났음에도 독일의 국가통합 및 민족적 동질성이 위협받거나 연방으로부터의 일탈 등의 현상은 나타나지 않고 있다. 여기에는 연방의 통일적 법질서 체계, 통일된 경제/행정 체계, 정치정당의 전국적 조직 체계 등의 요인이 작용하고 있기 때문이다. 이는 다양성에도 불구하고 국가 행정의 통일성을 확보할 수 있게 하는 요인이기도 하다.

▸ 지방자치단체의 종류

- 기초자치단체인 게마인데(Gemeinde)와 광역자치단체인 크라이스(Kreis, '군')와

자치시(Kreisfreie Stadt)가 있다.

▸ 구(Gemeinde, 자치단체)

- 일차적으로 지방자치단체를 총칭하는 개념이다. 주민들의 생활과 직접 연관이 있는 사무를 담당하며 주민들에게 직접 조세권을 행사한다. 구의 규모는 제각각이다. 인구 수백 명의 소규모 구와 인구 20만에 육박하는 거대 구도 존재한다. 통일 직후에는 인구가 적은 소규모 구가 많았으나, 이후 행정개혁의 일환으로 인구가 적은 구의 통폐합을 추진하게 되면서 독일 전체 구의 수는 이전에 비해 감소했다. 구는 기본적으로 독일 행정에서의 기초자치단체를 의미하지만, 독일의 모든 지방자치단체를 총칭하는 상위 개념으로 사용된다.

▸ 군(Kreis)

- 주의 관할지역에 있는 광역자치단체로서, 관할지역에 여러 개의 구를 두고 이들 구의 사무를 지원한다. 또한 광역행정 체제를 구축하고, 대규모 사회시설의 건설과 같은 구가 단독으로 추진하기 어려운 대형 사무를 지원하며, 경제/문화/사회 발전을 지원하고 후원한다. 군은 구와 달리 조세권을 직접 행사할 수 없으며, 대신 각종 공공시설 사용료, 수수료, 분담금 등의 수입과 연방 및 주 정부로부터 지원을 받아 재정을 충당한다.

▸ 자치시(Kreisfreie Stadt, 군급 시)

- 군으로부터 독립된 중 · 대도시이다.
- 자치시의 규모는 주마다 다르지만, 보통 인구 20만 명 이상이다. 이처럼 자치 시는 게마인데보다 인구가 많기 때문에 재정적으로도 비교적 안정되었다고 볼 수 있다. 또한 자치 시는 군의 감독과 지시를 받지 않기 때문에 게마인데보다 독립적으로 행정을 운영할 수 있다. 다만 자치 시도 연방 및 주 정부로부터 사무 감독과 행정적 지원을 받는다.

▸ 관구(Bezirk)

- 원칙적으로 지방자치단체가 아닌 주의 일선 행정 구역이지만, 광역자치단

체처럼 관할 지역에 있는 지방 자치단체를 지원한다는 특징이 있다. 관구는 독일의 주정부들이 행정편의의 제공을 위해 주를 3~7개 구역으로 분할한 뒤 그 지역의 중심 도시에 관구청을 설치하여 주 행정을 담당하도록 구성한 구역을 뜻한다. 그래서 관구는 군(Kreis)보다 넓은 관할지역을 갖는다.

2. 역사를 품은 베를린

- 약 1,500년 전 현재의 베를린 지역은 슬라브족들의 거주지였다.
- 1100년대. 독일인 정착민들이 이 지역을 차지하기 시작한다.
- 베를린은 이때까지만 해도 작은 마을에 지나지 않았고, 슈프레 강의 북동쪽 둑에서 형성되기 시작한다. 같은 시기에 슈프레 강의 섬에 코엘른(Coelln)이라는 마을이 형성된다. 두 마을은 통상 중심지였다.
- 1307년. 베를린과 코엘른이 그들의 공동 방어를 위한 연합을 설립, 공동 시청사를 짓는다.
- 1400년대. 베를린은 브란덴부르크 주의 주요 도시가 된다. 1400년대 후반에 호엔촐레른 왕가가 베를린을 그들의 레지덴츠로 만든다.
- 30년 전쟁. 큰 피해를 입는다. 인구도 6,000여 명으로 줄어든다.

▶ 프로이센 왕국의 수도

- 베를린은 호엔촐레른 왕가 출신의 프리드리히 1세(1657~1713, 프로이센 공작 1688~1701, 초대 프로이센 국왕, 재위 1701~1713) 때부터 다시 번영한다. 프리드리히 1세는 브란덴부르크를 1640년부터 1688년까지 통치하며 산업을 촉진시키고 건설을 후원한다. 그의 통치시기에 슈프레 강과 오더 강 사이에 운하를 건설한다.
- 1703년. 프리드리히 1세의 아들 프리드리히 2세(1688~1740, 재위 1713~1740)가 베를린을 프로이센 왕국의 수도로 삼는다. 1710년에는 베를린, 코엘른과 3개의 이웃 집단들이 통합하여 하나의 베를린을 이룬다.
- 1700년대. 베를린은 작은 읍면단위에서 번영하는 통상업과 제조업의 중심지로 부상한다. 예술과 과학이 번창하고, 산업이 빠르게 퍼져나간다.
- 1806년부터 1808년까지. 나폴레옹 1세에 의해 점령당한다. 나폴레옹이 떠나자 강국이 된 프로이센제국의 수도가 되어 번영을 누린다.
- 1871년. 독일제국의 수도가 되어 제2차 세계대전 때까지 독일의 수도가 된다.
- 도시의 인구는 1871년에 826,000명에서 1910년에 2,076,200명으로 늘어난다.

▶ 불안한 시대

- 1918년. 제1차 세계대전 종전과 함께 독일제국은 붕괴되고, 베를린은 바이마르 공화국의 수도가 된다. 전쟁 기간 동안 파업, 폭동, 인플레이션 등으로 인해 도시는 빈사상태에 빠진다. 하지만 베를린은 성장을 이어가고, 1920년에는 7개의 도시들, 59개의 마을, 27개의 소유지가 베를린에 통합된다.
- 1930년대. 전 세계로 번져간 경제 대공황으로 타격을 받는다. 이는 후에 아돌프 히틀러가 이끄는 나치 정권이 들어서는 빌미가 된다.

▶ 분단 도시

- 제2차 세계대전 이후 독일이 분단되면서 베를린도 동베를린과 서 베를린으로 양분된다. 1948년 6월 25일 소련은 베를린 서부구역 3섹터를 봉쇄한다. 연합군의 베를린 공수는 총 324일 동안 봉쇄된 서베를린에 음식과 기타 필수품을 제공한다. 서베를린은 동독에 완전히 둘러싸인 '육지 속의 섬'이 된 셈이다. 1949년 동베를린은 동독의 수도가 된다.
- 제2차 세계대전 이후, 미국, 영국, 프랑스, 소련 연합국 4개국이 베를린을 차지하여, 그들의 점령지를 4개로 나눈다.
- 서베를린으로 탈출하려는 동베를린 시민들이 늘자, 이를 막기 위해 동독 정부가 1961년에 동베를린과 서 베를린의 경계에 베를린 장벽을 건설한다. 이는 이후 냉전의 상징이 된다. 장벽 건설 이후부터 동베를린 거주자는 가족방문이나 직장출근을 위해 서베를린으로 갈 수 없게 된다. 1963년 미국의 케네디 대통령이 베를린을 방문한 이후부터 제한된 여행 허가계획이 도입된다. 이후 중앙 기차역인 프리드리히슈트라세(Friedrichstraße) 내의 거대한 대기실은 '눈물 궁전'(Tränenpalast)으로 명성이 자자했다.
- 빌리 브란트 제4대 서독총리는 이 당시에 서 베를린 시장 직을 역임한다.

〈우: 1948년 봉쇄시기에 항공편으로 식료품을 공수하던 모습, 우: 포츠담 광장 부근의 장벽 잔해〉

▸통일과 독일의 새 수도

- 1989년 베를린 장벽은 무너지고, 1990년 독일이 재통일되면서 베를린은 연방 주 지위를 얻는다.
- 독일에서 도시이자 연방주인 곳은 베를린 외에도 함부르크와 브레멘이 있다.
- 1991년. 통일 독일의 수도가 된다. 현재 시장은 미하엘 뮐러(2014~).
- 추모지와 박물관은 베를린 장벽의 탄생, 역사, 몰락에 관한 정보들을 담고 있다. 포츠담 광장 근처 등 몇몇 곳에는 베를린 장벽의 일부가 보존되어 있다.

3. 문화를 품은 베를린

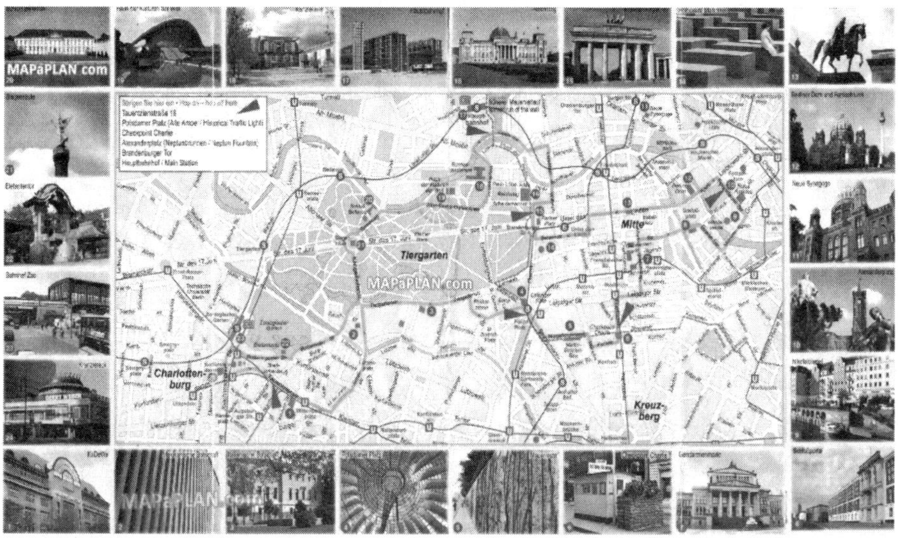

건축물

- 수많은 건축물, 박물관, 궁전, 교회들이 있다. '샤를로텐부르크 궁전(Schloss Scharlottenburg)'은 현재 박물관으로 이용 중이다. 벨뷔 궁전(Schloss Bellevue, '멋진 광경'이란 뜻)도 유명하다. 이것은 1994년부터 독일 연방대통령의 청사로 사용되고 있는데, 2005년 대대적으로 개축되었다.

〈좌: 벨뷔 궁전, 우: 재개발된 포츠담 광장과 주변〉

▶ 포츠담 광장(Potsdamer Platz)

- 포츠담과 베를린을 잇는 주요 도로가 지나가는 교차점이었다. 1838년 베를린과 포츠담을 잇는 철도 노선이 개통되었을 때 기차역사가 이 광장에 있었다. 그래서 제2차 세계대전 전까지 베를린은 유럽의 중심이라고도 할 만큼 문화적 중심지였다. 전쟁으로 폐허가 된 이곳에 장벽까지 들어서면서 20세기 이념 대립의 상징적인 도시였다. 1989년 11월 9일 베를린 장벽이 무너진 후 다임러 벤츠와 일본의 소니회사가 연합하여 이 포츠담 광장 지역 15만평을 재개발하는 계획을 발표했다. 베를린 장벽의 흔적을 지우고 거대한 둥근 천장을 만들었다. 유구한 세월 동안 쌓여 온 역사의 흔적을 지운 자리에 자본주의의 꽃(?)을 피운 것이다. 현재 이곳은 화려한 신도시의 심장부로 부상했고, 베를린을 대표하는 상징적인 장소가 되었다. 1990년 이후 유럽에서 독특한 건물들이 들어선 대규모 공간으로 비난과 찬사의 양면적인 조명을 받고 있다. 이곳은 4개의 지구로 나누어 개발되었다. 가장 큰 지구는 이탈리아 건축가 렌초 피아노(Renzo Piano, 1937~)가 개발했는데, 다임러 벤츠 기업이 입주해 있다. 두 번째 지역에는 일본 소니의 유럽본사가 입주해 있다. 독일계 미국인 건축가 헬무트 얀(Helmut Jahn, 1940~)이 후지산에서 영감을 받아 건축한 소니센터의 유리 돔은 독특하고 화려한 건축양식으로 베를린에서 가장 현대적인 건축물로 꼽힌다. 그밖에도 40개 이상의 스크린을 보유한 영화관, 영화학교 및 영화박물관 등이 들어서 있다. 베를린 국제영화제도 이곳 포츠담 광장에서 열린다.

▶ 박물관 섬(Museumsinsel)

- 슈프레 섬은 방대한 고대 유적 유물을 간직한 5개의 박물관을 품고 있는 덕분에 1999년 유네스코의 세계문화유산에 등재된 곳이다.
- 오늘날 박물관 섬으로 알려진 슈프레 섬 일부는 16세기에 궁전용 정원인 루스트가르텐(Lustgarten, '기쁨의 정원')이 만들어지면서 개발되었다. 그러나 현재처럼 중요해진 것은 1824년

~1828년에 건축가 카를 프리드리히 싱켈(1781~1841)의 설계로 구 박물관이 건축된 이후부터였다. 1841년에는 프리드리히 빌헬름 4세의 명령에 따라 궁정 건축가인 프리드리히 아우구스트 슈튈러(1800~1865)가 섬의 구박물관 뒤편의 개발에 착수했다. 프리드리히 아우구스트 슈튈러는 박물관 섬의 일부분을 '예술과 과학을 위한 성소'로 개발할 계획을 세웠다. 이 계획에 따라 처음 건축된 것이 신박물관(1843~1847)이다. 다음으로 1866년에 요한 하인리히 슈트라크(1805~1880)의 작품인 국립 회화관이 건축되었다. 이로부터 20년이 지난 뒤인 1897년~1904년에 현재 보데박물관의 전신인 카이저 프리드리히 박물관이 에른스트 폰 이네(1808~1917)의 설계로 건축되었다. 1909년~1930년에 알프레트 메셀(1853~1909)의 페르가몬 박물관이 완공되었다. 박물관 섬 단지는 박물관 5개 건물로 구성되어 있다.

- 구 박물관(Altes Museum). 높은 대지 위에 직사각형 모양의 2층 건물이다. 내부 정원 2개와 중앙의 원형 홀 둘레에 전시실이 배열되어 있다. 두 층으로 구성된 원형 홀에는 채광창과 돔이 있다. 측면과 후면의 입면도는 비교적 평범하지만, 이전의 슐로스 광장을 마주하는 면에는 사암으로 만든 이오니아식 기둥 18개와 모서리 벽기둥 12개가 지지하는 포르티코(柱廊玄關, portico)가 있다. 넓은 마룻보와 기둥이 7개 있는 계단을 통해 출입한다.

〈좌: 구박물관 전경, 우: 박물관 입구의 둥근지붕이 있는 원형건물과 기둥들〉

- 신 박물관(Neues Museum). 배치는 구 박물관과 유사하지만, 구 박물관의 원형 홀 대신 거대한 주 계단이 있다. 신 박물관과 구 박물관은 처음부터 통로로 연결되었다. 구 박물관에 비해 신 박물관은 상대적으로 평범한 구조로 설계되었다. 이는 싱켈 학파의 건축 양식에 더 가까운 것으로, 평범한 외관

〈좌: 이집트 궁전(1862년). 기둥들은 1987년 보수공사 때 제거됨, 우: 구박물관과 연결된 갤러리〉

과 달리 내부 장식이 호화로운 것이 특징이다. 1859년에 싱켈의 제자 한 명이 설계하여 완성하였다. 제2차 세계대전의 전화로 외벽만 남기고 파괴되어 폐허가 되었다. 2009년에 제2차 세계대전 이전 모습으로 복원되어 재개관하였다. 이집트 미술과 선사시대의 유물이 전시되어 있다.

- 국립회화관(Alte National Gallerie). 높은 마름돌로 된 블록 형태의 토대 위에 세워졌다. 직사각형 창이 있고, 건물 윗부분에는 그리스 신전 유형의 코린트식 이중 열주 성전이 있으며, 출입구가 개방되어 있다. 외부 벽에도 기둥 뒤에 직사각형 창문이 있고, 뒷면은 반원형 지붕 형태이다. 5단계로 개방된 계단은 코린트식의 기둥과 박공벽이 있는 현관으로 연결된다. 건물 전체는 네브라 지역의 사암으로 덮여 있다. 4층으로 된 건물은 직사각형의 평면 설계로 지었는데, 끝머리 장식은 반원형으로 만들었다. 지하에는 저장고와 전시장이 있고, 상층에는 전시 홀이 2개 있다. 상층은 조각, 부조, 회화 형태의 상징적 이미지로 화려하게 장식되었다. 위층 전시장은 처음에는 넓은 연회장으

〈좌: 보데박물관 전경, 우: 오리지널 받침돌 위에 호엔촐레른 가문 출신 대 선제후 Friedrich Wilhelm von Brandenburg(1620~1688) 기마상 모조품[30]이 있는 반구천장 홀(2009)〉

로 설계하였지만 현재는 전시를 위해 개조하였다. 19세기 조각에서부터 회화에 이르기까지 작품들이 전시되어 있다.

- 보데 박물관(Bode Museum). 네오바로크 양식의 건물이다. 섬의 북서쪽 끝 전망 좋은 위치에 있다. 사암으로 덮여 있고 낮은 석조 토대 위에 있는 2층 구조로, 코린트식 벽기둥으로 연결되고 윗부분에는 난간이 있다. 둥근 형태의 입구 파사드는 코린트식 기둥과 개방된 둥근 아치로 장식되었다. 규모가 큰 계단이 있는 입구는 2개의 돔 가운데 작은 돔의 아래에 있다. 입구는 2개의 측면 부속 건물과 중앙부를 향해 있다. 중앙부는 가로지르는 부분에 연결되어 안뜰이 5개나 형성된다. 1904년에 프리드리히 박물관으로 개관하였다가, 2000년~2006년의 개수 공사 기간에 휴관하였다. 2006년 10월에 재개관하면서 조각 미술과 비잔틴 미술을 주제로 전시하고 있다.
- 페르가몬 박물관(Pergamon Museum). 이전에 중동 전시관에서 전시된 메소포타미아 유물과 독일이 페르가몬과 소아시아의 다른 그리스 유적을 발굴하면서 크게 늘어난 고대 유물을 전시하기 위해 세웠다. 부속 건물이 3개가 있다. 보데 박물관처럼 슈프레 강에서 바로 시야에 들어오는데, 규모와 비율 면에서 강과 조화를 이룬다. 중심 블록과 측면의 부속 건물에는 창문이 없는 대신 평평하고 거대한 벽기둥과 가파른 박공벽이 있다. 1930년에 개관하

〈좌: 페르가몬 박물관 정면, 우: 카스르 엘 무샤타(겨울궁전)31)의 파사드〉

2) 진품 대 선제후(Großer Kurfürst) 기마상은 브란덴부르크 변경백이자 신성로마제국의 선제후 프리드리히 빌헬름을 기념하여 제작된 기마상이다. 대 선제후는 그의 별명. 이 기념비는 1696년 Andreas Schlüter에 의해 시작되어 1700년 Johann Jacobi에 의해 청동으로 주조되었는데, 1703년 처음으로 당시의 다메(Dahme) 강을 건너는 랑에 브뤼케(Lange Brücke, '긴 다리'의 뜻) 위에 세워진 것이다. 1952년부터 샤를로텐부르크 성의 '기념궁전'(Ehrenhof) 입구 정면에 있다.

였다. 소아시아의 고대 도시 페르가몬으로부터 '페르가몬의 대제전'을 관내로 이축한 데서 박물관 이름이 만들어졌다. 이라크의 고대 바빌로니아 유물들을 통째로 옮겨다 놓은 박물관으로 유명하다. 기원전 600년경에 만든 것으로 추정되는 '이슈타르 문'과 '페르가몬 대신전', '밀레토스의 시장 문'의 유물이 현지에서 발굴된 원형 그대로 보존, 전시되고 있다.

〈상식〉 카스르 엘 무샤타는 어디에서 왔을까?

- 원래는 요르단의 쿠세이르 암라 요새에 있었다.
- 이 궁전은 8세기 초에 우마이야(Umayyad) 왕조 칼리프들의 거처인 동시에 수비대가 주둔하던 요새였다.

〈크사르 암라 요새(남쪽)와 이 궁전에서 가장 유명한 프레스코화 중 하나('여섯 왕들')〉

- 이 사막 시설물은 8세기 초에 계절성 물길인 와디 바툼(Wadi Butum) 옆에 건설된 것인데, 주둔군이 있는 요새이자 우마이야 왕조 칼리프의 위락을 위한 궁전이었다. 보존 상태가 매우 양호한 이 아담한 궁전에는 접견실과 하맘(탈의실, 온열 욕실 같은 목욕 시설), 당대의 세속 예술을 풍부하게 반영한 구상 벽화가 있다.
- 하맘과 접견실의 넓은 프레스코 화는 우마이야 왕조의 이슬람 건축물 중에서도 독특한 것이다. 벽화에서는 고전적인 이교도적 주제의 영향, 비잔틴 양식의 묘사와 사냥 장면, 동물과 새의 묘사, 그리스어와 아랍어 비문이 발견되었다. 온열 욕실 돔 지붕의 황도 12궁 그림은 돔에 그린 천궁도 중에서 현존하는 가장 오래된 작품에 속한다.
- 카스르 엘 무샤타(Qasr el Mushatta) 기념물의 파사드에는 돋을새김 장식이 있었다. 이 장식은 베를린 박물관으로 이동되었고, 카스르 알카이르 알-샤르키(Qasr al Khayr al-Sharqui)와 카스르 알카이르 알가르비(Qasr al-Khayr al-Gharbi) 유적에는 몇몇 장식적 요소들만 남아 있는 상태다. 이에 비하면 카스르 이샴(Qasr Hisham)과 모자이크 장식을 보존하고 있는 쿠세이르 암라 유적은 요르단과 시리아에 남은 우마이야 궁전과 성의 장식물을 가장 잘 보존하고 있는 곳이다.

---

3) 요르단의 8세기 카스르 엘 무샤타(겨울궁전의 뜻) 유적.

▸ 베를린 대성당(1747년)

- 이 박물관들과 함께 슈프레 섬에 자리하고 있다.
- 베를린에서 가장 중요한 전성기 르네상스 양식과 초기 바로크 양식의 건축물. 최초의 돔은 1536-1747년에 지어졌다. 현재의 모습은 1747~1750년 루스트가르텐 앞에 로마의 바로크 양식으로 신축된 것이다. 1817~1822년에 건축가 카를 프리드리히 쉰켈(1781~1841)이 내·외부를 당시 유행하던 의고전주의 양식을 변용하여 개축했다. 1894-1905년에 다시 이탈리아의 전성기 르네상스와 바로크 건축양식으로 신축되었다. 제 2차 세계대전으로 거의 파괴되어 재건되는 과정에서 원래의 화려함은 거의 사라지고 단순하게 바뀐 정도가 현재의 모습이다.
- 팔각형 본당의 기둥과 제단은 사암으로 만들었다. 천장 벽면의 인물들은 호엔촐레른 왕가 출신의 프로이센 공작 알브레히트 독일기사단 단장, 요아힘 2세 브란덴부르크 선제후, 현명공 프리드리히 작센 선제후, 헤센 가문 출신의 필립 1세 백작 등을 부조한 것이다. 사암으로 된 벽에는 사도 바울과 베드로의 전도 모습을 담은 석판이 걸려있다. 제단 앞의 네 개의 기둥 위에 세워진 동상은 프로테스탄트교의 개혁을 상징하는 루터, 멜란히톤, 츠빙글러, 칼뱅 등 네 인물을 조각한 것이다. 제단 뒤쪽의 화려한 스테인드글라스는 예수의 고난과 부활을 형상화했다. 높이 114m, 폭 73m의 거대한 천정 돔과 돔의 지붕 모자이크는 예수의 산상수훈 8복을 묘사한 것이다. 크기가 39m^{2}나 되며, 2000개의 색상으로 50만 개의 타일을 이용해서 만든 것이다. 천정 원형 창문을 통해 들어오는 빛은 성령의 비둘기를 뜻한다고 한다.
- 이 대성당은 프로이센 왕과 독일제국 황제를 배출한 호엔촐레론 왕가의 묘지용으로 건축된 교회였다. 지금도 지하에는 화려한 호엔촐레론 왕가 사람들의 무덤이 있는데, 선제후의 무덤과 프리드리히 1세 부부의 석관이 볼만하다.
- 1905년에 설치한 7,269개의 관을 가진 자우어 파이프 오르간(Sauer-Orgel)은 독일에서 가장 큰 것으로, 웅장하고 아름다운 선율은 성당 내부를 더욱 엄숙하게 만든다. 독일에서 가장 큰 루터파 개신교 교회이다.

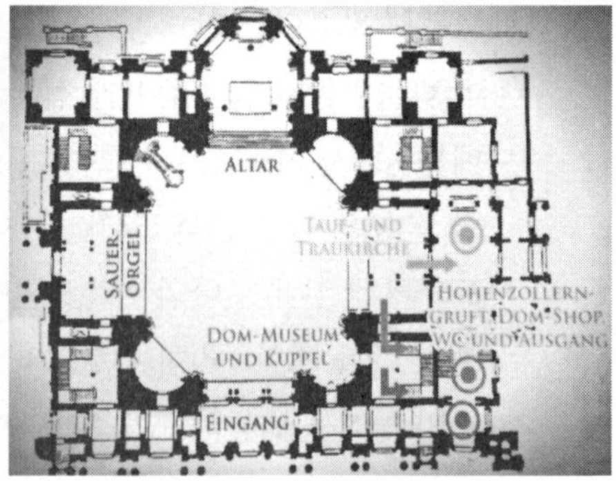

▶ 카이저 빌헬름 기념교회

- 잔해도 오늘날 제2차 세계대전 중 베를린의 대규모 파괴를 경고하는 기념물로 남아있다.
- 독일은 제2차 세계대전 때 영국에 전면전을 선포하고 런던이 아닌 코번트리 마을을 집중 포격했다. 영국의 무기 생산 통로를 원천봉쇄하기 위함이었다. 영국도 연합군의 일원으로서 독일의 베를린을 초토화시켰다. 전쟁 후 양국은 폐허 속에서 영원히 기억되는 기념물을 만들었다. 코번트리 성당과 빌헬름 황제 기념교회가 그것이다
- 코번트리 성당은 11세기에 짓기 시작한 코번트리의 상징이었다. 1941년 11월 14일 밤 독일군의 공습으로 코번트리의 자랑이던 '성 마이클 성당'은 웅장하고 아름다운 성당의 위용은 사라지고 타워, 첨탑, 외벽만 남게 되었다. 전쟁 후 1950년 코번트리는 성당 재건축에 착수하여 폐허가 된 성당 바로 옆에

〈좌: 베를린 카이저빌헬름교회, 우: 코번트리 성당〉

새 성당을 짓고, 지난 수백 년간 코번트리의 상징이던 대성당의 폐허는 그대로 남겨서 공원으로 꾸몄다. 코번트리 대성당은 전쟁의 흔적을 건축으로 승화시켜 아픈 상처를 그대로 남기면서 전쟁과 전후, 전통과 현재를 하나로 자연스럽게 조화시켰다.

- 베를린의 빌헬름 황제 기념교회는 1890년대에 지었는데, 113m나 되는 종탑이 전쟁 탓에 상부가 날아가는 등 처참하게 파괴되었다. 자연스럽게 전쟁의 상징, 베를린의 상징으로 남았다. 그러나 처음에는 베를린도 이 잔해를 없애려 했지만 시민들이 들고 일어났다. 저런 건물도 역사의 현장이자 우리의 소중한 공유물이므로 지켜야 한다고. 우여곡절 끝에 폐허가 된 기존 교회와는 딴판인 새로운 건물을 바로 옆에 세웠다. 남은 옛 교회의 유적을 둘러싼 4개의 빌딩으로 이루어져 있다.
- 빌헬름 황제 기념교회는 비슷한 시기에 등장한 코번트리 대성당과 함께 전쟁의 참화가 낳은 독특한 건축물이다. 두 건물 모두 같은 목적으로 같은 현대적인 새 건물로 새로이 재탄생했다. 두 건물을 이어주는 연결고리도 있다. 빌헬름 황제 기념교회의 옛 건물에는 그리스도 상이 있는데, 전쟁 속에서 살아남은 이 그리스도 상 우측에 대못으로 장식한 십자가가 바로 코번트리 성당에서 가져온 대못으로 설치한 것이다. 서로를 파괴한 독일과 영국의 악연을 이어주면서 두 성당은 전쟁의 참상을 화해의 아름다움으로 승화시킨 것이다.

▸ '브란덴부르거 토어' (Brandenburger Tor)

- 운터 덴 린덴(Unter den Linden) 거리 서쪽 끝 파리광장에 있다. 베를린의 상징적인 '개선문'이다. 초기의고전주의 양식이다.

독일 의고전주의 최고의 조각가이자 건축가인 카를 랑한스(Carl Gotthard Langhans, 1732~1808)가 아테네의 아크로폴리스의 프로필라이아(Propyläen)를 본떠서 1788~1791년에 건축했다.

- 위에는 4마리 말이 이끄는 이륜마차 동상 '승리의 콰드리가(Quadriga) 전차 조각상'이 있다. 요한 샤도프(Johann Gottfried Schadow, 1764~1850)가 조각했다(1793년). 19세기 이후 전쟁에 승리한 프로이센군 및 독일군이 개선할 때 반드시 통과하는 장소가 되었다. 제2차 세계대전 당시 파괴되었다가 1957년부터 1958년까지 복원 작업이 있었다. 독일 재통일 전에는 베를린 장벽의 상징적인 문이었다. 2009년 세계 육상 선수권 대회에서는 마라톤과 경보 경기의 출발점과 결승점으로 사용되기도 하였다.

▸ 베를린과 그 주변의 자연수역들을 즐기는 두 가지 방법

- 메클렌부르크, 브란덴부르크, 베를린 3개 연방 주의 자연수역을 즐길 수 있다.
- 하나는 엘베 강의 보트유람, 다른 하나는 오더 강의 보트유람.

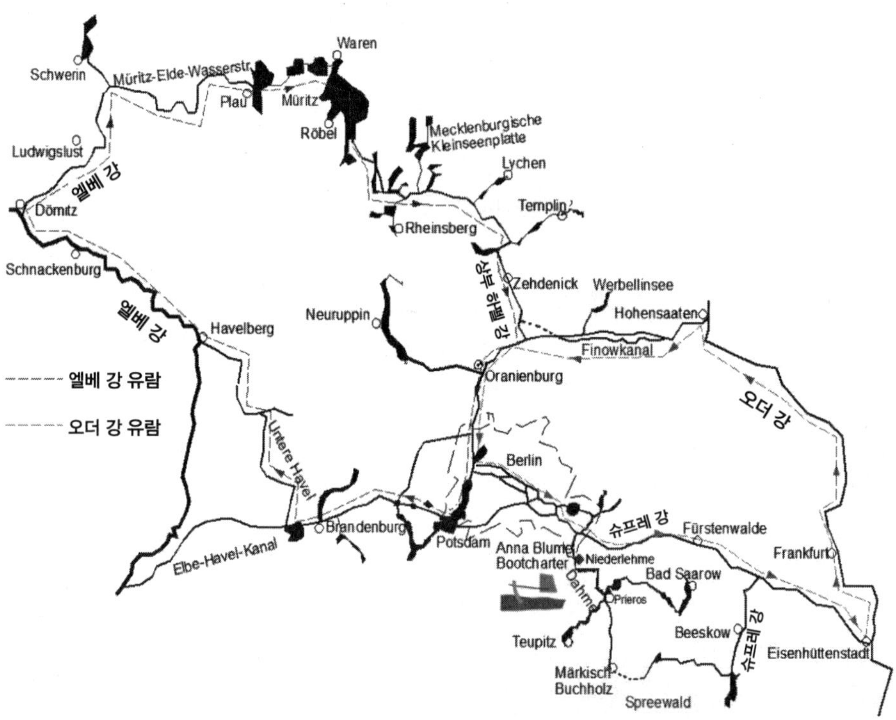

- 슬라브어로 '늪지대'라는 뜻의 베를린은 한눈에 봐도 지대가 낮고 크고 작은 하천이 많다. 베를린 남동쪽에서 북서쪽으로는 슈프레 강이 도심을 휘감고 돈다. 서남쪽에서 하펠 강이 베를린 외곽을 감싸고 흐르다가 엘베 강과 만나 북해로 빠져나간다. 슈프레 강은 체코, 폴란드의 국경과 가까운 작센주에서 발원하여 니더라우지츠 습지대를 여러 갈래로 갈라져 흐르며 곳곳에 호수를 만들면서 하류로 내려온다. 베를린으로 내려와서는 두 개의 운하로 연결되어 티겔러제 호수 부근에서 하펠 강과 합류된다. 운하구간은 원래 1700년대 도시를 방어할 목적으로 '해자(垓子)'로 만든 것을 1840년대부터 지금의 고속도로처럼 도시 깊숙한 곳까지 물자를 실어 나르는 수송로로 활용했다. 그러다 자동차가 등장하고 도로가 발달하면서 수송효율이 떨어져 방치돼 있다가 관광을 위해 부활했다.
- 강에는 배만 다니는 게 아니다. 눈에 보이는 동식물 외에 눈에 보이지 않는 수많은 미생물들이 살아가고 번식하고 이동하고 흐른다. 또한 강은 물만 흐르는 것이 아니다. 역사와 문화가 함께 흐른다. 그들은 인간보다 먼저 태어나 억겁의 세월을 살아가며 역사와 문화를 유유하여 왔다. 강은 유유히 흐르는 것 같지만 강물은 분명 무슨 말을 하고 있다. 발원지나 폭포로, 아니면 강바닥의 모래자갈로 말하고, 강섶의 풀로 말하고, 강변의 산책로와 자전거도로, 공원의 숲으로 말하고, 물고기나 하늘로 말하거나 영혼으로 말한다. 잘 정비된 강변 산책로는 삶에 지친 도시민들에게 자연의 숨결을 불어 넣어주는 허파 구실을 한다.
- 약 400km인 슈프레 강 중 배가 다닐 수 있는 운하는 182km 정도이다. 도심구간 10여km 구간도 작은 뱃길로 갈라져 도시 곳곳으로 연결된다. 운하를 따라 버스정류장처럼 곳곳에 유람선 승선장이 있고, 그 주변은 공원과 공연장, 산책로로 이어진다. 유람선이 코앞으로 지나가는 강변에는 자전거족과 조깅족이 꼬리를 물고 이어진다.
- 1시간 30분 코스의 유람선을 타면 국회의사당, 총리집무실, 국회도서관 등 수도의 주요기관 옆을 미끄러지듯 지나가며 한 번에 관광할 수 있다. 유람선끼리 수십 미터 간격으로 가까이 붙기도 한다. 하천을 따라 건물이 들어서 있어 대부분의 구간은 콘크리트나 석재로 옹벽을 쳤고 일부는 자연적인 하천을 유지하면서 가장자리에 돌을 끼워 침식을 막게 설계했다.

- 슈프레 강이 인공 수로에 가깝다면 하펠 강은 자연 하천이다. 한줄기로 길게 이어지지 않고 곳곳에 꽈리처럼 부풀어 오른 모양으로 강폭이 넓어져 호수를 이룬다. 이 하펠 강은 엘베 강의 지류로 길이는 325km에 달하고, 베를린 도심을 거친 슈프레 강과도 만난다. 베를린 시민의 자랑 반제 호수도 하펠 강이 꽈리처럼 부풀어 올라 생긴 호수다. 2008년 영화배우 브레드 피트와 안젤리나 졸리 부부가 별장을 마련했다고 화제에 오르기도 할 정도로 고급주택, 별장들이 인근에 즐비한 베를린의 휴양지다. 제2차 대전 중인 1942년에는 나치 수뇌부가 모여 유대인 학살을 결정한 반제 호수 회의가 열렸던 아픈 역사도 담고 있다. 반제 호수를 보면 자연형상도 빼어나지만 호수 주변에 빼곡한 요트들이 아름다운 풍경을 돋보이게 한다. 호수 주변은 요트장, 정박시설, 주거시설, 낚시 구역은 인공구조물로 보강해둔 곳이 많았지만 자연경관을 해칠 정도는 아니었다. 호수 물이 얕은 곳에는 시멘트 계단을 설치해 어린이들도 물가로 내려가 물장난을 할 수 있게 배려한 것이 눈에 띄었다. 바다가 없는 수도 베를린, 강과 호수가 400만 가까운 시민들의 마음을 어루만져주고 있었다.

02
브란덴부르크
(Brandenburg)

이 연방주가 출현한 지 100년은 훌쩍 지났다. 그럼에도 테오도르 폰타네의 '브란덴부르크 변경 걷기여행'은 여전히 생동감을 잃지 않았다. 강과 운하와 습지들, 끝없이 펼쳐진 초원과 숲과 호수들을 아우르는 이 미로는 먼 옛날 거대한 빙하로 인해 형성된 것이다. 옛 어촌마을과 전통으로 가득한 한자도시 중 압권은 포츠담이다. 상수시 궁전은 한 폭의 종합예술품이다. 동시에 브란덴부르크 주의 상징물이기도 하다.

1. 자연을 품은 브란덴부르크

- 독일의 북동쪽에 위치하며, 메클렌부르크-포어포메른, 작센-안할트, 작센, 베를린 등의 4개 연방주들과 경계. 이 주의 동쪽에 폴란드와 국경을 마주한다.
- 저지소르브어로는 Bramborska, 저지독일어로는 Brannenborg, Bramborg 또는 Brannenborch라고도 불린다.

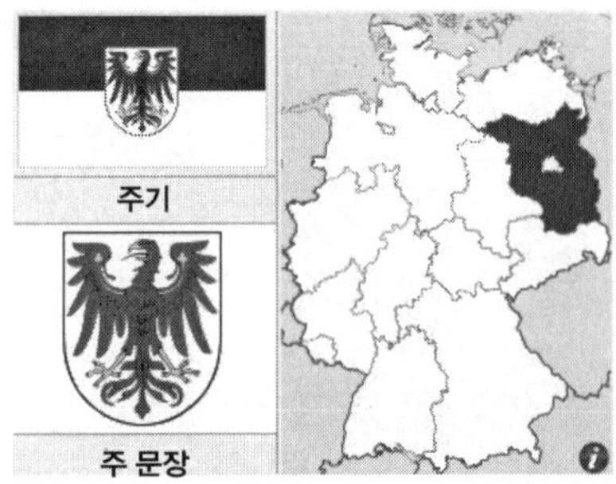

언어: 독일어, 저지소르브어, 저지독일어
주도: 포츠담
면적: 29.485,63 km²
인구: 2.494.648명(2016년)
밀도: 84명/km²

▸주기

- 빨강-흰색의 줄무늬, 그 중간에 주의 문장이 있다. 주의 문장은 흰색 바탕 위의 빨강색 브란덴부르크 변경 독수리. 이 변경 독수리는 날개를 활짝 펴고 오른쪽을 응시하며 앞으로 시원스레 날아가는 모습을 하고 있다. 12세기 이후 이 지역의 문장들에서 처음 발견되었다.

▸문장

- 변경백 독수리는 날개를 활짝 펴고 앞쪽으로 흔드는 모습으로 오른쪽을 응시하고 있다. 독수리는 빨강색에 황금색으로 무장하고 빨강색 혀를 날름거린다. 포획물들은 개방되어 있고, 날개들은 황금색 클로버 줄기로 덮여 있다. 문장의 방패는 흰색이다.
- 변경백 독수리와 문장은 12세기에 만들어진 것인데, 1170년 아스카니어 가문출신의 오토 1세[32)]의 입상인장에서 처음 등장한다. 재통일 후 이 문장에

이전의 첨가요소들(선제후국 모자, 은장도, 방패)이 제거되었는데, 제2차 세계대전이 끝날 때까지는 여전히 존재했었다.

▸ 경제

- 농업 관련 기업들이 많다. 서비스 업체와 산업체들도 적지 않다. 특히 베를린 주변지역에는 산업이 잘 발달해 있다.
- 오더 강과 하펠 강을 따라 다수의 제철소들이 있다. 대표적인 곳이 아이젠휘텐슈타트이다. 하펠 강변의 브란덴부르크 시에는 기계제작회사와 제련소가, 오더 강변의 슈베트(Schwedt)에는 정유공장이 있다. 이곳에는 제련소와 화학공장들도 있다. 코트부스 주변에는 다수의 갈탄 노천채굴장이 있다.

〈상식〉

슈프렘베르크 근처에는 현재 세계에서 가장 큰 갈탄화력발전소가 있다. 이 화력발전소는 1998년부터 가동되었다.

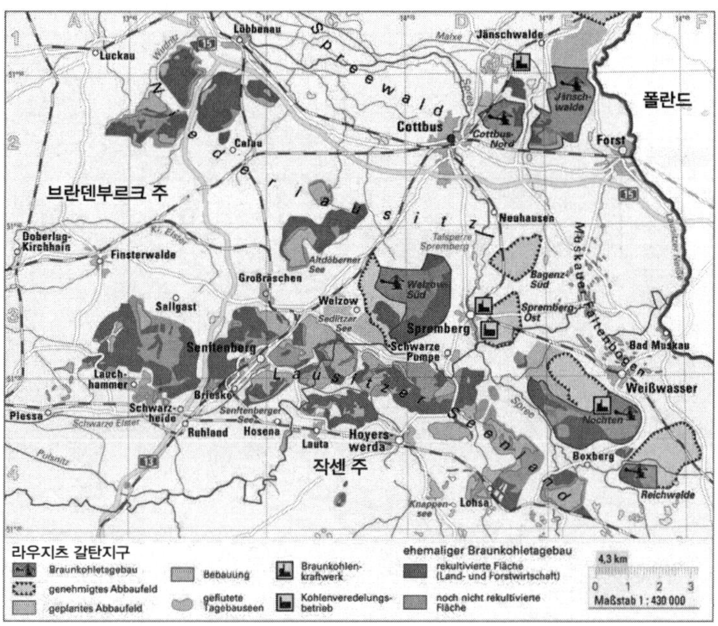

4) 알브레히트 1세 폰 브란덴부르크 변경백1100?~1170, 재위 1157~1170)의 아들. 그는 브란덴부르크 변경백국의 초대 변경백이었는데, 알브레히트 곰 백작이란 별명도 있었다. 1138년부터 1142까지는 작센 공작이기도 했다.

■ 베를린-브란덴부르크 공항(Flughafen Berlin Brandenburg 'Willy Brandt')

- ICAO 코드: EDDB
- IATA 코드: BER

개항	2020년 10월(계획)
운영자	Flughafen Berlin Brandenburg GmbH
면적	1470 ha
터미널	1 (섹션: A, B, C, D)
출도착 활주로	
Nord (07L/25R)	3600 m × 45 m 아스팔트
Süd (07R/25L)	4000 m × 60 m 콘크리트

- 건설 중인, 베를린 남쪽 도시경계의 브란덴부르크 주 쇠네펠트에 위치한 국제공항. '빌리 브란트(Willy Brandt)'라는 별칭이 있으며, 베를린-브란덴부르크 공항공사(Flughafen Berlin Brandenburg GmbH, FBB)가 운영한다.
- 이 공항은 쇠네펠트 공항과 테겔 공항을 대체하는 공항이기도 하다.
- 공항운영은 공식적으로는 2012년 6월에 개시되어야 했지만, 일정은 기술적

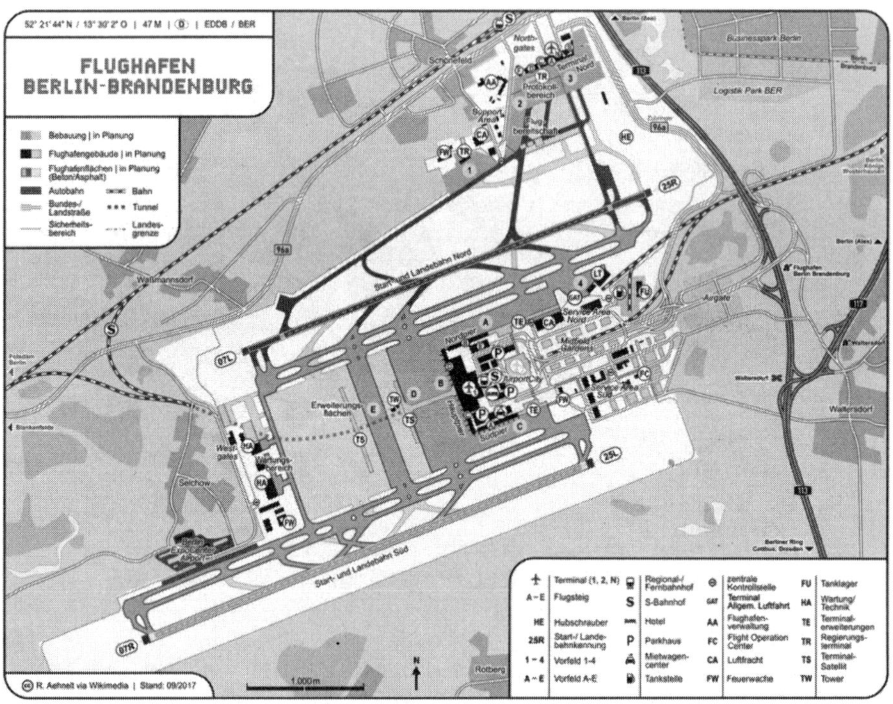

〈베를렌-브란덴부르크 공항 지도(2017년도 기준)〉

인 결함 때문에 여러 번 연기되었다. 2017년 12월 15일 추진회사로부터 공식적으로 개항 일정이 2020년 10월로 수정하여 발표되었다.

공항의 역사

- 쇠네펠트 공항의 건축 계획은 1960년대부터 있었지만, 바뀐 것은 거의 없다. 용적률 확장의 필요성과 베를린-브란덴부르크 광역도시에 걸맞은 현대적인 대형공항 건설의 필요성에 대한 요구가 강하게 대두된 때는 1990년 독일 재통일 이후였다.
- 1992년, 베를린-브란덴부르크 신공항을 위해 7곳을 교통, 경제, 환경 등의 국면에 근거하여 비교한 결과, 쇠네펠트가 최악으로 나타났다.
- 1993~1994년 최고의 평가를 받은 슈페렌베르크와 위터보크-오스트 및 - 정치적 압력 때문에 - 쇠네펠트를 조사한 결과, 공항 건설은 첫 번째 두 곳이 가능하고 쇠네펠트는 불가하다는 결론이 나왔다. 이런 결과를 무시하고 베를린과 브란덴부르크 주는 1996년 5월 이른바 합의에 의한 결정과정에서 쇠네펠트에 의견일치를 모았다.
- 2006년, 공식적으로 첫 삽을 뜰 당시에는 2011년에 개항할 것으로 예상했다. 2010년 이 예측은 2012년 6월 3일로 연기되었다. 이 일정이 있기 4달 전인 2012년 5월 8일 개항이 화재예방시설 결함문제로 연기된다는 공고가 났다. 그 이후 설계결함, 날림공사, 건축결함 등의 문제가 불거졌다. 늘어나는 문제들로 인해 개항일정은 계속 연기되었고, 공항은 지금까지 운영되지 못하고 있다. 2018년 4월의 예측으로는 빨라야 2020년 가을에 마무리될 것으로 보인다.

공항시설

- 베를린-브란덴부르크 공항은 2개의 병렬 이착륙 활주로 25L/07R과 07L/25R가 있다. 이륙 활주로와 착륙 활주로 간의 간격은 1900m나 된다. 따라서 이륙 활주로와 착륙 활주로는 서로 공기 저항 등의 장해 없이 운영 가능하다.
- 쇠네펠트 공항의 옛 북쪽 이륙 활주로와 착륙 활주로는 2007년 12월 폐쇄됨에 따라 113번 연방고속도로를 650m 연장하여 건설할 수 있게 되었다. 새

북쪽 활주로를 개조하여 개명한 것이 쇠네펠트 공항에서 지금까지 사용되고 있는 남쪽 활주로 07/25이다. 이 활주로는 ICAO 표준에 맞게 3000m에서 3600m로 연장되었다. 개명은 이 활주로가 2012년 4월 23일 3600m로 연장된 후인 2012년 5월 3일에 이루어졌다.

- 2011년 5월 새 남쪽 활주로 25L/07R가 완성되었다. 2012년 6월 29일 새 BER-운영지역의 활주로들이 베를린-쇠네펠트 공항 운항을 위해 개방되었다.
- 현재의 북쪽 이착륙 활주로 25R/07L을 폐쇄하고 새 남쪽 활주로 25L/07L을 사용하기 시작한 때는 2015년 5월 2일이었다. 북쪽 활주로의 재정비 작업은 2015년 5월 6일 시작되었다. 따라서 쇠네펠트의 베를린-브란덴부르크 공항이 개장할 때까지는 이착륙 활주로만 운영된다.

〈좌: 탑승동의 탑승교와 에이프런,
우: 베를린-쇠네펠트 공항은 이후 베를린-브란덴부르크 공항의 북쪽 수하물발송청사로 통합됨〉

공항청사(터미널)

- 청사시설과 게이트들은 2개의 이착륙 활주로 사이 중간에 있다. 핵심건물은 폭이 220m, 길이 180m, 높이 32m이다. 이 건물의 총면적은 220,000m²에 이른다. 이 건물은 계획대로 완성되면 연간 27~30백만 여객을 수용할 수 있다.

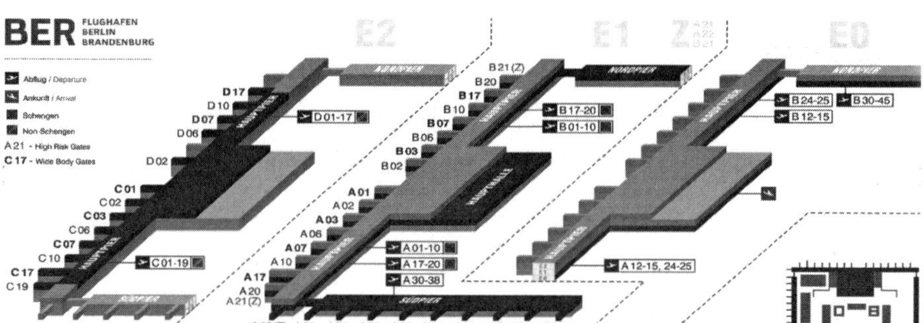

〈베를린-브란덴부르크 공항(BER)의 터미널(청사) 건설 도면〉

여객 수치

- 테겔 공항(TXL)과 쇠네펠트 공항(SXF)의 연도별 여객 수는 다음과 같다.

2016년	운항편수	전년	여객 수	전년	화물(톤)	전년
정기운항	258.567	+9,96 %	32.502.209	+11,85 %	0 45.586	0+9,44 %
부정기운항	012.559	−9,08 %	00386.659	−15,98 %	0000203	−68,36 %
Transit	-	-	00018.013	+35,07 %	00 1.193	0+26,81 %
총계	282.062	+8,23 %	32.906.881	0+11,43 %	0 46.982	0 +8,66 %

- 이 두 공항의 공식 여객 수용 능력은 22백만 명이지만, 2016년도 총 여객은 32,9백만 명에 달했다. 이로써 베를린은 여객 수치상으로는 프랑크푸르트 공항(60,7백만 명)과 뮌헨 공항(42,3백만 명) 다음에 해당하는 독일 제3의 공항이다.

2. 역사를 품은 브란덴부르크

- 원래 이 지역은 브란덴부르크 변경령이었다. 나중에 프로이센 왕국의 땅이 되었다. 제2차 세계대전 이후 '오더-나이세 라인'이 책정되어 역사적인 브란덴부르크 주 영토의 1/3(오더 강 동쪽 지역: 노이마르크)이 폴란드에 귀속되고, 나머지 일부지역이 브란덴부르크 주에 속해 있다.

▸중세시대

- 슬라브인의 영역이 되었다가 12세기경 독일인들의 동방식민운동에 의해 차츰 게르만화된다.
- 789년. 카를 대제가 엘베 강과 잘레 강변의 슬라브 족들이 사는 땅을 프랑크 왕국에 병합한다. 그러나 하펠 강변의 브레나부르크(Brennaburg, 현재의 Brandenburg)를 정복한 때는 하인리히 1세 시기였다(928/929년).
- 937년. 브란덴부르크 변경백령 지역이 수도원의 재단증서에서 처음 등장한다. 이후 200년 동안 이 지역은 여러 손을 거치는데, 10세기 말에는 슬라브족에게 다시 정복당한다. 이후 12세기 전후에 독일 왕들은 신성로마제국 동부 국경에 산재한 슬라브족의 통제를 재개한다. 아스카니어 가문 출신의 알브레히트 1세(1100~1170)가 이탈리아에서 신성로마제국 로타르 3세(1075~1137)에게 봉사한 대가로 노르트마르크[5]를 하사받는다. 슬라브족은 독일 정착민들의 동방식민

5) 하인리히 1세가 928~29년 브란덴부르크를 정복하고 오더 강 일대의 부족들에게 공물을 강요한다. 948년 그의 아들 오토 1세는 잔류한 토착신앙인들을 모아 독일의 통제 하에 둔다. 브레나, 바우첸, 코트부스 같은 슬라브족 정착지들은 변경백이 임명되어 독일의 통제 하에 들어간다. 965년 게로 대 변경백이 사망하자 오토 1세는 광대한 게로 변경백령을 5개의 지역(마이센, 라우지츠, 메르제부르크, 차이츠 변경백령)으로 분할하는데, 그 중 하나가 노르트마르크(Nordmark) 변경백령이다.

정책에 따라 점차 독일화된다. 알브레히트 1세는 방벽을 세워 마을주민들을 외부의 침입으로부터 교구와 교회를 정비한다. 브란덴부르크는 수사들과 주교들이 들어오면서 변경백령 개발의 단초가 된다.

- 1157년. 알브레히트 1세가 정식으로 브란덴부르크 변경백[6]이 된다. 이후 알브레히트 1세와 그의 아스카니어 가문 후손들이 브란덴부르크를 상속받아서 1320년까지 통치한다.
- 1170년. 알브레히트 사후 그의 아들 오토 1세(1128~1184)가 브란덴부르크 변경백이 된다. 아스카니어 가문은 계속 동해(오더 강 하구)와 연결시킬 목적으로 당시 가장 중요한 국제무역시장이던 동부와 북동부 지역으로 확장 정책을 추진한다. 이 정책으로 덴마크 등과 갈등을 빚는다. 1231년 황제 프리드리히 2세(1194~1250)[7]가 포메른 지역을 당시 미성년이던 브란덴부르크 변경백에게 봉토로 양도한다. 1250년에는 우커마르크(Uckermark) 지역이 추가된다.
- 최초의 도시들이 원거리 무역을 위한 시장이나 지점으로 탄생한다. 1237년에는 도시 베를린이, 1253년에는 오더 강변의 프랑크푸르트가 건설된다. 14세기까지 아스카니어 가문과 비텔스바흐 가문이 브란덴부르크 변경령을 독일 최대의 영주령으로 발전시킨다.
- 14세기 초. 브란덴부르크 변경령은 노이마르크 지역을 접수하면서 오더 강과 바르테 강 동쪽 지역까지, 북쪽은 슈테틴까지, 남쪽은 라우지츠까지 영토가 확장된다. 1320년 하인리히 2세(1308~1320) 시절에 브란덴부르크에서 아스카니어 가문은 사멸한다.

▸ 호엔촐레른 왕가 시기(1415-1618)

- 1415년부터 호엔촐레른 왕가가 브란덴부르크를 지배한다.

---

6) 변경백은 중세 세습 귀족 중, 타국과 영토가 맞닿은 일부 봉토의 영주를 말한다. 보통의 봉건 귀족들이 자신들의 봉토에 대해 얻는 권리 외에도 외침에 대비한 군사권과 자치권이 폭넓게 인정되었다. 넓은 영토와 강력한 권리 때문에, '변경백'이라고 하지만 실제 위계는 후작 또는 그 이상이다. 국가 간의 국경이 정립된 중세 말기에는 일반 봉건 영주와의 차이가 모호해졌다.

7) 슈타우펜 가문 출신. 1198년부터 시칠리아의 왕, 1212년부터 신성로마제국의 왕, 1220년부터 사망 때까지 신성로마제국의 황제였다. 그밖에도 1225년 '예루살렘의 왕'이란 칭호도 얻었다. 신성로마제국 지배자로서 39년간의 재위 중 28년을 이탈리아에서 보냈다.

- 1415년. 신성로마제국 황제 지기스문트(1368~1437)가 호엔촐레른 왕가 출신으로 뉘른베르크의 성주이던 프리드리히 4세(1371~1440, 재위 1397~1420)를 브란덴부르크의 총독(재위 1415~1440)으로 임용하고, 1417년 그에게 선제후의 지위(프리드리히 1세)를 부여한다. 그의 아들 프리드리히 2세(1440~70)가 지역부족들의 권력을 제한하고 그때까지 자유를 누리던 도시들을 정복한다. 1455년 노이마르크를 재탈환한다.
- 알브레히트의 아들 요한 키케로(Johann Cicero, 재위 1486~99)는 베를린에만 거주하면서 마르크의 도시들에 대한 그의 지배권을 공고히 한다. 그의 아들 요아힘 1세(재위 1499~1535)는 1506년 프랑크푸르트 안 데어 오더 대학교를 창건하고, 1516년 베를린에 고등법원을 설립한다. 그는 가톨릭 신앙을 수호하기 위해 가톨릭의 기둥이란 별칭을 얻은 게오르크 폰 블루멘탈(1490~1550)을 총장에 임명한다. 1525년에는 데사우에서, 1533년에는 할레에서 가톨릭 지도자들을 만나서 가톨릭 동맹을 결성한다. 이처럼 요아힘 1세는 가톨릭교회에 헌신하는데, 일생동안 브란덴부르크 선제후령에 루터의 사상이 전파되지 못하게 했다. 그러나 이곳에도 점차 루터교가 전파되고, 부인 엘리자베트도 루터교로 개종하고 1528년 타개한다. 가족들이 루터교를 신봉하는 것에 굴욕감을 느끼던 그는 1535년 슈텐달에서 사망한다. 사망하면서 차남 요한에게 노이마르크를 상속한다. 장남이 선제후로서 그의 뒤를 이은 요아힘 2세(재위 1535~71)이다.
- 요아힘 2세는 신성로마제국 황제 카를 5세를 지원하면서도 루터교를 받아들인다. 이로써 그는 브란덴부르크의 빚을 두 번 탕감할 때 보상을 받는다. 카를 5세와 제국 내 프로테스탄트 영방 제후들의 반대에도 불구하고 가톨릭과 프로테스탄트가 모두 조화롭게 브란덴부르크에서 공존할 수 있도록 한다. 1539년 프랑크푸르트(마인) 제국의회에서 필리프 멜란히톤이 1510년 성체모독을 이유로 브란덴부르크에서의 유대인 학살이 조작된 것임을 밝힌다. 제국의회에 참석했던 유대인 출신 요젤 폰 로샤임(1480~1554)은 개인적으로 요아힘 2세에게 브란덴부르크에 유대인의 재정착을 부탁하고 요아힘 2세는 그해 6월 유대인 재정착을 허용한다. 요아힘 2세의 뒤를 이은 요한 게오르크(1571~98)는 1571년 브란덴부르크 선제후가 된다. 취임한 지 10일 후 삼촌 요한의 사망으로 분열되었던 선제후령을 재통합한다. 아버지 요아힘 2

세 때부터 쌓인 채무문제를 해결하고자 곡물세를 신설하고 농민을 희생시키며 귀족에게 특권을 부여한다. 그는 종교전쟁에는 개입하지 않는다. 1577년 프로이센 공작 알브레히트 프리드리히와 프로이센의 공동 통치자가 된다. 요한 프리드리히(1598~1608)는 1566년 막데부르크 주교에 임명된다. 1598년 아버지 요한 게오르크의 뒤를 이어 브란덴부르크의 선제후가 되고, 막데부르크 주교구는 아들 요한 지기스문트(재위 1608~19)에게 양도한다.

▸ 프로이센 공국 시기 (1618-1701)

- 요한 지기스문트는 1613년 루터교에서 칼뱅교로 개종하지만, 신앙심의 문제라기보다는 네덜란드의 지원을 얻기 위한 개종이었다. 그의 기족들은 루터교로 남고, 브란덴부르크-프로이센의 주민들에게도 개종을 강요하지 않고 종교의 자유를 인정한다. 프로이센에서도 폴란드의 압력을 극복하지 못하고 가톨릭을 인정한다.
- 1618년부터 게오르크 빌헬름(1619~40)이 30년 전쟁 동안 브란덴부르크와 프로이센 공작령을 통치하면서 브란덴부르크 변경령과 프로이센 공국은 동군연합(군주는 동일하고 주권은 각자 유지되는 두 국가의 연합)이 된다. 두 국가는 그때부터 브란덴부르크-프로이센으로서 함께 브란덴부르크 선제후들의 지배를 받는다. 게오르크 빌헬름 본인은 칼뱅교도였지만 신성로마제국 황제와 제국 내 프로테스탄트 간의 대립에 관여하지 않는 중립정책을 고수하는 바람에 오히려 양측의 비난을 감수해야 했다.

▸ 프로이센 왕국(1701-1815)

- 이 시기에는 브란덴부르크 변경령의 중심 지역이었다.

▸ 19~20세기

- 베를린과 함께 브란덴부르크는 19세기에 프로이센과 독일의 정치 중심지였다.
- 1871년, 독일제국이 수립되자 독일 전체의 정치적 중심지가 된다.
- 1920년, 베를린이 자치주로서 브란덴부르크에서 분가한다.

▶ 독일 민주 공화국(구동독) 수립

- 1952년, 브란덴부르크 주가 해체되고 코트부스, 프랑크푸르트 안 데어 오더, 포츠담 등의 행정단위로 분리된다.

▶ 재통일

- 1990년, 10월 3일 이 3 행정단위는 다시 '브란덴부르크 주'로 부활하고 포츠담이 주도가 된다.
- 1996년, 베를린과 브란덴부르크 주를 합병하려는 안이 주민투표에서 부결된다.

3. 문화를 품은 브란덴부르크

3.1. 지형적인 특성

- 수도 베를린을 둘러싼 브란덴부르크 주의 자연, 문화, 그리고 호수는 한폭의 수채화다. 베를린 도심에서 자동차로 한 시간 거리. 넓은 지평선, 세계문화유산 그리고 풍부한 호수와 강의 풍경은 이 주만의 특징이다.
- 다양성: 북부의 토스카나 '우커마르크트'. 운하와 수로가 많은 작은 베니스 '슈프레발트'. 유네스코 세계 유산 포츠담이 있는 '마르크 아르카디아'. 수많은 화려한 성과 아름다운 자연 공원 그리고 1000년의 역사를 간직한 곳.
- 문화투어: 베를린, 500여 개의 성과 저택, 프로이센의 정원 예술과 건축, 역사적 배경을 품은 야외 축제, 포츠담 상수시 음악 축제와 브란덴부르크 여름 콘서트, 분단 독일의 역사적 증거와 브란덴부르크 산업 문화, 성벽 길을 자전거로 달리거나 글리니케 다리 위 산책하기, 체칠리엔호프 궁전 방문하기, 이 모든 것들은 브란덴부르크 주이기에 누릴 수 있는 문화유산들이다.
- 3,000여 개가 넘는 맑은 호수와 30,000km에 달하는 강변 풍경은 브란덴부르크가 독일에서 가장 물이 많은 지역으로 불리는 또 다른 이유이다.

3.2. 자연과 역사를 품은 공간

- 하펠, 슈프레, 오더 강. 하천지대인 '하펠란트(Havelland)'는 목초지, 숲, 황무지들로 가득한 너무나 비옥한 땅.
- 우커마르크 지역(Uckermark) - 수많은 너도밤나무 숲들. 자연생태공원인 "우커매르키셰 제엔(Uckermärkische Seen '우커마르크의 호수들'의 뜻)", 동부에는 자연생태공원인 "운테레스 오더탈(Unteres Odertal '오더 강 하류계곡'의 뜻)" 등의 국립공원들이 즐비하다.

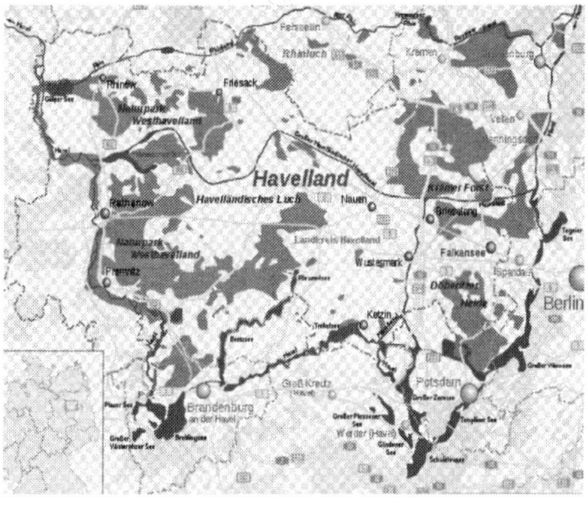

- 유네스코 자연보호유산에 등재된 "슈프레발트(Spreewald)" 지역을 따라 슈프레 강의 수많은 지류들과 운하들로 가득한 초원과 숲들. 거대한 평야 위에 작은 하천들로 뒤얽힌 그물망을 거룻배를 타고 전방위로 이동하며 자연을 만끽할 수 있다.
- 슈프레발트 지역 - 소르브 인들의 거주지역이다. 소르브 인은 작센 주의 동부와 브란덴부르크 주의 남부 지역에 주로 거주하는 민족이다. 고유의 언어인 서부 슬라브어 계열의 소르브 어를 사용한다.
- 니더라우지츠 지역에도 소르브 인들이 거주한다. 이 지역의 중심에 코트부스 시가 있다. 노천갈탄채굴을 위해 500개 이상의 마을을 철거하기도 했다.
- 브라니츠(Branitz)의 '퓌르스트-퓌클러 파크(Fürst-Pückler-Park)'는 세계문화유산에 등재된 곳. 두 개의 피라미드와 하나의 성을 간과할 수 없는 곳이다.
- 상수시 궁전은 포츠담에서 가장 유명한 성이다. 프로이센의 프리드리히 대제에 의해 건축된 것인데, 건축 완성에 2년 이상 걸렸다.

〈상식〉 노이루핀(Neuruppin)에서 태어난 독일의 유명 작가는 누구일까?

① 빌헬름 부시 ② 테오도르 폰타네 ③ 오토 릴리엔탈 ④ 마르틴 루터

〈힌트〉 이 도시에서 탄생한 이 작가를 기념하기 위해 1998년 5월 1일부터 이 도시를 폰타네 시로 지정하기도 했다.

3.2.1. 포츠담(Potsdam, 소르브어: Podstupim)

- 독일 동부 하펠 강변에 위치한 자치도시로서 브란덴부르크 주의 주도. 과거 프로이센제국의 수도이기도 했다. 현재 인구는 약 15만 명.
- 제2차 세계대전 당시 연합군에게 공습 받은 이웃도시 베를린과는 달리, 그리 심하게 파괴되지 않아 어느 정도는 옛 모습을 유지하고 있다.
- 통일 이후 다시 브란덴부르크 주의 주도가 되면서, 도시의 초기 외관을 복원하기 위한 다양한 노력을 하고 있다.
- 1991년 포츠담 대학교가 설립되었으며, 현재 세 곳의 국립대학을 비롯해 30개 이상의 연구기관이 모여있는 공업도시이기도 하다.
- 유네스코가 1991년에 생태보전지구로 지정한 슈프레발트 지역의 최대 항구가 뤼베나우(Lübbenau)에 있다. 이곳에서부터 소형보트, 거룻배, 카누 등을 타

고 모험여행을 감행할 수 있다.

▶ 역사

- 993년. 처음 역사에 등장한다. 17세기 이전까지는 인구가 적어 발전이 미미한 마을이었다.
- 1660년. 호엔촐레른 가문 출신의 브란덴부르크 선제후 프리드리히 빌헬름(1620~1688)의 수렵장으로 지정, 이후 호엔촐레른 왕가[8]의 여름 거점으로 발전한다.
- 1685년. 포츠담 칙령으로 종교의 자유가 보장되면서, 네덜란드와 프랑스의 위그노교도들이 이주해온다. 프로이센제국 왕들의 레지덴츠 도시.
- 18세기. 호엔촐레른 왕가 출신의 프리드리히 1세(1657~1713)와 그의 아들 프리드리히 2세(1712~1786), 즉 프리드리히 대제 때 이곳에 로코코 양식의 상수시 궁전 같은 수많은 별궁을 세우는 등 바로크의 꿈을 현실화한다. 그들의 후계자들은 고전주의 스타일의 멋진 기념물을 추가하여 풍성한 도시 풍경을 연출한다.

▶ 문화

- 포츠담 도심 산책은 알터 광장(Alter Markt, '구 시장 광장')에서 시작된다. 니콜라이 교회, 루스트가르텐, 구 시청사, 2013년 재건 후 연방 주 의회 건물로 사용되는 포츠다머 슈타트슐로스(Potsdamer Stadtschloss, '포츠담 시립궁전'), 중앙 광장의 중앙에 16m 높이의 오벨리스크 꼭대기에는 포츠담 출신의 크노벨스도르프(Georg Wenzeslaus von Knobelsdorff, 169~1753), 싱켈(Karl Friedrich Schinkel, 1781~1841), 페르지우스(Ludwig Persius, 1803~1845) 등과 같은 유명한 건축가들의 얼굴이 부조되어 있다.

---

8) 프로이센 및 독일제국의 왕조로 유명하다. 본래 독일 남서부 슈바벤 지방의 귀족가문 출신. 1191년에 촐레른의 백작인 프리드리히 3세가 프랑켄 지역으로 세력을 확장하였는데, 이후 그의 영지는 그의 두 아들에게 분할 상속되었다. 따라서 이후 호엔촐레른가는 프랑켄 계 (프로이센 왕가, 브란덴부르크 선제후령, 프로이센 공국, 프로이센 왕국의 군주 및 독일제국의 황제를 배출한 가계. 프로테스탄트)와 슈바벤 계 (지크마링엔 공작 가문, 호엔촐레른 공국들의 군주 및 루마니아의 국왕을 배출한 가계. 가톨릭)로 구별되었다. 슈바벤계가 본가고, 프랑켄 계는 분가에 해당하는데, 분가가 더 왕성한 발전을 하였다.

〈알터 광장(구 광장, 좌)과 노이에 광장(신 광장) 북쪽(우)〉

- 포츠담 시내의 역사 중심지 알터 광장 뒤쪽에 17~18세기에 조성된 노이에 광장(Neuer Markt, '신 시장 광장')이 있다. 노이에 광장은 유럽 바로크 시대의 광장 중 가장 잘 보존된 광장이기도 하다.
- 알터 광장에는 예전에 마차용 마구간으로 사용된 건물 내에 브란덴부르크 프로이센 역사관이 있다. 그 옆 루이제 광장이 바로크풍의 브란덴부르크 도로와 상수시 궁전 진입로로 통한다.
- 포츠담의 브란덴부르거 토어는 7년 전쟁(1756~1763)을 기리는 승전문, 예거 토어(Jägertor)는 도시 북쪽의 예거 궁정의 이름을 빌려 명명된 문, 나우에너 토어(Nauener Tor)는 포츠담 시내에서 가장 인기 있는 약속 장소 중 한 곳. 1754/55년에 건축된 유럽 최초의 영국풍 네오고딕 양식 건축물이다.

〈브란덴부르크 토어(좌), 예거토어(중), 나우에너 토어(우)〉

- 신고딕양식의 나우에너 토어를 통과하면 정취와 삶의 양식이 도시의 그 어느 곳보다도 편안하게 느껴지는 네덜란드 구역에 이른다. 아름다운 뒤뜰, 카페, 긴장을 풀어주는 선술집들 그리고 아방가르드 양식의 갤러리가 있다.

- 바벨스베르크 필름스튜디오(Filmstudio Babelsberg)는 유럽 최대, 최고의 영화 메카. 지금까지 3,000개 이상의 영화와 TV 프로그램이 제작된 곳이다. 3~10월 사이에 이곳 영화 체험관은 방문객들에게 독일 영화산업의 환상적인 세계를 들여다볼 기회를 제공하기도 한다.
- 바벨스베르크는 독일 현대사의 풍파를 겪어낸 장소이기도 하다. 스튜디오는 독일제국, 바이마르 공화국, 제3제국, 동독 공산주의, 통일을 거치면서 살아남았다. 1912년 독일 첫 무성영화 〈죽음의 춤〉이 여기서 제작됐고, 1921년 독일 영화사 우파(UFA)가 이곳을 인수한 뒤 전성기를 누렸다. 1920년대에는 프리드리히 무르나우의 〈마지막 사람〉(1921), 프리츠 랑의 〈메트로폴리스〉(1927), 요세프 폰 슈테른베르크의 〈푸른 천사〉(1930) 등 독일 표현주의 걸작들이 이곳을 거쳤다. 나치시대의 프로파간다 영화들도 이곳에서 제작되었다. 제3제국 시대에 우파 25주년 기념으로 만들어진 〈뮌히하우젠〉은 당시 650만 마르크의 엄청난 제작비가 들어간 작품이다. 분단 시절에는 거대 영화 제작사 우파가 동독의 영화사 데파 소속으로 바뀌었지만, 무려 1240편의 영화와 텔레비전 시리즈가 제작되었다. 동독 시절의 거장 콘라트 볼프 감독도 이곳에서 영화를 촬영했다. 바벨스베르크 영화학교도 동독 시절 이름 그대로 콘라드 볼프 영화학교이다.
- 바벨스베르크의 화려한 부활은 독일 통일과 함께 서서히 진행됐다. 통일 뒤 바벨스베르크는 민영화의 진통을 겪고 난 다음 거대 상업영화 제작의 중심지로 탈바꿈했다. 2001년 바벨스베르크 스튜디오에서는 장 자크 아노의 〈에너미 앳 더 게이트〉, 로만 폴란스키 감독의 〈피아니스트〉가 촬영됐다. 바벨스베르크의 부활은 또한 새로운 독일영화의 부흥에도 큰 힘을 얻었다. 2차

대전 이후부터 70~80년대까지 서독의 폴커 슐뢴도르프, 빔 벤더스, 라이너 베르너 파스빈더, 동독의 콘라트 볼프 등 몇몇 유명감독을 제외하면 전체적으로 고전을 면치 못했던 독일 영화계가 통일 직후인 1990년대부터 활기를 띠기 시작했다. 베를린 파를 비롯한 일군의 젊은 감독들이 부상하면서 새로운 스타일의 예술영화뿐 아니라, 〈굿바이 레닌〉 〈타인의 삶〉 등 상업적으로 성공하는 영화들도 나오기 시작했다. 게다가 바벨스베르크는 〈작전명 발키리〉, 〈더 리더: 책 읽어주는 남자〉 등 거대 자본이 오가는 할리우드영화 촬영을 유치하는 데도 성공을 거두었다. 쿠엔틴 타란티노 감독의 〈바스터즈: 거친 녀석들〉, 로만 폴란스키의 〈유령작가〉(2009)도 이곳에서 촬영됐다.

- 바벨스베르크 필름스튜디오는 2만5천 평방미터나 되는 스튜디오와 20개에 이르는 대형 홀, 카메라가 부착된 120석의 여객기, 50만 벌의 의상, 우주선부터 동화 속의 고성까지 거의 모든 것을 만들어낼 수 있는 작업실을 갖추고 있다.

〈상식〉 한국의 필름스튜디오, 합천영상테마파크

위치: 경상남도 합천군 용주면 가호마을의 가호역 안
드라마나 영화 촬영을 위해 세워진 대규모 세트장
〈태극기 휘날리며〉, 〈에덴의 동쪽〉, 〈전우치〉, 〈각시탈〉, …

- 1920년대부터 1980년대까지 슬픔과 환희로 새겨진 서울, 그 시절의 경성 시내 거리를 그대로 재현하고 있다.
- 전차에 몸을 실으면 왼쪽에는 동화백화점이, 오른쪽은 반도호텔이 보인다. 동화백화점은 1930년 일본의 미스코스백화점 경성 점. 종로2가의 화신상회와 동시대의 백화점으로 해방 후 삼성

그룹이 인수해 오늘의 회현동 신세계백화점으로 탈바꿈했다. 반도호텔은 1938년 일본의 신흥 재벌 노구치 준이 중구 소공동에 건축. 당시 경성 최고 호텔이던 조선호텔에 묵으려다 허름한 차림새로 퇴짜를 맞자 직접 건축해버린 호텔이 반도호텔. 이후 롯데그룹이 인수하여 오늘에 이르고 있다.

- 철로를 따라 전차가 좌회전하면 1910년 한일병합부터 1945년 독립까지 35년 동안 한국을 지배했던 일본의 통치기관, 조선총독부(구 중앙청)가 나타난다. 한참을 더 달리면 경성라디오방송국 앞 경성 역. 1925년 문을 연 경성 역(현 서울역)은 일본의 대륙 점령 야욕의 기점, 게다가 르네상스 양식의 유럽식 외관은 도쿄 역에 비견될 정도.
- 작동하지 않는 기차역이라 기차표를 끊을 수는 없어도 마음은 이미 흘러온 시간을 철길 삼아 KTX보다 빠른 속도로 과거를 향해 되돌아간다. 가슴 한쪽이 아릿해오는 날이면 종로 피맛골을 그냥 지나칠 수 없다. 골목골목 처마를 이어 내고 옆옆이 지붕을 맞댄 낡은 대폿집들이 시린 마음을 달래준다. 하루하루가 멀다 하고 부르짖던 이모도 주모도 없고, 헐값에 기울이던 양은 주전자도, 지짐 부치는 기름내도 없다. 연기처럼 사라져버린 달뜬 청춘의 열기만이 기억 속에 아련히 피어오를 뿐이다.〈참고: 2018-04-01. shindonga.donga.com〉

- 체칠리엔호프 궁전(Schloss Cecilienhof). 제 2차 세계대전 종전 후 이곳에서 포츠담 회담이 개최되었으며, 이후 동독 정권이 수립되면서 동독 치하의 도시가 되었다. 1990년부터 유네스코 세계문화유산 '베를린과 포츠담의 궁전과 정원'에 속한 곳이다. 호엔촐레른 왕가에 의해 건립된 마지막 궁전으로, 빌헬름 폰 프로이센 황태자(1882~1951)와 그의 아내 체칠리에(1886~1954)가 건축가 파울 슐체-나움부르크에게 설계를 맡겨 1914년과 1917년 사이에 건립하였다. 설계는 영국 튜더왕가 양식으로, 잉글랜드 위럴반도에 있는 비드스톤 언덕(Bidston Hill)으로 불리는 가옥을 기초로 했다. 인테리어는 파울 루트비히 트로스트가 했다. 당초계획은 1915년에 5개의 안뜰과 문양이 새겨진

〈붉은 별이 있는 체칠리엔호프 궁전의 안뜰〉

55개의 굴뚝 탑 등 벽돌과 오크재 골조로 된 건물을 완공하는 것이었으나, 제1차 세계대전의 발발로 지연되었다. 황태자 빌헬름은 1918년 추방되었고, 그의 아내는 1945년 구소련이 들어오기 전까지 이 궁전에 머물렀다. 1945년 제2차 세계대전이 끝나고 포츠담 회담이 이곳에서 개최되었으며, 현재는 호텔과 박물관으로 사용 중이다.

- 마르모르 궁전(Marmorpalais). 프리드리히 빌헬름 2세(1744~1797) 때 카를 폰 곤타르트(Carl von Gontard, 1731~1791)와 베를린의 브란덴부르거 토어를 설계한 건축가 카를 고타르트 랑한스(Carl Gotthard Langhans, 1732~1808)에 의해 초기 고전주의 양식으로 설계되었다. 1787년에 건립하기 시작하였고, 빌헬름 2세 사후 1845년에 와서 초기 고전주의 양식의 디자인과 가구 등 인테리어가 완공되었다. 빌헬름 2세의 여름거주지이자, 체칠리엔호프 궁전이 완공되기까지 황태자 빌헬름의 여름거주지로 이용되었다. 1945년 이후 구소련 장교들을 위한 카지노 및 전쟁기념관으로 이용되었다. 대기실 옆의 콘서트홀과 동양 양식의 진열실은 칼 고타르트 랑한스의 인테리어 스타일을 잘 보여주는 곳 중의 하나로 꼽힌다. 최근에 건물의 일부가 복원되었다. 2층에서 노이엔 가르텐(Neuen Garten, '새 정원'의 뜻)과 하펠 강 전경을 조망할 수 있다. 4월에서 10월까지는 월요일이 휴관일, 11월부터 3월까지는 토요일과 일요일만 개방한다.
- 글리니케 다리(Glienicker Brücke). 포츠담과 베를린의 반제호수를 잇는 다리. 다리 명칭은 근처의 글리니케 궁전에서 따왔다. 1907년에 세워진 이 다리는 베를린 장벽 등 소련의 서베를린 봉쇄에 앞서 1952년 폐쇄돼 교량의 역할에 종지부를 찍었다. 이후 1989년 통행이 재개될 때까지 37년간 '건너지 못하는 다리'로 남았다. 1962년 소련에 억류 중이던 프랜시스 게리 파워스와 미국에

〈좌: 노이엔 가르텐에서 본 마르모르 궁전, 우: 남쪽의 바벨스베르크 공원에서 본 다리〉

억류 중이던 KGB 요원 루돌프 아벨을 이 다리에서 교환한 것 외에도 냉전 시대 내내 여러 차례 동서 양방의 간첩 교환 장소로 사용되었다. '스파이들의 다리'라는 별명이 붙은 이유다. 스티븐 스필버그의 영화 '스파이 브리지'의 배경이 바로 이 다리다. 체포된 소련 간첩 아벨의 변호인이자 CIA의 부탁으로 스파이 교환 협상에 나섰던 제임스 도너번의 자전적 소설 '다리 위의 낯선 사람들'(1964년)이 영화의 시나리오이다.

〈포츠담의 궁전들 중 상수시 궁정의 서편에 있는 신 궁전(Neo Palais)〉

▶ 상수시 궁전

- 상수시 궁전을 비롯하여 일대의 궁전들과 공원은 유네스코 세계문화유산으로 등재되었다.
- 서양에서는 옛날부터 '상수시(sans souci)'란 말을 두루 사용했다. 프랑스어로 '근심이 없다'는 뜻이니 '해탈'에 상응하는 셈이다. 상수시는 고유명사로도 쓰인다. 프로이센의 프리드리히 2세(1712~1786)가 베를린 근교 포츠담에 건립한 여름 별궁 '상수시 궁전'이 그것이다. 궁전의 규모는 크지 않지만 주변의 경관이 참으로 빼어나다.

- 궁전 들어다보기: 독일은 19세기 말에 프로이센 제국에 의해 통일되기 전까지만 해도 바이에른, 하노버, 작센 등 300여 개의 영방들로 분할되어 있어서 힘을 쓰지 못했다. 시인 프리드리히 횔덜린(1770~1843)은 '히페리온'에서 '독일인만큼 갈기갈기 찢긴 국민은 없다. 쟁이는 있으나 인간은 없다. 사상가는 있으나 인간은 없다. 주인과 하인, 미성년자와 분별 있는 사람은 있으나 인간은 없다'고 했다. 그나마 형편이 나은 곳이 프로이센이었다. 프리드리히 2세의 조부 프리드리히 1세(1657~1713)는 할레대학과 베를린미술학교에 이어 과학아카데미를 설립했다. 프랑스의 태양왕 루이 14세(1638~1715)가 심혈을 기울여 지은 베르사유 궁전을 부러워해서 왕비 소피 샤를로텐을 위한 여름 별궁으로 베를린에 호화롭고 장대한 샤를로텐부르크 궁전을 건립했다. 그의 뒤를 이은 프리드리히 빌헬름 1세(1688~1740)는 부왕과는 달리 자신의 제국이 이웃 열강으로부터 멸시받지 않고 독일 내에서 최강의 영방국가로 발전하려면 군사력 증강이 가장 시급하다며 상비군 강화와 관료제 확립에 국력을 바쳤다. 그런 부왕 밑에서 자란 프리드리히 2세는 어릴 때부터 철학 서적과 문학서를 끼고 살았다.
- 프리드리히 2세는 왕위에 오른 지 5년째 되던 1745년에 이 궁전을 짓기 시작해 3년 만에 완공시켰다. 공사를 맡은 건축가 크노벨스도르프가 대왕이 직접 그린 스케치에 근거해 지었다고 전해질 만큼 대왕은 궁전 건축에 깊이 관여했고 거기에 자신의 철학을 심으려 했다. 이 궁전만의 개성이라고 할 수 있는 '포도 계단'은 프리드리히 2세의 아이디어라고 한다. 그는 골치 아픈 일이 있을 때 베를린에서 도피하여 휴식할 수 있는 은신처가 필요했다. 그래서 베를린 인근의 포츠담에 궁전을 짓고 거대한 공원을 조성하여 외부와 차단된 은신처를 만들었다. 베르사유 궁전을 모방하기는 했지만, 실내장식은 당시 유행한 로코코 양식을 따랐다.
- 궁전 내 원형의 '대리석 홀'은 천장이 아주 높고, 바닥에는 기하학적 문양과 식물 문양이 잔잔하게 새겨져 있다. 벽을 지탱하는 기둥도 머리 부분이 식물 형상인 코린트식이었다. 거기에 타원형 천장에서 길게 늘어뜨려진 샹들리에와 조각들이 어우러져 있다. 여성적인 우아함을 드러내는 로코코 양식이 전체 인테리어를 지배하고 있다. 로코코 양식의 고향은 프랑스의 베르사유 궁전이다. 실내장식이 그렇다. 그것이 독일과 오스트리아 등지로 퍼져나가 실

 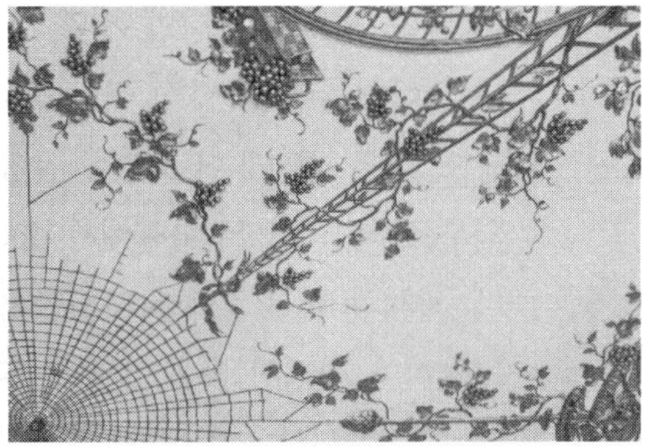

내장식은 물론 건축과 조각에까지 응용된 것인데, 가볍고 정교하고 우아하고 고상하다는 특징이 있다. 로코코라는 표현도 인조동굴의 장식에 사용된 조가비를 뜻하는 프랑스어 '로카유(rocaille)'에서 유래하지 않았던가.

- 왕이 거주하는 공간은 접견실과 음악 감상실, 플루트 연주실, 서재, 침실, 도서관, 갤러리 등으로 이루어져 있다. 구조와 분위기는 방마다 다르다. 접견실은 대형 화장대처럼 생긴 벽난로와 그림들, 벽 곳곳을 장식하고 있는 황금빛 식물 문양과 섬세한 의자와 탁자, 소파, 액자, 샹들리에, 괘종시계, 거울과 같은 가구 또는 비품 등으로 잘 정돈되어 있다. 그곳을 지나면 만나는 음악 감상실의 인테리어는 인간의 상상력이 어디까지 미칠 수 있는지를 유감없이 보여준다. 천장 중앙에는 황금색 실로 거미줄을 쳐놓았다. 그 주위로 포도덩굴을 그렸다. 역시 황금색인 포도 가지는 오선지처럼 생긴 그물 위로 기어오르는데, 그 끝이 살아 있는 듯 하늘거린다. 한쪽에서는 천진난만한 아이들이 꽃마차를 끌며 노닌다. 동심을 자극하는 덩굴들의 잔치는 몇 개의 그림이 걸려 있는 그 아래의 벽으로도 이어져 시작도 끝도 알 수 없다. 더욱 놀라운 것은 이 모든 것이 벽에 부착된 식물 문양의 커다란 거울에 비쳐져 두 개, 세 개, 네 개로 곧장 복사된다는 사실이다. 로코코 스타일의 극치를 이루고 있다. 음악 감상실에 이어서 나타난 것은 플루트 연주실이다. 19세기 독일 사실주의 최고의 화가이자 궁정화가인 아돌프 멘첼(Adolph Friedrich Erdmann von Menzel, 1815~1905)이 그린 작품 '플루트 연주'(1750)를 보면 대왕은 샹들리에 불빛 아래서 검은 망토 차림으로 플루트를 연주하고 있다. 서재는 대왕이 책을 읽거나 생각에 잠기곤 하던 곳이다. 천장에는 빛을 발하는 태양이 조각돼 있다. 비밀결사조직인 프리메이슨(freemason)의 상징이다. 그러나 그 조직과 대왕이 어떤 관계였는지는 알 수 없다. 침실은 서재와

는 달리 몇 개의 그림과 거울, 시계뿐이라 아주 단출하다. 분위기도 화려하고 우아한 로코코 양식 대신 신고전주의 양식이라서 중후한 맛이 난다. 천장도 그에 걸맞게 단출하다. 침대 앞으로는 두터운 커튼이 드리워져 있어서 외부로부터의 모든 자극에서 벗어나 숙면하고픈 대왕의 의도를 읽을 수 있다. 서재와 침실 곁에는 도서관이 자리하고 있다. 대왕은 독서를 정말 즐긴 모양이다. 장서가 꽂혀 있는 도서관을 침실 옆에 둘 정도였으니까.

- 그는 오랜 시간을 함께하고픈 사람이 있으면 포츠담으로 불러 상수시의 영빈관에 묵게 했다고 한다. 그 대표적 인사가 프랑스의 계몽사상가 볼테르(1694~1778)이다. 대왕이 18세 연상의 볼테르와 교유하기 시작한 것은 왕위에 오르기 전인 1736년으로, 서신을 주고받으면서였다. 대왕은 '프랑스 문화와 예술에 사로잡혔다'는 말을 들을 정도로 프랑스의 것이면 무조건 좋아했으니 볼테르를 존경한 것은 당연했을 것이다. 그 스스로 볼테르를 '북방의 솔로몬'이라고 칭했을 정도다. 그러던 어느 날 그는 "이곳 포츠담에서는 누구나 프랑스어를 사용한다. 독일어는 군대에서나 쓸 뿐이다"며 볼테르를 상수시로 초대한다. 실제로 대왕은 사무적인 경우를 제외하고는 프랑스어로 말하고 글을 썼다. 볼테르는 1750년 7월 이곳에 와서는 3년간 머물렀다. 영빈관의 네 번째 방인 '볼테르의 방'이 바로 그가 머물던 곳이다. 볼테르의 방은 그렇게 화려하진 않지만, 자연이 그대로 살아 있는 듯한 분위기다. 천장과 벽면, 그리고 샹들리에가 조각이나 그림이 아니라 드라이플라워로 꾸며 놓은 듯하다. 그래서 형태뿐 아니라 색상도 자연의 그것이었다. '꽃의 방'이란 별명이 붙은 이 방에서는 그 흔한 황금빛도 자취를 감췄다.
- 상수시 궁전은 그렇게 크지는 않다. 왕의 여름 궁전이기 때문이다. 왕은 샤를로텐부르크 궁전에서 이곳으로 왕림할 적에도 왕비 엘리자베트 크리스티나를 떼어놓았다. 왕비를 대동하지 않은 데는 21세 때 아버지가 맺어준 여성과 결혼했기에 정을 나누지 못한 것도 하나의 이유였다. 이는 둘 사이에 자식이 없었던 것만 보아도 짐작할 수 있다. 그래서 개인비서 몇 명만 거느리고 와서는 지성과 지인들을 불러 환담을 나누고 음악을 듣고 그림을 감상했다고 한다. 그래서 궁전에 왕의 주방은 있지만 왕의 가족들이 머물 공간은 없다.
- 궁전 앞은 베르사유 궁전의 정원처럼 6단으로 된 테라스와 둥근 못이 차지

하고 있다. 그곳으로 내려가는 입구는 두 마리의 스핑크스상이 지키고 있다. 그곳에 왕실 악사 복장을 하고 플루트를 연주하는 한 남자가 서 있다. 프리드리히 2세가 플루트 연주자였다. 사람들은 그곳을 지나면서 그가 펼쳐놓은 플루트 박스에 얼마간의 돈을 던져준다. 테라스에서는 포도나무와 삼각형의 상록수가 자라고, 테라스 아래의 못 주위는 하얀 대리석 조각으로 둘러싸여 있다. 건물과 테라스, 정원은 분명 프랑스식이지만, 조각만은 그리스식이다. 독일 고전주의의 영향을 받은 때문이다. 그곳을 벗어나면 곧 자연 그대로의 숲이 나타났다. 그렇지만 그 속에도 금박을 입힌 화려한 중국 궁전과 조각분수와 독특한 건물들이 곳곳에 산재해 있다. 숲속으로 난 길 끝에 붉은빛이 감도는 화사한 또 하나의 로코코 양식 궁전이 있는데, 바로 '신 궁전'이다.

3.2.2. 하펠 강변의 브란덴부르크(Brandenburg an der Havel)

▸ 역사

- 6세기 초 슬라브족이 이곳에 둥지를 틀었다. 929년 오토 왕가의 시조인 하인리히 1세(876~936, 재위 919~936) 때 점령되어 독일인이 들어왔다. 983년 다시 슬라브족이 슬라브 부족의 대공이 지배했다가 1157년 슬라브 부족의 대공으로부터 이곳의 영지를 상속받은 아스카니어 가문의 알브레히트 1세(1175~1260)가 들어와 브란덴부르크 변경백령을 설정하였다. 이후 브란덴부르크 변경백령의 중심지가 되었고, 1161년 별도로 가톨릭의 브란덴부르크 주교령이 설정되었다.
- 하펠 강 양안을 중심으로 구도시, 신도시, 대성당 지구가 별개의 지역으로 존재했고, 구도시와 신도시는 한자 동맹에 가입하였다.
- 1356년부터 변경백 영토는 브란덴부르크 선제후의 영지가 되었고, 1415년 선제후로 선출된 프리드리히 1세는 베를린에서 거주하였다.
- 16세기에 종교 개혁으로 가톨릭 주교령은 개신교 주교령으로 바뀌었고, 곧 선제후령에 편입되었다. 17세기에 30년 전쟁의 피해를 보고 선제후령의 수도를 포츠담으로 옮기면서 쇠퇴하였다.
- 1816년 이후 프로이센의 브란덴부르크 주에 속했지만, 주도는 계속 포츠담

에 두었다. 19세기 후반, 철강 공업의 발달로 독일제국의 중요한 산업중심지 중 한 곳으로 성장하였다. 이전의 구도시와 신도시는 1715년 합병하였고, 1928년 대성당 지구를 편입했다.

[1] 성 페터와 파울 돔(Dom Peter und Paul)

- 돔인젤(Dominsel, '대성당 섬'의 뜻)에 위치한 로마네스크양식 교회. 이 건축물은 브란덴부르크 주교구 대성당이다. 주교구에 따라 명명된 브란덴부르크 주교구에 있다. 이 돔인젤은 역사적으로 독립 교구(브란덴부르크 돔)였는데, 1929년 통합되면서 하나의 시구(돔)가 되었다.

▶ 역사

- 928년. 겨울 동프랑크 왕 하인리히 1세 군대가 엘베 강 동쪽의 슬라브 족 본성인 브란덴부르크 성을 정복했다. 이로써 브란덴부르크 주교구를 창설할 수 있는 초석이 마련되었고, 신성로마제국 황제 오토 1세에 의해 948년 부교구가 창설되었다.
- 1170년. 빌마르 주교(Wilmar von Brandenburg, 1161~1173)의 유일한 문서에 따르면 브란덴부르크가 처음 정복되면서 돔 건물이 공격받았다고 한다. 이 교회는 983년 슬라브인들의 대대적인 봉기가 있었을 때 소실되었다. 오늘날까지도 그 위치는 고고학적으로도 확인되지 못했다.
- 1527년. 종교개혁 때부터 브란덴부르크 로마 가톨릭 주교구가 붕괴되고 가톨릭교회용 대성당도 사라졌다. 그때부터 돔은 프로테스탄트 교회 건물로 사용되었다. 브란덴부르크 주교좌성당 참사회는 오늘날까지 프로테스탄트 대성당 참사회로서 명맥을 유지하고 있다.

▶ 특징

- 원래 이 돔은 서쪽 목조건물로 막힌 1랑식 교회로 계획되었다. 주교좌 교

회에는 두 개의 첨탑이 있기 때문에 나중에 두 개의 첨탑을 가진 서쪽 파사드를 건립하고자 했다. 그러나 남쪽 첨탑은 재정적인 문제로 건축이 중단되는 바람에 뭉툭한 수평면 위로 올려짓지 못했다. 성 페터와 파울 돔은 간결한 벽돌로 완성한 최초의 브란덴부르크 변경백령(신성로마제국의 주요 제후국 중 하나, 1157~1806)의 건축물이기도 하다. 변경백령에서 가장 오래된 석조건물(브란덴부르크 구시가지의 성 고트하르트 교회의 서향구조[9]의 끝부분과 브란덴부르크 돔의 성 페트리-예배당의 서쪽벽면)은 막돌로 건축되었다. 장방형건물 합각머리 아래의 주출입구는 석회암으로 만든 인상적인 전사들의 에스코트를 받고 있다. 이곳에는 거위에게 훈계하는 늑대, 체스 놀이를 하는 듯한 원숭이들, 크레인에 집을 짓는 새들을 입체적으로 묘사한 장면들도 있다. 장방형 건물은 후기 로마네스크 양식 또는 초기 고딕 양식으로 건축되었는데, 나중에 2개의 측랑이 추가되었다. 현재 이 돔은 체코 재단(1375년경)과 현재의 주재단(1518년), 성수반(1518년) 등 가치 있는 고딕 양식의 물품들을 다수 보유하고 있다.

[2] 성 카타리넨 교회(St. Katharinen)

- 신시가지의 복음 교구교회. 15세기에 벽돌고딕양식으로 건축된 대표적인 사례이다. 도미니크회수도원과 성 파울리 교회는 신시가지의 남서쪽 옛 변경방백의 궁전 부지에 있다. 제2차 세계대전 때 심하게 파손된 수도원 시설물

〈좌: 성 카타리넨 교회, 중: 성 고트하르트 교회, 우: 성 니콜라이 교회〉

9) 초기로마네스크 시대에 쾰른 등지에서 출현한 베스트베르크는 두 개의 탑으로 교회의 서쪽 정면을 강조한(돌출시킨) 부분인데, 서구 교회건축에 동반하는 첨탑의 시초를 이룬다. 1층에는 천정이 낮은 현관, 2층에는 남북 또는 서남북쪽에 트리뷴이 달린 측랑을 두르고 신랑을 향해 개방된 넓은 공간을 설치한다.

이 재건된 후 이 복합건물들에는 2007년 11월부터 주립고고학박물관이 들어섰다.

[3] 성 고트하르트 교회(St. Gotthardt)

- 구시가지의 복음 시교구교회는 이 도시에서 가장 오래된 교회건축물 중 하나. 돔이 건축되기 전에는 주교좌 교회로도 사용되었다. 이 교회는 세 가지 건축양식이 들어있다. 정면입구는 로마네스크 양식으로 건축되었고, 교회 신도석은 고딕양식이고, 첨탑은 바로크 양식이다.

[4] 성 요하니스 교회(St. Johannis)

- 구시가지의 남서쪽 변두리에 있는데, 프란체스코회 수도원의 교회였다. 이곳은 북쪽 하펠 강변의 이른바 소금농장 옆에 있다. 제2차 세계대전 때 심하게 훼손되었는데, 2015년에 개최된 연방정원축제를 위해 보수되었다.

[5] 성 니콜라이 교회(St. Nikolai)

- 중세 시대에는 각 도시의 성문 앞에는 어김없이 교회건축물들이 들어섰다. 그 중 하나가 성 니콜라이 교회이다. 브란덴부르크에서는 구시가지 도시성벽의 첨탑이던 플라우어 성문첨탑(Plauer Torturm) 앞 300m 부근에 있다. 개방형 서까래가 있는 로마네스크 벽돌양식 바실리카는 1170년부터 건축되었다.

[6] 성 야콥 예배당(Kapelle St. Jakob)

- 신시가지의 석조성문에서 서쪽으로 400m 정도 떨어진 곳에 있다. 속설에는 '미친 예배당'으로도 불리고 있는데, 건물 전체가 1892년 도로확장 과정에서 서쪽으로 11m 가량 밀려난 때문이다.

[7] 레닌 수도원(Kloster Lehnin)

- 포츠담의 남서쪽 조그만 레닌 마을에 위치한 시토회 수도원.[10]

---

10) 1098년 프랑스 부르고뉴 지방 시토(Citeaux)에서 성 로베르토(St. Robertus de Molesme, ?~1111)가 설립한 수도원에서 시작된 수도회. 13세기 중엽에는 680여 개의 소속대수도원들이 있었다. 은수적(隱修的)인 수도회의 생활양식으로 교회, 제구(祭具), 제의(祭衣) 등이 매우 소박하며 성 베네딕

- 레닌 마을이 실제로 만들어진 때는 수도승들이 수도원 성벽 앞에 마르크트 광장을 꾸민 1415년이었다. 1667년 확장공사를 하면서 13가구의 수공업자 가족들이 이곳에 정착하였다. 이유는 여러 가지가 있지만, 가장 큰 이유는 선제후가 자주 이곳에 체류한 때문인 것 같다. 1750년에는 104개, 1800년에는 152개의 화덕이 있었다. 물론 레닌(Lehnin) 마을은 1733년 하펠 강변도시 베르더(Werder)에 상업권이 주어지면서 사라졌다가 1855년에야 다시 상업권을 획득할 수 있었다.
- 레닌 수도원은 중세 전성기 때 초대 아스카니어 가문 출신 변경백 시절에 변경을 확장할 때 중요한 역할을 했다. 이 수도원은 역사적인 의미 외에 엄청난 문화적 의미도 내포하고 있다. 이 수도원의 교회는 브란덴부르크 주에서 가장 중요한 로마네스크-고딕 양식의 벽돌건축물들 중 하나다. 1871년부터 1877년까지 재건되었는데, 현대 문화재 관리의 위대한 업적 중 하나로 꼽히고 있다.

- 1911년부터 루이제-헨리에텐 재단(Luise-Henrietten-Stifts)이 들어섰다. 현재는 수도원의 전통을 고수하면서도 요양, 의학, 교육, 부제(副祭) 관련 시설들이 입점해 있다.

[8] 롤란트 상

- 브란덴부르크의 롤란트 상은 1474년 신시가지의 마르크트 광장에 세워진 것인데, 높이가 5,35m에 달한다. 이 사암 인물상은 프로이센 수비대가 군사훈련 때 파괴했기 때문에 1716년 시청 쪽으로 옮겨졌다. 제2차 세계대전 중이던 1941년부터 외부에 노출된 문화자산은 안전한 곳으로 옮기거나 매장했기 때문에 1945년 연합군의 공중폭격으로 신도시 시청이 파괴될 때에도 롤란트 상은 손상되지 않았다. 그래서 이 상은 1946년에 구시가지 시청의 정면 입구 오른쪽 현재의 자리에 세워질 수 있었다. 브란덴부르크 롤란트 상의 건립은 이 도시의 독립을 강조함과 동시에 이 도시의 경제적인 번영을

토의 회칙을 기초로 한 규범을 준수하여 단식, 침묵, 단순노동 등이 매우 엄격하게 준수되었다.

〈좌: 구시가지 시청사, 중: 롤란트 상 측면, 우: 롤란트 상 전면〉

나타낸 것이라고 할 수 있다. 1474년에 만들어진 이 롤란트 상의 이전 것은 1402년에 나무로 만들어진 것으로 추측하고 있다. 현재의 브란덴부르크 구시청사 앞에 있는 롤란트 상은 1905년에 만들어진 복사본이고, 원본은 베를린 변경 박물관(Märkisches Museum Berlin)에 있다.

3.2.3. 인물: 폰타네(Henri Theodor Fontane, 1819~1898)

〈좌1: 폰타네 초상, 중좌: 영화-탈선, 중우: 영화-가을의 장미, 우: 영화-에피 브리스트〉

- 독일 사실주의 작가. 1819년 12월 30일 노이루핀(Neuruppin)에서 탄생.
- 베를린의 직업학교를 졸업한 후 견습기를 거쳐 약제사가 되었으나 1844년 지원병으로 1년간 입영했다. 이곳에서 젊은 시인들의 모임인 '슈프레 투넬(Tunnel über Spree)'의 동인(同人)이 되어 문필가가 되기를 지망하였다. 세 차례나 영국에 건너가, 산문시 · 극 · 미술을 연구하였다.

- 영국의 스콧이나 바이런의 영향을 받았다. 시작(주로 산문시), 극평을 하는 한편, 보불전쟁에 종군하는 등 기자생활을 계속하였으나 생활은 넉넉지 못했다. 생활의 안정을 얻은 것은 최초의 장편 〈폭풍 전〉(1878)을 발표하였던 59세 무렵부터였다. 그 후 〈미로〉(1888) 외 18편의 장 · 중편소설을 발표했다. 베를린 시민사회의 생활을 침착한 필치로 사실적으로 묘사했다. 심리묘사의 멋과 아이러니는 토마스 만에게 영향을 주었다. 그의 대표적인 장편소설 〈에피 브리스트(Effi Briest)〉(1894)는 에피라는 여성을 중심으로 당시의 사회와 여성 문제를 다루었는데, 독일 문학사에서는 유일하게 네 차례나 영화화되었다.

▸ 영화화

(1) 〈탈선(Der Schritt vom Wege)〉(1939): 그륀트겐스(Gustaf Gründgens) 감독
제목은 소설에서 에피가 크리스마스 축제 때 주인공 역을 연기했던 비헤르트(Ernst Wichert, 1831~1902)의 희극 〈탈선(Ein Schritt vom Wege)〉에서 가져왔다. 이 제목은 그륀트겐스의 작품이 하나의 해석이면서 동시에 원작의 일부에만 주목했음을 암시한다. 더불어 에피의 성격 중 '탈선'에 대한 낭만적 모험심 등을 부각시키는 기능을 하며, 관객에게는 멜로드라마적 사건, 곧 여주인공을 중심으로 전개되는 사건을 사적인 실수에서 비롯된 탈선임을 암시한다.

(2) 〈가을의 장미(Rosen im Herbst)〉(1955): 유게르트(Rudolf Jugert) 감독
50년대 특유의 감성적인 오락영화로 변신한 작품이다. 특히 크레디트 타이틀에서는 영화의 제목 보다 배우의 이름을 강조하여 감독이 '원전에의 충실성'보다는 스타를 동원한 대중적 성공을 겨냥하고 있음을 암시한다. 유게르트는 영화에서 폰타네의 사회분석을 포기하고, 에피와 크람파스의 사랑놀이에 초점을 맞추고 있다. 영화의 이러한 특성은 예술영화에서 사회비판을 터부시하던 아데나워 시대의 분위기를 반영하는 것이다. 그에 따라 작가의 메시지를 함축적으로 보여주는 대사들은 대부분 무시되거나 일상적인 대사로 단순화되었다.

(3) 〈에피 브리스트(Effi Briest)〉(1968, 구동독): 루데러(Wolfgang Luderer) 감독
원전의 제목을 그대로 차용한 유일한 영화. 1960년대 동독에서 진행된 '유

산 논쟁'의 여운을 담고 있다. 이는 사회주의 리얼리즘의 틀 안에서 부르주아 작가들의 작품을 현재화하려 했던 시도 중의 하나이다. 다른 세 편의 영화와는 달리 빌헬름 제국의 분위기와 하류층의 삶이 상세하게 장면화한 특징이 있다. 프로이센 사회에 대한 비판이 가장 명시적으로 드러난 작품이다.

(4) 〈폰타네 에피 브리스트(Fontane Effi Breist)〉(1974): 파스빈더(R.W. Fassbinder) 감독

제목에서 이 영화가 폰타네의 〈에피 브리스트〉에 관한 영화임을 명시하고 있다.

파스빈더의 원전에 대한 태도나 영향 의도는 영화 속에서 미학적 실험으로 구체화된다. 영화에서는 원전으로서의 소설이 영화적 수단을 통해 완전히 용해되지 않고 영화 내부에 독자적인 자리를 차지하고 있다. 이 영화는 (영화와 소설이 공유하는 부분으로서) 영화적으로 완전히 전환되는 사건진행의 차원, 외부음 해설을 통해 인용되는 소설의 주석적 차원, 그리고 선택과 반복 등과 같은 구성 행위 뿐 아니라 인물에 대한 새로운 해석과 이를 유형화하고 재배치하는 과정에서 드러나는 영화작가의 생산 차원이 관객에게 동시에 노출되는 복합적인 차원을 가지고 있다. 따라서 영화를 보는 관객들은 소설의 차원과 이를 인용하는 영화의 차원을 동시에 관찰할 수 있다.

- 형식: 〈에피 브리스트〉는 36개의 장으로 구성되어 있다. 이는 다시 다섯 부분으로 나눌 수 있다. 소설의 도입부를 형성하는 첫 번째 블록(1장~5장)은 호엔 크레멘을 배경으로 전개된다. 주로 부모의 보호 아래 만족스런 삶을 영위하는 주인공 에피의 모습을 묘사한다. 두 번째 블록(6장~14장)은 결혼 후 케신에서의 삶을 기술하면서 주인공이 점점 고립되는 과정을 보여준다. 정점을 형성하는 세 번째 블록(15장~22장)은 사회적 규범을 파괴하는 주인공의 '탈선' 과정이 그려진다. 이어지는 네 번째 블록(23장~31장)은 베를린을 배경으로 불륜에 대한 사회적 처벌과 내리막으로 치닫는 주인공의 삶을 묘사한다. 마지막 블록(32장~36장)은 다시 호엔 크레멘을 배경으로 전개되는데, 주인공의 삶에 대한 성찰과 화해를 그리는 종결부에 해당한다.
- 내용: 19세기 말엽, 지주 귀족의 지위가 아직도 인정되던 프로이센에서 17살의 에피는 부모님이 정한 나이 많은 인슈테텐 남작과 결혼한다. 에피는 남편을 존경하며, 사랑하려고 노력해 보기도 하지만 그다지 행복하지 못하다.

빈틈없고 엄격한 남편 인슈테텐 남작에게는 내심 거리감을 느끼고 남작이 군수로 근무하는 작은 도시 케신에서의 생활은 너무 단조롭고 지루하다. 딸이 태어난 것도 에피의 쓸쓸한 생활에 변화가 되지 못했다. 열정에서라기보다는 따분함 때문에, 그리고 따뜻한 정이 그리워서 그녀는 남편의 전우였던 크람파스와 연애를 하게 된다. 오랜 시간이 지난 어느 날 인슈테텐은 우연히 크람파스의 연애편지를 발견하게 되고, 그는 귀족이라는 체면 때문에 결투를 신청해서 크람파스 소령을 죽인다. 그리고는 마을 사람들과 자신의 부모에게조차 외면당한 에피를 쫓아버린다. 그녀는 완전히 고립되어 절망적인 생활을 연명하다 결국 병이 악화되어 죽음을 맞이한다.

- 해석: 비스마르크 시대의 소설이다. 소설의 시간적 배경은 1878년부터 1886년에 이르는 기간이다. 당시 비스마르크는 프로이센 사회에서 거의 신격화되다시피 하여 정치계 뿐 아니라 사회 구성원 개인의 사적 삶의 영역에까지 영향을 끼치는 막강한 존재였다. 1866년 보불전쟁에서 승리한 프로이센은 프로이센을 중심으로 한 통일을 반대하던 프랑스와 독일내부의 반대 움직임을 1871년에 완전히 물리침으로써 통일된 독일제국의 중심 국가로 자리를 잡았다. 통일 이후 독일 사회는 산업자본주의 시대로의 변혁이 가속화되었다. 이 과정에서 사회 계층 간의 갈등도 점차 확대되기 시작했다. 하지만 비스마르크를 중심으로 한 당시의 지배계층은 구 프로이센의 군국주의적 전통을 유지하면서 귀족계층과 연합하여 보수적인 정책을 전개하였다. 폰타네는 그의 소설에서 바로 이 시기에 발생한 다양한 시대사적 특성들을 암시하거나 기록해내고 있다.

예컨대 소설의 도입부에 설정된 에피(Effi von Briest)와 인슈테텐(Baron von Innstetten, 38세)의 결혼은 신분에 따라 결정되던 19세기 독일 귀족 사회의 결혼 풍속을 보여주는 표본과 같다. 당시에는 배우자 선택은 물론 결혼을 중재하는 역할도 부모가 담당하는 경우가 허다했다. 〈에피 브리스트〉에서는 어머니가 이 중매자 역할을 담당했다. 그녀는 결혼을 성사시키기 위해 딸의 용모나 의상까지 연출할 정도로 적극적이다. 인슈테텐의 결혼관도 시대의 관습을 충실하게 반영하고 있다. 당시 결혼과 가정은 여성에게 사회적으로 인정받을 수 있는 유일한 삶의 목표였다. 여성의 역할은 남편에게 재생의 공간을 제공하고 아이를 양육하는 것에 국한되었다. 따라서 여성들은 정치, 노동현실, 그리고 사회 관계와 같은 삶의 현실에 대해서나 성적인 문제에 무관심한 그런 존재로 간주되었다. 남성들의 의도적인 시각에 의한 것이기는 하지만, 그 결과 배우자로서는 유아적 여성이 선호되었으며, 인슈테텐이 에피에게 청혼을 한 근저에는 이러한 당시의 관행이 자리 잡고 있다고 볼 수 있다. 또한 그가 에피를 선택한 것은 사회적 신분 상승의 욕구와 밀접한 관련이 있다.

3.3. 점토 로드(Deutsche Tonstraße)

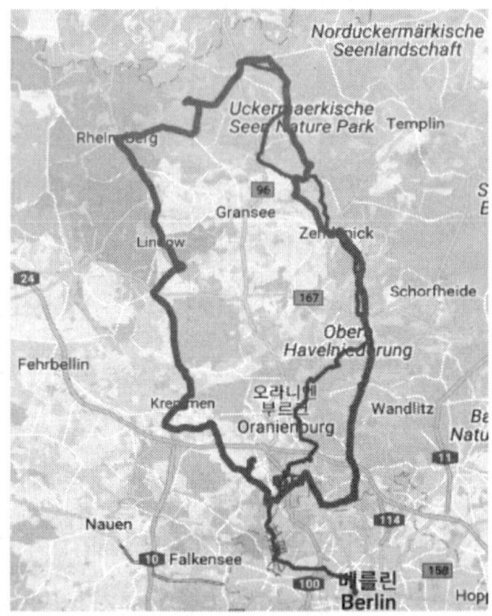

- 브란덴부르크 주 북부를 잠깐 들리는 여정이라면 전체 둘레길이가 215km나 되는 독일의 점토로드를 고려하자. 이 길은 펠텐에서부터 라인스베르크, 밀덴베르크, 퓌르스텐베르크를 거쳐 다시 펠텐으로 가는 여정인데, 인상적인 풍광과 목가적인 호수들을 즐길 수 있다. 이 호수들은 점토를 파내면서 생긴 것들인데, 현재는 수많은 동물과 식물들이 살아가는 공간으로 변했다.
- 초록빛 숲들, 물을 머금은 초원, 크리스탈 같은 호수들, 연결된 수로들, 변방의 포장길들 위로 드높은 하늘이 있는 그곳에 루피너 제란트(Rupiner Seeland)가 한없이 뻗어있다. 루피너 제란트는 유럽에서 가장 멋진 수상스포츠 지역 중 하나다. 라인스베르크에서처럼 탁월한 호수 조망권을 가진 고성들은 콘서트, 연극, 축제의 무대가 되고 있다. 테오도르 폰타네의 탄생지인 노이루핀(Neuruppin)과 이 지역의 수많은 곳에는 브란덴부르크-프로이센의 역사를 간직하고 있다. 오늘

날의 독일 점토가도는 철기시대 말기에 강력한 호상점토 퇴적층이 탄생된 곳을 따라 간다. 호상점토 퇴적층은 주로 점토 재료들로 합성되는 퇴적암 지대이다.

▶ 점토 속의 점토?

- 점토는 암석이 풍화되면서 주로 규소나 알루미늄이 물과 결합하여 만들어진다. 입자가 곱고 점성이 높아서 찰흙이라고도 한다. 벽돌, 기와, 도자기, 시멘트의 원료로 쓰인다. 갈색 빛이 나는 게 보통이다. 그러나 어디서 제조된 것이냐에 따라서 고동색, 적색, 자색, 녹색, 흑색 등 약간의 차이를 보이기도 한다.

▶ 흥미로운 경험

- 바로 이곳 루피너 제발트에서 독일 점토가도가 이어진다. 자전거, 수로, 자동차 등 어떤 교통수단으로든 흥미진진한 탐방여행을 할 수 있다. 수많은 박물관, 명소들이 점토를 둘러싼 이야기들을 풀어놓을 것이다. 도자기 공방과 갤러리에서는 누구나 예술작품이나 수공예품을 제작하는 경험을 하며 창의성도 기를 수 있다.

[1] 크레멘(Kremmen): 쇼이넨 지구

- 크레멘은 브란덴부르크 주 하펠 강 상류지역에 위치한 인구 7300여 명의 역사적인 소도시이다. 1216년 'Cremmene'란 이름으로 문헌에 처음 등장했다. 크레멘은 1236년 6월 20일에 아스카니어 가문 출신의 요한 1세(1213~1266)와 그의 동생 브란덴부르크 변경방백 오토 3세(1215~1267) 그리고 포메른 공작 바르티슬라프 3세(1210~1264) 간에 크레멘 조약(Vertrag von Kremmen)[11]이 체결된 곳이기도 하다.
- 'Scheune'(쇼이네)는 독일어로 곡물창고 또는 헛간을 뜻한다. 쇼이넨 지구로 불리는 이유도 이곳이 촌락의 변두리에 놓인 지역으로 대개는 건초와 밀짚

11) 내용: (1) 바르티슬라프 3세는 브란덴부르크 변경방백들인 요한 1세와 오토 3세의 포메른 땅을 봉토로 갖는다. (2) 바르티슬라프 3세가 사망하는 경우 그의 영지는 봉건영주인 변경방백들에게 귀속되어야 한다. (3) 바르티슬라프 3세 공작은 슈타르가르트, 베제리츠, 부스트로프 지역을 브란덴부르크에게 양도한다.

등을 저장하기 위해 지은 창고들이 길을 따라 밀집해 있었기 때문이다. 주로 목재로 지어진 헛간들을 도시나 마을의 성문 앞, 즉 성문 바깥쪽에 배치한 이유는 저장된 건초더미가 자연 발화하여 화재가 발생할 위험이 높기 때문이었다.

- 농업분야에서 구조변화가 일어남에 따라 쇼이넨 지구의 건물들도 여러 번 용도 변경되거나 철거되었다. 그러나 니더작센 주에서는 쇼이넨 지구의 잔존 건물들을 유지 보수하여 체험공간으로 탈바꿈시켰다. 크레멘에도 현재 40여 채의 건물이 남아있는데, 원래는 70여 채나 되었다고 한다. 한 건물에는 박물관과 직거래장터가 들어섰다.

[2] 린도프(Lindow)

- 13세기에 린도프는 린도프 수도원, 즉 시토교단 또는 프레몽트레 수도회 수녀원의 본거지가 되었다. 이는 종교개혁 시기에 문서들이 사라진 까닭에 확실한 것은 아니다. 창설자들은 루핀 백작령(1214~1524)의 소유자들인 린도프-루핀(Lindow-Ruppin) 백작들이었다. 이 수도원은 다수의 작은 마을들로 둘러싸여 있는데, 이 마을들은 당시 이 수도원의 재산이었다. 종교개혁과 그 이후 교회 파괴 운동이 있고 난 뒤 남은 건물들은 돌볼 사람이 없는 귀족 부인들을 위한 신교양로원으로 바뀌었다. 마지막 양로원 여성 수용자들은 1960년대에 사망했다. 교단 수녀들의 묘지는 교회유적 근처에 있다. 린도프 수도원은 테오도르 폰타네의 소설 〈슈테힐린(Der Stechlin)〉(1895~97)[12]에 등장

12) 줄거리: 폰타네가 말한 노인은 "슈테힐린"이라는 별명을 가진 두브슬라프 소령으로, 슈테힐린 호수와 성의 소유주이다. 이 세상 어딘가에 재앙이 일어나면 슈테힐린 호수가 끓어오른다는 전설이 있다. 두 젊은이는 슈테힐린의 아들인 볼데마르, 그리고 총명하고 생기발랄한 멜루지네의 다소

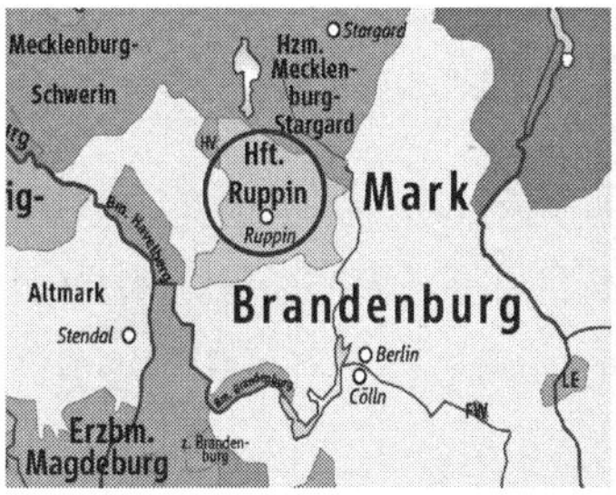

〈좌: 루핀 백작령, 중: 수녀원 교회의 옛 주재단 자리의 십자가, 우: 멋쟁이 수녀〉

하는 부츠(Wutz) 수도원의 원형이 된 곳이다.

- 테오도르 폰타네 덕분에 수도원 유적은 문학에서 유명세를 타게 되었다. 노이루핀에서 탄생한 이 작가는 5쪽에 이르는 "브란덴부르크 변경 산책"을 이 유적에 할애했다. 또한 이 작가는 후기작품인 〈슈테힐린〉의 한 장을 린도프에 정착시켰다. 린도프 수도원에서 부츠 수도원의 원형을 찾아내었다. 당시의 도미나는 슈테힐린의 아델하이트(Adelheid), 즉 소설주인공의 누이동생이 되었다. 운이 따른다면 누구나 이 소도시를 이리저리 산보하면서 아마도 가장 아름다운 폰타네의 에피소드를 경험하게 될 것이다. 즉 이 작가가 수도원에서 검색을 신청하자 수녀원장이 이렇게 질문했다고 한다. "폰 타네? 이런 가족은 모르겠는데요!"(Von Tane? Diese Familie kenne ich nicht!). 아무튼 린도프는 그 이름만큼이나 매력적인 곳이다.
- 멋쟁이 수녀(Schöne Nonne). 린도프의 "멋쟁이 수녀" 동상은 부츠호수의 호숫가 근처에 있다. 이 동상은 폴란드 미술가 페터 슈타이코스키(Peter M. Stajkoski, 1944-)의 작품으로 2007년 7월 2일에 설치되었다. 높이는 2m이고 무게는 1500kg에 육박한다. 동상의 눈빛은 노이루핀에서 멀지 않은 소도시 린도프를 향하고 있다. 동상은 백작의 딸인 아말리에를 상기시킨다. 아말리에는 전설에 따르면 타의에 의해 린도프 수도원의 수녀가 되었는데, 그녀의 연인인 서민 출신의 청년에게 구조되었다고 한다. 나중에 마르틴 루터의 부

특색 없는 여동생 아름가르트이다. 따스하고, 인간적이고, 모든 과격한 사상에 회의적인 시선을 보내는 슈테힐린은 제국 의회의 보수당 후보로 출마하라는 권유에 넘어가지만, 정치에 대한 그의 현실적인 접근 덕분에 사회민주당 후보에게 패배하고 만다. 구 엘리트들이 힘없이 무너지는 가운데, 민주주의의 도래가 계급의 특권을 무너뜨리면서 개인과 사회 간의 관계의 재정의가 절실히 필요해진다. 멜루지네(전설 속에서 슈테힐린 호수에 사는 매혹적인 요정의 이름)는 변화하는 사회에 발을 맞추어야 하는 중요성과 그 밖의 세계와 신비하게 연결되어 있는 호수의 관계를 짚어낸다.

인이 된 카타리나 폰 보라(Katharina von Bora, 1499~1552)에 얽힌 이야기도 있다. 루터의 부인도 극히 평범한 생활을 하고 싶어서 작센 주의 그리마 근처에 있는 님프셴(Nimbschen) 수도원에서 탈출했기 때문이다. 그녀는 당시 수녀였는데, 수도원을 탈출할 정도로 진취적이었고 루터를 설득시켜 결혼한 여성이었다. 마차에 숨어서, 즉, 마차 위의 청어박스 더미 뒤에 숨어서 탈출했다고 한다. 린도프의 사라진 수녀도 귀족 가문 출신이었다. 그녀의 부모는 가난한 농부 아들과 연애를 하지 못하도록 그녀를 시토교단 수도원에 집어넣었다. 그러나 야콥과 아멜리에는 서로 떨어질 수가 없었다. 어느 날밤 그 청년은 자기 애인을 수도원 담벼락 위로 끌어올려 탈출시켰다. 두 사람은 흔적도 없이 사라졌다. 호수에 익사했는지 아니면 안전하게 도망쳤는지는 알 길이 없다. 옛 수도원을 이리저리 산책하는 것도 브란덴부르크 북부지방을 여행하는 충분한 이유가 될 수 있을 것이다.

[3] 마르비츠(Marwitz): 도자기 굽는 마을

- 브란덴부르크 마르비츠에 소재한 헤드비히 도자기회사(HB-Werkstätten für Keramik GmbH)[13]는 1934년 헤드비히 볼하겐(Hedwig Bollhagen, 1907-2001)과 하인리히 쉴트(Heinrich Schild, 1895-1978)가 창건했다. 헤드비히 볼하겐은 2001년 그녀가 사망하기 직전까지 예술 감독이었다.
- 이 회사는 기념물로 보호를 받고 있는 마르비츠 타일(로 입힌) 화로공장에서

(인용: https://www.hedwig-bollhagen.de/)

13) 우리나라에서는 헤드윅 도자기 회사로 알려져 있다. 찻잔 등 이 회사제품들이 시중에 판매되고 있다.

수작업으로 완성한 가정용 그릇과 까다로운 건축용 도자기를 생산한다. 이 공장의 건축용 도자기는 특히 기념물의 관리나 복구 분야에서 이용되고 있다. 완성된 개별 작품이나 소품시리즈에서도 다양한 크기의 벽돌들이 수작업으로 완성된다. 이들 벽돌은 예컨대 베를린의 프리드리히스베르더셰 교회(Friedrichswerdersche Kirche)와 알렉산더 광장의 붉은 시청사에서, 브란덴부르크 주의 코린에 있는 시토교단 코린 수도원에서 그리고 포츠담의 상수시 궁전에서 건축자재로 사용되었다.

〈상식〉 점토벽돌의 역사

- 인류가 발명한 최초의 인공건축자재. 약 8,000년간 사용되어 왔으며 앞으로도 인류가 존재하는 한 영원히 사용될 것으로 생각된다.
- 신석기 시대인 기원전 6000년경. 메소포타미아의 수메르 인들이 진흙으로 벽돌을 만들어 말려서 집을 짓던 것이 점토벽돌의 시초. 이것은 건축사적으로 볼 때 인간이 최초로 건축자재를 생산하게 된 것에 큰 의의가 있고, 훗날 벽돌을 생산할 수 있는 터전을 마련했다는 점에서 중요한 역할을 하였다.
- 흙벽돌은 그 후 나일 강 유역의 이집트와 오리엔트 전역은 물론 지중해 연안과 인도까지 전파되었다. 음식을 구어 먹는 과정에서 흙에 열을 가하면 굳어진다는 사실을 깨달으면서 진흙벽돌도 고온의 열을 가하면 돌과 같이 딱딱하게 될 것이라는 생각으로 소성벽돌을 만들게 되었다고 한다. 소성된 벽돌의 가장 오래된 유물로는 이집트의 케오프스 왕(BC3788~BC3666)의 피라미드에서 발견된 벽돌이다. 메소포타미아 지방에서는 기원전 3000년경부터 소성된 벽돌이 생산되었고, BC2100년경 바빌론 왕조 때는 성, 탑, 신전 등을 쌓았고, 네봐카드네살 2세(BC304~BC562) 때는 유약벽돌로 벽화를 만들어 벽을 장식할 정도였다.
- 인도의 인더스 강 유역 유적에서도 성, 공공건물, 대중목욕탕 등의 벽돌조 건물이 발견되었다. 오리엔트 벽돌 문화는 그 후 그리스와 로마로 전파되었다. 유럽 각국에는 로마의 건축기술과 함께 벽돌 생산 기술이 보급되었다. 중국에서는 BC500년경부터 생산되어 묘재, 성재 등으로 사용되었고, 불교가 전파되면서 탑재로도 널리 사용되었다.
- 우리나라에서는 중국문화의 영향을 받아 낙랑시대부터 생산되기 시작하여 삼국시대, 통일신라, 고려, 조선조까지 계속 생산되었지만, 목재와 석재가 풍부한 조건에서 벽돌문화는 크게 발전하지 못했다. 그러나 벽돌은 2,000년간 끊임없이 생산되어 왔고 주로 묘재, 탑재, 바닥재, 성재, 담장재 등으로 사용되다가 개화기인 조선말 서양인, 일본인들이 들어와서 이들이 필요로 하는 건물에 사용할 벽돌을 생산하면서 근대형 벽돌이 생산되었다. 그 후 일제 강점기에 본격적으로 공장에서 생산된 제품이 나오기 시작하면서 급속도로 발달하였다. 초기에는 수타성형하여 단로에서 소성하던 것이 성형공정의 기계화와 연속식 호프만로가 도입되면서 생산성이 크게 향상되었다.

[4] 밀덴베르크(Mildenberg): 벽돌 공원

- 밀덴베르크 벽돌공원은 2003년에 개장한, 밀덴베르크 마을 근처에 있는 산업기념물이다. 이 공원은 1991년까지도 운영되었던 2곳의 인접한 벽돌공장 부지 위에 조성된 것이다.
- 이 지역에서 벽돌이 생산되기 시작한 때는 뢰벤베르크-템플린 간 철도구간이 구축되면서 풍부한 점토가 발견된 1887년부터다. 당시 글린도프(하펠 강변의 베르더)에서의 점토 채굴이 거의 고갈된 즈음인 20세기 초에 유럽 최대의 점토지대 중 하나가 밀덴베르크 근처에서 발견된 것이다. 발전에 유리하게 작용한 것은 점토지대가 하펠 강 바로 근처에 있었기에 화물 운반용 거룻배로 수로를 통해 쉽게 운반을 할 수 있었다는 점이다. 게다가 밀려오는 이주민들로 인해 거대 도시로 탈바꿈하고 있던 베를린은 이에 필요한 건축자재를 엄청나게 필요한 때였다. 1910년에 57개의 호프만식 원형화로에서 생산한 벽돌이 자그마치 6억2천5백만 개나 되었다. 베를린과 당시 그 이웃도시였던 샤를로텐부르크와 쉐네베르크는 제1차 세계대전 이전에는 성장률이 가장 높았다. 1929/30년 세계경제위기 중에는 벽돌생산에서도 막대한 손실이 발생했고, 다수의 벽돌공장들은 문을 닫았다. 1945년 이후 당시 소련 점령지대에서 벽돌산업이 다시 기지개를 켰다. 전후 복구에 필요한 다량의 건축자재가 필요했다. 구동독 시절 밀덴베르크 주변 지역이 벽돌과 기와의 최대 생산지였다. 1960년대부터는 타일기술이 도입되면서 벽돌산업은 다시 사양길로 접어들었다.

[5] 라인스베르크(Rheinsberg): 고성, 도자기 박물관

- 명칭. 'Rheinsberg'는 12세기에 동부 식민지 개척 과정에서 니더라인 지역에서 온 이주자들이 붙인 것으로 알려져 있다.
- 지리. 라인스베르크는 루피너 란트(Luppiner Land)에 속한다. 이 루피너 란트는 라인스베르크 호수지역, 노이슈테를리츠의 소규모 호수지대의 남서부 지역, 크고 작은 호수들 사이에 위치한다. 라인스베르크의 남쪽에는 루피너 슈바이츠가 이어져 있고, 서쪽에는 나머지 비트슈토크-루피너 하이데(습지지대)가 펼쳐져 있다.
- 역사. 라인스베르크를 둘러싼 지역은 선사시대부터 정착촌이었다. 정착 유적들이 라인스베르크 호수 안에 있는 레무스 섬에서 발견되었다. 1524년 라인스베르크는 루핀의 지배를 받으면서 브란덴부르크 변경과 마주했다. 라인스베르크는 라인스베르크 성과 호엔촐레른 왕가에 밀접한 관련이 있다. 프로이센 왕 프리드리히 빌헬름 1세를 통해 라인스베르크를 획득하고 1740년 이 도시에 화재가 난 이후 이 도시와 성(원래는 1566년에 건축된 르네상스 건물)은 건축가 요한 고트프리트 케메터(Johann Gottfried Kemmeter)와 게오르크 벤체슬라우스 폰 크노벨스도르프(Georg Wenzeslaus von Knobelsdorff)에 의해 재건되었다. 프리드리히 대왕의 이 레지덴츠 궁전은 프리드리히 2세의 로코코 양식 본보기 건물로서, 포츠담의 상수시 궁전의 본보기로 이용되었다. 이곳 황태자 예배당에서 카를 필립 에마누엘 바흐(Carl Philipp Emanuel Bach)는 프리드리히 2세의 실내 쳄발로(Cembalo, harpsichord) 연주자로서 동장했다. 라인스베르크는 이 성의 개축과 증축을 통해 점진적으로 작은 바로크양식 레지덴츠 도시로 발전해갔다. 1762년에는 도자기 매뉴팩처(가내 공업과 공장제 공업의 중간 형태)가 창설되었는데, 프로이센 제국 시대에는 가장 규모가 큰 매뉴팩처들에 속했다. 프리드리히 2세는 왕이 된 이후 자기 남동생인 하인리히에게 이 도시를 넘겨주었는데, 이 남동생은 죽을 때까지(1802년) 그 성에 거주하며 계속 확장하고 개축했다. 1966년에는 라인스베르크 근처의 슈테히린(Großer Stechlinsee) 호숫가에 라인스베르크 원자력발전소가 들어섰는데, 1990년에 폐쇄되었다.

• 쿠르트 투홀스키(Kurt-Tucholsky, 1890~1935) 문학박물관

- 쿠르트 투홀스키의 문학 작품들을 전시하고 있다. 이 기록실은 전시회, 강

연, 낭송회 등이 끊임없이 번갈아가며 열리는 곳으로 유명하다.

[6] 라인스베르크 성

〈좌: 해자 방향, 우: 내륙 방향〉

- 라인스베르크에는 1335년부터 해자에 둘러싸인 성이 있었다. 화재로 인해 피해를 입은 후 1556년 아힘 폰 브레도프의 소유가 되었다. 그는 르네상스 양식의 웅장한 저택을 짓기 위해 방어 시설을 없애 버렸다. 1734년 프로이센의 프리드리히 빌헬름 1세가 큰아들인 프리드리히 황태자(나중에 프리드리히 2세가 됨)를 위해 라인스베르크와 그 영지를 사들였다. 프리드리히 황태자는 건축가 케메터와 크노벨스도르프를 고용하여 건물을 최신식으로 개조했다. 이전 건물에 한 층이 더 세워지고 탑 하나가 더 추가되었으며, 쌍둥이 탑은 아름다운 주랑에 의해 서로 연결되었다. 신중하게 위치를 잡은 호수(그리네릭세 호)가 고요한 푸른 물속에 건물의 모습을 빛나게 하며 그 아름다움을 더욱 돋보이게 한다. 1740년 프리드리히는 왕위에 올랐고, 거의 동시에 슐레지엔 지방을 침략했다. 그의 인생에서 주된 관심사는 모두 이로 인해 벌어진 여러 차례의 전투였다. 1744년 그는 라인스베르크를 동생인 하인리히 왕자에게 주었다. 1753년부터 1802년 사망할 때까지 라인스베르크에 살면서, 하인리히 역시 이 영지에 자신만의 흔적, 더욱 예술적인 흔적을 남겼다. 예술의 후원자였던 그는 성 안에 야외 '울타리 극장', 즉 헤켄테아터를 짓게 했고, 1774년에는 주로 음악 연주회에 쓰이는 슐로스테아터(Schloßtheater, '궁전극장'의 뜻)를 건축했다. 라인스베르크는 음악과 미술의 예술 중심지였을 뿐만 아니라 많은 작가들의 작품에도 등장했다. 그중 가장 유명한 테오도르 폰타

네는 성의 아름다움과 웅장한 호수, 그리고 조경이 잘 된 정원에 대해 열정적인 글을 남겼다. 제2차 세계대전 이후, 라인스베르크는 잠시 요양소로 쓰이다가 1991년 박물관으로 탈바꿈했다.

• 라인스베르크 도자기박물관(Porzellanmuseum).

- 1762년부터 라인스베르크 도자기의 무늬와 형태의 역사적인 발전상을 관람할 수 있는 유일한 곳이다.
- 2002년에 개원한 이 박물관은 라인스베르크 성 근처에 있는 라인스베르크 중심가의 옛 소화펌프창고에 들어선 것이다. 600여 가지에 이르는 전시품들은 프로이센의 하인리히 왕자 시기의 파엔차 도기 매뉴팩처가 있던 1762년 초기부터 초기 도자기생산자로서 성공을 거둔 시기를 넘어 유명한 라인스베르크 찻주전자(티포트)를 대량 제작하던 시기에 이르기까지 도자기 매뉴팩처의 역사를 조망할 수 있는 사료들이다. 그 중 유명한 것이 라인스베르크 압연맥주잔이다.

〈좌: 라인스베르크 압연맥주잔, 우: 라인스베르크 도자기박물관〉

[7] 기사영지 슈타펠데(Rittergut Staffelde)

- 현재의 슈타펠데 마을은 12/13세기에 신성로마제국의 식민지 개척 시기에 막돌로 지은 성당과 부속토지로 탄생한 곳이다. 발굴유물에 따르면 이 지역에 초기석기시대부터 취락지가 있었다. 이곳이 처음 역사서에 등장한 때는 포메른의 공작 바르님 1세(1210/1218~1278)가 이곳 재산을 성모수도원(Jungfrauenkloster)에 넘겨준 때인 1251년이다. 슈타펠데의 지배시기였다. 이 마을의 창설자는 "헨리쿠스 데 슈타펠데(Henricus de Staffelde)"였는데, 이 이름은 이후의 증여문서들에서 여러 번 등장한다(1256년과 1261년). 그러니까 슈타펠데

는 수도원 자산이었다. 1477년에 포메른의 가장 오래된 귀족가문 중 하나인 폰 부소프 가문(Familie von Wussow)이 마을 전체를 차지하면서 그의 영지가 되었다. 1730년에 자금이 부족해서 담보물로 채권자인 슈테틴의 의원 임마누엘 빌리히에게 매각되었다. 1797년에 슈타펠데는 파르고프(Pargow)의 소유주이기도 했던 폰 크라우제의 소유가 되었다. 슈타펠데와 파르고는 1814년에 아우구스트 카르베가 소유하게 되었는데, 그는 들판의 경작을 개선시키고자 서쪽으로 3km 떨어진 곳에 포어베르크 슈타펠데 공장(Vorwerk Staffelde)을 건립했다. 포어베르크에는 아직도 건물 잔해들이 남아있다. 18세기에는 서부 오더 강으로 유입되는 천변에 물레방아도 있었다.

- 슈타펠데 교회는 12세기에 지어진 것이다. 건축양식을 보면, 빙하에 묻혀 떠내려 온 화강암을 이용하여 건축한 가장 아름다운 마을교회 중 하나라고 할 수 있다. 이 교회도 세월이 흐르면서 모습이 바뀌었다. 교회를 둘러싼 통로가 두 부분으로 되어 있는 모습인데, 교회 안쪽 지붕에서 이음매와 연결되어 있다. 이로 미루어 원래는 이 교회의 길이가 현재의 반쪽이었을 것으로 추측된다. 남쪽의 증축부분은 1696년에 건축된 것이다. 원래는 2층이었는데, 위층은 교회의 후견인 경비실(Patronatsloge)이 입주해있었다. 그래서 출입문이 하나가 아닌 두 개가 있었다. 폭이 넓은 문은 교회용이고, 다른 하나는 경비실용 문이었다.
- 게다가 이 교회는 알트마르크 지역의 이른바 7개의 "역발상 교회", 즉 교회 종탑이 그 종탑이 속한 건물의 동쪽에 위치하는 건물들 중 하나였다. 1696년에 붉은 벽돌로 현관을 증축했다.

〈좌: 슈타펠데 교회, 우: 뤼트케뮐러 오르간〉

- 슈타펠데 교회에는 오르간 제작자인 프리드리히-헤르만 뤼트케뮐러(Friedrich-Hermann Lütkemüller, 1815~1897)가 제작한 파이프오르간이 있는데, 간단히 뤼트케뮐러 파이프오르간으로도 불린다. 이 오르간은 그가 제작한 가장 작은 악기이다.

[8] 펠레판츠(Vehlefanz): 받침 있는 풍차

- 상부하펠 관구에서 유일하게 현재까지 남아있는 받침 있는 풍차가 있다. 1915년에 만들어진 이 풍차는 현재는 기술적인 기념건축물로서 농촌생황의 역사를 엿볼 수 있게 한다.

- 풍차는 중세 이후 독일 국경지역의 풍물 중 하나였다. 수많은 도시와 마을의 실루엣을 만들었다. 풍차방앗간은 19세기에 정점을 찍었다. 통계에 따르면 1895년 독일에는 18,362개의 풍차가 있었다. 얼마 지나지 않은 1925년에는 8200개만 남았다. 1852년에는 브란덴부르크 주에만 2198개의 받침 있는 풍차와 139개의 네덜란드식 풍차가 있었다. 이런 맥락에서 알 수 있는 것은 받침 있는 풍차가 이미 중세시대부터 지배적인 풍차유형이었다는 사실이다. 19세기 산업혁명 이후 증기기관의 발달로 풍차는 경쟁력을 잃게 되어 대부분 역사 속으로 사라졌다.
- 펠레판츠의 풍차 역사

  1815년. 받침 있는 풍차 건설. 이 풍차는 18세기 이후 옛날부터 이곳에 있는 마지막 3개의 받침 있는 풍차이다.

  1935년. 물레방앗간 주인 프란츠 바르트(Franz Barth)는 이 물레방앗간을 오토 본크(Otto Bonk, 1904~1970)에게 4000 제국마르크에 매각했다.

1945~1965년: 곡물 분쇄기.

1953년. 날개 제거.

1977년. 기술적인 기념문화재로 보호.

1979년. 오라니엔부르크 관구를 통해 방앗간 매입

1982~1991년. 비텐베르크 출신 물레방앗간 건축기술자 한스-위르겐 체허(Hans-Jürgen Zecher)에 의해 물레방앗간 복원.

1991년. 5월 18일. 물레방앗간 박물관으로 개장. 오라니엔부르크 관구박물관의 출장소.

[9] 펠텐(Velten): 화덕과 도자기 박물관

- 펠텐의 화덕-도자기 박물관은 도시의 역사도 읽을 수 있는 찻주전자에 이르기까지 수천 점의 타일난로 등의 전시품목들을 아우르고 있다.
- 역사. 풍부한 점토채굴 덕분에 1835년부터 베를린 인근 브란덴부르크 마을에서는 세기말에 정점을 찍은 도기류 산업이 발전했다. 1903년에는 당시 구에서 엄청나게 늘어난 43개의 화로공장과 도자기 작업장들에서 생산되었다. 1905년 당시에 구청장 헤르만 치거(Hermann Aurel Zieger), 성가대 지휘자 겸 오르간 연주자 구스타프 게리케(Gustav Gericke), 그리고 지방 도자기산업 등의 지원으로 타일화로-도기류산업 지역박물관이 탄생했다. 초대 박물관장인 구스타프 게리케는 빅토리아 거리에 있는 남학교의 다락층 12개 공간으로 입주할 수 있었다. 첫해에 박물관이 중점을 둔 것은 타일, 견본서적, 화로 장신구, 화로모형, 잡지, 전문서적을 구비하는 일이었다. 제2차 세계대전 후 이 박물관은 여러 번 주거지를 옮겨 다녔다. 1970년에는 아예 베를린으로 매각되는 바람에 수집품은 1990년 초까지 독일 역사박물관의 지하실에 있었다. 1992년 화로 수집품은 독일 역사박물관(DHM)에서 '변경 점토예술(Märkische Tonkunst)'이란 타이틀로 공개되었다. 이를 계기로 펠텐에서 수집품을 도로 찾을 목적으로 펠텐 화로-도자기 박물관 추진협회가 창립되었다. 1994년 7월 6일 박물관은 다시 화로공장인 슈미트-레만 회사(A. Schmidt, Lehmann & Co.) 안에 개장될 수 있었다. 지금도 난로용 타일과 건축용 도기를 생산중인 이 회사는 1872년 빌헬름 거리 32번지에서 탄생했다. 박물관은 이 역사적인 건물의 다락층으로 이전했고, 1999년부터 독일 점토가도 - 베를린과 브란덴부르크에서 점토 주제 관광가도 - 의

출발점이 되었다.

- 펠텐 소재 화로공장인 슈미트-레만 회사의 다락층에 있는 화로-도자기박물관은 1905년의 타일난로를 기념하여 개장되었다. 300년은 족히 되는 수많은 전시품목들이 계속 전시되고 있으며, 화로의 예술사와 문화사를 보여주고 있다. 역사적인 화로공장 건물에 있는 헤드비히 볼하겐 박물관과 함께 이 화로박물관은 브란덴부르크 도자기의 중심지를 이룬다.

- 헤드비히 볼하겐 박물관(Hedwig Bollhagen Museum)은 실용 도자기를 전시하는 곳이다. 이 박물관에는 하노버 태생의 동명 여류 도자기예술가의 일부 유물들을 관람할 수 있다. 헤드비히 볼하겐은 펠텐 근처의 마르비츠 마을에서 그녀가 죽을 때까지 헤드비히 볼하겐 작업장들을 이끌었다. 그녀는 이 작업장에서 간결한 형식미를 갖춘 상품들을 만들었는데, 대부분은 식기와 꽃병 같은 일상에서 사용할 수 있는 것들이었다. 전시품목들은 이 여류 예술가의 지인들의 작품들을 중심으로 추가되었다. 이 지인들은 20세기 독일 도자기 역사에서 가장 중요한 인물들이기도 하다.

[10] 체데니크(Zehdenick): 점토, 벽돌

- 베를린은 전설에 따르면 거룻배 덕분에 건립되었다. 왜 거룻배? 체데니크(Zehdenick), 부르크발(Burgwall), 그란제(Gransee) 사이 하펠 강을 따라 벽돌이 생산된 것과 무관하지 않다. 수도 베를린으로의 건축자재 운반은 수로를 이용하는 것이 가장 빨랐기 때문이다.
- 공식적으로는 19세기에 이 저지대가 산업화된 덕분이었다. 뢰벤베르크-템플린 간 철도노선 건설 때 우연히 점토지대가 발견되었는데, 20세기 90년대까지 채굴되었다.
- 유럽 최대의 이 벽돌공장지대에서는 전성기에는 5000여 명이 종사하기도 했

다. 1911년에는 30개 이상의 공장에서 브란덴부르크 전체 벽돌의 1/4까지 생산했다. 세기말 이후 벽돌공장들은 경쟁력을 상실했다. 공장들은 하나씩 문을 닫았다. 헤르츠베르크, 슈타케브란트 2 공장 건물에서도 부지들이 몰락의 길을 걸었는데, 1990년대에야 비로소 휴먼상태에서 깨어났다. 1997년 하펠 강변의 이 부지에 밀덴베르크 벽돌공원이 개장한 것이다. 이 공원은 산업-기술 박물관으로서, 벽돌산업의 역사를 전시하고 안내하고 발표회를 개최하는 곳이다.

〈상식〉 도자기(요업)의 역사

· 고대

- 도기류의 생산은 인류의 가장 오래된 생산기술들 중 하나.
- 메소포타미아와 이집트에서는 전기 석기시대인 기원전 5000년경에, 중부유럽에서는 기원전 4000년경에 진흙을 구워낸, 장식 그림을 넣은 그릇 등장.
- 참고: 800~1,000℃의 흙 그릇을 '도기', 1,100~1,400℃에서 만드는 것을 '자기'라고 하는데, 이를 합쳐서 도자기라고 한다. 1,000℃ 내외에서 자기가 되는 온도에 도달하지 못한 발전중간형 그릇을 석기(stoneware, 돌로 만든 그릇이 아님)라고 한다.

· 중세

- 이슬람 도기는 중국의 영향을 받아 질적으로 극동의 것에 비교될 만큼 뛰어났다. 이 도기는 유럽 도기의 발전에 중국 다음으로 큰 영향을 끼쳤다. 초기(AD 661~750)에도 바빌론과 시리아의 영향, 그리스 · 로마의 자연주의적 장식기법의 영향을 받아 훌륭한 도기를 제작했다.
- 그러나 중국 것과는 달리 형태와 재질감보다는 풍부한 색상과 장식에 더 중점을 두었고, 장식문양도 종교적 이유로 동물보다는 꽃이나 식물 잎이 주로 사용되었다
- 이슬람 도공들은 9세기에 주석유약을 재발견하고, 귀금속 용기를 모방하기 위해 도기 표면에 주로 사용하는 광택유약을 발명했다. 이것이 도기발전에 결정적인 역할을 했다. 주석유약은 중동 도자기의 특징이었는데, 나중에는 스페인과 이탈리아 등 전 유럽으로 전파되어 마욜리카 · 파이앙스 · 델프트 도자기로 발전했다.
- 장식 모티프로는 꽃이 많이 사용되었는데, 사용자의 종교적인 면에 맞추어 양식화된 형태로 무늬가 그려졌다. 또한 물고기 비늘 모양도 많이 사용되었다. 이것은 이탈리아의 마욜리카, 베를린의 자기, 영국의 우스터 도자기에 영향을 끼쳤다.
- 최초의 주석유약 도자기는 르네상스 때 이탈리아에서 만들어졌는데, 이는 프랑스 · 독일 · 네덜란드 · 영국 · 스칸디나비아로 확산되어 영국 웨지우드의 크림웨어가 출현할 때까지 큰 인기를 누렸다.

· 근세

- 16세기 독일에서는 석기와 주석유약 석기가 발전했다.
- 석기는 라인란트에서 시작되었다. 색상은 백색부터 회청색까지 다양했다. 유약은 소금유약을 사용했다.

- 장식은 정교한 고딕양식 부조에 성서의 내용이 모티프가 되었다. 17세기말에는 바로크 양식으로 바뀌었다.
- 독일 석기는 해외에서 명성을 얻어 일본에까지 수출되었다. 마이센에서도 석기를 만들었다. 1708년 1월 15일 뵈트거(Johann Friedrich Böttger)가 이곳 마이센에서 유럽 최초로 도자기 생산에 성공했다. 이후 도자기가 유행하면서 1730년경 석기 제조는 소멸되었다.
- 파이앙스(Fayencen) 공장은 수적으로도 많았다. 처음에는 주석유약 도자기로 난로용 타일과 큰 잔을 만들었는데, 뉘른베르크에서 대량생산되었다. 장식은 중국적인 모티프와 문장 · 경치 · 성서적인 소재가 많이 사용되었고, 푸른색으로 그리는 것이 일반적이었다. 파이앙스와 자기장식의 중요한 특징 중 하나는 공방화가의 작업이다. 이들은 공장에서 장식을 하지 않은 기물을 공방으로 가져와서 그림을 그려넣고 이곳에서 머플 가마를 사용해 소량으로 소성했다.
- 마이센의 공장에서 제작된 초기의 경질자기는 깨끗하지 않았다. 1715년 이후 10년 동안 많이 개선되었다. 어려운 청색 하회유약 장식보다는 상회유약 장식이 발전했다. 그림은 지형적인 모티프, 이탈리아 희극인물, 꽃, 항구풍경 등이 그려졌다. 초기에는 중국풍의 다양한 용기와 인물상도 많이 만들어졌다. 주석유약은 18세기말경 웨지우드의 크림웨어가 나타나면서 퇴조했다.
- 19세기 유럽 대륙에서 도자기의 중심지는 마이센과 세브르였다. 이곳은 도자기의 유행을 선도하기는 했지만 예술적 수준은 현저히 떨어졌다. 마이센에서는 19세기 전반 로코코 양식이 재생되었고 영국에 다량으로 수출되었다.

03
작센-안할트 (Sachsen-Anhalt)

스키 슬로프, 산책길, 낭만적인 목골가옥 도시들로 가득한 하르츠산맥은 예로부터 고전적인 여행지로 통한다. 브로켄 산에는 독일적 정신이 느껴진다. 정상에서 보이는 짙푸른 숲과 올망졸망한 도시들은 한 폭의 수채화다. 하르츠와 에르츠게비르게 산맥, 나이세와 엘베와 잘레 강 사이에는 독일의 문화와 역사가 살아 숨 쉰다. 그 어떤 연방 주에서도 이렇게 많은, 루터의 종교개혁이 발원한 로마네스크 양식 교회와 수도원을 찾기란 쉽지 않다.

1. 자연을 품은 작센-안할트

- 독일의 중앙에 위치 위치하며. 브란덴부르크, 니더작센, 튀링겐, 작센 주과 경계를 이룬다.

언어: 독일어, 북부 일부지역에는 저지독일어
주도: 막데부르크(Magdeburg)
면적: 20.446,31 km²
인구: 2.236.252명 (2016년)
밀도: 109/km²
창건: 1990년 10월 3일

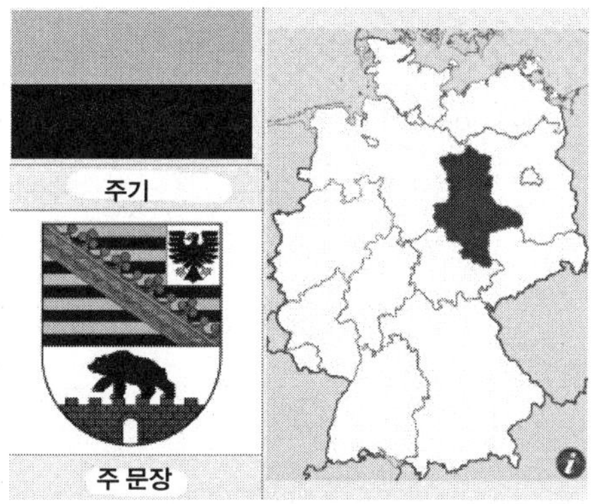

주기
주 문장

▸ 문장

- 2 부분으로 나눠지는데, 맨 위쪽 부분이 작센 지역을 상징한다.
- 검정색과 황금색 줄무늬 위에 헨루다(운향)의 화환이 평행사선으로 그려졌다.
- 검정색 독수리는 프로이센 지역을 상징한다.
- 아래쪽 붉은 벽돌 위의 곰은 베른부르크 제후국의 것으로, 안할트의 일부지역을 나타낸 것이다.

▸ 지역

- 주의 북부지역은 평원이고 남부와 서부 지역은 구릉지와 산들이다. 인구밀도가 낮은 알트마르크 지역에 옛 한자동맹도시들인 잘츠베델, 가르데레겐, 슈텐달, 탕거뮌데 등이 있다.
- 알트마르크에서 엘베-뵈르데-하이데 지역으로 넘어가는 곳에 비옥한 막데부르크 평원이 있다. 이곳에 이 주의 주요 도시들인 할덴스레벤, 오셔스레벤, 반츠레벤, 쇠네벡, 아셔스레벤 및 막데부르크 등의 도시들이 모여 있다.
- 주의 남서부 지역에는 주 경계에 걸쳐있는 하르츠 국립공원을 품은 하르츠 산맥이 있다. 할버슈타트, 크베들린부르크, 베르니게로데, 탈레, 루터도시 아

이스레벤, 장거하우젠 등의 중세도시들이 있다. 그래서 이 주 전역에 중세에서 유래한 수많은 목골가옥, 고성, 교회, 수도원, 궁전들이 산재한다.

- 주의 경계 지역에는 할레, 메르제부르크, 비터펠트-볼펜 등의 역사적인 도시들이 있는데, 이 도시들을 묶어서 “화학산업삼각지대(Chemiedreieck)”라고 한다. 할레는 작센-안할트 주에서 가장 큰 도시. 과거 이곳에는 화학 산업 단지가 있었다.
- 주의 남부 지역. 잘레, 운슈트루트 외에 바이세 엘스터(Weiße Elster) 강변에는 와인경작지 잘레-운슈트루트(Saale-Unstrut) 지구도 있다, 차이츠, 나움부르크, 바이센펠스, 프라이부르크 등의 도시들도 이곳에 있다.
- 주의 동부지역. 안할트-비텐베르크. 데사우-로슬라우, 루터의 도시 비텐베르크, 플래밍 등의 도시들이 있다. 데사우는 옛 안할트-데사우 공국의 레지덴츠였다.

▸언어

- 중부독일어권에 속한다. 저지독일어도 사용된다. 오늘날 농촌지역에서는 고지독일어(표준독일어), 특히 튀링겐-상부작센 남부지역에서 통용되는 고지독일어가 사용되고 있다.
- 알트마르크와 뵈르데 등의 북부지역의 중년 주민들은 여전히 저지독일어를 사용하고 있다. 루터도시 만스펠트와 그 주변지역의 주민들은 알아듣기 힘든 지역 특유의 방언도 사용하고 있다.

▸주민

- 이 주의 원주민은 7세기에 니더작센(동부팔렌)과 튀링겐에서 온 사람들이었다.
- 여기에 독일인이 동부지역으로 이주하는 과정에서 기독교로 개종한 엘베 강변의 슬라브인들이 더해졌다. 뒤이어 지난 수세기 동안 이주해온 플랑드르인과 위그노교도들(칼뱅파를 추종한 프랑스 개신교 신자들)도 몰려들었다.
- 2차 세계대전 후에는 옛 독일 동부지역과 체코슬로바키아 출신 실향민들도 이곳에 정착했다.
- 1990년부터는 러시아계 독일인 이주자들도 작센-안할트 주로 몰려들었는

데, 외국인 이민자들 중에는 비교적 적은 규모를 차지한다. 이 주의 지배적인 이민자 집단은 베트남인들이다.

▸특징

- 농업이 지배적이다. 북부 지역은 비옥하여 수확물도 우수하다. 평야 지대에는 특히 곡물, 사탕무, 유채와 다양한 야채류들이 경작된다. 중부지역에는 약용식물과 향료식물 및 양파가 재배되고 있다.
- 잘레, 운슈트루트, 엘스터 등의 강변은 대규모 와인경작지역이다. 잘레-운슈트루트 지역은 동명의 강을 따라 펼쳐진, 독일의 최북단 고급와인지대가 있는 중부독일 지역이다. 포도원, 가파른 대지, 포도원이 딸린 역사적인 성채와 강변계곡은 약 760 헥타르에 이르는, 와인을 경작한지 1000년을 훌쩍 넘긴 거대한 잘레-운슈트루트 와인경작지대이다. 이 와인경작지대는 현재 작센-안할트 주(639헥타르)와 튀링겐 주(108헥타르)에 걸쳐있다. 실제로 지리상 잘레-운슈트루트 지역과 분리된 브란덴부르크 주의 하펠 강변의 베르더(10헥타르), 탈레 강변의 베스터하우젠과 하르츠산맥 북쪽의 크베들린부르크(3.2헥타르) 와인경작지대도 잘레-운슈트루트 고급와인경작지대에 속한다. 이 와인경작지대를 가로지르는 60km 거리가 잘레-운슈트루트 와인가도이다. 이 가도는 멤레벤에서부터 운슈트루트와 잘레를 거쳐 북부의 바이센펠스에까지 이른다. 할레 근처의 횐슈테트 주변에 또 다른 와인가도가 대략 20km 정도 펼쳐져 있는데, 이 가도의 "만스펠더 제(Mansfelder See)"라는 호수를 통해 차펜도르프와 운터리스도르프가 연결된다. 길이가 20km 정도 되는 "바이세 엘스터(Weiße Elster)" 와인가도는 베터초이베에서부터 차이츠의 포자 수도원(Kloster Posa)에까지 이른다. 잘레-운슈트루트 와인지역에는 50가지 이상의 포도품종들이 경작되고 있는데, 주로 드라이 와인 생산에 사용된다. 화이트와인의 고급 품종에 속하는 것으로는 뮐러-투르가우, 바이스부르군더, 그라우부르군더 및 바쿠스, 리슬링, 질바너, 구테델, 케르너 등이 있다. 특히 리슬링과 뮐러 트루카우는 최고급 품종들이다. 리슬링은 향기가 다양하고 우아하면서도 상큼한 고급와인을 만든다. 뮐러 트루카우는 1882년 개발된 리슬링과 구테델을 접목한 품종이다. 리슬링은 향기가 우수하지만 늦게 익기 때문에 독일의 추운 날씨에 견디기 어려웠다. 이에 더 빨리 익

〈좌: 잘레-운슈트루트 와인가도, 중: 잘레의 포도원, 우: 할로렌 쿠겔〉

는 변종인 뮐러 트루카우를 개발하여 가을의 추위와 습기를 해결한 것이다. 이 와인지대에서 경작된 와인의 약 24% 정도가 도른펠더, 포르투기저, 슈패트부르군더, 블라우어 츠바이겔트 같은 레드와인들이다. 이 와인가도의 유명한 와이너리로는 바트 쾨젠(Bad Kösen)의 우베 뤼츠켄도르프(Uwe Lützkendorf)와 카츠헨(Kaatschen), 나움부르크의 앙드레 구섹(André Gussek) 등을 들 수 있다.

- 잘레와 운슈트루트 주변 지역은 고성, 궁전, 교회 건축물로도 유명하다. 로마네스크 가도의 남쪽 루트도 이 지역을 지나간다.
- 동부지역의 화학산업 삼각지대: 로이나, 할레, 메르제부르크, 비터펠트 등의 도시에서 화학 및 석유 산업이 활발한 때문에 붙여진 명칭. 기계제작과 공구제작 회사들, 식품회사와 기호식품회사들이 즐비하다. 예를 들어 할레에는 독일에서 가장 오래된 할로렌 초콜릿 회사(Halloren Schokoladenfabrik AG)가 있다. '할로렌 쿠겔(Halloren Kugeln)'은 초콜릿 속을 여러 가지로 채운 작은 초콜릿 과자. 이 과자가 처음 생산된 곳이 지금의 델리츠 초콜릿회사(Delitzscher Schokoladenfabrik GmbH, 2008년 이후)이다. 이 회사는 1804년 프리드리히 미테(Friedrich August Miethe)에 의해 카카오&초콜릿회사로 창업된 회사. 오리지널 할로렌-쿠겔은 초창기 할레에서 근무하던 제염업자 할로렌의 이름을 딴 것이다. 이렇게 이름을 붙인 근거가 재미있다. 크림과 초콜릿으로 만들어진 프랄린이 할로렌의 재킷에 달린 은단추를 연상시킨 때문이라고 한다. 매년 1억8000만개의 과자가 판매된다.
- 막데부르크에는 내항이 있고, 엘베 강과 '미텔란트 운하(Mittellandkanal)'가 교차한다. 이 두 운하의 교차지점에 수로교차로가 건설되었다.

Untere Havel - Wasserstraße
Schleuse Parey
Schleuse Zerben
Schleuse Hohenwarthe
Kanalbrücke
Schleuse Rothensee
Elbe - Havel - Kanal
(엘베-하펠 운하)
Sachsen-Anhalt
Brandenburg
Landesgrenze:
Genthin
Parey
(엘베 강)
Brandenburg
(브란덴부르크)
Niegripp
Schleuse Niegripp
Burg
Mittellandkanal
Wasserstraßenkreuz
Magdeburg (막데부르크 수로교차로)
Schleuse Wusterwitz
RVK
Niedrigwasser-
schleuse
Anschluss der
Magdeburger Häfen mit RVK
MAGDEBURG
막데부르크
N

2. 역사를 품은 작센-안할트

- 772~804년. 이른바 작센전쟁에서 카를대제(768~814)가 작센인을 정복하고 기독교를 전도한다. 780년에 그는 엘베 강까지 확장하여 막데부르크와 할레 근처에 방어시설을 구축한다. 그 결과 작센 공국이 프랑크왕국에 편입된다.
- 802년. 오스터비크(Osterwieck)에서 창건하여 할버슈타트로 이주한 기독교 전도지역이 804년경 카를대제에 의해 주교구가 된다.
- 919년. 작센공작 하인리히 1세(재위 912~936)가 독일의 왕과 황제를 배출한 오토 왕가의 시조. 그는 프랑크 족이 아닌 최초의 독일 왕이 된다. 그는 작센의 북동쪽 슬라브족에 대해 군사행동을 시작한다. 하인리히 이전에는 슬라브족을 간접 지배했지만, 928~29년 원정부터는 직접 영토를 지배하게 된다. 특히 929년의 렌첸(현재의 브란덴부르크) 전투에서 슬라브족에 결정적 승리를 거둔다. 또한 라인-마인 지역의 지배력을 하르츠 산맥과 엘베 강 사이 지역으로 확장한다. 하인리히 1세는 936년 사후 크베들린부르크의 주교구성당에 매장된다.
- 968년. 오토 1세(936~973)가 막데부르크 대주교구를 창립한다. 오토 1세는 황제에 오르기 이전에 이미 오랫동안 막데부르크에서 체류했다. 나중에는 이 도시와 오늘날의 작센-안할트 지역을 강화한다. 오토 1세는 왕권을 꾸준히 확장하고, 슬라브족과의 국경을 공고히 하고, 이 지역을 기독교로 개종시킨다. 962년 그는 최초의 독일 황제의 관을 쓴다. 그의 권력의 중심은 중부엘베 강변 지역이라고들 한다. 오토 1세는 사후 973년 그의 소망에 따라 막데부르크 대성당에 매장된다.
- 10세기. 메르제부르크 주문은 독일 문학에서 가장 오래된 문헌에 속한다. 이 주문은 인간이나 동물의 질병을 치료하거나, 여러 가지 불행이나 위험이 닥쳤을 때 악마를 퇴치하는 수단으로 오랫동안 구전된 것을 기록한 것이다. 이것은 풀다 수도원에서 쓴 것으로 추정되는데, 메르제부르크 대성당 도서관에서 9~10세기의 신학적 내용을 담은 필사본 모음집에서 발견되었다. 그

필사본에는 고대고지독일어로 쓴 두 개의 마법주문이 실려 있었다. 이 주문은 발견 장소에 따라 현재와 같은 명칭을 가지게 되었다.

- 1009~1018년. 티트마르 폰 메르제부르크(Thietmar von Merseburg, 975~1018)가 1004년에 설치된 메르제부르크 주교구를 이끈다. 그는 메르제부르크 주교이자 당시 가장 유명한 역사가였다.
- 1188년. 대주교 비히만(Wichmann von Seeburg-Querfurt, 1116~1192)은 나움부르크 주교(1149~1154)를 거쳐 막데부르크 대주교(1154~1192)가 되어 막데부르크 법전을 편찬한다. 막데부르크 도시권이 국제적으로 알려진다.
- 13세기 초. 독일 최초의 법학자 아이케 폰 레프고(Eike von Repgow, 1165?~1233?)가 관습법전인 '작센슈피겔(Sachsenspiegel)' (1215~1230)을 저술한다. 그의 원래의 직업은 기사였다. 그는 각 지방의 재판소에서 참심원으로 일한 경험을 바탕으로 작센 지방의 관습법을 성문화하였는데, 이것이 독일에서 가장 오래된 '작센슈피겔'이다. 처음에는 라틴어로 썼지만, 나중에 중세저지독일어로 재작성했는데, 이것이 현존하는 것이다. 서문은 운문과 산문으로 작성했고, 본문에서는 보통법과 봉건법의 2부로 나누어서 국제법 · 소송법 · 형법 · 가정법 · 재산법 등을 규정하고 있다. 도시법, 장원법 같은 특수법은 다루지 않았다. 이 법서의 영향을 받아 '슈바벤슈피겔' 등 많은 법서들이 편찬된다.
- 1502년. 비텐베르크 대학 창설. 독일어권에서 가장 오래된 대학 중 하나.
- 1517년. 비텐베르크 대학 신학교수 마르틴 루터(1483~1546)가 10월 31일 95개 반박문을 발표하면서 종교개혁의 불씨를 당긴다.
- 1530년. 필리프 멜란히톤(1497~1560) - 비텐베르크 대학 그리스어 교수 - 가 〈아우구스부르크 신앙 고백서(Confession Augustana)〉를 저술한다. 이 책은 종교개혁에 결정적인 입장을 표출하고 있다. 멜란히톤은 종교개혁 이론, 즉 프로테스탄트의 교리를 정리하고 이를 집대성한 인물이다. 어학자로서뿐 아니라 학교 조직에서도 그의 공적은 적지 않아서 '독일의 스승(Praeceptor Germaniae)'으로 칭송받고 있다.
- 1552년. 할레에 독일에서 가장 오래되고 가장 거대한 교회도서관인 마리엔 도서관이 창건된다.
- 1631년. 30년 전쟁(1618~1648) 중에 프로테스탄트 측에 가담한 막데부르크가 틸리장군이 이끄는 황제군의 방화와 약탈을 당한다. 이 시기까지 막데부르크는 "독일"의 가장 중요한 도시들 중 하나였지만, 정복당한 후 거의 파괴된

다. 이후 도시의 핵심적 기능을 상실한다.

- 1654년. 막데부르크의 시장이자 물리학자 오토 폰 귀리케(Otto von Guericke, 1602~1686)가 레겐스부르크 제국의회에서 대기압의 세기를 나타내기 위해 '막데부르크의 반구실험'을 공개한다. 이 이론은 후에 로버트 보일(Robert Boyle, 1625~1691) 등에 의한 기체역학의 기초가 된다.
- 1694년. 브란덴부르크 선제후 프리드리히 3세(1415~1493)가 할레 대학을 개원한다.
- 1698년. 아우구스트 프랑케(August Hermann Francke)는 17세기 독일에서 일어난 경건주의의 지도자이다. 그의 영향으로 할레대학은 경건주의의 중심지가 된다. 그는 가난한 집안 아이들을 위해 학교와 고아원 등을 설립, 사회복지와 프로이센 독일국민교육에 크게 공헌한다.
- 1815/1816년. 프로이센의 작센 주(1816~1945, 주도: 막데부르크)가 창건된다. 이 주는 빈회의(1814/15)에 따라 프로이센에 귀속된 작센 왕국의 북부지역, 즉 알트마르크, 막데부르크, 할버슈타트 등의 옛 프로이센 영토에 해당한다. 1947년 소련군정 하에서 안할트와 합병하여 작센-안할트 주가 된다.
- 1862년. 오토 폰 비스마르크(1815~1898)가 프로이센 재상이 된다.
- 1879년. 나움부르크가 작센 주와 안할트 공국의 고등법원 소재지가 된다.
- 1925~1932년. 데사우 시에서 바우하우스(1919년 바이마르에서 창립)가 새 동지를 튼다. 이 때부터 각 공방에서 3년의 과정을 마친 다음 모든 것을 통괄하는 건축과정으로 넘어갔다. 새로운 생산방식에 따른 디자인 방식도 도입하고, 공업화를 추구해 실제로 산업계와 제휴하기도 한다. 이 시기를 상징적으로 보여주는 것이 1926년 그로피우스가 설계한 바우하우스 교사(校舍)인데, 공업시대 특유의 구조와 기능미가 잘 드러나 있다.
- 1939년. 9월 1일 독일의 폴란드 공격으로 제2차 세계대전 발발. 현재의 작센-안할트 주는 독일에서 가장 중요한 군수산업기지 중 하나로 확장된다.
- 1945년. 막데부르크, 데사우, 할버슈타트, 체릅스트(Zerbst), 메르제부르크가 종전 직전 연합군의 공중폭격으로 초토화된다.
- 1945~1947년. 작센-안할트 주가 만들어진다.
- 1990년. 10월 3일 작센-안할트 주가 재건된다. 10월 14일 1946년 이후 처음으로 자유선거로 주 의회를 선출한다. 주지사에 게르트 기스 박사(Dr. Gerd

Gies, CSU)가 당선된다.

- 1992년. 작센-안할트 주 헌법이 7월 16일에 공표된다. 이로써 작센-안할트 주가 브란덴부르크와 작센 주의 뒤를 이어 세 번째 새 연방주가 된다.

3. 문화를 품은 작센-안할트

- 작센-안할트 주는 풍경이 다채롭다. 주 북부에 위치한 알트마르크와 남동부의 자연생태공원 뒤베너 하이데(Dübener Heide)는 평탄한 지역이지만, 남서부의 하르츠 지역은 완만한 구릉지와 산들이 많다.

알트마르크

- 이 지명이 처음 등장한 때는 1304년. 당시의 이름은 Antiqua Marchia('Alte Mark', '옛 국경지구'의 뜻). 정확히는 '마르크 브란덴부르크'를 설치할 당시 서부 엘베 강의 출발지란 뜻이다. 이와 관련된 또 다른 의미가 '브란덴부르크의 발상지'나 '프로이센의 발상지'이다.
- 전체가 마르크 브란덴부르크가 창설된 때문에 이 마르크그라프샤프트[14]와 이후 이로부터 등장한 프로이센 제국에 귀속되었다. 이 지역에는 슈텐달, 가르델레겐, 잘츠베델 외에 탕어뮌데, 오스터부르크, 제하우젠, 베르벤 등의

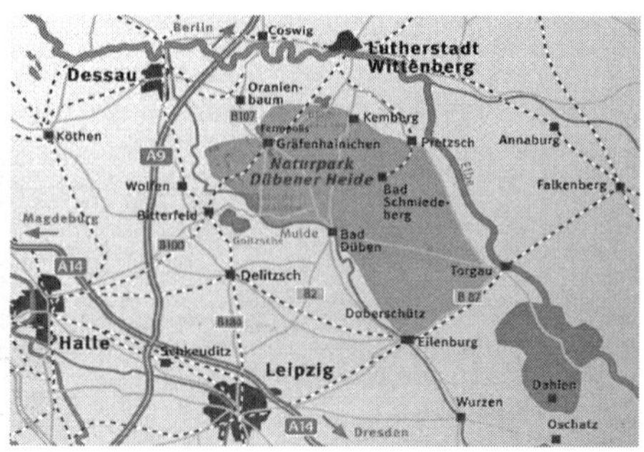

〈좌: 탕어뮌데의 성곽, 우: 뒤베너 하이데〉

14) 카를 대제(재위 768~814)에 의해 변경주인 마르크에 설치된 군사적 특수 국경수비제도 및 그 지구. 마르크그라프(변경백)는 800년경 제국 내부 지역의 중세 세습 귀족 중, 타국과 영토가 맞닿은 일부 봉토의 영주. 주로 카롤링 왕조와 이후 신성로마제국의 동부 국경지대에 있었다. 신성로마제국의 변경백령 중 브란덴부르크(프로이센 왕국의 기원)와 오스트마르크('동부 국경'의 뜻. 오스트리아가 됨)이 중요하다. 작센왕조는 새로운 마르크그라프샤프트(Markgrafschaft)를 제국 각 지역에 설치했고, 봉건제가 진전되면서 황제로부터 점차 독립했다. 12세기 이후 브란덴부르크 · 마이센 · 라우지츠 · 나무르의 마르크그라프샤프트는 제국 제후의 지위를 인정받았다.

한자동맹도시들이 산재한다. 이들은 13~15세기에 부유하고 방어 능력을 갖춘 한자도시들로서, 함께 알트마르크 도시동맹을 구축했다.

뒤베너 하이데

- 작센-안할트 주의 남동쪽과 작센 주의 북서부에 걸쳐 770km²에 이르는, 정부차원이 아닌 시민연대에 의해 생겨난 독일 최초의 자연생태공원이다.
- 라이프치히, 할레, 데사우 시들이 지척에 있다. 베를린에서도 차로 한 시간이면 도착할 수 있다.

남서부의 하르츠 자연생태공원(Naturpark Harz)

- 하르츠 군과 만스펠트-쥐트하르츠 군을 중심으로 2003년에 지정되었으며, 면적이 1.660 km²에 이른다.

크베들린부르크(Quedlinburg)

- 1200여 채의 역사적 목골가옥들이 있는 구시가지는 유네스코 세계문화유산에 등재되었다.
- 특히 하르츠 지역에는 고성도 많다. 팔켄슈타인 성(Burg Falkenstein)은 현재까지 보존된 가장 중요한 이 지역 고성들 중 하나. 중세 초기의 독일인과 슬라브인 취락 접경지대를 따라 많은 도시성곽들(막데부르크, 베른부르크, 메르제부르크, 나움부르크)이 생겨났다. 이 지역에서 가장 오래된 고성들은 특히 알슈테트, 막데부르크, 멤레벤, 메르제부르크, 크베들린부르크, 틸레다, 베스터부르크 등에 있었던 제후팔츠 성(ottonische Königspfalzen)[15]이었다.

15) 초기와 전성기 중세시대에 여행하는 왕(제후)의 (거주)기지. 팔츠라는 개념은 로마의 7개 언덕들 중 하나인 팔라틴에서 유추한 것이다. 중세의 왕(제후)은 하나의 핵심도시에서 통치하지 않고 되도록 '현장에 있으면서 자기 속국들과의 개별적인 접촉을 유지할 필요가 있었다. 왕의 팔츠 성들이 자신의 지위에 따라 신성로마제국의 지배자로서 자신의 지위에 맞게 건축되고 사용되었기 때문에 역사적으로 정확한 팔츠 명칭은 제후팔츠 성(Königspfalz)이다. 카이저팔츠 성(Kaiserpfalz)이란 명칭은 19세기에 붙여진 것이다. 팔츠성이 여행제후가 자신의 통치과제를 수행하던 곳이라면, 제후궁전은 제후가 여행 중에 잠시 체류하기 위해 이용하던 곳이었다.

〈좌: 크베들린부르크 구시가지의 목골가옥, 우: 제후팔츠성〉

3.1. 잘레 강변의 할레(Halle/Saale)

- 이 주에서 가장 큰 도시, "작센-안할트 주의 문화중심도시"로 불린다.
- 독일에서 오래된 도시 중 하나, 이곳을 중심으로 청동기와 철기 문화가 형성되었다. 역사 시대 이후로는 9세기에 처음 문헌에서 등장한다.

▶ 역사

- 968년. 막데부르크 대주교의 영지가 된다. 981년 도시권이 주어지고, 그 때부터 암염 채굴로 세상에 알려진다. 할레라는 도시명도 '제염소'의 뜻이 있다.
- 1281~1478년. 한자동맹의 일원이 된다. 할로렌(Halloren)이라는 소금 제조업자와 일반인들 간에 대립이 있었지만, 막데부르크 대주교의 관할에서 벗어나서 자유 한자동맹도시로서의 특권을 누린다.
- 1544년. 종교개혁을 받아들인다. 1648년 브란덴부르크에 합병된다.
- 제2차 세계대전 때 전화를 입지 않아서 중세의 성, 교회 등 많은 건축물이 남아 있다.

▶ 마르크트 광장의 '운저 리벤 프라우엔(Unser lieben Frauen[성모])' 교회

- 후기고딕양식의 본당(1530~54)이 이전의 로마네스크양식 교회들로부터 이어받은 두 쌍의 탑들을 끼고 있다.
- 로터 투름(Roter Turm, '붉은 탑'의 뜻). 높이 84m의 종탑. 할레의 마르크트 광장 북쪽에 위치하는 시계탑 겸 종탑이다. 1418년부터 1506년에 걸쳐 후기 고딕 양식으로 건축된 것인데, 시민들이 자신들의 권리를 주장하기 위해 지

은 것이다. 제2차 세계대전 당시 폭격으로 심각하게 파손된 것을 1972년부터 3년간 보수하면서 탑의 첨탑 부위를 다시 만들었다. 보수 공사와 동시에 탑 안에 현대식 갤러리가 들어서서 오늘날까지도 각종 전시회가 열리고 있다. 1993년부터 탑 안의 종들이 다시 울리기 시작했다. 카를스루에에서 만들어진 76개나 되는 종들이 아름다운 연주를 한다. 지름이 2.36m나 되는 가장 큰 종에서부터 지름이 16.3cm밖에 안 되는 가장 작은 종까지 다양하게 구성되어 있는데, 전체 무게가 54.980kg에 이르는 종의 규모는 세계에서 두 번째로 큰 것이라고 한다.

- 마르크트 교회, 작곡가 프리드리히 헨델 기념비(독일에서 유일함), 마르크트교회, 로터 투름을 묶어서 할레의 "다섯 첨탑(Fünf Türme)"으로 불리기도 한다.

▶ 작곡가 게오르크 헨델(Georg. F. Händel, 1685년 2월 23일~1759)

- 이곳 할레에서 태어났지만 영국에 귀화해 영국에서 활동한 독일계 영국인 바로크 작곡가 중 한 사람이다. 바흐와 동갑이고 같은 독일 태생이지만 단 한 번도 만나지 못했다. 헨델이 유럽 여러 지역을 돌아다녔던 것과는 달리, 바흐는 독일에서 평생 살았기 때문이다. 바흐가 대위법에 기초한 각 성부간의 치밀한 움직임에 주안점을 두었다면, 헨델은 화성을 바탕으로 한 전체적인 울림에 주목하였다. 그래서 선명하고 명쾌한 선율 처리가 특징적이다. 왜 그렇게 차이가 나는 것일까? 바흐는 평생 독일 밖을 벗어나지 않았고 주로 도시의 교회나 궁정음악을 담당하였다. 그러나 헨델은 30대에 런던에 정착하여 평생 거기서 살았다. 특히 성악 쪽에서 당대 유럽 최고 수준의 가수들이 모두 런던을 거쳐갔다. 이런 분위기에서 헨델도 최고의 가수들과 협업할 수 있었고, 오페라를 비롯한 헨델의 성악 작품은 이런 뛰어난 가수들의 역량을 극대화하는 방향으로 작곡되었다. 때문에 헨델의 음악은 바흐처럼 치밀하고 복잡한 구축법 대신 극음악에 맞는 선명한 선율선, 화려한 울림, 그리고 극적인 표현을 중시하고 있다. 이런 작곡기법은 그의 기악곡에서도 잘 드러난다. 헨델의 하프시코드 모음곡과 바흐의 영국 모음곡이나 건반악기를 위한 파르티타 등과 비교해보면 두 사람의 음악 성향의 차이는 한층 더 명확해진다.
- 우리에게 널리 알려진 곡은 메시아, 수상음악, 왕궁의 불꽃놀이 같은 기악

〈좌: 마르크트 광장, 우: 로터 투름〉

곡들이다. 그러나 그는 주로 오페라와 오라토리오 등의 극음악 분야에서 큰 업적을 남겼다. 특히 오라토리오 메시아는 초연 후 지금까지 유럽 문화권에서 한 번도 연주되지 않은 해가 없을 정도로 유명하다. 특히 그의 출세작 리날도(Rinaldo, 1711) - 현재는 1731년 개작버전이 주로 공연됨 - 에 나오는 아리아 'Lascia Ch'io Pianga'(울게 하소서)는 대중적으로도 유명하다. 헨델이 일평생 심혈을 기울였던 장르는 바로 오페라이다. 그는 평생 46개나 되는 오페라를 남겼다(악보가 현존하는 것은 42개). 그러나 그의 오페라는 최근까지도 몇몇 아리아나 간주 음악 정도만 연주됐을 뿐 오페라 자체는 거의 연주되지 않았다.

- 매년 여름에 이곳 할레에서 헨델음악축제(Händel-Festspiele)가 열린다. 피날레 프로그램은 전통적으로 할레의 갈겐베르크 골짜기에서 야외음악제로 공연된다. 할레 출신의 작곡가가 작곡한 '불꽃놀이 음악'을 한 곡씩 소개하면서 헨델의 기악곡 '왕국의 불꽃놀이'(1749)와 함께 마무리된다.

3.2. 막데부르크(Magdeburg)

- 슬라브인과 싸우던 시기에 군사 요충지로서 중요한 역할을 한 곳.
- 도시명 'Magdeburg'의 옛 형태는 10세기에는 Magadoburg 또는 Magathaburg로 발음되었다. 기저어 'Burg'는 당시에는 도처에서 사용되던 단어였다. 기저어의 한정어에 게르만어 형용사 magaþ ('거대한', 막강한'의 뜻)가 부가되면서

〈좌: 막데부르크에 도착한 오토대제와 황후 에디트, 중: 도시문장, 우: 막데부르크 대성당〉

"강력한 고성(mächtige Burg)"의 뜻을 가지게 되었다고도 한다. 또 다른 가설로는 중세시대부터 민속어원학적으로 'Magd'('처녀'의 뜻)에서 파생된 것이라고도 하는데, 이 파생어는 도시문장에도 반영되어 있다. 이런 해석은 그리스인 거주지 파르테노폴리스(Parthenopolis, 'Jungfrauenburg'[처녀 고성]의 뜻)를 둘러싼 구비전설들과도 무관하지 않다.

- 805년. 카를 대제 시기의 문서에서 처음으로 'magadoburg'로 등장한다. 그래서 일까, 신성로마제국의 초대 황제 오토 1세의 황제궁전(Kaiserpfalz)이 있었다.
- 929년. 하인리히 1세가 아들인 오토 1세와 에디트(잉글랜드의 에드워드 1세의 딸)와의 결혼식을 주선했다. 결혼식 때 에디트는 막데부르크를 결혼선물로 받았다.
- 937년. 2명의 대주교, 8명의 주교, 세속 고관대작들이 참여한 제국의회가 개최되었다. 같은 시기에 모리츠수도원이 성 마우리티우스(로마 군인으로서 순교하여 성인이 된 인물로 최초의 흑인 성인)를 기념하여 설립되는데, 1207여 년까지 건물들이 잔존했다. 현재는 이곳에 막데부르크 대성당과 대성당 광장이 들어섰다.
- 946년. 황후 에디트가 사망하여 이 수도원 교회(현재의 막데부르크 대성당)에 매장된다. 오토 대제는 이후 막데부르크의 건축에 큰 영향을 미친 부르고뉴 출신의 아델하이트(Adelheid, 부르고뉴 왕국의 루돌프 2세의 딸)와 951년에 결혼한다. 950년경 엘베강 동쪽 막데부르크 지역을 포함하는 브란덴부르크 주교구가 창립된다. 막데부르크는 962년 오토대제와 그의 둘째 부인 아델하이트가 신성로마제국의 황제의 대관을 받게 된다. 967년 라벤나 공의회에 의해 그 다음 해에 대주교구로 승격된다. 막데부르크의 초대 대주교 아달베르

트(Adalbert von Magdeburg, 910~981)는 나중에 슬라브인의 사도로서 성인의 반열에 오른다. 이후 막데부르크는 대주교의 보호 하에 크게 발전한다. 나중에는 한자 동맹의 일원까지 된다.

- 1524년. 종교개혁 시기에 루터파로 개종한다.
- 30년 전쟁(1618~1648) 때 도시가 파괴되면서 점차 정치적 영향력도 상실한다.
- 제2차 세계대전 때 도시의 약 80%가 파괴되어 옛 명성도 상실한다.

▶ "녹색내성": 훈데르트바서하우스

- 녹색내성은 훈데르트바서가 설계한 건물인데, 2005년에 완성되었다. 훈데르트바서가 죽기 전에 작업한 마지막 프로젝트였다. 루터도시 비텐베르크에 있는 훈데르트바서학교와 함께 작센-안할트 주에 있는 또 다른 건물을 예술적으로 구성한 것이다. 이 건물은 대성당 광장과 주의사당에서 멀지 않은 시내에 있다. 건물에 대해서는 의견이 분분했다. 주교구의 소유지에 있는 게로주식회사(Gero AG)가 건축주로서 그리고 MBN 몽타주 건축회사(MBN Montage-Bau GmbH)가 시행사로서 참여했다. 예술 총감독을 책임진 것은 훈데르트바서가 설립한 그뤼너 야누라 주식회사(Gruener Janura AG, Wien)였다. 비용은 약 27백만 유로에 달했다.
- 현재의 녹색내성 자리에는 1959년까지 니콜라이교회가 있었다. 이 교회는 1810년 세속화 후 군수품 창고로 사용되었다. 제2차 세계대전 때 포격으로 버려진 땅에 1970년대에 서민주택이 들어섰다. 당시 1954년부터 막데부르크 시주택조합의 의장이던 롤프 오피츠(Rolf Opitz)가 1995년 훈데르트바서에게 이 서민주택을 훈데르트바서 양식으로 개조해줄 것을 제안했다. 훈데르트바서는 개조하기로 하였지만 건축공간이 넓어서 신축하기로 계획했다. 계획

〈훈데르트바서의 마지막 프로젝트 '녹색 내성(Die Grüne Zitadelle)〉

〈좌: 녹색내성의 외관, 우: 녹색내성 지상층의 공중화장실〉

은 건축가 페터 펠리칸(Peter Pelikan) (설계)과 하인츠 슈프링만(Heinz M. Springmann)(시행)이 맡았다.

- 지상층에는 여러 개의 상점과 카페와 레스토랑이 각각 하나씩 있다. 특히 이곳 "녹색내성 안내소"에는 원본 건축설계도면도 있다. 건물에는 극장, ART-호텔, 유아원 "프리덴스라이히(FriedensReich, '평화의 왕국'의 뜻)가 있다. 위층에는 55개의 아파트 및 사무실 등이 있다.
- 특징. 녹색내성은 2개의 안뜰을 둘러싸고 있는데, 비교적 큰 안뜰에는 분수가 하나 있다. 창문들은 어떤 것도 같은 형태가 없다. '녹색 내성'이라는 건물의 이름은 풀이 무성하게 자라는 지붕에서 그 근거를 찾을 수 있다. 게다가 수많은 나무들이 건물 위와 안과 벽에서 자라고 있다. 지붕에도 몇 그루의 나무들이 심어져 있고, 또 다른 나무들은 아파트의 외벽에 뿌리를 내리고 있다. 이렇게 "임차된 나무들"은 각 임차인이 보호하고 관리한다. 건물이 완성된 후 건물의 외부상태는 그 어떤 개조도 불허되고 있다. 오직 나무의 성장과 외부색깔의 퇴색 때문에 바뀔 수 있을 따름인데, 이는 이 건축물의 역사성을 대변하는 역할도 한다.

▸ 훈데르트바서 (F. Hundertwasser, 1928~2000), 어떤 인물인가?

- 오스트리아의 건축가, 화가, 환경운동가. 국적은 뉴질랜드이고 본명은 프리드리히 슈토바서(Friedrich Stowasser).
- 이름이 4개나 된다. 1949년(20세)에 슈토바서는 이름을 훈데르트바서로 바

꾸기로 결심한다. 러시아어와 슬로바키아어로 스토(sto)가 숫자 '100(Hundert)'를 뜻한다는 것을 알고 자신의 성을 시각적으로 표현하고자한 것이다. 그 후 자신의 작품에 Huwa, 100, 세 개의 물결선으로 구성된 새로운 상징 형태의 서명을 한다. 1961년 일본에 머물며 일본 전통 목판화를 연구하던 훈데르트바서는 자신의 이름을 일본어로도 쓸 수 있는 방법을 고민하다가 프리데라이히를 추가한다. 평화를 뜻하는 프리데(Friede)와 왕국을 뜻하는 라이히(Reich)를 합친 말. 1968년 프리데라이히는 프리덴스라이히(Friedensreich, '평화의 왕국'의 뜻)로 수정된다.

- 자연주의 사상: 산업에 의해 파괴되고 있는 자연을 보며 자연에 대한 존경심을 가지고 자연을 보호해야 한다는 생각이다. 직선을 배척하고 곡선을 옹호하는 그의 미술관을 보아도 그의 사상을 알 수 있다. 신체, 생물, 물질의 유기적 순환을 강조한다. 1993년 그가 발표한 '자연과의 평화조약'을 살펴보면 자연주의 사상에 대한 훈데르트바서의 의지를 읽을 수 있다.
- 훈데르트바서가 건축을 시작한 이유: 기능주의와 실용주의에 바탕을 둔 현대건축물이 사람을 병들게 하고 있다는 생각 때문이었다. 도시의 메마른 건축물들에 생명을 불어넣어 '건축치료사'라는 이름을 얻었다. "진정한 건축물이란 사람들이 그 공간속에 이사 온 순간부터 시작되어야 한다."며 입주자와 건축물 사이에 밀접한 상호관계가 가장 중요하다고 생각한 것이다. '건축은 네모다'라는 고정관념을 깼다. 자연에는 직선이 없다는 신념을 건축에도 역시 쏟아 부었다. 자연에서 만들어진 곡선이 존중되며 부드럽고 유기적인 물의 흐름을 표현했다.
- 자연주의적 친환경 재료를 이용해서 건축했다. 그래서 흙과 벽돌 그리고 화강암, 목탄 등을 주로 사용했다. 재료뿐 아니라 색에서도 그의 성향을 알 수 있다. 녹색, 짙은 갈색, 검은색을 주로 써서 자연과 어울리도록 했다. 대지의 경계를 무시하고 지붕위에 흙을 덮거나 대지 아래에 건축을 했다.

3.3. 루터가도

[1] 아이스레벤 — 마르틴 루터(1483~1546)가 태어나고 잠든 곳

- 광장에는 파문 칙서를 구겨서 든 동상, 길바닥과 교회 천장에는 루터의 문장(紋章), 건물 벽 곳곳에 종교개혁가 초상이 있는, 도시 전체가 종교개혁 박물관이다.
- 성 페터와 파울 교회는 루터가 유아세례를 받은 곳. 교회 내부는 새로 단장되었다. 세례반에는 아이들이 얹어놓은 아기 인형이 놓였고, 주변에는 소망을 적은 천 조각이 덮였다.
- 아이스레벤은 마르틴 루터가 태어나고 세상을 떠난 곳이다. 루터는 아버지의 소망대로 학업을 위해 10대 중반에 고향을 떠났지만 고향과의 관계는 꾸준히 유지했다. 루터의 마지막 고향 방문은 사망 한 달 전이었다. 루터는 1546년 1월 23일 세 아들과 함께 비텐베르크에서 출발했다. 이 지역 만스펠트 백작의 영토 분쟁을 중재하기 위해서였다. 닷새 만에 고향에 도착한 루터는 2월 15일 시내 중심의 성 안드레아스 교회에서 마태복음 11장을 중심으로 마지막 설교를 한 지 사흘 후 성 안드레아스 교회가 내다보이는 방에서 영면했다.
- 아이스레벤은 도시 전체가 루터 박물관이다. 생가와 사가가 박물관으로 개방되는 것은 물론 거리 건물 벽면에 루터와 종교 개혁가들의 얼굴을 벽화로

〈좌: 루터 생가 앞 루터흉상, 중: 아이슬레벤 광장의 루터 동상. 왼손은 성경, 오른손은 교황의 파문 칙서, 우: 루터가 유아세례를 받은 성 페터와 파울 교회의 세례반〕

그려놓은 곳이 수두룩하다. 하트모양과 십자가, 장미로 구성된 루터의 문장도 도로와 중앙 광장 바닥, 성 페터와 파울 교회 천장 곳곳에 새겨져 있다. 특히 중앙 광장에 서 있는 루터의 동상은 여타 도시의 그것과는 포즈가 다르다. 대다수 도시의 루터 동상이 왼손에 자신이 번역한 성경을 들고 있는 모습인데, 아이스레벤의 동상은 오른손에 레오 10세 교황이 보낸 파문 칙서를 구겨서 들고 있다. 레오 10세 교황은 루터가 '95개 논제'를 제기했을 때만 해도 사태를 대수롭게 여기지 않았다.

- 앞의 우측 그림은 루터가 유아세례를 받은 독일 아이스레벤의 성 페터와 파울 교회의 내부모습이다. 루터의 세례를 기념해 바닥을 둥글게 파서 만든 침례탕 주변에 어린이들이 가족들의 이름과 소망을 적은 종이를 펼쳐놓았다. 이 교회에는 루터 부부와 부모의 초상화가 걸려 있고, 천장에는 루터의 문장이 그려져 있다.
- 루터는 생전에 아주 도전적으로 번역하고, 저술하고, 설교했다. 당대에 보급된 금속활자 인쇄술은 종교개혁의 날개가 됐다. 1500년부터 1540년까지 독일에서 출간된 책의 1/3이 루터의 저서였다고 한다. 설교는 루터의 또 다른 무기였다. 그가 평생 한 설교 중 현재까지 남은 것은 2,300편에 이른다. 1528년에는 145일 동안 195번까지 설교한 기록도 있다.

[2] 토르가우(Torgau) - 세계 최초의 개신교 교회가 있는 곳

- 토르가우는 루터의 아내였던 카타리나가 시민적인 생활로 나아가는 첫 번째 도정이 된 곳이기도 하다.
- 토르가우 성은 비텐베르크, 아이제나흐, 아이스레벤과는 비교할 수 없을 정도로 인적이 드문 곳이다. 교회도 금방 눈에 들어오지 않는다. 이 성은 동쪽으로 엘베 강을 끼고 지어졌는데, 밖에서 보면 요새, 안뜰에서 보면 아름다운 궁전이다. 이 성이 완공된 것은 1544년에 루터의 정치적 후원자였던 작센의 선제후 요한 프리드리히 1세(1503~1554)가 1532년 작센 선제후 지위를 계승한 후 건축가 니켈 그로만(Nickel Gromann)에 의해 착공되어 1544년에 완공한 궁전에 루터를 위해 '개신교회'를 지어준 곳이다. 당시는 가톨릭과 프로테스탄트를 옹호하는 영주들이 갈라져서 30년 전쟁을 벌이던 시기였다. 프로테스탄트의 가장 든든한 울타리였던 작센 영주의 궁전이 있는 토르가우

〈좌: 토르가우 성, 우: 성 내부의 나선형 계단〉

는 '프로테스탄트의 수도'라 불리기에도 충분했다. 루터도 1520년대 이후 종교개혁 동료인 멜란히톤, 요나스, 부르하겐 등과 함께 수시로 토르가우를 찾고 종교개혁 방안을 논의했다. '아욱스부르크 신앙고백서'(1530)가 기초된 곳도 토르가우였다.

- 궁전 뜰에 들어서면 먼저 유명한 나선형 계단 등이 보이고, 안뜰 왼편에는 성벽에 뚫린 작은 아치문이 보인다. 아치 위에는 골고다 언덕을 십자가를 지고 오르는 예수상이 새겨져 있다. 그 아래 아치에는 예수를 십자가에 박은 못 3개와 면류관을 든 천사가 부조로 새겨져 있다. 교회는 독립 건물이 아니라 성채 안에 슬쩍 스며든 것처럼 보인다. 교회 내부는 흰색으로만 채색되었다. 중앙은 천장까지 뚫려있고, 좌우와 뒤쪽의 3층 회랑으로 구성된 내부는 전체가 흰색이다. 스테인드글라스도 성상과 성화도 없다. 정면에는 성찬례를 거행하는 제대가 있고, 예배당 우측 중간쯤에 설교대가 있을 뿐이다. 파이프오르간은 있지만 1990년대에 설치된 것이다. 말씀과 성찬례에만 집중하도록 설계된 구조다.
- 루터가 죽기 2년 전에 봉헌된 이 교회는 '개신교 교회의 본보기 집'이다. 1517년 '95개 논제'를 내걸고 종교개혁의 기치를 올렸지만 루터가 있던 당시에는 개신교 교회 건물은 없었다. 가톨릭 성당이던 건물을 교회로 사용한 것이다. 중세 가톨릭 성당에는 글을 모르는 신자들에게 성경 내용을 알려주기 위한 성화와 성상도 많았다. 성화와 성상이 아무것도 없는 토르가우 교회는 성경을 모국어인 독일어로 번역한 루터와 개신교 신자들에게는 그런

설명이 더 이상 필요가 없었다.

- 이 교회의 백미는 설교대. 설교대는 마이크 등 음향 시설이 없던 시절에 설교자가 잘 보이고, 말소리가 잘 들리도록 계단을 통해 올라가서 설교하도록 만든 장치이다. 이 교회 설교대에는 신약 성경의 핵심 내용 세 장면이 그려져 있다. 앞쪽에서 보면 설교대 왼쪽에는 간음한 여인을 둘러싼 사람들 사이에서 땅바닥에 예수가 무언가를 적고 있는 모습이다. 바로 '너희 중에 죄 없는 자가 먼저 돌로 치라'며 '용서'를 강조한 장면이다. 가운데는 열두 살 예수가 예루살렘 성전 가장 높은 자리에 올라 율법학자들을 가르치는 사건을 그렸다. 오른쪽에는 예수가 채찍을 들고 예루살렘 성전의 환전상을 쫓아내는 장면이 그려져 있다. 가운데 그림은 '오직 성경으로(sola scriptura)', 왼쪽은 '오직 은총으로(sola gratia)', 오른쪽 성전 정화 사건은 '오직 믿음으로(sola fide)', 즉 루터의 종교개혁 3대 원리를 형상화했다.

[3] 아이제나흐(Eisenach)

- 소년 루터가 성가대원 활동을 하고 음악가 바흐가 유아 세례를 받은 곳.
- 시내 곳곳에는 조각가 아돌프 폰 돈도르프(1835~1916)가 1895년에 만든 루터 동상을 비롯해 그가 14세 때 성가대에 섰던 성 게오르크 교회와 교회 부속 라틴어 학교, 루터가 1498년부터 3년간 하숙했다는 루터하우스 등 다양한 흔적이 남아 있다.
- 1521년 루터는 '도망자' 신세였다. 보름스 제국의회에서 '법외자'로 낙인찍힌 그를 구해준 것은 작센의 선제후 요한 프리드리히 1세(1503~1554)였다. 보름스에서 비텐베르크로 가는 도중에 마을마다 들러서 설교를 하던 루터를 납치하는 형식으로 이 바르트부르크 성에 데려온 것이다. 해발 400m 높이의 깎아지른 벼랑 위에 지어진 바르트부르크 성은 독일 3대 고성 중 하나이다. 1999년 세계문화유산에 등재된, 중부유럽에서 가장 뛰어난 중세 건축물이다. 11세기 중엽 튀링겐의 영주 루트비히 폰 샤우엔부르크 방백(Ludwig der Springer, 1042~1123)이 터를 닦았다. 18세기까지 증축이 계속된 까닭에 로마네스크와 고딕 양식, 르네상스 양식 등 서로 다른 모양의 건물들이 묘하게 어우러져 있다. 성문을 닫으면 세상과 단절되는 이곳은 '루터의 밧모 섬'이었다. 사도 요한이 에게 해의 작은 섬 파트모스(밧모, Patmos)의 산꼭대기 동굴에

서 요한의 묵시록을 쓴 것에 빗대어 붙은 별칭이다. 루터는 이 성에서 정수리를 동그랗게 미는 수도자의 헤어스타일을 버리고 수도복도 벗고 수염을 길렀다.

- 바르트부르크 성을 거쳐 간 주요 인물 중 하나가 성 엘리자베트(1207~1231)이다. 헝가리 공주로 1211년 루트비히 4세(1200~1227)와 결혼해 이 성에 왔지만 재산을 가난한 이들에게 나눠주다 추방당한 후 평생 병든 이들을 위해 헌신한 '구제와 구휼의 성녀'다. 화려한 모자이크화로 방 전체를 메운 '엘리자베트 방'과 14개의 프레스코화로 일생을 묘사한 '엘리자베트 회랑'이 그녀를 기리고 있었다. 가난한 자들에게 주기 위해 옷자락에 숨긴 빵이 장미로 변했다는 '장미 기적의 전설'도 있다. 원래 이 성은 12~13세기 음유시인과 가수들이 모여든 중세 문화의 중심지였다. '가수들의 전쟁'이라 불리던 민네징거(Minnesinger) 경연대회인 '쟁어크리크'(Sängerkrieg, '바르트부르크 크리크'라고도 함)가 열렸던 '가요실'도 보존돼 있다. 당시의 살벌했던 경연대회의 전설을 그린 벽화를 보면 가수들을 모아놓고 순위를 매겨 꼴찌를 탈락시키는 요즘의 방송 포맷과도 너무나 닮았다. 대회 주최자인 백작을 찬양하지 않은 가수가 탈락자가 되어 사형선고를 받지만 우여곡절 끝에 살아난다는 이 벽화의 전설이 1842년 이 성을 방문한 바그너에 의해 오페라 '탄호이저'로 탄생했다. '탄호이저'는 지금도 이 성의 가장 크고 화려한 방 '축회장'에서 주요 레퍼토리로 공연된다.
- 아무튼 루터는 이 바르트부르크 성의 작은 방(북향 방)에 10개월간 머무르면서 11주 만에 신약성서를 독일어로 완역했다. 1521년 9월에 완성되었기에 '9월성서'로 불리는 책이다. 쫓기는 몸, 고립된 상황, 루터는 이 방에서 사탄의 환영을 봤고 잉크병을 던져 쫓아냈다고 한다. 문맹률이 95%에 이르던 시절, 루터는 그들에게 모국어 성서를 선물했다. 당시 '9월성서'는 비싼 가격에도 불구하고 날개 돋친 듯 팔려나갔고, 종교개혁의 불길도 거세졌다.
- 1498년 15세의 루터는 고향인 아이스레벤을 등지고 이 도시의 외가 친척집에 머물며 게오르크 교회 부속학교를 다녔다. 아버지의 뜻에 따라 법률가가 되기 위해 라틴어를 배웠고, 성가대원으로도 활동했다. 교회 현관 옆에는 요한 제바스티안 바흐(1685~1750)의 동상도 서있다. 아이제나흐는 바흐의 고향

이기도 하기 때문에 바흐는 이 교회에서 유아세례를 받았고, 게오르크 교회 부속학교에서 공부했다. 루터와는 게오르크 교회 학교 '동문'인 셈이다. 칼뱅 등 다른 종교개혁자들과는 달리 루터는 교회음악을 중시했다. 직접 찬송가를 작곡하기도 했다.

- 교회 근처에는 루터가 살았다는 집을 개조한 박물관이 있다. 입구에서 각각 빨강과 파랑색 셀로판테이프가 끼워진 종이안경을 나눠준다. 벽면에 루터와 교황의 그림이 겹쳐 그려져 있다. 박물관 기념품점에는 온통 루터의 이름으로 도배된 기념품들이 쌓여있다. 눈에 띄는 것은 '루터잉크'. 진짜 잉크가 아니라 에너지 드링크다. '여기 내가 서 있습니다(Hier Stehe Ich)'라는 글귀가 새겨진 양말도 있다.

[4] 비텐베르크(Wittenberg)

- 루터가 후반 35년을 보낸 도시.
- 마르틴 루터(1483~1546)는 63년 생애 중 후반 35년을 이곳에서 보냈다. 이곳 대학에서 박사 학위를 받고 성서학을 가르쳤다. 종교개혁을 여기서 시작했다. 1517년 10월 31일 비텐베르크 성의 교회 정문에 면죄부 판매를 비판하는 '95개 논제'를 붙였다. 이는 공개 논쟁을 요구하는 당시의 관례였다고 한다. 루터는 이 일이 종교개혁의 시발점이 되리라고는 생각지도 못했다. 인쇄 · 출판업이 급속히 발전하고 있을 때여서 업자들은 '95개 논제'를 독일어로 번역해 곳곳으로 실어 날랐다.
- 이 성의 교회 정문은 이제 '기념물'이 됐다. 아예 '95개 논제'를 새긴 청동 대문을 달았는데, 1858년 프로이센 국왕 프리드리히 빌헬름 4세(재위 1840~1861)가 지시한 것이다. 정문 위의 그림에도 루터가 그려져 있다. 십자가에 달린 그리스도 왼쪽에 루터가 성경책을 들고 앉아 있다. 오른쪽에는 그의 후배이자 동지였던 멜란히톤(1497~1560)이 그려져 있다.
- '루터의 묘지'도 이곳에 있다. 교회 안쪽의 긴 의자 앞과 제단 사이 공간 오른쪽에 어른 무릎 높이쯤 되는 묘지석이 있다. '마르틴 루터가 묻혀 있다'는 라틴어 글귀가 적혀 있다. 반대편 왼쪽에도 같은 크기의 묘지석이 있는데, 멜란히톤의 것이다.
- 시청 광장의 루터 동상은 1821년 세운 것이다. 왼쪽에는 멜란히톤 동상이 조

금 작은 크기로 서 있다. 시청 광장에서 오른쪽 골목으로 들어가면 우뚝 선 첨탑 두 개를 거느린 '성 마리아 시립 교회'가 있다. 루터가 독일어로 처음 설교했던 곳이다. 루터는 보름스 제국의회에서 이단 판정을 받은 후 1522년 3월 비텐베르크로 돌아왔다. 평신도도 미사 때 사제만 마시던 포도주를 빵과 함께하는 '양형 영성체'를 처음으로 수행했다.

- 루터가 소속한 아우구스티누스 수도원은 지금은 '루터하우스' 박물관이 됐다. 루터 관련 유물을 전시하고 있다. 작센의 선제후 요한 프리드리히는 루터가 1525년 42세에 결혼했을 때 이곳에서 거주하도록 배려했다. 스물여섯 살 아내 카타리나 폰 보라는 루터의 종교개혁에 공감해 수도원을 탈출한 수녀였다. 둘은 결혼 후 여섯 자녀를 낳는다. 건물 앞 '루터 정원'에는 아내인 폰 보라의 등신대 동상이 있다.
- '루터하우스'에는 당대에 그린 루터 부부의 초상화가 있다. 작센의 선제후 요한 프리드리히의 궁정 화가 루카스 크라나흐(1472~1553)가 1528년에 그린 작품이다. 2층에는 루터 가족이 살았던 거실이 있다. 방에 놓인 탁자는 루터가 실제로 사용하던 것이다. 루터가 번역한 독일어 성경(1534년 판본)도 전시되어 있다. 루터는 1522년 신약성서를 번역하고 뒤이어 2년에 걸쳐서 성경 전체를 번역했다.

[5] 보름스(Worms)

- 1521년 4월 18일 오후 6시에 서른여덟 살의 수도사 마르틴 루터는 이곳에서 신성로마제국 황제 카를 5세와 고위 관리들 앞에 섰다. 보름스 대성당(성 페터 돔) 옆 주교 궁전에서 열린 제국의회였다. 보름스는 군사 · 재정 문제를 논의하는 제국회의가 열리던 곳이지만, 이번에는 주제가 달랐다. 회의 탁자에는 3년여 전인 1517년 10월 31일 비텐베르크 성의 교회에 면죄부 판매를 비판하는 '95개 논제'를 붙인 이후 쓴 책들이 놓여있었다. 이 기간 '로마 교황의 지위' '그리스도인의 자유' '독일 기독교 귀족에게 고함' 같은 팸플릿 책자를 여럿 출간했다. 모두 교황과 로마를 비판하는 내용이다.
- 루터가 심문받은 곳은 지금은 잔디가 깔린 공원이다. 당시의 건물은 17세기에 프랑스군의 공격으로 파괴됐다고 한다. 대성당은 보수 공사 중이다. 대성당 광장 오른쪽 철문 안쪽이 루터가 심문받던 자리였다. 지금은 이곳

에 제국의회 450주년을 기념해 1971년 세운 청동 조형물이 들어섰다. 주교궁 건물에 번개가 치는 모습을 나타낸 것이다. 지역 로터리클럽은 2018년 종교개혁 500년을 맞아 이 조형물 앞에 '루터의 신발'이라 불리는 신발 모양 조형물을 더했다. 종교개혁의 큰 발걸음을 내디딘 곳이란 뜻을 담은 것이다.

- 루터는 이곳에서 16~18일 사흘간 심문을 받았다. 4월 17일 오후 4시 열린 심문에서 최종 답변을 하루 늦춰달라고 요청했다. 심문을 맡은 요한 에크 대주교의 질문은 두 가지였다. 이 책들을 썼는가? 주장을 철회하는가? "어제 저것들을 부정하느냐고 물으셨지요? 모두 제 것입니다. 제 주장이 분열을 일으킨다 하셨지요? '화평이 아니라 검을 주러 왔다'는 주님의 말씀으로 답변을 대신합니다." 루터는 이 자리에서 유명한 연설을 남긴다. "저의 양심은 하나님 말씀에 사로잡혀 있습니다. 아무것도 취소할 수 없습니다. 양심에 어긋난 행동을 하는 것은 옳지 않을 뿐 아니라 안전하지도 않습니다. 하나님, 이 몸을 도우소서. 아멘."
- 황제 카를 5세는 루터를 '법외자'로 선언했다. 누구든 루터에게 어떤 위해를 가하더라도 책임을 묻지 않겠다는 뜻이다. 황제는 5월 6일 '보름스 칙령'에 서명했다. "루터를 이단으로 확정한다." 그에게 4월 15일부터 21일간의 여유를 주었다. "시간이 되면 그를 환대해서는 안 된다. 그를 따르는 사람도 마찬가지로 유죄 판결을 받을 것이다. 그의 책들은 인간의 기억에서 말끔히 지워질 것이다."
- 그러나 보름스는 이제 황제가 아니라 루터를 기억하고 있다. 루터가 심문받은 곳의 거리 이름은 '루터링(Lutherring)'이다. 인근에는 '루터 광장(Luther Platz)'이 있고 그 중앙에 루터 동상이 서 있다. 1868년 세운 것이다. 당시 프로이센 군주이자 훗날 독일 황제가 된 빌헬름 1세가 제막식에 참석했다. 루터를 비롯해 여러 인물 동상을 함께 세워 종교개혁 과정을 나타냈다. 가운데 가장 높은 곳에

루터 동상이 서 있다. 발아래에 "나는 달리 어찌할 도리가 없습니다. 하나님, 이 몸을 도우소서"라는 루터의 말이 새겨져 있다. 루터 동상 아래에는 종교개혁의 선구자 동상 넷이 동 · 서 · 남 · 북 방향으로 앉아 있다. 왼쪽부터 사보나롤라, 얀 후스, 위클리프, 발데스 동상이다. 바깥 둘레에는 루터를 후원했던 프리드리히 선제후, 종교개혁 동지인 멜란히톤 동상 등이 서 있다.

- 보름스에서 루터 심문이 열린다는 소식에 독일 시민 1만4000여 명이 몰려들었다고 한다. 당시 보름스의 인구는 7000명에 불과했다. 로마 교황에 맞선 독일인 루터의 용기에 민심이 꿈틀거린 것이다. 루터는 제국의회에서 먼저 독일어로 연설했다. 라틴어로 말하라는 명령을 받고서 자신의 주장을 라틴어로 다시 펼쳤다.[16]

3.4. 크베들린부르크(Quedlinburg)

- 크베들린부르크에는 세 가지 주요 문화유산이 있다. 현재까지 보존된 중세의 거리 형태, 16세기~17세기에 지은 도시 특유의 목골가옥, 중요한 로마네스크 양식 건축물인 성 세르바티우스 협동교회가 그것이다. 원래의 도시 구조가 잘 보존되어 있는데, 이는 유럽 중세 도시의 성장을 보여주는 대표적인 사례라고 할 수 있다. 지금도 도시의 거리 형태는 중세와 현대 초기 도시의 역사를 완벽하게 보존하고 있다.

〈좌: 수도원 부속성당 성 제르바티우스와 수도원 건물들이 딸린 슐로스베르크, 우: 시청사〉

16) 이 부분은 http://news.chosun.com/site/data/html_dir/2017/05/26/2017052600088.html을 많이 참조하였다.

▸ 역사

- 919년. 하인리히 1세(873/76-936, 912년부터 작센 공작, 919년부터 독일 국왕. 오토 왕가의 시조, 프랑크 족이 아닌 최초의 독일 군주)의 922년 공식 문서에서 처음으로 언급된다.
- 922년. 하인리히 1세의 지역으로 설정되면서 성벽이 건설된다.
- 936년. 하인리히 1세 사후, 왕비 마틸데(성녀 마틸데, St. Mathilde, 895?~968)가 이곳에 여성들을 위한 종교 시설을 창립한다. 이 종교시설은 966년 하인리히 1세와 마틸데의 아들인 오토 1세(912~973, 936년부터 작센의 공작이자 동프랑크 왕) 때 수녀원으로 개편된다. 오토 1세의 딸 마틸데가 초대 수녀원장이 된다. 이후 크베들린부르크는 과세권과 주조권을 가진 독립적 지위를 가진 '크베들린부르크 수녀원령'이 되고, 중세 시대에는 한자 동맹에 가입하기도 한다.
- 종교개혁 이후인 1539년 당시 수녀원장이던 안나 2세(Anna II. zum Stolberg, 1504~1574)가 개종하면서 개신교 지역이 된다. 대략 900년이나 된 크베들린부르크 수녀원령은 1803년 세속화되어 프로이센에 병합, 프로이센령 작센 주가 된다.
- 제 2차 세계대전 이후 독일민주공화국(동독)의 도시로, 독일 재통일 후 작센-안할트 주의 도시로 오늘에 이르고 있다.

▸ 문화

- 중세 시대의 수녀원, 성당, 탑, 성곽 등 수많은 문화재들. 협동 교회, 성채, 옛 시가지가 유네스코 세계문화유산에 등록되어 있다.
- 하인리히 1세는 하르츠 계곡을 내려다보는 사암 언덕 2개 중 하나이자 성 언덕으로 알려진 곳에 고성을 세웠다. 이후 이곳은 그가 좋아하는 거주지가 되면서 동 프랑크 왕국의 수도가 되었으며, 중요한 정치 · 종교 집회와 축제가 열렸다. 중세 시대 하인리히 1세와 그의 계승자들 덕에 이 도시는 부와 권력을 얻었다. 독일의 왕들은 922년~1207년 69차례에 걸쳐 크베들린부르크에 머물렀다.
- 936년 하인리히 1세가 죽자 왕비 마틸데는 크베들린부르크의 슐로스베르크(Schlossberg, '고성 언덕'의 뜻)에 있는 성 세르바티우스 협동교회에 남았다. 이 교회는 하인리히의 아들이자 왕위 계승자인 오토 1세가 귀족 미혼 여성들을 위한 교육기관으로 건립한 것이다. 교회는 신성로마제국에서 가장 영향

〈좌: 성 세르바티우스 협동교회와 주변 목골가옥들, 우: 성 마틸데 교구성당과 동상〉

력 있는 토대가 되었다. 944년부터 수녀원장들은 크베들린부르크에서 동전 주조 권리를 얻었다. 수녀원장들은 대부분 황실 가족이었으며 이 교회 지하 묘소에 잠들었다. 성 세르바티우스 협동교회는 로마네스크 양식의 건물이다. 3랑식 수도원 성당으로 지붕이 평평하고 붉은빛 첨탑 2기가 설치되어 있다. 성당 내부의 벽면 · 기둥머리 · 아치 등에는 상상의 식물과 동물, 가면, 독수리, 악마의 형상 등으로 장식하였다. 내진 밑에 있는 지하제실에는 하인리히 1세와 왕비 마틸데의 묘를 안치하였다. 왕이 살던 성은 르네상스양식의 길고 좁은 건축물이다. 건물의 2면이 성당과 맞닿아 있고 거리 쪽에는 목골가옥의 박공이 있다. 1559년 1층 건물이었던 것을 증축하였고, 1929년 이후에는 박물관으로 사용하고 있다.

- 슐로스베르크 주변 지역인 베스텐도르프(Westendorf)는 곧 상인과 장인들의 정착지가 되었고, 994년에는 시장 설립 허가를 받았다. 이는 1040년, 1134년에 다시 승인되었다. 다른 정착지들도 발달하여 초기 도심지를 형성하였다. 10세기와 11세기에 로타르 4세(941~986)와 하인리히 3세(1017~1056)는 이들 지역에 특별한 권한을 부여하였다.
- 946년에는 베네딕트회 수도원이 뮌첸베르크(Münzenberg) 언덕에 건축되었다. 크베들린부르크의 상인들은 북해에서 알프스에 이르는 지역에서 규제와 납세 의무 없이 무역할 권리를 얻었고, 자신들의 재판소를 가지고 있었다. 이에 따라 도시는 번창하였고 급속히 확장되었다. 12세기에 보데 강 동쪽 기슭에 신도시가 중세 유럽도시의 표준 설계를 따라 세워졌다. 두 도시

는 1330년에 통합되었고, 도시성벽이 이곳을 둘러쌌다.

- '암 노이엔 베크(Am neuen Weg)'와 '인 덴 그로펨(In den Gropem)' 같은 교외 지역이 도시성벽 외부에서 빠르게 발달하였다. 새로 확장된 도시는 1384년 니더작센 도시동맹에 합류하였고, 1426년에는 한자 동맹의 일원이 되었다. 크베들린부르크는 15세기 독일에서 큰 역할을 할 것으로 보였지만, 이 시대에 자주 일어난 정치 · 경제적 분쟁에서 패배하여 결과적으로 1477년에 독점 사업권과 상업 특권을 잃었다.
- 그러나 16, 17세기에 만들어진 다수의 정교한 목골가옥은 크베들린부르크가 당시 경제적으로 중요한 곳이었음을 입증하고 있다. 작센의 선제후는 1698년에 브란덴부르크 프로이센 가문에 크베들린부르크의 보호령(Vogtei)을 매각하였다. 1802년 이곳은 프로이센 왕국에 공식적으로 통합되면서 크베들린부르크가 황실의 근거지로서 특별히 누렸던 자유로운 지위는 사라졌다. 19세기와 20세기를 거쳐 크베들린부르크는 꾸준히 발전하고 있는 도시이다.
- 이 지역은 도시성벽 안에 자리한 역사적 도시로 구성되는데, 오래된(10세기) 도시와 새로운(12세기) 도시, 협동교회와 황실의 근거인 건물들이 있는 베스텐도르프 지구, 성 비페르티(St. Wiperti) 성당과 뮌첸베르크를 포함한다. 도시의 핵심 지역은 성 언덕인데, 행정과 종교 시설이 있다. 주변에는 통치자와 그의 가족의 요구를 들어줄 장인과 무역상의 정착지가 빠르게 자리 잡았다. 중부 유럽에서와 마찬가지로 시민권을 가진 독립된 상업 정착지가 강 건너에 세워졌다.
- 이곳은 얼마 지나지 않아 원래 도시와 병합되어 새로운 행정 단위가 되었고,

〈좌: 성 비페르티 성당과 농가, 우: 뮌첸베르크 언덕〉

도시를 감싸는 성벽을 세워 독립성을 나타냈다. 이 상업 정착지에는 성벽 밖으로 새로운 교외 지역이 차례로 생겼다. 성 세르바티우스 협동교회는 본래 하인리히 1세가 성 언덕에 거주지를 지을 때 세웠다. 하인리히 1세와 아내 마틸데가 지하 묘소에 매장된 최초의 바실리카는 1070년 대화재로 파괴되었다. 지하 묘소는 새로운 구조로 통합되어 바실리카로 설계되었는데, 1070년~1129년에 건축하였다.

- 통로가 3개인 지하 묘소에는 서쪽에 있는 기둥 사이에 구획 2개가 남아 있다. 거기에는 오토 왕조의 '버섯' 모양 기둥머리가 있다. 교차 궁륭의 둥근 천장, 치장 벽토로 장식한 주두, 황실 묘소와 다른 묘들, 벽화 등으로 이 새로운 지하 묘소는 예술 역사상 10, 12세기의 주요 기념물로 꼽힌다. 쌍둥이 탑이 있는 서쪽의 정면 부분은 재건 때 추가된 것이다. 장식은 대부분 북부 이탈리아 양식으로, 황실이 교회와 연관되었음을 강조하고 있다.

▶ 크베들린부르크의 명예시민들

- 수많은 저명인사들이 명예시민으로 임명되었다. 일부는 정치적 관계 때문이었는데, 나치시대(국가사회주의시대) 때인 1933년 아돌프 히틀러(Adolf Hitler, 1889-1945)와 1937년 6월 1일 하인리히 히믈러(Heinrich Himmler, 1900-1945)가 명예시민의 지위가 부여되었으나 제2차 세계대전 직후 박탈되었다. 그밖에 1895년 오토 폰 비스마르크(Otto von Bismarck, 1815-1898, 독일제국 초대수상), 1910년 율리우스 볼프(Julius Wolff, 1834-1910, 시인이자 작가), 1998년 고트프리트 키조프(Gottfried Kiesow, 1931-2011, 독일 문화재관리재단 이사장) 등도 있다.

▶ 크베들린부르크를 배경으로 한 영화들:

- 〈Spiel im Sommerwind〉(감독: Roger von Norman, 1938),
- 〈Goethe!〉(감독: Philipp Stölzl, 2010) 등 수십 편.

3.5. 로마네스크 (건축)로드(Straße der Romanik)

- 독일역사의 핵심 지역에서 중세 생활을 경험할 수 있는 곳.
- 중부독일 역사의 핵심 무대; 기사놀이와 축제, 중세시장과 도시축제, 상인과 떠돌이 민중들을 통해 중세의 생생한 역사를 체험할 수 있는 곳.
- 작센-안할트 주의 허물없는 라이프 스타일과 문화적인 매력을 만끽할 수 있는 곳. 20곳의 로마네스크 로드투어에서 문화, 건축, 예술, 자연을 체험할 수 있는 곳.
- 출발/도착: 막데부르크
- 길이: 약 1.200km
- 지역: 알트마르크, 막데부르크와 그 주변, 할레와 그 주변, 와인지역 잘레-운

슈트루트, 하르츠산맥, 루터/바우하우스/가르텐라이히

- 하이라이트:

바트 쾨젠(Bad Kösen): 루델스부르크 성, 염전, 대성당 (수도원 성당)

블랑켄부르크(Blankenburg): 역사적 정원들, 고성, 교회

프라이부르크(Freyburg): 노이엔부르크 성, 샴페인 회사, 대성당

할버슈타트(Halberstadt): 대성당과 금고, 박물관

막데부르크(Magdeburg): 대성당, 수도원, 성채(내성)

나움부르크(Naumburg): 대성당과 금고, 박물관

판스펠데(Pansfelde): 팔켄슈타인 성

크베들린부르크(Quedlinburg): 목골가옥, 유네스코 문화유산 교회(성 세르바티우스 협동교회), 박물관

크베어푸르트(Querfurt): 고성, 도시성벽, 고고학 공원

차이츠(Zeitz): 모리츠부르크 궁전, 대성당, 지하 통로시스템

- 독일 사람들이 가장 선호하는 휴가로드 중 하나. 작센-안할트 주를 지나가는 곳은 8개 도시. 로마네스트 양식에 전형적인 80개의 원형아치 건축물들이 이 가도를 장식하고 있어서 독일의 중세역사를 오롯이 체험할 수 있다.
- 작센-안할트 주를 가로지르는 로마네스크 가도 여행은 시간을 깜빡할 정도로 매력적인 곳이다. 오늘날에도 여전히 1000km가 넘는 투어루트에서 중세의 역사와 예술의 진수를 만끽할 수 있기 때문이다. 로마네스크 로드는 북쪽의 아렌트 호수와 남쪽의 차이츠 사이 65곳에서 80개의 로마네스크 양식 대성당, 교회, 고성, 수도원, 팔츠 성들을 8자 형태로 연결하고 있다. 이들을 통해 우리는 중세시대에 오늘날의 작센-안할트가 어떤 정치적, 경제적 의미가 있었던 곳인지를 생생히 체험할 수 있다. 이 가도는 8자 형태로 이 연방주 전체를 관통한다. 이 가도의 중심은 주도인 막데부르크이다. 이 주도는 로마네스크 로드의 북쪽루트와 남쪽루트의 분기점이기도 하다.
- 로마네스크 양식과 관련된, 독일에서 유일무이한 이 문화지역은 그 모습도 다채롭기 짝이 없다. 여행자들은 수백 년이 지난 황제와 왕들의 흔적들을 발견할 수 있다. 수도원들은 명상, 휴식, 예술 감상에 제격인 공간이다. 독일 낭만주의자들이 멋진 자연을 감싸 안은 건축물들의 매력에 흠뻑 빠진 곳이기도 하다. 여행 마니아들은 탁월한 예술작품과 문화유적지들을 발견하고

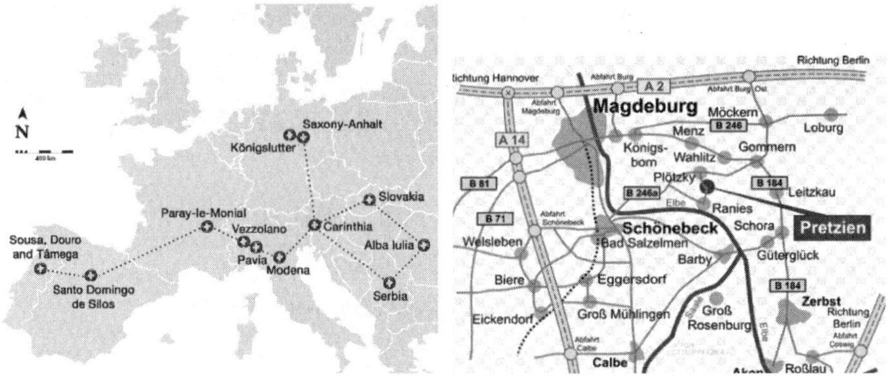

〈좌: 트란스로마니카(TRANSROMANICA, 우: 로마네스크가도 남쪽루트〉

감탄사를 연발하지 않을 수 없을 것이다.

- 로마네스크 가도는 계절을 가리지 않고 여행객들을 유혹한다. 고성, 수도원, 대성당, 교회, 팔츠 성들은 독일역사의 시작, 로마네스크 예술과 건축을 들여다볼 수 있는 최적의 장소인 때문이다. 로마네스크 건축물 앞에 설치된 무대에서 콘서트, 미술전시, 중세축제 등도 경험할 수 있다. 로마네스크 시대의 음식축제에서는 지역 특유의 음식과 길드 기사들의 음식메뉴도 즐길 수 있다.
- 1993년 창건 이후 작센-안할트 주의 로마네스크 로드는 방문객의 숫자가 지속적으로 늘어났다. 현재는 매년 백만 명을 훨씬 웃도는 방문객들이 몰려든다. 그래서 이 가도는 독일의 10대 휴가로드로 꼽히기도 한다. 2007년부터 이 가도는 유럽 문화로드인 트란스로마니카(TRANSROMANICA)의 일원이 되었다. 이 로드는 유럽 의회가 인정하는 곳으로, 유럽 8개 국가, 즉 오스트리아, 슬로베니아, 세르비아, 이탈리아, 프랑스를 거쳐 스페인과 포르투갈에 이르는 로마네스크 문화유산들과 연계된 곳이다. 각 지역은 나름의 대성당, 수도원, 고성과 교회들을 통해 로마네스크 고유의 표현형식을 뽐내고 있다.

〈상식〉 로마네스크 양식의 성당 건축

- 서로마제국의 멸망 후 현재의 독일 지역은 프랑크 왕국을 거쳐 신성로마제국이 형성된다. 게르만족의 나라가 명실공이 유럽을 대표하는 국가가 되면서, 새로운 건축양식도 등장한다. 그것이 바로 둥근 돔 지붕 양식으로 잘못 알려진 로마네스크 건축양식이다. 로마네스크라는 말도 고딕

처럼 부정적 의미가 담긴 명칭이고, 둥근 돔 지붕 양식이란 설명도 잘못된 표현이다. 독일어로 'Romanik'이라고 하는 이 양식은 둥근 지붕과는 무관하게 '로마를 흉내 낸 양식'이란 뜻이기 때문이다. 오히려 둥근 돔 지붕이 거의 보이지 않는 양식이다.

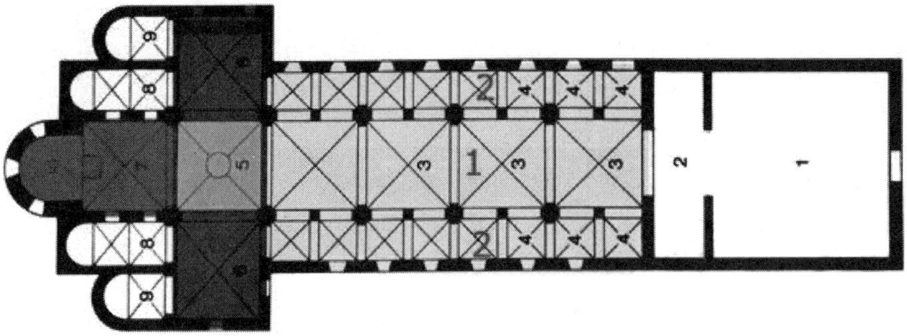

- 위의 평면도는 로마네스크 성당건축의 기본양식이다. 그림에서 빨간색 부분인 아프시스와 신부가 미사를 드리는 제대(그리스어 choros, 독일어 Chor, 영어 choir) 부분이 확장되었다. 중간 복도와 2개의 측랑(측면 복도)의 노란색, 즉 오늘날 신자들이 앉는 곳은 배 안의 모양과 같다고 해서 독일어로 'Schiff'(영어 naves, 라틴어 navis[배]에서 유래함)라고 한다. 중간의 긴 복도(주랑)와 기둥들 그리고 바깥쪽의 작은 복도(측랑)으로 구성되어 있다.
- 로마네스크 양식은 구조적으로 바실리카 양식과는 약간 달라졌다. 빨간색 머리 부분에 노란색 몸체 그리고 파란색 팔이 덧붙여져서 십자가 모양이 만들어졌다. 새로운 횡복도가 만들어지면서 자연스럽게 노란색 종복도와 만나는 녹색 부분이 생겼다. 횡복도는 가로지르는 복도라는 의미로 독일어로는 Querhaus, 영어로는 Transept라고 한다. 종복도와 횡복도가 만나는 녹색의 사각형 부분은 십자가 모양으로 겹친다는 뜻인데, 독일어로는 Vierung, 영어로는 crossing이라고 한다.
- 현존하는 로마네스크 양식의 대표적인 성당건물이 슈파이어의 대성당이다. 슈파이어 대성당의 중간 복도에서 제대를 바라보면 긴 복도 중간 끝에 제대와 그 뒤에 둥근 반원형 구조의 아프시스가 있다. 슈파이어 대성당은 중간복도와 2개의 측랑, 즉 측면 복도로 이루어진 바실리카 양식이다.
- 중세의 대표적인 고딕건축양식은 1000년을 전후하여 나타나서 1200년대에 전성기를 누렸다.

3.5.1. 북쪽루트

- 로마네스크 로드의 북쪽 루트는 막데부르크에서 시작해서 예리코버란트(Jerichower Land)와 알트마르크를 통과하여 작센-안할트의 북쪽 고지대에까지 이른다. 이곳에는 오늘날에도 로마네스크 건축양식들 중 다듬지 않은 깬돌, 막돌, 벽돌로 지은 교회와 수도원들이 남아있다.
- 출발점은 막데부르크의 성모수도원(Kloster Unser Lieben Frauen)인데, 현재 이곳

〈좌: 성모수도원 내의 옛 협동교회(Stiftskirche), 우: 성 토마스 마을성당〉

에는 미술박물관도 들어섰다. 막데부르크 대성당 바로 옆에는 '로마네스크의 집(Haus der Romanik)'이라는 안내소가 있는데, 각종 관련 정보와 자료를 얻을 수 있는 곳이다.

▸ 성모수도원

- 1017/18년경 막데부르크 대주교 게로(재위 1012~23)가 대성당 북쪽에 성모마리아("Unser Lieben Frauen")에게 헌정된 협동교회((Kollegiatstift)를 창건하고 내부를 화려하게 장식했다. 1063/64년 베르너 대주교 시절에 신축하기 시작했다. 평평한 십자가 형태의, 중간과 서쪽에 교각이 있는 8개의 기둥이 바치고 있다. 제대가 하나인 기둥형 바실리카가 현재까지 이 교회의 핵심을 이룬다. 서쪽 첨탑군은 당시에도 구상은 하나였지만 건립된 때는 12세기였다.
- 1129년 노르베르트 폰 크산텐(Norbert von Xanten, 1080/85~1134, 1126년부터 막데부르크의 대주교)이 마리엔 협동교회를 1121년에 자신이 직접 조직한 프레몽트레 수도회[17] 개혁기사단에게 양도했다. 프레몽트레 수도회에 양도된 후 이 교

17) 11세기의 교회는 타락한 성직자의 생활을 개혁하기 위한 근본적인 방법으로 성직자의 공동생활을 개혁해야 한다는 운동이 일기 시작했다. 그래서 1059년과 1063년에 개최되었던 로마의 시노드는 성직자들에게 사유 재산을 포기할 것을 권고하였다. 사유 재산은 공동생활을 방해하는 요인으로 작용하였기 때문이었다. 12세기에 들어와 이러한 공동생활의 모범을 보여 준 인물이 노르베르트 폰 크산텐(Norbert von Xanten)이었다. 그는 젊은 시절부터 자신의 고향에 있던 빅토리오 수도원의 회원으로서 세속적인 생활을 영위하였다. 1121년 노르베르트는 자신의 동료 13명과 함께 프레몽트레(Prémontré) - 랭스(Reims)와 라옹(Laon) 사이에 위치 - 에서 수도회를 창설하였다. 1126년 슈파이어 제국 의회에서 막데부르크 대주교로 선임되었던 노르베르트는 수도회 회원들이 직

회의 서쪽 부분이 완성되었다. 노르베르트 폰 크산텐은 1134년에 사망하여 십자가 재단 앞에 매장되었다. 수도원의 밀실도 12세기에 완성되었다. 16세기에 종교개혁이 유입되면서 프레몽트레 수도회의 시대도 끝났다.

- 옛 수도원 성모성당의 외관은 1100년대 종교건물의 대표적 사례라 할 수 있다. 엄격하게 분리되어 건축된 것으로 아프시스가 있는 정방형 제대, 육중한 횡복도(가로지르는 복도, 남쪽 날개부분에 추가 아프시스가 있음), 길게 뻗은 회랑(입구부터 측랑 및 합창대석까지의 공간), 육중한 서쪽횡목(한 개의 종탑과 2개의 둥근 계단형 첨탑으로 구성) 등이 있다.
- 길이 45m, 폭 8m 정도의 식당은 12세기에 북부프랑스-부르고뉴 지방의 영향을 받아 건축된 것인데, 현재는 현대미술 전시공간으로 이용되고 있다.

▸성 토마스 마을성당

- 북쪽루트의 끝 프레치엔(Pretzien)에 위치한, 후기 로마네스크 양식의 벽화들로 가득한 성당이다. 이곳의 벽화들은 중부독일에서 가장 값진 중세시대 벽화로 여겨지고 있다. 이 성당은 알브레히트 변경백의 요구로 1140년 잘 다듬지 않은 원석벽돌로 로마네스크 양식의 회랑교회를 건축하여 사도 토마스에게 봉헌한 것이다. 목골가옥 머리장식은 1796년에 건축되었는데, 원추형 왕관 모양의 첨탑이 있다. 내부공간에 그려진 벽화들은 13세기의 것인데, 후광 속의 예수, 세례자 요한 옆의 마리아 같은, 이 시대에는 통상적인 그림들이다. 아프시스에 있는 그림들은 예수, 사도, 천사들로 에워싸여 있다. 제대는 총명하고 어리석은 동정녀들, 자기 아들을 안고 있는 이삭과 라자로의 그림들로 장식되어 있다. 1300년 무렵에 덧칠된 이 프레스코와 세코 화법(Fresco-Secco)[18]의 그림들은 1970년대에 복원자였던 안나-마리아 모이슬링

접 엘베 강에 이르는 동쪽 지역에서의 선교활동을 주도하였다. 이러한 금욕적 염세관은 성모 숭배와 연결되었다. 이는 과거 그리스 정교회에서도 유행했다. 12세기에는 성모 숭배의 전성기가 되었다. 마리아는 새로 창설된 수도회, 가령 시토회나 프레몽트레 수도회나 그 후의 독일 기사단의 수호신이 되었다.

18) 벽화에는 프레스코와 세코가 있다. 프레스코는 이탈리아어로 '신선하다'라는 뜻. 회벽이 마르기 전에 그린다는 뜻이다. 반면에 세코는 '건조하다'라는 뜻. 세코 벽화는 회벽이 마른 후에 안료에 접착용 매제를 섞어서 그리는 것이다. 회벽이 마른 후에 많이 쓰는 것이 세코기법이다. 세코 기법이란 안료에 아교, 물풀, 카제인, 계란 등 화면에 안료가 접착되도록 돕는 매제를 섞어서 그린다. 가장 전통적인 방법은 에그 템페라. 신선한 계란 노른자를 분리한 후 주머니를 제거하여 증류수

〈좌: 성모교회, 중: 최후의 만찬, 우: 후기르네상스양식 제단〉

(Anna-Maria Meussling)이 발견한 것으로, 92m²나 되는 지면에 그려져 있었다. 나머지 그림들은 근래에 그려진 것들이다.

3.5.2. 남쪽루트

- 로마네스크 로드의 남쪽 루트를 따라가노라면 작센-안할트 주의 '아기자기한 남부'에 이른다. 하르츠 산맥에서는 오토 대제의 유적들을 둘러볼 수 있다. 할버슈타트, 크베들린부르크, 게른로데가 그의 흔적을 품은 도시들이다. 크베어푸르트, 멤레번, 메르제부르크, 틸레다에서도 오토 대제의 지배 흔적들을 확인할 수 있다. 거대한 고성시설들, 예컨대 프라이부르크(운슈트루트)의 노이엔부르크, 잘레 강 위에 우뚝 솟은 바트 쾨젠의 루델스부르크 같은 고성들은 작센-안할트 주 남쪽의 잘레-운슈트루트 지역의 풍광을 이루는 핵심 유적지들이다. 이 남쪽 루트의 정점은 나움부르크의 성 페터와 파울 대성당이다. 할버슈타트, 메르제부르크, 나움부르크의 대성당 및 크베들린부르크 주교구성당 안에 있는 교회보물들은 로마네스크 건축로드의 걸작들이다.

▸ 나움부르크 대성당

- 후기 로마네스크-초기 고딕 양식으로, 오늘날 유럽 중세 전성기 시대의 가장 유명한 기념비적 건축이다. '로마네스크 로드'에서 방문객들이 가장 많이 모

에 타서 잘 섞은 후에 안료를 개어 칠한다. 그림에서 특유의 광택을 느낄 수 있으며 시간과의 다툼을 하지 않아도 되는 장점은 있지만 프레스코보다는 보존 기간이 짧다. 프레스코 벽화는 1000년은 거뜬히 보존된다.

이는 곳. 이 성당의 설립 기금 헌납자 12개의 인물상 중 하나인 "우타 폰 나움부르크"도 세계적인 유명인사. 13세기에 만들어진 이 돌 조각상은 독일에서 가장 유명한 고딕 양식 작품 중 하나이다.

- 나움부르크가 처음 역사에 등장한 것은 1012년. 이 해는 두 개의 무역로드의 교차점에 마이센의 변경백 에케하르트 가문(Ekkehardiner, 985년부터 1046년까지 가문이 소멸될 때까지 마이센의 변경백을 지낸 독일 귀족가문)의 새 고성이 탄생한 때이다. 1021년 메르제부르크 주교연대기에 따르면 나중에 건설된 나움부르크 대성당 자리에 교구사택이 신축되었다고 한다. 에케하르트 가문의 추천으로 1028년 교황 요하네스 19세가 주교좌를 차이츠에서 나움부르크로 바꾸는 것에 동의하였다. 1568년 이 도시에서 종교개혁의 물결로 개종되기 전까지 나움부르크는 주교좌 도시였다. 13세기부터 주교들이 다시 대부분 차이츠에서 근무하며 생활했다. 마지막 주교이던 율리우스 폰 플루크(Julius von Pflug)는 차이츠에서 사망하여 그곳에 매장되었다. 1030년에는 주교좌 성당 학교(Domschule)가 개원했다.

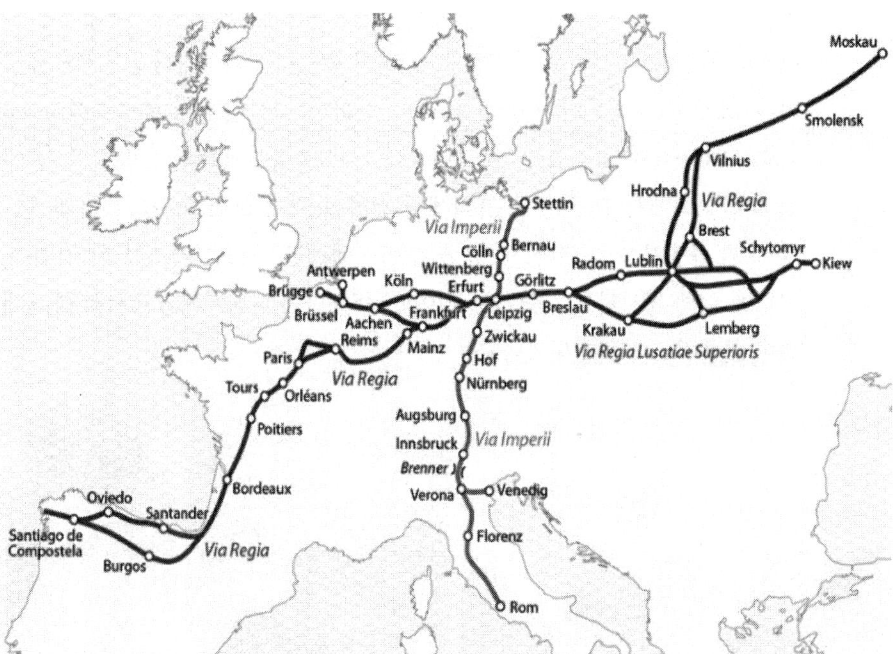

〈비아 레기아 가도〉

- 나움부르크는 1144년부터 도시로 불리면서 중세시대에는 비아 레기아 가도(Via Regia, 모스크바에서 산티아고에 이르는 무역로)에서도 중요한 상업중심지였다. 특히 1278년에 명명된 '나움부르거 메세(박람회)'를 통해 상업도시로 성장했다. 1500년부터 메세도시가 라이프치히로 옮겨가고 30년 전쟁을 겪으면서 나움부르크의 경제적 전성기도 빛을 잃었다.
- 나움부르크의 역사는 마르틴 루터, 종교개혁과도 밀접한 관련이 있다. 루터는 1521년 보름스 제국의회로 가는 도중에 나움부르크에서 처음 설교를 했다. 기념현판에서 이 사실을 읽을 수 있다. 저녁에는 이 도시역사에서 가장 어려운 시참사회 회의 중 하나가 개최되었다. 이 회의에서 니콜라우스 폰 암스도르프(Nikolaus von Amsdorf, 1483-1565)를 주교로 임용하는 문제에 선제후와 합의했다. 그는 1542년 1월 20일 나움부르크 대성당에서 루터에 의해 최초의 복음 대주교(1542-1546)로 임명되었다. 이로써 루터는 나움부르크 교회사에서 이정표를 세웠을 뿐 아니라 프로테스탄티즘을 공고히 하는 초석을 마련했다. 복음 주교시기를 "나움부르크 주교 실험기(Naumburger Bischofsexperiment)"라고도 한다. 니콜라우스 폰 암스도르프의 청사와 거처는 마르크트 광장에 있는 나움부르크 소성(小城)의 서쪽 날개건물이 되었다. 이곳은 나중에는 차이츠(작센-안할트 남부의 도시)의 주교 궁전이 되었다. 그러나 나움부르크에서 가장 확실한 개혁적인 인물은 루터파 신학자 니콜라우스 메들러(Nikolaus Medler, 1502~1551)였다. 그는 1536년 나움부르크 종교개혁의 출발점인 성 벤첼 시립교회에서 교구 감독 자리에 취임하여 32개 교회를 감독했는데, 1년 후 교회 규율을 기초했다. 이 규율은 비텐베르크 규율을 기초로 한 것인데, 루터에 의해 명시적으로 인가된 것이다. 1568년에 나움부르크에서의 종교개혁이 최종적으로 관철되었다.

〈좌: 나움부르크 소성, 중: 나움부르크 대성당, 우: 에케하르트와 우타의 상〉

▶ 나움부르크 대성당(Dom St. Peter und Paul)

- 나움부르크의 랜드 마크. 후기로마네스크-초기고딕 양식 대성당. 현재는 유럽 중세 전성기 시대의 가장 유명한 기념비적 건물이며, '로마네스크 가도'에서 방문객들이 가장 많이 찾는 곳이다. 이 성당의 설립 기금 헌납자 12인의 조각상 중 한 명인 '우타 폰 나움부르크(Uta von Naumburg)' 석상도 세계적이다. 13세기에 만들어진 이 돌 조각상은 독일에서 가장 유명한 고딕 양식 작품 중 하나다. 11세기 중엽에 건립을 시작하였는데, 시간이 지나면서 로마네스크양식으로 확장되었다. 1220년경 고딕양식으로 증 · 개축되어 교차 볼트와 첨탑이 만들어졌고, 2중 제단을 갖춘 십자형 3랑식의 바실리카양식으로 구성되었다. 내부는 고딕양식이며, 제대의 칸막이 선반에는 그리스도의 일생을 양각하였다. 서쪽 제단에는 인간의 존엄성에 주목하기 시작한 '에케하르트 2세와 우타의 상'을 비롯한 12체의 인물상 조각이 장식되어 있다. 독일 고딕 조각의 대표작이다.

〈상식〉 오토 시대(936~1030)의 성당

- 신성로마제국은 9세기 초에 비교적 안정된 시기를 거친 후 카롤링 시대에 서유럽의 고전 건축 르네상스가 지나간 후 936년 오토 1세 때부터 다시 안정을 찾았다. 오토 황제는 카를대제 때처럼 넓은 영토에 대한 정치적 지배력을 유지하기 위해 크고 강력한 교회를 건설하기 시작했다. 9세기 후반에는 바이킹, 마자르족, 아랍 인들의 공격으로 수도원과 교회가 파괴되었고, 이를 복구하기 위한 엄청난 규모의 재건 작업이 이루어졌다. 재건된 수도원들은 새로 놓인 도로와 다리로 연결되었다. 순례자들은 재건된 수도원과 도로를 통해 성지순례를 했는데, 순례자들은 나날이 늘어났다. 이로 인해 카롤링 교회 양식의 바실리카가 계속 발전하게 되었다.

• **성 키리아쿠스 성당**(Stiftskirche St. Cyriakus, 961~983). 오토 시대의 건축 기념물 중 가장 중

〈좌: 성당의 남동쪽 모습, 중: 변경백 게로의 무덤, 우: 서향 중랑〉

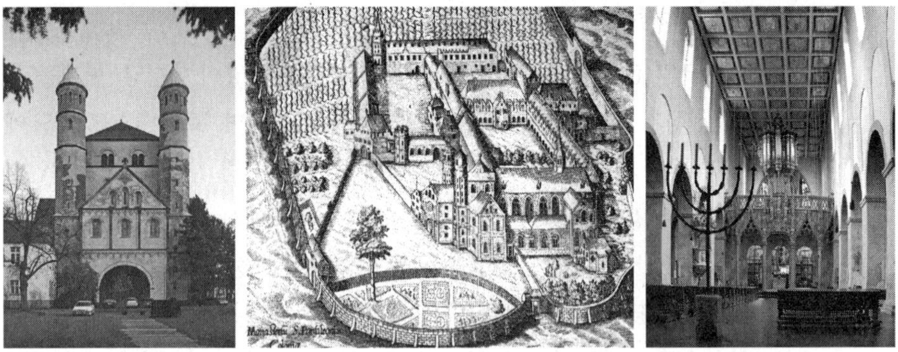

〈좌: 성당의 남동쪽 모습, 중: 변경백 게로의 무덤, 우: 서향 중랑〉

요한 건물 중 하나로, 게른로데에 있다.

- 초기 로마네스크 교회의 내부는 유럽의 교회 건축 발달 과정이 담겨 있다. 몇몇 요소들은 로마네스크나 비잔틴 양식으로부터 이어졌고, 몇몇은 카롤링 교회양식에서 받아들였다. 일부는 로마네스크의 재해석이라 할 수 있다. 성 키리아쿠스 성당의 2층 회랑은 측랑 위쪽에 위치해서 신랑 벽면의 비율을 완전히 바꾸어 놓았다. 전통적으로 1층 회랑과 위층의 고창을 나누었던 프리즈 대신 작고 좁은 2층 복도가 생겼다. 신랑은 네모난 피어와 기둥을 번갈아 배치해서 더욱 역동적인 모습이다.

• **성 판탈레온 성당**(St. Pantaleon, 966~980). 쾰른의 구시가지 남쪽에 위치한 초기로마네스크 양식 교회로서, 쾰른 구시가지에 있는 12개의 거대한 로마네스크 양식 바실리카 중 하나.

- 로마시대에는 이곳에 귀족의 대저택이 있었는데, 그 부지에 순교자 판탈레온을 기려서 건축한 교회다. 957년 베네딕트회 수도원이 지어지면서 새로운 교회가 들어섰는데, 오토 1세의 동생이던 주교 브루노가 건축하기 시작했다. 980년 완공된 후, 황제의 부인 테오파누에 의해 확장되었다. 서향구조, 즉 교회 서쪽 파사드의 육중한 구조물이 건축된 것이다. 동쪽 주제단과 그 주변에 무덤용 크립타가 996년 완성되었다. 12세기 중반에는 측랑이 증축되었고, 1620년부터 1622년까지 주제단이 새로 건축되었고, 교회의 중앙 통로 천장이 궁륭으로 대체되었다. 로마네스크 교회의 특징 중 하나인 완만한 물결모양의 아치문양이 간결하고 꾸밈없이 반복적으로 나타난다. 이것이 롬바르디아식 아치형 돌림띠다.

- 카롤링 양식의 교회들은 독특한 서향구조를 만들어 뚜렷한 지역적 특징을 보인다. 오토 시대에는 공간을 체계적으로 만들고자 했다. 특히 동-서로 발달된 후진, 십자형 건물, 탑 등을 갖추어 효율적으로 측랑을 통해 안으로 들어갈 수 있게 하였다. 바실리카의 기본 요소인 신랑, 양쪽 측랑, 수항, 제대, 후진 등이 뚜렷하게 구분되어 있다. 첨탑은 점차 중요해진 중앙의 교차부 위로 건축되었고, 동쪽과 서쪽 측면에 하나씩 만들어지기도 했다. 성 판탈레온 성당은 오토 시대의 서향구조가 남아 있는 희귀한 표본이다. 이 성당에는 후진이 없는 대신 군주가 기도하고 쉬는 장소였던 예배당 아래로 아치형 출입구가 있다.

3.6. 독일 제2제국의 주역 비스마르크(1815~1898)

- 1815년 4월 1일 엘베 강변의 쉔하우젠에서 출생.
- 쉔하우젠은 13세기 초기 하펠베르크 주교에 의해 건설된 곳. 가장 오래된 건물은 1212년에 봉헌된 로마네스크 양식의 벽돌고딕양식 교회이다.
- 종교개혁 후 쉔하우젠은 브란덴부르크 선제후국에 복속, 1562년 비스마르크의 재산이 되었다. 30년 전쟁 중 이 마을은 1642년 스웨덴에 의해 심하게 파괴되기도 했다. 18세기 초에 비스마르크 가문은 2개의 궁성을 건축했다. 1700년 무렵 제1 궁성이 완성되었고, 1729년부터 제2 궁성이 생겨났다. 그의 가족은 이듬해 포메른으로 이주했다. 1845년 아버지가 죽자 비스마르크가 재산을 상속받았다. 기사령과 궁성은 1945년 배상금 없이 국유화되었다.
- 1998년 설치된 비스마르크 박물관은 제1궁성의 측익, 곧 제1 궁성의 현관에 있다. 제2 궁성은 1950년부터 학교로 사용되었는데, 현재는 "오토 폰 비스마르크" 고등학교(Sekundarschule)가 들어섰다.

〈비스마르크 박물관(왼쪽)과 제2궁성(오른쪽)〉

▸ 독일에서 '비스마르크'라는 이름이 성행하는 이유?

- "지금의 큰 문제는 언론이나 다수결에 의해서가 아니라 오로지 철과 피, 곧 병기와 병력에 의해서만 해결할 수 있다." "법률이 만들어지는 과정은 소시지가 만들어지는 과정과 같아서, 보지 않는 것이 좋다."[19]

---

19) 당시 독일 소시지 제조 과정은 현대 중국처럼 엉망이었다. 소시지 공장에서 언제 청소했는지도 모르는 바닥에 재료인 고기를 내팽개쳐 두고, 그 위를 마찬가지로 위생이 의심스런 장화를 신은 직원들이 걸어다녔다. 그리고 쥐가 들끓었기 때문에 아무데나 쥐약을 뿌려놨고, 소시지를 만들 때 재료를 아무렇게나 제조기계에 집어넣었다. 그 결과 소시지를 만들 때 위생이 의심스런 고기, 공

- 우리의 상식은 비스마르크가 '철혈제상' 또는 '독일제국 건국의 주역' 정도이다. 그러나 그가 적어도 '19세기 유럽의 세력 균형 체제를 주도했다.', '사회주의자들에 대한 기민한 회유책으로 국내의 불만을 완화했다.'는 내용은 알아야 비스마르크의 됨됨이를 가늠할 수 있다.
- 국가주의적 정책 성격 때문에 보수 정치인이란 이미지가 부각되었지만, 정치적인 이해를 떠나 실질적으로 19세기 후반의 독일을 유럽 최고의 주목 대상으로 만든 인물이자 19세기 후반의 유럽 외교를 좌지우지한 인물임은 알 필요가 있다. 영국 역사가 앨런 테일러는 '19세기 유럽역사는 나폴레옹과 비스마르크라는 두 거인을 중심으로 쓸 수 있다'고 한 사실이 이를 뒷받침한다.
- 비스마르크는 부유한 하급귀족의 집안에서 태어났다. 아버지는 지주이자 프로이센군 장교였지만 특출하지 않았고, 외가는 귀족은 아니지만 외교관 집안이었다. 큰 아버지들은 장군까지 지내고 군공을 세운 제법 뼈대 있는 가문이었다.
- 복잡한 가문의 상속법 때문에 큰아버지들의 영지는 형제인 아버지가 아닌 비스마르크 가문의 먼 친척 연장자에게 넘어갔다. 덕분에 아버지는 평범한 시골 지주였다. 반면 외가는 'von'자가 붙지 않는 평민 가문이었지만 외할아버지는 스웨덴 대사를 지내고 어머니는 베를린에서 유복하게 자라고 화려한 성격이라 우유부단한 아버지는 어머니한테 눌려 살았다고 한다. 어머니는 비스마르크를 비롯한 형제들의 진로와 학습에 일일이 간섭했다. 귀족출신들은 보통 군대에 입대하는데, 비스마르크는 부르주아들이 많이 가는 법대로 진학했다. 어머니의 영향 때문이었다고 한다.
- 비스마르크는 괴팅겐 대학과 베를린 대학 등 독일 최고의 학부들을 다닌 덕분에 영어, 프랑스어, 폴란드어, 러시아어를 유창하게 구사할 수 있었다. 이는 후에 유럽 최고의 외교관으로서의 발돋움에 큰 자산이 되었다. 또한 다양한 경험과 만남을 통해 보수적이고 폐쇄적인 시골 융커식의 사고관이 보다 유연해지게 되었다.
- 비스마르크는 다른 귀족 출신 자제와는 달리 군대를 싫어했고 전문적인 군사교육을 받은 적도 없었다. 군국주의 프로이센이라서 공무원 제복은 거의

장의 오물, 쥐약, 쥐약을 먹고 죽은 쥐가 다 들어갔다.

군복이었고, 황제부터 우편배달부까지 모두 군복을 입고 다녔다. 그래서 수상이던 비스마르크도 군복을 입은 초상화가 많다.

- 32세 때 프로이센에 의회가 생겨 자신의 영지에서 의원으로 뽑히면서 정치가의 길에 들어섰다. 초기에는 극우 골수 독일 지상주의파의 협조로 정계생활을 했지만, 점차 이들과 거리를 두고 합리적 보수주의를 선호하게 되었다. 그래서 이후에도 극우파나 융커 출신 군부세력과의 사이가 원활하지 못했다.

▸ 독일제국 건국

- 보불전쟁 승리 이후 베르사유 궁전에서 독일 제2제국 수립을 선포하는 그림은 유명하다. 원래 비스마르크도 검은색 제복을 입고 있었지만 빌헬름 1세의 특별 지시로 그림에서 더욱 돋보이게 흰색 제복을 입은 것으로 그려졌다.
- 빌헬름 1세를 도와 오스트리아, 프랑스와의 전쟁(차례로 보오전쟁, 보불전쟁)을 승리로 이끌고 독일제국을 건국한 주역이다. 취임사에서 한 '언론이나 다수결이 아닌, 철(=무기)과 피(=병사)만이 문제를 해결할 수 있다'라는 말에서 '철혈재상'이란 별명을 얻었다. 그러나 그 당시 유럽의 다른 나라도 민주적이지는 않았다. 제국 정체가 유지되고 있던 러시아, 오스트리아, 프랑스의 나폴레옹 3세도 독재를 하던 시절이다.
- 비스마르크가 유명해진 것은 1860~1870년대의 외교 정책과 전쟁 과정 때문이다. 보오전쟁 때는 프랑스가 개입하지 못 하도록 보상책으로 프랑스를 묶어두고, 오스트리아를 물리친 뒤에는 엠스 전보 사건을 조작해 전쟁구실을 찾던 프랑스에게 미끼를 던져주고 선제침공을 유도하여 보불전쟁(1870년)을 일으키고 독일 내 여론도 우호적으로 돌려놓았다. 그 결과 프랑스의 황제가 쫓겨난 베르사유 궁전에서 독일제국이 건국되고 독일 황제가 즉위하는 초유의 결과로 나타났다.
- 유명한 알자스-로렌을 빼앗아 온 것도, 그래서 알퐁스 도데가 〈마지막 수

업〉을 쓴 것도 당시의 사건이다. 알자스-로렌은 본래 유명한 광산 지대로, 루이 14세 때 프랑스가 점령하고 자기 땅으로 만든 곳이었는데, 이 때 독일에 뺏기면서 심각한 갈등을 빚은 곳이다.

▸통일 이후의 내치

- 국내 정치에서는 민주주의의 정착을 방해한 인물로 평가되고 있다. 자본주의를 윤리적 측면에서 정당화한 막스 베버는 비스마르크를 독일 민주주의의 발전을 가로막은 사람이라고 치부한다.
- 그렇지만 그의 보수적 사상과는 달리 세계최초로 의료보험, 산재보험, 노인복지법 등을 실행하여 사회보장제도의 기틀을 마련한 인물이다. 이것은 당시 유럽에서 유행하던 사회주의 세력을 견제하기 위한 '선제적 조치'라는 평가가 있다.
- 이들은 노동자 계급의 무장봉기를 통한 폭력혁명으로 정권을 장악한다는 기존 마르크스주의 노선을 폐기하고, 선거를 통해서 의회를 장악한 후 평화적으로 사회주의 개혁을 추진한다는 개량노선을 추구했다.
- 빌헬름 1세 사후 등극한 빌헬름 2세와 다투다가 1890년에 제국 수상에서 해임되었다. 묘비에는 자신이 빌헬름 1세의 신하라고 명기하라는 유언을 남겼다.

04
자치주 튀링겐
(Freistaat Thüringen)

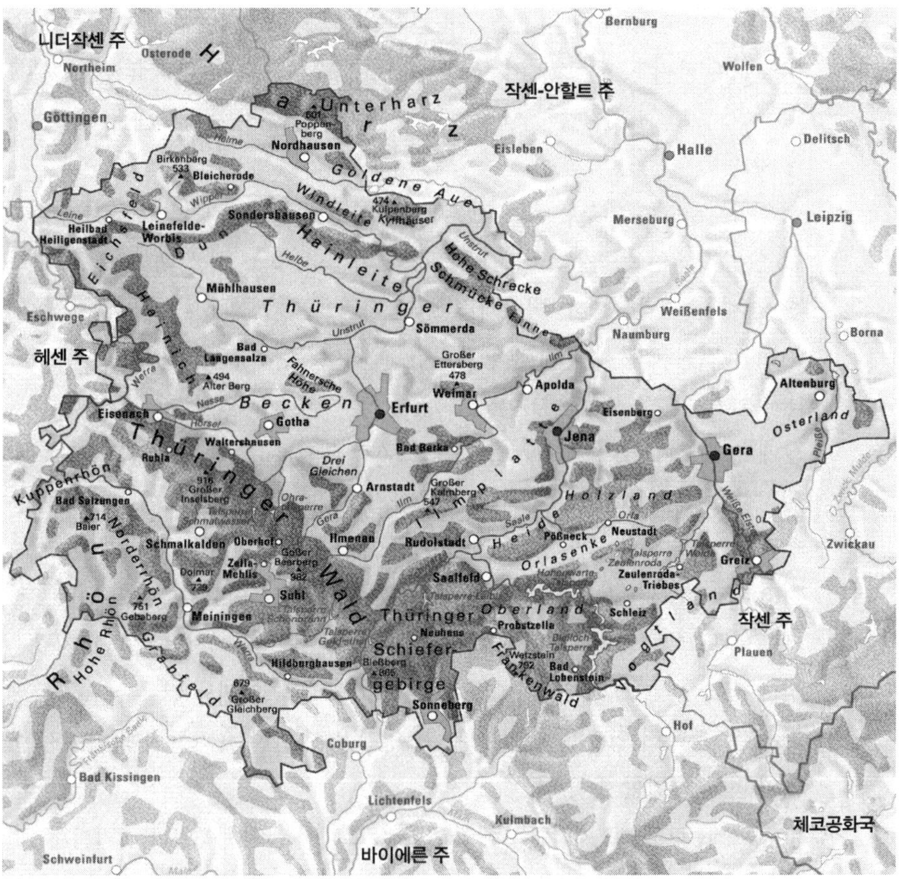

〈http://www.mr-kartographie.de/uploads/pics/Thu__776_ringen-Klett-Landschaften-01_01.jpg〉

바르트부르크 성과 미네장 가수들, 아이제나흐와 루터, 괴테와 실러를 품은 바이마르 - 튀링겐 하면 이 위대한 독일인의 이름들을 떠올리지 않을 수 없다. 도시그룹인 고타 - 에어푸르트 - 바이마르 - 예나에서는 감동적인 유럽 문화사가 기록되었다. 튀링겐은 종교개혁과 계몽주의의 발상지, 질풍노도와 독일 고전주의의 중심지이다. 독일 중부의 울창한 삼림지대 덕분에 "독일의 녹색심장"이란 별명도 얻었다.

1. 자연을 품은 튀링겐

- 독일의 중앙에 위치하며, 헤센, 작센, 바이에른, 작센-안할트, 니더작센 주들과 경계를 이룬다.
- 동쪽으로 베라 강(베저 강의 지류)에서 시작하여 잘레 강을 지나 플라이셰 강까지, 북쪽으로 튀링거 발트(Thüringer Wald)와 프랑켄발트(Frankenwald)의 삼림지대에서부터 하르츠 산맥 기슭까지 펼쳐져 있다. 동 · 서로 축을 이루는 도시로는 아이제나흐, 고타, 에어푸르트, 바이마르, 아폴다, 예나, 게라, 알텐부르크 등이 있다. 마이닝엔과 줄(Suhl)은 남서부에 있고, 존더하우젠과 노르트하우젠은 북부에 있다.
- 이 주의 남부는 대부분 튀링거 발트를 이루는 둥그스름한 구릉지대이다. 이 삼림지대의 북쪽은 고도가 900m에 이른다. 하르츠 산맥이 이 주의 북쪽 경계선을 형성한다. 튀링거 발트와 하르츠 산맥 사이에는 비옥한 농경지대인 튀링겐 분지가 자리하고 있다. 이곳이 '독일의 녹색 심장(Grünes Herz Deutschlands)'으로 불리는 곳이다.
- 잘레 강의 지류들이 이 분지를 동쪽으로 가로지른다. 이 분지에서는 밀 · 보리 · 사탕무 · 채소 등이 재배된다. 골짜기에 있는 과수원과 포도원들에서는 잘레 강의 왼쪽 지류인 일름 강이 한눈에 내려다보인다. 그러니까 바트 줄차(Bad Sulza) 시를 둘러싼 하류의 일름 골짜기에 경작되고 있는 것이 바로 잘레-운슈트루트-와인이다. 문화사적으로 일름 강은 바이마르를 가로지르는 강이기도 하다. 그래서인지 이 강은 요한 볼프강 폰 괴테 같은 예술가들에게 많은 문학적 영감을 주었는데, 그 영감은 그런 예술가들의 작품에서 어렵지 않게 확인할 수 있다.
- 이 지역에는 대규모 공업단지도 들어섰다. 그래서 금속세공업과 정밀기계 · 전자장비 · 직물 · 화학제품 제조업 등이 활성화되어 있다. 삼림지대의 계곡에 자리한 마을들에서는 유리 · 목재 · 장난감 제조업 등도 활기를 띠고 있다.

▸ 주도

- 에어푸르트. 이곳에 독일연방공화국의 연방노동재판소가 있다.

▶ 주기와 문장

- 여러 겹 줄무늬가 있는 사자는 약 800년부터 옛 이 지역들을 상징하는 문장이었는데, 오늘날 튀링겐 주에 소속되었다. 이런 여러 지역들의 동반성장을 상징하는 것이 여덟 개의 별들이다. 헤센 연방 주와의 긴밀한 연관성을 보여주는 것이 적색-흰색 줄무늬가 있는 주기이다.

언어: 독일어
주도: 에어푸르트(Erfurt)
면적: 16.172,50 km²
인구: 2.158.128명 (2016년)
밀도: 133명/km²

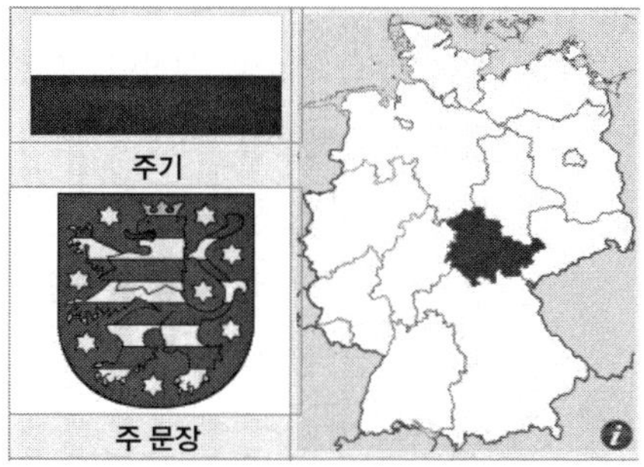

▶ 종교

- 주민의 68%는 종교가 없다. 2015년 기준 22.2%는 프로테스탄트교 소속이고, 7.8%가 로마-가톨릭교 소속이다.
- 주의 초중등학교는 프로테스탄트, 가톨릭, 유대교 수업을 제공한다. 학생들은 종교수업, 윤리 과목 중 하나를 선택할 수 있다. 종교수업은 정규교사와 교리교사 모두 참여할 수 있다.
- 튀링겐은 8세기에 성 보니파티우스를 통해 기독교화 되었다. 그래서 성 보니파티우스는 '튀링겐의 선교사'로 불리기도 한다. 종교개혁이 도입될 때까지만 해도 튀링겐 주민들은 가톨릭 신앙에만 집중했다.
- 튀링겐 주는 16세기에 세계 최초의 프로테스탄트 지역 중 한 곳이었다. 종교개혁가 마르틴 루터에게는 후원자인 프리드리히 폰 작센 선제후가 있었기 때문에 가능했다.

▶ 튀링겐 석쇠튀김소시지(Thüringer Rostbratwurst)

- 저민 돼지고기와 여러 양념들로 만든 것이다. 옛 전통에 따르면 장작 위에 그릴석쇠(Grillrost)를 놓고 구웠다.
- 흔히 파우스트 푸드(Faust Food)가 미국의 패스트푸드의 원조라는 우스개이야기도 있다.

2. 역사를 품은 튀링겐

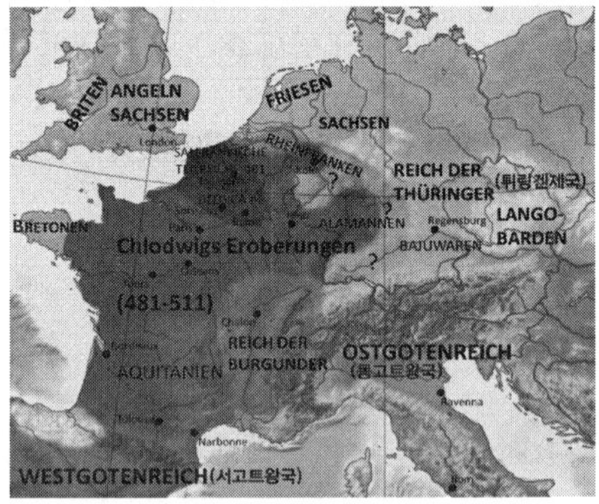

〈AD 500년 무렵의 튀링겐 제국과 주변 국가들〉

- 350년경. 게르만계 튀링겐 족이 등장, 5세기에 훈족에게 정복되었다. 그러나 500년 무렵 튀링겐 족은 하르츠 산맥에서 도나우 강에 이르는 거대한 왕국(튀링겐 제국, Thüringerreich)을 건설한다.
- 380년. 튀링겐 족을 뜻하는 'Thoringi'라는 이름이 역사서에서 처음 등장한다.
- 4/5세기. 민족이동 시기에 튀링겐 족은 이동하지 않고 그 곳에 남는다. 당시 튀링겐의 이웃 민족들로는 작센 족, 프랑켄 족, 알레만 족, 바바리안 족, 랑고바르드 족 등이 있었다.
- 531년. 튀링겐의 헤르미나프리트(Herminafried, 485~534, 재위 510~534) 왕이 운슈트루트 강가의 부르크샤이둥엔(Burgscheidungen)에서 프랑크족의 왕 토이데리히 1세(Theuderich I., 485?~534, 재위 511~534, 클로드비히 1세의 장남)와 클로드비히 1세(Chlodwig 1., 466~511)에게 패배함에 따라 그들의 영토는 하르츠 산맥과 튀링거 발트 삼림지대로 줄어들면서 프랑크 왕국의 지배를 받는다.
- 628~632년. 프랑크 왕국의 다고베르투스 1세(다고베르트 1세, 603~639)가 동프랑크와 튀링겐을 관리한다. 이 시기에 메로빙 왕조에 의해 튀링겐 공국이 건설되어 8세기 후반까지 유지된다. 이 시기에 이 지역이 역사서에서 등장하고 있는데, 아른슈타트는 704년에, 에어푸르트는 742년에 등장한다.
- 725년(719?년). 성 보니파티우스(Sanctus Bonifatius, 675?~754)가 튀링겐 족을 그리스도교도로 개종시킨다. 그는 같은 해에 오르드루프(Ohrdruf) 근처에 작은 수도원(cella)을 창설한다.
- 741년. 프랑크 왕국 분열. 튀링겐은 카롤링 왕조 출신 프랑크 왕국의 왕 카

롤루스 마르텔루스(Karl Martell, 680~741, 별칭 마리텔 '망치'의 뜻)의 아들 카를로만 1세(Karlmann I, 706~754년)에게 귀속된다. 에어푸르트 주교구가 741/42년에 창설된다.

- 843년. 베르됭 조약. 프랑크 왕국의 분열로 튀링겐은 루트비히 2세 독일왕(Ludwig II der Deutsche, 802~876, 재위 843~876)이 지배하는 동프랑크 왕국에 남는다.

〈상식〉 성 보니파티우스[보니파키우스](Sanctus Bonifatius, 675?~754)

- 8세기 프랑크 왕국에 기독교를 전파한 베네딕트회 선교사이자 초대 마인츠 대교구장. 독일의 사도라고 불리며, 로마 가톨릭교회에서는 그를 독일의 수호성인으로 지정하여 공경하고 있다.
- 보나파티우스의 선교와 순교. 로마 제국은 10세기 동안 세계 영토의 상당 부분을 지배했다. 하지만 410년에 서고트족에 약탈당했고 476년 게르만부족 지도자들이 아우구스투스 황제를 폐위시키고 그 자리를 차지했다. 아리우스파도 일부 있었지만, 이 북부의 불청객들은 대부분 이교도였다. 7세기 초, 로마 가톨릭 교회는 영성, 도덕성, 지성을 상실하였다. 하지만 모든 교회가 영적 혼돈에 빠진 것은 아니었다. 아일랜드와 브리타니아의 켈트족 신자들은 야만인들에게 짓밟히지 않았다. 켈트족 수도원들은 선교에 대한 열정이 남달라서 북유럽에 선교사들을 파송했다. 그중 가장 큰 성공을 거둔 사람이 후에 라틴어로 보니파티우스라는 이름을 받은 선교사 빈프리트였다. 그는 잉글랜드 데본셔에서 태어났다. 어린 시절 그는 수도사의 삶을 추구하며 학업에 몰두하여 사제가 되었다. 716년 보니파티우스는 프리슬란트 인들(선사시대에 라인 강 어귀와 엠스 강 어귀 사이의 북해 해안지역(프리슬란트)에 정착한 켈트인, 프리지아 인이라고도 함)에게 복음을 전하고자 지금의 네덜란드 땅으로 갔지만 실패하고 수도원 원장이 되기 위해 잉글랜드로 돌아갔다. 3년 후, 다시 선교여행를 위해 먼저 로마에서 교황의 독일파송 승인을 받았다. 보니파티우스는 한 사건을 통해 독일의 이교도들로부터 신뢰를 얻게 되었다. 전승에 따르면 그가 우레의 신 토르의 신성한 떡갈나무를 도끼로 쓰러뜨리자 토르를 숭배하던 이교도는 경악을 금치 못했다. 하지만 아무 일도 일어나지 않았고, 이내 기독교에서 섬기는 하나님이 훨씬 더 능력이 있다는 소문이 퍼졌다. 보니파티우스와 조력자들은 수많은 사람을 개종시키고 수도원을 세웠다. 732년, 교황은 보니파티우스를 대주교로 임명해 로마의 완전한 지배를 받을 수 있도록 지역을 정비하게 했다. 독일에서 삶의 대부분을 보냈던 보니파티우스는 752년, 처음 실패를 경험했던 프리슬란트로 돌아갔다. 그리고 2년 후 개종자들에게 세례를 주기 위해 준비하던 중 이교도 폭도에 의해 순교했다.

- 게르만인의 사도, 보니파티우스. 11세기의 미사용 책에 들

어 있는 앞의 그림은 보니파티우스의 선교 활동과 순교를 그리고 있다. 그의 전기를 쓴 사람에 의하면 보니파티우스는 복음서를 자신의 방패로 삼았다.

- 933년. 카를 대제의 아들 하인리히 1세(919~936)가 리아데에서 마자르족의 침공을 막고, 이 지역의 방어를 강화한다.
- 968년. 차이츠, 메르제부르크, 마이센 주교구들이 창설된다.
- 10세기. 작센의 오토 공작 가문이 나움부르크와 장어하우젠 사이의 운슈트루트 강 아래 지역을 신성로마제국의 중심지로 만든다. 그 때문에 튀링겐 혈통 공국은 생겨날 수 없게 된다. 튀링겐 지역의 최대 권력은 당시 바이마르 백작령에게 있었다.
- 1024년. 작센 왕조가 소멸된 후 중세시대 튀링겐과 헤센의 지배왕조이던 루도빙어 가문('루트비히 가문')은 루트비히 데어 슈프링어 백작(1042~1123, 루트비히 폰 샤우엔부르크 백작이라고도 함)에게 튀링겐을 통치하게 한다. 루트비히 데어 슈프링어는 1067년 바르트부르크 성을 짓게 한다. 1130년 루트비히의 손자는 로타르 3세(1075~1137)에 의해 튀링겐의 제후로 임명된다. 그래서 이 지역은 중세전성기 때 독일 문화의 중심지로 부흥한다.
- 1074년. 프리드리히로다 근처에 샤우엔부르크 창설. 주요 개간지로 알텐베르겐, 프리드리히로다, 핀스터베르겐, 에스펜펠트 등이 있다.
- 1140~1172년. 방백 루트비히 2세(1128~1172)의 지배 시기.
- 1143년. 지초 3세(Sizzo III., 1093~1160, 캐퍼른부르크-슈바르츠부르크 백작)에 의한 시토교단 게오르겐탈 수도원 창설.
- 1172~1190년. 방백 루트비히 3세(1151~1190)의 지배 시기.
- 1183~1189년. 튀링겐이 중세전성기 문학시대로 접어든다. 하인리히 폰 펠데케(1150~1190/1200)가 베르길리우스의 '아이네아스'의 중세버전 소설 〈Aeneas(아이네아스)〉[20] 완성. 아이네아스(Αινείας)는 고대 그리스 시대 트로이 전쟁의 영웅 중 한 명.
- 1190~1217년. 루트비히 가문 출신의 튀링겐 방백 헤르만 1세의 통치 시기. 바르트부르크 성이 중세전성기 문학의 중심지가 된다. 1206년경 바르트부

20) 줄거리: 멸망한 조국을 떠나 아이네아스가 각지를 방랑하다가 신의 계시로 라틴움 땅에 이르게 되고, 현지 부족들과 전쟁을 통해 로마를 건국한다.

르크 성에서 연애 가인들의 노래경연대회(Sängerkrieg)가 열렸다.

- 1217~1227년. 튀링겐 방백이자 작센 궁중백 루트비히 4세(1200~1227)의 통치 시기. 루트비히 4세 사후 그의 부인 엘리자베트(Elisabeth von Thüringen = Elisabeth von Ungarn, 1207~1231)가 밤베르크를 거쳐 마르부르크로 가서 1231년 사망한다(1235년 헝가리의 성녀로 시성됨).
- 1227~1240년. 하인리히 라스페 4세(1204~1247)와 콘라트 4세에 의한 튀링겐 방백령의 공동지배 시기.
- 1242년. 하인리히 라스페 4세를 독일제국 섭정으로 투입. 그는 1246년 호엔슈타우펜 왕가 출신 프리드리히 2세(1194~1250)의 대립왕으로 선출된다. 하인리히 라스페 4세는 1227년부터 튀링겐 방백, 1246/47년 신성로마제국 황제 프리드리히 2세와 그의 아들 콘라트 4세(1228~1254)의 대립왕. 라스페는 튀링겐 루트비히 가문의 마지막 방백이자 유일한 왕이었다. 대립왕이란 선거로 군주를 선출하던 신성로마제국에서 흔했다. 계승분쟁이나 단순한 정치적 대립으로 왕이 되지 못한 인물이 정통성을 가진 왕이 있음에도 왕위를 놓고 대립하여 왕권을 행사한 사람으로, 정통 황제와 왕과 대립한다는 의미가 있다. 예컨대 대립왕은 교황의 경쟁 상대이던 대립교황과 유사하며 서로 관련성도 있다.
- 1247~1264년. 튀링겐 방백 하인리히 라스페 4세가 후손 없이 사망한 후 소피 폰 브라반트(1224~1275, 루트비히 4세와 성녀 엘리자비트 사이의 장녀)와 베틴 가문의 하인리히 3세(1215~1288) 마이센 변경백 간의 유산상속분쟁. 1264년 후자에게 변경백령이 귀속된다.
- 1265년. 오랜 왕위계승분쟁(1256~63) 후 베틴 가문의 마이센 후작 하인리히 3세가 권리를 인정받고, 그의 아들 알브레히트에게 튀링겐을 하사한다. 이후 이곳은 베틴 가문 소유가 된다.
- 1292년. 헤센 방백령과 튀링겐 방백령이 동등한 지위를 가지게 된다.
- 1307년. 루카 전투(Schlacht bei Lucka). 베틴 가문의 권력 확인과 마이센 변경백령의 안정을 가져온다.
- 1310년. 하인리히 7세 독일왕(1275-1313, 룩셈부르크 왕가출신으로 1312년부터 제국 황제)이 프라하 조약(1310년 12월 19일)에서 베틴 가문의 튀링겐 권리를 인정받는다.

- 1342~1345년. 튀링겐 백작전쟁. 튀링겐 지배권을 둘러싼 귀족가문들과 베틴 가문 간의 분쟁.
- 1423년. 베틴 가문 출신의 프리드리히 4세 호전공(1370~1428)이 작센-비텐베르크 공국을 얻는다. 이로써 베틴 가문이 선제후 지위로 승격된다.

〈상식〉 신성로마제국 시기 귀족의 서열체계

- Kaiser. 신성로마제국 황제(카이저). 그의 영토는 제국.
- König[쾨니히]. 왕. 신성로마제국에는 로마왕(대개는 제위 계승자가 차지), 독일왕(대개는 황제가 겸직), 보헤미아왕 등 3명의 왕이 있었다. 그의 영토는 왕국.
- Kurfürst[쿠르퓌어스트]. 선제후. 일반 귀족서열과 구분되고 타 직위와 공유된다. 예컨대 브란덴부르크 선제후는 '신성로마제국 선제후이자 브란덴부르크 방백'이다. 그의 영토는 선제후령.
- Herzog[헤어초크]. 공작. 9세기 말 카롤링 왕조가 붕괴되면서 만들어진 부족 공국에서 유래한다. 프랑켄, 슈바벤, 작센, 바이에른 공작이 대표적이다. 그의 영토는 공국(Herzogtum).
- Erzherzog[에르츠헤어초크]. 대공. 신성로마제국의 공식 대공 호칭. 오스트리아에서만 사용되었다. 카를 4세 때 오스트리아 공작 루돌프 4세가 자신의 권위를 상승시키고자 문서를 위조하여 붙인 호칭이다. 그의 영토는 대공령.
- Großherzog[그로스헤어초크]. 대공. 신성로마제국의 공식 호칭이 아니다. 나폴레옹 시대 이후 바덴, 룩셈부르크 등의 국가들이 세력 과시용으로 사용한 호칭. 그의 영토는 대공령.
- Markgraf[마르크그라프]. 변경백. 카를 대제 때 변경 정복지에 설치되면서 시작되었다. 오스트마르크(오스트리아), 노르트마르크(브란덴부르크), 마이센, 바덴 등이 대표적이다. 서열은 Herzog(공작)과 동급. 그의 영토는 변경백령(마르크).
- Landgraf[란트그라프]. 방백. 로타르 2세가 튀링겐 방백을 임명하면서 시작된 호칭. 튀링겐과 이로부터 파생된 헤센이 대표적이다. Markgraf(변경백)와 동급이다. 그의 영토는 방백령.
- Pfalzgraf[팔츠그라프]. 궁중백. 제국 궁전이나 왕령지를 관리하는 백작. 로트링엔, 바이에른, 작센, 슈바벤에 설치되었는데, 중세 전성기 이후 로트링엔 궁중백의 후신인 라인 궁중백과 같은 개념. 그의 영토는 궁중백령(팔츠).
- Fürst[퓌어스트]. 후작. Herzog과 Graf 사이의 작위. 리히텐슈타인의 정식 국명이 Fürstentum Liechtenstein(리히텐슈타인 후작국)이다. '공국'으로 번역되기도 한다. 그의 영토는 후작령.
- Graf[그라프]. 백작. 카를 대제 때 지방에 파견된 지방관리에서 유래한 것이다. 그의 영토는 백작령(Grafschaft).
- Reichsgraf[라이히스그라프]. 제국백작. 백작 중에서 황제의 직속봉신이다. 이들은 제국의회에서 그들만의 회의체가 있었고 발언권도 있었다.
- Burggraf[부르크그라프]. 성백(자작). 고성에 근거지를 둔 백작. 호엔촐레른 왕가의 뉘른베르크 성백이 대표적이다. 그의 영토는 자작령(성백령).
- Freiherr[프라이헤어]. 남작. 소영주. 황제직속봉신은 Reichsfreiherr(제국남작). 그의 영토는 남작영지.
- Herr[헤어]. 영주. 그의 영토는 영지(Herrschaft).

- Ritter[리터]. 기사. 황제직속봉신은 Reichsritter(황제기사).

- 1446~1451년. 작센 형제의 난(Sächsischer Bruderkrieg). 작센의 형제들인 작센 공작 빌헬름 3세와 선제후 프리드리히 2세 사이의 베틴 가문 관할권을 둘러싼 내전.
- 1485년. 8월 26일 라이프치히 가조약(작센지역의 국가분할에 관한 조약)에 따라 동부지역에 알브레히트 가문의 작센 선제후국과 서부지역에 에른스트 가문의 작센 공국으로 나눠진다.
- 1486~1525년. 작센의 프리드리히 3세(1463~1525, 작센 선제후 1486~1525) 통치기. 그는 구교도였지만 마르틴 루터를 보호하고 그를 바르트부르크 성에 숨겨주고 종교 개혁을 진전시킨 인물. 1502년 비텐베르크 대학교도 창설.
- 16/17세기. 16세기 초기 종교개혁과 더불어 튀링겐은 독일 정치의 중심이 된다. 루터는 에어푸르트 대학을 다니면서 아우구스티누스 수도원에 기거한다. 그 후 비텐베르크로 가서 종교개혁을 시작한다. 이 시기에 튀링겐에서 인문주의(15/16세기)가 시작되면서 에어푸르트 대학도 전성기를 누린다. 울리히 폰 후텐(Ulrich von Hutten, 1488~1523)과 종교개혁가들을 중심으로 독일 인문주의의 중심지가 된다. 이 시기에 에른스트 폰 트로멘(Ernst von Thrommen,

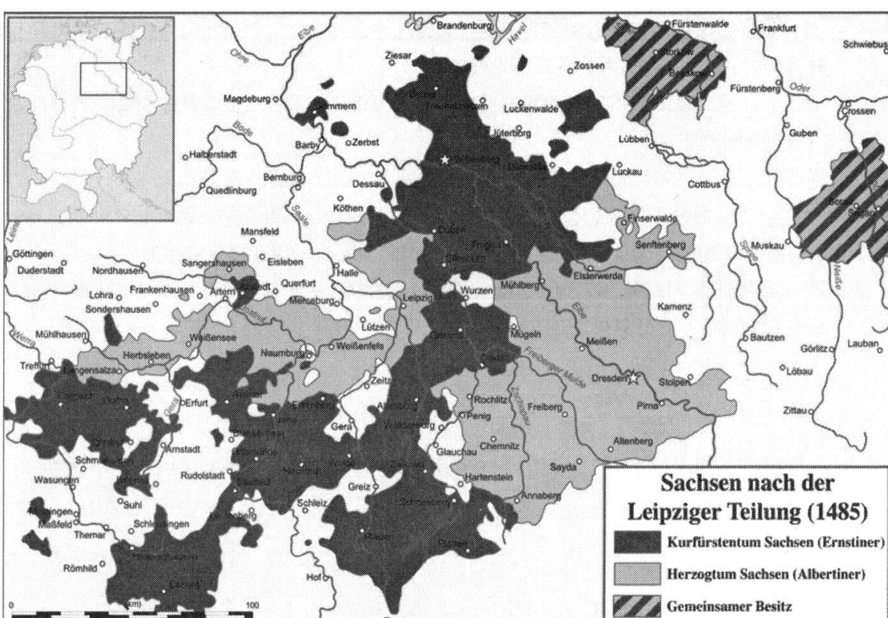

1601~1675)이 지배하던 작센-고타 공국은 '인문주의의 모범국가'로 간주된다. 에른스트 폰 트로멘은 1642년 12세까지 모든 청소년들에게 의무교육을 도입한다. 16세기에 대학은 교육과정을 전면 개편하면서(정규과목: 그리스어 번역, 수사학, 시학) 거의 인문주의 교육으로 전향한다.

- 1558년. 예나 대학교 창설('Hohe Schule' 즉 고등교육기관으로 창설된 것은 1548년).

〈상식〉 종교개혁과 교육

(1) 종교개혁의 성격

① 신앙해방: 종교개혁은 중세의 형식적 교권주의에서 벗어나 성서에 의해 복음을 가질 수 있다는 신앙해방운동.

② 종교적 자유주의: 구원이 교회가 아닌 성서를 통해 하나님과 직접 교섭하겠다는 종교적 자유주의(성직자나 의식의 중계가 필요 없다는 신비주의적 신앙)

③ 교권개혁운동: 세속화된 교회와 타락한 성직자들의 부패를 개혁하려는 운동

(2) 신교의 교육관

① 교육에 대한 국가의 책임 강조: 국가, 사회, 교회를 위해 종교적, 도덕적 품성을 기르는 교육은 교회, 국가, 사회 모두의 책임이다.

② 보편적 의무교육: 교육은 올바른 신앙생활을 통해 영혼구원을 얻게 하는 수단이므로 계급과 성에 관계없이 보편적, 의무적이며 무상으로 제공되어야 한다. 이는 근대 공교육 제도의 토대가 되었다.

(3) 종교개혁이 교육에 미친 영향

① 교육은 올바른 신앙을 통해 영혼구원에 이르는 수단으로 보았기 때문에 누구나 교육받을 필요가 있다고 보고 대중교육운동을 전개했다.

② 신교는 종교교과 외 직업과 생활에 필요한 세속교과도 인정하므로 종교와 생활이 조화된 교육이 가능해졌다.

③ 개인의 신앙과 자유에 대한 존중은 피교육자를 존중하는 풍토를 조성했다.

④ 여성의 사회적 지위를 인정하고 존중했기 때문에 여성교육과 아동교육에 필요한 여교사의 양성을 권고했고, 가정교육을 중시했으며, 어머니의 교육적 지위도 향상되었다.

⑤ 교육에 대한 사회적, 국가적 책임을 강조했기 때문에 모든 지역에서 학교체제가 생겨났다. 또한 학교교육의 조직 구성에도 영향을 미쳤다.

- 18/19세기. 1780년 무렵부터 공작 안나 아말리아(Anna Amalia von Braunschweig-Wolfenbüttel, 1739~1807)와 그의 아들 카를 아우구스트(Karl August von Sachsen-Weimar-Eisenach, 1757~1828, 1758년부터 공작, 1815년부터 대공)가 다시 이 지역에 주목한다. 이들은 요한 볼프강 폰 괴테나 프리드리히 실러 같은 작가들을 궁정으로 불렀다. 그래서 바이마르의 고전주의가 고전주의 문학운동의 독일

버전으로 자리매김할 수 있게 된다. 이 시기에 예나 대학은 독일 철학의 중심지가 되는데, 요한 피히테(Johann G. Fichte), 프리드리히 셸링(Friedrich W. Joseph Schelling), 게오르크 헤겔(Georg W. F. Hegel)의 영향이 컸다. 노발리스(Novalis),[21] 브렌타노(Clemens Brentano), 슐레겔(Friedrich Schlegel) 등의 작가들이 주도한 예나의 낭만주의도 이 시기에 독일 전역으로 영향력을 행사한다.

- 1846년. 칼 차이스(Carl Zeiss, 1816~1888)가 예나에서 정밀기계 및 광학기계 공방을 설립하여 각 대학에 납품하면서 예나대학교의 수학·물리학 교수인 에른스트 아베(Ernst Abbe)와 협력하여 현미경 제작에 집중, 1847년 처음으로 현미경을 생산한다. 아베 박사는 1872년 성능을 향상시킨 현미경을 내놓으면서 아베이론을 정립한다. 1884년 차이스와 아베는 유리 화학자인 F.O. 쇼트와 협력하여 예나 유리공장을 설립, 수십 종류에 이르는 신종 광학유리를 개발한다.

〈상식〉 고전주의와 낭만주의의 차이

- 미술 분야에서 고전주의와 낭만주의는 이런 차이가 있다.

구분	고전주의	낭만주의
소재/주제	고대 그리스-로마에 뿌리 역사나 신화	당대의 사건 국가의 민요, 문학작품 등 다양함
양식	안정된 구도와 조화, 규범	화가의 자유로운 주관적, 감정적 표현
미의 기준	사물, 인체의 이상화	화가의 주관으로 절대미와 숭고미 표현
예		

21) 본명은 게오르크 필립 프리드리히 폰 하르덴베르크 남작(Georg Philipp Friedrich Freiherr von Hardenberg, 1772-1801)이다.

- 고전주의는 진실을, 낭만주의는 아름다움을 존중한다. 고전주의는 이성을 소중히 여기기 때문에 진실, 균형, 기교를 존중하는데, 낭만주의는 자연을 소중히 여기기 때문에 아름다움, 자유, 정서를 존중한다. 모든 굴레에서 벗어나 자유롭게 정열을 내뿜는다. 산과 바다와 하늘과 구름의 아름다움을 구가한다.
- 고전주의는 형식을, 낭만주의는 내용을 중요시한다. 고전주의는 삼일치설 같은 형식에 치중하기 때문에 내용은 형식의 노예가 되고 모방을 일삼는다. 그러나 낭만주의는 형식에도 구애받지 않고 내용에 치중하여 보다 높은 이상과 보다 아름다운 꿈을 추구한다. 즉, 낭만주의는 작가의 개성을 존중하기에 자유주의, 주관주의, 개인주의, 정서주의인 셈이다.
- 고전주의는 현실에, 낭만주의는 환상에 중점을 둔다. 고전주의는 작가의 온건한 상식에 의하여 평범한 현실세계를 그린다. 그러나 낭만주의는 작가의 비범한 상상에 의하여 신비하고 괴기한 환상세계를 그린다. 이처럼 낭만주의는 현재에 만족하지 않고 미래를 동경한다.
- 고전주의는 보편적인 것, 낭만주의는 특수적인 것을 그린다. 고전주의는 일반적인 것을, 낭만주의는 개성적인 것을 추구한다. 고전주의는 작가의 얼굴이 작품 뒤에 감추어지는데, 낭만주의는 작가의 얼굴이 작품에 뚜렷이 나타난다. 고전주의 작품의 등장인물은 최소한의 특색을 가지고 있는 보편적 인물인데, 낭만주의 작품의 그것은 최대한의 특색을 가진 개성적 인물이다.

- 작센-바이마르-아이제나흐 대공국(Großherzogtum Sachsen-Weimar-Eisenach, 1815~1918). 1741년부터 작센-바이마르 공국과 작센-아이제나흐 공국은 동군연합(同君聯合) 상태였다. 1809년에 두 공국을 정식으로 합하여 작센-바이마르-아이제나흐 공국이 되고, 1815년에는 동쪽의 오를라 강변의 노이슈타트(Neustadt an der Orla)를 흡수하여 대공국으로 승격한다.
- 1871년. 독일제국의 일부가 된다. 1918년 군주제 폐지 후 1920년 튀링겐 주에 합병되었다. 수도는 바이마르였으며 면적은 3,617㎢, 인구는 1905년 당시 388,000명이었다. 주민의 대부분은 국교인 루터파 프로테스탄트였다.
- 대공국의 국기는 1897년 이전에는 위에서부터 흑-녹-황색을 사용하다가 그 이후부터는 위에서부터 흑-황-녹색을 사용한다. 이 국가의 문화 전성기는 19세기에도 계속되는데, 교육가 프리드리히 프뢰벨이 작은 마을인 그리스하임에 1816년 근대식 학교인 '일반 독일교육기관(Allgemeine Deutsche Bildungsanstalt)'을 설립한다. 1817년 루돌슈타트 근처의 카일하우로 이전했다. 현재는 '자유 프뢰벨학교(Freie Fröbelschule Keilhaus)'로 운영 중이다.
- 1840년. 프뢰벨은 빌헬름 미덴도르프, 하인리히 랑에탈 등과 함께 바트 블랑켄부르크에 독일 최초이자 세계 최초의 킨더가르텐('유치원')을 창설한다. 이곳은 현재 프뢰벨 박물관으로 사용되고 있다.

〈좌: 자유프뢰벨학교, 우: 최초의 킨더가르텐〉

- 1820년. 에른스트-빌헬름 아르놀디(Ernst-Wilhelm Arnoldi, 1778~1841)는 고타보험사를 설립하면서 독일 보험업의 기초를 세운다.
- 1826년. 요제프 마이어(Joseph Meyer, 1796~1856)는 고타에서 출판사 'Bibliographisches Institut'를 창설하여 과학기술에 중점을 둔 마이어백과사전(Meyers Konversations-Lexikon)을 출간한다. 1811~1818년 튀링겐 동부의 알텐부르크에서 브록하우스 백과사전(Der Brockhaus Enzyklopädie)이 출간된다. 초판은 1796~1808년에 6권으로 발간되는데, 세계 최초의 백과사전으로 꼽힌다. 당시의 명칭은 'Konversationslexikon'이라는 '백과사전'이었다.
- 1872년. 최초의 두덴 사전이 슐라이츠에서 발간된다.
- 1882년. 3월 1일 오스카르 티츠(Oscar Tietz, 1858~1923)가 게라에서 티츠 백화점(Warenhaus Tietz)을 창설하는데, 나중에 헤르티(Hertie) 백화점 콘체른으로 발전한다. 1908년 그는 에어푸르트에 '뢰미셔 카이저('로마 황제'의 뜻, Römischer Kaiser)'라는 백화점 - 현재도 이 주 최대 백화점 - 을 개점한다.
- 19세기 후반. 바이마르도 르네상스를 맞는다. 프란츠 리스트 같은 음악가들이 궁정으로 왔으며, 바이마르화파(Weimarer Malerschule, 독일 인상주의)가 1860년 독일회화의 한 유파로서 1900년까지 이어졌다.
- 프로이센도 빈 회의(1814~15)와 7주 전쟁(1866)[22] 이후 튀링겐의 일부를 받는다.

22) 독일 통일의 주도권 문제로 1866년 프로이센과 오스트리아의 전쟁. 그 해 8월 프라하조약이 체결되어 독일연방은 해산되고, 프로이센은 1867년 오스트리아를 제외한 북독일연방을 조직하여 독일 통일의 기초를 확립했다.

- 1919년. 8월 11일 바이마르에 소집된 국민의회에서 그 골격을 규정한 바이마르 헌법이 채택, 반포됨에 따라 바이마르 공화국 출범. 바이마르 헌법은 국민주권을 확인하고, 국민의 기본권을 상세히 규정한 민주적인 헌법이었지만, 대통령에게 긴급명령권을 부여한 제48조는 뒤에 히틀러가 독재정권을 수립하는 길을 열어 주는 빌미로 작용한다.
- 1920년. 바이마르 공화국에서 옛 튀링겐 지역에 속했던 몇 개의 분리된 영토가 바이마르를 수도로 하는 독일공화국의 새로운 튀링겐 주로 합병된다. 그러나 경계지역은 예외로 에르푸르트가 작센에 속한 것을 포함하여 튀링겐 영토로 둘러싸인 작센이나 헤센-나사우의 고립영토들이 있었다. 반대로 튀링겐의 일부가 작센 안에 고립되어 있기도 했다.
- 제2차 세계대전 후. 튀링겐 전역은 독일 내 소련 점령지에 귀속된다. 프로이센의 해체로 면적이 넓어진 튀링겐 주는 동독에서 옛 작센 지역의 남서부와 이전의 고립영토를 모두 포함하는 합법적인 경계선을 형성하고, 수도를 에어푸르트로 정한다.
- 1952년. 동독의 행정구역이 개편되면서 이곳은 에르푸르트 · 줄 · 게라 · 라이프치히 주 등으로 세분된다.
- 현재 17개의 군과 여섯 개의 자립 도시들로 구성되어 있다.
- 1993년. 이때부터 바이에른과 작센 주처럼 공식적으로 자치주(Freistaat)라는 별칭이 있다.

3. 문화를 품은 튀링겐

- 튀링겐 주의 북서쪽에 하르츠 중부산맥의 일부가 있다. 이 산악지대는 대부분 니더작센과 작센-안할트 주에 있다.
- 튀링거 발트(Thüringer Wald, '튀링겐 숲'의 뜻)는 이 주에서 규모가 가장 크고 넓게 분포한 중부산악지대. 튀링겐 주의 남쪽에 길게 뻗어있다. 산악지대의 산등성이를 따라 유명한 트레킹코스가 있다.
- 바트 프랑켄하우젠 근처에 폐성 라이히스부르크 퀴프하우젠과 퀴프호이저 기념비(Kyffhäuserdenkmal)가 있다. 바로 근처에 있는 바르바로사횔레(Barbarossahöhle, '바르바로사 동굴'의 뜻)에는 인공동굴과 호수들로 가득한 흥미로운 지하세계를 체험할 수 있다.
- 아이제나흐는 유네스코 세계문화유산에 등재된 바르트부르크 성으로 유명하다. 중세시대에 튀링겐 방백의 본거지였다. 고성 전체를 관람하면서 중세를 체험할 수 있다. 이곳은 마르틴 루터가 그리스어 성서를 독일어로 번역한 곳이기도 하다. 1817년 이곳에서 바르트부르크 축제가 개최되었다. 이 축제는 독일문학사의 한 시기를 나타내는 3월 전기(1848년 3월 혁명 이전의 몇 년을 지칭하는 문예사조)의 가장 중요한 사건들 중 하나였다.
- 바이마르는 수많은 박물관과 역사적인 건축물들로 가득하다. 이곳에서는 괴테와 실러가 거주했던 집들, 벨베데레 궁전을 관람할 수 있다.
- 대학도시 예나는 튀링겐 주에서 세 번째로 큰 도시이다. 이 도시의 상징물이자 가장 높은 건물이 옌-타워(Jen-Tower)이다.

3.1. 킨더가르텐의 탄생

- 교육가 프리드리히 빌헬름 프뢰벨(Friedrich Wilhelm Fröbel, 1782~1852)의 업적이다. 1782년 4월 21일 튀링겐 발트의 오버바이스바흐(Oberweißbach)에서 태어났다. 그는 어린이용 놀이를 창안했을 뿐 아니라 독일 최초의 킨더가르텐을 창건했다.

〈쉬어가기〉 독일의 유아교육제도

(1) 역사

- 마틴 루터가 주장한 유아교육의 공교육화에서 그 뿌리를 찾을 수 있다. 그는 유아용 학교를 제공해야 하고, 부모는 이 학교에 자녀를 보낼 의무를 갖도록 해야 한다고 주장했다.
- 18세기 산업화 과정에서 독일은 여성의 사회진출이 늘어나면서 보육시설의 필요성을 절감하고 '영아보육원' 시설을 설립했다.
- 이후 프뢰벨에 의해 유아교육이 뿌리를 내렸다. 프뢰벨은 최초로 유치원을 세운 후, 1837년 '자동교수시설'을 설립하여 놀이, 게임, 동식물을 기르고 재배하는 활동 등 유아의 본성에 따르는 교육을 주장했다. 또한 'Kinder-garten'('어린이들의 정원')이란 이름을 붙여 유아가 자연을 경험하며 성장하는 교육기관을 만들었다.

- 그러나 1851년 프로이센 정부가 유치원 금지령을 내렸고, 다시 1860년에 해제되어 가톨릭과 개신교에 의해 설립, 운영되었다. 1952년 유아교육에 관심을 갖고 연구하는 위원회가 설립되었다. 1965년 새로 구성된 독일 위원회에서 유아교육의 확대를 제청했다. 1970년 교육계획을 위한 '연방 주 위원회'가 생겼다.

(2) 교육목표와 교육과정

- 교육목표 : 각 주정부의 책임으로 규정하고 있다.
- 교수방법 : 놀이중심으로 진행된다. 읽기, 쓰기, 셈하기 보다는 인성교육과 생활습관 교육, 친구 사귀기를 비롯한 사회성 교육에 치중하고 있다.
- 일과운영 : 유치원의 일과는 부모의 일상생활과 직접적으로 관련시키고 있다. 엄마들이 시간제로 일하는 경우가 많아 보통 오전반, 오후반, 종일반 세 집단으로 나뉘어 있다. 오전반은 8시부터 12시까지, 오후반은 13시부터 17시까지, 종일반은 6시 30분부터 17시까지이다. 최근에는 종일반이 늘어나는 추세이다.

(3) 교사양성

- 이론교육과 현장실습, 그리고 두 번의 시험에 합격해야 한다. 독일에서 유치원 교사가 되려면 대학에서 3년 이상의 이론교육과 2년간의 현장실습, 총 5년간의 교육과정을 거쳐야 한다.
- 대학에서 3년간의 이론교육을 마치면 제1차 국가시험을 보아 합격자에 한하여 2년간의 현장 실습을 해야 한다. 이 과정에서 예비교사들은 해당 학교에서 강의 및 수업 참관, 지도교사의 수업 참가, 실제 경험에 대한 평가 등을 통하여 교육이론과 과목별 교수방법에 대한 연수를 받는다.
- 2년간의 실습과정이 끝나면 제2차 국가시험에 합격해야 정교사 자격증을 취득할 수 있다. 실습기간에는 준 공무원 신분으로 정교사 보수의 절반 정도를 받고 정교사 자격증 취득 후 종신 공무원으로 임명된다.

- 기업가 칼 차이스(Carl Zeiss)가 1816년 9월 11일 바이마르에서 태어났다. 그의 주요 발명품들은 광학 산업의 초석이 되었다. 한국에도 갈 차이스 주식회사

의 한국지부가 있다.

〈상식〉 칼 차이스 광학회사의 어제와 오늘

- 칼 차이스는 1846년 독일 예나에서 광학과 정밀 역학을 연구하는 공방을 연다.
- 1860년대 이후 사진기가 본격적으로 이용되면서 1866년 물리학자 에른스트 아베(1840~1905)와 화학자 프리드리히 쇼트(Friedrich Otto Schott, 1851~1935)가 칼 차이스의 현대적 카메라 제조를 위한 기반을 다진다.
- 1888년 카를 차이스 사망 이후 두 사람은 회사를 두 부분으로 나눠 'Carl Zeiss A.G.'는 오버코헨, 괴팅겐, 뮌헨에 각각 자회사를 설립하고, 'Carl Zeiss GmbH'는 예나에 기반을 둔다.
- 칼 차이스는 제1차 대전에서 인지도를 쌓고 카메라 생산의 세계 최대 업체가 되어, 드레스덴에서 카메라를 포함한 렌즈 및 액세서리를 생산한다.
- 1928년부터 'Hensoldt AG'를 인수, 쌍안경과 라이플 스코프를 제작한다. 이후 제2차 대전 발발 때 나치 독일의 강제 징용 프로그램의 일환으로 군수품 생산에 협력한다. 이때 라이카도 나치 독일에 협력해 카메라를 납품하지만, 전후 칼 차이스만 전범기업으로 낙인찍힌다. 이는 순수하게 카메라 및 쌍안경 등을 납품한 라이카와 달리, 칼 차이스는 쌍안경이나 망원 조준경 제조, 티거와 쾨니히스티거의 오버 테크놀로지 수준의 명중률을 자랑한 조준경(88mm 자주포에 장착)을 생산했기 때문이다.
- 제2차 세계대전 후 칼 차이스의 본사가 있던 예나는 미 육군에 의해 점령되어, 일부 인원들이 서독의 슈투트가르트로 대피하지만, 드레스덴과 예나의 전후 공장은 소비에트 연방의 점령지에 들어간다. 이때 분리된 칼 차이스 서독 사업과 동독 사업은 독일이 통일될 때까지 각자의 노선을 걷게 된다.
- 서독의 슈투트가르트에서 성장한 Carl Zeiss A.G.는 전쟁으로 쌓아올린 기술력과 서독의 자금력, 그리고 필름시대의 황금기에 맞춰 급격히 성장한다. 이 시기에 이룩한 사업 덕분에 필름시대의 황혼기인 1990년대 이후에도 코닥과 달리 사업에 큰 타격을 받지 않을 수 있었다.
- 반면, 동독에 남아있던 'Carl Zeiss GmbH'는 'Carl Zeiss Jena'로 사명을 변경한 뒤 예나에서 사업을 진행하지만, 소비에트 연방에서 전쟁배상금의 일부로 예나공장 설비 대부분을 키예프로 이전해 Kiev라는 칼 차이스 카피 제품을 만들게 된다. 이때 심각한 기술 유출과 부족한 동독의 자금력 때문에 칼 차이스 예나는 SLR렌즈 외에 별 다른 사업을 진행하지 못하고 이후 통일에 맞춰 1991년 'Carl Zeiss A.G.'에 흡수된다.
- 'Carl Zeiss A.G.'는 현존하는 광학기기 제조사중 가장 오래된 회사이다. 필름은 코닥이 만들었지만, 카메라는 칼 차이스가 만들었다. 칼 자이스가 1936년 세계 최초의 35mm 단일 렌즈 리플렉스 카메라인 키네 엑샤타(Kine Exakta➡)를 생산, 이를 시작으로 35mm 카메라의 보급 및 개발에 결정적 기여를 한 회사이기 때문이다.

- 현재는 주로 의료용품(안과용 측정기, 미세수술용 현미경, 라식수술 장비 등)을 생산한다. 반도체 계측장비, 3차원 측정기 및 플라네타리움도 만들고 있다.
- 노키아의 휴대폰 카메라에 들어가는 렌즈 중 이 회사 제품이 많다(2013년에 스마트폰 부분에서 독점계약을 함). 소니의 디지털카메라에도 이 회사의 렌즈가 많이 사용된다.

3.2. 괴테 가도(Goethe-Strasse)

- 1999년에 만들어진 괴테 관련 문화로드이다. 헤센 주의 프랑크푸르트 암 마인, 풀다, 튀링엔 주의 아이제나흐, 바르트부르크, 에어푸르트, 바이마르, 예나, 작센 주의 라이프치히와 드레스덴에 이르는 루트.
- 구간의 길이는 약 460km로, 과거 파리에서 키예프에 이르는 주요 무역로이던 '비아 레기아'(via regia, '왕의 길'의 뜻)'를 이용하고 있다. 이 로드에서는 독일의 역사와 문화사의 수많은 유적들을 만날 수 있다.
- 이 로드의 중심 도시들은 모두 요한 볼프강 폰 괴테의 생애와 무관하지 않다. 괴테는 프랑크푸르트 암 마인에서 1749년에 태어났지만 라이프치히에서 대학생활을 하고, 1832년 임종할 때까지 50년 이상 바이마르에서 살았다. 풀다, 아이제나흐, 바르트부르크, 에어푸르트, 예나, 드레스덴은 생전에 여러 번 방문한 도시들이다.
- 이 로드의 또 다른 주제는 독일음악이다. 바흐, 슈만, 멘델스존-바르톨디, 리스트, 바그너 등의 음악가들과 관련된 도시들이란 점이다. 거성과 요새, 공원과 정원, 유네스코 세계문화유산, 크리스마스 마켓, 축제 등에서 이들의 흔적을 만날 수 있다.

[1] 아이제나흐(Eisenach)

- 바흐가 1685년 이곳에서 태어났다. 그의 생가와 박물관이 있다. 마르틴 루터가 3년간 초등학교를 다닌 곳이기도 하다.
- 박물관 바흐하우스. 바흐 가족이 오랫동안 살던 집. 당시의 가재도구와 귀중한 옛 악기들이 전시되어 있다. 바흐는 19세기에 펠릭스 멘델스존이 그의

음악을 복원하기 전까지 기억에서 사라진 인물이었다. 생가와 박물관에서는 '음악의 아버지' '바로크의 지존'이 아니라 교회에 적당한 일자리를 하나 구하려고 노심초사했던 인간 바흐의 맨 얼굴을 만날 수 있다. 삐걱대는 마룻바닥 소리가 요란한 생가에서는 매시간 옛 악기로 바흐의 음악을 직접 연주해 준다. 초기 피아노는 피아노라기보다 큰 기타 같은 인상을 풍긴다. 그 묘한 음색이 바흐 음악을 색다르게 느낄 수 있게 한다.

- 괴테도 업무 아니면 문학적 활동, 지질학 연구를 위해 아이제나흐를 여러 번 방문했다.
- 바흐는 생전에는 유명세를 얻지 못했다. 그러나 바흐 사후 약 80년의 시간이 흐른 1829년, 바흐의 '마태 수난곡'을 복원하여 바흐의 음악을 다시 세상에 널리 알린 사람은 펠릭스 멘델스존이다.
- 첼로의 거장 파블로 카잘스는 바흐의 '6개의 무반주 첼로 모음곡[23]을 발굴했다.
- 요제프 요하임에 의해 바흐의 '무반주 바이올린 소나타와 파르티타(Sonatas and Partitas for solo violin, BWV1001~1006, 1720)'는 19세기 후반에서야 인정받았다. 바흐의 현재의 명성을 고려하면 극히 아이러니하다.
- 바흐는 체격이 꽤 건장했다. 그의 유골 분석에 의하면 키는 178cm. 춤과 노래에도 꽤나 솜씨가 있어서 직접 즉흥적으로 작곡한 곡을 연주하면서 지인들과 즐거운 시간을 보내기도 했다. 바흐 자신과 여러 동시대 음악가들의 작품을 기록해 둔 〈안나 막달레나 바흐를 위한 소책자(Notenbüchlein für Anna Magdalena Bachin)〉 같은 작품집은 이런 용도로 사용된 것으로 보인다.
- 바흐는 이곳저곳 돌아다니지 않은 작곡가로도 유명하다. 일생동안 거의 마을 밖으로 나가본 적이 없었다. 가장 멀리 나들이한 것은 50마일(80.4km). 그것도 성당에 새로 들어온 오르간 소리를 듣기 위해서였다. 필요한 경우 여행도 갔다. 가장 유명한 여행은 1705년 북스테후데(Dietrich Buxtehude, 1637~1707)에게 대위법을 사사 받기 위해 아른슈타트에서 뤼베크까지 4주간 휴가를 얻어 도보로 400km를 간 것이다. 지금

---

23) 각각 6개의 악장이 Prelude - Allemande - Courante - Sarabande - Galanteries(모음곡 1,2번 - Minuet 모음곡 3,4번 - Bourrée 모음곡 5,6번 - Gavotte) - Gigue의 구조와 순서로 배열된 형식, 1717~1723)'의

[뤼베크의 성모 마리아 교회, 악마의 동상, 최후의 만찬 부조(1515년)]

도 뤼베크의 성모 마리아 교회에는 그의 일화를 담은 흔적들이 남아 있다.

〈상식〉 성모 마리아 교회와 악마의 동상

- 뤼베크의 성모마리아 교회는 1250년에 시작해서 1350년에 완공된, 전형적인 벽돌고딕양식의 교회. 유네스코 세계문화유산에 등재되었다. 제2차 세계대전 때 이 교회의 상징적인 파이프오르간인 '죽음의 무도 오르간'(Totentanzorgel)이 파괴되었다. 이 파이프오르간은 독일 바로크 음악의 거장인 북스테후데(Dietrich Buxtehude)와 바흐(Johann Sebastian Bach)가 연주한 것.
- 그 외벽에 악마의 동상이 앉아있다. 전설도 있다. 교회를 짓는 모습을 본 악마가 건축을 방해하려고 교회를 방문한다. 교회 건축업자는 악마에게 지금 짓고 있는 것은 교회가 아니고 술집이라고 속인다. 안심한 악마는 완성된 건물이 술집이 아니고 교회인 것을 알고 교회로 달려간다. 이에 사람들은 교회 옆에 술집을 지어주겠다고 악마에게 약속한다. 이 약속에 기분이 좋아진 악마는 이 교회 외벽에 자리를 잡았다는 이야기다. 악마의 오른발은 사람의 것, 왼쪽은 소의 발을 하고 있다. 현재의 청동 악마상은 1999년 롤프 고를러(Rolf Gorler)가 완성한 것이다.

- 19세기 후반부터 아이제나흐에 산업화가 일어났다. 1896년 아이제나흐 자동차회사(Automobilwerk Eisenach)가 창건되었다. 1928년부터 바이에른자동차회사(BMW)에 귀속되었는데, 나중에 '바르트부르크(Wartburg)'라는 이름의 승용차를 생산했다.

〈좌: 1959년식 바르트부르크 승용차, 우: 바르트부르크 성〉

- 자동차제작의 전통은 재통일 후 오펠 자동차회사(Adam Opel AG)를 통해 계승되었다. 오펠과 보쉬 등의 자동차공업사에는 현재 4000명 이상의 직원이 근무하고 있다.

[2] 바르트부르크 성

- 아이제나흐 근처에 있다. 중세에는 튀링겐 지방의 문화, 정치, 역사의 무대였다. 중부유럽에서 가장 뛰어난 봉건주의 시대의 건축 유물로 꼽힌다. 1999년 유네스코 세계문화 유산에 등재되었다.
- 이 성은 1080년에 전략 기지로서 처음 언급되었다. 루트비히 가문의 시조인 루트비히(1056~1080)의 통치 초기에 요충지가 되었다. 이 통치권은 12세기 초반부에 더 확고해졌다. 백작 지위까지 오른 루트비히 가문 사람들은 호엔슈타우펜 가문 황제들의 정책을 지원하였다. 12세기 후반의 궁전 건물은 제국의 귀족으로서 루트비히 가문의 지위를 엿볼 수 있게 한다. 12세기 말엽에 바르트부르크 성에서는 궁정 문학이 발달하였는데, 백작 헤르만 1세(1190~1216)는 시인과 음악가들을 초대하였다. 발터 폰 데어 포겔바이데(Walther von der Vogelweide, 1170?~1230?)의 시는 바르트부르크 성에서 있었던 가수 경연대회 이야기가 만들어진 이곳의 화려한 사교 생활을 묘사하였다. 이는 나중에 바그너의 오페라 〈탄호이저〉에 영감을 주었다.
- 헤르만의 아들인 튀링겐 방백 루트비히 4세(1200~1227)는 1221년에 엘리자베트(1207~1231)와 결혼하였다. 1227년에 방백이 죽은 뒤 엘리자베트는 백작 가문에서 동의하지 않은 자선 사업에 헌신하였다. 바르트부르크 성에서 세 자녀와 함께 쫓겨난 엘리자베트는 마르부르크에 병원을 세우고, 프란체스코 수도회의 원칙에 따라 일생을 살았다. 그녀는 죽고 나서 4년 뒤인 1235년 성녀로 추대되었다. 1227년 루트비히 4세의 뒤를 이은 동생 하인리히 라스페 4세(1204~1247)는 교황을 지지하였다. 교황 인노첸시오 4세(재위 1243~1254)는 그를 독일의 왕으로 임명하였다. 1247년에 그의 죽음과 함께 루트비히 왕조는 막을 내렸다.
- 분단독일 시절에 이 성은 양국의 국경에 인접한 까닭에 독일의 통합과 단결의 강력한 상징이기도 했다. 12세기 후반의 궁전 건물은 신성로마제국의 귀족으로서 루트비히 가문의 지위를 읽기에 충분하다.

- 1777년 괴테가 이곳을 방문하여 폐허의 그림을 남겼는데, 궁전만 부분적으로 손상되지 않고 남은 모습이 보인다. 순례자가 꾸준히 늘어나자 괴테는 박물관 건축을 제안했다.
- 바르트부르크 성은 나폴레옹 전쟁 이후, 고대 독일의 이미지를 부각시키는 국민정서를 상징하는 곳이 되었다. 1817년 바르트부르크에서는 독일학생연합회원 450명이 개최한 민족주의 행사가 열렸고, 1848년 3월 혁명으로 한층 더 고착되었다. 바르트부르크 성은 독일 전역의 학생연합회 본부가 되었다.
- 19세기 초반 작센의 대공 주도로 성이 전면 보수되었다. 성의 재건은 대부분 역사적인 현실보다 낭만적인 상상에 기초하였다. 모리츠 폰 슈빈트(Moritz von Schwind, 1804~1871) 같은 유명 예술가의 참여, 특히 성 엘리자베트 폰 튀링겐의 삶을 그린 것은 이곳의 상징적 성격을 강조한 것이다.
- 구동독은 바르트부르크 성을 국가 기념물로 지정하였다. 이 기념물의 종교적 의미와 유적의 상징적 가치와 결부된 다양한 기념행사가 열렸다. 독일 통일 이후에는 실내와 궁전 파사드의 석조물을 보존하는 복원 작업이 있었다.
- 중세 고성답게 주변 지형을 한눈에 볼 수 있는 언덕 위에 우뚝 서 있다. 교회개혁의 신념을 굽히지 않아서 파문당하고 쫓기게 된 루터가 신약성서 번역을 위해 숨어든 곳이 바로 이 성이다. 당시 황제의 선출권을 가지고 있던 작센 선제후 프리드리히 3세(Friedrich III., 1463~1525, 선제후 재위 1486~1525)[24]의 보호 아래 턱수염을 가진 기사로 변장하여 '예르크 융커(Järg Junker)'란 이름으로 신분을 숨기고, 이 성에서 1521년부터 2년 동안 그리스어로 된 '신약성서'를 독일어로 번역했다. 비좁은 성에서 이뤄진 귀족들의 호사스러운 생활 모습을 엿보는 재미도 있지만, 루터의 방은 그렇지 않다. 구불구불 이어진 복도 끝 작은 방('Lutherstube')인데, 그 공간 자체가 이대로 주저앉지 않겠다는 루터의 결기를 느끼게 해 준다. 그의 유배생활은 1522년 3월에 끝났다. 16세기 말에는 루터의 이러한 종적을 엿보고자 많은 순례자들이 이곳을 방문했다.

24) 종교 개혁을 주장하는 마르틴 루터를 적극적으로 보호한 인물로 유명하다. 마르틴 루터의 신학에는 찬성하는 편은 아니었지만 교황과 황제의 압력에도 불구하고 마르틴 루터를 끝까지 보호했기 때문에 후대에 현명공이란 별칭이 붙었다. 적자가 없고 서자들만 있었기에 사망 후 선제후 직위는 동생 요한이 물려받았다. 후임 작센 선제후 동생 요한 1세와 조카 요한 프리드리히 1세는 적극적으로 루터주의로 돌아섰기 때문에 작센 선제후령은 신성로마제국 내 개신교 세력의 중심이 되었다.

〈좌: 루터가 청년기를 보낸 루터하우스, 우: 바르트부르크 성 내의 루터의 방〉

- 이 성은 북쪽과 남쪽이 보이는 바위 돌출부, 아이제나흐 시를 내려다보는 숲의 중간에 있다. 이 성의 배치는 본질적으로 처음 요새 형태를 따랐다. 특히 궁전, 성벽, 남쪽 망루와 옹성(甕城)이 그렇다. 외부 돌출부는 현재 일부 묻혀 있거나 폐허가 되었다. 건축 측면에서 바위 돌출부는 북쪽 끝에 닿아 있고, 도개교가 있는 망루가 있으며, 다른 별채 건물들과 함께 바깥쪽 뜰을 구성한다. 그 다음에는 낮은 뜰이 있다. 이곳에는 본성과 궁전이 있고 뒤에는 기사들의 목욕장이 있다. 남쪽 망루는 돌출부의 가장 먼 끝에 있다. 낮은 뜰의 중심에는 저수조가 있다. 요새는 다음의 구조물로 구성되어 있다.
- 옹성. 남아 있는 모든 유적은 고고학적 흔적이다. 물이 솟는 샘을 비롯하여 토대의 윤곽과 '어부의 첨탑'(Fischerturm)의 도랑, 진입 경사로의 급경사면, 요새로 올라가는 자연석을 깎은 도로가 있다.
- 외부 방어물. 후문과 도개교, 기사의 숙소와 식당 건물, 마가레트와 성 엘리자베트의 성벽 안쪽 길, 바르트부르크 성의 우물의 갓돌(coping, 담 위에 덮는 돌), 돌난간, 장식한 돌계단, 포장된 바닥, 뜰과 외부 영역의 표면.
- 성을 구성하는 건물. 종탑, 벽난로가 있는 새로운 방, 규모가 큰 새로운 계단, 궁전, 기사의 목욕장, 남쪽 방호벽, 서쪽과 남쪽의 성벽, 저수조, 아래쪽의 성 안뜰, 사령관의 정원 등.

[3] 에어푸르트

- 742년에 건설된 도시
- 805년 카를 대제에 의해 슬라브족들과의 경계교역지로 지정이 된 이후, 서쪽의 프랑스에서 동쪽의 러시아에 이르는 교역로인 비아 레기아('Via Regia')의

〈에어푸르트의 돔베르크에 위치한 마리엔 돔(Marien Dom)(좌)과 세베루스 교회(우)〉

요충지로 번영했다.

- 루터의 도시, 대성당의 도시, 대학 도시로서 현재 튀링겐 연방주의 주도. 80여 개의 교회가 들어선 구시가는 독일의 도시 축조술을 엿볼 수 있는, 중세의 고색창연함을 만끽할 수 있는 곳이다.
- 부유한 명문가 저택과 세심하게 복고된 중세 목골가옥, 수도원과 교회들이 어울린 도시의 모습을 만날 수 있다. 이런 모습 덕분에 괴테는 에어푸르트를 '튀링겐의 로마'라고 불렀다. 돔베르크에는 마리아 성당과 세베루스 교회가 멋진 앙상블을 이룬다. 500년도 더 된 성당의 종 '글로리사'는 자유롭게 울리는 중세 시대 종들 중 세계에서 가장 큰 종이다.
- 작은 상점들이 밀집해 있는 '크레머다리'는 유럽에서도 유일무이한 진기한 다리로, 길이가 120m나 된다. 다리 위에 집을 짓고 살 수 있는 이런 유형의 건축물 중에는 이 다리가 유럽 최장 다리이다. 오늘날에도 32개나 되는 집들이 이 다리 위에 있다.
- 건축사적으로 귀중한 또 다른 건축물이 옛 유대교당인데, 중부 유럽에서 가장 역사가 오래된 것이다(1100년 경). 이 교당의 발굴 작업에서 엄청난 양의 유대 금은화가 발견되기도 했다. 현재 이 교회에 전시되어 있다.
- 돔베르크 지척에 요새가 있다. 바로크양식의 도시 성곽 중에서 중부유럽에

〈좌: 크래머 다리, 하늘에서 본 모습, 우: 유대교회〉

서 남아있는 바로크양식 도시 성곽들 중에서 보존상태가 가장 양호한 것이다. 또 이 요새에는 미로처럼 넓게 퍼진 광맥도 있다.

- 에어푸르트를 찾은 인물로는 마르틴 루터, 요한 볼프강 폰 괴테, 프리드리히 폰 실러, 빌헬름 폰 훔볼트, 요한 제바스티안 바흐, 러시아 황제 알렉산더 1세, 나폴레옹 등이 있다.
- 에어푸르트는 젊은 루터에게 정신적 고향이 된 곳이기도 하다. 1505년 루터는 이 대학 철학과에서 석사학위를 받았다. 이후 그는 에어푸르트 근처에서 번개를 체험하고는 수도원에 들어갔다고 한다. 친구는 번개를 맞고 죽었고 자기는 살아남은 데 대한 감사로 그는 1505년 아우구스티누스 수도원으로 들어가 수도사가 된 것이다. 루터는 이 수도원에서 1511년까지 체류하고 대성당에서 사제 서품을 받았다. 에어푸르트를 떠나도 그는 늘 다시 이 도시로 돌아오곤 했는데, 대학 부속 교회나 미카엘 교회 등에서 설교를 했다. 옛 에어푸르트 대학의 본관 건물인 '콜레기움 마이우스'에서 그는 약 500년 전에 학생등록을 했다.
- 매년 11월 10일 마르틴 루터 추모 행사가 열린다. 에어푸르트 시민들과 관광객들이 대성당 광장에 모여 마르틴 루터의 생일을 축하하며 성자로서 루터를 기리고 있다. 대성당 앞 광장은 수많은 촛불로 빛의 바다를 연출한다. 그날 하루 동안에는 많은 행사와 예배가 여러 교회와 아우구스티누스 수도원에서 열린다. 대성당 앞 광장에서 열리는 '마르틴 장터'도 전통 있는 행사들 중 하나이다.

- 봄에는 교회와 역사적인 행사장에서 '튀링겐 바흐 음악 주간' 행사가 열린다. 오르간 음악과 교회 음악 연주를 들을 수 있는 또 다른 행사로는 대성당에서 열리는 '국제 오르간 콘서트 및 콩쿠르'나 '교회음악 주간' 행사 등이 있다.
- 6월의 한 주말에는, 튀링겐 주의 최대 올드타운 축제가 열리는데, '크레머다리 축제'가 그것이다. 이 기간 동안에는 마술사나 수공예품, 중세적인 복장과 음악 등을 접할 수 있다. 구시가 전체가 중세 도시로 요술을 부리는 기간이기도 하다.
- 에어푸르트 크리스마스 시장은 150년 이상의 전통을 가진 축제인데, 나무로 지은 조그만 상점 200여 개가 성당 앞 광장과 시내 곳곳에 마련된다. 크리스마스 음악과 전통 수공예품, 향토 음식들이 가득한 크리스마스 시장에서 4주 내내 낭만적인 분위기를 즐길 수 있다.
- 1392년에 설립된 에어푸르트 대학교는 19세기에 폐쇄되었다가 1994년에 재건한 것. 하이델베르크, 쾰른 등의 대학교에 이어 현재 독일에서 세 번째로 오랜 역사를 가진 대학교이다.

[4] 바이마르

- 바이마르는 독일 고전주의 문학의 산실이다. 구시가의 골목을 걸으면서, 화려한 고성들이 있는 공원을 배회하면서, 괴테와 실러의 생가와 현대적인 건물들이 어우러진 문화를 즐길 수 있는 곳이다.

〈좌: 헤르더교회(앞쪽)와 야콥교회첨탑(뒤쪽)이 있는 바이마르(1963년), 우: 괴테와 실러 동상〉

- 바이마르와 독일 고전주의의 관계. 괴테와 실러뿐 아니라 헤르더와 빌란트, 니체, 리스트, 바흐, 코르넬리우스, 그로피우스 등 독일과 유럽 정신사에서 위대한 인물들은 어김없이 바이마르를 찾거나 머물렀다. 바이마르 고전주의와 바우하우스는 바이마르를 문화도시로 만든 등불이다.
- 바이마르 고전주의는 50년 정도의 역사를 가지고 있었지만, 유럽 정신사에서 가장 위대한 업적을 남긴 사조들 중 하나였다. 안나 아말리아 공작부인에 의해 그 모든 것이 시작되었다. 지금까지 바이마르 고전주의와 불가분의 관계에 있는 시인과 사상가들이 그녀의 초대에 응하여 이 작은 도시로, 거대한 정치 중심지들을 뒤로 한 채 모여들었다. 바이마르 고전주의의 산증인들은 시인들과 그 후원자들이 살았던 주택과 활동했던 장소들이다. 예컨대 괴테와 실러가 거주하던 주택, 벨베데레 궁전, 에터스부르크 궁전, 티푸르트 궁전, 이 궁전들의 정원, 헤르더가 활동했던 곳, 유명 인사들의 원탁회의가 열리던 비툼스팔레, 유명한 안나 아말리아 도서관, 괴테와 실러가 묻혀 있는 역사적인 묘지 등이 있다. 바이마르가 유네스코 세계문화유산이 된 것도 바이마르 고전주의 시대의 건물과 공원이 갖는 예술사적 가치, 18세기 후반과 19세기 초의 정신사에서 차지한 역할 때문이다.
- 바이마르는 1999년 유럽의 문화중심도시의 하나였다. 바로 바우하우스 덕분이다. 바우하우스는 20세기의 건축과 디자인에서 가장 중요한 사조 중의 하나였다. 바우하우스 박물관에 소장된 300점 이상의 전시품들에서 국립 바우하우스의 업적을 한눈에 볼 수 있다. 작품들의 심플한 아름다움은 시대를 뛰어넘어 지금까지도 여전히 유효하다.
- 마르틴 루터와 바이마르의 관계는 알려진 것보다 더 밀접하다. 바이마르를 1513년에 배후수도로, 1531년에는 수도로 선택했던 루터의 국왕들 때문에 루터는 1518년에서 1540년 사이에 바이마르를 자주 방문했다. 베틴 가문의 방계가문인 에른스트 계 출신의 작센 선제후 요한과 그의 맏아들인 요한 프리드리히 1세(1503~1554, 선제후이자 작센 공작 1532~1547)의 수행원으로서 루터는 종교 개혁을 수행하기 위한 계획을 세우고 지시를 받았다. 루터의 거처로 사용되던 곳 중에서도 특히 궁정 안의 프란체스코 교단 수도원에는 그의 기념비도 있다.

〈좌: 고성교회, 우: 성 페터와 파우 시립교회〉

- 루터는 바이마르 방문 중에는 고성교회(Schlosskirche)와 성 페터와 파울 시립교회에서 여러 번 설교를 했다. 오늘날 헤르더교회로 불리는 성 페터와 파울 시립교회에는 루카스 크라나흐(Lucas Cranach)가 그린 세 폭의 제단화(1552/53)가 있다. 이것은 루터의 교리를 그림으로 묘사한 주요 작품이다. 그래서 종교개혁자 루터도 그려져 있다.
- 성 페터와 파울 시립교회 - 헤르더교회. 1498-1500년에 건축된, 지성소와 신도석의 높이가 같은 후기 고딕양식 3랑 교회이다. 최초의 교회는 1245~1249년에 이곳에 건축되었다. 서쪽 첨탑의 초석은 이 도시에서 가장 오래된 건축 부속물이다. 이 교회에는 후기 고딕양식으로 장식된 세례반, 바로크 양식으로 개조된 설교단으로 올라가는 계단, 오르간 좌석 아래에 위치한 거룩한 우르줄라의 벽화 일부가 유명하다. 가장 이목을 끄는 것은 접이식 제단이다. 1552년 루카스 크라나흐가 제작하기 시작했지만 완성은 그의 아들이 했다. 이 크라나흐제단은 16세기의 작센-튀링겐 양식을 대표하는 작품인데, 종교개혁 당시 이데아의 세계를 대변하는 증거로 인정받고 있다. 또 다른 주목을 끄는 것이 1572년에 제작된 성물 보관함에 그려진 세 폭짜리 그림이다. 이 그림에서 마르틴 루터는 수도사, 예르크 융커는 학자로 그려져 있다. 마르틴 루터는 이곳에서도 여러 번 설교한 적이 있다.
- 안나 아말리아 공작부인 도서관. 18세기 이후 독일에서 가장 유명한 도서관 중 하나. 이 도서관의 명성은 후원자인 빌헬름 에른스트, 안나 아말리아, 카를 아우구스트 그리고 도서관장이던 요한 볼프강 폰 괴테의 후광 덕분이었다. 이 도서관은 바이마르 고전주의가 남긴 가장 중요한 유산들 중 하나이

〈좌: 안나 아말리아 공작부인 도서관, 우: 프란체스코 교단 수도원〉

기도 하다. 프라우엔플란에는 바로크 양식의 괴테 하우스가 있다. 괴테는 거의 50년 동안 이곳에서 거주했다. 괴테가 창작하던 그때의 분위기가 오늘날에도 느껴진다. 괴테의 건축가적 재능은 '뢰미셰스 하우스'('로마식 집'의 뜻)에서 읽을 수 있다. 이 건물은 바이마르 최초의 고전주의 양식 건물이다.

- 2004년 9월 2일 대화재로 5만 권의 책들이 소실되었지만, 2007년 10월 24일 복구가 완료되어 재개장했다. 1534년에 제작된 루터성경과 성경모음은 이 도서관의 자랑거리 중 하나이다.
- 궁정 안의 프란체스코 교단 수도원. 1453년에 창립되었으며, 수도원 내 교회에서 루터가 설교하기도 했다. 현재는 프란츠 리스트 음악대학으로 사용되고 있다.

[5] 예나와 죄머다의 산업현장

■ **예나**(Jena)

- 19세기 후반부터 광학산업이 발달한, 튀링겐 주에서 에어푸르트 다음으로 큰 대학도시. 이곳에는 천문대, 망원경, 현미경용 기기를 생산하는 기업들이 즐비하다.
- 예나에는 19세기 후반기에 이 도시가 낳은 3인의 석학으로 불리는 칼 차이스, 오토 쇼트 그리고 에른스트 아베 덕분에 가장 선도적인 광학도시로 성장했다. 이들의 협력을 통해 세계적으로 유명한 차이스(Zeiss)사와 쇼트글라스(Schott Glas)사가 탄생했다.
- 연구와 경제는 학술 거점으로서의 예나를 받치는 두 번째 토대를 이룬다. 그

〈광학박물관, 유리박물관, 괴레 시립박물관〉

래서 예나에는 박물관들이 많이 있지만, 특히 유리의 생산과 사용을 관람할 수 있는 쇼트 유리박물관, 칼 차이스와 에른스트 아베의 인생과 활동을 기념하는 광학 박물관이 가장 중요한 박물관이다. 흥미로운 문학 및 예술사 관련 박물관도 있다. 괴레(Göhre) 시립박물관과 예나 미술관이 대표적이다.

- 그 외에도 유명 인물들과 관련된 몇몇 건축 기념물들이 예나의 모습을 특색 있게 만들어준다. 예를 들어 1926년에 개장된 차이스 천문대와 망원경을 기념하는 옌 타워가 그것이다. 후자는 오늘날까지 시에서 가장 높은 건물이면서 구동독 지역에서 두 번째로 큰 고층 건물이기도 하다.
- 예나에는 무엇보다 괴테의 학술적 활동을 기념하는 곳이 있다. '식물원이 있는 괴테기념관'이 그것이다. 이것은 독일에서 두 번째로 오래된 식물원인데, 괴테의 요청으로 큰 은행나무가 식목되어 있다. 또한 프리드리히 실러는 이곳 예나대학교(1558년 창건)에서 교수로 재직했다. 당시 그가 살았던 집은 현재 '실러의 가든 하우스 ☞ '로 기념되고 있다.

■ **죄머다**(Sömmerda)

- 주도 에어푸르트에서 20km정도 떨어진 인구 20,000여 명의 소도시. 그러나 이곳은 컴퓨터 완제품과 PC용 부품들이 생산되는 전자산업(Fujitsu Technology Solutions)의 중심지로 유명하다.

- 20세기에 죄머타는 라인메탈-보르지히 회사(Rheinmetall-Borsig AG)의 본사가 있었다. 구동독 시절에 이곳에 기업연합 로보트론(Kombinat Robotron)이 있었다. 나중에 사무기기 회사 이름으로 바뀌었다. 그 후임으로 현재의 PC 및 노트북을 생산하는 후지츠 테크놀로지 솔루션 회사(Fujitsu Technology Solutions)가 들어섰다. 죄머타에는 자동차 하청업자 트리메트 알루미늄회사(Trimet Aluminium AG)도 입주해 있다.

05
자치주 작센 (Freistaat Sachsen)

작센 주는 언제든지 여행할 가치가 있는 곳이다. 드레스덴이나 라이프치히 같은 메트로폴과 기업절벽들로 가득한 "젝시셰 슈바이츠" 같은 지대가 그토록 매력적인 곳들이다. 사람의 손을 거의 타지 않은 자연은 겨울이면 목가적인 전경을 담은 우편엽서에서도 볼 수 있는 에르츠게비르게(에르츠산맥)에도 있다. 잘 보존된, 바우첸, 괴를리츠, 츠비카우 같은 중세의 올드 타운들에서 우리는 빼어난 건축물과 조형예술 작품들을 통해 이 연방주가 얼마나 풍성한 문화유산들을 품고 있는지 확인할 수 있다.

1. 자연을 품은 작센

- 독일의 동쪽에 위치.
- 튀링겐, 바이에른, 작센-안할트, 브란덴부르크 주들과 경계를 이룬다. 폴란드와 체코공화국과도 국경을 마주하고 있다.
- 1990년 이후 현재 통일 독일 영토의 최동단지점이 이 주에 위치해 있다. 제2차 대전 전만 해도 독일 국토의 중심점이 작센 땅에 있었다.
- 작센 주의 동부와 브란덴부르크 주의 동남부에 걸쳐서 서 슬라브계 소수민족인 소르브 인이 거주하고 있다.

언어: 독일어, 상부소르브어 (Obersorbisch)
주도: 드레스덴(Dresden)
인구: 4,081,308명(2017년)
종교: 프로테스탄트교가 대세

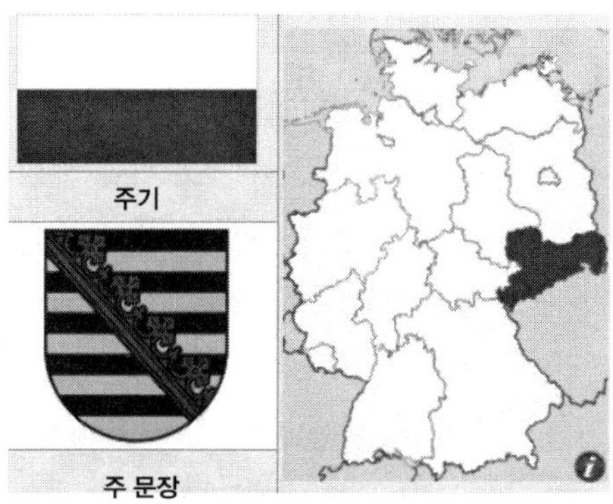

주기

주 문장

- 주도 드레스덴은 작센 주의 대도시 중 하나. 라이프치히, 마이센, 켐니츠 등도 주요 도시들. 인구 밀도가 가장 조밀하고 산업화가 많이 진행된 지역으로, 교육수준도 굉장히 높고 우수 전문 인력과 학자들이 많이 배출되었다.
- 지리적으로 산이 많다. 남쪽으로는 체코와 국경선을 이루는 에르츠 산맥이 가로지른다. 밀·보리·과일·아마 등의 생산과 마이센의 도자기, 라이프치히의 인쇄와 모피제품, 드레스덴의 담배 등이 유명하다. 산악지대는 목재·가구·완구공업이 유명하고, 은·석탄·구리·철·우라늄 등의 지하자원도 풍부하다.

국명

- '작센 요리, 이것이다'라고 딱히 규정짓기는 어렵다. 에르츠 산맥, 라우지츠, 잭시셰 슈바이츠('작센의 스위스'의 뜻), 포크트란트, 엘베 강 인근의 목초지, 라이프치히나 드레스덴 같은 작센 내의 대도시 등 같은 작센이라도 내부 지역

에 따라 차이가 많기 때문이다.

- 작센 요리가 지역별로 천차만별인 것은 지역마다 농업환경이 다른 때문이기도 하다. 독일 내 다른 지방들처럼 작센 사람들도 숲, 강, 호수, 들판 등 자연에서 식자재를 얻었다. 에르츠 산맥에서는 주재료로 코티지치즈와 감자 등을 활용한 이른바 '빈민 요리'가 발달했다. 반면에 비옥한 포크트란트에서는 매주 일요일마다 고기를 구워먹을 만큼 풍성했다. 포크트란트 지역 요리는 인근 프랑켄 요리와 튀링겐 요리에서 많은 영향을 받았다.

▸ 주재료

- 라이프치히와 드레스덴은 주변 시골 마을들 외에도 독일의 주요 도시들이나 프랑스, 오스트리아, 보헤미아, 이탈리아와도 무역을 활발히 하였다. 그 덕에 멀리 떨어진 지역이나 외국의 식자재, 북해에서 공수한 게, 가재, 굴 같은 해산물이나 베스트팔렌에서 들여온 슁켄(햄), 이탈리아에서 들여온 파스타 등도 쉽게 구할 수 있었다. 1705년 작센 선제후 아우구스트 2세(August der Starke, 1670~1733, 폴란드 왕과 리투아니아 대공을 겸했음)는 함부르크에서 드레스덴까지 신선한 해산물을 들여올 수 있도록 일종의 우편마차 배송 서비스인 '잭시셰 퀴헨포스트'(Sächsische Küchenpost)를 만들기도 했다.
- 이런 이국적인 재료들은 귀족이나 부유한 시민들의 몫이었고, 일반 서민들은 감자, 곡물, 유제품, 양배추 등의 평범한 재료를 이용했다. 쇠고기, 돼지고기 등 육류나 강과 호수에서 잡은 게, 가재, 연어, 송어, 잉어 등은 서민들게는 귀한 식재료였다.

▸ 대표 음식

- 작센의 대표적 특산 요리는 라이프치거 알러라이(Leipziger Allerlei). 완두, 당근, 아스파라거스, 버섯, 양배추 등을 골고루 넣은 야채요리이다.

〈노이너라이(우), 드레스덴 슈톨렌(중, 우)〉

- 브란덴부르크 요리에서도 찾아볼 수 있는 팬케이크 플린젠(Plinsen), 감자 팬케이크 글리처(Glitscher), 삶은 감자와 계란과 코티지치즈 등으로 만든 디저트 크바르크코일헨(Quarkkäulchen), 비스킷과 초콜릿-코코넛-버터크림으로 만든 디저트 칼터 훈트(Kalter Hund) 등도 주요 작센 요리이다.

〈칼터훈트(좌), 2색 칼터훈트(중1), 크리스마스 버전 칼터훈터(중2), 크바르크코일헨(중3), 플린젠(감자전)(우)〉

- 에르츠 산맥의 특산 음식이 노이너라이(Neunerlei). 유서 깊은 전통 크리스마스 식사인데, 말 그대로 아홉 가지 상이한 음식들로 이루어진 특징이 있다. 하나의 요리라기보다는 구절판처럼 갖가지 모듬 음식이라고 할 수 있다. 노이너라이는 지역마다 차이가 있다. 그러나 전형적인 노이너라이는 브라트부어스트(구운 소시지), 자우어크라우트, 렌즈콩, 덤플링(경단의 일종), 잉어와 청어, 콤포트(과일 설탕 절임), 버터밀크, 아몬드 등의 견과류, 버섯이나 사탕무 등이 들어가기도 한다.

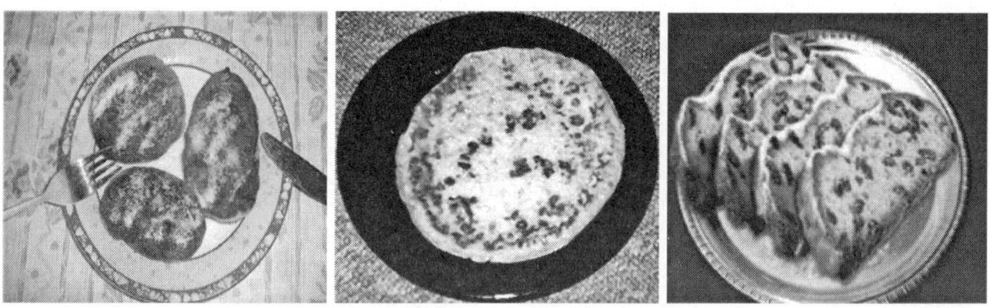

<노이너라이(우), 드레스덴 슈톨렌(중, 우)>

- 작센 요리는 탁월한 제과제빵 기술과 다양한 케이크로도 유명하다. 드레스덴은 슈톨렌(Stollen)[25]이 특히 유명하지만, 다양한 케이크들도 맛있기로 정평

25) 크리스마스 시즌을 대표하는 독일식 케이크. 건포도와 설탕에 절인 과일, 아몬드, 계피, 넛맥, 카르다몸 등의 향신료를 넣고 구운 빵에 버터를 바른 뒤 슈거 파우더를 넉넉히 뿌려 만든 케이크. 1329년 독일 나움부르크의 제빵사 조합 결성을 승인한 주교 하인리히 1세(Heinrich I, 876~936)에게 감사의 뜻으로 바친 것이 슈톨렌의 뿌리다.

이 났다. 작센은 독일에서 커피 문화가 강세인 곳이다. 1711년 독일 최초로 커피하우스가 문을 연 곳도 작센의 라이프치히이다.

- 작센은 커피 문화 외에 오랜 맥주 양조의 전통도 유명하다. 작센에서 유명한 라데베르거(Radeberger)와 베르메스그뤼너(Wermesgrüner) 브랜드는 독일 전역에서 사랑받고 있다.

<라데베르거 백주>

<베르메스그뤼너>

2. 역사를 품은 작센

- '작센'이란 명칭은 3세기경인 200년부터 700년 사이에 라인 · 엘베 두 강 사이에 정주한 게르만인 부족 작센과 그들이 정복하고 병합한 지역 명칭에서 비롯된 것이다.
- 11세기 이전에는 홀슈타인과 오늘날의 니더작센 주에 해당하는 엘베 강 하류의 서쪽 지역을 포함한, 작센 왕조의 기반이기도 한 곳이다.
- 961년. 작센의 빌룽 공작가문, 1142년 벨프 가문의 하인리히 사자공(1129~1195)[26]에게로 차례대로 넘어간다.
- 1180년. 작센 공작 하인리히 사자공이 신성로마제국 황제 프리드리히 1세(재위 1155~1190)에게 반기를 들다가 제국 추방령을 받고 모든 직위가 박탈당하면서 작센 공작령은 해체된다. 이후 엘베 강 중류 지역인 비텐베르크 일대로 한정되어 비텐베르크 가문의 통치를 받는다.

〈상식〉 독일의 주요 귀족 가문

1) 오토 왕가 = 작센 왕가 : 919~1024 독일 왕, 황제
2) 잘리어 왕가 = 프랑켄 가문 : 독일(1024~1125)에서 네 명의 독일 왕을 배출한 가문
3) 호엔슈타우펜 왕가 = 슈바벤 가문: 1079~1268 슈바벤공작, 1138년부터 1254년 독일왕, 황제/1194~1266 시칠리아왕
4) 비텔스바흐 왕가 = 바이에른: 프리드리히 1세가 팔츠백작인 비텔스바흐 가문의 오토에게 바이

---

26) 공권력 강화에 힘쓰고, 엘베 강을 건너 메클렌부르크 지방의 벤트 족을 정벌하고, 식민 정책, 도시 건설을 추진하였다. 뤼베크를 중심으로 발트 해 무역을 발전시키고, 포메른을 복속시켰다. 1154년 황제 프리드리히 1세로부터 바이에른 공국을 부여받아 황제에 협력하였으나, 1176년 롬바르디아 도시 공격의 지원을 거부한 때문에 1180년에 추방되고 그 영토도 분할되었다.

에른 지방을 증여받고 왕가가 시작된다.

- 1260년. 홀슈타인의 남동부의 작센-라우엔부르크와 엘베 강 중류 부근에 위치한 지금의 라이프치히 북쪽의 작센-비텐베르크로 분리되고 작센-비텐베르크 쪽에서 최초로 작센 선제후로 인정받는다.
- 1422년. 작센-비텐베르크 공작 가문(1296~1356)이 대가 끊기면서 작센-비텐베르크 공작과 선제후 지위는 마이센 변경백인 베틴 가문의 일원인 프리드리히 4세(1384~1440)에게 주어진다. 마이센 변경백의 영지를 구성하는 오스터란트(지금의 라이프치히 주변 지역)와 라우지츠 · 튀링겐 등과 작센-비텐베르크가 합쳐지면서 지금의 작센 주가 형성된다.

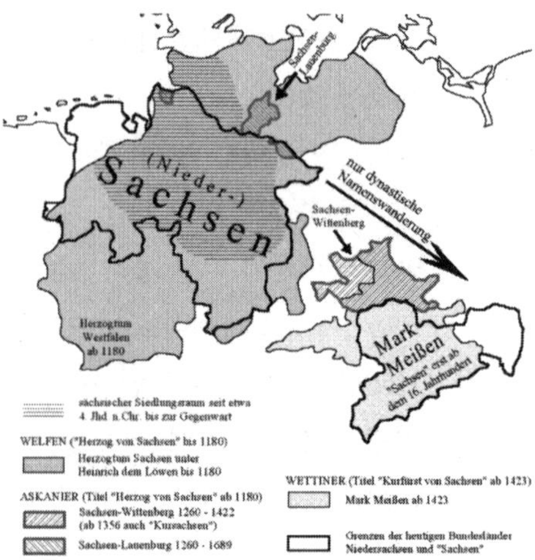

- 1428년. 그러나 프리드리히 4세가 사망하면서 두 아들인 에른스트와 알브레히트가 재산 문제로 동서로 갈라지면서 작센 동부인 마이센 변경백령과 북부 튀링겐을 알브레히트가 작센 서부인 비텐베르크와 남부 튀링겐과 선제후 지위는 에른스트가 나눠가지는 것으로 합의된다. 알브레히트가 상속받은 작센 지역은 이후 계속 작센 주로 이어지고, 에른스트가 상속받은 지역은 훗날 튀링겐 주로 이어진다.
- 16세기. 에른스트 계 베틴 가문의 요한 프리드리히 1세(1503~1554)가 합스부르크 왕가 출신의 황제 카를 5세(1500~1558)의 중앙집권화 정책에 반기를 들며 슈말칸테 동맹을 결성하고, 알브레히트 계 베틴 가문의 수장이었던 모리츠 폰 작센(1521~1553)이 카를 5세를 지지하며 뮐베르크 근처에서 에른스트 계 베틴 가문의 요한 프리드리히 폰 작센 1세(1503~1554) 등의 슈말칸테 동맹군을 격퇴시킨다. 그래서 1555년 9월 25일, 아욱스부르크의 제국 의회에서 에른스트 계 베틴 가문이 갖고 있던 선제후의 지위와 비텐베르크에서 라이프치히에 걸치는 막대한 영지를 획득하여 작센 주의 기본 틀을 갖춘다. 이

후 마르틴 루터의 등장으로 루터교 계통의 프로테스탄트의 중심지가 된다.

- 30년 전쟁 때 급진적인 칼뱅 파와는 달리 가톨릭 편에 서다가 스웨덴 국왕 구스타프 아돌프 2세(1594~1632)를 지지한다. 그런데 구스타프 아돌프 2세가 뤼첸 전투에서 전사하고 뇌르틀링엔 전투에서 스웨덴군이 대패하자 다시 신성로마제국에 빌붙은 관계로 스웨덴군의 보복을 받아서 많은 참화를 입는다. 그러나 베스트팔렌 조약으로 보헤미아 왕국의 라우지츠를 차지한다.
- 1806년. 나폴레옹에게 점령되어 작센 공국에서 작센 왕국으로 독립되어 나폴레옹을 지지한다. 그러나 1815년 나폴레옹이 몰락하면서 영토의 북쪽(당시 작센 영토의 절반 이상)인 비텐베르크, 토르가우, 북부 튀링겐, 라우지츠 대부분을 프로이센에게 할양하고 신성로마제국을 대체한 독일연방의 가입, 1871년 독일제국이 성립되면서 제국의 일부가 된다.

3. 문화를 품은 작센

- 1,000년 이상 작센족의 문화적 중심지였기 때문에 역사적 유물이 엄청나다. 작센의 지방과 도시에 500개 이상의 박물관이 있다.
- 세계적으로 평판이 높은 예술 및 문화도 체험할 수 있다. 세계적 수준의 음악 축제, 연극 공연 및 예술품이 작센의 문화적 경관을 각인시켜준다. 작센의 음악적 풍경과 함께 드레스덴의 젬퍼오퍼, 라이프치히의 게반트하우스 같은 곳들이 있는데, 요한 제바스티안 바흐, 리하르트 바그너, 로베르트 슈만 그리고 칼 마리아 폰 베버와 같은 유명한 작곡가의 이름과 무관하지 않다.
- 소년 합창단, 드레스덴 크로이츠 합창단, 게반트하우스 오케스트라 슈타트 카펠레 드레스덴은 세계적으로 유명한 앙상블이다.
- 몇 천 년 된 전통 시장과 함께 역사적 건축물 및 문화적 생활을 만끽할 수 있다. 작센에는 세계적인 전통 공예품도 적지 않다. 에르츠 산맥의 나무 공예품, 포크트란트의 수공예 악기, 마이센의 도자기, 플라우엔의 레이스, 스와치 그룹의 글라스휘테 시계 등이 그것이다.
- 작센의 전통 온천은 스파 웰빙 및 건강 여행에 최적화된 장소이기도 하다.
- 작센 주의 명소들

  모리츠부르크 궁전(Schloss Moritzburg),

  퓌클러 영주(후작)의 궁전과 공원(Schloss und Park von Fürst Pückler),

  마이센의 알브레히츠성(Albrechtsburg),

  라이프치히의 민중항쟁기념비(Völkerschlachtdenkmal),

  아우구스투스부르크 사냥용 궁전(Jagdschloss Augustusburg),

  클라인벨카 공룡공원(Saurierpark Kleinwelka),

  성 마리엔탈 수도원(Kloster St. Marienthal),

  쾨니히슈타인 요새(Schloß Königstein),

  젝시셰 슈바이츠의 성루(Bastei),

  독일농업박물관(Deutsches Landwirtschaftsmuseum),

  크롬라우 진달래와 철쭉꽃 공원(Azaleen- und Rhododendrenpark Kromlau),

- 드레스덴의 명소들
  츠빙어 궁전, 프라우엔 교회, 젬퍼오퍼 및 릴리엔슈타인, 필니츠 궁전과 공원, 아우에 동물원, 리자 동물원과 수도원, 아프리카하우스, 호프플뢰스니츠 와인박물관, 우니카툼 어린이박물관, 클라인-에르츠게비르게 외데란 미니어처 공원, '지크문트 얜(Sigmund Jähn)' 우주박물관, 칼-마이 하우스, 악기박물관, 날아다니는 박물관.

3.1. 모리츠부르크 성

- 원래는 인공 섬에 있었다. 현재는 작센에서 가장 아름다운 해자성이다. 이 성은 네 개의 거대한 첨탑과 100개 이상의 벌거벗은 동자 상들을 가진 하나의 난간이 있다. 내부는 도자기 및 황금을 입힌 가죽벽지들로 장식되어 있다.

〈좌: 모리츠부르크 성, 우: 아우구스투스부르크 사냥용 성〉

3.2. 아우구스투스부르크 사냥용 성

- 르네상스 시대의 가장 큰 궁전 중 하나. 현재는 요식업, 유스호스텔, 고성극장 그리고 고성박물관, 오토바이박물관 같은 여러 개의 박물관, 첨탑 갤러리, 고성감옥 등이 입주해 있다.

3.3. 성 마리엔탈 수도원

- 독일에서 가장 오래된 시토교단 수녀원이다. 수도원교회, 십자가예배당, 대수도원 건물이 있는 이 수도원은 가장 아름다운 바로크 양식 수도원들 중 하나이기도 하다.

- 전승에 따르면, 1234년에 쿠니군데(Kunigunde, 필립 폰 슈바벤[27]의 딸)에 의해 프라하에서 치타우를 거쳐 괴를리츠로 통하는 무역로드 근처에 건립되었다.
- 수도원은 후스전쟁(1419~1434) 중이던 1427년에 파괴되어 1452년까지 재건되지 못했다. 1515년, 1542년, 1683년 (부분)화재로 피해를 입었다. 바로크 양식으로 재건한 때는 1685년부터였다. 바로크양식 교회 내부는 1897년 나이세 강 홍수 때 큰 피해를 입었다. 제2차 세계대전 중에는 건물들이 군용병원으로 사용되기도 했다. 2010년 8월 나이세 강의 범람으로 또 다시 엄청난 피해를 감수해야 했다.

〈쉬어가기〉 수도원의 역사

- 수도원(Kloster, Monastery)은 '홀로'라는 고대그리스어 '모노스'에서 왔다. '세상과 떨어져 하나님의 거룩한 백성의 삶을 사는 행위'의 뜻을 가졌다.
- 수도원 운동은 초대교회 때 핍박을 피해 은둔한 것과 4세기 이후 세속화된 교회로부터 구별된 삶을 추구하는 공동체에서 찾을 수 있다.
- 동방수도원의 대표적인 인물은 안토니이다. 그는 세상과 격리되어 극도의 금욕주의를 추구하며 고독한 사막에서 개인 고행과 명상과 기도생활을 강조했기 때문에 발전하지 못했다.
- 서방수도원의 대표적인 인물은 베네딕트(480~550). 수도원 규칙을 체계화시켜 로마를 중심으로 서방교회에 급속도로 퍼졌다. 이들은 금욕과 성경연구를 강조했다. 완벽한 조직과 형태를 갖추었으며, 귀족들의 후원과 신분상승을 꾀하는 유망한 젊은이들이 지원함으로 신학과 학문연구의 중심지가 되었다. 많은 토지에서 얻은 막강한 경제권과 서적이 넘치는 도서관과 번득이는 지성의 젊은이들이 수도원 학교를 세워 아이들을 가르쳤으며, 빈민구제와 사회사업에 공헌했다. 특히 성경과 고전 필사 등은 교회사에 소중한 사료들을 보존했다. 이들의 3대 덕목은 청빈, 순결, 순종이다.
- 수도원 운동은 16세기 종교개혁자들에게는 긍정적인 평가를 얻지 못했다. 수도원 운동은 세상

27) 필립 폰 슈바벤 공작(1177~1208)은 프리드리히 1세 바르바로사의 아들. 어린 시절에 성직자 생활을 했다. 형 하인리히 6세가 신성로마제국 황제에 오른 후 이탈리아 원정에 동행하면서 성직을 포기했다. 이후 슈바벤 공작과 독일 국왕에 올랐다. 1197년 하인리히 6세가 서거하면서 그의 아들 프리드리히 2세를 국왕으로 추대했다. 그러나 벨프 가문이 대립국왕 오토 4세를 세우자 자신이 출마해 호엔슈타우펜 왕조를 유지했다. 그러나 그는 프랑크 왕국과 독일 왕국의 700년 역사에서 처음으로 암살된 국왕이 되었다.

과 격리된 탈세속주의이자 이원론적 분리를 전제로 하기 때문에 해체된다. 특히 1555년 "성주의 종교는 백성의 종교"라는 아욱스부르크 종교화의 이후 개신교 영역에서 수도원과 수도사들의 신분은 사라졌다. 여성 수도회는 사회적인 이유로 결혼하지 않고 여인들을 위한 구호기관 역할을 하며 존속했다.

- 독일 마울브론 수도원(Kloster Maulbronn)은 12세기 중반에 건축되었다. 헤르만 헤세의 소설 「수레바퀴 밑에서」로 유명세를 타서 많은 사람들이 이곳을 찾는다. 이 수도원은 유럽에서 보존이 가장 잘된 중세의 시토 수도회 수도원이다. 수도원은 바덴-뷔르템베르크 주 마울브론의 교외에 위치해 있고, 마을과는 성벽으로 분리되어 있다. 1993년부터 수도원은 유네스코 세계문화유산에 등재되었다.

3.4. 칼 마이와 칼 마이 박물관

▸ 칼 마이(Karl Friedrich May, 1842-1912)

- 세계에서 가장 잘 알려진 독일 작가는 대문호 괴테가 아닐까 싶다. 그러나 고금을 통틀어 가장 많은 책이 팔린 독일 작가는 누구일까? 다름 아닌 칼 마이이다.
- 그는 1억 권이라는 책 판매 기록을 수립한 독일 작가. 19세기 말 독일에서 아주 먼 곳을 배경으로 한 모험 소설들, 특히 미국 서부 카우보이들과 인디언들에 관한 이야기들로 대단한 인기를 얻은 작가이다.
- 독일 드레스덴 시 인근에 있는 작가의 고향집은 칼 마이를 기념하는 박물관이 되었다. 칼 마이는 1888년 라데보일로 이사한 뒤 몇 차례 다른 도시로 이사를 다니다가 1900년 라데보일에 정착했고, 1912년 그곳에서 생을 마쳤다.
- 칼 마이는 미국을 방문할 기회가 거의 없었던 독일인들에게 미국 서부의 드넓은 하늘과 광활한 경치를 전해주었다. 오늘날 많은 독일인들이 칼 마이와 그의 이야기들에 어떻게 생각하든 상관없이, 그들의 대다수는 칼 마이 소설 속에 나오는 두 영웅의 이름을 기억한다. 위대한 인디언 아파치족 추장 위네투(Winnetou)와 독일 출생 서부 정착인 올드 쉐터핸드(Old Shatterhand)이다. 칼 마이의 팬들은 칼 마이가 자신의 소설에서 올드 쉐터핸드를 첫 번째 인물로 적고 있고, 거칠고 황량한 미국의 경치를 기억해서 묘사하고 있는 것처럼 보이기 때문에 칼 마이를 올드 쉐터핸드로 알기도 했다. 칼 마이는 한 번도 이를 부인하거나 적극적으로 조장하지도 않았다.
- 텍사스 주립대학의 메레디스 맥클래인 교수는 20년 이상 칼 마이를 연구해

〈좌: 칼 마이, 중: 칼 마이 박물관, 우: 올드 셰터핸드(1964, 영화)〉

왔다. 맥클래인 교수는 칼 마이의 인기 소설들은 그가 수형생활을 하는 동안 했던 조사 결과이지 실제 경험에서 나온 것은 아니라고 말했다. 칼 마이는 단 한 번도 미국 서부를 방문한 적이 없었다.

- 그럼에도 불구하고, 미국 서부에 대한 독일의 사랑은 독일 근대사를 엮게 만들었다. 맥클래인 교수는, 제 2차 세계대전 후 독일이 양분됐을 때 구동독의 사회주의자들은 카우보이를 자본주의자이자 - 확대해석하자면 - 미국인들과 동격으로 여겼다. 그러나 카우보이들과는 달리, 구동독의 사회주의자들은 인디안 문제는 받아들였다. 오늘날 독일의 약삭빠른 상인들은 칼 마이의 소설을 무대에서 공연하고, 방문객들을 말과 마차에 타보게 하는 11개의 야외극장을 가지고 수많은 돈을 벌어들이고 있다고 맥클래인 교수는 덧붙였다.

▸ 칼 마이 박물관

- 작센 주의 와인 생산지로 유명한 라데보일에 있다. 칼 마이 박물관은 여행 예술가이자 칼 마이 소설의 열렬한 팬이었던 패티 프랭크(Patty Frank)가 주도해 1928년 세워졌다. 박물관이 전시공간으로 활용하고 있는 장소는 마이가 생을 마친 주택인데, 소설 주인공 이름을 따 '올드 섀터핸드 하우스'라는 별칭을 갖고 있던 곳이었다. 1944년부터 칼 마이 협회(Karl May Society)가 박물관의 운영과 관리를 맡고 있다.
- 주요 전시물은 칼 마이의 유품과 그의 소설에 관한 자료들이다. 특히 소설의 주 무대였던 미국 서부시대에 관한 자료가 많이 전시돼 있다. 칼 마이의

서재를 복원한 방에는 인디언 천막과 여자 인디언 모형이 함께 진열돼 있어 독특한 분위기를 연출한다. 인디언 전사들을 소재로 한 회화 및 조각 작품도 전시돼 있다

3.5. 드레스덴

- 원래 슬라브 취락지대였다. 슬라브어로 '늪' 혹은 '숲속에 사람'이라는 뜻이 있다. 2016년 인구 547,172명으로 독일에서 11번째로 큰 도시이다.
- 과거 도시 곳곳에 세워졌던 바로크 양식의 건축물과 예술품들 덕분에 '독일의 피렌체'라고 불릴 만큼 아름다운 도시. 1711~1722년에 건립된 바로크 양식의 츠빙어 궁전을 비롯하여 수많은 궁전들과 드레스덴 미술관, 유명한 건축물과 회화 등 수많은 문화재가 있다. 드레스덴 국립 관현악단과 건축가 고트프리트 젬퍼의 이름을 딴 젬퍼오퍼(Semperoper)라는 오페라극장도 있어서 예술의 도시, 음악의 도시로도 유명하다.
- 현재는 독일 남동부 경제 · 교통 · 문화의 중심 도시이다. 항공기 제조, 정밀 광학기기 · 기계 · 화학 · 담배 등 각종 공업이 활성화되어 있다. 1828년에 창설된 공과대학과 조형미술 · 음악 · 교통 · 의학 등의 대학이 있다. 도서관 · 방송국 · 박물관 등의 문화 시설도 잘 정비되어 있다. 특히 칼 마리아 폰 베버, 실러, 요한 슈트라우스, 에리히 케스트너 등과도 연고가 있는 곳으로 유명하다.
- 1200년 이전에 성이 구축되었고, 1206년에 도시가 되었다. 이후 마이센 변경백인 하인리히 3세(1215~1288)가 거성을 구축했다. 그러나 그의 사후 보헤미아령, 브란덴부르크령으로 전전하다가 14세기 초에야 다시 마이센 변경백으로 복귀했다.
- 15세기 후반 마이센 변경백의 베틴 가문이 분열됐다. 드레스덴은 알브레히

트 계 베틴 가문에 속하고, 17세기에 베팅 가문이 작센 선제후의 위치를 굳혔기 때문에 그 수도가 되었다. 그 무렵 1618년 30년 전쟁과 1685년의 대화재 등으로 도시 전체가 파괴되거나 전소되자 도시 주위에 성벽을 구축했다. 18세기에 이르러 작센 왕국의 초대 왕 프리드리히 아우구스트 1세(1750~1827)와 작센 왕국의 3대 왕 프리드리히 아우구스트 2세(1797-1854)가 각종 문화시설을 정비하고 바로크 양식의 건축물들을 세우면서 독일 유수의 도시로 탈바꿈시키려 했다.

- 그러나 7년 전쟁(1756~1763) 때 작센이 오스트리아에 가담한 관계로 도시가 프로이센군의 포격을 받고 파괴되었다. 이후 나폴레옹 전쟁 때 작센이 프랑스와 동맹을 맺은 관계로 나폴레옹이 이 도시를 작전기지로 삼고 동맹군과 싸웠기 때문에 적지 않은 손상을 입었다. 이후 19세기에 산업화로 경제 붐이 일었다. 초기 단계의 기계 엔지니어링, 자동차, 항공, 카메라, 초콜릿 산업 등이 발달하기 시작했다. 1945년 이전 드레스덴은 독일의 주요 도시 중 가장 활발한 산업도시였다.
- 제2차 세계대전 초기에는 드레스덴이 독일의 다른 도시들과는 달리 후방에 위치해서 큰 피해를 입지 않았다. 그러나 전쟁이 끝나갈 무렵인 1945년 2월 14일 영국군의 드레스덴 폭격으로 수많은 옛 건축물과 공장시설들이 파괴되는 궤멸적인 피해를 입었다. 종전 후 동독 땅이 되어 전쟁보상으로 주요 공장들이 해체되고, 기업들은 본사를 서독으로 이전했다. 다수의 전문 숙련공들은 동독에 남았다.

[1] 가톨릭 궁정 교회(Katholische Hofkirche)

- 젬퍼오퍼 바로 옆에 있다. 5000평의 부지에 높이 85m에 이르는, 작센 지방 최대의 가톨릭교회이다. 1739년부터 1755년까지 바로크 양식으로 건축되었다. 1964년 가톨릭 대성당으로 격상되었고, 1980년 주교좌가 바우첸에서 드레스덴으로 옮겨지면서 드레스덴-마이센 가톨릭 주교구가 되었다.
- 신성로마제국의 선제후이자 작센의 공작임에도 불구하고 폴란드-리투아니아의 통치자로 선출되기 위해 가톨릭으로 개종한 프리드리히 아우구스트 2세가 작센 지방을 다시 가톨릭화 하기 위해 건축한 것이라고 한다.
- 작센 왕가의 납골당이 있다. 독일 최초의 오르간 제작자로 유명한 고트프리

트 질버만(1683~1753)의 웅장한 오르간과 화려하고 아름다운 로코코 양식의 설교단이 눈길을 끈다. 외부의 1층과 2층 꼭대기는 많은 성상들로 장식되어 있다. 그 모습은 밀라노의 두오모 성당을 연상시킨다. 드레스덴의 약 90%를 며칠 사이에 잿더미로 만든 제2차 세계대전의 공습으로 궁정 교회도 많은 피해를 입었다. 검게 그을린 건물 위에 흰색으로 보수된 흔적이 선명하게 남아있다.

〈좌: 가톨릭 궁정교회, 중: 구 시청광장, 우: 노이마르크트 광장〉

[2] 구 시청광장

- 시청사와 십자가 교회 등이 있다. 드레스덴의 중심지 역할을 해 온 곳. 시청사의 탑 위에는 금박을 입힌 높이 4.9m의 '황금 사나이' 입상이 서 있다. 시청사 발코니에서는 드레스덴의 전경을 한눈에 조망할 수 있다.
- 1945년 연합군의 공습으로 심각하게 파괴되었다. 1953년부터 시작된 복원작업으로 지금과 같은 모습을 되찾았다. 시청사 건물 옆에는 외벽이 검게 그을린 십자가교회가 있다. 이 교회는 후기 바로크와 초기 고전주의 양식의 건물인데, 소년성가대는 그 역사가 700년이 넘었다.

[3] 노이마르크트 광장(신 시장 광장)

- 구 시청광장 북쪽에 위치한 광장. 레지덴츠 궁전의 일부와 성모 교회가 이곳에 위치하고 있다. 1945년 연합군의 공습으로 파괴된 이후 동독 정부에 의해 재건되면서 외형이 달라졌다. 통일 이후 옛 모습을 되찾았다. 광장에 있었던 옛 건축물과 바닥의 블록들도 다시 깔렸다.

[4] 로맨틱 박물관(Kügelgenhaus - Museum der Dresdner Romantik)

- 구시가지 북쪽에 위치한 이네레 노이슈타트('안쪽 신시가지'의 뜻)에 위치한 미

술, 문학, 음악 박물관이다. 중앙로(Hauptstraße)에 있다. 박물관 건물은 화가인 퀴겔겐(Gerhard von Kügelgen, 1772~1820)이 가족과 함께 살았던 집으로 퀴겔겐 하우스(Kügelgenhaus)라고도 한다.

- 퀴겔겐하우스는 문화사적으로도 가치가 있는 서민주택들의 앙상블이다. 이 서민주택들은 작센 선제후이던 아우구스트 2세(1670~1733, 재위 1694~1733) 시기에도 있었다. 퀴겔겐하우스는 1697년부터 1697년까지 3층 건물로 건축되었는데, 나중에 층을 올려 증축되었고 소형첨탑도 하나 추가되었다. 지붕의 추녀돌림띠 아래에 제명(題銘)("An Gottes Segen ist alles gelegen."[신의 축복에 모든 일의 성패가 달렸다.])이 있다. 이로 미루어 볼 때 이 집은 1730년 무렵부터 'Gottessegen'('신의 축복'의 뜻)으로 불린 듯하다. 1974년부터 1980년까지 신시가지 마르크트 광장과 중앙로가 재건축되면서 퀴겔겐하우스도 복원되었다. 건축 작업 중 옛 퀴겔겐 아파트의 석고지붕에서 17세기 말의 것으로 추정되는 그림 장식 나무덮개들이 발견되었다. 현재는 이 덮개들이 퀴겔겐하우스의 훌륭한 볼거리가 되고 있다.
- 퀴겔겐하우스는 1970년대 말 드레스덴의 예술사학자인 칼-루트비히 호크에 의해 박물관으로 변신했다. 박물관 주변에는 에리히 케스트너 박물관, 드레스덴 예술의 집, 축구 박물관 등과 같은 박물관들이 인접해 있다. 18세기부터 19세기 중반까지의 예술작품들이 전시되어 있다. 에른스트 호프만과 로베르트 슈만, 리하르트 바그너 등의 예술가들이 드레스덴에서 활동했던 기록들도 보관되어 있다.

[5] 레지덴츠 궁전

- 12세기부터 작센 공국의 역대 통치자들이 살던 성이다. 증축과 복원을 거듭해 복합적인 양식의 건축물이 되었다. 제2차 세계대전 당시 대공습으로 파

〈좌: 로맨틱하우스(왼쪽 노랑색 파사드 건물), 뒤쪽 첨탑은 세 동방박사 교회의 것, 중: 레지덴츠 궁전, 우: 퓌어스텐추크〉

괴되었으나, 옛 왕궁 마구간 외곽을 둘러싸고 있는 아우구스투스 거리 옆의 슈탈호프 벽만은 기적적으로 전화를 모면했다. 슈탈호프 벽에는 길이 101m, 높이 8m의 마이센 자기 타일로 만들어진 '군주들의 행진'이라는 벽화가 남아 있다. 무려 25,000여 개의 타일이 쓰였다고 한다.

[6] 퓌어스텐추크(군주들의 행진, Fürstenzug)

- 마이센 산 자기로 된 약 25,000개의 타일에 군주들을 그린, 길이 102m로 세계 최대의 자기 그림에 해당하는 예술작품이다.
- 1127~1904년 사이에 작센에서 군림하던 35명의 베틴 왕가 출신 변경백, 공작, 선제후, 왕들의 조상 갤러리이기도 하다.
- 베틴 왕가는 독일에서 가장 오래된 귀족 가문 중 하나이자 유럽에서 가장 오래된 명문귀족 가문 중 하나였다. 이 가문은 오늘날의 독일 연방주들인 작센, 튀링겐, 작센-안할트, 바이에른(코부르크)의 역사에서 특히 중요하다.
- 성 안에는 교통박물관, 궁정 교회, 드레스덴 박물관 등이 있다. 고가의 보물들을 소장한 것으로 유명한 드레스덴 박물관은 1560년경에 아우구스투스 1세에 의해 비밀금고 형식으로 설립되었다. 그 당시 총 여덟 개의 전시관에 르네상스와 바로크 시대 최고의 예술품들을 소장하고 있었다고 한다. 신시가지와 구시가지, 엘베 강의 전경이 한눈에 들어오기 때문에 괴테는 이곳을 '유럽의 테라스'라고 불렀다.

〈상식〉 베틴 가문

- 10세기 초 베틴 가문의 선조들은 독일 영토를 동쪽 옛 슬라브 땅까지 넓혀 나갔다. 그들의 후손 중 두 형제는 1080년대 말 베틴 백작령(할레에서 잘레 강 하류를 가로질러 있음)과 더 동쪽에 있는 마이센 변경백령(엘베 강 연안에 있음)을 얻었다. 그중 마이센의 베틴 가문은 1264년에 튀링겐의 란트그라프, 1423년에는 작센 선제후가 되었다.
- 1485년부터 에른스트 계와 알브레히트 계로 나뉘었다.
- 에른스트 계는 1547년까지 작센 선제후 지위를 차지하고 있었으나 슈말칼덴 전쟁[28] 이후 현재의 튀링겐 지방에서 몇 개의 공국으로 갈라졌다. 1826년이 되어 작센-바이마르-아이제나흐, 작센-마이닝엔, 작센-알텐부르크, 작센-코부르크-고타의 4 공작가문으로 정리되었다. 이들은 모두 1918년에 폐위되었다.

---

28) 1546년에서 1547년까지 독일 신교파 제후 및 도시들이 신성로마 황제 카를 5세(Karl V, 1500~1558)의 신교 탄압 정책에 항거해 '슈말칼덴 동맹'을 맺고 황제 측과 싸운 전쟁.

- 알브레히트 가문은 1547년 에른스트 가문으로부터 선제후 권한을 확보했으며 폴란드 왕 2명(1697~1763)과 작센의 여러 역대 왕들(1806~1918)을 배출했다 (알브레히트 공작령).
- 작센-코부르크 계의 에른스트 베틴 가문에서 19~20세기에 배출한 왕들로는 포르투갈의 페드루 5세에서 마누엘 2세까지, 불가리아의 페르디난드 1세에서 시메온 2세까지, 벨기에의 레오폴 1세와 그 이후의 왕들, 영국의 에드워드 7세와 그 이후의 왕들을 들 수 있다.
- 영국에서는 왕조의 이름을 1917년에 윈저(윈저 왕가)로 고쳤다

[7] 세 동방박사 교회(Dreikönigskirche Dresden)

- 구시가지 북쪽에 위치한 이네레 노이슈타트에 위치한 교회. 건물의 일부는 여전히 교회로 사용 중이고 나머지 부분은 '교회의 집'이라는 이름으로 각종 행사용 공간으로 쓰인다. 15세기 초에 건축되었으나 제2차 세계대전 당시 폭격으로 파괴되었다가 구동독 시기인 1980년대 후반에 재건되었지만, 동독이 공산주의였기에 재건 당시 교회 내부의 좌석 수를 3천 여 석에서 500석 정도로 줄였다. 현재 교회에는 약 500석 규모의 큰 연회장과 작은 홀 그리고 10개의 회의실이 있어서 연주회도 열리고, 회의, 세미나 등의 학술 모임도 열린다. 1990년부터 1993년까지는 작센 주 의회의 의사당으로 사용됐다. 교회의 상징과 같은 높은 첨탑은 1854년에서 1857년에 걸쳐 건축된 것이다.

[8] 성모 교회(Frauenkirche)

- 1726년부터 1743년 사이에 건축했다. 바로크 건축의 걸작으로, 프로테스탄트 루터파 교회이다. 이 교회는 파격적인 배치로 제단과 성단소, 세례반, 오르간을 신도들이 볼 수 곳에 두었다. 200년 동안 도시의 하늘을 지배했으나,

〈좌: 세 동방박사 교회, 중: 성모교회, 우: 알베르트 광장〉

1945년 영국과 미국 공군의 대규모 공습으로 성당 전체가 폐허가 되었다.

- 전후 구동독 시기에 성모교회는 1980년대까지 돌무더기 상태로 성당 자리에 남아 있었다. 검게 그을린 돌들은 평화 운동의 상징이 되었다. 동독의 다른 큰 교회들은 그에 가세하여 공산주의의 붕괴와 동서독의 통일로 가는 한 걸음이 되었던 인권 저항 운동으로 발전시켰다. 독일 통일 직후, 원래 성당의 그림과 사진을 이용해서 1993년부터 복원을 시작하여 2005년에 완공했다.

[9] 알베르트 광장(albertplatz dresden)

- 구시가지 북쪽에 위치한 이너레 노이슈타트 중심부에 있는 교통의 중심지. 1812년 지어졌을 당시에는 이름이 없다가 1829년 바우츠너 광장이라는 공식명칭을 얻었다. 1871년 훗날 작센의 왕이 된 알베르트 폰 작센 1세(1828~1902, 재위 1873~1902)를 기념해 알베르트 광장으로 이름이 바뀌었다. 1875년 지금의 모습으로 조성되었다. 이후 1945년 소련 점령 시기에는 붉은 군대 광장으로 불리다가 구동독 시기에는 통일 광장으로 명명되었다. 그러다가 1991년 독일 통일 이후에는 다시 알베르트 광장이라는 이름을 되찾았다.
- 교통의 요지답게 드레스덴 중앙역이 서쪽으로 가까이 있다. 전철 노선 다섯 개가 이곳을 지나간다. 엘베 강 북쪽 시내 중심의 9개 주요 거리가 이곳에서 별 모양으로 만난다. 엘베 강 다리들의 북쪽 연장선이 대부분 이곳에서 만난다.

[10] 일본식 궁전(Japanisches Palais)

- 구시가지 북쪽의 이너레 노이슈타트에 있는 바로크 양식의 궁전. 1715년 야콥 하인리히 폰 플레밍 백작(1667~1728)의 궁으로 건축되었고, 이후 1717년 궁의 소유가 프리드리히 아우구스트 1세(1750~1827)에게 넘어갔다.

- 1729년부터 1731년까지 프리드리히 아우구스트의 일본 도자기 컬렉션과 예술품들을 보관하기 위해 건물을 증축하면서

〈좌: 북문, 우: 북문 북쪽에 부착된 덴마크 왕 크리스티안 4세와 플렌스부르크 문장의 현판〉

일본풍의 지붕이 얹힘에 따라 일본식 궁전이라는 이름을 갖게 되었다. 제2차 세계대전 중이던 1945년 폭격으로 크게 파괴되었다. 1951년부터 재건을 시작하여 1987년에 완공했는데, 2009년 1월까지는 드레스덴 시립 고고학 박물관과 민족학 박물관으로 사용되었다. 현재는 민족학 박물관만 남아있다.

[11] 젬퍼오퍼(Semperoper)

- 작센의 국립 오페라극장. 1841년 처음으로 세워진 네오 르네상스 양식의 건물이다. 두 차례나 건물의 설계를 맡았던 독일 절충주의 건축의 거장인 고트프리트 젬퍼(1803-1879)의 이름을 따서 이름 지어졌다.
- 카를 마리아 폰 베버와 리하르트 바그너가 이곳에서 지휘를 했다. 《방황하는 화란인》과 《탄호이저》를 비롯한 유명한 오페라들이 초연되었다. 제2차 세계대전 때 건물이 많이 파괴되어 1985년까지 복구 작업을 했다. 주변에 있는 츠빙어 궁전의 무기 박물관이 있는 쪽 문을 통해 극장 광장의 기마상이 보이는데, 작센왕국의 왕 요한(Johann von Sachsen, 1801~1873)이 그 주인공이다. 지금도 오페라, 발레 등의 공연이 열린다.

[12] 츠빙어 궁전(Zwinger)

- 포스트 광장에 있는 바로크 건축의 대표적 궁전. 1728년에 건설되었다. 제2차 세계대전 때 파괴되었으나 전후에 재건되었다.
- 건물은 크로넨 문을 중심으로 좌우대칭의 균형미를 살렸다. 십자형의 넓은 뜰에는 바로크 양식으로 조각된 분수가 있는 연못이 있다. 특히 '요정의 샘'

이 유명하며, 광장에서는 매년 여름 드레스덴 음악제가 열린다.

- 현재는 박물관으로 사용 중이다. 북쪽 회랑의 미술관에는 15~18세기의 이탈리아, 네덜란드, 독일, 프랑스의 미술품이 전시되어 있는데, 루벤스, 렘브란트, 뒤러 등의 작품이 대표적이다. 남쪽 회랑에는 화려한 왕궁의 도자기 컬렉션이 전시되고 있는데, 중국과 동양의 수많은 도자기들을 볼 수 있다. 이 밖에도 역사박물관, 동물학박물관 등 여러 종류의 박물관들이 궁내에 있다.

[13] 필니츠 궁전(Schlossanlage Pillnitz)

- 드레스덴에서 엘베 강을 따라 10km 정도 거슬러 올라가면 만나게 되는 궁전이다. 강변에 위치한 까닭에 마치 물 위에 떠 있는 듯한 착각을 일으킨다. 작센의 선제후이자 폴란드-리투아니아의 통치자였던 강건왕 아우구스투스 2세(1670~1733)의 여름 별궁으로, 정부(情夫) 코젤을 위해 지었다고 한다. 그 당시 바로크 시대의 드레스덴 혹은 작센 공국의 번성함을 느낄 수 있다.
- 건축가 푀펠만(Matthäus Daniel Pöppelmann)이 궁전을 엘베 강에 접하도록 하여 강과 조화를 이룬 아름다운 풍경을 만들어 내었다. 그래서 이 별궁은 '작센의 베르사유'로 불리기도 한다. 수상 궁전과 산상 궁전은 18세기에 세워졌다. 바로크 양식의 신궁전은 19세기에 세워졌는데, 지금은 민예품이나 미술품 전시회장으로 쓰인다. 중국풍으로 지은 건물 외에 드넓은 영국풍의 정원도 눈길을 끈다. 여름에는 정원에서 종종 음악회가 열린다. 근처에는 《마탄의 사수》를 작곡한 칼 마리아 폰 베버의 가택이 기념관으로 보존되어 있다.

3.6. 라이프치히(Leipzig, 소르브어: Lipsk)

- 작센 주의 최대도시. 인구는 제2차 세계대전 이전에 750,000명으로 역사상 정점을 찍었고, 2016년 현재는 약 57만여 명으로 줄었다.
- 플라이세 · 파르테 · 바이세엘스터 강이 만나는 지점 바로 위쪽에 위치. 독일 중동부의 갈탄이 넓게 매장되어 있는, 비옥하고 지대가 낮은 라이프치히 분지에 있다.

▸ 역사

- 게르만족 정착지 주변의 작은 공동체 마을에서 발전.
- 1015년. 우르브스 리브치(urbs Libzi, '보리수의 도시'의 뜻)라는 요새 마을로 기록되기 시작.
- 1170년경. 자치권을 인정받는다. 주요교역로들이 지나는 길목에 있어서 해외교역이 활발했다.
- 1497년. 에아스터와 미카엘마스에서 매년 열리던 2곳의 시장이 제국박람회로 격상된다.
- 1700년경. 경제적 특권에 힘입어 독일에서 가장 앞서가는 상업 중심지로 도약, 그래서 이곳의 도로망도 발달했다. 지리적으로 중심부에 위치해서 다소 불리한 면도 있었다. 도시 내부나 부근에서 몇 차례 중대한 전투가 벌어진 것이 단적인 사례. 1631년과 1642년, 브라이텐펠트 마을(지금은 교외지역)에서 벌어진 두 차례의 전투, 즉 30년 전쟁 중이던 1632년 뤼첸에서 있었던 전투와 나폴레옹 전쟁 중이던 1813년. 10월에 발생한 라이프치히 전투(다국간 전투) 등.
- 1839년. 독일 최초의 철도가 라이프치히와 드레스덴 사이에 개통, 뒤이어 성장한 은행들이 발전하는 직물과 야금업의 자본 공급원 역할을 한다. 이처럼 일찍이 산업 발전에 힘입어 독일 노동운동의 중심지가 된다.
- 제2차 세계대전 종전 직전. 몇 년 사이에 이 지역의 1/4이 파괴. 전쟁으로 폐

허가 된 이후 복구와 재건 사업은 구동독의 공산주의 정책에 따라 수행된다.

- 전통 깊은 모피제조업과 도서출판업은 아직도 유명하다. 매년 봄에 개최되는 라이프치히 박람회는 동서 유럽의 가장 중요한 국제교역장. 라이프치히역은 철도 노선의 중심지로서 중앙 유럽에서 가장 중요한 여객 철도역 중 하나. 또한 주요 도로가 모이는 교통의 요지이고, 공항도 2개나 있다.

▶ 유럽의 학문 및 문화 중심지

- 1409년 건립된 대학교는 1953년 라이프치히 카를 마르크스 대학교로 명칭이 변경되었다. 요한 볼프강 폰 괴테와 리하르트 바그너도 이 대학교를 다녔다. 박물관과 연극예술 · 음악사 · 그래픽아트 학교 등도 많이 있다.

▶ 도서출판업은 국제적으로 유명하다

- 시립도서관으로는 독일도서관과 유럽에서 가장 큰 교육 분야 전문도서관인 코메니우스 도서관 등이 있다. 대학교 도서관과 라이프치히 시구(市區) 도서관, 시립 고문서 보관소 등도 유명한 곳이다.
- 성 토마스 합창단, 게반트하우스 오케스트라, 라디오 심포니 오케스트라에 의해 음악의 전통이 이어지고 있다. 훌륭한 오페라 극장(1963)도 있다.
- 제2차 세계대전 후 복구된 사적지로는 옛 시청사, 옛 상업거래소, 옛 시장 광장, 아우어바흐의 지하실, 13세기 성 토마스 교회 등이 있다.
- 강둑을 따라 발달된 이 도시의 옛 삼림지대는 일부가 공원으로 바뀌었으며, 중요한 위락시설 기능을 맡고 있다.

▸ 문화 투어 기획: 라이프치히의 사례

중앙역 → 오페라극장 → 신 게반트하우스 → 성 니콜라이교회 → 라이프치히 조형미술관 → 시청사 → 마르크트 광장 → 성 토마스교회 → 바흐박물관

[1] 라이프치히 중앙역

- 역사 전체를 유리로 건축하여 채광 효과가 탁월하다. 중앙 홀은 로마시대의 목욕탕을, 아치형 지붕은 르네상스양식 교회 건물의 천정을 연상시킨다.

[2] 매들러 거리(Mädlerpassage)의 아우어바흐 켈러(Auerbachs Keller)

- 라이프치히에서 가장 유명한 주점.
- 매들러 거리가 세계적인 유명세를 탄 것은 16세기에 이 도시의 가장 인기 있는 와인 로컬이던 아우어바흐 켈러, 특히 요한 볼프강 폰 괴테 때문이다. 아우어바흐 켈러는 라이프치히 중심의 Grimmaische Straße 2~4에 있는 매들러 거리에 위치. 마르크트 광장이 지척에 있다.
- 두 구역, 즉 4곳의 역사적 와인주점(Fasskeller[생맥주 주점], Lutherzimmer[루터의 방], Goethezimmer[괴테의 방], Alt-Leipzig[구-라이프치히])과 추가로 건축된 그로서 켈러(Großer Keller, 1912년 건축)로 구성되어 있다.
- 괴테가 라이프치히 대학생 시절(1765-1768) 아우어바흐 켈러에 자주 들렀다. 명작 〈파우스트 1부〉의 일부 무대가 된 곳. 켈러 입구에 파우스트 관련 동상이 있다.

〈좌: 매들러 파사제, 중: 아우어바흐 켈러,
우: 학생들에게 마법을 거는 메피스토와 파우스트 청동상, 아우어바흐 켈러 입구에 위치〉

[3] 오페라극장

〈좌: 구 오페라극장(1900년경, 중좌: 신 오페라극장, 중우: 게반트하우스, 우1: 성 니콜라이교회〉

[4] 게반트하우스(Gewandhaus)

- '게반트하우스'는 독일어로 직물회관이라는 뜻. 따라서 직역하면 '직물회관 관현악단'의 의미이다. 그런데, 이 악단의 기원은 1743년까지 소급된다. 부유한 직물 상인들이 협회를 조직하고 '대연주회(Großes Concert)'라는 음악회를 개인 주택에서 열기 시작했는데, 이듬해에 '세 마리 백조(Drey Schwanen)'라는 선술집에서 연주회를 갖게 되었다. 이 연주회는 16명의 연주자(8명은 프로, 8명은 음악전공 학생들)들로 구성된 오케스트라를 중심으로 이후 36년간 계속되면서 제법 유명해졌다. 그러나 1780년에 많은 회원들이 선술집 음악회에 문제가 많다는 불평을 쏟아내기 시작했다.
- 이런 상황에서 당시 시장과 시의회가 나서서 단층짜리 건물인 직물회관을 재단장하여 그곳에서 연주회를 갖기로 결정한 것이다. "진정한 즐거움은 매우 중요한 일이다"라는 모토를 내걸고 직물회관의 재단장 작업이 진행되었고, 1781년 공사가 끝나는 시점에 이곳에서 연주할 새로운 대규모 오케스트라도 구성했다. 그리고 처음 열린 콘서트는 전문가들뿐 아니라 청중들도 기쁘게 만들었다. 이로써 독일 최초로 순수 시민의 힘으로 만든 라이프치히 게반트하우스와 그 오케스트라는 크게 발전하였다. 현재는 세계 정상급 오케스트라로 우뚝 섰다.

[5] 성 니콜라이 교회(St. Nikolaikirche)

- 라이프치히에서 가장 유서깊고 가장 거대한 교회. 토마스 교회와 더불어 이 도시에서 가장 유명한 교회. 이 종교 건축물은 산타클로스의 유래가 된 성인으로 가톨릭, 성공회, 루터교에 이르기까지 두루 공경 받고 있는 성 니콜

라우스(270~345)를 기려서 명명된, 라이프치히 복음루터교구의 핵심교회이기도 하다. 니콜라이교회의 내부공간은 의고전주의 양식으로 꾸며지고 장식되었다.

- 1989년 가을 니콜라이교회는 구동독 공산정권에 항의하는 평화혁명의 구심점이었는데, 당시 매달 한 번 평화의 기도회가 열렸다. 이후 발생한 대규모 시위는 1989년 9월 9일 베를린 장벽붕괴와 1990년 10월 3일 독일 재통일로 이어졌다.

[6] 시청사

- 토마스가세(Thomasgasse, 'Gasse'는 '골목'의 뜻)를 따라 중심가로 내려가면 르네상스 양식의 구 시청사가 나오는데, 이곳에 라이프치히 역사박물관이 들어섰다. 이 건물 뒤에는 바흐가 활동하던 당대에 그려진 것 중 유일하게 현존하는 바흐 초상화 원본이 걸려있다.

〈좌1,2: 구 시청사와 신 시청사, 우1,2: 1900년대와 현재의 마르크트 광장〉

[7] 마르크트 광장(Marktplatz)

- 슬라브인 정착지였는데, 현재의 마르크트 광장은 원래 오늘날의 리하르트-바그너 플라츠 지역에 있는 비아 레기아(Via Regia)와 비아 임페리(Via Imperii)의 교차점에서 북쪽으로 멀리 떨어진 곳에 있었다. 라이프치히가 독일제국에 편입된 후 현재의 위치로 마르크트 광장이 이전된 것이다. 이 광장은 시민생활의 중심지를 이루었다. 이곳에서 라이프치히 박람회(Leipziger Messe)로 대표되는 대규모 상품전시회가 열렸다. 그 이전인 19세기 후반에는 견본 박람회로 바뀌면서 옛 박람회 건물에 독자적인 전시공간이 만들어졌다.
- 1500년 전에는 이 마르크트 광장에서 문화의 정점이라고 할 수 있는 총 12번의 기마경기가 개최되기도 하였다. 16세기에 최초의 민가들이 들어섰는

데, '호멜의 집(Hommels Hof), 바르만의 호프(Baarmanns Hof), 1655년 법률가이자 철학자인 크리스티안 토마지우스가 탄생한 에콜트의 집(Eckoldsches Haus) 등이 대표적이다. 인상적인 바로크 양식 건물들은 현재까지도 왕실 외에 예혀의 집(Jöchersches Haus, 1707년 건축), 슈티글리츠의 집(Stieglitzens Hof, 1733년 건축), 에케를라인의 집(Aeckerleins Hof, 1714년 건축), 코흐의 집(Kochs Hof, 1735년 건축) 등이 있다.

〈예혀의 집(1930), 슈티글리츠의 집(1890), 코흐의 집(1890)〉

- 이 마르크트 광장은 재판장소로도 이용되었다. 1525년부터는 이 마르크트에서 사형집행이 실시되었다. 마지막 사형집행은 1824년에 있었는데, 가발 제작자인 요한 크리스티안 보이체크(Johann Christian Woyzeck)의 사형집행이었다.

[8] 성 토마스 교회(St. Thomaskirche)

- 니콜라이교회와 더불어 라이프치히의 2 핵심 루터파 개신교회 중 하나. 이곳에서 27년 동안 활동한 요한 제바스티안 바흐와 토마스 오케스트라의 활동 장소로서 세계적인 명성을 얻고 있다.
- 도로 쪽의 교회 뒤편 녹지에는 멘델스존의 동상이, 교회 정문에는 요한 제바스티안 바흐의 동상(1908년 조각가 카를 제프너(Carl Seffner)의 작품)이 있다. 이보다 오래된 바흐 기념물은 펠릭스 멘델

스존 바르톨디의 지원으로 1843년에 만들어진 것인데, 교회 뒤쪽 녹지에 있다. 이곳에는 멘델스존의 기념물도 있다. 교회의 북서쪽 모퉁이에는 요한 아담 힐러(Johann Adam Hiller, 1728~1804)의 기념 현판이 있다.

- 성 토마스 교회는 원래는 성 아우구스티누스의 규범에 기초한 수도원이었다. 1212년에 지어졌으나 수도원 일부가 파괴되자 15세기 후반부터 현재의 고딕양식 교회로 바뀌었다. 바흐의 음악이 들리는 가운데 장중한 분위기가 느껴지는 교회 내부에 들어서면 바흐, 멘델스존, 루터, 제1차 세계대전의 희생자들이 그려진 스테인드글라스가 가장 먼저 눈에 들어온다. 그곳 제단 아래에 바흐의 유해가 묻혀 있는데, '요한 제바스티안 바흐'라고 새겨진 동판 앞에는 항상 꽃이 놓여 있다.
- 바흐는 생전에 오르가니스트로서는 인정받았지만 작곡가로서는 큰 명성을 얻지 못했다. 그래서 그의 음악은 완전히 잊혀진 인물이었으나 19세기 낭만주의 시대의 '바흐 부활운동' 덕에 주목받게 되었다. 또한 요한 니콜라우스 포르켈이 쓴 그의 전기가 1802년에 출판되고 새롭게 발굴된 〈마태수난곡〉이 멘델스존에 의해 베를린에서 연주되면서 바흐 음악은 완전히 부활했다.

〈상식〉 서양음악의 시대적인 흐름

- 고대(종교 혹은 제시의식에 쓰였던 하나의 도구로서의 음악) → 중세 (단선율 음악이 지배적이었으며 한편으로는 대위법이 발생했던 시기의 음악) → 르네상스 (대위법이 본격적으로 도입되어 발전하던 시기의 음악) → 바로크 (바흐에 의해 대위법을 기반으로 한 음악들이 꽃을 피웠던 시기) → 고전 (소나타 형식의 음악들이 발전함) → 낭만 (가곡과 오페라가 급격히 발전한 시기) → 근현대 (다채로운 음악적 시도들이 나타나기 시작한 모더니즘 음악의 시기)

- 바흐는 음악을 소중하게 여기는 루터파 교회인 성 토마스 교회의 주일예배를 위해, 매주 한 곡씩 작곡하여 4년 간 200여 작품을 남겼다. 이렇게 종교음악과 불가분의 관계에 있는 바흐는 특히 종교 성악곡을 많이 남겼는데, 이곳에서 불멸의 명곡 〈마태수난곡〉과 〈요한수난곡〉을 탄생시켰고, 265곡이나 되는 칸타타를 만들었다. 또한 수많은 행사에 필요한 오라토리오, 수난곡, 모테트, 코랄 등을 작곡하기도 했다.
- 토마스교회에서는 정기적으로 토마스 오케스트라와 게반트하우스 오케스

트라가 등장한다. 금요일은 18시에, 토요일은 15시에 모테트(성서 구절을 다성적으로 다룬 대체로 무반주 악곡)에서, 일요일 9시30분 미사에서 등장한다. 특별한 기회와 축일에는 토마스 콘서트가 주로 요한 제바스티안 바흐와 펠릭스 멘델스존 바르톨디의 작품들을 연주한다.

▸ 역사

- 성 토마스 합창단은 1212년 창설되었다. 독일에서 가장 오래된 소년합창단들 중 하나이다. 시간이 흐르면서 중요한 작곡가와 영향력 있는 음악가들이 성 토마스 합창단의 명망 있는 직책을 맡았다.
- 교회 신축 후 메르제부르크 주교인 틸로 폰 트로타(1443-1514)가 1496년 4월 10일 새로 임명되었다. 수세기가 지나면서 이 교회는 개축 건물들이 들어섰는데, 이들 중 가장 중요한 것이 르네상스 시대에 들어선 8각형 첨탑이다.
- 1539년 오순절 때 이곳에서 종교개혁가 마르틴 루터가 설교했다.
- 교회의 외형은 특히 19세기에 수리되고 개축된 것이다. 이 교회가 1869년 시의 관할에서 교회관할구로 넘어간 이후 30여 년 동안 외부 파사드가 대대적으로 개축되었다. 신고딕 양식의 교회 전면 파사드가 콘스타닌 립시우스(1832~1894)의 설계로 만들어지면서 고딕 양식과 르네상스 시대의 파사드 부분들은 모두 제거되었다.
- 1943년 12월 4일 라이프치히 공습으로 전체 건축물들이 손상을 입었다. 공습은 교회 주변의 대부분의 건물들은 파괴시켰다. 그래서 종전 후 재건할 때 넓은 파사드가 변형될 필요가 있었다. 이를테면 증축건물들이 제대로 들어서지 못해서 텅 빈 넓은 파사드 부분들은 모르타르를 바르지 않은 벽돌 벽면만 만들어진 것이다.
- 1950년 바흐 기념일에 즈음하여 1723년부터 1750년 죽을 때까지 이곳 토마스 교회의 성가대 지휘자 겸 오르간 연주자이던 바흐의 유골들이 파괴된 요하니스교회로부터 이곳으로 이관되어 안치되었다.

▸ 건축

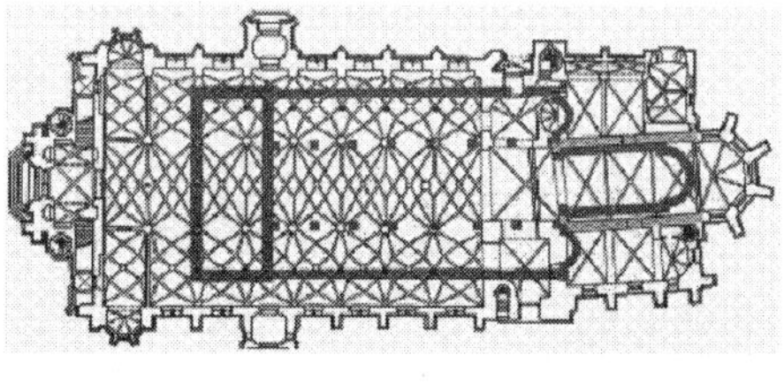

- 지성소와 신도석이 같은 높이로 된 3랑식 교회당으로, 전체

길이가 76m에 달한다. 본당의 길이는 50m, 폭은 25m, 높이는 18m이다. 제대는 출입구에서 제대에 이르는 긴 공간을 마주하고 약간 휘어져 있다. 지붕은 경사각이 63°로 매우 가파르기 때문에 독일에서 가장 가파른 박공지붕 중 하나이기도 하다. 내부에서는 이 지붕이 7개 이상의 평면들(가장 높은 곳은 45m)로 처리되어 있다. 첨탑은 높이가 68m나 된다. 출입구에서 제대에 이르는 공간은 십자가 모양의 아치 구조 덮개 형태로 만들어졌다.

▶ 바흐의 무덤

- 토마스 교회에는 1950년부터 바흐의 유골이 안치되어 있다. 바흐는 1750년 7월 28일에 사망한 후 요하니스교회의 양로원 묘지에 안장되어 있었다. 19세기에 이른바 '바흐 르네상스'가 도래하면서 일반 사람들이 바흐의 유골과 정확한 무덤 장소에 관심을 보이기 시작했다. 그래서 1894년 해부학교수인 빌헬름 히스(Wilhelm His)에게 발굴된 뼛조각들이 바흐의 유골들인지 확인해 줄 것을 요청했다. 히스 교수는 1894년 10월 22일 요하니스 교회의 떡갈나무 관에서 발견된 한 중년 남성의 유골이 요한 제바스티안 바흐의 유골이라고 의견을 진술했다. 1900년 7월 16일 그 유골은 석관에 넣어져 요하니스교회에 다시 안장되었다.
- 1943년 12월 4일에 라이프치히가 폭격되면서 요하니스 교회도 파괴되었다. 바흐의 유골이 담긴 석관은 온전한 상태로 남아있었다. 새 무덤의 장소와 조형에 관한 토론을 거쳐 1949년 바흐를 "공간적으로 교회에서 가장 높은 위치의 가장 성스러운 공간에 해당하는 제대 자리"에 안장하기로 결정했다. 1949년 7월 28일 유골이 토마스 교회로 인도되었는데, 먼저 임시변통으로 북쪽 제의실(祭衣室)에 안치되었다. 이곳에서 유골은 1949년 8월 13일 관 뚜껑이 닫힐 때까지 밤낮으로 교구신자들이 감시했다. 라이프치히 출신 건축가 쿤츠 니라데(Kunz Nirade)의 설계에 따라 제대 자리로 가는 계단에 마련된 새 무덤은 1950년 7월 28일 바흐 사망 200주년에 봉헌되었다. 1961년부터 1964년까지 진행된 토마스교회의 내부수리 과정에서 바흐의 무덤은 1950년의 동판을 사용하여 제대 자리 안으로 이전되었다.

▸ 교회의 모자이크 창문

- 토마스 교회에는 원래 단순한 장식용 유리가 끼워져 있었다. 1889년 이후에 제대 자리와 남측에 화려한 창문이 설치되었다. 5개의 제대 창문을 만든 사람은 프랑크푸르트 암 마인 출신의 알렉산더 리네만 교수였다. 제2차 세계대전 때 파괴된 유일한 제대 자리 창문은 2000년에 한스 고트프리트 폰 슈톡하우젠의 설계에 따라 만든 '토마스 창문'으로 대체되었다.
- 남측의 창문들에는 다음과 같은 모티브들이 들어있다. 제1차 세계대전의 전사자들을 기념하는 창문, 스웨덴 국왕 구스타프 아돌프 2세, 요한 제바스티안 바흐, 작센의 현자 프리드리히 선제후(왼쪽)와 필리프 멜란히톤(오른쪽)과 함께 있는 마르틴 루터, 펠릭스 멘델스존 바르톨디(1997년부터), 황제 빌헬름 1세. 2009년 10월에 이 시리즈는 다비트 슈넬의 설계에 다른 평화의 창문이 보강되었다. 이 평화의 창문은 20년간의 평화적인 혁명을 상기시키는 것들이다.

〈좌에서 우로: Gustav Adolf; Johann Sebastian Bach; Friedrich der Weise, Martin Luther, Philipp Melanchthon; Felix Mendelssohn Bartholdy〉

▸ 파이프오르간

- 토마스교회의 오르간 역사는 14세기까지 거슬러 올라간다. 1489년에 '작은 오르간(Kleine Orgel)'이란 표현이 문서에 처음 등장했다. 1511년 블라지우스 레만에 의해 서쪽 발코니에 거대한 오르간이 만들어졌는데, 1601년 25개의 음전(音栓)을 가진 요한 랑에(Johann Lange)의 3단 악기로 대체 또는 확장되었다. 증축과 개축이 1619년 요지아

스 이바흐(Josias Ibach)에 의해, 1721/1722년에는 요한 샤이베(Johann Scheibe)에 의해, 1772/1773년에는 요한 고틀리프 마우어(Johann Gottlieb Mauer, 1745~1808)에 의해 있었다. 바흐의 마테수난곡이 1736년 'mit beyden orgeln'로 연주되었다. 메인 오르간에서 모차르트가 1789년 5월 12일 연주했다. 이 오르간은 1889년 오르간 제작자인 빌헬름 자우어(1831-1916)의 악기(그래서 '자우어 오르간')로 대체되었다.

▸종

- 네 개의 종이 토마스교회의 첨탑에 매달려있다. 가장 큰 종은 글로리오자(Gloriosa)인데, 중요한 축일에만 종을 울린다. 테오도리쿠스 라인하르트는 1477년 이 종을 무게 5200kg, 직경 204cm로 주조했다. 높이가 74cm에 이르는 종의 틈새소묘는 니콜라우스 아이진베르크(1420~1482)가 만든 것이다. 두 번째로 큰 종은 1574년 볼프 힐리거(1511~1576)가 주죠한 것이다. 승려의 종 또는 고해의 종이라고도 불리는 세 번째로 큰 종은 야콥 쾨니히가 1634년에 주조한 것인데, 시간을 알리는 종으로 사용되기도 한다. 네 번째로 큰 종은 기도용으로 울리는 종이다. 이 종은 1585년 크리스토포루스 그로스(Christophorus Gros)가 주조한 것인데, 강철교각에 걸려있어서 울림소리가 심하게 방해를 받고 있다. 첨탑의 각등에는 따로 타종이 걸려있는데, 15분마다 울린다. 이 타종은 아폴다(Apolda)의 종을 생산하는 쉴링 공장이 전임자의 모범에 따라 1539년에 주조한 것이다.
- 2017년 3월부터 이 역사적인 종과 종루들은 모두 수리 중에 있다.

3.6. 라우지츠 지역

- 어원. 라틴어 Lusatia, 독일어: Lausitz, 고지 소르브어 Łužica, 저지 소르브어 Łužyca, 폴란드어 Łużyce, 체코어 Lužice. 한국어로는 루사티아(Lusatia)
- 특징. 중앙유럽에 위치한 역사적 지역, 현재 독일 작센 주와 브란덴부르크 주에 위치한다. 폴란드, 체코와 국경을 접하며 소르브 인이 많이 거주하는 지역으로 상부 라우지츠(오버라우지츠)와 저지 라우지츠(니더라우지츠) 지역으로 대별된다.

▶ 라우지츠 지역의 도시들

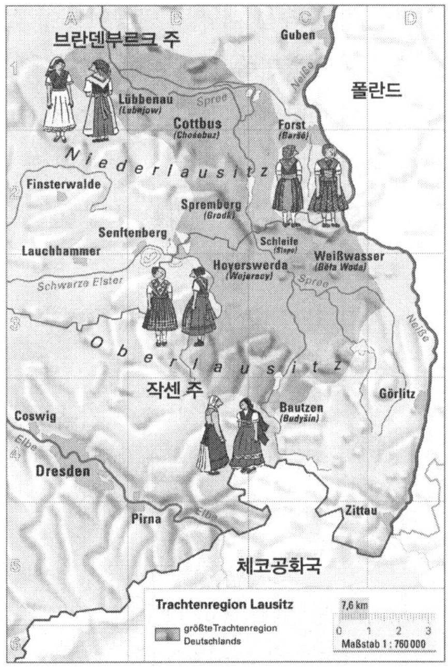

- 저지 라우리츠(Niederlausitz)의 핵심 도시로는 코트부스, 구벤, 포르스트, 루카우, 아이젠휘텐슈타트가 있다.
- 상부 라우지츠(Oberlausitz)에는 6개의 도시들이 있다. 바우첸(Bautzen, Budyšin)은 행정중심지, 괴를리츠(Görlitz, Zhorjelc; 폴란드 지역은 Zgorzelec)는 최대도시이다. 그밖에 루반(Lubań), 치타우(Zittau,), 뢰바우(Löbau), 카멘츠(Kamenz)가 중요하다. 상부 라우지츠의 남부에 위치한 도시와 마을들은 통나무주택과 목골가옥을 결합시킨 역사적인 통나무-목골 혼용 주택이 유명하다. 특히 에버스바흐-노이게르스도르프, 그로스쉐나우, 베어스도르프, 슈프레 강변의 졸란트와 타우벤하임, 오버쿠네르스도르프의 것이 대표적이다.

▶ 민족과 언어

- 민족이동시기 초기에 엘베 강의 상류 지역에 거주하던 게르만족 계열 헤르문두렌(Hermunduren) 종족이 라우지츠로 이주하여 그곳의 선주민과 동화되었다.

이 종족은 대규모 민족이동이 있던 시기에 대부분 튀링겐으로 떠났다. 잔여 게르만 민족은 새로 이곳으로 이주한 슬라브계 소르브 인과 뒤섞이게 되었다. 이 슬라브계 소르브 인은 이후 드문드문 이주한 지역들에 정주하였다.

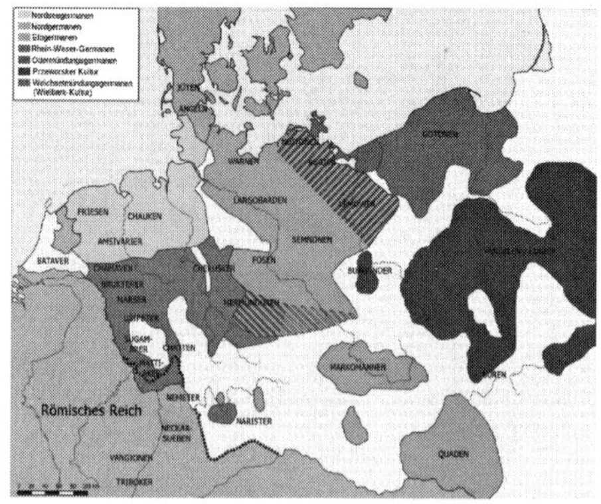

- 라우지츠 주민들이 독일인에 의해 아니면 슬라브인에 의해 기독교로 개종했는지는 논란거리다. 10세기에 독일인이 처음 정복한 후에도 슬라브 민족은 라우지츠에서 계속 거주했다. 1031년 동프랑크 왕국에게 두 번째로 완전히 합병된 후 점차 독일인 이주민들이 이주해 왔는데, 특히 라우지츠의 산악지대와 빈 들판 지역으로 몰려들었다. 슬라브족들이 들어온 이후 개간지가 대대적으로 확장되는 호경기를 맞이하면서 슬라브족 인구도 가파르게 상승했다. 이로 인해 여러 민족들이 여러 번 혼합하게 되어 오늘날과 같은 취락지역의 탄생을 가져왔다.
- 산악지역들에도 거의 예외 없이 독일인들이 이주했다. 독일 민족의 경우 상부 라우지츠에서는 튀링겐, 마이센, 프랑켄 출신이, 저지 라우지츠에서는 니더작센 출신이 절대다수를 차지하고 있다. 평야지대는 여러 민족들이 혼합된 지역이다. 특히 바우첸과 코트부스 외곽의 농촌에는 소르브 인들이 20세기까지 주민의 절대다수를 차지했기에 라우지츠의 전통과 정체성의 핵심을 이루었다. 19세기 후반에서 20세기로 넘어가면서 소르브 인들은 소수민족으로 전락했다. 오늘날에도 소르브 인들이 절대다수인 지역들은 바우첸의 북서쪽 지역에 한정되어 있다(예, 암 클로스터바서(Am Klosterwasser)의 마을들).
- 제2차 세계대전으로 인해 라우지치 주민들은 특히 슐레지엔으로부터 대대적으로 주민들이 몰려들었는데, 이는 전체주민의 1/3이나 되었고, 소르브 인들의 언어적 동화에 도움이 되었다. 1955년부터 1989년까지 저지 라우지츠와 상부 라우지츠의 산업화가 강화되는 바람에 코트부스, 호이에르스베르다, 바이스바서, 구벤, 아이젠후텐슈타트, 젠프텐베르크 지역들은 가파른 인구증가를 보였다. 특히 베클렌부르크, 에르츠산맥, 튀링겐 출신의 전문 인력

들이 거주하게 되었다. 라우지츠 전체(예외: 다메-슈프레발트 관구)에서 산업구조가 개편되면서 현재는 많은 주민들이 떠나고 있다.

- 소르브 어는 오늘날까지 이 지역들에서 일상적으로 사용되고 있다(소르브인 문화시설과 학교, 2개 국어로 된 도로 및 마을 표지판, 라디오방송 등). 소르브 어는 저지 소르브 어와 상부 소르브 어로 구분된다. 소르브 어의 사용은 지난 100년 동안 급격히 줄어들었다. 이런 감소의 근본 원인들로는 산업화, 특히 갈탄노천채굴과 이와 관련해서 20세기 초부터 수많은 독일어 사용 주민들의 유입, 그리고 독일의 국가정책과 개신교의 유입을 들 수 있다. 그밖에도 독일제국의 정책, 나치의 지배 및 자연적인 동화요인 등도 또 다른 원인들이라고 할 수 있다. (독일어) 라우지츠 방언들도 다양한 모습을 띠고 있다.

독일 속의 소르브 인 - 누구인가? 독일의 소수민족인 이유는?

〈로젠탈(Rosenthal)에서의 순례미사(Wallfahrtsgottesdienst)〉

- 소르브 인이 알려진 것은 주로 그들의 민속과 신화를 통해서이다. 아직 소르브인의 부활절 달걀을 보지 못한 독일인이 있을까? 크라바트(Krabat)의 전설을 들어본 적이 없는 독일인이 있을까? 그런데 이게 소르브 인에 관한 전부가 아니다.

(1) 소르브 인, 누구인가?

- 소르브 인은 서슬라브 민족으로 라우지츠에 본거지가 있다. 작센 주에는 상부 소르브 인이, 브란덴부르크에는 저지 소르브 인 또는 벤트 족[29]이 살고

29) 벤덴(Wenden, Winden이라고도 함, 라틴어 Venedi)은 7세기에 북부와 동부 독일의 대부분 지역

있다. 문화의 중심지는 라우지츠와 코트부스이다. 소르브 인은 고유의 국가, 조국, 자치지역이 없는 소수민족이다. 얼마나 많은 소르브 인이 있는지는 명확하지 않다. 독일 시민은 자신의 소속국적을 표기할 필요가 없기 때문이다. 그러나 아직도 2만여 명이 소르브 어를 사용하고 있고 6만여 명이 주관적인 소속감을 가지고 있는 것으로 추산하고 있다.

(2) 소르브 인은 과거에도 그곳에서 살았을까?

- 6세기 민족이동 때 몇몇 슬라브족들이 잘레 강과 나이세 강 사이의 이 지역으로 이주했다. '소르브 인'으로 지칭된 민족은 잘레 강과 물데 강 사이에 둥지를 튼 집단들이었다. 중세 시대와 초기 근세에 '소르브 인'이란 이름이 점차 라우지츠에 정착하던 루지츠 인과 밀첸 인에게로 전이되었다. 8~9세기에 소르브 인은 점차 (동)프랑크 왕국에 의존하다가 이 왕국의 일원이 되었다. 그래서 고유의 국가는 처음부터 탄생할 수 없는 구조였다. 그러니까 현재에도 라우지츠에 살고 있는 소르브 인은 초기 중세에 동해와 에르츠게비르게(에르츠산맥) 사이의 지역에 정착한 서슬라브 종족들의 잔재이다.

(3) 소르브 인, 다른 것은 무엇인가?

- 소르브 인은 고유의 언어와 문화를 가지고 있다. 이런 이유에서 라우지츠에

(Germania Slavia)에 거주한, 현재는 대부분 엘베 슬라브인으로 불리는 서슬라브 인을 말한다. 벤트 족을 알프스지방, 특히 오늘날의 슬로베니아 지역에 건설되었던 빈트 변경주(Mark)에 거주하던 현지주민인 빈트 족(Windische, 현재의 슬로베니아인)과 혼동하면 안 된다. 빈디시 인은 남부 슬라브인에 속하며 그의 독일어 민족명은 Wenden과 같은 어원이다.

있는 여러 곳의 소르브 인 정착지역에서는 2개 언어 장소표지판들과 공공건물에 독일어와 소르브 어로 된 명칭들이 주목을 끈다. 특히 가톨릭 지역에서는 중년 부인들은 아직도 매일 소르브 인의 가톨릭 전통의상을 착용하고, 젊은 여성들은 큰 축일에만 입는다.

(4) 상부조직과 자체 정당

- 소르브 인의 모든 풍습은 아니지만 많은 풍습은 일상에서 장려되고 있다. 어린이 결혼식(Vogelhochzeit, Ptaci Kwas), 매년 사육제 기간에 열리는 봄맞이(Zampern), 부활절 말타기(Osterreiten), 마녀 불태우기(Hexenbrennen), 5월주 던지기(Maibaumwerfen) 등이 그런 사례들이다.
- 또 다른 관점에서 보면 소르브 인은 다른 동포들과 차별화되지는 않는다. 언어와 문화가 장려될 수 있다는 것 외에는 추가적 권한이 있는 것은 아니다. 소르브 인은 소르브 민족 재단을 통해 장려되고 있다. 이는 작센 주와 브란덴부르크 주의 헌법에 명시되어 있다.
- 소르브 인이 대외적으로 대표하는 것은 1912년 31개 소르브 단체들의 상부조직으로 창건된 도모비나(Domowina)이다. 도모비나는 나치시대인 1937년 금지되었다가 1945년 재건되었고, 1991년 새로 구성되었다. 구동독 시절의 중앙 조직체계에서 벗어나 여러 단체와 협회들을 아우르는 하나의 상부조직으로 일원화되었다. 현재 약 7000명의 회원을 거느리고 있다.
- 도모비나 외에 2005년 코트부스에서 "벤트 국민당(Wendische Volkspartei)"이 창건되었다. 2010년 이 정당은 상부 라우지츠와 저지 라우지츠의 지역단체와 지역정치 결사단체가 되면서 명칭을 "라우지처 알리안츠(Lausitzer Allianz)"로 바뀌었다.

(5) 문화의 다양성: 민속과 풍속

- 소르브 인의 가장 뚜렷한 특징은 언어와 문화, 곧 풍습이다. 그러나 소르브 인의 자부심은 일련의 현대적인 시설들이다. 그런 사례가 라디오방송(상부 소르브 어는 MDR, 저지 소르브 어는 RBB)과 텔레비전방송(상부 소르브 어는 MDR의 "Wuhladko", 저지 소르브 어는 RBB의 "Łužyca") 외에도 라이프치히 대학에는 소르브 인의 언어, 문학 그리고 문화를 연구하는 소르브학 연구소(Institut für

Sorabistik, 1951년)가, 바우첸에는 민족연구, 독일-소르브 민속극, 소르브 민족 문화 앙상블 연구소가 탄생했다.

- 또한 도모비나 출판사에서는 새로운 학술 서적뿐 아니라 상부 소르브 어와 저지소르브 어로 쓴 순수 문학작품들도 출간되고 있다.

(6) 크라바트 전설과 축제[30)]

- 크라바트(Krabat, Hrvat['크로아티아 인'의 뜻]에서 파생) 전설은 라우지츠 지방의 구비문학이다. 현재 작센지역에 속하는 라우지츠는 브란덴부르크 남동쪽과 작센 동쪽 지역으로 폴란드와 접해 있다. 이곳의 정착민은 소르브 인들로, 그들은 독일 시민이지만 그들의 모국어는 슬라브어에 속하는 소르브 어이다. 6세기에 서슬라브 족들이 오늘날의 니더라우지츠(Niederlausitz, '저지 라우지츠'의 뜻) 지역에 정착한 이후 수백 년간 오버 니더라우지츠('상부 저지 라우지츠'의 뜻) 지역에서 서슬라브 후예들이 굴곡진 역사를 이어왔다. 그들은 고유한 언어인 소르브 어와 문화를 지키며, '라우지츠의 소르브' 또는 '벤트'로 불리는 소수 민족을 형성했다. 오늘날에는 거주지역도 축소되고 주민수도 6만 명 정도로 줄어들었다. 종교적으로 저지 라우지츠 지역은 프로테스탄트교가 우세하며, 오버라우지츠(Oberlausitz, '상부 라우지츠'의 뜻) 지역은 로마-가톨릭이 다수를 차지하고 있다.
- 크라바트 전설의 발원지는 상부 라우지츠 지방이다. 전설의 주인공은 크로아티아 출신의 장교였다고 한다. 1704년 상부 라우지츠에서 요한 샤도비츠(Johann Schadowitz, 1624~1704)라는 기병대위가 죽은 이후에 크라바트 전설이 생겨났다. 크라바트라는 이름은 전설이 형성되는 과정에서 붙여졌으며, 그 대위의 고향인 '크로아트'라는 단어에서 유래한 것으로 추측된다. 교회 기록에 의하면, 샤도비츠는 작

〈비티헤나우에 있는 크라바트 동상〉

30) 이 부분은 다음의 논문을 많이 참고하였다. 논문에서 발견된 오류는 필자가 수정했다. 김명희(2010). 전설의 문학적 형상화: 크라바트 이야기의 경우. 독일언어문학 50, 139~157.

센과 터키와의 전쟁에서 세운 공로로 작센 왕으로부터 라우지츠의 땅을 하사받았고 죽은 후에는 가톨릭교회 영지인 비티헤나우(Wittichenau, 상부 라우지츠의 바우첸 군 소재)에 묻혔다. 또한 독일어 설교문을 보관하고 있었다고 한다. 이밖에 샤도비츠에 대한 여타 내용은 남아 있지 않다. 독일에서는 이방인인 크로아티아 사람으로서 독일의 작센 왕에게서 토지를 하사받았고 부자로 살았던 그의 삶이 전해지면서, 마법사 크라바트 전설이 만들어졌다.

- 독일의 변방 라우지츠 지역 소수 민족인 소르브 인들 사이에 구전되던 크라바트 이야기가 지역 전설을 넘어 널리 알려지게 된 것은 세 편의 문학작품 때문이다. 이 중 마르틴 노박 노이만(Martin Nowak Neumann, 1900~1990)의 작품 〈마이스터 크라바트: 소르비아의 선한 마법사(Meister Krabat-der gute sorbische Zauberer)〉가 가장 먼저 1954년에 출판되었다. 이후 1968년에 유리 브레찬(Jurij Brezan, 1916~2006)이 크라바트 전설의 모티브를 차용한 소설 〈검은 물방앗간(Die Schwarze Mühle)〉을 출간했다. 이에 앞서 그는 소르브 어로 쓰여진 노이만의 〈마이스터 크라바트: 선한 소르브 인 마법사〉를 독일어로 번역하여 동독에서 출판했다. 또한 1971년에는 아동문학가 오트프리트 프로이슬러(Otfried Preussler, 1923~2013)의 〈크라바트〉도 등장했는데, 2008년 독일 영화감독 마르코 크로이츠파인트너(1977~)에 의해 영화화되기도 했다. 떠돌이 고아 거지 소년 크라바트가 꿈속에서 검은 방앗간으로 오라는 목소리를 듣고, 그 목소리를 따라 검은 방앗간에 들어가 직공이 된다. 크라바트는 기이한 일이 벌어지는 방앗간에서 선배들의 도움으로 삶을 배워간다. 사랑하는 칸트로카에 의해 크라바트와 방앗간의 모든 직공이 마법에서 풀리고 세상으로 돌아

온다는 이야기이다. 이 소설은 원래의 전설과 몇 가지 차이가 있다. 크라바트는 전설의 시작에서처럼 숲속에서 길을 잃고 떠돌다 물방앗간을 만나지 못한다. 세 번의 꿈속에서 물방앗간으로 오라는 목소리를 듣는다. 전설에서는 견습공들이 그들의 장인에게 크라바트의 잘잘못을 고자질하지만, 이 소설에서는 견습공들이 그와 힘을 합치거나 수동적으로 처신한다. 또한 그를 구해주는 어머니의 사랑이 아니라 그를 사랑하는 합창단원 소녀의 사랑이 그려지고 있다. 소설은 마법의 물방앗간에서 벗어나는 것으로 끝을 맺는다.

06
헤센
(Hessen)

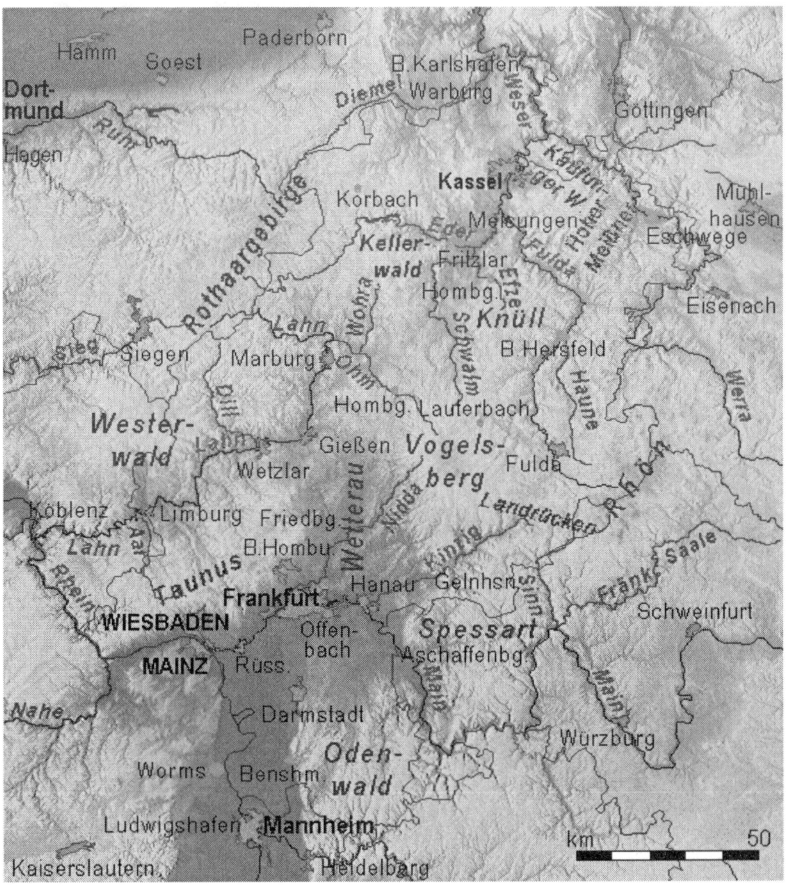

상부라인계곡과 베저 강, 베스터발트 강과 뢴 강 사이의 다채롭기 그지없는 풍광으로 가득한 곳, 이 지역에서 독일의 역사뿐 아니라 대륙의 역사가 태동하였다. 슈타우펜 왕조, 프랑크 왕국 등이 이곳에 팔츠 성을 가지고 있었고, 교회는 영향력 있는 수도원들을 보유했고, 귀족은 강변, 특히 란 강변을 따라 고성들을 건축했다. 소시민들은 중세 도시들의 안락함에 빠져들었다. 여행의 가치로 가득한 다채로움을 갖춘 이 곳이 바로 헤센 주이다.

1. 자연을 품은 헤센

〈시계방향, 헤센 지도 - 헤센 주기 - 콘라트 폰 튀링겐 기사단장의 문장 - 프랑크푸르트 국제공항〉

- "진정한" 헤센의 뿌리는 프랑크족[31], 카티족[32], 튀링겐족에게 있다. 헤센의 영토 확장에 결정적 영향을 끼친 초기 튀링겐 방백들은 오늘날까지 연방주 문장의 은색과 적색 줄무늬 사자 상에 영원히 남아있다.
- 13세기의 왕위계승전쟁으로 튀링겐은 하인리히 1세(876-936)[33]가 넘겨받은 헤센과 분리되었다. 하인리히 1세는 변경 백작령의 확장을 도모했는데, 이 백작령은 1292년 제국의 선제후국으로 승격되었다. 또 다른 발전은 특히 15세기에 헤센에 유리하게 결정된 마인츠 대교구와의 투쟁이었다.
- 종교개혁 중 헤센은 가장 중요한 제국영토들 중 하나로 격상되었다. 그 결

31) 프랑크족은 단일 부족명이 아니라 살리족, 리부아리족, 카티족 등 라인 강 중 · 하류의 동쪽 해안에 거주한 여러 소부족의 부족집단을 일컫는 호칭. 살리족이 지도적 지위에 있었다. 민족이동 시기에 라인 강을 넘어 갈리아 지방으로 퍼졌다. 5세기 말 살리족의 수장인 메로빙 왕가의 클로비스가 통일왕권을 수립하여 프랑크 왕국을 건설하였다. 카티족이 통합된 것도 이 무렵이다.

32) 카티족(Chatti)은 게르만족의 일파인 프랑크족 부족. 인도의 카티(Khati)족과는 다르다.

33) 912년부터 하인리히 폰 작센 공작, 919년부터 독일 국왕이었다. 독일의 왕과 황제를 배출한 오토 왕가의 시조. 프랑크 족이 아닌 최초의 독일 군주였다. 매 사냥을 즐겨서 매사냥꾼 왕이란 별칭도 있다. 그의 아들 오토 폰 작센(Otto I von Sachsen)은 아버지 사후 호족들의 자체 선거로 왕위를 이어받고 신성로마제국의 초대 황제가 되었다.

과 수도원을 해체하는 과정에서 얻어진 자산들은 특히 마르부르크 대학교 창설(1527년)에 투자되었다. 주 경계를 넘어 빛난 인물은 다름슈타트 궁전을 18세기에 독일의 정신적-문학적 구심점으로 만든 방백부인 헨리에테 카롤리네(Henriette Karoline)[34]였다.

- 헤센 주에는 4개의 종합대학교, 1개의 공과대학, 미술대학과 전문대학들이 있으며, 1988년부터는 1개의 사립대학교도 있다. 경제 중심지는 금융과 비즈니스 메트로폴 프랑크푸르트가 있는 라인-마인 지구이다. 헤센 주는 독일의 중심부에 위치한 까닭에 독일과 유럽의 장거리 교통에 중요한 경유 주이기도 하다. 프랑크푸르트 암 마인은 도로, 철도, 항공 교통의 교차점으로 위치가 탁월하다.
- 헤센 주의 하나우는 브레멘에서 끝나는 독일 동화가도의 출발지이기도 하다. 바트 회닝엔(Bad Hönningen)에서 시작하여 레겐스부르크에서 끝나는, 라인강과 도나우 강 계곡을 따라 형성된 독일 로마국경가도(Limesstrasse)가 하나우를 지나간다. 독일 목골가옥 가도는 슈타인하임을 지나간다. 또한 슈타인하임은 헤센 사과와인 가도(Hessische Apfelwein- und Obstwiesenroute)의 출발지이다. 하나우는 비아 레기아(Via Regia)의 라인-슐레지엔 가도에 있으며, 또 다른 역사적인 군사로드이자 무역로드의 출발점이기도 하다.

지형

- 튀링겐, 바이에른, 노르트라인-베스트팔렌, 니더작센, 라인란트-팔츠, 바덴-뷔르템베르크 주 등 6개의 연방 주들과 경계를 이루고 있다.
- 주도는 비스바덴(인구 277,619천명(2016년)). 프랑크푸르트 암 마인, 다름슈타트, 오펜바흐, 카셀, 풀다, 하나우 등 대도시들도 즐비하다. 이 주의 최대 도시는 세계적 금융도시이자 허브공항이 있는 프랑크푸르트 암 마인이다.
- 지형도 다채롭다. 다양한 자연을 품은 중부산악지대가 다수 있고, 평지는 거의 없다. 가장 높은 산이 뢴(Rhön) 산악지대에 있는 바서쿠페 산(Wasserkuppe,

34) 카롤리네 폰 팔츠-츠바이브뤼켄(1721～1774)은 결혼으로 헤센-다름슈타트의 방백부인이 되었다. 요한 볼프강 폰 괴테의 자서전 〈시와 진실〉에서 '위대한 방백부인(Große Landgräfin)'으로 지칭되고 있다. 당시 여러 지식인들(요한 고트프리트 헤르더, 크리스토프 마르틴 빌란트, 괴테 등)과 친교를 맺었고, 당대의 가장 똑똑한 군주부인으로 간주되었다.

950m). 이 산의 어원은 Wasser가 아닌 'Wass'(중부고지독일어로 '목초지, 목장'의 뜻)이다.

문장

- 문장 위에 황금색 왕관이 있고 파랑색 바탕에 빨강색과 흰색 줄무늬가 있는 사자 - 1921년 동프로이센 출신 예술가 게르하르트 마차트(Gerhard Matzat)가 도안한 것.
- 사자 - 원래 튀링겐의 방백이기도 한 루트비히 가문(Ludowinger)이 사용한 것, 현재까지 헤센 주기에 사용 중이다.
- 가장 먼저 사용된 문장은 헤센의 지배자(1234년까지)이자 독일기사단의 기사단장(1239년부터)이던 콘라트 폰 튀링겐 방백(Konrad von Thüringen, 1240년 사망)의 방패에 새겨진 것. 마르부르크 소재 엘리자베트 교회의 방백재단에 있는 그의 무덤에도 이 사자가 그려져 있다.

주기: 빨강-노랑 줄무늬

- 주의 명칭 '헤센'은 일반적으로 거주 중심지가 오늘날의 북부와 중부 헤센에 있었던 게르만 카티족의 종족명이 변화된 형태.

■ **프랑크푸르트 국제공항**(Flughafen Frankfurt am Main)

- ICAO 코드: EDDF
- IATA 코드: FRA
- 터미널 2개
- 활주로 총4개. 인천국제공항은 3개. 07R/25L 4000m × 45m, 07C/25C 4000m × 60m, 18(출발용) 4000m × 45m, 07L/25R(착륙용) 2800m × 45m

▶ 일반

- 독일 최대 국제공항으로, 정확히는 프랑크푸르트 근처 슈반하임에 있다.
- 저비용항공기는 프랑크푸르트-한 공항을 이용한다. 프랑크푸르트-한 공항은 프랑크푸르트 국제공항이 있는 헤센 주가 아닌, 라인란트-팔츠 주의 라인-훈스뤼크 군(Rhein-Hunsrück-Kreis)에 있다.
- 독일 국적 메이저 항공사인 독일항공(루프트한자)의 허브 공항이다.

- A380 착륙이 가능한 공항이고, 루프트한자의 해당 기종들은 이곳을 베이스로 운항 중이다.

▸ 터미널

- 터미널은 2개. 터미널 1은 개항 당시 지어진 터미널이고, 터미널 2는 1994년에 개장한 것이다. 터미널 2는 계획적인 터미널 확장이 아니어서 터미널 1과는 달리 기차 등의 교통연계 시스템이 매우 부실하다.
- 현재 터미널1 북서쪽 A3 고속도로 건너편에 착륙 전용 제4활주로와 1, 2터미널 남쪽에 들어설 3터미널을 포함한 확장 공사가 진행 중이다. 따라서 터미널 2에서 입국한 후 고속열차 등의 철도편 교통수단을 이용하려면 터미널 1로 이동해야 한다.
- 교통 연계 및 접근성이 탁월한 터미널 1은 루프트한자와 이 항공사가 소속한 스타얼라이언스(1997년 설립된 최초의 항공동맹, 본부는 독일 프랑크푸르트에 있음) 소속 항공사들이 이용한다. 독일항공과 같은 항공 동맹에 소속한 아시아나

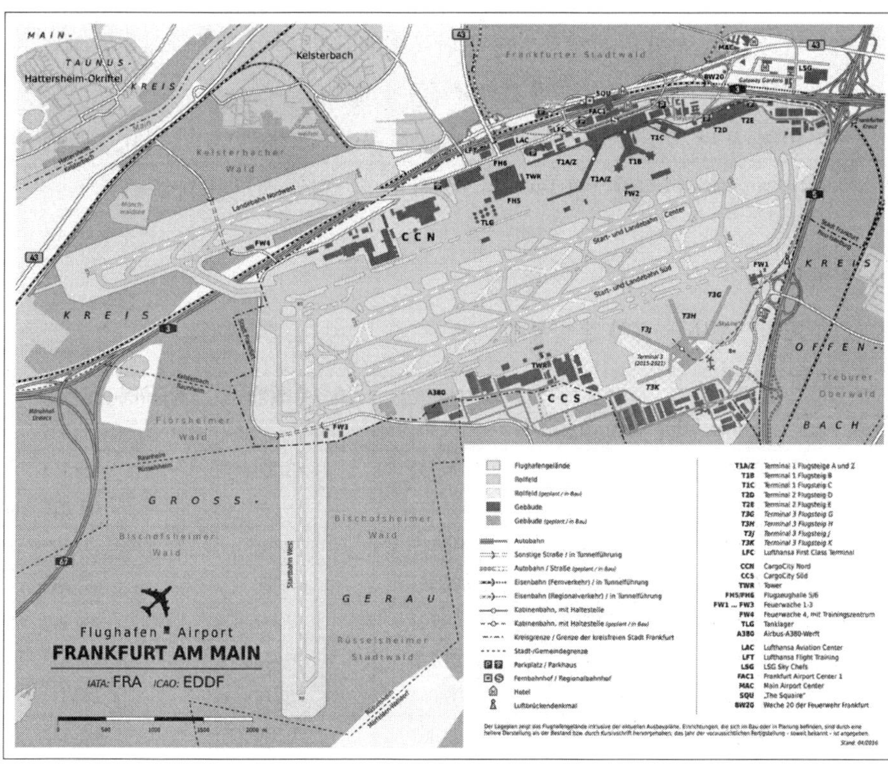

항공 등이 터미널 1을 이용한다.

- 터미널 2는 스타얼라이언스의 경쟁 항공 동맹인 스카이팀(2000년 설립, 본부는 네덜란드 암스테르담 스키폴공항) 소속 항공사들(대한항공, 에어 프랑스 등)이 이용하고, 영국항공, 일본항공 등의 원월드(1998년 설립) 계열 항공사들(아메리칸 항공, 영국항공, 캐나디안 항공, 캐세이퍼시픽 항공, 콴타스 항공, 핀에어 등) 및 나머지 외국 항공사들도 이곳을 이용한다.

▸교통 연계

- 프랑크푸르트 공항과 연결되는 철도역은 두 곳이 있는데, ICE나 IC가 서는 장거리역이 있고, S반과 RE가 서는 단거리역이 있다. 아우토반과의 연결도 훌륭하다.
- 루프트한자는 쾰른 중앙역, 슈투트가르트 중앙역에서 체크인 하고 짐 부치고 몸만 기차타고 공항에 도착해서 바로 탑승하는 시스템도 갖추고 있다.

▸한국 노선

- 한국-독일 직항은 루프트한자만 단독으로 운항 중인 뮌헨국제공항 행을 제외하면 대다수가 프랑크푸르트국제공항 행이다.
- 인천-프랑크푸르트 직항노선: 독일항공(루프트한자, LH712/713), 대한항공(KE905/906), 아시아나항공(OZ541/542)이 주 6~7회씩 정기편 개설

▸통계

- 1950~2016년 공항 운항통계

운영년도	여객	항공화물(톤)	항공우편(톤)	항공이동(군용제외)
2016	60.792.308	2.113.594		462.885
2015	61.032.022	2.076.734	83.700	468.153
2014	59.566.132	2.132.132	–	469.026
2013	58.042.554	2.048.729	79.165	472.692
2012	57.520.001	2.066.431	80.380	482.242
2011	56.443.657	2.169.304	82.314	487.162
2010	53.013.771	2.231.348	76.445	464.432
2009	50.937.897	1.837.054	80.174	463.111
2008	53.472.915	2.133.302	90.346	485.783

2007	54.167.817	2.095.293	95.168	492.569
2006	52.821.778	2.057.175	96.889	489.406
2005	52.230.323	1.892.100	99.437	490.147
2000	49.369.429	1.589.428	141.011	458.731
1990	29.631.427	1.176.055	152.317	324.387
1980	17.664.171	642.850	91.918	222.293
1970	9.401.842	327.323	59.353	195.802
1960	2.172.494	46.910	11.875	85.257
1950	195.330	3.652	1.616	13.076

2. 역사를 품은 헤센

- 원주민은 켈트족이었다. 기원전 1세기경 게르만족의 한 분파인 카티 족이 이곳에 둥지를 틀었다.
- 로마 제국 붕괴 이후 프랑크 왕국에 속한다. 이 시기까지는 튀링겐 주와 헤센 주가 하나였고, 신성로마제국시기인 13세기에 헤센 방백령으로 처음 독립된 행정구역이 되었다.
- 종교개혁 시기. 헤센 방백 필리프 1세(1504~1567) 때 개신교로 개종, 작센 선제후와 함께 카를 5세에 대항하는 유력 제후가 된다.
- 필리프 1세 사후. 헤센 방백령은 헤센-카셀, 헤센-다름슈타트, 헤센-라인펠스, 헤센-마르부르크 등 네 개의 영역으로 분리된다. 헤센-카셀과 헤센-다름슈타트가 가장 강했다. 이 두 영역은 같은 가문이어도 영지 조정 문제로 다툼이 잦았다. 특히 카셀은 루터파에서 다시 칼뱅주의 개신교를, 다름슈타트는 루터교를 지지한다. 30년 전쟁 기간에도 카셀은 개신교 진영을 지지하고, 다름슈타트는 가톨릭 진영을 지지한다.
- 1803년. 헤센-카셀 지역은 레겐스부르크 제국회의 결과 나폴레옹을 지지하여 방백에서 선제후로 승격되고, 헤센-다름슈타트 지역은 1806년 헤센 대공국으로 승격된다.

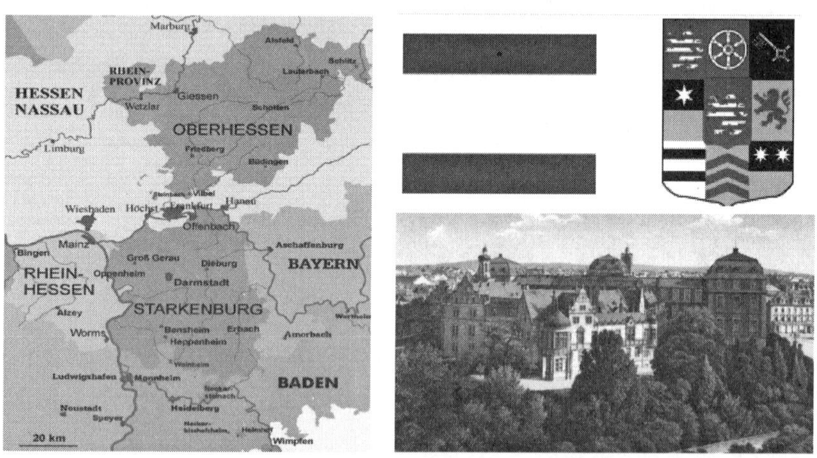

〈시계방향, 헤센대공국 지도 - 대공국 주기 - 대공국 문장 - 대공 레지덴츠 성〉

- 1866년. 헤센-카셀 지역은 7주 전쟁 후 나사우 공국, 프랑크푸르트 자유시와 함께 통폐합되어 헤센-나사우 구역으로 프로이센에 편입되면서 역사에서 사라진다. 이후 헤센 지역은 헤센-다름슈타트, 즉 헤센 대공국에 의해 계승된다. 헤센 대공국은 다음의 지역으로 구성된다.
- 슈타르켄부르크(Starkenburg) - 수도는 다름슈타트이고 대공국의 중심지. 라인 강의 우측 연안, 마인 강의 남측에 위치한다.
- 라인 헤센(Rhein-Hessen) - 수도는 마인츠, 라인 강 좌측 연안에 위치한다. 빈 회의에 의해 획득한 영토이다.
- 상부 헤센(Oberhessen) - 수도는 기센. 마인츠 강 북부에 위치한다. 1866년에 프로이센에 병합된 프랑크푸르트 암 마인에 의해 슈타르켄부르크에서 분리된다.
- 1867년에는 대공국의 북쪽 절반(상부 헤센)이 북독일 연방의 일부가 된 반면, 대공국의 중요한 남쪽 절반은 북독일 연방의 바깥쪽에 남겨졌다(슈타르켄부르크와 라인헤센). 1871년에 헤센 대공국은 독일제국의 구성국가가 된다.
- 제1차 세계대전 후. 독일제국의 패배로 끝나면서 독일 내 다른 왕국들처럼 헤센 대공국도 폐지된다. 바이마르 공화국이 세워지자 헤센 대공국도 공화제로 변모하여 헤센 인민주가 된다.
- 제2차 세계대전 이후. 헤센 주의 경계는 13세기와 비슷한 형태로 재정비. 재정비 이전에 헤센은 헤센-다름슈타트와 헤센-카셀로 분리되어 서로 독립된 제후의 지배를 받는다. 프랑스군과 미군이 이 지역의 점령군으로 주둔하는데, 프랑스가 점령한 라인헤센 지역은 서독의 건국과 함께 라인란트-팔츠 주에 편입되고, 미군이 점령한 헤센-다름슈타트와 헤센-나사우 지역은 통합되어 그로스 헤센 지역으로 합쳐진다. 이 통합 헤센 지역이 1946년 12월 1일 창건된 오늘날의 헤센 주. 월경지이던 바트 빔펜은 바덴뷔르템베르크 주의 일부가 된다.

3. 문화를 품은 헤센

■ 헤센 주의 세계문화유산들

- 로르쉬 수도원(Kloster Lorsch). 9세기에 세워진 것으로 알려진 왕의 문(Königshalle)은 신성로마제국의 카롤링 시대의 건축양식들 중 가장 유명한 유산 중 하나이다.
- 메셀 화석유적(Grube Messel). 다름슈타트 근처에 위치한, 5700만 년 전부터 3600만 년 전의 에오세(世)(Eocene, 신생대 제3기의 2번째 시기)의 생활환경을 엿볼 수 있는 화석 유적이다. 포유류의 초기 진화 단계에 관한 화석 정보도 제공한다.
- 중상류 라인계곡(Rhine Gorge/Upper Middle Rhine Valley). 18세기 말부터 19세기 후기까지 라인 강의 자연 경관과 낡은 성채들로 가득한, 예술가들에게 영감을 불어넣은 30개의 고성과 굽이치는 강줄기에 녹아든 전설들을 체험할 수 있는 곳이다.

3.1. 로르쉬 수도원과 알텐뮌스터

- 이 종교 단지는 1200년의 역사를 간직한 게이트하우스인 '토어할레'(Torhalle,

〈좌: 수도원 단지의 서부지역. 사진의 오른쪽은 토어할레, 왼쪽은 포어키르헤('앞쪽교회'의 뜻), 그 뒤 비스듬하게 서있는, 농사용 건물에 속한 수도원창고, 토어할레 바로 뒤가 바로크 양식의 수렵용 별장, 그 앞쪽에 수도원 박물관, 우: 토어할레〉

'왕의 문')'로 유명하다. 카롤링 왕조 시대의 희귀한 건축물로 이루어진 수도원에는 당시의 조소 작품과 회화를 만날 수 있다. 카롤링 왕조 시대의 이 토어할레는 카를 대제 시기의 건축 기술을 확인시켜준다. 토어할레의 웅장했던 과거는 760~764년 무렵에 설립된 로르쉬 수도원을 통해 짐작할 수 있다.

- 수도원의 연대기에는 778~837년에 로르쉬 수도원장 중 중요한 세 명의 인물인 헬메리히(Helmerich), 리히보트(Richbod), 아델로크(Adelog)가 이룩한 개선점들이 기록되어 있다. 수도원의 알텐뮌스터('오래된 성당'의 뜻)가 카롤링 왕조의 독일 왕 루트비히 2세 사망(876년) 후 카롤링 왕조의 묘소가 되면서 수도원도 전성기를 맞이했다. 동프랑크의 2대 국왕 루트비히 3세(876~882)는 아버지(루트비히 2세, 802~876)의 유해를 안치하기 위해 이곳에 지하 납골당을 건축하였다. 이후 자신은 물론 그의 서자인 후고(850/855~880)와 동프랑크 국왕 콘라트 1세(881~918)의 배우자인 쿠니군데(Cunigunde, 동프랑크의 왕 루트비히 2세의 외손녀딸이자 공주 기젤라와 슈바벤의 팔라틴 백작 베르히톨트 1세의 딸, 878~918)도 이곳에 묻혔다.
- 로르쉬 수도원은 10세기에 번성하다가 1090년 화재로 황폐화되었다. 12세기에 와서야 재건되었다. 13세기에 로르쉬가 마인츠 선제후의 영토에 통합되면서(1232년), 이곳이 누리던 많은 특권들을 상실했다. 로르쉬 수도원은 처음에는 베네딕트 수도회를, 이후 시토 수도회를, 나중에는 프레몽트레 수도회를 따랐다. 교회 건물은 또 다른 화재로 복원 및 재건되었다.
- 이후 카롤링 왕조의 교회는 정치와 전쟁 등 각종 변화를 겪으면서 쇠퇴하기 시작했다. 1461년에 신성로마제국의 선제후령에 복속되었고, 1623년에는 선제후 영토에 반환되었다가 1803년 헤센의 선제후 영토에 통합되었다. 30년 전쟁 중이던 1620~1621년에 스페인 군대는 종교 개혁 이후 방치되었던 수도원 건물을 약탈했다. 현재 이 유적에는 토어할레, 로마네스크 양식의 교회 일부, 중세 수도원의 잔해, 그리고 마인츠 선제후의 통치시기에 세운 고전적 건물들만 남은 상태이다.

3.2. 메셀 화석유적

- 메셀 피트는 길이(남북) 약 1,000m에 너비 700m(동서)의 작은 유적지다. 신생대 에오세(世)는 지구의 생물 진화에서 주목할 만한 시기였다. 이 시기는 포

유동물이 모든 주요 육상 생태계에 확고한 위상을 가진 때였다. 이 포유동물은 바다로 다시 침투했고(예, 고래), 날아다니기도 했다(예, 박쥐). 이 지질시대에 북미, 유럽, 아시아는 육지로 연결되어 있었는데, 에오세의 화석 기록에서 현재의 구분 형태를 일부 짐작할 수 있다.

- 메셀 피트는 이 시대의 중간기를 이해하는 데 도움이 되는 둘도 없는 유적이다. 메셀의 화석은 보존 상태의 질과 수와 다양성에서도 탁월하다. 메셀은 깃털, 머리털과 위장 내용물 외에도 완전한 형태를 갖춘 골격과 완전한 신체의 윤곽을 알 수 있는 정보들로 가득하다. 메셀 암층의 퇴적물은 2억 7천만 년에서 2억 9천만 년 전에 퇴적된 적색 사암 퇴적층과 화성암 위에 피복하고 있다.

3.3. 중상류 라인계곡

- 라인 계곡 중상류의 테라스 형식 비탈에는 마지막 빙하기 때부터 사람이 살았던 흔적이 있다. 계곡은 기원전 1세기에 고대 로마의 국경 지방이 되었고, 군사 요새와 주둔지를 잇는 군용 도로가 라인 강 왼쪽 강둑에 건설되었다. 라인 강은 이 시기에 선박의 주요 항로로서 북부 유럽을 알프스 지대와 지중해 지역의 육지와 연결하여 중상류 라인 계곡의 역사에 큰 영향을 미쳤다. 5세기에 로마인들이 떠나면서 남은 정착지는 이후에도 지속되었다.

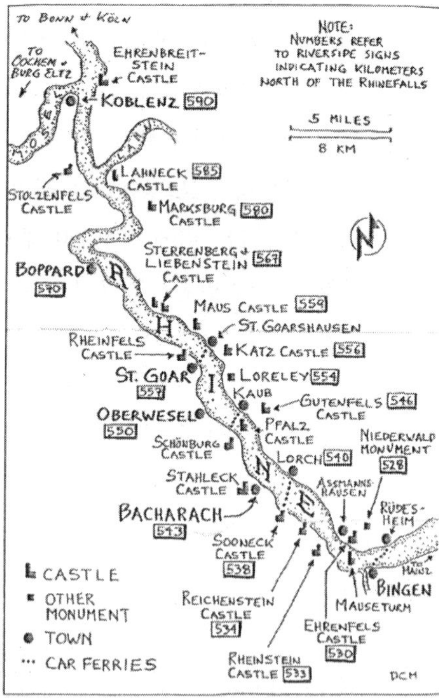

- 프랑크족 왕들이 로마 정착지들을 차지하였고, 빙엔부터 라인 강 하류 코블렌츠까지의 영역은 대부분 카롤링 왕조 시기까지 왕의 영지에 속했다. 그러나 영토에 대한 왕의 소유권을 박탈하려는 움직임이 8세기부

터 14세기 초기까지 완결되었으며, 영토의 많은 부분은 교회와 교단에 증여되었다. 프륌 대수도원의 토지를 관리한 카체넬른보겐 백작가문(1095~1479)은 1190년부터 장크트 고아르(St. Goar)와 라인펠스 주변에 위치한 이 지역의 통제권을 확립하였다. 이는 1479년 헤센의 영주들에게로 넘어갔다.

- 842년 카를 대제의 프랑크 제국이 분할되자 라인 강의 왼쪽 강둑은 중프랑크 왕국에 할당되었다. 로렌 공국은 925년에 동프랑크 왕국과 합쳐져 1138년에 호헨슈타우펜 왕조의 콘라트 3세(1093~1152)가 선출될 때까지 왕권의 중심지 기능을 하였다. 이로써 라인 계곡 중류 지역의 권력은 분리되어 영지는 쾰른, 마인츠, 트리어의 선제후들과 팔라틴 백작들에게 나누어졌다. 빙엔과 코블렌츠 사이에 권력의 상징으로 세워진 40여 개 성은 왕성한 교역로인 이곳에서 세관 역할도 하였다. 보파르트(Boppard)와 오버베젤(Oberwesel) 같은 도시의 방어 시설 유적을 통해 그들이 자유 도시로 독립적 지위를 지키기 위해 애썼음을 알 수 있다. 중상류 라인 계곡은 신성로마제국의 핵심 지역이었다. 제국의 최고 통치자인 선제후 7명 중 4명이 이곳에서 영지를 소유했으며, 선제후들이 차기 왕권을 결정하기 위해 모인 곳도 바로 이곳이었다.
- 바하라흐(Bacharach). 중세 후기 라인 강의 포도주 교역 중심지였다. 로마 시대부터 낮은 산비탈에서 포도나무를 재배하였다. 10세기부터 확장된 포도밭은 1600년경에는 3,000ha가 경작되었는데, 이는 오늘날의 5배에 달하는 것이었다. 포도 재배량은 30년 전쟁(1618~1648) 동안 급감하여 포도밭으로 쓰이던 땅은 다른 종류의 과수원이나 잡목 숲으로 변하였다. 14세기부터 16세기에 이르는 라인 강 중류 지역은 예술 면에서의 황금기를 누렸다. 라인 강 중류지역은 상류 지역(스위스의 스트라스부르)과 하류 지역(쾰른)으로부터 받는 예술적 영향력을 융합하였다. 바하라흐 위쪽의 베르너 교회, 오버베젤의 성모 마리아 교회, 장크트 고아르의 옛 협동교회 같은 고딕 양식의 걸작들은 이 시기에 만들어진 것이다.
- 라인 계곡 중류. 17세기부터 독일과 프랑스의 마찰이 일어나는 곳이었다. 팔츠 계승전쟁(1688~1692) 동안 요새와 도시의 방어 시설이 대량 파괴되었고 코블렌츠도 크게 파손되었다. 18세기 후반에 라인 강의 왼쪽 둑은 프랑스 공화국(후에 프랑스 제국)의 영토가 되었다. 프랑스의 통치가 1814년에 종료되자 이 지역은 프로이센의 통치를 받았다. 코블렌츠의 요새를 포함한 넓은 방어

시설이 건설되었고, 빙엔에서 코블렌츠에 이르는 라인 교통로 건설, 선박용 항로 확장, 강의 장거리 구간에 대한 통행세 폐지, 증기선 등장 등으로 교역이 활성화되었다. 1850년대와 1860년대에는 라인 강의 양쪽 강둑에 철도가 부설되었다. 프로이센은 의식적으로 라인 강을 '독일적인' 경관으로 진흥시키려는 정책을 채택하였다. 이로써 폐허가 된 요새들은 낭만주의 양식으로 개조되었고, 역사적 기념물이 재건되는 등 근대 기념물 보존 운동이 시작되었다.

- 20세기에는 전통적 포도주 양조법, 채광, 채석의 쇠퇴로 대표되는 대규모 구조적 변화가 일어났다. 화물 운송은 소수의 대규모 항구에 집중되었고, 관광업이 가장 중요한 경제 분야가 되었다. 1953년과 1978년의 조례는 문화경관 보존에 중점을 두었다. 이는 라인 계곡 중류의 주요 경제적 자산이었다.
- 라인 계곡 중앙부. 유럽의 가장 중요한 수송로였다. 2,000년 동안 지중해 지역과 북부 유럽의 문화적 교류를 촉진했다. 계곡은 뛰어난 유기적 문화 경관으로서, 현재의 특성은 계곡의 지형학적 · 지질학적 요소와 함께 2,000년 동안의 정착지, 수송 기반 시설, 토지 이용 등의 인위적 요소에 의해 결정되었다. 계곡은 전통적 삶의 방식과 의사소통 수단이 좁은 협곡에서 전개된 흔적을 잘 보여준다. 특히 가파른 경사면의 테라스식 경작지는 2천년 이상 여러 방법으로 만들어진 경관이다. 그러나 이러한 토지 이용형태는 오늘날 사회 · 경제적 압박으로 위협받고 있다.
- 중앙라인 계곡. 자연 환경에 인간이 인위적으로 개입('관광지'로서의 이미지)하여 상호작용이 일어나 만들어진 특징을 간직하고 있다. 라인 강은 빙엔 문(Bingen Pforte)에서 상류의 깊은 협곡으로 접어든다. 19세기와 20세기에 폭이 확장된 길이 5㎞의 빙엔 문 바로 앞에는 작은 도시가 둘 있다. 왼쪽 강둑에는 '정치적' 상징성을 지닌 빙엔이, 오른쪽에는 12세기에 브룀저베르크 요새에 둘러싸였던 뤼데스하임이 있다.
- 뤼데스하이머 베르크 포도원. 라인가우 최고의 포도원이다. 빙엔 문 전면에는 길이 15㎞의 바하라흐 계곡이 펼쳐져 있고, 그 옆으로 V자 모양의 작은 계곡들이 늘어서 있다. 로르히라는 작은 도시가 테라스식 포도원이 늘어선 계곡 위로 라인 강과 직각을 이루며 펼쳐져 있다. 이 도시는 아름다운 고딕

양식의 성 마틴 교구 성당으로 유명하다. 슈테거 계곡 입구에 위치한 바하라흐는 많은 목골가옥과 함께 중세적 경관을 간직하고 있다. 카우프(Kaub)와 주변에는 중세시대에 지은 팔츠그라펜슈타인 성, 카우프를 둘러싼 성벽, 테라스식 포도원 등 많은 기념물이 있다. 오버베젤에는 고딕양식 성당 2개, 중세의 쇤부르크 성, 중세에 만들어진 도시 성벽과 더불어 훌륭한 초기 주택이 많이 보존되어 있다.

- 계곡의 경관은 부드러운 점판암이 단단한 사암으로 변형되는 오버베젤을 기점으로 변하기 시작한다. 이곳에는 협곡들이 늘어서 있는데, 그중 가장 유명한 것이 로렐라이 협곡이다. 배가 지나가기에 위험했던 이 협곡은 한때 니벨룽 족의 전설적 보물이 숨겨져 있다는 소문이 돌기도 했다. 강 건너 오른쪽 둑에는 노이-카체넬른보겐 성이 있는 장크트 고아르스하우젠이 있으며, 카체넬른보겐의 세 번째 요새는 부르크 라이헨베르크(Burg Reichenberg)로 불린다. 그 설계도면을 보면 이 요새가 시리아와 팔레스타인에 있는 십자군 요새에서 영감을 받았음을 알 수 있다. 왼쪽 강둑에 있는 바트 잘치히(Bad Salzig)는 보파르트 환상지역(Boppard Loops)으로 알려진 구역의 기점이다. 오른쪽 강둑에는 캄프 보른호펜(Kamp Bornhofen)이라는 자매 도시가 있다.
- 강의 말편자 모양 시작 부분에 위치한 보파르트는 로마의 중간 역으로 만들어진 뒤, 4세기에 군사 주둔지로 교체되었다. 보파르트 너머에는 16세기~18세기경에 만들어진 목골가옥과 해자에 둘러싸인 성의 폐허가 남아 있는 오스터슈파이(Osterspai)가 있다. 오버슈파이와 니더슈파이가 병합되어 만들어진 오스터슈파이는 라인 계곡 중류에서 목골가옥이 가장 많은 지역이었다. 목골가옥은 특히 해안에서 멋진 군집을 이루고 있다. 왼쪽 강둑의 렌스(Rhens) 마을은 프랑크푸르트에서 선출된 독일 황제들이 아헨 대성당에서 왕관을 받은 뒤 즉위하는 곳이었다. 브라우바흐 위로 솟아 있는 마르크스부르크 요새는 팔츠그라펜슈타인과 함께 현재까지 라인 계곡 중류에 남은 유일한 중세 요새이다.
- 란슈타인(Lahnstein)은 1860년 철도 건설과 함께 많이 변했지만, 여전히 당당한 모습을 자랑하는 성 요한 교구 성당이 보존되어 있다. 트리어 선제후의 거처인 슈톨첸펠스 성은 1835년에 프로이센 제국에 의해 복구되었다. 제2차 세계대전의 공습에도 살아남은 코블렌츠의 건축물 중에서는 로마네스크

양식의 성 카스토르 교회, 성모 마리아 교회, 성 플로린 교회, 라인란트 지역 최초이자 가장 중요한 고전주의 건축물인 노이에스 슐로스(Neues Schloss, '신궁전'의 뜻)가 주목할 만하다.

3.4. 프랑크푸르트 암 마인(Frankfurt am Main)

- 유럽에서 손꼽히는 현대적 대도시. 런던, 파리 등 고풍스러운 옛 건축물들이 가득한 유럽의 다른 대도시들과는 달리 초고층 빌딩들이 마천루를 이루고 있고, 하이테크 스타일의 원조인 유리궁전 등 현대식 건축물이 가득한 도시다.
- 유럽에서 가장 높은 빌딩인 코메르츠방크 빌딩도 프랑크푸르트에 있다. 독일의 경제력과 유로존을 쥐고 흔들겠다는 굳은 의지를 상징하는 도시이기도 하다. 그래서인지 유럽중앙은행(ECB)과 독일연방은행, 독일의 주요 은행인 도이체방크, 코메르츠방크의 본점, 독일증권거래소 등이 몰려있다.
- 프랑크푸르트 증권거래소를 FWB(Frankfurter Wertpapierbörse)라고 하는데, 세계에서 가장 큰 증권거래소 중 하나다. 증권거래소 앞에는 황소와 곰의 조형물이 있다. 증권시장에서는 강세장과 약세장을 Bull Market과 Bear Market이라고 하는데, 그것에 착안해서 황소(Bull)와 곰(Bear)의 조형물을 만든 것으로 보인다.
- 신성로마제국의 황제 선거가 열린 도시. 빈 회의 이후에는 독일 연방의 4개 자유시 중 하나. 1848년 혁명[35] 때 독일 국민 의회의 개최지. 이때의 역사적 상징성 때문에 독일 자유주의의 본산으로 간주되고 있다. 1990년 독일 통일 당시에는 프로이센과 독일제국과 나치 독일의 수도였던 베를린 대신 프랑크푸르트를 통일 독일의 수도로 정하자는 여론도 있었다.

35) 1948년: ① 프랑스 혁명으로 자유 · 평등의 근대 시민 사상의 정착, ② 영국의 산업혁명으로 자본주의 경제의 급속한 발전, ③ 노동자 계급의 성립으로 사회주의의 전개 원인이 된 시기.

구시가지

〈좌: 에셴하이머 첨탑, 중: 파울교회, 우: 교회 내의 '국회의원들의 행렬'〉

▸ 에셴하이머 첨탑(Eschenheimerturm)

- 15세기 초에 건축된, 구시가지 초입의 성문을 넘나들 수 있는 출입문이자 감시탑이었다. 47m 높이의 10층 규모인데, 전쟁의 화마를 피해 오늘날까지 남아있는 유일한 당시 성벽의 일부이다.
- 첨탑이자 성문이었기에 에셴하이머 문(Eschenheimer Tor)이라고도 한다. 현재는 레스토랑으로 개조되어 사용 중이다.

▸ 파울 교회(Paulskirche)

- 단순히 교회 이상으로(현재는 교회로 사용되지 않음) 독일 역사에서 중요한 의미를 갖는 곳.
- 1833년 교회가 완공된 후 프랑크푸르트 의회의 회의장소로 사용되었다. 이곳에서 제1회 독일 국민회의가 개최된 59개 항목의 국민권리가 채택되었다. 즉, 독일 민주주의가 시작된 장소인 셈이다.
- 교회의 내부는 독일 민주주의의 역사와 관련된 자료들이 전시되어 있다. 내부 중앙에는 원형으로 된 벽화가 있는데, 요하네스 그뤼츠케(Johannes Grützke, 1937~2017)의 〈국회의원들의 행렬〉(Der Zug der Volksvertreter, 1987~1990)이란 그림이다. 실존인물들을 만화처럼 코믹하게 묘사했다. 교회 2층에는 옛 교회 본당이 있는데, 지금은 행사나 집회 장소로 사용되고 있다.

〈좌: 프랑크푸르트 시청사, 중: 카이저돔, 우: 뢰머광장의 오스트차일레〉

▸ 프랑크푸르트 시청사

- 'Rathaus'(라트하우스)라는 이름 대신 'Römer'(뢰머)라는 이름을 사용한다. '뢰머'는 독일어로 '로마인'의 뜻. 이 지역에 과거 로마인들이 정착했던 곳이어서 관례적으로 뢰머라는 이름을 계속 사용하고 있다. 시청사가 있는 광장의 정식명칭은 뢰머베르크(Römerberg '로마인의 언덕'의 뜻)이지만 간단히 뢰머라고 한다. 말하자면 프랑크푸르트에서 뢰머라고 하면 '시청사'이기도 하고 '시청사 앞 광장'이기도 하다.
- 시청사 바로 옆에 있는 카이저돔(Kaiserdom, '황제의 대성당'의 뜻)에서 신성로마제국의 황제 대관식이 끝나면, 황제는 지금의 시청사 건물에서 축하연회를 베풀었다고 한다. 똑같이 생긴 세 채의 건물이 나란히 있는데, 중앙의 건물이 시청사다. 내부에는 신성로마제국의 역대 황제들의 초상화 갤러리가 있다.

▸ 카이저돔(Kaiserdom)

- 'Kaiser'(카이저)는 독일어로 황제, 'Dom'은 대성당의 뜻이니 카이저돔은 '황제의 대성당'인 셈이다. 일반적인 이름 대신 황제의 대성당이라는 이름을 부여받은 것은 신성로마제국 시기인 1562년부터 230년간 황제의 대관식이 열린 곳이기 때문이다.
- 역사도 매우 길다. 9세기경부터 이 자리에는 교회가 있었다고 한다. 1200년대부터 성 바르톨로메오 교회(St. Bartholemäuskirche)라는 이름으로 교회가 계속 확장되었다. 지금의 모습을 갖춘 것은 1415년, 이후 화재로 한 번 소실되었다가 재건축되었다. 제2차 대전 후 파괴된 것을 다시 재건축한 것이 오늘

날의 대성당이다. 내부는 무료로 입장하여 관람할 수 있다.

- 황제의 대관식이 열렸던 성당에 걸맞게 묵직한 무게감이 있다. 성당 곳곳의 그림과 조각은 예술적 가치가 높은 중세의 보물들이다. 첨탑 전망대 입장은 유료. 전망대에 오르면 프랑크푸르트 시내와 마인 강의 정경이 한 눈에 들어오지만 나선형의 좁은 계단을 올라가야 하는 정성이 필요하다.

▸ 뢰머 광장

- 정식 명칭은 뢰머베르크. 광장 중앙에 있는 정의의 분수(Justitia-Brunnen)는 광장의 상징이다. 보통은 법원 앞에 있어야 할 여신상이 시청 앞에 있는 것도 특이하다.
- 광장에서 시청사 정반대편에 위치한 목조 건축들은 '오스트차일레'(Ostzeile)라고 하는데, 직역하면 '동쪽의 줄' 정도가 된다. 즉, 광장 동쪽에 일렬로 줄지어 서있는 건물들이라는 뜻. 15세기에 상인들이 지은 목골가옥들이다.
- 광장에 위치한 쉬른 미술관(Shirn Kunsthalle)는 자체 소장품 대신 특정 주제를 가지고 기획전을 펼치는 전문 미술관이다.
- 이처럼 뢰머 광장은 시청사와 옛 목골가옥, 분수, 교회, 현대적인 미술관들이 어우러져 아름다운 모습을 뽐낸다. 그 너머로 보이는 고층빌딩의 마천루, 그리고 건물들 틈새로 보이는 카이저돔까지 어우러진 멋진 실루엣을 연출한다.

3.5. 비스바덴(Wiesbaden)

- 헤센 주의 주도. 도시 주변을 마인 강과 라인 강이 통과한다. 라인 강 건너 남쪽에는 라인란트-팔츠 주의 주도인 마인츠가 있고, 동쪽에는 헤센 주에서 가장 큰 대도시 프랑크푸르트 암 마인이 있다.
- 독일연방범죄수사청(BKA)과 연방통계청의 본부가 있다.
- 옛 나사우 공국의 수도였다가 1866년 프로이센에 합병, 주변 도시를 아우르는 중심지로 부상했다.
- 시의 상징물은 세 개의 백합(Fleur-de-lis).
- 바덴바덴과 쌍벽을 이루는 독일의 대표적 휴양도시. '숲 속의 온천(Wisibada)'이란

뜻의 이름에 걸맞게 고대 로마 시대부터 온천으로 유명하다. 언덕도 많다.

- 통칭 '북쪽의 니스' 또는 '독일의 강남'. 부유계층, 그것도 백만장자가 만 명 넘게 살고 있는 웰빙 부자 동네다. 고급 명품을 저렴한 가격으로 살 수 있는 곳으로도 유명하다. 물론 집값도 비싸다. 제법 유서 깊은 카지노도 많고, 여러 가지 축제나 국제회의 등이 자주 개최된다.
- 제2차 세계대전 이후로 출판 인쇄업이 발달하여 독일 출판업의 중심지로 부상했다.
- 병원 등의 의료 시설도 많고 백화점, 부티크 등 편의 시설도 많은 편이라 전쟁 당시 폭격이 별로 없었던 덕분에 오래된 건물들이 비교적 잘 보전되어 있다.
- 요하네스 브람스는 비스바덴 숲을 거닐면서 〈교향곡 제3번〉을 작곡, 표도르 도스토옙스키는 이곳의 카지노에서 돈을 모두 잃은 경험으로 소설 〈노름꾼〉을 썼다.
- 플럭서스(FLUXUS)는 '흐름, 변화, 움직임'의 의미인데, 고대 그리스의 철학자 헤라클리투스(Heraclitus, 기원전 6세기 초)의 "만물은 창조의 흐름 속에서 유전한다"는 "만물유전"에서 기인한다. 이 용어의 사용은 리투아니아출신 미국인 조지 마키우나스가 1960년 미국 내 뉴욕에서 '전통적인 예술형식과 양식에서 벗어난 예술가들의 생각을 널리 알리기 위해' 구상했던 잡지의 명칭이었다. 그러나 그 잡지는 발간되지 못했고, 1962년 유럽 내 독일에서 공식적으로 플럭서스 첫 공연의 명칭으로서 사용되었다. 1962년 초 미군소속 디자이너로서 비스바덴에 온 조지 마키우나스(George Maciunas, 1931~1978)가 비스바덴 시립미술관에서 〈플럭서스: 가장 새로운 음악의 세계적인 정기 축제 공연(FLUXUS: Internationale Festspiele Neuester Musik)〉이라는 제목으로 1962년 9월 1일부터 23일까지 20명이 넘는 현지의 편집위원회 사람들의 긴밀한 도움과 협동으로 개최했다. 플럭서스 공연의 형태는 '행위예술'이었다. 행위, 해프닝, 퍼포먼스, 이벤트 등으로 불리는 이 예술형태는 필요한 비품들과 함께 전위음악, 문학, 다양한 무대예술 등 여러 예술매체들과 상호 결합한 '인터미디어'이다. 훗날 이 '인터미디어'의 관계성이 디지털미디어에 이르는 모든 미디어와 만나 진화한 예술형태가 〈미디어아트〉이다.
- 유서 깊은 명물로는 세계에서 두 번째로 오래 된 카지노, 성 보니파티우스 교구 교회, 마르크트 개신교회, 러시아 정교회, 휴양센터인 쿠어하우스, 헤

센 주립 극장, 하이덴마우어 돌담 등 다양하다.

- 세계에서 가장 큰 뻐꾸기시계와 현지에서 생산되는 스파클링 와인인 젝트도 유명하다. 비스바덴 온천은 표도르 도스토옙스키, 괴테, 요하네스 브람스, 네로 황제 등과 같은 유명 인사들이 피부병과 류머티즘 등을 치료하거나 장기 요양을 위해 많이 찾았다. 온천수는 식염천이며 온도가 66도나 되는 아주 뜨거운 물인데, 굳이 온천까지 들어가지 않아도 온천수가 솟는 식수대(Kochbrunnen)가 있다.
- 비스바덴에서 가장 유명세를 타고 있는 카이저 프리드리히 테르메 온천(Kaiser-Friedrich-Therme)은 남녀혼탕이다. 수영복은 온천수가 뜨거워 화학 물질이 나올 우려가 있어서 착용을 금지한다. 이성의 나체가 부담스러운 사람들을 위해 화요일은 여성만, 수요일은 남성만 이용할 수 있다. 그 밖에도 20여 개의 다양한 온천들이 있다.

3.6. 풀다(Fulda)

- 1200년 이상의 역사를 가진, 바로크 양식 건물들로 가득한 바로크 도시.
- 매년 9월 중순에 개최되는 풀다 맥주축제(Fuldaer Wiesn)도 유명하다.
- 풀다는 과거 수도원의 도시였다. 풀다 수도원장은 968년부터 독일의 모든 베네딕트회 연합의 총회장이 되었다. 이는 풀다 수도원이 독일 수도원의 중심지였음을 뜻한다. 이 시기부터 풀다 지역에 처음으로 농부와 수공업자들이 모여 거주하면서 도시가 형성되기 시작했다. 10세기에 헝가리가 침략한 이후 풀다 지역에도 방어시설들이 들어서기 시작했다. 귀족들의 농지는 방어진지 성으로 변신했고, 교회도 방어성벽을 갖추게 되었다.
- 1019년 풀다의 수도원과 주변 상인 및 수공업자 주거지는 신성로마제국의 황제 하인리히 2세(Heinrich II, 973-1024, 오토 왕가의 다섯 번째이자 마지막 군주)로부터 화폐주조권, 시장권, 관세권을 부여받았다. 풀다는 1114년 최초로 역사서에 '도시(Civitas)'로 기록되었다. 수도원을 둘러싼 언덕에 십자가 형태로 수도원들(프라운베르크, 페터스베르크, 노이엔베르크, 요하네스베르크)이 추가로 건설되었다. 1157년에 풀다는 공식 도시로 인정받았지만, 풀다 시민들이 수도원장의 막강한 권력에 대항하여 자신들의 권리를 주장하게 되면서 수도원은 경제적으로 몰락의 길을 걸었다.

〈풀다의 Dom St. Salvator, 대성당 안의 성 보니파티우스의 무덤〉

▶ 마리아 수도원(Benediktinerinnenabtei zur Heiligen Maria)

- 744년 3월, '게르만 인들의 사도'라고도 불리는 성 보니파티우스(Winfried Bonifatius, 675~754)의 제자인 성 슈투르미우스(705-779, '성 스텀')가 베네딕트 수도회의 마리아 수도원 초석을 다지면서 도시가 시작되었다. 10년 후 프리슬란트 출신의 이교도에 의해 암살된 성 보니파티우스의 유해가 이 수도원에 묻혔다.
- 후기 고딕 양식과 르네상스 양식이 섞인 수도원 건물의 내부는 제단이 유명하다. 수도원을 중심으로 성장하기 시작한 마르부르크 도시는 바로크 시대에 전성기를 맞았다. 1704~12년 사이에 요한 디첸호퍼의 설계로 새로운 바로크 양식의 건물이 옛 수도원 자리에 건축되었다. 아래의 왼쪽 그림은 성모 마리아 수도원 교회와 수도원인데, 그 왼쪽에 있는 옛 풀다 주립중앙은행의 합각머리는 1901/02년에 지은 네오르네상스 양식의 3층 건물을 장식하고 있다.

〈좌: 성모 마리아 수도원 교회와 수도원, 우: 풀다 대성당〉

▶ 풀다 대성당(Fuldaer Dom)

- 바로크 건축의 진수, 정면에 65m 높이의 4층짜리 두 탑과 그 뒤쪽의 웅장한 돔이 탁월한 조화를 이루는 3랑식 바실리카 성당이다. 신랑과 신랑 사이를 둥근 돔으로 덮어씌운 형상이다.
- 원래는 이 자리에 9세기경부터 라트가르 바실리카교회(Ratgarbasilika)가 있었는데, 당시 알프스 이북에서 가장 큰 교회 건물 중 하나였다. 그러나 이 교회는 풀다 대성당 건축을 위해 철거되었고 일부는 재사용되기도 했다. 풀다 대성당의 건축은 1704년에 시작되어 1712년에 완성되었다.
- 내부도 웅장한 바로크 양식. 화려하고 정교한 제단이 정면뿐 아니라 측면 곳곳을 장식하고 있다. 크고 작은 조각들이 천장과 기둥을 채웠다. 화려하게 꾸며진 동쪽 측면이 인상적이다. 건물 서쪽 편의 제단 밑에는 성 보니파티우스의 유해가 안치되어 있다. 내부 입장은 무료, 다만 대성당에서 생산하고 수집했던 진귀하고 역사적 가치가 높은 보물들은 대성당박물관에서 전시 중인데, 입장은 유료다. 이 박물관은 '보물관(Schatzkammer)'이라고도 한다.

〈상식〉 수도원, 중세 문화의 요람

- 서양 중세의 역사는 수도원의 역사이다. 유럽의 정치와 경제는 로마 교황청과 교통의 요충지에 있던 수도원에서 출발했다. 과학이나 의술, 농업기술도 수도원 수사들의 경험을 통해 발전되었다. 대학의 모태도 중세 수도원학교였다. 게르만 민족대이동과 로마제국의 멸망으로 고대문화와 고전 학문이 단절되었을 때 그 맥을 이어준 것도 수도원의 도서관과 필사실이었다.
- 중세 초기의 카롤링 르네상스, 즉 카를 대제의 교육개혁은 카를 대제의 궁전에서 시작했지만, 그 배경은 수도원이었다. 카롤링 왕조가 유럽의 야만족을 교육과 선교를 통해 개회시키려고 한 중심지도 수도원이었다. 수도원은 성서를 올바로 이해하고 해석할 수 있는 지식층을 육성할 수 있었고, 교통의 요충지에 있던 수도원을 중심으로 주거지가 형성되어 제국의 기반인 중세 도시의 발전이 가능했다. 단적인 사례가 풀다 수도원이다. 744년 풀다 수도원의 건립은 실질적인 중세의 시작이라고 할 수 있다.
- 풀다 수도원의 전성기는 9세기부터 시작된다. 중세의 유일한 교육중심지이던 수도원의 중추는 베네딕트 수도원이었다. 수도원학교에서만 읽고 쓰기를 배울 수 있었고, 수도원 도서관에서만 성서와 교부들의 문헌들을 볼 수 있었다. 클뤼니 수도원(프랑스), 성 갈렌 수도원(스위스), 성 마르틴 수도원(독일 트리어) 같은 유명 수도원은 모두 베네딕트 수도원이었다. 풀다 수도원이 유명해진 것도 이러한 수도원의 학교와 도서관, 예술작품과 학자들이 있었기 때문이다.
- 마우루스(Rabanus Maurus, 780~856)가 주도하여 설립된 풀다 수도원의 필사실은 수사들이

미사를 위한 성서 텍스트나 신학서적 외 고대 작품의 모사본, 이를테면 타키투스의 작품을 기록으로 남겼다. 특히 고대고지독일어로 된 문학작품의 필사본들(〈힐데브란트의 노래〉, 〈헬리안트〉 등)은 풀다 수도원을 통해 세상에 알려지게 되었다.

- 제3대 수도원장이던 라트가르(Ratgar, 재임 802~817)는 수도원장이 되기 이전 791년부터 로마의 옛 베드로 성당을 모델로 바실리카 교회 건축을 주도하여 819년 완성했다. 이것은 당시 알프스 이북에서 가장 큰 교회 건축물이었다.
- 현재 풀다에 남은 중세 건축물로는 성 미카엘 수도원 성당의 크립타(지하 납골당, 예루살렘의 무덤교회를 모방한 독일에서 가장 오래된 현존 성당), 성 페터 수도원 성당(성 보니파티우스의 부인 성녀 리보아의 무덤교회. 크립타 입구에는 성녀 리오바(Lioba, ?~782)의 유골 석관이 있고, 중세 독일 최고(最古) 벽화가 있음), 성 안드레아스 수도원 성당(1023년 봉헌, 1025년의 프레스코화가 크립타에 있음)이 있다.

3.7. 동화 가도(Deutsche Märchenstraße)

- 독일 중앙부를 남북으로 가르는, 그림 형제가 태어난 하나우에서 음악대로 유명한 브레멘까지 약 600㎞ 구간이다.
- 19세기 초 유럽에 전해 내려오는 민담과 전설 등을 수집해 동화집을 펴낸 그림 형제(야콥, 빌헬름)를 기리는 관광 코스로 개발됐다. 그림 형제의 고향인 독일 남부 헤센 주의 하나우에서 시작하여 북부 브레멘 주 브레머하펜까지 그림동화의 작품 배경이 된 60여 개의 크고 작은 도시를 잇는다.
- 동화 가도의 도시들은 그림 형제 동상과 박물관, 동화 속 분위기를 자아내는 중세 성과 아기자기한 건축물, 그림 동화를 주제로 한 공연 등 볼거리가 다양하다. 하나우에서는 매년 여름 그림 형제의 동화 작품을 연극, 뮤지컬 등으로 선보이는 '그림 형제 동화 축제극'이 펼쳐진다. 또 브레멘은 봄부터 가을까지 일요일 정오마다 시청 광장에서 '브레멘 음악대'의 야외극과 사인회를 개최한다.
- 동화 가도의 도시들은 동화의 배경지이기도 하지만 그림 형제의 생애와도 밀접하게 연관돼 있다. 슈타이나우는 유년 시절을 보낸 곳이고, 마르부르크는 이곳 대학에서 법학을 공부했던 도시이다. 또 카셀은 그림 형제가 언어학, 문헌학을 공부하며 독일은 물론 유럽 각국의 전래동화를 수집한 곳으로 알려져 있다.
- 그림 형제는 '어린이와 가정을 위한 메르헨'이라는 제목으로 1812년 첫 동화집을 발간했다. 이후 초판의 지나치게 잔인하고 외설적인 내용을 어린이의

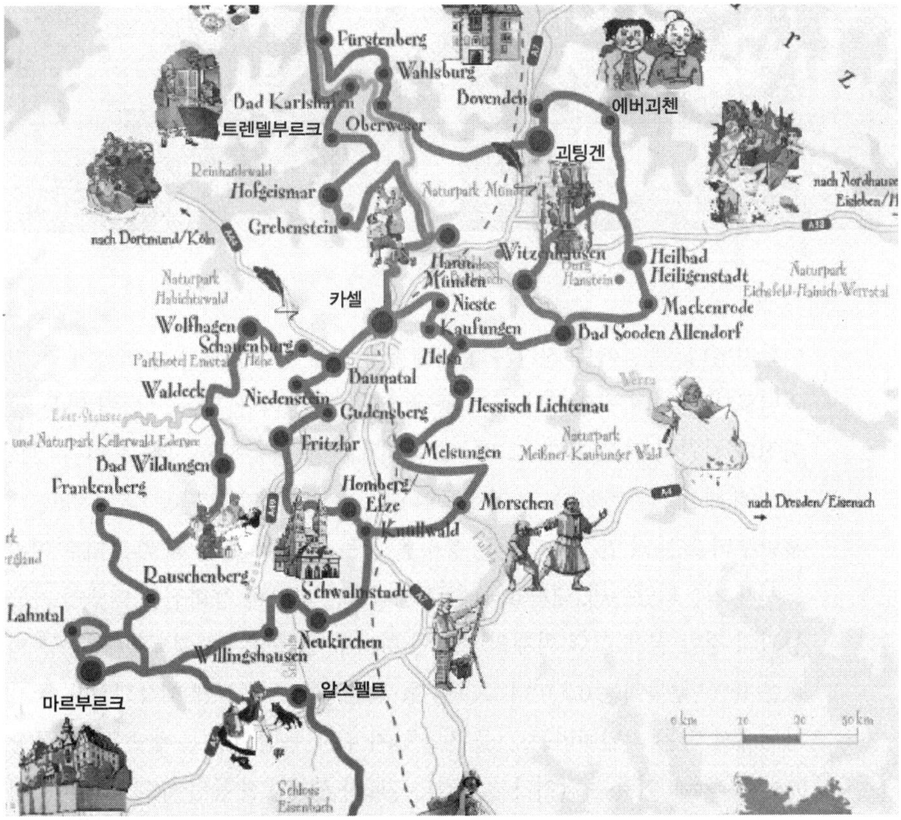

〈인용: https://www.deutsche-maerchenstrasse.com/en/your-journey/destinations/places-and-regions/〉

눈높이에 맞춰 순화시키고 새로운 이야기를 계속 추가해서 1857년에 7판까지 펴냈다. 유네스코는 2005년 그림 형제의 동화집 초판본 2권과 '헨젤과 그레텔' 등 14편을 세계기록문헌유산으로 등재했다.

[1] 하나우

- 가장 인기 있는 도시, 그림 형제의 고향, 삽화를 그렸던 막내 동생 루트비히의 흔적들, 신시가의 시청사 앞 마르크트 광장에 건립된 기념 동상과 그림 형제의 문학상. 근처에 있는 필립스루에 성(Schloss Philippsruhe)에는 역사박물관과 아동극장 박물관이 있고, 매년 5월부터 7월까지 '그림 형제 동화제'가 개최된다.
- 그림 형제는 동화 작가이기 이전에 현대 독일어의 문법과 역사를 정리한 언

〈좌: 필립스루에 성, 우: 마르크트 광장의 그림형제 기념동상〉

어학자였다. 독일어를 정리하기 위해 전국에서 전래동화를 수집하여 각 지역별로 독일어의 방언이나 문법 등을 연구 및 정리한 것이 그들이 만든 동화집의 기원이 된 것이다. 그러니 그들의 업적을 단순히 동화집을 펴낸 것으로 이해해서는 곤란하다. 그래서 독일에서는 그림 형제가 활동하던 1800년대 후반부터 그들의 업적을 기리는 동상을 만들고자 했다. 이 때 후보지로 여러 도시가 거론되었는데, 대학교 교수로 재직했던 괴팅겐, 동화집을 펴냈던 카셀 등과의 경합 끝에 그림 형제의 고향인 하나우에 동상이 설치되었다. 동상 제작은 1896년, 높이는 6.5 미터로 그림 형제 실물보다 더 크게 제작되었다. 국가 차원에서 만든 기념비라는 것을 강조하기 위해 동상의 이름에도 "국립 동상(Nationaldenkmal)"이라는 단어가 들어갔다. 제2차 세계대전 동안에도 거의 파손되지 않았고, 오늘날에도 그 자리에 원래 모습 그대로 남아있다. 두 명의 주인공 중 앉아있는 사람이 동생인 빌헬름 그림(Wilhelm Grimm), 서 있는 사람이 형인 야코프 그림(Jacob Grimm). 문법 정리 등 언어학자로서는 형인 야코프 그림의 역할이 컸고, 동화책 발간에는 동생 빌헬름 그림의 역할이 컸다.

[2] 슈타이나우

- 그림 형제가 소년 시절(1791~1796)을 보낸 곳. 시청사 앞에 야콥 그림의 탄생 200주년이던 1985년에 그림 동화를 소재로 만든 샘이 있다.
- 르네상스 양식의 성에 들어선 박물관은 그림 형제에 관련된 것들을 전시하고 있다. 당시 그들이 살았던 '그림형제 하우스'는 현재 박물관으로 이용되고 있다. 그 앞에 있는 인형극장에서는 80년 이상의 역사를 가진 '홀츠쾨페 극단(Marionettentheater Holzköppe)'이 그림 동화를 중심으로 한 인형극을 3월부터 12월까지 공연한다.

〈좌: 그림하우스, 우: 홀츠쾨페 극단〉

[3] 마르부르크

〈좌: 엘리자베트 성당, 우: 마르부르크 성〉

- 라인 강의 지류인 란(Lahn) 강 옆에 있어서 정식 명칭은 'Marburg an der Lahn'(란 강변의 마르부르크)이다. 그림 형제가 3년간 법학을 배운 대학도시. 그림형제는 이 도시에서 '민속문학'도 연구했다
- 마르부르크는 중세 시대부터 란 강 연안의 교역 중심지로 발전한 곳이다. 13세기에 성벽을 구축했다.
- 헝가리의 공주였던 엘리자베트가 이곳에서 자선 사업을 하며 업적을 남겼기에 성녀로 시성되었다. 1235년부터 마르부르크의 슐로스베르크 끝자락에 들어선 고딕 양식의 엘리자베트 성당은 이 엘리자베트(Elisabeth von Thüringen, 1207~1231)에게 봉헌된 건축물인데, 이곳에 성녀 엘리자베트의 유해가 있었다. 그러나 종교 개혁 이후 프로테스탄트의 도시로 바뀌면서 제거되었다. 이 건물은 독일어권 최초의 순수 고딕 양식 교회건물이다. 이와 관련된 또 다

른 건축물이 트리어의 성모교회(Liebfrauenkirche, 1250년 건축시작), 막데부르크의 대성당(1209년 건축시작)이다. 모두 엘리자베트 성당을 벤치마킹 한 사례들이다. 후자는 로마네스크 양식이 많이 가미된 고딕양식 건축물이다. 두 건축물의 교회첨탑은 80m 정도에 이른다.

- 1527년 헤센 공국의 방백 필립 1세(1504-1567)는 마르부르크에 세계 최초로 프로테스탄트 대학교(Philipps-Universität Marburg)를 설립했다. 2년 후 10월 1일 그는 자신의 성에서 개최한 마르부르크 종교 담화[36]로 지도적 종교개혁자들의 범 유럽 화합을 도모했지만 성과는 없었다. 그 모임은 당시 가장 유의미한 신학자들의 회합이었다.
- 중부유럽에서 가장 아름다운 고딕 양식의 홀에 속하는 퓌어스텐잘(Fürstensaal, '제후의 홀'의 뜻)에서는 오늘날 정기적으로 콘서트가 열린다.
- 란트그라프 성은 현재는 마르부르크 성(Schloss Marburg)으로도 불린다. 마르부르크가 헤센의 영지가 된 후 헤센 공국의 방백 필립 1세 시절에 확장되었고, 30년 전쟁 때는 신교 도시였던 마르부르크에서 구교의 공격을 막는 요새로 사용되었다. 헤센 공국의 중심이 다름슈타트, 카셀 등으로 이동함에 따라 이 성은 주인이 없어지면서 관공서, 감옥 등으로 사용되다가 현재는 마르부르크 대학교에서 운영하는 문화사 박물관이 들어섰다.
- 제2차 세계대전 후 바이마르 공화국의 대통령이었던 파울 폰 힌덴부르크(Paul von Hindenburg, 1847~1934)의 유해가 동프로이센에서 옮겨져 엘리자베트 성당에 안치되었다.

[4] 카셀(Kassel)

- 세상에서 성서 다음으로 많이 읽히는 것은? 그림형제의 〈그림동화집〉이다. 옛날 옛적에 한 형제가 살았다. 그들은 카셀에서 여러 해 살았고 그곳에서 불후의 작품들을 남겼다. 그 중 하나가 어린이와 가족을 위한 동화집 〈도이체스 메르헨[독일 동화집]〉이다. 오늘날까지 카셀 사람들은 그림 형제 박물관, 기념제, 국제회의, 전시회 등을 통해 그들을 기리고 있다. 600km에 달하는 독일 동화가도에서 가장 중요한 거점 중 한 곳이 카셀이다.

---

36) 마르틴 루터, 울리히 츠빙글리, 필리프 멜란히톤 간에 프로테스탄트교의 각 지역성을 극복하고 단일성을 획득하고자 열린 회담.

- 〈카셀 도쿠멘타〉는 현대 예술에 관한 국제 예술계의 흐름을 확인하는 세계 최고의 전시회로 4~5년마다 한번 씩 열려 '현대미술의 올림픽'이라는 명성을 얻었다. 1955년부터 전시 장소는 프리데리키아눔이었으며, 1922년 '도쿠멘타 9'부터는 도쿠멘타 할레에서 열렸다. 2017년에는 〈도쿠멘타〉가 6월 10일부터 9월 17일까지 열렸다. 도쿠멘타 작품들은 항상 실외에 설치한다. 요제프 보이스의 '프로젝트 7,000 아이헨', 클래스 올덴버그의 '거대한 곡괭이', 그리고 조나단 보로프스키의 '하늘을 향해 걷는 사람들'과 같은 스펙터클한 야외 작품들을 시내 곳곳에서 볼 수 있다. 도시의 '명물'이기도 한 대형 예술 작품들은 전쟁 후의 복구보다는 옛것 위에 새롭게 건축하는 방식으로 이루어졌다. 즉 과거 유산과의 완전한 단절을 의미한다.
- 카셀은 독일에서 가장 유서 깊은 극장 도시 중 하나이기도 하다. 1605년에 이곳에 독일 최초의 극장이 건설되었는데, 오늘날 카셀의 주립극장이 그것이다. 빌헬름스회에 궁전 옆에 방대한 렘브란트 컬렉션을 보유한 대형 박물관은 아름다운 풍경으로 유명하다. 과거 두 세기 동안의 예술은 노이에 갤러리에서 볼 수 있다. 그 유명한 '괴테의 코끼리(Goethe-Elefant, 1770~1780)'[37]는 자연사 박물관에서 만나 볼 수 있다. 그리고 천체 물리 박물관에서는 천체, 시간 측정학, 측지학, 수학, 물리학에 관한 경이로운 장면들을 볼 수 있다.

■ 빌헬름스회에 산상공원(Bergpark Wilhelmshöhe).

- 카셀 근교의 하비히츠발트(Habichtswald)에 있다. 산 전체를 이용한 공원으로는 세계에서 두 번째 규모를 가진 공원이다. 언덕, 숲 녹지공원으로 과거 왕가의 궁전을 둘러싼, 유럽에서 가장 거대한 산상공원이다. 면적이 240헥타르나 된다.
- 공원의 출발은 1701년 산 정상에 건축된 헤라클레스 동상이다. 이후 1700년대 후반 산 아래에 헤센-카셀 방백인 빌헬름 1세(Wilhelm I, 1743~1821)에 의해 빌헬름회에 궁전(Schloss Wilhelmshöhe)이 건축되면서 산 정상까지 정원을 확대할 계획이었다. 이 공원은 1800년대 초반에 조성되었다.

---

37) 1773년부터 프리드리히 2세 방백의 동물원에서 살았던 코끼리. 대중의 사랑을 받은 이 코끼리가 1780년 카를스루에에서의 사고로 죽었다. 괴테는 이 코끼리의 해골을 해부학적으로 연구했다. 200년 이상된 해골이 자연사박물관 3층 오토네움에 전시되어 있다.

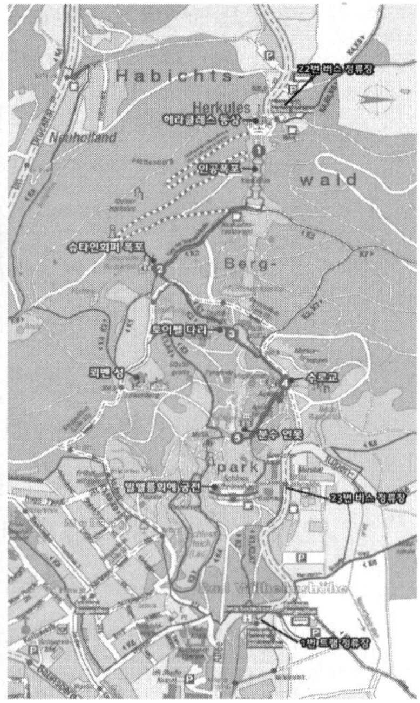

- 이 지역에 온천이 분출되면서 바트 빌헬름회에(Bad Wilhelmshöhe)라 불렸다. 그래서 궁전과 공원 이름도 자연스럽게 빌헬름회에로 불리게 되었다. 공원명칭에 '빌헬름'이 들어간 것은 이 궁전을 1785년부터 헤센-카셀 방백령의 방백이던 빌헬름 1세(1943~1821)가 건축한 때문이라고도 하지만 확실하지는 않다.
- 이 공원은 자연 친화적인 영국 정원 스타일로 조성되었는데, 자연, 건축, 조경으로 이루어진 종합예술품이다. 2013년 6월 23일 유네스코 세계문화유산에 등제되었다. 산상공원 지도에서 보듯이 산상공원 정상에 헤라클레스 기념비가 있고 이어서 인공폭포, 슈타인회퍼 폭포, 토이펠다리, 수로교, 분수 연못 등을 지나면 마지막에 빌헬름스회에 궁전이 있다. 뢰벤부르크 성은 코스에서 비켜있다.

■ **뢰벤부르크 성**(Burg Löwenburg)

- '사자의 성'이란 뜻을 가진, 1793년부터 1801년까지 고성 유적의 형태로 건축된 별궁이다. 예술사적으로는 독일 최초의 신고딕 양식 건물 중 하나이다.

〈좌: 뢰벤부르크 성, 우: 성 내의 예배당에 있는 기사묘석〉

산상공원의 남쪽 빌헬름스회에 궁전 위쪽에 있다. 뢰벤부르크 성은 그 건축주인 헤센-카셀의 방백 빌헬름 9세(1743~1821)가 퇴역 후 개인 별장으로 이용하였고 동시에 그의 묘지이기도 하다. 빌헬름 9세는 1793년 뢰벤부르크를 중세 영국의 기사고성의 유적 형태로 건축하게 했다. 바이센슈타인을 가끔 방문했던 괴테는 파우스트의 제2부 네 번째 막(메피스토펠레스가 파우스트에게 관능적인 쾌락의 장소를 묘사한 곳)에서 바이센슈타인의 환락 공원을 계획했다.

- 내부공간들은 바로크 스타일의 네 개의 군주용 방들로 구성되어 있다. 무기고에는 16, 17세기의 수많은 역사적인 무기와 철재갑옷들이 있다. 궁전예배당은 북부헤센 주변의 중세 교회들에서 가져온 물건들로 장식되어 있고, 재단 아래에는 방백의 무덤이 있는 지하납골당이 있다. 위의 오른쪽 그림은 예배당 내부에 조각가 요한 크리스티안 룰(Johann Christian Ruhl, 1764~1842)이 제작한 기사묘석(1800년경)이다. 역사적인 수집품들 중 전시물품들은 제2차대전 중에 안전한 곳으로 옮겨졌는데, 아직도 창고에 있거나 프리드리히슈타인 궁전(Schloss Friedrichstein)에 전시되어 있다. 이들 수집품이 복귀되려면 이 궁전의 재건이 완료된 시점이 될 것이다. 내부공간들은 현재 가이드와 함께만 관람이 가능하다.

■ **헤라클레스 기념비**(Herukles-Denkmal)

- 빌헬름스회에 산상공원에서 가장 높은 곳(해발 562m)에 위치한, 신전처럼 생긴 육각형 건물 꼭대기의 뾰족한 피라미드 위에 서 있다. 산상공원의 시작이자 카셀 시의 상징이다.

〈좌: 헤라클레스 기념비, 중: 헤라클레스 동상, 우: 수로교〉

- '헤라클레스'라는 이름은 입상뿐 아니라 여름 분수의 출발점이기도 하다. 팔각형 건축물과 헤라클레스 입상은 여러 건축 단계에 걸쳐 완성되었다. 헤센-카셀 공국의 방백 카를(Karl von Hessen, 1654~1730, 재위 1670~1730)이 절대 권력의 상징으로 그리스 신화에서 거인들을 평정했던 신과 인간이 결합하여 생겨난 반신(半神) 헤라클레스의 동상을 만들어 세우고자 마음먹은 때는 1713년이었다. 1700년 그는 이탈리아 출신 건축사 프란체스코 게레로(Francesco Gueriero, 1528-1599)를 만나러 이탈리아로 갔다. 1년 후 게레로는 카셀로 와서 이곳 부지를 조사했다. 1703년에 카를 방백은 게레로와 첫 계약을 체결했는데, 빌헬름스회에 공원에 물놀이시설을 짓는다는 것이었다. 비교적 큰 겨울 야산을 만들고 이와 연계해서 1704년 인공폭포를 만들기로 확정했다. 인공폭포를 위해 게레로는 부근의 숲속에서 적합한 건축소재를 물색했는데, 2종류의 암석을 이용했다. 하나는 아주 단단하고 내구성은 좋지만 가공하기가 어려운 현무암이고, 다른 하나는 가공하기도 쉽고 주변에 산재한 응회암이었다. 3세기의 작품인 '파르네스의 헤라클레스 상'을 모방하여 헤라클레스 기념비를 만들기 시작해서 1717년에 완성했다.
- 이 입상은 신전을 연상시키는 팔각형 건축물 위의 뾰족한 피라미드 위에 세워졌다. 전체 구조물의 높이는 70.5m, 동상 자체의 높이는 8.25m나 된다. 이 기념비를 받치고 있는 건축물 아래로는 길이 350m 정도의 계단식 인공폭포가 조성되어 있다. 인공폭포에서 흘러내린 물은 연못에 모였다가 동굴과 대지를 거치면서 수로를 따라 산 아래쪽으로 굽이굽이 흘러가게 되어 있다.

수로를 타고 온 물은 슈타인회퍼(Steinhöfer) 폭포와 악마의 다리(Teufelsbrücke), 수로교(Aquadukt)를 거쳐 분수연못(Fontanenteich)으로 모인다. 이 아래쪽에 빌헬름스회에 궁전이 있다. 그러니 빌헬름스회에 궁전에서 직접 보이는 '물의 정원'은 인공폭포가 중심이다.

- 특이한 곳은 수로교이다. 언뜻 보면 성문이나 다리가 폐허로 변한 것처럼 보이지만 원래의 모습 그대로다. 왜 이렇게 만들었을까? 수로교는 사람이 건너는 다리가 아니라 물이 흐르는 다리로 만들었기 때문이다. 그래서 산상공원에서 물의 쇼가 펼쳐져서 유량이 많아지면 수로교 위에서 물이 떨어져서 폭포로 바뀌는 것이다. 여기서 떨어진 물은 다시 아래쪽 수로를 통해 연못으로 흘러들어간다. 주변의 울창한 숲 틈에 폐허처럼 서 있어서 그 운치는 더욱 더 커지는 곳이다.
- 헤라클레스 기념비의 꼭대기와 인공폭포의 아래쪽의 고도차는 179m나 된다. 그러니 인공폭포만 따져도 100여 미터의 고도차이가 나는 셈이다. 폭포의 길이는 250m, 경사도도 만만치 않다.
- 헤라클레스 기념비에서 흘러나온 물이 마지막으로 고이는 곳이 분수연못이다. 연못 중앙에 큰 분수가 솟구치기에 분수 연못이라고 불린다. 분수는 평상시에는 가동되지 않고 물의 쇼가 펼쳐지는 시간에만 솟구친다. 연못에서 올려다보면 헤라클레스 기념비가 정면으로 보인다. 연못 뒤쪽에는 빌헬름스회에 궁전 앞쪽 정원이 펼쳐져 있다.
- 헤라클레스 기념비는 2013년 6월 23일에 빌헬름스회에 산상공원과 함께 절대주의 건축의 사례로서 유네스코 세계문화유산에 등재되었다.

■ 빌헬름스회에 궁전

- 오늘날의 궁전 자리에는 12세기부터 아우구스티누스파 바이센슈타인 수녀원(Augustinerinnen-Kloster Weißenstein)이 있었다. 이 수도원은 헤센의 방백 필립 1세(Landgraf Philipp I. von Hessen, 1504~1567) 시절에 세속화된 이후 수렵용 별궁으로 이용되기도 했다. 방백 필립 1세의 조카인 방백 모리츠(Moritz von Hessen-Kassel, 1572~1632)는 1606~1610년에 같은 자리에 새로운 사냥용 별궁을 건축케 했다. 이후 이 별궁은 그의 후계자들에 의해 증축되었다. 원래의 수도원 시설물들은 신축건물의 희생양이 되었다.

- 현재의 궁전은 1786년부터 1798년까지 빌헬름 방백 9세(Landgraf Wilhelm IX, 1803년부터 선제후 빌헬름 1세)에 의해 건축된 의고전주의 양식이다. 빌헬름 1세는 재위 기간 동안 미국 독립전쟁에 자신의 군대를 영국군으로 참전시켜 많은 돈을 벌었다고 한다. 벤치마킹된 것은 영국의 완스테드 하우스(Wanstead House)와 프라이어 파크(Prior Park)이다. 이 궁전은 공원 쪽으로 개방된, 대규모 3개의 날개 건물을 가진 형태로 계획하여 추진되었다. 측면 날개 건물들은 길게 뻗은, 폭이 좁은 건축물들인데, 좁은 측면들에는 반원형 건축물들이 딸려있다. 긴 측면들의 중앙은 자유롭게 세운 8개의 기둥들이 있는 건물 정면 돌출부(Avant-Corps)를 통해 강조되었다.
- 이 궁전이 국제적으로 유명하게 된 것은 미술관과 박물관으로 사용되면서부터다. 특히 중요한 것은 바이센슈타인 날개건물(Weißensteinflügel)에 있는 박물관인데, 이곳에는 유일하게 원래대로 남아있는 방백들의 공간들이 있다. 빌헬름스회에 궁전의 가장 오래된 부분인 이 바이센슈타인 날개건물에는 전쟁의 상흔들도 빠르게 제거될 수 있었다. 원래의 형태로 수리된 공간들은 1955년에 이미 궁전박물관으로 개장되었다. 모든 가구들은 품질이 아주 탁월하다. 이들은 루이 16세 시대 풍(신고전주의 양식)과 영국 풍으로 최초로 장식한 것들인데, 18세기 후반기부터 헤센 왕가가 선호했던 것들이다. 그러나 1815년 이후 왕정복고 시대의 앙파르 양식(나폴레옹 1세 제정 시대의 예술 양식)도 꽤 많이 보인다. 가구비치들에서는 1760년부터 1830년까지 궁정 주거양식에서 빠른 변화가 있었음을 읽을 수 있다. 헤센의 유명한, 그러나 외지의 흔하지 않은 매뉴팩처에서 만들어진 글라스, 도자기, 질그릇 등은 헤센 왕가의 재력과 취향을 보여주는 단적인 사례들이다. 또한 이들은 그 지역의 공예 능력도 뛰어났음을 입증하는 것들이다.
- 오늘날 미술관과 박물관에는 고대의 조각을 소장한 고대 수집품 전시관

(Antikensammlung), 뒤러나 렘브란트 등의 회화를 소장한 옛 거장 미술관 (Gemäldegalerie Alte Meister), 판화 전시관(Graphische Sammlung) 등이 있다.

- 2013년 6월 23일 빌헬름스회에 산상공원은 궁전과 함께 유네스코 세계문화 유산에 등재되었다.

[5] 바트 빌둥엔(Bad Wildungen)

- '백설 공주와 일곱 난장이들'의 배경이 된 곳.
- 동화 가도의 중간에 위치한다. 아기자기한 빨간 지붕의 마을도 아름답지만, 600년이나 된 온천이 자리하고 있다.

[6] 자바부르크 성

- '잠자는 숲속의 공주(Dornröschen)'의 고향. 장미공주의 성(Dornröschenschloss)이라고도 한다. 자바부르크 성은 하르츠 산맥의 숲속에 숨어있다. 카셀에서 북쪽으로 25km 떨어진 베저 강변에 있다고 하지만 숲속에 있어서 찾아가기가 쉽지 않다. 정말 잠자는 공주처럼 숲 사이로 드러낸 작고 고즈넉한 성은 15세기 무렵 이 지역을 통치하던 헤센공국이 멸망하면서 황폐화되었다. 그림 형제가 동화를 수집하던 19세기에도 아무도 살지 않았던 관계로 그야말로 가시장미 넝쿨이 온 성을 뒤덮고 있어서 형체조차 알아보기 힘들었다고 한다. 지금도 그 일대는 무성한 숲으로 뒤덮인 자연 동물공원으로 지정되어 있다.
- 동화이야기: '14세기, 오랫동안 자식을 낳지 못하던 왕실에 오로라 공주가 태어난다. 왕과 왕비는 기뻐하며 이 날을 축제일로 정하고 필립 왕자와 오로라를 약혼시킨다. 이 때 6명의 요정이 초대되어 공주에게 선물을 한 가지씩 주고 있는데, 초대받지 못한 마녀가 나타나서 공주가 16세가 되기 전에 물레 바늘에 손이 찔려 죽게 될 것이라고 저주한다. 그러나 요정들의 도움으로 공주는 죽지

않고 깊은 잠에 빠지게 된다. 이때 공주의 신변을 걱정한 요정들은 공주뿐 아니라 성안의 모든 사람들도 잠들게 한다. 그 뒤 공주를 사랑하는 필립 왕자는 요정들의 도움으로 마녀의 모든 방해를 물리치고 진실한 사랑의 키스로 공주를 깨운다.'

- 4월부터 10월까지 '장미 공주와 왕자' 연극이 공연된다. 유럽에서 가장 오래된 동물공원도 이곳에 있다.
- 프랑스의 샤를르 페로(1628~1703), 이탈리아의 바질도 잠자는 공주 이야기를 하고 있다.

[7] 트렌델부르크(Trendelburg)

- 라푼첼(Rapunzel)의 배경이 된 도시. 13세기에 건축된 트렌델부르크 성을 중심으로 도시가 발달했다. 이 성의 남동쪽에 있는 경비탑이 '라푼첼' 동화의 삽화에 등장한다. 이 성의 입구는 작아서 들어갈 때 허리를 굽혀야 들어 갈 수 있다. 커다란 목조문을 지나 계단을 오르면 왕자와 라푼첼이 사랑을 나누던 경비탑에 이른다. 나무와 벽돌로 둘러싸인 경비탑은 겉보기와는 달리 푸근한 느낌을 준다. 이 성의 여러 가지 자랑거리 중 으뜸은 누구나 동화 속 주인공이 될 수 있다는 점이다. 라푼첼과 왕자가 사랑을 나누던 곳에서 투숙이 가능하기 때문이다. 옛 영주 부부가 사용하던 방에서 온 가족이 함께 머물 수도 있다. 동화의 무대가 된 세계적 명소 중 모든 공간을 자유롭게 관람하고 휴식과 여가를 즐길 수 있는 곳은 이곳 트렌델부르크 성을 제외하면 흔하지 않다. 성에는 호기심을 자극하는 유물도 제법 있다. 군주와 가족이 사용한 호화로운 생활용품과 갑옷, 무기류 등등. 흥미로운 유물과 전시품으로 가득한 여러 곳 중 빼놓을 수 없는 곳이 지하실이다. 과거에 감옥과 창고로 사용한 지하실은 현재 레스토랑으로 운영 중이다. 작은 돌을 이용해 완성한 옛 감옥은 아늑해서 마치 연회장에 온 느낌이다.
- 매주 일요일 오후 3시에는 소박한 라푼첼 야외극이 펼쳐진다. 출연진이 주민으로 구성된 야외극은 규모 면에서는 하멜른(〈피리 부는 사나이〉의 무대)이나 브레멘(〈브레멘의 음악대〉의 무대) 야외극에 비교할 수 없을 정도로 작다.
- 트렌델부르크 성의 일부가 트렌델부르크 고성호텔로 운영 중이다. 24개의 방이 있고, 〈라푼첼〉의 무대인 망루는 허니문 룸으로 사용되고 있다.

〈좌: 알스펠트의 시청사, 와인하우스, 가장 오래된 목골가옥과 발푸르기스교회, 우: 트렌델부르크 성〉

[8] 알스펠트(Alsfeld)

- 동화 〈빨간 모자(Rotkäppchen)〉의 무대가 된, 카셀 남쪽 약 80km 지점에 있는 오래된 마을. 옛날 모습을 그대로 간직하고 있는 목골 가옥과 민속 의상 등에서 소박한 전통을 느낄 수 있다. 원래 빨간 모자는 어린 소녀가 머리에 쓰는 이 지방 민속 의상인데, 적령기의 처녀는 녹색 모자를, 결혼한 여자는 보라색의 모자를 쓴다고 한다. 알스펠트 향토박물관에는 이 지방의 민속 의상과 각종 공예품 등을 모아 전시하고 있다.

[9] 하멜른

- 〈쥐 잡는 사나이〉(Rattenfänger von Hameln)'의 도시.
- 이 도시는 '하멜른의 피리 부는 사람'이라는 전설의 고향이다. 이 이야기는 한때 전 유럽을 공포의 도가니로 몰고 간 흑사병과 관련이 있다. 중세 이후에도 유럽 사람들의 위생관념은 열악한 상태였다. 그 유명한 베르사유 궁전의 화려함 속에도 욕실이나 화장실이 없었다. 페스트가 유럽을 휩쓸고 간

〈좌: 하멜른의 쥐 잡는 사나이, 중: 마르크트 교회와 예식장, 우: 예식장의 종시계〉

것은 우연이 아니다. 확인되지 않은 역사에는 중세 유럽을 몽골군보다 더 공포로 몰아넣었던 흑사병은 중국 남부에서 발생하여 몽골 병사들을 통해서 북부로 옮겨졌다고 한다. 이 흑사병이 몽골 왕실을 무너뜨렸다는 설도 있다. 원나라 통치자들의 납득할 수 없는 연쇄적인 죽음이 흑사병과 연관이 있다는 소문이다. 중국에서 발생한 흑사병은 유럽으로 건너가서는 유럽의 불결한 환경에서 급속도로 퍼져나갔다. 유럽인구의 1/3이 이 병에 걸려서 죽었다.

- 쥐는 인간이 있는 곳이면 어디에도 있으며 언제나 골칫덩이였다. 하멜른은 멋진 도시였지만 쥐가 항상 말썽이었다. 주민들은 시장에게 쥐를 없애달라고 민원을 넣지만 시장은 방법이 없었다. 그러던 어느 날 낯선 남자가 피리를 가지고 나타난다. 그는 시장에게 도시의 쥐들을 모두 없애 줄 테니 금화 천 냥을 달라고 요구한다. 이 피리 부는 사람이 피리를 불자 여기저기 숨어 있던 쥐들이 모두 사나이를 뒤따라가 강에 빠져 죽고 만다. 시장은 문제가 해결되자 약속한 금액의 일부만 주고 사나이를 쫓아낸다. 얼마 후 이 사나이는 하멜른에 다시 나타나 피리를 불었고, 이번에는 아이들이 사나이의 뒤를 따르게 되었다. 이후로는 이 도시에서 아이들을 다시는 볼 수 없게 되었다는 이야기다. 일설에는 이 아이들이 십자군전쟁에 끌려갔다는 이야기도 전해온다. 하멜른에서 밥상에는 쥐가 올라오기도 한다. 쥐 조형물 용기이다. 그 안에 삶은 계란이 담기기도 한다.
- '쥐 잡는 사나이의 집'(Rattenfangerhaus): 오스터 거리의 회색 석조 가옥 건물 이름이다. 현재 1층은 레스토랑으로 영업 중인데, 입구에서 쥐 모양의 빵을 팔고 있다.
- '붕겔로젠 골목'(Bungelosengasse): '붕겔로젠'은 음악을 연주하지 않는다는 뜻인데, 쥐 잡는 사나이가 아이들을 데리고 이 골목을 지나 마을을 떠났다고 해서 붙여진 이름이다. 지금도 이 거리에서는 노래와 춤을 금지한다.
- '예식장'(Hochzeitshaus): 1610~1617년에 건축된 하멜른 시민들의 결혼식장이다. 마르크트 광장 앞에서 크고 작은 종들을 늘어뜨리고 있는 건물이다. 매일 8시 35분과 11시 5분에 '쥐 잡는 사나이의 노래'와 '베저 강의 노래'가 나오고, 13시 5분, 15시 35분, 17시 35분에는 이곳에 설치된 회전무대에서 쥐 잡는 사나이의 전설에 기초한 인형극도 상연된다. 5월부터 9월까지는 매주 일요

일 12시부터 예식장 앞에서 80명의 아마추어 배우들이 공연하는 야외극은 1시간 정도 공연한다. 뮤지컬도 여름 기간에 수요일 오후 4시 반에 40분간 공연된다. '쥐 잡는 사나이'가 퇴치한 쥐는 하멜른의 브랜드이자 캐릭터 상품이다.

[10] 폴레

- '신데렐라(Aschenputtel)'의 성이 있었던 곳.

〈좌: 폴레 폐성 근처 신데렐라의 구두, 중: 폴레 폐성, 우: 폐성 입구〉

- 디즈니랜드에서 노이슈반슈타인 성을 본 따서 신데렐라 성을 만드는 바람에 사람들의 뇌리에서 잊어진 니더작센 주의 조그만 마을. 트렌델부르크에서 차로 한 시간 정도 거리에 있다.
- 폴레는 '신데렐라'의 고향이다. 신데렐라는 폴레 폐성에서 정기적으로 지역 아마추어연극단이 공연한다. 1년 또는 2년 마다 바론 폰 뮌히하우젠(Baron von Münchhausen, 1720~1797)과 폴레 출신의 신부 베른하르디네 폰 브룬(Bernhardine von Brunn)과의 결혼식을 역사적으로 재연한다. 이 프로젝트는 유럽연합이 독일 동화지역의 일부로서 재정 지원을 하는 것이다.
- 폴레 폐성은 폴레 마을 위쪽 25m 높이의 원추형 꼭대기에 있는, 베저 강변 계곡에서 꽤 인상적인 성터이다. 이 성은 1285년에 처음으로 문헌에서 '에버슈타인 고성(Burg Everstein)'으로 등장했는데, 에버슈타인 백작의 거성들 중 하나였다. 30년 전쟁 중이던 1641년에 이 성은 스웨덴 군에 의해 파괴되어 폐허로 남게 되었다. 1년에 여러 번 문화 행사들이 고성 안뜰에서 개최된다. 2007년부터 2009년 9월까지 이 성에서 고고학적 발굴 작업이 있었는데, 발굴된 유물들은 고성박물관에서 관람할 수 있다.

[11] 바트 오르프(Bad Orb)

- 〈개구리왕〉(Froschkönig)'의 고향.

〈좌: 바트 오르프 구시가지, 우: 우물 속을 들여다보는 공주(베른하르트 베니히의 삽화)〉

- 헤센 주의 요양도시. 독일에서 가장 큰 삼림지대 중 하나인 자연공원 슈페사르트(Spessart)의 산악지대에 있다. 좁은 골짜기들로부터 슈페사르트 삼림지대를 지나 밀텐베르크 근처의 그로스호이바흐로 가는 '노새길(Eselweg)'은 바트 오르프 옆을 지난다. 이 길은 옛 무역로드이자 소금로드였는데, 근세에는 오르프의 소금이 마인 강의 배편으로 운송되었다.
- 바트 오르프가 도시권한을 얻은 때는 1244년 무렵이었는데, '오르버 핼블링(Orber Hälbling)'(1/2 페니히)이라는 동전 주조권도 가진 도시였다. 이 시기에 유래한 것이 성벽과 성문 같은 도시방어시설의 잔해들이다. 당시의 영토는 마인츠 대교구에 속했다. 1428년부터 1566년까지 바트 오르프는 하나우 백작에게 담보로 잡혀있었다(1456년부터 하나우-뮌첸베르크 백작령). 하나우-뮌첸베르크 백작령이 6세기 중엽 종교개혁에 동참한 반면에, 오르프는 다시 마인츠의 지배를 받게 됨에 따라 로마-가톨릭으로 남았다. 바트 오르프의 구시가지는 프랑켄 지역 특유의 목골가옥들을 품고 있다. 이들 중 가장 오래된 가옥들은 일층이 석조로 되어 있다.
- 〈개구리 왕 또는 철의 하인리히(Der Froschkönig oder der eiserne Heinrich)〉는 우리가 흔히 '개구리왕자'로 알고 있는 동화다. 공주의 진정한 사랑을 얻어서 마법에서 깨어난다는 것은 그야말로 동화적이다. 원작에서는 공주가 자꾸 귀찮게 하는 개구리를 집어 던져 벽에 부딪치는 바람에 왕자로 변하게 된다는

이야기로 나온다.

[12] 헤시쉬 리히테나우(Hessisch Lichtenau)

- 그림 형제의 가장 유명한 동화 속 인물 중 한 명인 홀레 부인의 고향. '홀레 부인' 이야기는 이렇다. '한 과부에게 딸이 둘 있었는데, 한 딸은 황금 마리라고 불리며 예쁘고 부지런했지만, 피치 마리라고 불리는 다른 딸은 밉고 게으르다. 그러나 피치 마리가 과부의 친딸이었기 때문에 피치 마리는 언제나 게으름을 피우고 호강하는 반면 황금 마리는 언제나 부엌데기였다. 어느 날 황금 마리는 우물에 실패를 떨어뜨려서 그것을 찾으러 갔다가 우물 속에 있는 홀레 부인의 집을 가게 되고 거기서 홀레 부인이 시키는 일(매일 깃털이 날리도록 홀레 부인의 이불을 터는 일)을 성실하게 한 대가로 많은 황금을 얻는다. 이것을 본 피치 마리도 홀레 부인을 찾아가지만 게으름을 피우고 일을 하지 않아 그 대가로 온몸에 피치(역청)을 뒤집어쓰게 된다.'
- 동화가도와 목골가옥가도가 이 도시를 지난다. 역사적인 건물들, 공원들, 정원들이 홀레 부인의 땅, 즉 1289년에 태동한 "리히텐 아우에(Lichten Aue)"로 가는 관문이다. 헤시쉬 리히테나우는 도시성벽 안에 가득한 목골가옥들 사이로 조그만 골목들과 환상적인 뒤뜰들을 품고 있다. 완전하게 보존된 타원형 도시성벽 안에 도시의 역사가 고스란히 남아있다.

▸ 홀레 부인의 땅(Frau-Holle-Land)

- 이 멋진 산악지대에는 아직도 홀레 부인을 둘러싼 동화, 신화, 전설들이 살

〈좌: 홀레부인 둘레길, 우: 둘레길의 조형물들〉

아있다. 가장 오래된 전설들은 이곳에서 유래한다. 이 전설들을 품은 마이스너 산에서부터 홀레 부인이 침대이불을 털자 그 산 위에는 눈이 내렸다는 것이다.

▸홀레부인-둘레길(Frau-Holle-Rundweg)

- 홀레 부인-둘레길은 12 단계에 걸쳐 전설과 동화 속의 인물을 헤시쉬-리히테나우 시와 연결시키고 있다. 이 둘레길은 홀레 부인 공원의 정문에서 시작한다. 둥근 입구는 이야기 샘을 상징하며 홀레 부인 랜드로 들어간다는 의미가 있다고 한다.
- 공원 중앙의 중심인물은 청동으로 만든 홀레 부인 동상이다. 공원 전체에는 카셀 예술대학교 학생들의 예술작품들이 설치되어 있는데, 동화와 전설과 관련된 인용문들을 새긴 청동 판들이 덧붙여져 있다. 7번째 단계에서는 2.5톤이나 되는 브렉센에서 출토한 천연사암(Wrexener Buntsandstein)에 조각된 프레이야(Freya) 여신을 만날 수 있다. 이 여신은 북유럽 신화에서 사랑, 행운, 다산을 상징한다. 9번째 단계에서는 둘레길의 핵심이 되는 홀레움(Holleum), 즉 홀레 부인 박물관을 만나게 된다. 몇 개의 단계를 더 지나면 둘레길은 동화의 분수(지옥으로 들어가는 입구 상징)에서 끝난다. 플라스틱 조각상들은 행복한 아이들, 그리고 행운의 마리아와 불운의 마리아의 귀환을 알려주는 수탉이다.

[13] 브레멘

- 〈음악대〉의 도시
- 한자 도시 브레멘은 독일의 10대 대도시들 중의 하나이자 '동화가도'의 회원

도시들 중에서도 최대 도시이다. 마르크트 광장과 그 주변에는 유네스코 세계유산에 지정된 화려한 시청사와 롤란트 석상, 대성당, 브레멘에서 가장 오래된 슈노르(Schnoor) 지구, 그리고 전통 깊은 뵈트허 거리(Böttcherstrasse)의 희귀한 건축 양식 등이 있다. 물론 그림 동화에 등장하는 '브레멘 음악대' 동상도 있다. 성 베드로 대성당 옆에서는 5월부터 10월까지 매주 일요일에 '브레멘 음악대'의 야외극이 상연된다. 매년 2월에는 독일 최대의 삼바 축제가 열리고, 10월 하순에는 2주 동안 열리는 '프라이마르크트(Freimarkt, '노천시장'의 뜻)' 축제는 950년 이상의 역사를 가진, 독일에서 가장 오래된 국민 축제 중 하나이자 독일 3대 축제 중 하나이다.

- 브레멘은 브레머하펜과 함께 독일에서 가장 작은 연방주를 이루고 있다. 브레머하펜 항구는 2개의 도시를 양분하고 있는데, 함부르크에 이어 독일에서 두 번째로 큰 항구이기도하다. 이곳은 원래 베저 강 외곽에 있었는데, 19세기 초에 건설할 당시에는 한자도시 브레멘이 바다로 접근할 수 있는 단순 길목 역할을 했다. 그러나 지정학적 중요성과 역동적인 교역량의 증가로 길목으로서의 기능을 넘어 고속성장을 하게 되었다. 1847년 브레머하펜은 유럽과 아메리카 간의 최초의 증기선 정기노선의 종점이 되었다. 곧이어 운송화물과 해외이주자 사업이 활발해지면서 엄청난 경제적 도약이 시작되었다. 브레머하펜이 도시체제를 갖춘 때는 1851년이었다. 결정적인 영향은 당시 세계 최강의 선박회사로 부상한 브레멘 선박회사인 '노르트도이처 로이드(Norddeutscher Lloyd)'에 의한 발전이었다. 그동안 고속성장의 모델이 된 북해 연안의 이 항구는 복합 서비스 산업 중심지로 탈바꿈하였다. 해상무역, 어업, 조선업 외 R&D와 관광업도 중요한 경제요인들이 되었다. 1947년부터 브레머하펜은 연방주 브레멘에 귀속되면서 니더작센 주의 영토 때문에 분리된 까닭에 특이한 '두 개의 도시 주'로 불리고 있다.

〈브레멘 음악대〉

- 4마리의 동물들(당나귀, 개, 고양이, 수탉)이 등장한다. 실제로 이들이 브레멘에 도착한 것은 아니다.
- '열심히 일하던 당나귀는 나이가 들어 일을 할 수 없게 되어 주인에게 학대를 당하게 되었다. 견디다 못한 당나귀는 도망쳤고, 브레멘에 가서 음악대에

들어가고 싶어 했다. 여행 중에 만난 비슷한 처지의 개, 고양이, 닭과 차례로 만난다. 그들은 당나귀의 제안에 찬성해 브레멘으로 향한다. 브레멘으로 가는 길은 멀고 날도 저물어서 동물들은 숲속에서 쉬려고 했는데, 불이 켜진 집이 있어서 그 집에 가보니 안에서는 도둑들이 저녁을 먹으며 금화를 나누고 있었다. 음식을 먹고 싶었던 동물들은 도둑을 쫓아내기 위해 꾀를 냈다. 창가에서 당나귀 위에 개가 올라타고, 개 위에 고양이가 올라타고, 고양이 위에 닭이 올라타서 일제히 소리를 질렀다. 도둑들은 그 소리에 놀랐고, 창 밖에 비친 동물들의 그림자를 보고 괴물이 나타났다며 황급히 도망쳤다. 동물들은 집 안에 들어가 음식을 먹고 배가 불러 불을 끄고 잠이 들었다. 숲속으로 도망친 도둑들은 집을 탈환하려고 했다. 그리고 한 명이 정찰을 위해 캄캄한 집에 들어갔는데, 동물들은 집에 들어온 도둑들을 덮쳤다. 당나귀는 걷어차고, 개는 물어뜯고, 고양이는 할퀴고, 닭은 쪼아댔다. 크게 당한 도둑은 괴물에게 당했다고 보고했기 때문에 도둑들은 집을 탈환하는 걸 포기하고 도망쳤다. 동물들은 그 집이 마음에 들어서 눌러앉아 음악을 연주하며 사이좋게 살았다.'

07
라인란트-팔츠
(Rheinland-Pfalz)

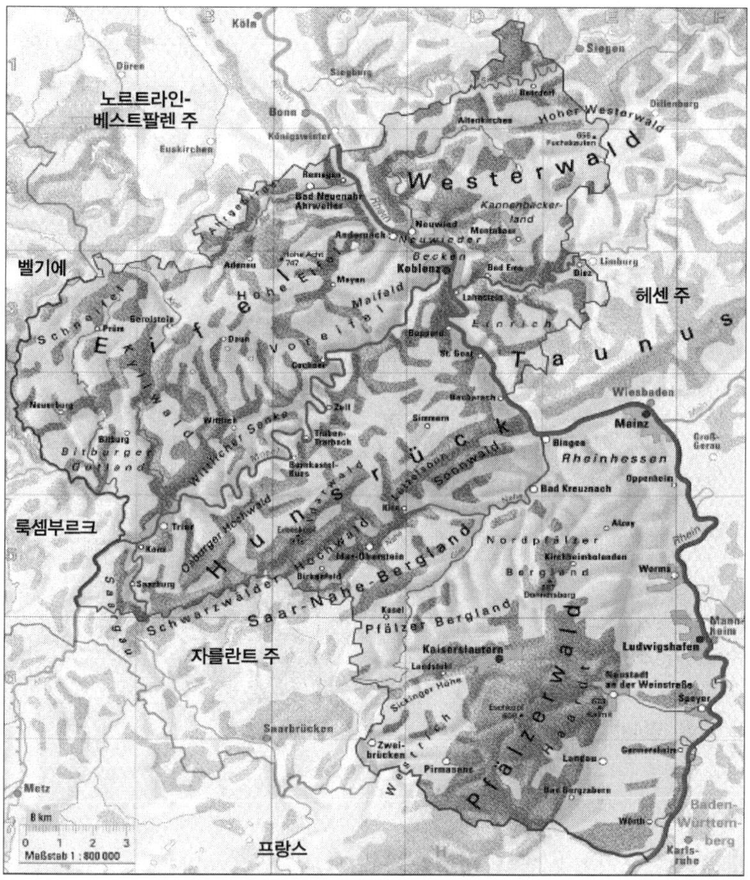

독일 남서부에 위치한 **라인란트-팔츠 주**는 라인 강과 그 지류인 모젤 강과 나에 강 및 중부산악지대인 아이펠과 베스터발트, 북쪽의 훈스뤼크, 남쪽의 팰처발트를 품고 있다. 빙엔과 코블렌츠 구간의 중상부 라인계곡은 수많은 고성과 유적들로 낭만적인 강변풍광의 결정체를 이룬다. 이곳과 지류 언덕에서 와인을 경작한 역사적 전통은 라인란트-팔츠 주를 독일 와인생산의 선두주자로 만들었다.

1. 자연을 품은 라인란트-팔츠

- 1946년 라인 연안의 팔츠와 헤센, 이전에 프로이센의 라인 주였던 지역의 남부(코블렌츠와 트리어 포함), 이전에 프로이센의 헤센-나사우 주였던 지역의 일부 등을 통합한 연방주.
- 남쪽으로는 프랑스와 자를란트, 서쪽으로는 룩셈부르크와 벨기에, 북쪽으로는 노르트라인-베스트팔렌 주, 동쪽으로는 바덴-뷔르템베르크 주와 경계를 이룬다. 독일 최대의 독일준령(Deutsche Mittelberge)과 라인 강이 서로 십자가 모양으로 교차하고 있다.
- 와인가도: 라인 강변과 모젤 강변 계곡의 훌륭한 와인가든.
- 유명 사적지: 마인츠, 슈파이어, 트리어, 보름스 등. 유네스코 세계문화유산에 등재된 사적지로 슈파이어 대성당(1981년), 트리어의 로마건축 기념물 및 대성당과 성모교회(1986년), 빙엔과 코블렌츠 사이의 중상류 라인 계곡, 상부게르만 국경로드(2005년)가 있다.

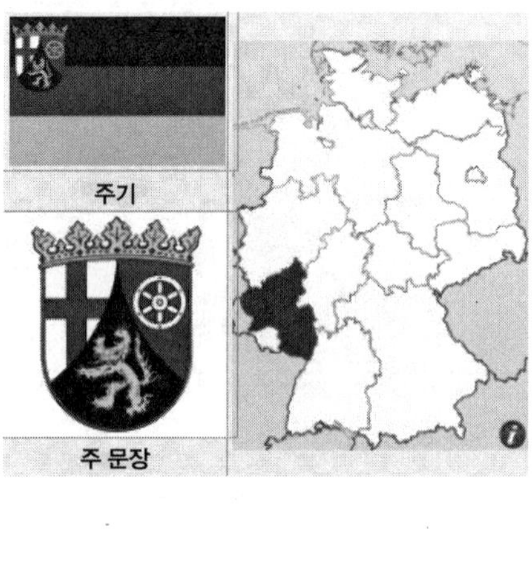

언어: 독일어
주도: 마인츠(Mainz)
인구: 4,077,581명(2017년)
밀도: 205명/km²

- 주기

독일연방 국기처럼 검정, 빨강, 황금의 3색 줄.
문장의 세 가지 상징은 이 주의 3 지역 표시.
은색 바탕에 빨강색 십자가는 트리어(Trier),
오른쪽은 빨강색 바탕에 여섯 개의 살이 있는 마인츠 수레바퀴(Mainzer Rad),
아래쪽의 검정색 바탕에 황금색 사자는 팔츠(Pfalz) 지역.

프랑크푸르트-한 공항(Flughafen Frankfurt-Hahn)

- ICAO 코드: EDFH
- IATA 코드: HHN
- 터미널 2개
- 활주로 1개. 03/21 3800m × 45m

▸ 일반

- 라인란트팔츠 주 키르히베르크에 있다.
- 저비용항공사(LCC, 예, 아일랜드의 더블린 공항을 베이스로 한 라이언에어(Ryanair)와 화물기가 주로 이용한다.

▸ 공항구조

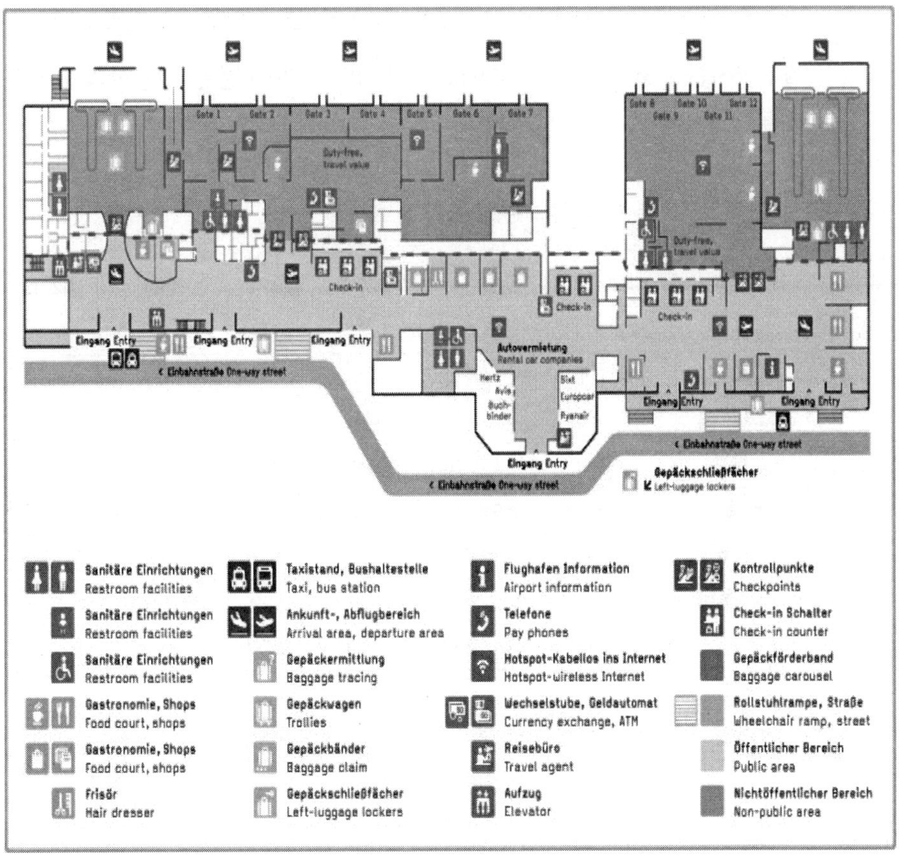

- 에어사이드: 공항은 남서쪽에서 북동쪽으로 흐르는 출/착 활주로가 있다. 아스팔트 층이 있는 콘크리트 구조이고, 길이는 3800m이다.
- 랜드사이드: 출/착 활주로 동쪽에 여객과 화물 운송처리용 건물이 있다. 여객터미널(관제탑 북쪽에 위치) 앞은 보잉 737~900이나 에어버스 A320~200 크기까지의 비행기들이 이용할 수 있다. 여객터미널 북쪽에는 항공화물 처리시설이 4개 있는데, Antonow An~124, Boeing 747~8, Airbus A 380~800 같은 비행기도 이용 가능하다. 앞의 그림은 제1터미널 평면도이다.

▸교통연계

- 철도편이 없다.
- 공항과 연계된 공항셔틀이 운행 중인데, 프랑크푸르트까지는 1시간 35분 정도(프랑크푸르트 국제공항 제2터미널 경유), 마인츠까지는 1시간 정도, 룩셈부르크까지는 약 1시간 50분(트리어 경유, 약 1시간), 하이델베르크(루트비히스하펜/만하임 경유)까지는 2시간 10분 정도(만하임까지 1시간 45분 정도) 걸린다. 공항과 쾰른을 하루에 3~4번 오가는 버스노선도 있다.

▸통계: 프랑크푸르트-한 공항의 운항 국가 정보

순위	목표국가	여객2016	변동	여객2015	출2016	변동	출2015
1	이탈리아	288.679	▼~7,27 %	311.309	1.941	▼~8,01 %	2.110
2	스페인	282.227	▼~5,08 %	297.328	1.741	▼~5,12 %	1.835
3	영국	136.120	▲1,49 %	134.122	943	▼~5,61 %	999
4	프로투갈	133.562	▼~1,76 %	135.959	794	▼~3,41 %	822
5	모로코	69.343	▲9,21 %	63.496	404	▲8,89 %	371
6	아일랜드	61.503	▲4,45 %	58.881	374	▲1,63 %	368
7	리투아니아	45.745	▼-0,22 %	45.847	290	▼~4,92 %	305
8	미국	42.068	▲41,09 %	29.816	270	▲57,89 %	171
9	쿠웨이트	37.909	▲28,78 %	29.438	197	▲30,46 %	151
10	루마니아	34.438	▲21,91 %	28.249	255	▲18,06 %	216

프랑크푸르트-한 공항 출발 노선들

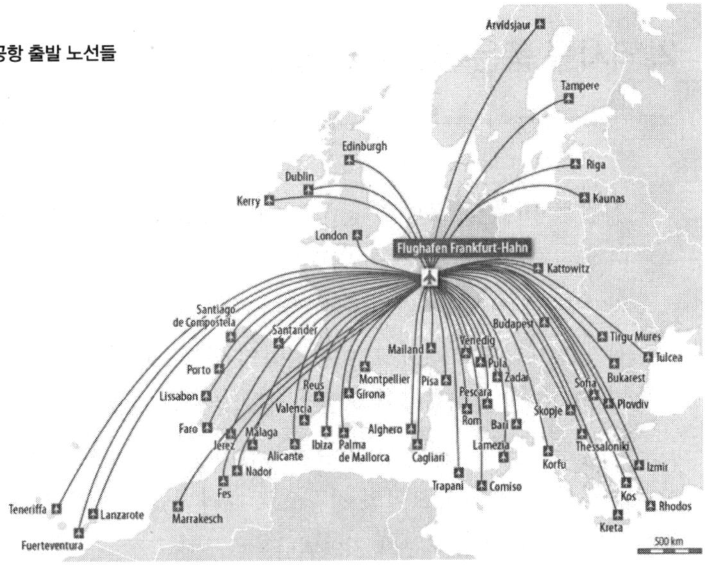

Quelle: Flughafen Frankfurt-Hahn
F.A.Z.-Karte: Levinger

〈http://www.faz.net/aktuell/rhein-main/flughafen-frankfurt-hahn-weit-weg-von-frankfurt-und-der-rentabilitaet-13033045.html〉

2. 역사를 품은 라인란트-팔츠

- 기원전 16년경, 로마의 군사적 요충지였다. 로마 초대황제 아우구스투스(Augustus, 63BC-AD14)가 아우구스타 트레베로룸(Augusta Treverorum)으로 명명한다, 나중에 트레베리스(Treveris)로 바뀐다.
- 서기 293년, 영국의 요크, 이탈리아의 밀라노와 더불어 서로마제국의 세 수도 중 하나로서 로마황제가 이 도시에 거주한다.
- 4세기경, 인구가 8만 정도, 지금의 10만 정도인 것을 감안하면 당시에는 대도시.
- 서기 5세기경 프랑크인의 침공으로 대파되었다가 복구되던 중 882년 바이킹족의 재침략으로 복구가 지연된다.
- 1248년, 도시 방어 성벽 완공, 14세기경 선제후 도시로 승격, 황제 선출의 중요한 역할을 하면서 이 시기를 전후하여 번창한다.
- 1794년, 프랑스혁명군에 점령되어 1804년 프랑스에 귀속, 1815년 나폴레옹의 패배로 비인평화조약에서 프로이센에 귀속된다.
- 제2차 세계대전 후 프랑스 점령지역의 일부, 1946년 연방 주로 탄생한다.

〈상식〉 라인란트-팔츠 주에는 로마인들이 대략 언제부터 거주하였을까?

(1) 약 500년 전 (2) 약 1000년 전 (3) 약 2000년 전 (4) 약 3000년 전

〈상식〉 트리어 대성당(Trierer Dom, Trier Cathedral)

- 독일에서 가장 오래된 성당 중 하나로, 예수의 성의가 안치된 성당이다.
- 예수가 십자가형을 받기위해 십자가를 메고 골고다언덕으로 갈 때 입었던 성의가 보관되어 있다.
- 이 성의는 성모 마리아가 손수 지은 것, 고대 그리스인이 입던 짧은 소매의 솔기 없는 겉옷.
- 서기 330년경 로마 황제 콘스탄티누스의 어머니 성 헬레나가 트리어의 대주교 성 아그리시우스(Bishop St. Agricius)에게 가져와 보관하게 되었다.
- 성 헬레나는 예루살렘 성지 순례 때 골고다에서 예수가 입었던 옷 등을 발견하고 콘스탄티노플로 가져왔다.

- 1196년, 교황청에서 트리어의 성의 존재를 공식적으로 진품으로 인정했다.

3. 문화를 품은 라인란트-팔츠

3.1. 마인츠(Mainz)

- 마인 강이 라인 강과 합류하는 지점의 서안에 위치한다.
- 기원전 14~9세기에는 켈트족의 거주지였다, 로마인의 침략 이후 모군티아쿰(켈트족의 신 중 하나의 이름)이라는 군사 막사가 건축되었다. 로마인이 떠난 후 게르마니아 수도원의 중심지로 발전, 6세기에 시가지가 완성되었다. 군사 요충지가 되었고, 상업은 프랑크푸르트 암 마인과 만하임에 밀려 거의 발전하지 못했다. 그러나 라인 강의 와인 교역의 중심지였다.
- 마인츠의 뿌리는 기원전 13년, 로마의 군인 드루수스(Nero Claudius Drusus Germanicus, BC38-BC9)가 성채를 건설한 것이 시초이다, '독일인 사도' 보니파티우스의 노력으로 747년에 대주교구청이 설치되었다(1802년까지), 이후 마인츠 대주교는 1000년 무렵부터 왕의 대관권을 보유했다.
- 1254년. 라인도시동맹의 중심지로서 자유도시가 되었고, 1356년부터는 선제후령이었다. 현재는 라인란트-팔츠 주의 정치 · 경제 · 문화의 중심 주도.
- 문화재: 975년에 건설된 로마네스크 양식의 마인츠 대성당, 가톨릭 주교좌 · 대학 · 가톨릭신학교 · 국립미술공예학교 · 기능공회의소 · 상공회의소 · 철도관리국 · 지방법원 등.
- 독일 최대 와인재배지인 라인-헤센 지역의 중심에 있어서 와인 양조업도 성행하고 있다.
- 인쇄술의 발명자 구텐베르크의 출생지, 그를 기념하는 마인츠대학교와 인쇄박물관은 세계적이다.

■ 마인츠 대성당(Mainzer Dom).

- 트리어의 대성당, 쾰른의 대성당과 함께 독일의 3대 대성당 중 하나. 원래는 로마네스크 양식의 성당이었으나, 이후 고딕 양식, 바로크 양식 등으로 증축되었다.

〈좌: 마인츠 대성당 전경, 우: 마리아 제단〉

- 975년. 오토 2세(955~983)가 착공하여 1037년에 완공했다. 신성로마제국의 황제 대관권을 보유한 마인츠 대주교의 돔이다.
- 중세 시대에 마인츠 대성당에서 몇 번에 걸쳐 왕의 대관식이 거행되었다. 중세 전성기와 후기에는 아헨이 전통에 따라 인정받은 대관식 장소였다. 마인츠에서의 대관식은 정적들은 대관식을 파기시킬 정도로 형식상 결함이 있는 것으로 보았다. 모든 대관식들이 마인츠 대성당에서 열린 것은 아니었다. 마인츠 대성당에서 는 1043년 아그네스 폰 포이토우(Agnes von Poitou[1025~1077])[38]의 대관식(마인츠 대주교. 바르도(Bardo[980/981~1051]))과 1077년 루돌프 폰 라인펠덴(Rudolf von Rheinfelden[1025~1080])(마인츠 대주교. 지크프리트 1세(Siegfried I.[xxx~1084))의 대관식이 열렸고, 구 대성당이던 이웃한 요하니스 성당에서는 1002년 하인리히 2세(Heinrich II.[973/978~1024])[39](대주교. 빌리기스(Willigis[940~1011]))의 대관식과 1024년 콘라트 2세(Konrad II.[990~1039])[40](대주교. 아리보(Aribo[990~1031]))의 대관식이 열렸던 것으로 추측한다.
- 1081년. 화재로 소실된 것을 12세기 말~13세기 초에 재건했다. 이때 일부 구조물 등에 고딕 양식을 도입했다. 십자형 구조로 동서에 내진이 있고, 내진

38) 남편인 황제 하인리히 3세(1016~1017)가 죽은 후 아그네스 황제로 대관식을 올렸다.
39) 오토 왕가의 다섯 번째이자 마지막 군주.
40) 1024년부터 독일 왕으로 선출, 1027년부터 신성로마제국의 황제와 이탈리아 왕, 1032년부터 아를 왕이었다. 잘리어 왕가의 시조. 작센 왕가의 바이에른의 하인리히 2세에게 아들이 없었기 때문에 모계로 오토 1세의 혈통인 그가 왕위를 승계했다. 프랑크인의 왕이란 칭호를 마지막으로 사용한 군주이기도 하다.

을 양쪽에서 끼고 있는 2개의 소탑 외에 2개의 대탑이 있다.

- 서쪽의 대탑은 1767년에 발생한 화재 이후에 완성한 것, 동쪽의 대탑은 원래는 고딕 양식이었으나 19세기에 네오로마네스크 양식으로 개축했다.

■ 구텐베르크(Johannes Gutenberg, 1397~1468)

- 마인츠 출생.
- 1434~1444년경. 마인츠를 떠나 스트라스부르에 머물 때 인쇄술 발명을 시작한다.
- 1450년. 마인츠로 돌아와서 금은 세공사이자 나중에 출판업자가 된 요하네스 푸스트(Johannes Fust, 1400~1466)와 함께 인쇄공장을 차려서 천문력, 면죄부 등을 인쇄한다.
- 2~3년 후. 기술이 향상되어 《36행 성서》와 《42행 성서》도 인쇄할 수 있게 된다. 이것이 이른바 《구텐베르크 성서》다. 그 때까지의 인쇄기는 아마포 압축기와 비슷했다. 틀에다 양피지를 바른 것으로 인쇄지를 고정시키는 방식으로 개량했다. 활자의 주형은 주석과 납의 합금, 그 주조법도 납땜 세공사의 손을 거치면서 고도로 발달한다. 그러나 1455년에 그의 사업은 파산한다. 출자자인 푸스트에게 부채의 보상으로 인쇄공장을 양도한다. 그 후 요하네스 푸스트와 그의 양자인 페터 쇠퍼(Peter Schöffer, 1425~1503, 서적인쇄 시절 최초의 서적 상인이자 출판업자)가 활자주조기술을 계속 개량한다.

〈좌: 요하네스 구텐베르크 초상, 우: 구텐베르크 목판인쇄기〉

- 1468년. 마인츠의 법률가 콘라트 후메리(Konrad Humery)의 지원으로 인쇄공장을 재건한다. 1460년경 《구텐베르크 성서》라는 성서를 출판한다. 이것이 1760년 추기경 마자랭의 문고에서 발견되었기 때문에 《마자랭 성서》라고도 한다.
- 1462년. 마인츠에서 성행하던 인쇄업은 마인츠의 대주교 자리를 노리던 스웨덴의 국왕 '북방의 사자' 구스타브 2세 아돌프(1594~1632)의 약탈로 파산한다. 구텐베르크는 많은 제자들과 함께 편력의 길에 나선다. 그 후 인쇄술은 마인츠로부터 남독일로, 전 유럽으로 보급되어 종교개혁과 과학혁명을 촉진한다. 후일 구스타프 2세의 초청을 받았고, 일종의 연금도 받았다.

구텐베르크 박물관(Gutenbergmuseum)

- 대성당과 성모 광장 사이에 있다.
- 한국보다 200여 년이나 늦었지만, 현재 세계 최초의 금속활자를 개발했다고 전해지는 구텐베르크를 기념해서 1900년에 설립한 것이다.
- 세계 2대 인쇄 박물관 중 하나. 보기만 하는 박물관이 아니라 사람들이 직접 체험할 수 있도록 만들어서 아이부터 어른까지 즐기는 박물관이다. 아주 넓은 내부에 구텐베르크의 작업장을 그대로 재현했다. 인쇄도구들이 그대로 보존되어 있고, 지금도 그 기구들을 이용하여 인쇄를 하고 있다. 구텐베르크의 초기 작품들 외에 한국을 비롯한 중국, 일본의 고대 자료들도 소장하고 있다. 한국의 국보인 대동여지도와 직지심경 복사본도 소장되어 있다. 청주 고(古) 인쇄박물관과 자매결연도 채결했다.

3.2. 보름스(Worms)

- 보름스는 우리에게는 니벨룽(독일어: 니벨룽엔)의 도시, 루터의 도시로 알려진 역사적인 도시이다. 트리어, 아욱스부르크, 켐프텐 등과 함께 로마가 라인강변을 따라 진군하면서 점령한 도시로서 독일에서 가장 오래된 도시 중 하나다. 435년 당시 주민들이 로마 총독에 대항하여 봉기를 일으키자 로마는 훈족을 동원하여 436년 도시를 완전히 파괴했다. 이 이야기가 북유럽 신화의 시구르드 전설을 모티브로 탄생한 게르만 기사도 문학 〈니벨룽의 노래〉

〈좌: 보름스의 리벨룽 다리, 대성당, 라인 강, 우: 니벨룽 박물관〉

에 영향을 미쳤다. 이 게르만 기사도 문학은 바그너에 의해 〈니벨룽의 반지〉로 재탄생했다. 〈니벨룽의 노래〉가 보름스의 역사와 무관하지 않다는 점에 기초하여 만든 니벨룽 박물관이 2001년에 개장했다. 말 그대로 〈니벨룽의 노래〉에 관한 박물관이다. 단순한 전시를 넘어 직접 체험할 수 있도록 전설을 보고, 듣고, 느낄 수 있는 공간으로 만들었다. 옛 성벽과 탑을 활용한 건물 디자인도 독특하다.

- 보름스는 마르틴 루터가 제국의회의 요구로 청문회를 받은 성 페터 대성당이 있는 곳이다. 루터는 청문회에서 자신의 신념을 굽히지 않자 황제는 루터를 법에서 추방했다. 법에서 추방했다는 것은 누가 루터를 죽여도 법의 저촉을 받지 않는다는 뜻이다. 그래서 보름스는 가톨릭의 중심지이면서 개신교에도 의미가 있는 도시다. 도시 전체에 두 종교의 기념물들이 산재해 있다.
- 화이트 와인 '블루 눈'(Blue Nun)의 생산지다. 이곳 성모교회(Liebfrauenkirche)에서 생산된다. 원래의 이름은 '성모의 우유'의 뜻을 가진 'Liebfraumilch'다.

역사

- 원래 켈트족의 정착지였고, 보르베토마구스(Borbetomagus)로 불렸다.
- 기원전 14년. 네로 드루수스(Nero Drusus)가 지휘하는 로마군이 점령하여 요새화되었고, 키비타스 방기오눔(Civitas Vangionum)으로 알려진 곳이다.
- 5세기. 부르고뉴 지방의 수도. 435년 주민들이 로마 총독 플라비우스 아이티우스(Flavius Aetius)에 대항하여 반란을 일으키자, 아이티우스는 훈족 군대

를 동원, 이들이 436년 이 도시를 파괴했다. 훈족의 보름스 파괴와 부르고뉴 왕국의 이야기가 서사시 《니벨룽의 노래》(1200년경)의 많은 부분을 차지하고 있다.

- 메로빙 왕조가 재건, 600년경 주교 관구가 된다.
- 그 후 카롤링 왕조의 군주들도 이곳에 궁성 건축. 이곳 주교는 1803년 정 · 교가 분리될 때까지 신성로마제국의 군주로서 오랫동안 라인 강 우안의 영토 관할. 그 후 그 영지는 헤센-다름슈타트에 귀속, 보름스 자체는 일찍부터 주교의 지배에서 벗어나 1156년 제국 자유도시가 된다.
- 100여 차례나 되는 제국의회 등 여러 가지 중요한 회합이 이곳에서 개최, 그 중 1076년 교황 그레고리우스 7세의 폐위를 선언한 주교회의, 1122년 보름스 협약으로 이어진 회의, 1495년 황제 막시밀리안 1세 때의 의회, 마르틴 루터가 황제 카를 5세 앞에서 자기의 신념을 표명한 1521년의 의회 등이 유명하다.
- 30년 전쟁(1618~1648) 때 많은 피해를 입는다. 1797년 프랑스에 합병, 빈회의(1814~1815)에서 헤센-다름슈타트에 귀속된다.
- 제1차 세계대전 이후 프랑스군에 점령(1918~1930), 제2차 세계대전 때는 도시의 절반 이상이 파괴된다.
- 상공업 도시, 포도주 거래의 중심지, 피혁, 섬유, 전기기구, 페인트, 도자기, 화학, 기계 등의 제조업이 활발하다.

문화

- 성 페터 대성당(Kaiserdom St. Peter). 마인츠 대성당, 슈파이어 대성당과 함께 독

〈좌: 성 페터 대성당, 중: 성모교회, 우: 루터기념비〉

일에서 가장 오래된 로마네스크 양식의 3대 카이저 돔[41] 중 하나다. 규모로는 3개의 돔 중 가장 작다. 네 개의 둥근 탑과 두 개의 대형 돔 그리고 끝에 제단이 설치된 바실리카 양식 대성당이다. 내부는 붉은색 사암으로 지어졌다. 1110년에 축성된 옛 성당 건물의 잔재는 1층 평면 부분과 서쪽 탑의 저층부만 남아있다. 그 외 나머지 부분은 대부분 1181년에 완공된 것들이다. 서쪽의 제단 부분과 아치 부분은 13세기에 건축된 것이다. 14세기에 남쪽 정문이 추가되었고 중앙 돔이 재건되었다.

- 성모교회. 원래의 이름은 리프프라우엔키르헤(Liebfrauenkirche). 포도밭으로 둘러싸인, 13~15세기에 건립된 고딕 양식의 성당이다. 이 지역의 유명한 백포도주인 '리프프라우엔밀히(Liebfraumilch)'는 이 성당의 이름에서 유래한 것이다. 영국과 미국에서는 블루 눈(Blue Nun)으로 알려져 있다.
- 루터 기념비(Luther Denkmal). 세계 최대의 종교개혁 기념물이다. 마르틴 루터에게 무한 애정을 가진 독일에서는 루터의 동상이 여러 도시에서 발견된다. 하지만 보름스의 루터 기념비는 루터와 종교개혁 운동가 전체에게 경의를 표하는 기념물이란 점에서 독특하다. 루터 기념비는 중앙의 루터 동상을 중심으로 여러 유명 종교개혁 운동가들의 동상이 둘러싸고 있는 구조물이다. 헤센 방백이자 마르부르크의 영주로서 프로테스탄트를 지지했던 필리프 1세(Philipp I, 1504~1567), 얀 후스(Jan Hus, 1369~1415), 존 위클리프(John Wycliffe, 1330~1384), 필리프 멜란히톤(Philipp Melanchthon, 1497~1560), 작센 선제후 프리드리히 3세(1463~1525) 등과 도시명들(아우크스부르크, 슈파이어, 막데부르크)도 보인다. 루터가 보름스 제국의회에 출석해 황제 앞에서 청문회를 당했던 곳에서 100여 미터 떨어진 루터 광장(Lutherplatz)에 조성했다(1868년).

41) 신성로마제국의 황제와 특별한 관련이 있는 대성당 명칭. 슈파이어 돔: 콘라트 2세 황제의 주창으로 1030년경부터 잘리어 왕조의 왕과 황제 무덤으로 건축. 이후 하인리히 14세 치하인 1082년부터 1104년까지 증축하고 아치형 천장을 덮었다. 마인츠 돔: 마인츠 대주교 빌리기스(940~1011)에 의해 975년 이후 건축, 1081년 돔 화재 후 하인리히 14세에 의해 재건축. 황제 대관식 거행. 보름스 돔: 콘라트 2세 황제가족 무덤. 4번의 제국의회와 2번의 제국회의가 열린 곳. 1801년 주교좌 교회 지위 상실. 그밖에도 카롤링 왕조의 주요 기념물로 아헨 돔, 프랑크푸르트 카이저 돔이 있다. 이후 황제 기념물(제단)로 밤베르크 돔, 쾨니히스루터의 카이저 돔, 막데부르크 돔 등이 있다.

3.3. 슈파이어 돔(Dom zu Speyer)

〈좌: 슈파이어 돔 전경, 우: 지하의 황제 무덤〉

- 1030년, 황제 콘라트 2세의 명령으로 기공, 1060년 하인리히 4세에 의해 성모 마리아와 성 슈테판에게 봉헌된 라틴십자형 독일 로마네스크 건축을 대표하는 바실리카식 성당.
- 하인리히 4세 치세 때 개축과 증축
- 11세기~12세기, 로마네스크 건축의 발달에 상당한 영향을 미쳤고, 18세기부터 현재까지 독일 및 유럽은 물론 세계의 복원 원칙 발전에도 영향력을 행사하고 있다.
- 크기로도 최대 규모이다. 독일 왕들의 묘지로 사용되어 역사적으로도 중요한 교회로 꼽힌다.
- 힐데스하임(Hildesheim)의 성 미카엘 성당의 설계를 적용했고, 라인란트에서 일반적으로 적용된 배치 유형을 완성했다. 평면 배치는 동관과 서관에 적용되었고, 네이브(nave, 바실리카 성당 등에서 좌우 측랑 사이에 끼인 중심부로서 예배자를 위한 장소)와 트랜셉트(transept, 라틴십자형 교회의 좌우 날개 부분)가 형성하는 주요 부분의 틀을 세우는 탑들을 대칭적이고 단독적으로 배치한 특징이 있다.
- 전체를 둘러싸는 회랑을 갖춘 건물로는 최초의 구조물이고, 보수 작업 중 추가한 회랑 체계도 건축 역사상 처음이다.
- 1689년 화재로 심각한 파괴. 그 뒤 18세기에 건축가 프란츠 노이만(1733~1785)은 이 건물을 로마네스크 양식으로 재건하고, 바로크 양식의 서향구조(Westwerk)도 건축했다(1772~1778). 바이에른 왕 루트비히 1세는 내부의 채색

을 의뢰했는데, 1846년~1853년까지 요한 폰 슈라우돌프(1808~1879)와 요제프 슈바르츠만(1806~1890) 유파의 화가들이 후기 나사렛 화풍으로 작업을 완료했다.

- 이 추가 작업물은 1854년~1858년에 서관으로 대체했는데, 이는 당시의 사상에 일치하는 로마네스크 양식을 모방한 작품이다. 같은 기간에 슈라우돌프와 그의 문하생들은 성당 내부를 장엄한 네오로마네스크 양식의 장식적인 그림과 거대한 역사적인 사각형 판으로 장식했다.
- 11세기 모습으로 되돌리기 위해 1957년부터 그림과 채색된 회벽층 제거 작업을 시작했다. 묘지로 쓰이던 지하실은 현재까지 원래 상태를 유지하였기에 특히 의미가 있다. 지하실에는 1039년~1309년에 매장된 8명 이상의 중세 독일 황제와 왕의 묘소가 있다. 콘라트 2세의 무덤도 있는데, 그가 죽었을 때는 지하실이 완공되지 않았기 때문에 2년 동안 다른 곳에 묻혀 있었다.
- 대성당 정문 앞 광장에는 1,560리터나 되는 거대한 석재 세례반이 있다. 이 세례반은 한때 교구와 도시 사이의 경계선을 상징한다.

3.4. 힐데가르트 폰 빙엔(Hildegard von Bingen, 1098-1179)

- 1098년 여름 베르머스하임 포어 데어 회에(Bermersheim vor der Höhe)에서 귀족인 아버지 힐데베르트(Hildebert)의 10형제 중 막내딸로 태어났다. 어릴 때부터 훌륭한 교육을 받았다. 8세 때 병약해서 디지보덴베르크[42] 베네딕트 수녀회에 맡겨졌다. 백작 메긴하르트 폰 슈폰하임(Meginhard von Sponheim, 1085~1135)의 동생인 은수자 유타(Jutta)의 보호 하에 읽기와 쓰기, 찬미가 부르기, 수작업과 음악 등의 교육을 받았다.

42) 성 디시보드(Disibod, 아일랜드어 Disens, 619~700)는 아일랜드인 승려이자 은자. 고향에서 주교로 봉직하였지만, 주민의 호응을 얻지 못해, 7세기 중엽 독일 선교에 나섰다. 빙엔 근처 라인 강의 지류인 나에(Nahe) 강과 글란(Glan) 강이 합류하는 곳에 수도원을 세웠는데, 이것이 유명한 디지보덴베르크 수도원이다.

힐데가르트는 12세 때부터 은수생활을 시작하여 14세 때 수도 서약을 하였다.

- 1136년, 유타가 죽자 38세의 힐데가르트가 수녀원장이 되었다. 1141년 그녀의 마흔 세 번째 생일날, 신비한 영적 체험을 하고 예언자적 소명을 받았다. 그녀는 처음에는 이 체험을 거부하여 내적 갈등으로 시름시름 앓게 되었다. 그래서 그녀의 스승이자 고해 신부에게 상담하였다. 마인츠 교구 대주교의 지시로 구성된 위원회에서 그녀가 체험한 환시가 사실로 확인되자 그녀의 환시를 글로 기록할 수 있게 했는데, 이를 위해 임명된 성 디시보드의 수도승 폴마르(Volmar, 1173년 사망)가 도왔다. 특히 힐데가르트가 살던 시대는 서방교회의 혼란기였기에 그녀의 예언자적 소명이 한층 더 큰 몫을 담당하게 되었다.
- 1147년, 힐데가르트는 다른 수녀들과 함께 디지보덴베르크 수도원을 떠나기로 결심했다. 이러한 결심을 하게 된 가장 큰 이유는 18명이나 되는 수녀들이 생활하기에는 수도원의 공간이 너무 좁았기 때문이었다. 힐데가르트는 떠나기에 앞서 또 다시 환시를 보았다. 그의 자서전은 이에 대해 이렇게 적고 있다. "성스러운 영혼은 힐데가르트에게 어떤 장소를 보여주었는데, 그곳은 라인 강 근처에 있는, 성 루페르트 고해 신부의 이름을 딴 언덕이었다."
- 1148년, 그녀는 빙엔의 루페르츠베르크(Rupertsberg)에 새 수녀원을 설립하고, 1150년 다른 수녀들을 데리고 디지보덴베르크 수도원에서 새 수녀원으로 옮겼다. 그해에 첫 번째 저서인 〈쉬비아스 도미니〉((Scivias Domini, 1151/52년)[43])가 완성되면서 명성도 더 높아졌다. 그녀는 자연과 치료에 관한 책, 〈책임 있는 인간〉(Liber Vitae Meritorum), 〈세계와 인간〉(Liber divinorum operum) 등도 저술하였다. 당시 그녀는 식물학자나 병을 치료해주는 사람으로 유명했다. 그녀의 시에 식물과 동물, 보석들이 상징적인 의미로 자주 등장하는 것은 다름 아닌 그 자신이 그 방면에 박식한 지식의 소유자였기 때문이었으리라. 그녀가 보여주는 기적 같은 일과 예지력이 알려지면서 사람들은 그녀를 〈라인의 예언자〉로 부르기도 했다.
- 1165년, 라인 강 건너편 아이빙엔에 두 번째 수녀원을 설립했다. 원래 이 수

43) 이 제목은 라틴어구 'Su vias Domini'(Know the Ways of the Lord)에서 따온 것. 35개의 미니어처 삽화가 그려져 있다.

녀원은 한 귀족부인이 설립한 것이었는데, 바르바로사 황제(프리드리히 1세, 1122~1190)가 일으킨 전쟁으로 폐허가 되었다가 1165년 힐데가르트가 재건한 것이다. 루페르츠베르크 수녀원이 점점 커짐에 따라 30여 명의 수녀들을 이 아이빙엔 수녀원으로 이동시켰다. 그녀는 자신의 환시를 설명하기 위해 네 차례나 독일 전역을 돌며 설교를 했다고 한다. 그녀는 1179년 9월 17일 81세의 나이로 선종하여 루페르츠베르크 수녀원에 묻혔다.

- 힐데가르트는 가톨릭에서 인정한 기적을 일으킨 것도 아니고 순교한 것도 아니고 공식적으로 시성되지 못했음에도 남긴 업적이 워낙 훌륭한지라 1664년부터 독일 마인츠 교구를 중심으로 그녀가 선종한 9월 17일을 축일로 기념하기 시작했다. 1940년에는 교황청은 공식적인 성인들 이름만 올리는 로마 순교록에 힐데가르트의 이름을 등재했다. 결국 사후 833년이 지난 2012년 5월 10일, 교황 베네딕토 16세에 의해 정식으로 성인 반열에 올랐고, 같은 해 10월 7일 교회학자의 칭호를 받았다.
- 그녀의 일대기를 다룬 영화 〈위대한 계시〉(Vision: The Life of Hildegard von Bingen, 2009)가 2011년 11월 24일 국내에서도 개봉되었다.

업적

- 가장 유명한 업적은 음악 부문이다. 그녀가 작곡한 전례극 'Ordo Virtutum'(= Order of the Virtues)은 현존하는 가장 오래된 도덕극이자 오페라의 기원으로 불린다. 그녀가 작곡한 각종 성가들은 당시 주류에서 벗어난 것이었지만 당시에도 유명했고, 지금도 불리고 있다.
- 책의 저술과정도 굉장히 비범한 것이 라틴어가 자신에게 익숙하지 않다는 이유로 직접 라틴어와 독일어를 결합한 문자를 만들어 썼다. 언어학에 굉장히 정통하지 않았다면 학문을 저술하는 데 통용 가능한 수준의 문자를 만드는 것 자체가 불가능하기 때문에 힐데가르트가 뛰어난 언어학자로 분류되는 이유이기도 하다. 또한 직접 그린 각종 삽화도 높은 평가를 받고 있다. 미술사적으로 높은 평가를 받고 있다는 수준까지는 아니지만 자신의 내용과 사상을 그림으로 잘 표현해낸 훌륭한 삽화가였다.
- 예언가이자 상담가로서도 활동하였다. 이런 신비주의적 면모를 현대에 객관적으로 검증하는 것은 쉽지 않지만, 최소한 당대에 높은 평가를 받은 것은

분명하다. 그렇지 못했다면 제 명에 죽기도 어려웠을 것이다 게다가 황제와 교황을 포함한 당대 유럽의 명사들이 힐데가르트와 주고받은 편지를 보면 그녀의 이야기에 상당히 관심을 보였고 또 존중했음을 알 수 있다.

- 또 최초의 독립된 수녀원을 세운 인물이다. 이전까지의 수녀원은 전부 남성 수도원에 종속된 형태로만 존재했었지만 힐데가르트는 자신의 명성과 영향력을 바탕으로 최초의 여성들만을 위한 독립된 수녀원을 건립했다. 그래서 페미니스트들에게도 굉장히 높은 평가를 받고 있으며, 당대의 여권운동가라고 봐도 무리가 없을 것이다. 힐데가르트가 두 번째로 지은 수녀원은 아이빙엔 지역에 위치해 있었는데, 이때부터 힐데가르트는 힐데가르트 폰 빙엔, 즉 빙엔의 힐데가르트로 불리기 시작했다.
- 즉, 당대 최고의 신학자, 사상가, 음악가, 작가, 의학자, 식물학자, 언어학자, 예언가 및 기타 등등(...)이었다. 거기에다 대부분의 분야에서 당대에 최고였을 뿐만 아니라 후대에도 길이 남을 업적을 남겼다.

3.5. 보석로드(Deutsche Edelsteinstraße)

- 반짝이는 돌을 찾아가는 탁월한 투어
- 보석 중심지이자 보석 도시인 이다-오버슈타인(Idar-Oberstein)을 둘러싼 아름다운 중부산악지대 훈스뤼크-나에(Hunsrück-Nahe)에 위치한 유일무이한 보석 로드. 이다-오버슈타인 주변 약 70km에 보석 가공으로 유명한 곳들을 두 갈레 길로 연결하여 1974년에 조성한 테마 루트이다.

이다-오버슈타인(Idar-Oberstein)

- 인구 3만여 명의 작은 도시다. 도시 전체가 산으로 둘러싸여 있는데, 도시의

지명에 슈타인, 즉 '돌'이 들어있듯이 보석으로 빛나는 독일 보석 산업의 상징적인 도시다. 명성에 걸맞게 이 도시에는 매년 전문보석업자를 위한 보석 박람회가 열리고 있다.

- 1933년 이 도시가 하나로 통합되기 이전에는 오버슈타인, 티펜슈타인, 알겐로트 등의 작은 마을들로 나눠져 있었다. 당시에도 이 마을들은 독일의 보석 산업을 이끄는 중요한 곳이었다. 1933년 이 4 마을이 하나로 통합되면서 이다-오버슈타인이란 신도시가 탄생하였고, 독일 최대의 보석도시로 발돋움하였다.
- 이곳이 보석과 관련된 계기는 무엇이었을까? 아게이트(Agate)와 재스퍼(Jasper) 광산이 발견되었고, 보석 가공 산업 육성에 걸맞은 환경적인 조건 때문이었다. 아게이트의 연마를 위한 사암과 연마에 필요한 동력을 모두 이 지역에서 자체 해결할 수 있었다. 이곳은 보석가공 500년의 도시답게 도시 곳곳에서 다양한 원석들과 보석상품들을 접할 수 있다. 게다가 호텔, 음식점, 약국, 병원에서도 자신의 상호명을 보석명으로 사용할 정도로 보석 사랑도 남다르다.

▶ 이다-오버슈타인의 세 가지 자랑거리

- 첫 번째, '다이하드' 영화의 주연 브루스 윌리스의 고향. 브루스 윌리스가 태어난 집도 있고, 그의 사진이 걸린 커피숍도 있다. 아버지가 이곳 주둔 미국 군인, 어머니는 독일인.
- 두 번째, 빨간색 박스로 포장된 독일의 주방용품. 냄비 등을 만드는 회사. '휘슬러' 본사가 있다. 휘슬러 공장과 본사가 있는 거리 이름은 하랄트-피슬러 거리 (Harald-Fissler-Straße). 초대 '휘슬러' 창시자 이름을 본 따서 만든 거리.
- 세 번째, 보석원석 가공의 중심지. 유럽에서 원석을 가공할 수 있는 나라는 독일과 핀란드뿐이다. 독일에서 유일하게 원석을 가공할 수 있는 도시가 바로 이다-오버슈타인. 이곳에는 세계 최대 원석 박물관도 있는데, 세상의 모든 원석과 보석류들이 1만점 이상 전시되고 있다. 박물관이 특히 중점을 둔 것은 이 지역의 광물들(특히 마노(瑪瑙))과 이 광물들의 가공과정을 보여주는 것이다. 전 세계에서 가져온 보석 관련 동판화와 조각품도 전시되고 있다.

〈좌: 이다-오버슈타인과 박물관, 중: 산호세공, 우: 고대의 양각한 보석〉

3.6. 독일의 와인과 와인가도

- 독일 최초의 테마 가도인 '와인가도(Deutsche Weinstrasse)'는 리슬링 와인을 비롯한 다양한 포도 품종의 산지이기도 하다. 이 가도는 역사가 깊은 팔츠 지방을 관통하는 길이다. 길게 뻗은 라인 강을 따라 북쪽에서 남쪽으로 약 85㎞의 도로가 이어진다. 그 지류인 모젤 강을 따라 모젤 와인가도가 연결되어 있고, 국경을 지나면 프랑스의 알자스 와인가도와도 연결된다.
- 서기 1세기부터 로마인에 의해 와인이 양조되기 시작했다. 8세기 무렵 카를 대제에 의해 와인산업이 적극 장려되었는데, 라인 강과 모젤 강이 주요 수송로로 이용되면서 비약적으로 발달했다. 수도원의 수도자들이 토양, 품종, 품질 개량 연구를 활발히 진행했다. 당시 재배면적은 현재 10만 헥타르의 3배나 되는 30만 헥타르였다. 현재 총 재배면적의 64%가 화이트와인용 품종들이고 나머지 36%는 레드와인용이다. 연간 생산량은 약 천만 헥타르인데, 외국수출량은 2백 헥타르 정도에 불과하다. 그러니 독일산 와인은 본고장에서만 즐길 수 있는 것이 많다.

- 독일의 대표적인 와인재배지역은 13곳. 이 중 대부분 지역이 독일의 서부지역, 즉 라인 강과 그 지류 지역들에 몰려있어서 와인가도로서의 문화적인 매력도 적지 않다.
- 1935년에 창립된 이 와인가도는 가장 성공한 여행루트들 중 하나다. 창립 당시에는 팔츠 지역 와인을 더 많이 알리려는 의도였다. 팔츠 지역에서의 와인경작은 제1차 세계대전과 가격폭락으로 이어진 기록적인 풍작 이후 중요해진 때문이다. 이후 수십 년 동안 독일 와인가도는 다양한 독일 와인들을 홍보하기 위한 수많은 유사한 프로젝트들의 롤 모델이 되었다.

독일 와인의 등급

- 독일 와인의 등급은 복잡하다. 독일 와인은 타펠바인(Tafenwein)과 란트바인(Landwein)이 저렴한 테이블 와인이다. 크발리태츠바인(Qualitätswein bestimmter Anbaugebiete)→프래디카츠바인(Qualitätswein mit Prädikat)의 순서로 고급 품질 와인이다. 독일의 기본 리슬링은 대개 크발리태츠바인에 속한다. 프래디카츠바인 등급에 속한 고급 리슬링은 양조 전에 포도즙 당도에 따라 카비네트에서부터 트로켄베렌아우스레제에 이르는 6가지로 분류된다.
- 1999년에 제정된 최고급 드라이 와인 등급이 에르스테스 게벡스(Erstes Gewächs, '으뜸 재배 상품'의 뜻)이다. 와인산지 라인가우 지역의 최고급 포도밭에서 재배되는 리슬링과 피노누아만 사용하며, 엄격한 조건을 갖춘 선택된 와인에만 부여하는 것이다.

▸ 타펠바인(Tafelwein)

- 테이블 와인. 가장 낮은 등급의 와인. 포도품종을 표시하지 않아도 된다. 100% 독일산 포도로 양조된 와인은 특별히 도이처 타펠바인(Deutscher Tafelwein)으로 지칭한다. 도수는 8.5%~12%, 최소산도는 4.5 g/l. 2009년부터 법적으로 타펠바인 개념은 사라지고 그냥 와인(Wein) 혹은 원산지표기 없는 독일와인이다.

▸ 란트바인(Landwein)

- 컨트리 와인. 타펠바인보다 더 좋은 품질의 와인. 이 단계부터 포도품종과 생산지역이 표기되어야 한다. 동시에 독일 내 원산지 명칭 보호 상품이기

도 하다. 도수는 타펠바인보다 0.5% 높아야 하며, 트로켄(dry)과 할프트로켄(medium dry)만 생산된다. 2009년에 개정된 와인령 2호에 따르면 26개 지역에서 생산된 와인만 란트바인이 될 수 있다.

▸ 크발리태츠바인(Qualitätswein)

- 크발리태츠바인 베슈팀터 안바우게비테(QbA, Qualitätswein bestimmter Anbaugebiete): '특정 생산지역의 퀄리티 와인'. 지정된 13곳 생산지역에서 생산되며, 전통적으로 질 좋은 독일와인이다. 이 단계까지 도수를 높이기 위한 가당이 허용된다.

▸ 프래디카츠바인(Prädikatswein)

- '슈페리어 퀄리티 와인'. 크발리태츠바인 등급으로 분류되기도 하지만 따로 크발리태츠바인 미트 프래디카트(Qualitätswein mit Prädikat, QmP)라고도 한다. 말 그대로 '슈페리어 퀄리티 와인'. 이 단계부터 최상급 품질의 단계인데, 도수를 높이기 위한 가당이 허용되지 않는다. 9.5%의 천연 알코올을 함유하며 특정 포도원에서만 생산된다.
- 이 와인은 라벨에 아래의 6가지 독특한 품질 등급 중 당도 등급(당도 등급은 포도즙의 밀도를 측정하는 웩슬레(Oechsle = °Oe)라는 수치 사용)에 따라 하나를 붙인다. 프래디카츠바인의 당도 등급은 포도즙 당도에 관련된 것이지만 리슬링 맛의 정도를 가늠할 수 있는 장치라고 할 수 있다. 근래에는 '카비네트 트로켄'이라고 표기하기도 한다. 트로켄은 '드라이하다'는 뜻이어서 리슬링의 당도 정도를 더 정확하게 알 수 있다.
- 프래디카츠바인 등급 와인 중 병목에 독수리 마크와 함께 VDP라고 적힌 리슬링이 있다. VDP는 '독일 우수 생산자 연합(Verband Deutscher Qualitats)'의 이니셜이다. 1910년 설립 이후 독일 전체 1만여 개의 와이너리 중 현재 200여 개 와이너리들이 가입돼 있다. 그러니까 독수리 마크가 그려진 리슬링은 최고급 리슬링인 셈이다. 독수리 마크와 함께 VDP. 'GROSS LAGE'라고 표기되어 있으면 최고등급인 '그랑크뤼 포도로 만든 리슬링'이란 뜻. 최고등급 포도밭 그로스 라게에서 만든 드라이한 와인은 따로 그로세스 게백스(Grosses Gewächs=GG)라고도 한다.

품질 등급(Prädikat)	특 징
카비네트(Kabinett)	최소 당도 73 Oechsle. 수도사들이 벽장에 숨겨놓고 먹은 설화에서 유래. 프레디카츠바인 등급 중 최하위 단계.
슈페트레제(Spätlese)	최소 당도 85 Oechsle. 일반적인 수확시기보다 늦게 수확하여 당이 응축된 포도로 양조한 와인. 2단계 등급.
아우스레제(Auslese)	최소 당도 95 Oechsle. 최고 품질의 와인을 위해 당도와 수확시기를 조절해가며 선별해 수확한 '포도송이'로 만든 와인. 3단계 등급.
베렌아우스레제 (Beerenauslese)	최소 당도 125 Oechsle. 아우스레제 용 포도송이에서 또다시 알맹이를 선별한 것으로 양조한 와인. BA라고도 한다. 4단계 등급
트로켄베렌아우스레제 (Trockenbeerenauslese)	최소 당도 150 Oechsle. 봄철까지 수확하지 않고 기다렸다가 귀하게 부패한 쪼글쪼글해져서 곰팡이가 핀 귀부 포도를 사용하여 만든 와인. 모든 단계에서 의무적으로 수작업한다. TBA라고도 한다. 독일 와인 중 최상급 와인.
아이스바인(Eiswein)	완숙된 포도가 영하 7도 이하에서 얼 때까지 기다렸다가 수확하여 동결된 상태로 압착하여 만든 와인. 당도는 BA급 이상. 프래디카츠바인. 등급서열과는 무관하다.

- 크발리태츠바인의 생산지역

지 역	특징 및 주요품종 등
아르 (Ahr)	아르 강 유역. 주로 드라이 계열 레드 와인 주요품종: 슈패트부르군더(60%)
바덴 (Baden)	바덴 지방. 독일 유일의 유럽연합 와인 생산지(B존)
프랑켄 (Franken)	지역 특유의 '복보이텔(Bockbeutel)' 병으로 유명. 화이트와인(80%), 이 중 30%는 뮐러-투르가우 품종으로 양조. 그 외 질바너 등도 사용
헤시셰 베르크슈트라세 (Hessische Bergstrasse)	다름슈타트(Darmstadt)로부터 비스로흐(Wiesloch) 사이 지역. 주로 화이트 와인 양조, 리슬링 품종이 절반이상
미텔라인 (Mittelrhein)	로렐라이와 각종 고성들로 유명한 구간
모젤 (Mosel)	모젤 강 유역과 그 지류인 루버 강, 자르 강을 포함한 트리어, 코헴, 코블렌츠에 이르는 지역. 리슬링 품종의 화이트 와인으로 유명한 지역.
나에 (Nahe)	나에 강 유역. 휴양도시 바트 크로이츠나흐를 중심으로 형성
팔츠 (Pfalz)	세계 최대 리슬링 화이트 와인 생산지
라인가우 (Rheingau)	헤센 주 내 라인 강 유역
라인헤센 (Rheinhessen)	독일 최대 와인 생산지 : 마인츠, 보름스, 빙엔 사이의 지역
잘레-운슈트루트 (Saale-Unstrut)	유럽에서 천년 이상 된 전통 와인생산지 중 가장 북쪽에 위치
작센 (Sachsen)	드레스덴과 마이센을 흐르는 엘베 강 유역. 80%는 화이트 와인 양조. 유일하게 리슬링의 개량 품종인 골트 리슬링 재배
뷔르템베르크 (Würtemberg)	네카어 강[튀빙겐부터] 일대와 그 지류에서 양조되는 와인. 3:7 비율로 [레드 와인]이 강세, 대부분은 트롤링어 품종.

독일 와인 라벨 읽기(좌)와 품질과 당도에 따른 독일 와인 등급 체계(우)

■ 와인의 분류

▸ 색에 따른 분류

- 로트바인(Rotwein): 레드 와인.
- 바이스바인(Weisswein): 화이트 와인.

▸ 스파클링 와인

- 페를바인(Perlwein): 약 발포성 포도주.
- 샤움바인(Schaumwein): '거품와인'의 뜻. 발포성 포도주. 양조 후 기압이 3.0 이상이어야 한다.
- 젝트(Sekt): 독일의 발포성 포도주(샴페인). 2차 발효 과정을 거친다. 기압이 3.5 이상이어야 한다. 최상품은 포도 생산자가 특별히 공을 들였다는 뜻에서 빈처젝트(Winzersekt)로 불린다.
- 페더바이서(Federweisser): 와인 양조 시작 단계에서 효모를 주입하여 탄산이 생긴 상태로 출하한 와인. 알코올은 3도 정도. 병을 세워두어야 한다. 병입 후에도 발효가 진행되기 때문이다. 병에 미세한 숨구멍들이 트여있어서 뉘어놓으면 내용물이 흘러나온다.

▸ 로제바인(Rosewein): 로제 와인

- 바이스헤릅스트(Weißherbst): 한 종류의 레드와인용 품종만으로 95% 이상 밝은 색으로 압착된 포도즙을 사용한 크발리태츠바인 이상 등급의 로제 와인.

▸ 로틀링(Rotling): 레드 와인품종과 화이트 와인품종을 혼합한 와인

- 실러바인(Schillerwein): 뷔르템베르크 지역의 로틀링 와인.
- 쉴러(Schieler): 작센 지역의 로틀링 와인
- 바디쉬 로트골트(Badisch Rotgold): 바덴 지역의 로틀링 와인. 슈패트부르군더와 그라우부르군더 품종으로 양조. 그라우부르군더의 비율이 50%이상이어야 한다.

▸ 맛에 따른 분류

- 트로켄(Trocken): 드라이 와인.
- 할프트로켄(Halbtrocken): 미디엄 드라이 와인
- 밀트(Mild): 스위트 와인. 리블리히에 비해 단맛은 강하고 신맛은 약하다.
- 리블리히(Lieblich): 스위트 와인.
- 쥐스(Süss): 강한 스위트 와인.
- 파인헤르프(Feinherb): 섬세(fein)하게 떫다(herb)는 뜻의 미디엄 드라이 와인. 모젤 강 유역의 일부 양조장에서 만든다.

■ 와인 품종의 종류

▸ 레드 와인(36.4%)

- 슈패트부르군더(Spätburgunder): 피노 누아(Pinot Noir)의 독일어 명칭. 딸기, 버찌, 나무딸기, 블랙커런트 등 붉은 과실류의 아로마. 오크통에서 숙성되는 슈패트부르군더 와인은 바닐라, 계피 아로마와 어울린다. 재배면적 11.5%.
- 도른펠더(Dornfelder): 트롤링어를 색을 짙게 하고 수확을 늘리기 위해 1955년에 개량한 품종. 재배면적 7.9%
- 포르투기저(Portugieser): 레드커런트, 딸기, 후추의 아로마. 색이 옅어서 로제와인용으로 많이 쓰인다. 이 품종은 다른 와인보다 와인 도수가 낮다. 재배면적 4.3%.

- 슈바르츠리슬링(Schwarzriesling): 피노 뫼니에(Pinot Meunier)의 독일어 명칭. 프랑스 샹파뉴의 샴페인 양조에서 쓰이는 품종. 재배면적 2.4%
- 트롤링어(Trolinger): 뷔르템베르크의 전통적인 품종. 재배면적 2.4%
- 렘베르거(Lemberger): 오스트리아에서 생산량 2위의 품종. 블라우프랭키시(Blaufränkisch)로도 불린다. 재배면적 1.6%.

▸ 화이트 와인(63,6%)

- 리슬링(Riesling): 라인가우가 원산지. 재배면적 21.9%.
- 뮐러-투르가우(Müller-Thurgau): 개발자인 스위스 투르가우의 뮐러 박사의 이름을 딴 품종. 리슬링 개량 품종으로 대표적인 다수확 목적용 개량 품종이지만, 리슬링의 특징은 미미하다. 주로 스테인리스 스틸 탱크에서 숙성되며 햇와인일수록 풍미가 좋다. 대량생산의 이미지를 탈피하기 위해 리바너(Rivaner)라고도 불린다. 재배면적 13.4%
- 질바너(Silvaner): 프랑켄이 원산지인 품종. 잘 익은 사과 향, 풋풋한 짚, 약간의 흙내음의 아로마. 재배면적 5.1%
- 바이스부르군더(Weißburgunder): 피노 블랑(Pinot Blanc)의 독일어 명칭. 그라우부르군더의 변종. 재배면적 4.4%
- 그라우부르군더(Grauburgunder): 피노 그리(Pinot Gris)의 독일어 명칭. 룰랜더(Ruländer)로도 불렸다. 강한 단맛의 와인을 주로 양조했던 이미지를 벗어나고자 현재는 그라우부르군더로 불린다. 재배면적 3.6%
- 케르너(Kerner): 사과, 복숭아, 약초, 캔디의 아로마. 가벼운 와인용 품종. 리슬링과 트롤링어를 접종하여 만든 품종. 리슬링의 사촌. 재배면적 3.6%
- 쇼이레베(Scheurebe): 리슬링 개량 품종. 소량 생산이지만 품질은 좋다. 재배면적 1.6%.
- 엘블링(Elbling): 모젤 지역, 독일의 전통 품종이지만 현재는 오버모젤 지역에서만 재배중인 품종. 산도가 높아서 스파클링 와인에 주로 쓰인다. 재배면적 0.6%
- 골트리슬링(Goldriesling): 리슬링과 무스카트 품종의 접종. 작센 지역에서만 재배중인 지역 품종. 생산량이 가장 적은(0.21%) 작센 지역 내에서도 5% 정도.

3.7. 모젤 와인가도

- 모젤 강은 프랑스에서 시작하여 룩셈부르크를 지나 트리어를 거쳐 코블렌츠까지 544km를 흐르는 라인 강의 지류이다. 트리어를 중심으로 모젤-자르-루버 강 지역의 가파른 경사면에 포도원들이 자리하고 있다. 2007년부터 이 지역을 간단히 모젤 지역으로 부른다.
- 고대의 로마시대부터 세상에서 가장 가파른 이 강변 언덕에 폭이 좁은 테라스 포도원을 조성하여 오늘에 이르고 있다. 특히 가장 가파른 언덕에 위치한 포도원은 모젤 강변의 엘러 마을에 인접한 칼몬트(Calmont)이다. 이처럼 가파른 계곡 지형은 거센 바람을 막아주고 포도 재배에 이상적인 조건을 갖춘 곳이기도 하다. 이렇게 가파른 언덕에 포도원이 위치하게 된 이유는 모젤 지역이 포도재배의 최북단 한계선에 있기 때문이다. 따라서 평지에서 포도재배를 하면 일조량이 충분하지 않을 수도 있고, 게다가 매년 기후가 달라서 일조량이 부족한 해도 있을 수 있다. 실제로 모젤지역의 일조량은 프랑스 남부 프로방스 지방에 비해 1/3정도 밖에 되지 않는다. 이와 같은 자연환경에서 고급 와인을 생산하려면 되도록 햇볕과 열기를 모두 활용해야 한다. 이런 이유에서 모젤 지역의 포도밭은 거의 예외 없이 남쪽을 향한다. 또한 유명한 포도원은 대개 강변에 위치해 있다. 이는 직사광선 외 강물에 반사된 햇볕까지도 최대한 이용해야 하는 때문이다. 예컨대 카젤 마을은 위도 51.2도, 해발 200m 지점에 있다. 7월 평균 기온은 17.5도, 연평균 강수량은 590mm이고, 수확기인 10월에는 55mm의 강수량을 보인다.
- 모젤-자르-루버 지역의 토양은 대부분 점판암이다. 이 암석은 햇볕이나 열을 잘 반사해서 포도 숙성을 도와주기도 하지만, 구멍도 많아서 보온효과도 뛰어나다. 이러한 토양 특성은 리슬링이 잘 숙성되도록 하는 독특한 특성을 가지고 있다.
- 모젤-자르-루버 지역에서 재배되는 주된 포도 품종은 리슬링(전체의 50% 정도)이다. 이 지역의 리슬링 와인은 신 맛이 나며 미네랄 성분을 함유하고 있다. 알코올 함유량은 약 7~11% 정도이다.
- 트리어의 남동지역에서 엘블링(Elbling) 포도 품종이 재배된다. 신선하고 경쾌한 화이트 와인과 거품을 품은 젝트가 양조된다.
- 이 지역은 다시 6 구역([모젤토어 지역], [오버모젤 지역], [자르 지역], [루버탈 지역], [베

른카스텔 지역], [부르크 코헴 지역])으로 나눠진다. 이 지역 재배 품종들 중 90%가 화이트 와인용이고, 나머지 10%만 레드 와인용이다.

- 유명한 와이너리는 '비셰플리헤 바인귀터'(Bischöfliche Weingüter, '주교의 와이너리'라는 뜻). 약 150곳의 포도원을 갖고 있으며, 400년을 넘긴 지하 양조장이 있다. 이 와이너리는 세계 여러 나라에 '미사주'를 공급하고 있다. 이곳 와인은 세계의 와인 마니아들이 높이 평가하는 것으로 유명하다.
- 정보:

길이: 243 km
주제: 모젤 강, 와인, 문화
하이라이트:
알프(Alf): 아라스 성

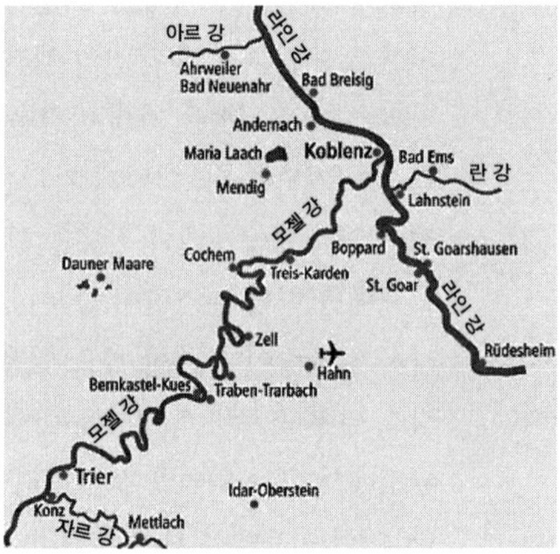

[1] 바일슈타인(Beilstein) 폐성

- 베른카스텔-쿠에스(Bernkastel-Kues): 17세기에 건축된 박공 목골가옥이 오밀 조밀하게 알레마니아 시장광장(Alemania Plaza del Mercado, Bernkastel) 주위를 둘러싸고 있다. 광장의 한편에 섬세하게 조각된 성 미카엘 분수(St. Michaelsbrunnen, 1606년 제작)가 있고, 그 뒤쪽에는 1608년에 건축된 르네상스 양식의 시청 건물이 있다. 시청 앞쪽 골목에 1416년에 건축된 세계적인 가분수형 첨단가옥이 있다. 그밖에 와이너리 베른카스텔러-독토르(Bernkasteler-Doktor, '베른카스텔의 의사'의 뜻)는 규모는 작지만 세계적으로 유명한 포도원을 보유하고 있어서 세계의 미식가들이 많이 찾는 곳이다. 15세기에 지역 교구장이던 대주교가 이 와인을 마시고 불치병을 고쳤다고 해서 대주교로부터 '배른카스텔의 의사'라는 와이너리 호칭을 받았다고 한다. 슈패트레제, 아우스레제, 아이스바인 등의 와인은 세계 최고의 맛을 자랑한다. 근처 언덕 꼭지에 폐성 란츠후트 성(Burg Landshut, 1277년 건축, 1692년 화재로 붕괴), 성 미카엘 성당(Katholische Pfarrkirche St. Michael, 1177년 역사서에 등장, 14세기 말에 현재의 모습을 갖춤)이 유명하다.

[2] 브렘(Bremm)

- 주민수가 781명(2015년)에 불과한 조그만, 그러나 유럽에서 경사도가 가장 가파른 와인경작지대가 있는 마을이다. 트리어와 코블렌츠 사이의 모젤 강이 굽이치는 곳에 있다. 특히 높이가 378m, 경사도가 약 65도에 이르는, 유럽에서 가장 가파른 포도원은 모젤 강변의 칼몬트 마을이다. 이 포도원은 모젤 강을 따라 에디거-엘러(Ediger-Eller) 마을(주민수 961명(2016년))에서부터 브렘 마을까지 뻗어있으며, 모젤 와인지대의 일부에 속한다.

〈좌: 칼몬트 마을의 수도원 유적(왼쪽 앞, 모젤 강, 포도원), 우: 에디거 마을과 포도원〉

[3] 엘츠 성(Burg Eltz)

- 코블렌츠에서 모젤 강변을 따라 코헴에 이르기 전에 드넓게 펼쳐진 포도밭을 지나 엘츠바흐(Elzbach) 계곡에서 만나는 요새가 엘츠 성이다. 강변에서 언덕을 따라 한참을 올라가면 자태를 드러내는데, 전형적인 독일의 중세시대 고성이다. 난공불락의 요새 성으로 유명하다.

- 12세기에 지은 중세 건축물로, 노이슈반슈타인 성과 함께 독일에서 가장 아름다운 고성으로 꼽힌다. 엘츠 성에는 영주가 아닌 영주의 기사들이 살았다.

현재는 엘츠 가문의 후손이 관리하고 있다.

[4] 코헴(Cochem):

- 라이히스부르크 성(Reichsburg)으로 유명한 도시.
- 코헴은 라인란트-팔츠 지방관구인 코헴-첼에서 가장 큰 군청 소재 도시이다. 인구가 5000명이 넘는데, 독일에서 쿠젤(Kusel) 다음으로 큰 군청 소재 도시이기도 하다. 2009년 6월 7일부터 이곳은 조합게마인데(Verbandsgemeinde)[44)]인 코헴에 속한다.

▸ 라이히스부르크 성

- 모젤 강변의 코헴 시 위쪽 원추형 산(높이 154m)에 위치한, 이 도시의 랜드 마크이다.
- 중세시대에 세관고성으로 이용된 이 시설물은 1100년경 또는 12세기 전반기에 건축된 것으로 추측된다. 17세기에 파괴된 후 베를린의 유명 강철도매상인 이자 예술후원자인 루이 라브네(Louis Fréderic Jacques Ravené, 1823-1879)가 이 폐성을 1868년부터 1877년까지 낭만주의 고성취향에 맞게 재건했다. 그래서 이 코헴 성은 역사주의 시기에 신고딕 양식으로 지어진 건축물의 좋은 사례로 여겨지고 있다. 라인란트-팔츠 주의 기념물 보호법에 따라 이 성은 보호대상 문화재로서 주 문화재 목록에 등록되어 있다. 또한 이 시설물은 헤이그 협정에 따라 보호받는 문화재로서 청-백 상표보호마크 표시가 있다.
- 이 성의 현재 모습은 19세기에 새로 지어진 건물이다. 그러나 이 건물은 중세의 건축요소가 포함된 것도 있고 그 위에 재건된 것도 있다. 로마네스크 또는 고딕 양식 요소들은 원형외벽, 북문, 8각형 망루, 요술망루 및 현재의 기사의 홀로 사용되는 건물에서 찾을 수 있다.

---

44) 독일의 게마인데(자치단체)의 규모는 매우 다양하다. 그 중 주민수가 적은 게마인데는 주민들이 역사적으로 지역에 대한 결속력이 강해서 행정 효율성 확보를 위해 무작정 몇 개를 묶어서 단일 게마인데화 하기가 쉽지 않다. 그래서 소규모 게마인데들에게 지방자치단체로서의 정체성은 유지한 채 일정규모 이상의 주민수를 확보하여 그들이 수행하기 어려운 업무들을 대신할 수 있도록 게마인데와 크라이스 사이의 중간 행정단위인 행정공동체를 구성해서 운영하고 있다. 이런 행정공동체 중 하나가 '조합게마인데'인데, '암트', '행정공동체' 등도 이와 같은 행정공동체이다.

〈좌: 코헴 전경(뒤쪽은 라이히스부르크 성, 우: 라이히스부르크 성(우측상단은 청-백 상표보호마크〉

- 다각형 시설물의 중심에는 4층짜리 8각형 망루가 있다. 이 망루의 북측에는 성 크리스토포로스(Christophorus, ?~251)[45]의 근대적인 모자이크 벽화가 있다. 이 망루는 이 고성시설물 중 가장 오래된 건축물인데, 이 성을 처음 지을 때 있었던 것으로 추측된다. 이 망루의 최상층은 둥근 아치형 벽의 그림 무늬 위에 8각형 모양으로 강조되어 있는데, 역사주의 시기에 보완된 것이다. 내부가 사각형인 망루의 폭은 5,40m에 달하며, 아래 부분의 망루성벽은 두께가 3,50m에 이른다.

〈시계방향: 크리스토포로스 모자이크가 있는 8각형 망루, 정문, 기사의 홀〉

45) 로마 제국 시기에 순교한 기독교인 중 한 사람으로, 순교 성인이다. 원래 이름은 레프로부스였다. 가나안 출신의 거인으로, 세상에서 가장 힘센 사람을 섬기면서 살기를 원했다고 한다. 로마 가톨릭에서의 축일은 7월 25일, 동방 정교회에서의 축일은 5월 9일이다. 흔히 어린아이 모습을 한 예수 그리스도를 업고 가는 거인 남자로 그려진다. 등산가 · 산악인 · 운동선수 · 운전사 · 철도 노동자 · 짐꾼 · 여행자의 수호성인이다.

세 부분으로 쌓아올린 옛 성문시설물 중 현재는 현재의 북문에 합병된 두 번째 성문의 잔해만 남아 있다. 현재의 정문은 과거에는 세 번째 성문의 성문건물이 있었던 곳에 있다. 이 성문건물과 연결되어 있는 것이 북서쪽에 재건된 성주건물이다. 현재는 박물관 카운터, 성문주점, 기념품 가게로 사용 중이다. 이 건물의 남서쪽에는 고딕양식으로 채색된 벽화 잔해가 있는 3층짜리 마녀망루(Hexenturm)가 있는데, 14세기나 15세기의 것으로 추정된다. 둥근 벽의 아치형 그림무늬 위에 만들어진 성첩(城堞). 톱니 모양의 흉벽은 재건축 때 투구 모양의 둥근 지붕으로 보완되어 현재의 모습을 갖추었다.

- 남동쪽의 옛 성주건물의 아치형 지하실에는 근대적인 건물이 들어섰다. 이 건물은 후기고딕양식 주택건물의 느낌을 준다. 현재는 기사의 홀과 대식당이 들어섰다. 이 건물은 꼬마시계탑이 있는 성문 건물 위로 재건축된 궁전과 연결되어 있다. 이와 연결된 이 건물의 남쪽 꼭대기는 1870년대에 지어진, 현재는 게스트하우스로 사용 중인 이른바 귀족저택과 하나의 본당 외에도 삼면에 제단이 들어선 고성예배당이 있다. 귀족저택이 중세풍의 구조를 가졌다면, 고성예배당은 19세기에 완전히 새롭게 창안한 것이다.
- 서쪽에는 중세시대에 상업 건물로 사용된 건물이 있었다. 현재는 사라지고 없다. 그 당시의 것으로서 유일하게 남은 잔해는 50m의 깊이와 1,50~2m의 직경을 가진 고성우물이다. 우물을 덮고 있는 조그만 건물은 1984년에 지은 것이다.

[5] 코블렌츠(Koblenz)

- 라인 강과 모젤 강의 합류점에 위치하는 유일한 도시, 라인 지방과 모젤 지방의 포도주 교역 중심지. 강의 합류 지점이므로 수운의 중심지, 풍부한 숲과 호수의 절경으로 수많은 관광객들이 몰려든다.

- 유네스코 세계문화유산에 지정된 '중상류라인계곡'(Oberes Mittelrheintal)의 초입도시이기도 하다. 코블렌츠는 독일에서 가장 오래된 도시 중 하나로, 선제후 궁전, 슈톨첸펠스 성, 의고전주의 양식 극장 등 주요 문화유산들이 당시의 모습을 유지하고 있다. 에렌브라이트슈타인 요새(Festung Ehrenbreitstein)는 코블렌츠를 한 눈에 조망할 수 있는 역사적인 장소이다. 코블렌츠 시는 라인 강과 모젤 강이 합류하는 지점에 조성된 뱃머리 모양의 '도이체스 에크'(Deutsches Eck, '독일 모퉁이'의 뜻)에는 독일제국의 초대 황제인 빌헬름 1세의 기마상이 있다.
- 도시의 기원은 로마시대까지 거슬러 올라간다. 로마 초대황제 아우구스투스 의 의붓아들이자 주둔군 군사령관이던 네로 클라디우스 드루수스(N. Claudius Drusus, 38BC~9BC)에 의해 기원전 9년에 건설되었다. 설립 당시의 지명은 카스트룸 아트 콘플루엔테스(Castrum ad Confluentes, '합류 지점의 저장소'라는 뜻). 카롤링 왕조 때는 프랑크 왕국의 궁정이나 성직자들의 집회장소로 유명했다. 1018년부터 18세기 말까지 트리어 대주교의 지배를 받았다. 현재의 도시는 17~19세기에 조성된 모습이다. 1794년 프랑스군에게 점령, 1798년 프랑스에 병합, 1815년 프로이센의 속령이 되었다. 특히 프로이센이 강성하던 시절 빌헬름 1세(1797~1888)가 코블렌츠를 프랑스 지역으로 진출하기 위한 군사 교두보로 사용하면서 크게 발전할 수 있었다. 지금도 라인 강과 모젤 강이 만나는 도이체스 에크에는 독일제국의 첫 황제인 빌헬름 1세의 기마상이 자리 잡고 있는 이유이기도 하다. 현재의 동상은 제2차 세계대전 때 파괴되었다가 1993년 재건된 것이다. 그렇다면 왜 도이체스 에크, 즉 '독일의'라는 수식어가 붙었을까? 독일을 통일한 프로이센 황제 빌헬름 1세와 무관하지 않기 때문이다. 그가 독일을 통일한 뒤 황제로 즉위한 때가 1871년. 코블렌츠는 프로이센의 정부가 운영되고 군대가 주둔하던 중심지였다. 그래서 빌헬름 1세를 기념하기 위해 1897년 37미터 높이의 거대한 기마상을 제작했고, 그것을 라인 강과 모젤 강이 합쳐지는 이곳에 설치한 것이다. 그리고 독일이 통일되면서 한 국가가 된 기존의 공국들의 국기를 양편에 세워 빌헬름 1세의 업적을 돋보이게 했다. 독일의 가장 상징적인 인물을 기념하는 공간이 되면서, 이곳은 자연스럽게 도이체스 에크로 불리게 되었다. 이 기마상은 중간 정도 높이까지 올라갈 수 있다. 참고로 코블렌츠에는 독일

제국의 정부청사도 있었다. 프로이센이 독일을 통일하고 강력한 힘을 떨칠 무렵 코블렌츠를 군사적 요충지로 삼으면서 정부청사도 이곳에 둔 것이다. 빌헬름 2세(1859~1941)가 1900년대 초(1902~1905)에 네오로마네스크 양식으로 건축하게 한 것이다. 원래는 주변에 호텔 등 다른 건물들이 있었는데, 이들을 통합하여 하나의 건물 복합단지를 만들었다. 현재도 독일 정부에서 사용하고 있다.

■ 문화재

〈좌: 옛 정부청사, 중: 성 카스토어 교회, 우: 에렌브라이트슈타인 요새〉

성 카스토어 교회(Basilika St. Kastor)

- 교회 이름은 가톨릭 성인 카스토어 폰 카르덴(Castor von Karden, ?~400년경)에 뿌리를 둔 것이다.
- 836년 트리어 대주교에 의해 건축된, 코블렌츠에서 가장 오래된 교회이자 '베르됭 조약'과 밀접한 관련이 있는 곳이다. 카를 대제 사후 프랑크 왕국의 통치권을 두고 세 아들이 세력다툼을 했는데, 842년 바로 이 성 카스토어 교회에서 왕국의 분할이 최종 합의되었다. 이후 843년 현재 프랑스에 속한 베르됭에서 조약이 체결되어 프랑크 왕국은 각각 동프랑크, 중프랑크, 서프랑크 왕국으로 분할되었다. 이 세 왕국이 오늘날 독일, 이탈리아, 프랑스의 모태가 된 것이므로 유럽 역사에서 중요한 현장이 된 곳이다.
- 건축 이후 오랜 세월동안 전쟁 등으로 수없이 보수와 증축이 거듭되었다. 덕분에 로마네스크와 고딕 등 여러 건축양식이 혼재되어 있다. 교회 밖 광장에 있는 카스토어 분수는 프랑스에서 설치한 것인데, 나폴레옹의 러시아 침공

을 기념하기 위해 만든 것이다.

에렌브라이트슈타인 요새(Festung Ehrenbreitstein)

- 코블렌츠 구시가지에서 라인 강 건너편 산 정상에 보이는 거대한 요새. 건너편에서 보면 별것 아닌 듯해도 실제로는 아주 큰 요새다. 강 쪽에 늘어선 성벽과 성은 원래의 형태를 거의 온전히 보존하고 있다. 기원전부터 로마제국의 군사기지가 있었던 자리였는데, 트리어의 선제후가 이 자리에 군사 요새를 만든 것이 그 시초라고 한다. 현재의 요새 건물은 1828년에 건축된 것. 당시 유럽에서 가장 규모가 큰 군사 요새였다고 한다. 나폴레옹이 이끄는 프랑스 군대가 침공했을 때 요새 일부가 파괴된 적은 있지만, 역사적으로 함락된 적은 한 번도 없었다. 현재는 일부는 박물관으로, 일부는 유스호스텔로 사용 중이다. 성 카스토어 교회 근처에서 케이블카를 타면 강을 건너 요새까지 한 번에 올라갈 수 있다.

메테르니히(Klemens von Metternich, 1773~1859)

- 코블렌츠 출신의 유명인사 중 근세사에서 자주 등장하는 인물이다.
- 구시가지의 뮌츠 광장에 그의 저택이 있다. 1674년에 건축된 옛 뮌츠마이스터 하우스(Altes Münzmeisterhaus)와 마주한 메테르니히 하우스(Haus Metternich)가 그것이다. 이 건물에서 1773년에 메테르니히가 탄생했다. 역사서적에서 메테르니히 수상 또는 메테르니히 재상이라 부르는 바로 그 인물이다.
- 그는 1814년 나폴레옹이 몰락하자 유럽 문제를 논의하는 빈 회의의 의장이 되었다. 이 회의에서 그는 정통주의를 제창하고, 나폴레옹이 파괴한 유럽의 평화를 되찾기 위해 유럽의 전후 처리 문제를 주로 논의했다. 이때 능숙한 외교 정책으로 오스트리아의 위신을 회복시켰다. 빈 체제의 목적은 프랑스 혁명 즉, 나폴레옹의 전성기 이전 상태로 유럽을 되돌리는 것이었다. 그는 보수적이어서 프랑스 혁명이나 자유주의에 반대하는 동시에, 독일 및 이탈리아의 국민적 통일을 두려워했으며, 신성 동맹을 이용하여 제국의 자유와 통일 운동에 무력적인 간섭을 하였다. 1848년 프랑스에 2월 혁명이 일어나 빈 체제가 붕괴되며 그는 의장 자리에서 추방되었다.

〈좌: 알테스 카우프하우스와 아우겐롤러(좌하), 우: 메테르니히 하우스〉

- 참고로 뮌츠 광장(Münzplatz)의 뮌츠(Münz)는 독일어로 동전의 뜻이다. 코블렌츠는 트리어 대주교에 의해 14세기부터 주조권을 받아 화폐를 찍어내던 도시였다. 화폐를 찍어내던 건물들이 모인 곳을 뮌츠 광장이라고 불렀다. 현재도 이곳에는 당시 화폐 주조 시설로 사용된 건물 일부가 남아있다. 코블렌츠의 화폐 주조권은 1773년에 소멸되었다. 이후 화폐 주조 시설로 사용되었던 건물이 경찰서로 사용되고, 광장은 야채를 파는 시장이 열렸다. 그래서 뮌츠 광장에는 경찰관과 야채 장수의 동상이 함께 있다.

플로린 마르크트 광장(Florinsmarkt)

- 플로린 교회(Florinskirche)와 알테스 카우프하우스(Altes Kaufhaus)가 있다. 'Altes Kauf- und Tanzhaus'라고도 한다. 직역하면 '옛날에 물건도 팔고 춤도 추던 집' 정도의 뜻이다.
- 1419년부터 1425년까지 후기 고딕 양식으로 건축되었다. 이후 1724년 개축되는 과정에서 바로크 양식이 추가되었다. 1476년 대대적으로 개축된 후 1674년부터 1794년까지 상층부는 코블렌츠 시청사로 사용되기도 한 건물이다. 지상 층은 연회장으로, 지하층은 상인이 모젤 강을 통해 들여온 물품을 저장하고 판매하는 상점으로 사용했다. 현재는 제2차 세계대전 때 파괴된 건물을 1961년에 재건하여 회화와 조각을 전시하는 중부 라인 박물관(Mittelrhein Museum)으로 사용 중이다.
- 특이한 것은 중앙 시계 밑에 있는 아우겐롤러(Augenroller)라는 잿빛 인물부조다. 직역하면 '눈을 굴리는 사람'이란 뜻인데, 코블렌츠의 어느 전설과 관련

이 있다. 1536년, 코블렌츠에 너무 가난해서 빵을 훔치다 붙잡힌 사람이 있었다. 그는 사형을 당했는데, 사형장으로 가는 도중 마주친 사람에게 '나의 기념물을 세워주면 평생 행운이 함께할 것입니다'라고 말했다. 그래서 그의 얼굴을 조각하여 이 건물에 달아둔 것이라는 이야기다. 아우겐롤러는 30분마다 눈이 움직이고, 혀가 나왔다가 들어간다.

- 플로린 교회는 귀족저택인 뷔레스하이머 호프(Bürresheimer Hof), 배심원의 집 등과 함께 플로린 마르크트 광장의 역사적인 건축물들로 앙상블을 이룬다. 플로린 교회는 1100년 무렵에 건축된, 로마네스크 양식의 3랑식 성당(당시는 '성모성당(Marienkirche)')이었지만, 1820년에 프로테스탄트 복음교회로 전환되었다. 원래는 이 자리에 고대 로마의 망루가 있었다고 한다. 6세기경에는 프랑스 왕의 궁전이 있었는데, 그 자리에 1100년경에 성모교회를 건축한 것이다.
- 플로린 교회는 니콜라우스 쿠자누스(Nikolaus von Kues, 1401~1464)와의 인연으로 더 유명하다. 독일의 유명한 철학자이자 수학자인 그는 코블렌츠 인근에서 어부의 아들로 태어나서 플로린 교회에서 성직을 수행한 인물이다. 근세 철학의 선구적 사상가이며 성직자로서 교회개혁에 매진하였다. 교회 앞에 있는 커다란 기념비는 그를 기린 것인데, 그와 관련된 장면이나 장소를 부조로 새기고 기념비 꼭대기에 좌상을 새겨 넣어 입체적인 기념비를 만들었다. 플로린 교회는 2002년에 유네스코 세계문화유산에 등재된 중상류라인 계곡(Oberes Mittelrheintal)의 일부에 속한다.
- 뷔레스하이머 호프는 1659/60년에 본채가 건축되고 이후에 순차적으로 건축된 건물복합체였다. 본채는 중세의 르네상스 양식을 바로크 양식으로 승

〈좌: 뷔레스하이머 호프, 중: 알테스 카우프하우스, 우: 플로린 교회〉

화시켜, 두 양식이 절묘하게 융화된 곡선 지붕이 매우 인상적이다. 이 복합체는 한 개의 본채(현재 Florinsmarkt 13번지), 두 개의 비교적 작은 건물(현재 Florinsmarkt 9, 11번지) 및 4개의 날개건물이 딸린 건물 한 채(현재는 주차장)로 이루어져 있었다. 이 저택이 1847년까지 마지막으로 브라이트바흐-뷔레스하임(Breitbach-Bürresheim) 남작 가문의 소유였던 관계로 뷔레스하이머 호프라는 이름을 갖고 있다. 뷔레스하임 가문에서 소유권을 상실한 이후 1847/48년부터 1938년까지 100여 년 간 유대교당으로 사용되었다. 전쟁 동안 파괴된 것을 복원하여 현재는 시립 도서관의 일부로 사용 중이다.

[6] 페를/네니히(Perl/Nennig)

- 로마인의 별장

[7] 피스포르트(Piesport)

- 로마인의 과일즙압착기(römische Kelteranlage)

[8] 트라벤-트라르바흐(Traben-Trarbach)

- 온천장, 박물관

[9] 트리어(Trier, Karl Marx Stadt)

- 트리어는 과거 갈리아 제국의 수도였다. 고대 로마시대부터 현재까지 2000년이 넘는 도시역사를 간직한, 독일에서 가장 오래된 도시이다.
- 아이펠, 훈스뤼크, 모젤 고지의 구릉지에 에워싸여 있다. 모젤 강의 서안에 위치하며, 사암으로 이루어진 계곡은 포도 재배로 유명한 모젤-자르-루버(Mosel-Saar-Ruwer) 지역의 일부이다. 룩셈부르크와 지리적으로 가까우며 독일의 라인란트-팔츠 주에서 마인츠, 루트비히스하펜 암 라인 다음으로 큰 도시이기도 하다. 독일 전체에서는 77번째로 큰 도시이다.
- '제 2의 로마'라 불렸던 도시. 기원전 4세기경 게르만족의 한 부족인 트레베리 족의 신전이 이곳에 있었다. 기원전 15년경 아우구스투스 황제에 의하여 아우구스타 트레베로룸(Augusta Treverorum)'이라 불리는 마을이 건설되었다. 전략적인 위치 때문에 상업과 행정의 중심지로 급성장했다. 1세기에는 로마의 식민지, 2세기에는 중요한 무역 중심지로 성장, 3세기 말에는 로마 제국의 수도 중 하나로서 '제 2의 로마'라고 불릴 정도로 번성했다. 4세기에는 주교관구가 되면서 알프스산맥 북쪽의 그리스도교 중심지, 당시 인구가 알프스 이북에서 가장 많은 8만여 명이나 되었다. 9세기 초에는 대주교 관구로 승격되면서 근대까지 중요한 종교적 위상을 가졌다. 그러나 중세와 근세를 거치며 무수한 전쟁과 전염병, 흉년 등으로 1697년에는 인구가 3000명 이하로 급감하기도 했다. 현재는 11만 명이 넘는 대학도시로 성장했다.
- 아우렐리우스 아우구스티누스(Aurelius Augustinus, 354~430)[46]를 개종시키고 세례를 받은 암브로시우스(Sanctus Ambrosius, 340?~397)[47], 독일의 정치학자 · 사회주의자인 카를 마르크스(Karl Marx, 1818~1883)가 이곳에서 태어났다. 그래서 '카를 마르크스 도시'라는 별칭도 있다.
- 유적지로는 포르타 니그라(Porta Nigra, '검은 문'의 뜻), 원형극장(Amphitheater), 카이저테르멘(Kaiserthermen, '황제의 온천'의 뜻), 뢰머브뤼케(Römerbrücke, '고대 로마인

46) 4세기 알제리 및 이탈리아에서 활동한 기독교 신학자이자 주교. 그의 이름은 '좋은 징조의' 또는 '덕망있는'이란 뜻의 라틴어 아우구스툼(Augustum)에서 유래했다. 어머니 모니카는 아우구스티누스가 그리스도교인이 되기를 원했지만, 당시 철학에 심취해 있던 그는 마니교의 이성적이고 체계적인 교리에 매력을 느껴 마니교를 지지하여 실질적으로 가톨릭교회를 거부했다.

47) 4세기에 활동한 서방 교회의 4대 교부 중 한 사람. 밀라노의 주교. 아리우스파에 맞서 정통 기독교의 전례와 성직에 대한 개혁을 이룩한 사람. 로마 가톨릭에서의 축일은 12월 7일, 성공회에서의 축일은 4월 4일. 암브로시우스는 그리스어에서 유래한 이름으로 '불멸'의 뜻.

의 다리'의 뜻), 이겔의 기둥, 트리어 돔, 성모마리아대성당 등이 유명하다. 이들 모두 1986년 유네스코 세계문화유산에 등재되었다.

포르타 니그라

- 2세기경에 세워진 길이 36m, 폭 21.5m, 높이 30m의 거대한 문, 로마 시대에는 요새를 겸한 성곽의 문으로 활용되었다. 오랜 세월에 풍화되고 이끼가 끼어 검은색을 띠었기 때문에 중세부터 '검은 문'으로 불리고 있다. 11세기부터 19세기 초까지 개조되어 성당으로 사용되다가 근대에 와서 원래 모습으로 복원되었다.

카이저테르멘

- 4세기 초에 세워진 공중목욕탕. 콘스탄티누스 대제(272~337)가 라인강 방어선을 담당하던 시기(306년부터 316년까지)에 만들었기 때문에 이런 이름이 붙었다. 길이 250m, 폭 145m로 로마제국 시절에는 다섯 번째로 큰 온천이었다고 한다. 건물의 서쪽에는 탈의실, 운동장, 냉욕실, 미온욕실, 온욕실 등의 자리는 지금도 거의 온전하게 남아있다. 중세에는 많은 부분들이 수리 및 보수되었다. 현재는 대부분 파괴된 상태. 직육면체의 돌을 쌓아올린 축조법, 거대한 벽과 아치형 창문과 출입구, 계단 모양의 탑, 난방 시설의 일부만 남아 있다.

〈상식〉 로마제국과 목욕탕

- 그리스에서 공영 공중목욕탕이 등장한 때는 기원전 4세기경이었다. 원래 강이나 바다에서 목욕하던 로마인들은 그리스식 목욕에 매료되어 그리스식 목욕탕을 전국으로 확산시켰다. 로마의 황제들은 거대하고 우아한 공중목욕탕 건설에 열광했다. 네로, 티투스, 디오클레티아누스 등 황제의 목욕탕은 그 규모의 장대함으로 유명하다. 칼리굴라 황제의 목욕탕은 둘레 1.6km, 면적 2만6500m^2로 한 번에 1600명이 이용 가능했다. 신전을 세웠고 분수와 샘물이 흐르는 석굴과 산책로, 음악당과 철학자들이 담소할 수 있는 정원까지 만들었다. 디오클레티아누스 황제의 목욕탕은 면적이 3만7500m^2나 되어 한 번에 3000명이 목욕할 수 있었다고 한다. 대형 욕장 바닥에는 모자이크를 깔고 벽은 이집트산 대리석과 황홀한 프레스코화로 치장했다. 도서관과 체육관, 화랑까지 갖췄다고 한다.
- 목욕탕 구조를 보면 로마 초기에는 열기식 사우나와 열탕이 고작이었다. 다양한 온도의 열기욕방과 욕탕을 갖춘 것은 네로 황제의 목욕탕이 만들면서부터였다. 로마 제국 말기에는 8개의 초대형 목욕탕이 있었고, 서민용 저렴한 사설 목욕탕도 830여 개나 되었다. 공중목욕탕은 처음에는 남녀가 따로 목욕을 했으나 세기가 지나면서 대리석 욕탕에서 남녀가 함께 했다. 입장에는 신분적인 제한도 없었다. 목욕요금은 로마에서 유통되는 가장 최소치의 동전으로 책정해 아무리 가난한 사람이라도 목욕은 할 수 있었다고 한다. 어린이는 무료였다. 황제에 따라서는 질병자는 오후 1시경에 입장시키고 일반인은 2시부터 입장시키는 제한을 두기도 했다.
- 로마의 목욕탕은 온탕, 냉탕, 사우나탕을 갖췄다. 로마인의 목욕 순서는 먼저 온탕에 들어가고, 다음에 냉탕, 다시 온탕 등의 순서로 번갈아 가면서 목욕을 했다고 한다. 이 탕들을 옮겨갈 때는 수영해서 건너갔다고 한다. 물은 항상 흐르게 되어 있어서 굳이 정화할 필요는 없었고, 물의 흐름도 제어하여 상, 하수도 시설의 뒤섞임 없이 과학적으로 설계되어 있었다.
- 그러나 로마의 목욕탕의 위생 상태는 엉망이었다. 몸을 씻고 탕에 들어가는 게 현대의 상식이지만 로마인들은 몸에 기름을 바르고 탕에 들어가 몸을 마구 문지르고 때를 씻어냈다. 한마디로 먼지, 때, 체액, 분비물, 병균 가릴 것 없이 다른 사람들이 욕탕 안에 가지고 들어온 것들을 모든 사람이 물속에서 공유했다.
- 로마의 목욕탕 문화는 훗날 기독교/이슬람 세력으로 지중해권이 나눠진 중세에도 계속 이어지지만 '흑사병'이 유행하고 '목욕탕이 전염병을 퍼트릴 수 있다'는 관념이 생겨나면서 쇠퇴했다.

- 그밖에 2세기에 건설된 공중목욕탕, 원형극장, 로마 황제의 알현실이 있던 바실리카 등 많은 로마 시대 유적들이 남아 있다.

알프스 북쪽의 기독교 중심지

- 트리어의 중세 종교건축물 중 가장 대표적인 것은 트리어 돔(대성당)과 성모 마리아 성당. 남북 방향으로 나란히 서 있는 두 성당은 콘스탄티누스 대제의 어머니가 살던 궁전 자리에 지은 두 개의 교회가 모태가 되었다.

- 두 건물은 이후 외침에 의해 파괴되고 개축되기를 반복하다가 11~13세기에 트리어 대성당과 성모마리아 성당이라는 이름으로 오늘날과 같은 모습을 갖추게 되었다.
- 트리어 대성당은 11세기에 로마네스크 양식으로 건축되었고, 중세 교회 최대 걸작 중 하나. 예수가 죽을 때 입었다고 추측되는 '성의(the Holy Tunic)'가 있어서 순례자들의 발길이 끊이지 않는 곳. 여러 차례 증축과 개축을 반복하면서 서서히 바뀌었지만, 중앙 예배당에는 로마 시대의 흔적이 아직까지 남아 있다.
- 성모마리아 성당은 1260년에 완공된 독일 초기 고딕 양식의 걸작. 건물의 기초가 십자가 모양으로 되어 있고 십자가가 교차하는 지점에 2개의 예배당이 세워졌다.

트리어 대성당(Trierer Dom)

- 로마의 콘스탄티누스 대제의 성이었던 곳에 지어진 성당
- 초기에는 현재 규모의 4배나 되었다. 성당 입구에 있는 화강암 기둥과 성벽에서 성당의 오랜 역사성을 읽을 수 있다.
- 5세기와 9세기에 파괴된 남은 건물 위에 지금의 로마네스크 양식으로 증축했다.
- 제2차 세계대전 때 파괴, 1964~1974년에 복구공사를 거쳐 현재의 모습으로 재탄생했다.

〈좌: 트리어 대성당, 우: 성모 마리아 성당〉

- 로마 유적과 성모 마리아 성당을 비롯한 종교 건축물과 함께 1986년 유네스코 세계문화유산으로 지정되었다.

성모 마리아 성당(Liebfrauenkirche)

- 트리어 돔 바로 옆에 있다. 315년 무렵 콘스탄티누스 1세(재위 306~337)가 성 페터 성당과 함께 쌍으로 지어 교구성당으로 사용되었다.
- 두 성당은 11세기에 2개의 성당으로 나누어 다시 건축, 순수한 고딕양식으로 지어 성모 마리아에게 헌정되었다.
- 이 성당은 마르부르크의 엘리자베트 교회(Elisabethkirche)와 함께 독일에서 가장 오래된 고딕 양식 교회이자 이 주에서 가장 중요하고 가장 빠른 시기의 중앙집중식 고딕 양식 건축물이다. 1235~1260년에 개축되었다, 고딕 양식에서는 보기 드문 중앙집중식 건축의 이상적인 아름다움을 구현했다. 내부 공간은 넓고 교차부의 돔은 매우 높다. 서쪽 정면의 문은 후기 고딕양식에서 나타나는 인물상 기둥으로 장식했다.
- 13세기에는 두 성당 사이에 고딕 양식의 회랑을 설치, 19세기 무렵부터 이곳에 참사회원의 석관을 안치했다.

〈상식〉 카를 마르크스(Karl Heinrich Marx 1818~1883)

그는 1847년 공산주의자동맹을 창건했다. 1847년 프리드리히 엥겔스와 공동집필하여 이듬해 2월에 발표한 〈공산당 선언〉과 1867년 초판이 출간된 〈자본론〉의 저자로 널리 알려져 있으며, 사회주의시월혁명을 주도한 블라디미르 레닌은 그의 이론적 기반을 마르크스에게서 얻었다.

- 학창 시절

마르크스의 아버지는 랍비였다. 마르크스의 가족은 유대인이었지만, 1824년 개신교로 강제 개종하였다. 트리어의 김나지움 졸업 후 마르크스는 처음에 본 대학에서 법학을 공부하다가 베를린으로 옮겨 역사와 철학에 몰두하였다. 1841년 에피쿠로스의 철학 관련 논문으로 박사학위를 받았다.

- 졸업 후

박사학위 후 고향으로 돌아와 언론에 투신하여 라인 신문의 편집장으로 활동하면서 이 시기에 철학적 사고의 전환점을 맞이한다. 그는 관념적인 철학적 이슈에서 사회경제적 이슈로 방향전환을 한다. 라인 지방 농민들을 취재하던 도중 물질적 · 경제적 이슈의 중요성을 인식하기 시작한 것이다. 1843년 라인신문은 폐간되었다.

- 프랑스 생활

독일에서 급진 좌파운동의 탄압이 심해지자 파리로 이주한다. 본격적으로 프랑스 사회주의자의 혁명적 집단들과 직접 접촉하게 되었다. 이는 마르크스의 정치사상과 철학에 많은 영향을 끼쳤다.

- 영국 망명 생활

1846년에 마르크스는 〈독일 이데올로기〉를 발표한다. 600여 쪽이나 되는 이 책은 엥겔스와 공저로 되어 있지만, 마르크스의 사상으로 가득하다. 이 저작에서 마르크스는 청년 헤겔주의자와 결별을 선언하며 그들과 차별성을 강조하고 있다. 사적 유물론을 최초로 체계적으로 서술했고, 사회주의혁명이 발발할 수밖에 없는 조건을 자본주의 자체가 잉태하고 있다고 기술하고 있다.

시청사

- 중세 도시의 구시가지는 거의 예외 없이 시청사를 중심으로 중앙 광장이 형성되었다. 그런데 트리어의 중앙광장(Hauptmarkt)에는 '시청사'를 뜻하는 'Rathaus[라트하우스]'가 없다. 프랑크푸르트가 시청사를 '뢰머(Römer, '로마인'의 뜻)'라고 하듯이 트리어도 'Rathaus'라고 하지 않고 '슈타이페(Steipe)'라고 부른다. 왜 슈타이페라고 했을까? 그 이유는 여전히 밝혀지지 않고 있다. 전설에 따르면, 건물의 1층은 아치형으로 개방되어 있고, 각 기둥은 황금빛 조각들로 치장되어 있다. 각 조각에는 트리어의 수호성인들이 새겨져 있다. 건물의 핵심이 이 기둥들인 셈이다. 그런데 트리어 지역의 방언으로 '기둥'이 'Steipe'라서 건물 이름도 슈타이페가 되었다는 것이다. 건물 상층부에는 대성당이나 교회에서 홈통 주둥이로 쓰이는 괴물석상(gargoyle)의 흔적도 있다. 슈타이페 바로 옆에 붙은 르네상스 양식 건물이 로테스 하우스(Rotes Haus, '붉은 집'의 뜻)이다.

중세 전성기 시대의 첨탑 가옥

- 이곳 트리어 중심가에는 중세 전성기 시기의 독특한 주거양식을 엿볼 수 있

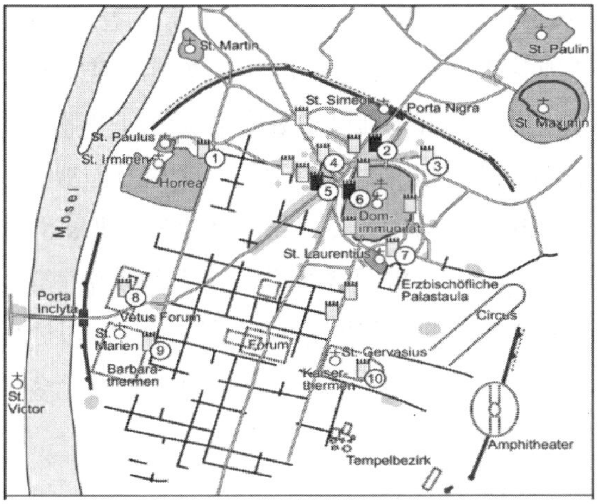

〈좌: 첨탑가옥 거리, 우: 프랑켄 첨탑〉

는 것들이 있다. 방어용 첨탑처럼 생긴 가옥이라서 'Wohnturm(주거첨탑)'으로 불린다. 오른쪽 지도는 중세 전성기에 트리어 시 귀족들의 주거지역을 나타낸 것인데, ①번부터 ⑩번까지가 그러한 가옥들이다. 예컨대 ②번은 동방박사의 집(Dreikönigenhaus), ③번은 필립 첨탑(Philippsturm), ⑤는 프랑켄 첨탑(Frankenturm), ⑥은 예루살렘 첨탑, ⑧은 볼프 첨탑(Wolfsturm), ⑨는 리하르트 첨탑(Richardsturm)이다.

- 프랑켄 첨탑(Frankenturm). 성벽의 일부만 남은 것처럼 보이지만 11세기에 처음부터 이렇게 지은 '주거용' 건물이다. 14세기에 여기에 거주한 사람의 이름이 프랑코 폰 젠하임(Franco von Senheim)이어서 프랑켄 첨탑으로 불린다. 이 건물의 벽면기술은 의식적으로 로마의 폐가 모습을 모방했는데, 당시 트리어에서 상당수가 이런 모습이었다고 한다. 첨탑 건축을 위해 사용된 자재는 로마시대의 건축물들에서 가져온 것인데, 벽돌 외에 2세기의 묘비에서 가져온 돌도 사용되었다. 건물 입구가 높은 곳에 있는 것은 도둑의 침입을 막기 위함이었다. 동방박사의 집도 이와 유사한 구조다. 시간이 흐르면서 이 건물은 다양하게 사용되고 첨탑의 모양도 변형되거나 개조되었다. 현재는 3성급 호텔로 사용 중이다.
- 동방박사의 집(Dreikönigenhaus). 원래 건물 외벽에 동방박사들이 아기예수를 경배하는 그림이 그려져 있어서 붙여진 이름이다. 이 건물은 1230년에 건축

된 당시에는 '춤 조일헨(Zum Säulchen, '작은 기둥'의 뜻)'으로 불렸고, 건물의 1층은 없었다. 이곳에는 당시 배심원 가족이 살았다고 한다. 현재의 건물 오른쪽 출입문 위에 세로로 약간 긴 창문이 원래의 출입문이었고, 그 아래는 벽으로 막혀 있었다. 그래서 당시에는 사람들이 사다리를 놓고 출입을 했다고 한다. 그러니 도둑침입을 방지하기 위해 지은 방어용 첨탑 가옥인 프랑켄 첨탑과 닮았다. 1층에 출입구가 생긴 현재의 모습을 갖춘 것은 19세기 무렵인데, 이후 전쟁에서 파괴와 복구를 거치면서 많이 개조되었다고 한다. 1층은 현재 카페로 사용 중이다. 이 건물 옆에는 아직도 예루살렘 첨탑과 프랑켄 첨탑이 있다.

뢰머다리

- '로마인의 다리'의 뜻. 로마 제국 시기에 그 틀이 만들어졌다. 유네스코 세계문화유산에 등록된 트리어의 로마 유적에 포함된다. 교각이 처음 놓인 것은 152년. 독일에서 가장 오래 된 석조 다리는 레겐스부르크의 슈타이네르네 다리(Steinernebrücke; 1146년)인데, 그보다 1000여 년 전에 지어졌다. 그런데 뢰머다리가 '최고(最古)'가 되지 못한 것은 교각 위의 상판이 12세기와 18세기에 두 번에 걸쳐 교체된 때문이다. 그러니까 다리 전체는 슈타이네르네 다리가 가장 오래 된 것이고, 다리 일부가 가장 오래 된 것은 뢰머 다리인 셈이다.

〈좌: 뢰머다리, 우: 다리 중앙의 십자가상〉

[10] 첼팅엔-라흐티히(Zeltingen-Rachtig):

- 마헤른 수도원, 모젤 강 수문

[11] 비닝엔(Winningen):

- 모젤 강 하류의 코블렌츠에서 기차로 10분 정도 걸리는 곳에 있는데, 급경사 포도밭으로 유명하다. 모젤 강 지역에서 가장 크고 독일에서 가장 오래된 와인 축제(Moselfest Winningen)가 이곳에서 열린다.

08
자를란트
(Saarland)

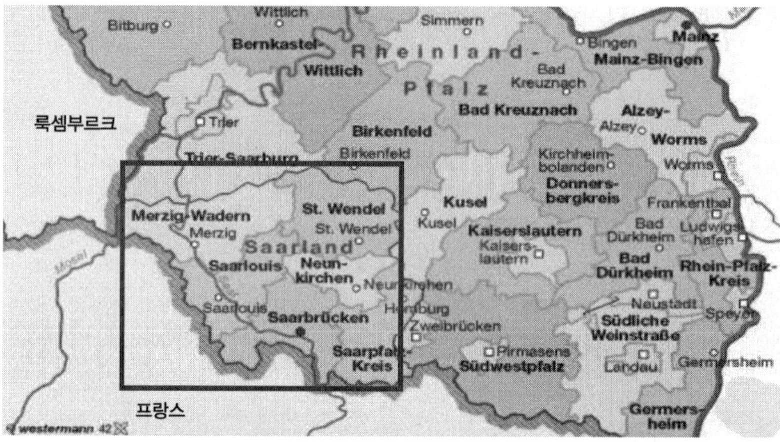

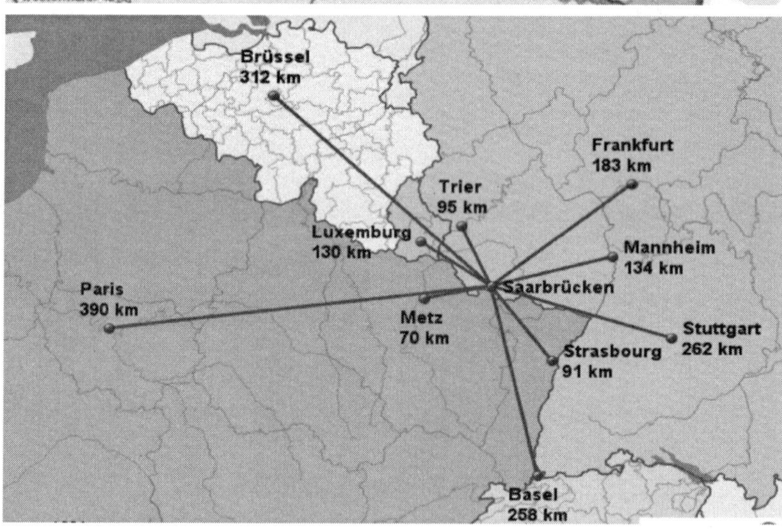

자를란트 주는 독일 연방주 중 면적이 가장 작다. 가장 중요한 곳은 자르 강과 그 지류인 블리스 강의 계곡에 몰려있다. 수세기동안 이 주를 수놓은 석탄과 강철은 주변 현상들이다. 옛 제철소들은 산업기념물로서 보존되고 있다. 특히 루버 강과 자르 강변은 와인경작지로 유명하다. 수많은 와인 축제, 시즌 판매, 와인 상품들은 괴테도 지적했듯이 자를란트 주만의 들뜬 분위기를 더해준다.

1. 자연을 품은 자를란트

- 남쪽과 서쪽은 프랑스의 모젤 주, 서쪽은 룩셈부르크, 북쪽과 동쪽은 라인란트-팔츠 주와 접경을 이룬다.
- 프랑스의 국경지대, 모젤 강의 지류인 자르 강의 중류 지역에 위치한다.
- 독일에서 가장 작은 연방 주이자 가장 따뜻한 지역이다. 이 주의 1/3이 삼림지대, 주민의 대부분은 로마가톨릭에 열광한다.
- 강철, 요업, 기계, 유리가 생산된다. 자르강철주식회사(Saarstahl AG)는 이 주에서 가장 큰 기업들 중 하나. 메틀라흐(Mettlach) 소재 빌레로이-보흐(Villeroy & Boch) 요업회사(창건: 1748년)는 공중목욕탕과 샤워실용 방수 자기와 리빙 키친 상품들을 생산한다.
- 거대한 자르 탄광지역은 공업 · 상업 · 문화의 중심지. 철과 강철이 가장 중요한 공업이다. 양조장 · 식품가공공장 · 인쇄공장, 기계류 · 광학기구 · 의류 · 제지 · 비누 · 석회 · 시멘트 제조공장들도 있다. 국제적인 자르 박람회가 매년 이곳에서 열린다. 자를루이에는 포드자동차회사의 지부가 있다.

언어: 독일어, 프랑스어
주도: 자르브뤼켄
인구: 996,651명(2016년)

▸ 주기

- 4 영역으로 나눠져 있다. 빨강색 중간띠가 있는 십자가는 트리어 선제후를 나타낸 것이고, 은색 사자는 자르브뤼켄 백작의 것이다. 세 마리 은색 독수리는 로트링엔 공작들을 상징한다. 황금색 사자는 팔츠-츠바이브뤼켄 공작령을 나타낸 것이다.
- 트리어 선제후국(Kurtrier, 대주교령)은 신성로마제국의 7 선제후국 중 하나였다. 선제후국은 중세 독일에서 황제 선거의 자격을 가진 제후를 말한다.
- 유럽 여러 나라의 왕위 계승에는 혈통과 선거의 두 원리가 얽혀 있었다. 황제의 경우 작센 왕조 시기에 혈통에 의한 계승이 정착했지만, 성직 서임권투

쟁을 거친 후에는 선거제가 강세를 보였다.

- 13세기에는 마인츠, 쾰른, 트리어의 각 대주교, 라인 궁중백, 작센공, 브란덴부르크 변경백이 선거의 제후회의에서 주역을 맡았다. 13세기 말부터 위의 여섯 명과 보헤미아 왕이 참가한 7선제후가 선거권을 독점하였다. 렌스 선제후회의(1338년)에서는 교황의 확인 없이 선거만으로 황제가 될 수 있었다.
- 1356년 신성로마제국 황제 카를 4세(재위 1347~1378)가 뉘른베르크 및 메츠의 제국의회에서 제국법 금인칙서(Golden Bull, 1356)를 발표했다. 이것은 황제 선거의 수속과 선제후의 지위를 성문화한 것이다. 금인칙서란 황제와 교황 사이의 다툼에서 대부분의 선제후가 황제를 지지하면서 교황의 대관식 없이 선제후의 선출만으로도 황제를 뽑을 수 있다는 규정이다. 7선제후의 선출은 교황의 대관식 없어도 제국의 황제로 인정받게 된 것이다. 이 중 좌장 역할은 마인츠 대주교가 맡았다.
- 선제후의 영토는 분할할 수 없고 반드시 장남에게 상속되었다. 그 권력은 국왕의 대권에 준했고 그들에 대한 공격은 대역죄로 취급되었다. 그러나 17세기 이후 7 선제후 제도는 무너졌다. 바이에른(1623~1778), 하노버(1708), 헤센-카셀(1803)에서 선제후가 생겨난 때문이다. 신성로마제국의 붕괴 이후(1803년) 이 제도는 사라졌지만 헤센카셀의 통치자는 19세기말까지 이 칭호를 사용했다.

〈상식〉 옛 독일 귀족들의 호칭

- 공작(Herzog)과 변경백(Markgraf, 방백), 궁중백(팔츠백)(Pfalzgraf) 등은 독일 귀족 계급들. 이 귀족 계급이 선제후가 되면 공작이나 변경백 등으로 불리지 않았다. 이들은 공작 위의 명칭인 '선제후(쿠르퓌어스트)' 라는 명칭으로 불렸다. 당시 이 호칭은 대단한 영예였다.
- 당시 황제와 왕의 호칭은 '폐하 = Seine Majestät(=Your Majesty)' 였다. 그 바로 아래 존칭은 선제후들에게만 붙여졌다: '고귀하신 전하 = Durchlaucht(=Serene Highness)'. 예를 들면 이렇게 말한다: "황제 폐하, 고귀하신 작센의 선제후 전하께서 드셨습니다."

▶ 음식

- 간단한 재료로 만든 값싸고 푸짐한 음식과 정교하고 세련된 요리가 조화를 이룬다. 프랑스 요리와 밀접한 연관성을 보인다. 프랑스에서 망명한 위그노 개신교도들이 독일에서 정착한 곳 중 한 곳이기도 하다. 나폴레옹 통치시절 프랑스에 직접 병합되었고(1815년 독일로 복귀), 제1차 세계대전 이후 베르사유 조약에 의

해 1935년까지 독일에서 분리되어 있었다. 제2차 세계대전 이후에도 프랑스 보호령으로 분리되어 있다가 1956년에야 서독으로 복귀한 곳이다.

- 프랑스와 프랑스 요리는 자를란트 사람들의 일상에 단순한 족적 이상의 영향을 남겼다. 일반적인 독일인들보다 식재료에 더 많은 신경을 쓰고, 요리에 유별난 관심을 보이는 지는 미슐랭 별점을 얻은 이 지역 요리사들의 숫자에서 확인할 수 있다. 독일의 여타 지역 요리사들보다 인구대비 비율에서 앞선다.

〈상식〉 미슐랭 스타(별점)란?

- 세계적인 타이어회사 미슐랭사가 매년 봄 발간하는 식당 및 여행가이드 시리즈, '미쉐린 가이드'.
- 1900년 타이어 구매 고객에게 무료로 나눠주던 자동차여행 안내책자에서 출발. 미슐랭 가이드를 탄생시킨 앙드레 미슐랭은 당시 내무부 산하 지도국에 근무, 프랑스를 여행하는 운전자들에게 유익한 정보를 주자는 취지에서 무료로 배포되는 여행, 식당 정보 안내서를 펴냈다. 초기에는 타이어 정보, 도로법규, 자동차 정비요령, 주유소 위치 등이 주된 내용이고, 식당은 그저 운전자의 허기를 달래주는 차원이었지만, 해가 갈수록 호평을 받자 22년부터 유료로 판매하기 시작, 이후 대표적인 식당지침서로 명성을 얻었다. 이후 100여 년간 엄격성과 정보의 신뢰도를 바탕으로 명성을 쌓아 오늘날 '미식가들의 성서' 와 같은 위치를 차지했다.
- 선정 기준: 재료, 조리, 맛, 창의성, 가격 대비 만족도 등.
- 공식 가이드북에 따르면, 별 한 개는 그 분야의 요리에 있어서 특별히 맛있는 식당, 별 두 개는 멀리서 찾아올만한 가치가 있을 만큼 대단히 맛있는 식당, 별 세 개는 오직 그것만을 먹기 위해서라도 반드시 여행할 가치가 있을 정도로 탁월한 식당이다.

- 식재료: 자를란트 주는 전통적으로 제조업과 광산업이 강세인 지역. 그래서 음식도 자연히 공장 노동자, 광부, 농부들이 고되고 기나긴 근로를 버텨낼 수 있도록 고열량 위주다. 게다가 주머니 사정이 넉넉지 않은 노동자들의 편에서 재료도 값싼 것이 대부분이다. 그래서 요리의 핵심 재료는 감자, 양파, 부추, 콩, 양배추 같은 토산 야채들이고, 자우어크라우트(Sauerkraut)는 요리에서 큰 비중을 차지한다.
- 대표 음식: 감자 요리가 굉장히 많다. 간 감자로 만든 튀김에 베이컨 소스와 사과 퓌레를 올린 디벨라베스(Dibbelabbes), 레버부어스트(간소시지, 간의 함량이 10%이상)나 브라트부어스트(그릴에 구운 소시지)나 간 고기를 채워 넣은 감자경단인 게필데(Gefillde)와 호리셰(Hoorische), 감자를 육면체로 잘라서 튀긴 크롬베어케르쉬처(Krommbeerkerschdscher), 밀가루와 감자를 섞은 게하이라테(Geheirate) 등.

- 자를란트 요리만의 특징은 푸짐한 수프에 달달한 케이크가 따라 나오는 것이다. 대개는 감자 수프에 애플파이나 콩 수프에 자두 케이크가 딸려 나온다.
- 자를란트 주는 모젤 강 주변의 자르-루버 강변에서 생산되는 와인으로도 유명하다. 특히 엘블링(Elbling), 오서루아(Auxerrois), 피노 블랑(Pinot Blanc), 피노 그리(Pinot Gris), 피노 누아(Pinot Noir) 등의 품종들로 만든 와인은 세계적으로도 인정받아서 여러 번 상을 수상했다.

〈상식〉 알자스-로렌 지역과 알퐁스 도데의 〈마지막 수업〉

- 한국인 대다수는 지금까지도 〈마지막 수업〉을 프랑스의 민족의식, 나아가 조선의 민족의식을 일깨운 명작으로 받아들이고 있다. 하지만 이 작품은 프랑스의 추악한 내셔널리즘을 가장 극명하게 표출한 작품이라는 이유로 일본에서 이미 30년 전에 추방됐다.
- 이 작품이 배경으로 삼는 알자스는 14세기 이래 프랑스령이었지만 그 주민 대부분은 독일계였고 언어도 독일어를 사용했다. 나폴레옹 전쟁 이후에는 이 지역에 대한 프랑스의 언어 통제 정책은 더욱 강화돼 학교에서는 프랑스어를 강제로 가르쳤다. 그러다가 보불전쟁에서 프랑스가 패배하면서 알자스는 프로이센제국에게 넘어갔다. 이로써 이 지방 주민들은 일상 언어, 곧 독일어를 되찾게 된 것이다. 〈마지막 수업〉은 이런 시대적 분위기를 반영하면서 알자스는 독일 땅일 수 없으며 세계 언어 중 오직 프랑스어가 가장 아름다운 언어임을 강변했던 것이다.
- 실제로 도데는 국내에는 '서정작가'로 알려진 것과는 달리 극렬한 왕당파였으며 그의 아버지도 우익 왕당파의 수괴였다. 도데가 더욱 악랄한 것은 보불전쟁 당시 알자스 주민 대부분이 프랑스어를 모르는 독일계였음을 알고 있었다는 사실이다. 그런데도 그의 소설 〈마지막 수업〉은 프랑스어를 모르는 알자스 주민들을 대상으로 프랑스어 교사가 마지막 수업을 진행하는 장면을 설정하면서 "프랑스 만세"라는 말로 끝맺음을 하고 있다.
- 이 작품의 등장인물 프랑스 교사는 비유컨대 일제의 패망으로 식민지 조선 땅에서 할 수 없이 물러나면서 조선인 학생들에게 '일본 만세'라는 큼지막한 글을 남긴 일본인 국어교사와 본질적으로 다를 바 없다. 그런데도 한국에서 〈마지막 수업〉은 외세에 저항하는 민족의식을 가장 극적으로 '대리표출'한 작품으로 통하고 있다. 이는 '적대적 문화변용'의 전형적인 형태라고 할 수 있다. 다시 말해 일본 제국주의 논리를 고스란히 답습한 희극적인 현상인 것이다.

〈인용: 2002.04.26. http://www.ohmynews.com/nws_web/view/at_pg.aspx?CNTN_CD=A0000073455〉

2. 역사를 품은 자를란트

- 17세기 이후 독일 · 프랑스 양국의 분쟁 대상 지역이었다. 1871년 보불 전쟁의 결과 알자스-로렌과 함께 독일에 병합된다.
- 제1차 세계대전 후 베르사유 조약으로 15년간 국제연맹의 감독을 받고, 자르 탄전의 탄광채굴권은 프랑스에 양도된다. 그러나 1935년 1월에 실시된 주민투표의 결과 91%의 다수결로 독일로 복귀된다.
- 제2차 세계대전 후 프랑스는 다시 이 지방을 점령, 정치적으로는 자치를 인정하고 경제적 통합을 추진하려 한다. 그러나 독일의 부흥과 함께 영토회복 운동이 활발해지고, 1950년 콘라트 아데나워 초대수상이 자를란트의 반환과 양국의 경제 통합을 제안한다. 프랑스 정부는 이에 대한 화답으로 미국의 서유럽 경제통합계획에 의한 '쉬망 계획'을 제시하여 자를란트의 현상 유지를 꾀한다.
- 쉬망 계획은 1951년 1월 프랑스 · 독일 · 이탈리아 및 베네룩스 3국이 조인하여 '석탄 · 철강공동체(ECSC)'를 결성한다. 이것은 1957년 '유럽경제공동체(EEC)'로 발전하면서 자르 지방은 독일에 반환된다.

▸ 자르(Saar) 문제

- 광의로는 과거 1세기 동안 독일 · 프랑스 간의 항쟁, 협의로는 제2차 세계대전 이후의 분쟁과 관련이 있다.
- 자르는 독일과 프랑스 국경의 요충지로서 풍부한 석탄자원을 보유한 지역. 이 지역은 1871년 보불(프로이센-프랑스) 전쟁 이후 독일에 귀속, 제1차 세계대전 후 베르사유 체제하에서는 국제연맹 감독 하에 자치제 실시, 그러나 경제적 권익은 프랑스에게 배상으로 양도, 1935년 주민투표 후에는 다시 독일에 귀속되었다.
- 프랑스는 제2차 세계대전 후 이 지방이 프랑스 점령지대의 일부가 되자 다른 점령지대에서 분리, 자치령화와 경제면에서 프랑스와의 결합을 추진했다. 미국과 영국은 독일의 루르 공업지대에 대한 프랑스의 관심을 봉쇄하기

위해 자르에서 프랑스의 행동을 묵인했다. 그 결과 자르에서는 1947년 말 친 프랑스 정권이 성립하여 자르 헌법 제정, 이듬해 4월 통화 · 관세 측면에서 프랑스에 통합되었다. 이와 같은 프랑스의 자르 정책은 1949년 발족한 독일의 대 프랑스 화해외교를 가로막는 커다란 장애가 되었다.

- 한편 1950년대 전반 유럽 6개 소국 간에 고조된 유럽통합 기운은 자르 문제 해결책으로, 유럽통합 여러 기관에 자르의 독자적인 참가를 허용한다는 '자르의 유럽화 구상'을 낳았다. 이에 따라 1954년 가을 독일의 양보로 자르 지위 협정이 독일-프랑스 간에 조인되고, 후에 비준을 받았다. 그러나 이 협정은 가장 중요한 주민투표에서 자르 주민들이 거부하는 바람에 무산되었다. 이것은 자르 주민들의 독일 복귀 희망의 표명이었다. 그 후 프랑스는 1956년 10월 자르 조약으로 이 지방의 독일 복귀를 인정하였다. 이로써 제2차 세계대전 후의 자르 문제는 해결되었고, 자르는 1957년부터 독일의 한 연방주로 확정되었다.

3. 문화를 품은 자를란트

3.1. 인물

■ **에리히 호네커(Erich Honecker, 1912～1994)**

- 노인키르헨(Neunkirchen)에서 출생. 구동독의 독일통일사회당(SED)의 서기장 겸 국가 수상이었다.
- 1929년 17세에 공산당에 입당, 1949년 독일민주공화국 정부가 수립되자 인민회의 대표에 선출, 1950년부터 당 중앙위원회 정치국원으로 활약했다. 1961년 동서 분단의 상징이기도 했던 베를린 장벽건설의 총책. 1971년부터 1989년까지 SED 서기장 및 국가수상으로서 18년간 동독을 철권통치 했다.
- 1980년대 말 구 중부유럽의 공산주의 국가들에게서 개혁과 개방의 바람이 불어오자, 1989년 10월 7일 독일민주공화국 수립 40주년 기념행사를 가지면서 공산주의 체제의 건재를 과시했다. 그러나 이틀 뒤인 10월 9일 라이프치히에서 시작된 정권반대 시위가 이어지자 10월 18일 호네커는 실각하고 젊은 나이의 에곤 크렌츠(Egon Rudi Ernst Krenz, 1937-)가 당 서기장 및 총리에 취임했지만, 11월 9일 베를린장벽 붕괴로 동독은 재통일되었다.
- 재통일 후 호네커는 소비에트 연방으로 망명, 그러나 소비에트 연방이 몰락하면서 독일로 송환되었다. 송환 후, 호네커는 동독의 수상 및 서기장으로 재임하던 중 독일연방공화국(구서독)으로 탈출하려던 독일민주공화국(구동독) 사람 192명을 즉결처형한 것과 관련하여 재판에 회부되었다. 그러나 암으로 석방되어 반년 후 칠레로 망명하여 산티아고에서 사망했다.

3.2. 자르-팔츠 바로크 가도(BarockStraße SaarPfalz)

- 약 100km에 이르는 자르-팔츠 바로크 가도는 자르브뤼켄, 블리스카스텔, 츠바이브뤼켄, 오트바일러 등의 레지덴츠(관저) 도시들을 담고 있다. 1650년부터 1800년에 이르는 바로크 시대를 주제로 삼고 있다. 이 가도는 왕, 영주, 공작, 백작들의 옛 활동무대들을 연결한 것이다. 화려한 레지덴츠, 걸출한

예술작품 - 건축 장인과 예술가들이 18세기에 이곳에서 정말 훌륭한 작품들을 만들어냈다.

자르와 팔츠 사이의 바로크 투어

- 독일의 바로크 시대라면 대개는 요한 제바스티안 바흐, 안드레아스 그리피우스, 바로크 건축의 대가 프리드리히 요아힘 슈텡겔, 화가이자 도료전문가 요한 밥티스트 치머만, 화려한 건물, 우아한 정원, 값비싼 천정화, 바로크식 가구를 연상할 것이다. 자를란트 주와 그 주변에서도 이 시기에 바로크의 흔적들이 남아있다.
- 바로크 시대는 유럽에서 화려한 바로크식 레지덴츠의 시대였을 뿐 아니라 거대한 정원예술의 시기이기도 했다. 자를란트 주와 라인란트-팔츠 주의 남서부 지역에서도 이런 바로크 양식을 만날 수 있다. 물론 독일에서는 바로크 양식이 종교개혁의 영향으로 늦게 나타났다. 이탈리아나 프랑스에서 바로크의 기세가 한풀 꺾인 1700년 무렵에야 유행했다. 이탈리아와 프랑스의 두 양식이 혼용되어 독특한 독일식 바로크 양식이 등장했다. 특히 건축과 조각의 경계가 허물어져서 조화로운 일체를 보이는 종합적인 성격이 두드러졌다. 가톨릭이 강세이던 라인란트-팔츠와 자를란트 주를 포함한 독일 남부 지역을 중심으로 바로크 양식이 만발했다. 당시의 교회들은 내부가 그림과 조각, 장식들로 빈틈이 없었다. 스투코(Stucco)라는 치장벽토로 모든 공간을 조각들로 가득채운 때문이다.
- 자르-팔츠 바로크가도의 경우 세속 지배자들이나 종교 지배자들은 프랑스의 모형에 따라 궁전이나 교회에 그들 나름의 조그만 베르사유식의 정원을 만들었다. 전형적인 베르사유식 정원의 기본 원칙은 완벽한 배치를 연출하는 것. 수로나 연못, 직각 산책로 모양의 기본 축과 이차 축을 이용한 기하

학적 분리가 특징적이다. 그러나 바로크식 정원에서 가장 아름다운 특징은 바로 아라베스크 패턴이다. 화려한 모양의 화단 패턴은 조그만 회양목 울타리를 이용하여 연출한다. 그 사이의 공간에는 흰색 자갈을 이용하여 잔디 배경과 매혹적인 대비를 창조한다. 화단에 생기를 불어넣는 여름 꽃으로 특별한 매력을 창조한다.

- 중세의 정원은 꽃과 향초와 과일나무와 분수와 악기를 갖추고 오감을 즐겁게 해주는 관능의 성소 같은 곳이었다. 중세는 귀족들도 몸을 써야 하는 일, 군사와 가사에서 벗어나지 못한 시대였기에 정원에서까지 몸을 쓸 필요는 없었을 것이다. 그 후 세상이 안전해지고 귀족들의 거주공간이 요새에서 저택으로 바뀌면서 유럽의 정원은 점점 넓어지기 시작했다. 넓어진 정원에서는 꽃과 과일나무가 사라지고 눈을 즐겁게 하는 것들이 나타났다. 르네상스 정원은 앉을 수도 걸을 수도 있는 곳이었다. 바로크 정원은 베르사유 궁전 정원처럼 엄청나게 넓어졌다. 노동이 필요 없는 귀족들에게 보행은 곧 운동이듯이, 이렇게 넓은 정원은 귀족을 위한 정신적, 육체적, 사교적 자극 이외에는 무의미한 관상용 자연예술이었다. 바로크 정원은 주인의 재산과 권력이 한 눈에 보이는 호사스런 장소이자 근엄한 장소이기도 했다. 울타리뿐 아니라 나무들은 모두 사각형과 원뿔형으로 다듬었고, 크고 작은 길은 모두 일직선으로 만들었다. 분수는 기본이고 기하학적인 형태의 연못도 팠다.

[1] 블리스카스텔(Blieskastel): 역사적인 올드 타운, 박물관, 골렌슈타인 고인돌

- 1098년 처음으로 역사서에 comes de Castele로 등장. 옛 이름인 Castel/Kastel은 아직도 일상적으로 사용되고 있다. 장소명이 사용된 것은 블리스(Blies) 강과 무관하지 않다. 이는 18세기의 라틴어 문서에서 Bliescastel이란 이름이 castelum ad Besam(블리스 강변의 카스텔)으로 표기된 데서 알 수 있다. 1904년 1월 24일부로 Blieskastel은 정서법에 따라 Bliescastel로 표기되었다.
- 도시의 역사적 중심지에는 바로크 시대에 만들어진 시청사(18세기에 상위관청과 고아원으로 건축), 헤라클레스 분수(1691년), 나폴레옹 분수(1804년, "뱀의 분수"라고도 함)가 있다.
- 도시의 위쪽에는 성이 있었는데, 프랑스 혁명 때 대부분 파괴되었다. 남아있는 것은 17세기에 건축된 건축물이다. 1982년부터 1986년까지 재건되어, 강

〈좌: 시청사, 중: 헤라클레스 분수, 우: 골렌슈타인 고인돌〉

연회, 전시회, 콘서트 등의 용도로 사용되고 있다.

- 이 도시의 상징물은 4000여 년이나 된 골렌슈타인 고인돌이다. 높이가 6.5m 인데, 중부유럽에서 가장 거대한 멘히르이다. 이 고인돌은 블리스카스텔 근처 회엔뤼켄(Höhenrücken)에 있다.

[2] 호른바흐(Hornbach)

- 호른바흐 수도원은 741년경 역사유적지인 가문디아스(Gamundias, 현재의 호른바흐)에 성 피르미니우스(St. Pirminius, 670~753)[48]에 의해 창설된 옛 베네딕트교단 수도원이다. 현재는 이 가운데 남아있는 수녀원 건물과 수도원 창설자(성 피르미니우스)의 무덤이 있는 예배당도 있다. 이 예배당은 근래에 와서 만든 것이다.
- 2000년까지 남아있는 수도원 건물 대부분은 호텔시설에 포함되어 있었다. 수녀원 건물의 지하실에는 수도원의 역사를 안내하는 수도원 박물관(Historama Kloster Hornbach)이 들어섰다.
- 성 피르미니우스의 성유물을 1558년 슈파이어로 가져온 사람은 호른바흐의 마지막 수도원장인 안톤 폰 잘름 백작(Anton von Salm, 1530~1564)이었다.

---

48) 피르미니우스는 라이케나우 수도원의 창설자이자 첫 번째 수도원장으로, 710~724년에 쓴 스카랍수스라고 하는 '그리스도교 교리안내'(Ch. 10; 12; 38)에서 발견된 피르미니우스의 본문이 서방교회의 사도신경 표준 또는 공인원문(Forma Recepta)로 채택되었다. 사도신경 본문: "전능하신 천주 성부, 천지의 창조주를 저는 믿나이다. 그 외아들 우리 주 예수 그리스도님, 성령으로 인하여 동정 마리아께 잉태되어 나시고, 본시오 빌라도 통치 아래서 고난을 받으시고, 십자가에 못 박혀 돌아가시고 묻히셨으며, 저승에 가시어 사흗날에 죽은 이들 가운데서 부활하시고, 하늘에 올라 전능하신 천주 성부 오른편에 앉으시며, 그리로부터 산 이와 죽은 이를 심판하러 오시리라 믿나이다. 성령을 믿으며, 거룩하고 보편된 교회와 모든 성인의 통공을 믿으며, 죄의 용서와 육신의 부활을 믿으며, 영원한 삶을 믿나이다. 아멘."

〈좌: 호른바흐 수도원, 우: 수녀원 건물과 수도원 창설자의 무덤이 있는 예배당〉

그곳에서 인스브루크로 이 성유물을 가져온 사람은 독일제국의 대법원(1495~1806)의 옛 원장이자 이후 티롤의 지사이던 슈바이크하르트 폰 헬펜슈타인 백작(Graf Schweikhard von Helfenstein, 1539~1599)이었다. 현재 이 성유물은 인스브루크의 예수회교회의 현대식 성유물 상자에 들어있다. 호른바흐의 옛 대수도원 건물에서 1953년 원래의 무덤이 재발견된 이후 유골의 일부가 인스브루크에서 되돌아왔다. 이 유골은 현재 호른바흐, 슈파이어, 피르마젠스에 분산 보관되어 있다. 옛 수도원 구역에 있는 라인란트-팔츠 주 프로테스탄트교회는 1957년 이 역사적인 무덤 위에 지은 예배당이다. 오늘날 이곳이 다시 순례지로 탈바꿈한 이유가 그 때문이다.

[3] 오트바일러(Ottweiler): 바로크식 올드 타운, 박물관, 비트벤 궁전

▸ 비트벤 궁전(Witwenpalais, '미망인의 궁전'의 뜻)

〈좌: 빌헬름 하인리히 폰 나사우-자르브뤼켄, 중: 부인 소피 에르트무테 백작, 우: 비트벤 궁전〉

- 프리드리히 요아힘 슈텡겔(1694-1787)이 설계한 유일한 도시 궁전이다. 빨간 색 사암건물은 후작 빌헬름 하인리히 폰 나사우-자르브뤼켄(Wilhelm Heinrich von Nassau-Saarbrücken, 1718～1768)이 1756년과 1760년 자신의 부인 소피 에르트무테 백작(Sophie Erdmuthe von Erbach, 1725～1795)을 위해 건축하게 한 것이다.
- 빌헬름 하인리히의 아들이자 후계자인 루트비히 폰 나사우-자르브뤼켄 후작(Ludwig von Nassau-Saarbrücken)은 부인이 죽자 1787년 평민 출신 보모 카타리나 케스트(Katharina Kest)와 재혼했다. 1784년에 황제 요제프 2세(Josef II, 1741～1790)[49]에 의해 '오트바일러 제국백작부인(Reichsgräfin von Ottweiler)'으로 격상되었다. 1764년에 빌헬름 폰 나사우-자르브뤼켄 후작은 도자기 매뉴팩처를 창건했지만, 1800년 무렵에 다시 문을 닫았다. 일부 값비싼 것과 진귀한 것은 이곳에 보존되어 전시되고 있다.

[4] 자르브뤼켄(Saarbrücken): 성, 슈텡겔-산책길, 성 요한 바실리카 성당

- 도시명은 오늘날의 '다리(브뤼케, Brücke)'라는 단어와는 무관하다. 이 장소와 고성이 처음 언급된 시기에는 그곳에 '자르다리', 즉 자르 강의 다리가 없었기 때문이다. 자르 강의 최초의 다리(오늘날의 구교)는 500년이 지나서야 건축되었다. Sarabriga는 전해오는 가장 오래된 켈트 어 이름이다. 켈트 어로 Sara는 '흐르는 강물'의 뜻이고, Briga는 바위, 거대한 돌로 번역된다. 따라서 최초의 고성이 건축된 구교(Alte Brücke, '옛 다리'의 뜻) 맞은편의 거대한 바위라는 뜻이 있다.
- 구교는 1546년 카를 5세 때 건설된 것인데, 자르 강으로 나뉜 구시가와 루트비히 교회가 있는 마르크트 광장을 연결하는 가교이기도 하다. 구교를 지나면 바로크 양식의 자르브뤼켄 성(현재는 자르브뤼켄 시의 관공서들과 자르 역사박물관 등이 입주해 있음)의 뒤쪽 성벽 담장이 나타난다. 이 성벽 담장에는 전설을 머금은, 사람의 얼굴 모양을 한 배수관이 있다.

49) 아버지 프란츠 1세가 죽은 뒤에 신성로마제국의 황제가 되었다. 재위 초기에는 모후 마리아 테레지아와 함께 제국을 공동 통치하였고, 모후가 죽은 뒤에야 단독으로 제국을 통치할 수 있었다. 보헤미아의 국왕 요세프 2세, 헝가리의 국왕 요제프 2세이기도 하다.

〈좌: 자르브뤼켄 성과 뒤쪽 성벽, 우: 서 요한 시청사〉

▸ 성 요한 시청사(Rathaus St. Johann)

- 처음에는 자치 도시 '자르 강변의 성 요한'의 시청사로서 게오르크 폰 하우베리서(Georg von Hauberrisser)의 설계에 따라 1897년부터 1900년까지 건축된 것이었다. 폰 하우베리서는 뮌헨과 비스바덴의 신 시청사도 설계한 건축가이다. 성 요한 시청사는 중앙에 54m 높이의 첨탑이 있고, 그 첨탑에 걸린 시계는 하루에 두 번 15시 15분과 19시 19분에 아름다운 음악을 들려준다. 건물의 정면은 악마에 대항하는 농부와 광부, 양조업자, 상인 등의 조각상들이 장식되어 있다. 건물 위에는 신청사와 연결된다. 시청의 중앙 홀은 연간 1000여 쌍의 부부가 탄생하는 결혼식장으로도 사용되는 곳이다. 이 시청사는 자를란트에서 가장 규모가 큰 신고딕 양식의 비종교적인 건축물이기도 하다.
- 신고딕 양식은 고딕 양식으로 되돌아가려는 예술 및 건축 양식이다. 1740년대에 영국에서 처음 시작되었고 19세기(1830~1900년)에 전성기를 누렸다. 신고딕 양식에는 정치적인 의미도 있었다. 합리적이고 급진적 성향이었던 신고전주의는 공화주의와 자유주의 사상과 자연스럽게 연계되지만, 종교적, 전통적 성향이 강했던 신고딕 양식은 군주주의 및 보수주의와 맥을 같이하게 되었다. 신고딕 양식의 대표적인 건물이 영국 런던의 웨스트민스터 궁전이다.

▸ 자르브뤼켄의 루트비히 교회(Ludwigskirche)

- 바로크 양식의 프로테스탄트 교회.

〈좌: 루트비히교회 외경: 교회 주변의 흰색 건물들은 관공서들, 우: 루트비리교회 내경〉

- 드레스덴의 프라우엔 교회(성모교회), 함부르크의 성 미카엘 교회와 더불어 독일에서 가장 중요한 바로크 양식의 프로테스탄트 교회 중 하나이다.
- 건립: 원래는 15세기에 후기고딕 양식으로 건축된 성당이었다. 1743년에 프리드리히 요아힘 슈텡겔(1694~1787)에 의해 바로크 양식의 첨탑이 증축되었고, 1762년에 건물 건축이 일시 중단되었다가 1777년에 루트비히 폰 나사우-자르브뤼켄에 의해 완공되었다.
- 교회가 루트비히 교회인 것은 슈텡겔에 의해 바로크 양식으로 건축되었기에 그의 이름을 차용한 때문이다.
- 1885~1887년과 1906~1911년에 다시 복원되었다. 제2차 세계대전 때 폭격으로 부분적으로 파괴된 것을 1949년에 재건하기 시작했지만, 1950~1970년대까지 인테리어 양식 등을 놓고 공사가 지연되었다.
- 건물 평면도는 그리스도 십자가 모양, 길이 38.5m와 34.2m, 폭 17m. 외부에는 4명의 복음전도자 상이 있는 니치(niche, 벽감)가 있다. 계단 난간은 사도, 예언자 및 성서에 나오는 사람들을 나타내는 28개 조각상으로 장식. 교회 내부는 치장벽토로 장식, 십자가의 4면에는 2명~4명의 여인상이 받치고 있는 갤러리가 있다. 바닥은 사암으로 건축했다. 중앙 천장은 신을 상징하는 태양광선으로 장식했다. 교회 건물은 광장으로 둘러싸여 있으며, 1965년에 각 주의 주도 기념우표에, 2009년에는 2유로 기념화폐에 사용되었다.

[5] 장크트 잉베르트(St. Ingbert): 성 엥엘베르트 교회

[6] 줄츠바흐(Sulzbach): 역사적인 소금가옥들

▸ 소금가옥

- 줄츠바흐의 역사적인 소금가옥들은 18세기의 경제적인 변화와 당시 근대 산업시대로의 전환을 엿볼 수 있는 상징적인 건물이다.

〈좌: 염천가옥, 우: 가옥 내부: 현재는 콘서트 등의 장소로 이용〉

- 염천가옥(Salzbrunnenhaus), 귀족저택과 근대적인 건물들이 안마당을 가진 매력적인 사각형 모양을 하고 있다.
- 소금은 줄츠바흐에서 1549년에 처음으로 채굴되었다. 높아질수록 지붕이 뾰족해지는 염천가옥 건물은 줄츠바흐에서 소금을 채굴하던 마지막 시기인 1730년부터 1736년까지 지어진 것으로 보인다. 1733년에 채굴된 소금은 나사우-자르브뤼켄의 전체 수요를 거의 충족시킬 수 있는 양이었다. 그러나 이미 1734년에 소금광산들이 고갈되기 시작했다. 소금작업장은 다른 목적으로 매각되거나 경매에 붙여졌다. 오늘날 염천가옥에서는 연극공연, 콘서트, 미술전람회, 시민대학과 여타 시실기관의 행사들이 열리고 있다.

[7] 츠바이브뤼켄(Zweibrücken)

▸ 츠바이브뤼켄 궁전(Schloss Zweibrücken)

〈좌: 츠바이브뤼켄 궁전, 우: 궁전의 정문입구: 츠바이브뤼켄 공작들의 문장〉

- 츠바이브뤼켄 공작의 레지덴츠 궁전.
- 1725년에 당시의 형태로 건축된 것이다. 북유럽식의 바로크 양식으로 라인란트-팔츠 주에서 가장 규모가 크고 가장 화려한 비종교적인 건축물이자 독일에서 가장 아름다운 문화재 중 하나로 꼽힌다.
- 1720~25년에 구스타프 레오폴트(Gustav Samuel Leopold) 공작의 주문으로 스웨덴 건축사 요나스 에릭손 준달(Jonas Erikson Sundahl, 1678~1762)이 후기바로크 양식으로 건축했다. 시내가 대부분 늪지대인 때문에 건축물의 초석을 놓기 위해서는 이른바 기둥을 설치해야 했다. 그래서 떡갈나무 숲 전체를 벌목하다시피해서 줄기들을 수직으로 땅에 박아 넣었다.
- 1793년 이 궁전은 나폴레옹 군에 의해 심하게 파괴되었다. 바이에른 왕 막시밀리안 1세가 1817년이 궁전을 왕이 사용할 여러 개의 거실을 갖춘 막시밀리안 가톨릭교회로 재건하도록 했다. 1867년 이 궁전은 미결구치소를 갖춘 사법기관으로 개조되었다. 현재의 모습은 제2차 세계대전 때 파괴된 것을 1965년에 재건한 것이다.
- 이 궁전은 길이가 83m, 폭이 23m, 높이가 25m에 달한다. 그래서 과거에는 "기다란 수변건물(lange Bau am Wasser)"로도 불렸다. 지하실에는 약 5만m^2에 달하는 개축 공간이 있다. 회색빛 사암은 로트링엔에서, 붉은색 사암은 북부팔츠에서 가져온 것이다. 현재는 라인란트-팔츠 주의 고등법원이 입주해 있다.

09
노르트라인-베스트팔렌 (Nordrhein-Westfalen)

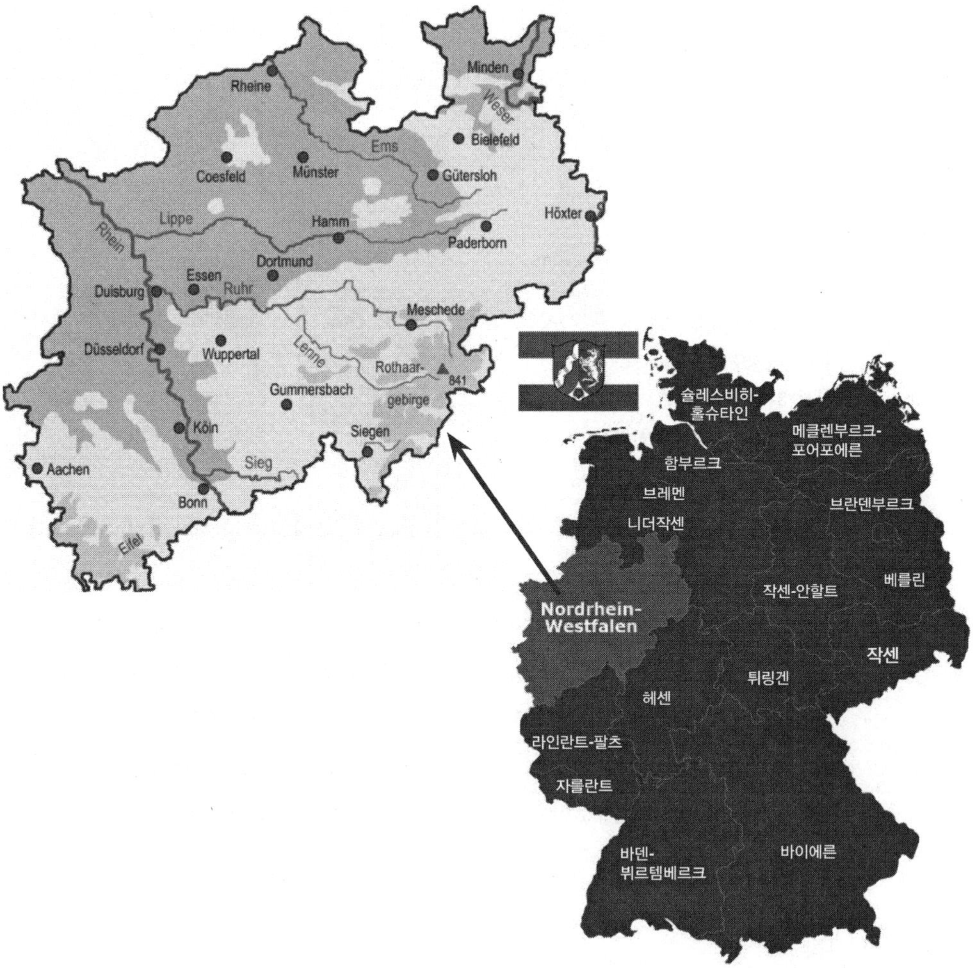

이 연방주는 독일 최대의 인구과밀지역을 안고 있지만, 여러 지역에서 다양한 문화를 체험할 수 있는 곳이기도 하다. 뮌스터란트와 토이토부르거 발트를 가르는 길들은 낭만적인 풍차들과 방어에 최적화된 해자성을 만날 수 있는 가교 역할을 한다. 베스트팔렌과는 딴판인 곳이 북부 라인란트이다. 이곳 쾰른이나 뒤셀도르프에서는 도시의 세련된 생활을 만끽할 수 있다. 옛날 석탄과 강철 산업이라면 떠올랐던 루르 지역에서는 이제 매력적인 지역공원들이 우리의 눈을 즐겁게 한다.

1. 자연을 품은 노르트라인-베스트팔렌

- 독일의 서부지역에 위치하며, 독일에서 네 번째로 큰 연방주.
- 독일에서 인구가 가장 많고, 독일의 어느 연방 주보다 대도시가 많은 주. 이 도시들 중 일부는 루르 강을 따라 늘어서 있다. 이렇게 도시들이 밀집한 대표적인 지역이 루르 지역이다.
- 주도는 뒤셀도르프. 이 주에서 다섯 번째로 큰 도시이며, 라인 강변에 있다. 뒤셀도르프는 수많은 다국적 회사들이 입주한 메트로폴이기도 하다.

언어: 독일어, 저지독일어
주도: 뒤셀도르프(Düsseldorf)
면적: 34.097,72 km²
인구: 17.890.100명 (2016년)

- 니더작센, 헤센, 라인란트-팔츠 등의 주들과 경계를 이룬다. 국제적으로는 네덜란드, 벨기에와 국경을 마주한다.
- 남동쪽에서 북동쪽까지 약 260km에 이른다. 이 주의 북쪽은 북부독일 저지대이고, 리페(Lippe), 엠스(Ems), 루르(Ruhr) 강들이 유입되는 베스트팔렌 만과 독일에서 가장 큰 라인 강 양쪽 니더라인 저지대로 나눠진다. 이 주의 나머지 지역은 독일 중부산악지대의 일부이다. 상부 베저 강변의 베저 산악지역은 이 주의 동쪽에 해당한다. 라인 점판암 산맥(Rheinisches Schiefergebirge)의 산악지대는 남쪽에 해당한다.

▸문장

- 왼쪽의 강은 라인 강을, 오른쪽의 말은 베스트팔렌 지역을, 장미꽃은 리퍼란트(Lipperland, 데트몰트를 중심으로 한 옛 리페 공국)를 상징한다.

▸ 주기

- 녹색, 흰색, 빨강색의 세 줄로 구성되어 있다. 이 색들은 라인란트 지역 색(녹색-흰색)과 베스트팔렌 지역 색(흰색-빨강색)을 조합한 것이다.

▸ 특징

- 독일 최대의 공업 지대인 루르 공업 지대가 이곳에 있다. 1970년대에는 석탄 채광과 철강업으로 호황을 누렸다. EU의 출발점이 되는 유럽석탄철강공동체의 목적이 프랑스는 이곳의 질 좋은 석탄을 탐냈고 독일은 알자스-로렌의 질 좋은 철광석을 탐냈기 때문이다. 철강업이 한풀 꺾인 이후로는 3차 산업도 많이 늘어났다. 문 닫은 광산이나 제철소를 관광 상품으로 개발한 덕분이다. 다만 고용이나 소득 수준에서는 헤센이나 바이에른, 바덴-뷔르템베르크 등의 부유한 지역에는 뒤지는 편이다.
- 아스피린으로 유명한 바이어(레버쿠젠 소재), 쌍둥이 칼을 만드는 헨켈(졸링엔 소재), 엘리베이터나 에스컬레이터로 유명한 티센크루프(에센 소재), 군수산업 회사 라인메탈과 할인마트회사 메트로, 이동통신기기회사 보다폰(뒤셀도르프 소재), 루프트한자(쾰른 소재), 도이체 텔레콤과 도이체 포스트(본 소재)의 본사가 이 연방 주에 있다.
- 이 주의 남쪽에는 아이펠 국립공원(Nationalpark Eifel)의 일부가 위치해 있다. 나머지는 라인란트 주에 속해 있다. 이곳은 수많은 너도밤나무 숲으로 유명하다. 붉은 사슴, 들고양이, 비버, 흑두루미, 수리부엉이 등이 살고 있다.

- 노르트라인-베스트팔렌 주는 누가 기초한 것일까?
영국에 의해, 정확히 말하면 클레멘트 애틀리 수상 치하의 노동당-정부에 의해 창건되었다. 노르트라인-베스트팔렌 지역은 제2차 세계대전 후 독일 북서부를 포괄하는 영국 점령지역에 속했다.
- 노트르라인-베스트팔렌과 유사한 것이 1946년 이전에도 있었을까?
없었다. 1946년 이전에는 프로이센의 주들에 속한 베스트팔렌과 라인의 2개 주가 있었다. 라인 주는 오늘날의 라인란트-팔츠 주 북쪽지역도 포함하고 있었다. 이 지역은 제2차 세계대전 후에는 영국이 아닌 프랑스 점령지역에 있었다.
- 왜 노르트라인-베스트팔렌 주가 창건되었을까?
"노르트라인-베스트팔렌은 냉전의 유산이다." 역사학자 크리스토프 논(Christoph Nonn, 1964~)의 말이다. "영국인은 소련을 절대적 위험국으로 간주한 서구 점령국들 중 최초의 점령국이었다." 영국인은 1946년 당시 유럽 최대의 산업지역이자 나치제국의 무기생산 지역이던 루르지역에 공산주의가 스며드는 것을 두려워하였다. 영국인은 이것을 저지하고 싶었다.
- 왜 루르지역은 그토록 특별한 의미가 있었을까?
석탄 때문이었다. 운송, 난방에너지, 전력생산 - 당시의 세계가 해결한 모든 것은 석탄 없이는 불가능했다고 역사학자들이 밝혔다. 이 시기에 걸맞은 차량들이 거의 없었기 때문에 상품 운송은 기차 편으로 해결했다.
- 그렇다면 루르 주가 아니라 노르트라인-베스트팔렌 주가 창건된 이유는?
영국인은 루르지역의 주민들이 공산주의 정권을 선택할까봐 두려워했다. 역사학자의 설명에 따르면, "그래서 사람들은 보수적이고 가톨릭 색체가 강한 동부베스트팔렌, 니더라인, 아이펠 같은 지역들을 포함하여 조정할 것이라고 생각했다." 또한 농업에 종사하는 배후지역이 루르지역에 식량을 조달할 필요가 있었다.
- 영국인은 라인란트와 베스트팔렌이 전혀 다른 두 개의 지역이라는 사실을 알고 있었을까?
그렇다. 그래서 영국인은 이 계획을 "Operation Marriage"(기업 결혼)이라고도 불렀다. 그러나 지역들 간의 차별성은 영국인에게는 노르트라인-베스트팔렌 주 창건 때 큰 문제가 되지 않았다.

- 왜 뒤셀도르프가 주도가 되었을까?

  이는 영국의 민정(民政)이 이미 뒤셀도르프에 있었기 때문인 듯하다. 이는 뒤셀도르프에는 이를테면 쾰른보다 공공건물들이 덜 파괴된 사실과도 무관하지 않았다. 또한 뒤셀도르프는 '루르지역의 배후도시'이기도 했다.

쾰른-본 국제공항(Flughafen Köln/Bonn)

- IATA 코드: CGN
- ICAO 코드: EDDK
- 터미널 2개
- 활주로 3개. 06/24 2459m × 45m, 14R/32L 1863m × 45m, 14L/32R 3815m × 60m

▶ 일반

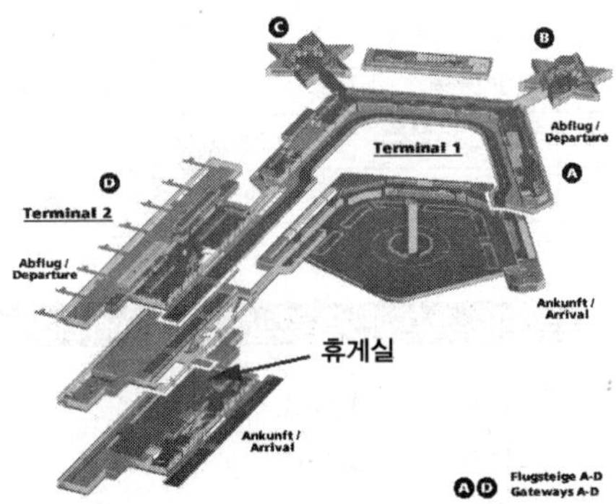

- 노르트라인-베스트팔렌 주 쾰른에 소재한 공항. 쾰른 도심에서 남동쪽으로 14.8km 거리에 있다.
- 24시간 운영하는 국제공항으로, 시설 규모도 다소 큰 편이다.
- 저비용항공사들이 주로 이용한다. 메이저 항공사들 중에서는 터키 항공이 이스탄불 ↔ 쾰른 노선을 운항하는 정도. 루프트한자는 쾰른에 본사가 있고, 뮌헨-쾰른 국내선만 운항 중이다. 계열사인 저먼 윙스가 이용한다. 라이언에어 등도 이 공항을 운항한다.
- 24시간 운영 공항이라 페덱스와 UPS는 이 공항을 허브로 이용한다.
- 24시간 운영임에도 A380의 회항 대체 공항은 아니다. 프랑크푸르트로 들어오는 A380의 회항 시 대체공항은 뒤셀도르프 국제공항이다.

▶ 교통연계

- 프랑크푸르트-쾰른 간 ICE 전용선상에 있어서 ICE뿐 아니라 RE나 S-반도 정차한다.

▶ 통계

- 아래의 도표는 쾰른 공항 출발 국가별 운항빈도를 제시한 것이다(단위: 명).

순위	목표국가	여객2016	변동(%)	여객2015	출2016	변동(%)	출2015
1	독일	1.766.567	▲ 13,87	1.551.443	17.915	▲ 9,66	16.337
2	스페인	1.043.890	▲ 12,13	930.959	7.162	▲ 13,94	6.286
3	터키	665.308	▼ −6,65	712.736	5.252	▼ −1,46	5.330
4	이탈리아	466.283	▲ 38,15	337.530	4.639	▲ 21,38	3.822
5	영국	376.582	▼ −3,67	390.930	4.760	▼ −2,52	4.883
6	오스트리아	203.879	▲ 3,04	197.859	2.412	▲ 0,29	2.405
7	포르투갈	136.896	▲ 43,36	95.489	1.144	▲ 27,11	900
8	그리스	135.828	▲ 11,36	121.968	1.171	▲ 9,44	1.070
9	스위스	122.275	▲ 2,01	119.870	2.136	▼ −0,33	2.143
10	폴란드	91.634	▲ 87,82	48.787	1.228	▲ 35,99	903
11	크로아티아	90.038	▲ 0,04	90.006	716	▼ −0,42	719
12	아일랜드	81.502	▲ 5,27	77.425	816	▲ 0,62	811
13	타이	61.654	▲ 2.461,45	2.407	218	▲ 2.625	8
14	도미니카	60.623	▲ 445,22	11.119	222	▲ 455	40
15	불가리아	59.825	▲ 160	23.010	619	▲ 70,05	364

뒤셀도르프 국제공항(Flughafen Düsseldorf)

- ICAO 코드: EDDL
- IATA 코드: DUS
- 터미널 3개(A, B, C)
- 활주로 2개. 05R/23L 3000m × 45m, 05L/23R 2700m × 45m

▶ 일반

- 노르트라인-베스트팔렌 주 뒤셀도르프에 있는 국제공항
- 독일 3위 공항. 중단거리 노선 위주이고 메이저 항공사들의 이용율은 낮다.
- 저먼 윙스의 허브공항이다.
- 활주로는 A380 운용이 가능할 정도로 매우 크고 아름답다.
- 프랑크푸르트 국제공항처럼 야간 이착륙 제한이 있다(22시-07시).
- 대체 공항은 24시간 오픈하는 쾰른공항.
- 남서쪽에 소규모 지역 비행장인 묀헨글라트바흐 비행장이 있고, 부근에 글라이더 비행장도 있다.

- 노르트라인-베스트팔렌 주에는 뒤셀도르프 국제공항 외 지역 공항들(총 7개)도 있다.

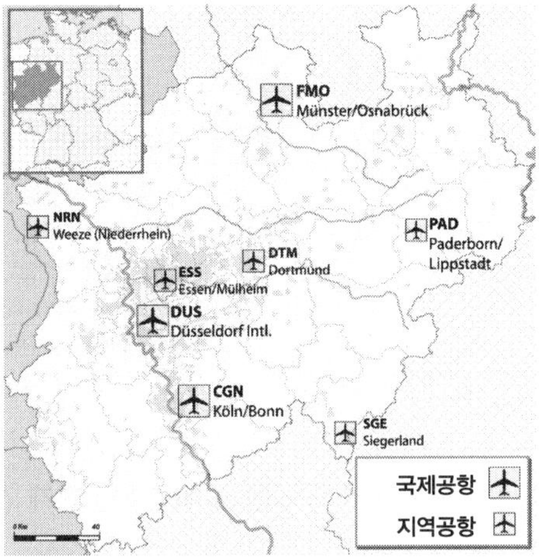

▸ 교통연계

- 터미널 B 밑에 S반 역사가 있고, 활주로 끝에 RE 정차 장거리역이 있다.
- 장거리역과 터미널은 현수식 모노레일로 연결되어 있다. 원래는 유료이지만 대부분의 공항 이용객이 들고 있을 유효한 VRR/NRW 할인 승차권, 독일철도(DB) 장거리 열차의 연계 승차권, 공항 주차장의 주차권이 있으면 무료로 이용가능하다.

▸ 터미널

- 3개의 터미널(A, B, C)이 있다. A는 루프트한자 및 스타얼라이언스 가맹 항공사가, B와 C는 기타 메이저 항공사 및 저비용 항공사들이 이용한다.

터미널	이용 항공사	
A	SA	저먼윙스, 에어 캐나다, 중국국제항공, 루프트한자, LOT 폴란드 항공, 스위스 국제항공, 전일본공수, 오스트리아 항공, 스칸디나비아 항공, 싱가포르 항공, TAP 포르투갈 항공, 유나이티드 항공, 크로아티아 항공
	원월드	아메리칸항공, 캐세이퍼시픽 항공
	비동맹	콘도르 항공*†[LH], 유로윙스*[LH]
B	스카이팀	알리탈리아, 에게 항공, 에어 에우로파, 에어 프랑스, 체코항공, KLM 네덜란드 항공
	원월드	에어 베를린*†, 영국항공, 이베리아 · 이베리아 익스프레스, 핀에어
	비동맹	콘도르 항공*, 부엘링, HOP!, 알바 스타 항공, 아반티 에어, 에어발틱, 에어 아틀란타 아이슬란딕, 코렌돈 더치 항공, 니키*, 한 항공, 트란스아비아 항공, 스카이택시, 제트에어플라이, 에어 몰타, 룩스에어, 네오스, SiAvia Trade Air, Braathens Regional Airlines, VLM 항공, WOW air, 게르마니아 항공†, TUIFly†, 선 익스프레스 항공†

C	SA	터키항공
	스카이팀	델타 항공, 아에로플로트
	원월드	말레이시아 항공, 에어 베를린*†, 콴타스, S7 항공
	비동맹	게르마니아 항공, 로열 에어 모로코, 몬테네그로 항공, 에어 링구스, 에미레이트 항공, 에티하드 항공, 조지아 항공, 튀니스에어, 페가수스 항공, 에어 카이로, 에어 세르비아 AIr via, Atlas Global, bmi regional, Bulgarian Air Charter, Bulgaria Air, Corendon Airlines, Freebird Airlines, flybe, Iraqi Airways, Israir, Jet2.com, Mahan Air, Nouvelair, Onur air, Privatair, Tailwind Airlines

- 아래의 도표는 2016년 8월 현재 각 터미널 이용 항공사를 개관한 것이다.

▸ 취항지

- 한국 직항편은 없다. 암스테르담에서 KLM의 피더 서비스(Feeder Service)[50]로, 아니면 나리타, 베이징, 홍콩 등에서 환승해야 한다.
- 일본은 전일본공수(ANA, All Nippon Airways)가 나리타 - 뒤셀도르프 간 직항노선을 취항 중이다. 중국은 중국국제항공의 베이징 - 뒤셀도르프 간 정기 노선이 있다. 중국국제항공(Air China)은 에어버스 A330~300을 투입하고, 전일

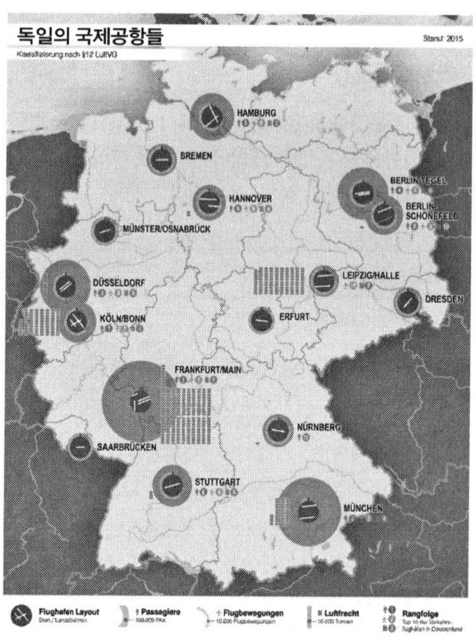

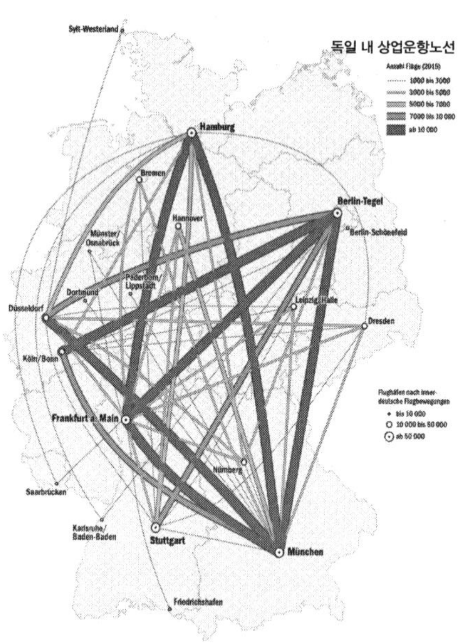

50) 소형항공기로 대형항공기가 이착륙 가능한 큰 공항으로 승객을 연계 · 운송해주는 서비스.

본공수는 보잉 787~8을 투입한다. 캐세이퍼시픽 항공도 보잉 777~300ER을 투입하고 있다.

- 앞 페이지의 그림은 독일 국내선 취항지 빈도(우)와 각 공항 승객이용률(좌)을 제시한 것이다.
- 뒤셀도르프 국제공항 출발 각국 취항노선 통계

순위	목표국가	승객2016	변동	승객2015	출2016	변동	출2015
1	독일	2.264.185	▲2,94 %	2.199.517	24.122	▲1,02 %	23.878
2	스페인	1.917.034	▲8,36 %	1.769.124	11.649	▲7,77 %	10.809
3	터키	1.088.343	▼~15,71 %	1.291.229	6.939	▼~12,63 %	7.942
4	영국	744.840	▲5,2 %	708.027	10.563	▲5,96 %	9.969
5	이탈리아	609.939	▲20,01 %	508.232	7.062	▲33,4 %	5.294
6	오스트리아	545.311	▲1,98 %	534.742	5.595	▼~1,13 %	5.659
7	미국	500.001	▲10,18 %	453.793	2.208	▲6,26 %	2.078
8	스위스	468.984	▲8,26 %	433.208	5.622	▲6,32 %	5.288
9	아랍에미리트	425.738	▲8,89 %	390.969	1.506	▲0,74 %	1.495
10	그리스	415.421	▲10,61 %	375.571	2.673	▲7,57 %	2.485
11	프랑스	333.494	▲7,4 %	310.526	4.725	▲1,92 %	4.636
12	러시아	238.841	▼~11,72 %	270.540	2.050	▼~15,78 %	2.434
13	스웨덴	205.408	▲77,51 %	115.715	2.346	▲38 %	1.700
14	덴마크	194.306	▲0,1 %	194.105	2.642	▼~2 %	2.696
15	포르투갈	183.079	▲29,82 %	141.026	1.316	▲30,04 %	1.012
16	폴란드	140.118	▲33,72 %	104.787	2.098	▲13,65 %	1.846
17	이집트	119.283	▼~34 %	180.721	693	▼~32,52 %	1.027
18	네덜란드	117.984	▲10,64 %	106.642	1.792	▼~1,21 %	1.814
19	아일랜드	107.337	▲7,7 %	99.666	867	▲3,96 %	834
20	체코	96.914	▲15,8 %	83.688	1.500	▲3,52 %	1.449

음식

- 성령강림절(크리스마스 전 4주간)에 먹는 아헤너 프린텐(Aachener Printen)이 유명하다. 이것을 렙쿠헨(Lebkuchen, 꿀을 넣은 구운 두꺼운 크리스마스 쿠키의 일종)이라고도 하는데, 아헨에서 최초로 생

산되었다. 밀가루, 물, 설탕이 들어간다. 구은 다음에 고명을 넣는다.

- 베스트팔렌 요리는 전형적인 내륙 요리의 모습이다. 그러니 전통적인 베스트팔렌 요리에서 바닷물고기나 해산물은 거의 찾아볼 수 없고, 주로 농장이나 정원에서 직접 키운 농축산물이 주류가 된다. 또한 네덜란드 요리, 니더작센 요리 혹은 라인란트 요리와도 서로 영향을 주고받았다.
- 베스트팔렌은 맥주, 특히 필스너-양조장이 많다. 맥주 양조법은 베스트팔렌의 오랜 전통으로 내려왔다. 루르 강 지역 노동자들의 매우 크고 아름다운 맥주 수요에 힘입어 도르트문트는 한때 독일에서 맥주 출하량이 가장 많은 곳이기도 했다. 펠틴스(Veltins, 1824년 창건), 바르슈타이너(Warsteiner, 1753년 창건), 크롬바허(Krombacher, 1803년 창건) 같은 맥주회사들이 베스트팔렌에 본사를 두고 있다.

2. 역사를 품은 노르트라인-베스트팔렌

- 제2차 세계대전 후 점령국인 영국은 1946년 8월 23일 점령권한에 따라 프로이센 라인 지역의 북부(아헨, 뒤셀도르프, 쾰른을 포함한 '노르트라인')와 프로이센 지역인 '베스트팔렌'을 묶어 '노르트라인-베스트팔렌' 주를 창설하였다.
- 수백 년 동안 독립국이던 리페 공국이 1947년 분할됨에 따라 현재와 같은 영토영역이 형성된 것이다.

〈참고〉 옛 독일에서 가장 작았던 리페 공국

- 1946~47년 이후 노르트라인-베스트팔렌 주의 북동부 지역.
- 현재 니더작센 주의 남부를 이루는 리페보다 면적이 작은 샤움부르크-리페는 1640년대에 리페 가문에서 분가하여 창건된 것이다. 이 두 지역은 모두 구서독 지역에 있었다.
- 리페 지역은 베저 강 중류가 동서로 굴곡을 이루고 있는 곳에 남북으로 걸쳐 있으며, 남서쪽으로 토이토부르거 발트까지 뻗어 있다.
- 중세의 리페 가문 군주들은 처음에는 파더보른 서쪽에 있는 리페 강 유역의 립슈타트 부근 영토를 소유하고 있었다. 1536년에 사망한 리페의 시몬 5세는 1528년에 백작 작위를 얻었다. 종교개혁을 통해 1538년는 루터교 지역이, 1605년에는 칼뱅교 지역이 되었다.
- 17세기 초 권력층이 분열되었으나, 1720년부터 리페-데트몰트 지파의 군주들이 샤움부르크-리페가 차지하고 있던 지역을 제외한 리페의 대부분 지역을 재통일했다.
- 샤움부르크(또는 샤우엔부르크) 지역이 1100년경부터 1640년까지 백작 군주국의 중심지였다. 헤센-카셀과 브라운슈바이크가 이들 영토 중 일부를 차지했으나, 샤움부르크 마지막 백작 부인의 형제였던 리페-알페르디센(Lippe-Alverdissen) 지파의 필립이 나머지 지역을 차지하고 1647년 뷔케부르크(Bückeburg)를 수도로 하는 샤움부르크-리페 공국을 세웠다. 1807년 이들 두 국가는 나폴레옹 1세의 후원을 받아 라인 연방에 가입했으며, 1815년에는 독일연방에 가입했다. 1837년 샤움부르크-리페는 독일 동북부 여러 국가로 구성된 재정 동맹에, 1854년에는 독일 관세동맹에 가담했다. 또한 1866년 북부독일연방에 참여했고, 1871년에는 독일제국의 일원이

〈18세기의 리페 공국(수도, 데트몰트)〉

되었다. 한편 리페는 1867년 북부독일연방에 가입했다. 바이마르 공화국 헌법(1919~33)에 따라 이 두 공국은 공화국 체제로 바뀌었고, 나치 시대에는 탄압을 받았다.

- 1949년 다른 주들과 함께 독일연방공화국의 기초가 된다.
- 전후 가장 큰 도전은 전쟁으로 파괴된 이 지역을 복구하고 민주주의 국가를 구축하는 것이었다. 특히 석탄과 철강 위기로 광산업이 몰락하고 필요한 구조조정이 주 정책의 핵심 과제가 된다.
- 본(Bonn)은 1949년부터 1990년까지 독일의 수도였으며, 1999년까지 독일연방공화국의 정부소재지였다. 현재에도 수많은 연방정부 부처들이 입주해있다.
- 1962년 루르-대학교 창설. 그러나 이른바 '석탄 위기'의 시작이기도 하였다.
- 최초의 석탄 위기는 루르지역에서 수십 년 동안 계속된 구조변화의 시작이었다. '석탄 주에서 학문의 주로의 구조변화는 이미 1960년대에 시작된다. 대표적인 것이 당시 독일연방공화국 최초의 캠퍼스 대학교인 보훔 루르대학교의 창건이다. 이 대학은 1965년부터 강의를 시작한다. 같은 해에 뒤셀도르프 대학교에 의학원이 개설된다. 1968년 도르트문트 대학교가, 일 년 후는 빌레펠트 대학교가 개원되었다. 1975년 하겐 방송통신대학교가 창설되는데, 현재까지 독일연방 유일의 통신교육기관이다.
- 당시 과학부장관이 나중에 주 정부 수상이 된 요하네스 라우(Johannes Rau)였다. 그는 1970년에 입각하여 노르트라인-베스트팔렌의 대학정책 지형을 지속적으로 만들어나간다. 재직 시절에 그는 이후 대학교(Universität)로 개명된 뒤스부르크, 에센, 파더보른, 지겐, 부퍼탈 등 5개의 종합대학교를 창건한다. 그의 비호 하에 하겐 방송통신대학교가 창설되고, 이전의 공업학교(Ingenieurschule)가 전문대학으로 전환된다.
- 이 연방주는 토이토부르크거 발트에서 벌어진 바루스 전투로 유명세를 탔다.

〈상식〉 바루스 전투?

바루스 전투는 '토이토부르거 발트의 전투'라고도 하는데, 로마제국의 작가들이 Clades Variana, 즉 "바루스의 재앙"이라고 한 데서 '헤르만 전투'라고도 한다.

1 전투 배경

원래 로마군은 게르만족 정복에는 별 관심이 없었다. 율리우스 카이사르도 게르마니아의 울창한 숲과 게르만족의 호전성 때문에 게르마니아 침공은 불필요하다고 생각했다. 그러나 그의 후계자인 아우구스투스는 게르마니아도 로마 제국의 일부로 만들고자 기원전 9년 그의 양자들인 티베리우스와 드루수스(게르마니쿠스의 아버지)를 보내 게르마니아 정벌을 지시했다.
아우구스투스는 행정 관료인 푸블리우스 퀸틸리우스 바루스를 총독으로 임명한다. 이때 아르미니우스란 인물이 등장한다.
아르미니우스는 로마에서 오랫동안 볼모생활을 하면서 기사 계급까지 올랐고, 로마군에 오랫동안 종군한 덕분에 친 로마 게르만 귀족이었다. 바루스는 아르미니우스의 능력, 로마에 대한 충성도, 그가 바루스가 맡은 지역에 정통한 지방호족의 유력 귀족이라는 점 때문에 신임했다.
그러나 아르미니우스는 로마에 대한 저항의지가 강했고, 바루스 몰래 반로마 조직을 꾀했다.
이를 인지하지 못한 바루스는 어느 날 로마에 복속된 한 작은 마을에서 반란이 일어났다는 소식을 듣는다. 아르미니우스를 절대 신뢰하던 바루스는 친히 휘하의 모든 군단병력을 이끌고 출전하기로 결정한다. 이날 밤 장인 세게스테스가 아르미니우스의 함정이며, 그가 반로마 게르만 연합의 수괴라는 사실까지 폭로하며 말린다. 그러나 바루스는 이를 모함으로 여긴다.

2 함정

주변 지리에 어두운 바루스는 아르미니우스에게 길 안내를 맡겼고, 아르미니우스는 로마군을 게르만족이 매복하고 있던 토이토부르거 발트 숲 속으로 안내한다. 그는 이후 자신의 부하들을 데리고 지원을 오겠다며 로마군을 이탈하여 자신의 부하들로 로마군을 공격한다. 무장과 훈련이 잘 된 로마군은 기습을 당한 상황에서도 게르만족의 공격을 물리친다.
다음날 아침 로마군이 주둔지로 돌아가려하자 다시 게르만족의 공격이 시작된다. 울창한 숲이 로마군이 효과적인 전술을 펼칠 수 없게 만든다. 그럼에도 로마군은 오직 주둔지로 돌아갈 생각밖에 없었다. 숲을 빠져나와 언덕으로 오른 로마군이 다시 다른 숲으로 진입할 무렵 비가 내린다.
습기에 취약한 활과 화살이 무력화되고, 갑옷도 무거워져 병사들의 전투력이 급격히 떨어진다.
다시 밤이 되었지만 바루스는 야간행군을 강행해 빠르게 숲을 돌파하기로 계획한다. 그러나 아르미니우스가 숲에서 빠져나갈 언덕 사이의 외길을 봉쇄하고 양쪽 언덕에 병력을 숨겨둔다. 조급하게 바루스는 아르미니우스의 함정에 병력을 밀어 넣는데, 그 순간 후방에서 나타난 게르만족 병력이 로마군의 퇴로를 차단하고, 언덕 사이에 갇힌 로마군을 향해 돌무더기를 쏟아 붓는다. 로마군은 처절하게 저항하지만 실패한다.

3. 참패의 결말

이 전투는 로마군 최악의 패전이다. 총사령관 바루스가 자살한 것은 물론 3개(17, 18, 19) 군단, 2만의 로마군이 사라졌고, 거대한 병력공백으로 20여 년간 점령하여 지배하던 라인 강 동쪽의 영토를 모두 잃었다.

〈쉬어가기〉 로마군이 패배한 3대 전투는?

- 칸나에 전투: 한니발이 이끄는 카르타고 군이 로마군의 8개 군단(동맹군 포함 약 7만 명)을 몰살시킨 전투. 한니발의 천제적인 병력 기동을 활용한 전투
- 카레 전투: 파르티아(BC 247년부터 AD 224년까지 서아시아 일대를 지배한 왕조)의 천재 장군 수레나스가 약 1만 명의 기병으로 크라수스가 이끄는 로마군 7개 군단을 몰살시킨 전투. 기병이 보병에게 가지는 전술적인 이점을 극대화한 전투. 파르티아는 카스피 해 남동쪽, 현재 이란 북

부~투르크메니스탄 남부 일대를 가리키는 지명이다.

- 토이토부르거 발트 전투: 아르미니우스가 로마군 3개 군단을 몰살시킨 전투
- 그러나 칸나에 전투와 카레 전투는 로마가 적으로 인정한 국가들 간의 전쟁에서 치룬 전투였지만, 토이토부르거 발트 전투는 게르만 부족들이 국가의 형태를 갖추지 못한 상태에서 로마가 역사상 최강의 이미지를 갖춘 시절에 이미 점령을 당한 지역의 부족들이 반란을 일으켜 로마군을 격퇴한 전투이다.

〈쉬어가기〉 아르미니우스, 그는 누구인가?

아르미니우스(BC18-/17-AD21)는 로마 제국에 대항한 게르만 족의 지도자. 그는 게르만족의 지파인 체루스키 부족의 추장이었다. 아르민(Armin) 또는 헤르만(Hermann)으로도 불린다.

- 이름: Arminius는 게르만 어 이름인 이르민(Irmin)의 라틴어로 추측된다. 게르만어로 "위대하다"라는 뜻이다. 그의 게르만어 이름이 '전사'라는 뜻의 헤르만(Hermann)이라는 말도 있다. 종교개혁가 마르틴 루터는 이 두 이름(Irmin과 Hermann)을 동일시한 최초의 인물이다. 라틴어로 밝은 청색을 뜻하는 armenium에서 그 뿌리를 찾기도 한다. 이것은 게르만 족의 특징인 '푸른 눈'의 뜻이 있다. 그의 형제 이름인 플라부스(Flavus)는 라틴어로 '금발'이라는 뜻이므로 신체적 특징에서 유래했다고도 한다. 로마인들은 게르만 족의 신체적 특징을 이런 식으로 묘사하기도 했다.
- 성장: 체루스키 부족의 추장이었던 세기메루스의 아들로 태어났다. 어렸을 때 로마군에 입대하여 로마 시민권을 얻고 하급귀족이었던 기사계급(에퀴타스)에 올랐다. 이후 게르마니아로 돌아왔다.
- 토이토부르거 발트 전투: 기원후 4년경, 아르미니우스는 로마군의 체루스키 보조병 부대의 지휘를 맡고 있었다. 그는 북부 게르마니아에 기원후 7~8년경 돌아왔다. 로마는 이곳에 지배권을 행사하기 위해 라인 강을 넘어 엘베 강 연안까지 속주화를 시도했다.

기원후 9년, 아르미니우스(당시 25세)는 게르만 부족의 연맹을 구성하였다. 이들은 숲에 매복하고 있다가, 게르마니아에 원정 온 로마군 (17, 18, 19군단과 부속 기병대, 6개의 보조병 부대, 총병력 2만~2만5천 명)을 3일간의 전투 후 전멸시켰다. 로마군의 총사령관 바루스는 패배로 자결하였다.

- 기원후 15년의 전투: 게르마니쿠스(Germanicus Julius Caesar)는 루르 강과 란 강 상류로 두 갈래의 공세를 펴서 아르미니우스의 아내 투스넬다를 포로로 잡았다. 그녀는 로마로 압송되어 게르마니쿠스의 승리 개선식에서 포로로 전시되었고, 로마에서 포로생활 중, 아르미니우스의 아들 투멜리쿠스를 낳았다.

  게르마니쿠스는 토이토부르거 발트의 전장에 도착하여 전사자의 유해를 수습하고 추모비를 세웠다. 게르마니쿠스는 친히 아르미니우스를 계속 추격하였으나, 아르미니우스는 매복하고 있다가 그를 공격하여 로마군 기병대와 보조병을 섬멸하였다.
- 기원후 16년의 전투: 기원후 16년 게르마니쿠스는 다시 게르마니아를 침략했다. 타키투스는 이 원정에서 주요 전투 세 개를 기술했는데, 모두 베저 강의 연안에서 치러졌다.
- 로마의 게르마니아 포기: 게르마니쿠스는 엘베 강을 통해 수로로 후퇴했지만, 폭풍을 만나 큰 피해를 입었다. 이 해의 원정에서 그는 토이토부르거 발트 전투에서 잃은 3개의 독수리 군단기중 2개를 되찾았다. 세 번째 군단기는 클라우디우스 황제 시절에 되찾아왔다.

- 게르만족끼리의 내전과 죽음: 이후 아르미니우스와 마르코마니 족의 왕 마르보드 사이에 전쟁이 일어났다. 이 전쟁에서 마르보드는 후퇴했지만, 아르미니우스는 천연 요새인 보헤미아의 탈취에는 실패했다. 기원후 19년 아르미니우스의 숙적인 게르마니쿠스는 시리아의 안티오크에서 죽었다.
- 게르만족 전승: 19세기 초반, 독일 민족주의가 고양되었을 당시, 아르미니우스의 승리를 게르만족의 전설과 접목시키려는 시도가 있었다. 즉 니벨룽겐의 노래에서 지크프리트가 용을 죽이는 것이 바로 그 사건이라는 주장이다.
- 독일 민족주의: 19세기 초반 아르미니우스는 나폴레옹 전쟁에 의해 고양된 독일 민족주의의 상징으로서 부활했다. 1808년 하인리히 폰 클라이스트는 아르미니우스를 이용하여 반 나폴레옹 감정을 고양시킨 작품 〈헤르만 전쟁〉을 발표했다. 이는 나치 독일이 등장할 때까지 반복적으로 상연되었다. 1839년에는 토이토부르크 숲의 한 언덕에 아르미니우스의 거대한 동상이 건설되기 시작했고, 1870년 프로이센이 보불 전쟁에 승리를 거둔 후 기공식을 가졌다.

3. 문화를 품은 노르트라인-베스트팔렌

- 루트비히 판 베토벤, 하인리히 하이네 같은 유명 예술가들이 많이 탄생한, 유럽 최대의 문화 공간이다.
- 수많은 박물관, 교향악단, 연주회장, 뮤지컬, 이벤트 외에도 쾰른의 대성당, 아헨의 돔, 브륄의 아우구스투스 성, 에센의 탄광관세동맹 등으로 매년 수백만 명의 관광객을 유혹한다.

3.1. 지벤게비르게(Siebengebirge)

- 본(Bonn)의 남동쪽에 위치한, 40여 개의 산들로 이루어진 구릉지 산맥.
- 이 지역을 탐색할 수 있는 수많은 트래킹 코스가 있다. 지벤게비르게와 관련된 수많은 전설들도 있다. 그 중 하나가 라인 강의 배들을 불태운 사악한 용에 관한 이야기이다. 인기 있는 관광휴양지이며 자연보호지역이기도 하다.
- 본에서 보이는 7개의 주요 산들[51]에서 이곳의 지명이 유래하였다. 이곳 채석

51) 드라헨펠스(321m), 볼켄부르크(325m), 1945~52년 3국 동맹 최고위원회가 소재했던 페테르스베르크(331m), 남쪽의 가장 높은 그로서올베르크(460m), 뢰벤부르크(455m), 로르베르크(435m), 노

장에서는 도로포장과 건축용(예, 쾰른 대성당) 현무암이 생산된다.

- 쾨니히스빈터('왕의 포도원'이라는 뜻) 뒤의 낮은 경사지에 유럽 최북단의 포도원 중 일부가 있다.
- 자우어란트(Sauerland, '산성토양 지대'의 뜻)도 밀림지대가 있는 중부 산악지대이다. 이곳 일부에는 종유동굴이 있는데, 관람도 할 수 있다. 가장 잘 알려진 거대한 종유동은 아텐도른(Attendorn) 근처의 아타횔레(Attahöhle)이다.

〈좌: 지벤게비르게 산맥, 우: 아타횔레 종유동〉

3.2. 도르트문트와 뮌스터란트

- 도르트문트(Dortmund)에는 83,000명을 수용할 수 있는 거대한 베스트팔렌 축구스타디움과 실내경기장인 베스트팔렌할레가 있다.
- 북쪽에는 뮌스터란트(Münsterland)가 있다. 이곳에는 경작지, 목초지, 가시덤불, 작은 밀림들이 사이좋게 펼쳐져 있다. 그래서 뮌스터란트는 하나의 거대한 공원지대 같은 느낌을 준다.
- 토이토부르거 발트의 엑스테른슈타인(Externtein)은 사암으로 된 바위지층(Felsformation)이다. 높이가 40m나 되고 길이는 수백 미터나 된다. 이곳에서 약 8km 떨어진 곳에 거대한 헤르만 기념비('바루스 기념탑'이라고도 함)가 있다.

넨스트롬베르크(336m).

■ 뮌스터

- 1,200년 이상의 역사를 자랑스레 간직한 채 전 세계를 향해 열려있는, 젊고 캐주얼한 도시. 주교 도시이건, 한자동맹의 도시이건, 대학 도시이건, 뮌스터는 항상 주변 지역뿐만 아니라 그 이상의 차원에서 중요한 역할을 하고 있다. 또한, 뮌스터는 세계사에서 베스트팔렌 평화조약이 체결된 도시로 기록되어 있다.
- 독일에서 가장 아름다운 도시? "세계에서 가장 살기 좋은 도시"로 선정되었다는 사실만으로도 그런 생각이 현실과 동떨어진 생각이 아님을 말해준다.
- 이곳은 자신의 역사를 생생하게 간직하고 있는 바로 그런 지역이다. 이곳의 주택, 성당, 광장들은 수많은 이야기를 간직하고 있다. 이런 느낌은 특히나 프린치팔 마르크트 광장(Prinzipalmarkt)처럼 뮌스터의 유서 깊고도 동화 같은 도심에서 느낄 수 있다. 너무나도 독특한 도심 속을 수놓은 48개의 페디먼트 건물들은 아름다움으로 가득한 작은 세계다. 특히 눈에 띄는 건물이 시청사와 슈타트바인하우스. 이들은 아케이드를 품고 있다. 이곳이 쇼핑천국이라는 사실은 현재와의 긴밀한 관련을 맺은 덕분이다. 바로 옆에는 뮌스터에서 가장 오래된 비즈니스 거리 '잘츠슈트라세(Salzstrasse, '소금거리'의 뜻)'가 있다. 볼거리가 많아서 언제나 관광객들로 붐빈다. 특히 에르프드로스텐 궁, 도미니카 수도원 교회, 클레멘스 수도원 교회들은 멋진 바로크 정원을 가지고 있어서 이들에 의해 만들어진 '바로크 양식의 섬'은 유명하다. 여기서 다시 몇 걸음 더 가면 레스토랑, 선술집, 카페가 있는 루드게리 구역이 나온다. 계속해서 로텐부르크 거리로 이동하면 드루펠셔 호프가 나타나는데, 파블로 피카소 미술관이 들어선 건물이다. 근처의 돔 광장에는 성 파울루스 대

〈좌: 프린치팔 마르크트 광장, 우: 잘츠슈트라세〉

성당, 성당 박물관, 베스트팔렌 주립 예술 문화사 박물관 등이 버티고 있다. 키펜케를 지구나 쿠 지구도 뮌스터 구시가지에서 꽤나 매력적인 장소이기도 하다. 이곳 위버바서 교회 주변은 뮌스터에서 가장 오래된 모습을 그대로 간직한 장소다. 이곳의 예쁘고 구불구불한 골목길에서 도시의 역사와 라이프스타일을 체험할 수 있다.

[1] 크레아티프카이(Kreativkai)

- 뮌스터 항구 근처 지역, 즉 뮌스터 항만지구는 독일 젊음의 열기를 느낄 수 있는 곳이다. 오래된 항구 건물과 특이한 신식 건물 안에서는 온종일 예술과 문화, 식당과 클럽이 흥미진진하게 뒤섞인다. 이런 고급스러운 분위기가 강물과 어우러져서 한 폭의 수채화를 그려낸다. 지난 2004년 뮌스터 동시대 예술 전시관(AZKM)이 개관한 곳도 바로 이 항구 지역이다. 이 전시관에서는 저명한 동시대 예술가들의 개별 전시회 및 그룹 전시회가 열린다. 유명 걸작을 넘어 장래가 촉망받는 신진 예술가들의 창작품도 전시된다. 그보다 더 오래된 1919년부터 존재한 예술가 협회인 샤체는 왕성한 전시 활동을 통해 뮌스터 문화생활의 중요 부분으로 자리매김했다. 조금 더 오래전으로 거슬러 올라가면, 역사상 가장 중요한 날 중 하나를 만나게 된다. 1648년 10월 24일이다. 이 날은 30년 전쟁이 공식 종료한 날. 뮌스터는 영원히 이 과거와 유리될 수 없는 곳이다.

[2] 성 파울루스 돔(Dom St. Paulus, '뮌스터 대성당')

- 뮌스터의 상징
- 805년 뮌스터에 가톨릭 교구가 설립된 이래, 뮌스터 대성당은 뮌스터 교구의 주교좌 성당(Münster)이자 뮌스터의 역사적인 건축물이기도 하다.

〈상식〉 약 700석을 갖춘 뮌스터대성당의 규모는 어느 정도일까?

길이: 109,00 m
넓이(현관 홀 포함): 52,85 m
본당의 넓이: 28,30 m
본당의 높이: 22,50 m
동쪽 익랑의 넓이: 43,30 m
서쪽 익랑의 넓이: 40,55 m
북쪽 첨탑의 높이: 57,70 m
남쪽 첨탑의 높이: 55,50 m
종: 10개
핵심 종의 무게: 7,6 t

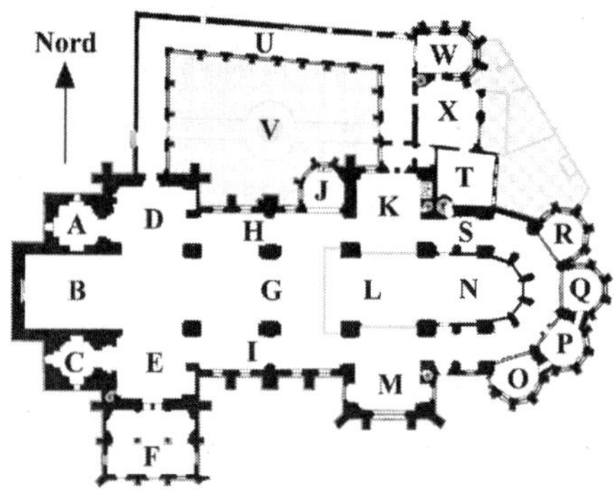

〈설명〉

A: 북쪽첨탑(Petrus-Kapelle, 페트루스 예배당), B: 옛 제단(옛 서쪽정문), C: 남쪽첨탑(Katharinen-Kapelle, 카타리넨 예배당), D: 서쪽 익랑(회랑 입구), E: 서쪽 익랑(주 출입구), F: 천국, G: 본관(본당),
H: 북쪽 익랑, I: 남쪽 익랑, J: 성채 예배당(옛 제의실),
K: 스테파누스 제단, L: 제단, M: 요하니스 합창대석(오르간),
N: 주제단, O: 막시무스 예배당(갈렌의 예배당),
P: 루트게루스 예배당(갈렌의 예배당), Q: 요젭의 예배당(갈렌의 예배당),
R: 십자가 예배당, S: 제단실 뒤쪽 회랑, T: 주교좌성당 참사회의장,
U: 회랑(대성당 비품실로 가는 입구), V: 대성당 주교 무덤, W: 마리아 예배당, X: 제의실(주교좌 성당 참사회의장 입구)

- 이 대성당은 1225~1264년에 건축되었다. 이전 건물들로는 카롤링 왕조 시대(805~1377)의 대성당(Dom, 첫 번째 돔 건축)과 오토 왕조 시대(10./11.세기~1225)의 대성당(두 번째 돔 건축)이 있었다. 대성당 건축물들을 개관하면 다음과 같다.

세기	년도	건축물	건축양식	존립
9.	805	첫 번째 돔(Ludgerus-Dom)	카롤링 양식	1377년까지
10./11.	불명확	두 번째 돔	오토 양식	약1225년까지
12.	1192	서향구조(Westwerk, 첨탑)[80]	로마네스크 양식	현재까지
13.	1225-1264	세 번째 돔(Paulus-Dom)	고딕 양식	

52) 카롤링 왕조와 신성로마제국 시대에 대규모 로마네스크 장랑식 성당을 건축할 때 채택한 양식

- 제2차 세계대전 때 폭격을 맞아 심하게 훼손되었다. 둥근 천장과 벽들이 무너지면서 16세기 중엽 헤르만 톰 링(Hermann Tom Ring, 1521~1596)이 그린 벽화와 천정화 그리고 16세기 전기에 세워진 서쪽 정문이 파괴되었다.
- 1946~1956년 다시 복구되었다. 앞에서 말한 그림과 서쪽 정문을 제외하고 원래의 모습으로 재건축되었다. 제단과 묘비들도 원래의 자리를 찾았다.
- 1955/56년 주제단(Hochchor, N), 제단석(Altarraum, L), 동쪽 익랑이 건축가 에밀 슈테판(Emil Steffan, 1899~1968)의 설계에 따라 새로 배치되었다. 원래 주제단석에 새워진 바로크 양식의 주 제대(Hochaltar)는 옛 제단(서쪽 익랑(성단소 또는 내진(Chor/choir)이라고도 함), A)의 서쪽 벽면으로 이전되고, 그 자리에 교단(Kathedra)이 들어섰다. 미사제대(Volksaltar, 신부가 신도들을 향해 미사를 집전하는 곳)는 장방형 공간의 비어있는 중앙에 설치되었다. 성당의 긴 의자들은 제단을 중심으로 3열로 배치되어 있다. 동 · 서 양쪽의 익랑은 각각 동쪽은 영적인 세계와 교회의 권위를, 서쪽은 세속의 세계와 국가의 권위를 상징한다. 이는 두 권력의 통합을 추구한 신성로마제국의 이상을 나타낸 것이다.
- 라틴십자가 평면구조의 세로축 신랑과 가로축 익랑이 만나는 교차부, 즉 십자가에 매달린 그리스도의 가슴 부분에 팔각형 광탑이 세워져 명상적인 빛이 들어오게 하였다. 동쪽 제단 주위로 회랑을 두르고 여기에 작은 예배당들을 방사형으로 덧붙였다.
- 2009년부터 2013년 초까지 대대적인 보수 작업을 거쳤다.

〈쉬어가기〉 DOM과 Münster는 어떤 차이가 있을까?

뮌스터(Münster)는 수도원 소속 교회였다. 라틴어 Monasterium에 뿌리가 있다.
돔(Dom)은 특히 규모가 큰 교회를 말하며, 카테드랄레(Kathedrale)와 같은 뜻이다. 카테드랄레는 그리스어 katherdra((주교의) 자리)에서 온 표현으로, 주교좌 성당이다.
바실리카(Basilika)는 장방형의 평면을 가진, 내부에 크리아스트리(채광용 높은 창)와 열주의 아케이드를 가진 고대 로마 법정 건축물이었는데, 여기에서 본당 내부가 장방형이고 양 옆으로 돌기둥이 줄지어 있는 교회 건축물로 파생되었다.

이다. 초기 로마네스크 시대에 두 개의 첨탑으로 교회의 서쪽 정면을 강조한 양식인데, 서양 교회 건축에서 수반되는 첨탑의 시초를 이룬다. 이 양식을 대표하는 건축물이 쾰른의 성 판탈레온 교회(Sankt Pantaleon, 998년)이다.

[3] 성 람베르티 교회(St. Lambertikirche)

〈좌: 성 람베르티 교회, 중: 교회 내부(스테인드글라스), 우: 람베르티 광장 분수〉

- 프린치팔 마르크트 광장 북쪽 끝자락에 있다. 근처의 로겐마르크트 거리와 연결된다. 이 교회의 바로 이웃, 로겐마르크트 거리 중간쯤에 20세기 초까지 클러스터 형태의 집단거주지(Drubbel)가 있었다. 동쪽으로는 옛 어시장과 잘츠슈트라세가 있다. 이 교회와 잘츠슈트라세 사이에 람베르티 분수가 있는 람베르티 광장이 있다.
- 1000년경에 당시 (최초의) 뮌스터 파울루스 돔에서 가까운 돔부르크 앞 상인취락지에 나무로 지은 교회가 있었는데, 1125년에 붕괴되었다. 그 자리에 1150년경 본당이 하나인 아치형 로마네스크 양식 교회가 들어섰다. 1270년 3랑식 고딕양식의 홀형 교회가 건축되었다. 로마네스크 시대에 건축된 2개의 석조 첨탑(높이 17m와 21m) 중 서쪽 첨탑은 19세기까지 존재했다. 1270년부터 홀형 교회 신축 때 첨탑의 높이를 40m로 늘렸다.
- 현재의 성 람베르티 교회는 1375년부터 1525년까지 '장터와 시민 교회'로서 이 도시 상인들의 재정적인 지원으로 건축된 것이다. 이 교회는 베스트팔렌 후기고딕 양식 종교건물 중 가장 중요하다. 교회의 이름을 딴 성 람베르트(Lambert von Lüttich, 635~705)는 벨기에에서 가장 오래된 도시인 통그레(Tongres, 기원전 15년경)-마스트리히트의 주교이자 순교자였다.
- 이 교회에만 있는 독특한 곳이 첨탑의 시계탑 위에 부착된 3개의 철망이다. 1536년 재세례파 소요사태 때 3명의 주모자(Jan van Leiden, Bernd Krechting, Bernd Knipperdolling)를 교회 앞 광장에서 잔혹하게 고문하여 죽인 후 그 시체를 전시한 곳이 바로 이 철망이다.
- 21시부터 자정까지(화요일 제외) 30분 동안 여자 종루지기가 호른을 연주한다.

이러한 공무는 1379년부터 행해지고 있다.

- 현재의 검은 시계탑(높이 90.6m)은 1887년에 기존 탑을 철거하고 1888년부터 1889년까지 신 고딕 양식으로 건축한 것이다. 탑 모양은 프라이부르크 대성당의 시계탑(높이 116m)을 닮았다.

[4] 구 시청사(Historisches Rathaus)

- 프린치팔 마르크트 광장에 있다. 1170년 뮌스터가 도시의 권한을 얻은 후 시청사의 필요성이 대두되면서 12세기 중엽에 프린치팔 마르크트 광장 근처의 주교좌 대성당 지역으로 가는 미하엘리스 성문 맞은편에 간단히 급조한 목골가옥 건물이 최초의 시청사였다고 한다. 여러 차례의 개축 과정을 거친 후 1250년에 처음 배심원들의 집회장소로 사용되었다. 이 집회장소의 아래 층 일부 심의실은 오스나브뤼크 시청사와 더불어 1648년 5월 15일에 있었던 베스트팔렌 평화조약 체결 장소로도 유명하다.
- 독일어로 구 시청사는 'Altes Rathaus'이지만, 이곳 구 시청사는 'Historisches Rathaus'('역사적 시청사'의 뜻)라고 한다. 30년 전쟁(1618~1648)과 네덜란드 독립전쟁(1568-1648)[53]이 종결된 베스트팔렌 평화조약이 체결된 역사적인 장소이기 때문이다.
- 광장의 다른 건물들처럼 기본은 르네상스 양식이지만 지붕은 고딕 양식이다. 그래서인지 주변의 다른 건물들과 차별적이지만 멋진 조화를 이루기도 한다. 수직적으로 보면 이 건물은 아케이드 층과 핵심 층 및 지하실과 지붕 밑 다락방 등 4층 이상으로 보인다. 이 시청사를 수평적으로 보면, 아래의 아케이드 층에는 3개의 층이 있는데, 위쪽 핵심 층에는 2개의 이용공간이 있다. 아케이드 층에는 위에 전시용 합각머리가 있는 궁형 회랑이 있다. 이어서 시민회관과 그 뒤에 심의실이 있는데, 이 의원실이 바로 '평화의 방'이다. 핵심 층에는 프린치팔 마르크트 광장 방향 앞쪽 부분과 전시용 합각머리 뒤에는 시청사의 대연회장이 있다. 심의실 위의 후미에는 무기고가 있다. 아름

53) 네덜란드 저지대 지역의 17개 주가 에스파냐(합스부르크 에스파냐)에 대항하여 벌인 독립전쟁. 80년 전쟁, 네덜란드 반란이라고도 한다. 전쟁의 시작과 함께 네덜란드는 네덜란드 공화국을 수립하여 에스파냐로부터 사실상 독립했다. 베스트팔렌 평화조약을 통해 법적으로 독립 승인을 받았다.

답게 장식한 파사드는 고딕 양식으로 바움베르크 산 사암으로 만들었는데, 높이가 31m나 되어 시청사의 지붕보다 높게 돌출해 있다. 이렇게 화려한 파사드 건축은 경제적으로 윤택한 전성기 시기에만 가능했기에 뮌스터가 한자동맹의 일원으로서 경제적으로 도약했던 14세기 말경에 건축되었을 것으로 추측하고 있다.

〈좌: 구 시청사, 우: 후작주교 궁전〉

[5] 후작주교 궁전(Fürstbischöfliches Schloss)

- 1767~1787년 바로크 양식으로 건축. 뮌스터 후작주교 막시밀리안 프리드리히 폰 쾨니히스에크-로텐펠스(Maximilian Friedrich von Königsegg-Rothenfels, 1708~1784, 쾰른 대주교이자 신성로마제국 선제후 1761~1784)의 관저형 궁전이었다. 이 궁전은 뮌스터 특유의 바움베르크 산 사암으로 건축되었다.
- 거의 모든 건물들은 요한 슐라운(Johann Conrad Schlaun, 1695~1773)에 의해 완성되었다. 1954년부터 뮌스터 대학교 본관으로 사용되고 있다. 이 궁전의 본관건물에는 학장과 행정 사무실 외에 대형 강의실인 S1, S2, S6, S8, S9, S10 및 궁전 대강당이 있다. 대학교의 학생복지처(AStA)가 남쪽 초소건물에 입주해 있다. 북쪽 초소건물에는 대학교의 Graduate Centre, 즉 대학원 과정인 'Münster Graduate School of Evolution'(MGSE) 및 대학혁신처가 있다.
- 슐로스가르텐('궁전가든'의 뜻)에는 식물원도 있다. 이 식물원은 19세기말에 설치된 생물학부의 식물학연구소이기도 했다. 이 연구소는 그 동안 분자세포생물학 연구소와 동물생리학 연구소와 함께 북쪽에 있는 옛 마구간으로 옮

졌다.

- 요한 슐라운이 남쪽 마구간으로 설계한 궁전의 남쪽에는 대학교 직원용 주차장이 있다. 그 주차장과 연결된 것이 휘퍼 거리와 법원센터이다. 그러니 이 궁전은 건물군의 남쪽 끝자락인 셈이다.
- 하루에 세 번 궁전 지붕에 있는 18개의 종들이 합창을 한다. 전체적으로 10곡의 노래가 순차적으로 연주된다. 그 중에는 "Üb' immer Treu und Redlichkeit"(우리는 기도하러 가네)[54]와 "Die Gedanken sind frei"(사상은 자유)[55]도 있다. 이 종들의 합창 외에도 이 종들은 15분마다 시간을 알려주기도 한다. 15분에 한 번 종을 치고, 그 후 30분에 두 번, 45분에 3번 종을 치고, 매 시간에 4번 종을 친다. 이어서 매 시간마다 해당 시간만큼 종을 친다. 5시면 5번 종을 치는 식이다. 이 종들은 원래 궁전의 일부처럼 18세기 말부터 있었지만, 종들의 합창은 1954년에 와서야 정착되었다.

3.3. 본(Bonn)

- 작곡가 루트비히 판 베토벤의 고향으로도 유명하다
- 더 중요한 것은 본은 독일 통일 이전까지 구서독의 수도였다는 사실이다. 제2차 세계대전 후 연합국에 의해 독일은 동과 서로 분할되었고, 쾰른 시장 출신이던 초대 연방수상인 콘라트 아데나워(Konrad Adenauer, 1876~1967)의 입김으로 본은 연합국이 제시한 프랑크푸르트(Frankfurt/M)를 제치고 서독의 행정 중심지가 되었다.
- 1990년 통일 후 10여 년의 준비기간을 거쳐 행정수도가 베를린으로 옮겨졌다. 그러나 경제 부처를 포함한 몇몇 부처는 '본-베를린 상생에 관한 법률'에

54) 모차르트(Wolfgang Amadeus Mozart)가 작곡하고 횔티(Ludwig Hölty)가 작사한 민요.

55) 독일 민요. 1780년경 가사가 처음 전단지에서 발표되었고, 1810년과 1820년 사이에 관련 멜로디가 탄생했다. 1842년 이 노래는 포흐만 폰 팔러스레벤(Hoffmann von Fallersleben)과 에른스트 리히터(Ernst Richter)의 슐레지엔 민요집에서 발표되었다.

따라 여전히 본에 남아 있다. 독일의 전신전화국(Deutsche Telekom)과 독일우체국(Deutsche Post)의 본사도 본에 있다.

- 라디오, 텔레비전, 인터넷으로 방송하는 도이체 벨레(Deutsche Welle, '독일의 소리' 국제방송)와 몇몇 국제연합 산하 기관도 본에 본부를 두고 있다.
- 옛 수도답게 '민주주의의 길'이 조성되어 있다. 이 도로는 독일연방 역사박물관에서 시작하여 구 정부 청사 구역을 지나가는 순환도로이다. 팔레 샤움부르크, 수상 관저, 연방의회 건물 같은 독일 정치의 산증인을 만날 수 있다.
- 본이 독일 미술의 중심지였다는 사실은 두 개의 도서관, 곧 미술박물관과 연방미술전시관을 만나면 확인 가능하다. 미술 박물관은 독일 인상주의에 관한 작품들로 가득하며, 독일의 현대 미술과 1945년 이후의 그래픽 작품들도 전시되어 있다.
- 그밖에도 기술과 공학 분야의 100가지 걸작들, 예를 들어 기술의 탄생부터 현대의 기술까지 기술의 발전사를 한눈에 볼 수 있는 기술박물관, 아우구스트 마케 하우스, 여성 박물관, 대학 미술박물관, 시립박물관, 연방전시관, 베토벤이 처음으로 오르간을 쳤다는 성 레미기우스 성당, 본 대학교 앞에 있는 하리보 박물관, 하리보 옛 공장 자리에 있는 대규모 매장 등도 유명하다.

〈상식〉 하리보(Haribo)?

- 한스 리겔(Hans Riegel, 1893~1945)은 학교졸업 후 제과회사 '클로이트겐&마이어사(Kleutgen & Meier)'에서 5년간 일한 후 같은 계통 회사인 하이넨의 동업자로 '하이넨&리겔'을 설립했다. 1920년 12월 13일 본에 단독으로 회사를 차리고 첫 생산 공장을 설립했는데, 회사명이 한스 리겔 본(HAns RIegel, BOnn)의 이니셜으 딴 '하리보(Haribo)'였다.
- 1922년에 하리보는 오늘날 젤리캔디의 대명사가 된 '골드베어(Gold Bear)'의 전신 '댄싱베어(Dancing Bear)'를 출시했다. 1925년 감초과자 '리코리스 스틱' 출시 이후 현재도 판매량이 많은 '리코리스 휠(Licorice Wheel)'을 출시했다. 제2차 세계대전 중 물자부족과 창업주의 사망으로 회사는 큰 타격을 받았다. 그러나 1946년 한스의 두 아들인 한스와 파울이 어머니 게르트루트의 사업체를 넘겨받아 5년 만에 천 명 이상의 직원을 거느린 글로벌 회사로 발전시켰다. 1957년 창업주 한스 리겔의 첫 직장이던

'클로이트겐&마이어사'를 인수했다. 1967년에는 프랑스의 로레트(Lorette)를 인수하여 상호명을 '하리보 프랑스(Haribo France S.A.)'로 바꿨다.

- 하리보는 독일에 5개, 네덜란드, 프랑스, 영국, 스페인, 오스트리아, 헝가리, 체코 등 유럽국가에 13개의 공장이 있고, 세계 100여 국가에서 판매되고 있다. 1935년에 '하리보는 어린이들을 행복하게 합니다(HARIBO macht Kinder froh)'라는 광고를 시작했다. 1960년대에는 '어른도 역시(und Erwachsene ebenso)'라는 문구를 덧붙여 판매 대상을 전 연령으로 확대하는 전략으로 성공했다. 1996년 프랑스의 위제(Uzes)에 캔디박물관(Musee du Bonbon)을 세워 하리보의 역사뿐 아니라 캔디 변천사를 홍보하고 있다.

- 매년 4월부터 10월까지 매월 셋째 주 토요일 라이나우에(Rheinaue)에서 벼룩시장이 열린다. 독일에서 손꼽히는 대규모 벼룩시장이다.

〈상식〉 벼룩시장

- 19세기 말경부터 사용된 용어. 벼룩이 들끓을 정도의 고물을 판다는 의미에서 생긴 것으로 추측된다. 독일, 프랑스 등 유럽에서 흔하다.
- 독일은 각 도시마다 정기적으로 벼룩시장이 열린다. 베를린의 마우어 파크 벼룩시장은 일요일에만 열리는 최대 규모의 플리(flea) 마켓이다. 골동품부터 책, 레코드 판, 사진, 아티스트의 창작 소품 등 없는 것이 없는 아이템의 천국이다. 파리에도 벼룩시장이 주기적으로 열린다. 새 · 우표 · 인형 등 특정한 것을 다루는 벼룩시장이 요일별로, 또는 계절별로 열린다. 유럽 대륙에서 망명한 사람들이 모여 살기 시작한 런던의 소호 지구도 노천 벼룩시장으로 유명하다. 미국에서는 플리 마켓이라고 하여 옥내 · 외에서 정기 · 부정기로 열린다. 저소득층 및 특정 수요자가 주요 고객이다. 서울 청계천8가의 고물시장도 옛 삼지창을 비롯하여 호랑이 잡는 덫, 엿장수 가위, 낡은 요강, 족두리 같은 골동품에서부터 중고 전자제품에 이르기까지 벼룩시장의 요건을 갖추고 벼룩시장 · 개미시장 · 만물시장 등의 이름으로 불리고 있다. 이 일대는 6 · 25전쟁 후부터 고물상이 모여 시장을 형성하였다.

[1] 루트비히 판 베토벤(Ludwig van Bethoven, 1770～1827)

- 세계적인 작곡가, 1771년 본에서 탄생했다. 할아버지 루트비히는 네덜란드 출신으로 독일로 이주하여 본 궁정의 악장을 지냈다. 아버지 요한은 궁정 가수였지만 잦은 폭음으로 목소리를 상했다고 한다.
- 당시 유럽에서는 신동 모차르트의 연주여행이 크게 주목을 받았다. 그래서

베토벤의 아버지 요한은 아들을 이용해 돈과 명성을 얻을 속셈으로 어린 베토벤을 스파르타식으로 피아노 연습을 시켰다고 한다. 7살에 본 궁정에서 피아노 연주회를 가졌다. 어린 베토벤의 음악적 재능을 알아본 크리스티안 고트로프 네페에 의해 음악의 기초를 공부하게 되었다.

- 1787년에 본 궁정의 궁정교회 오르간 연주자가 되었다. 1789년에는 빈에 가서 평소 존경하던 모차르트를 만났다. 알려진 것과는 달리 두 사람의 만남은 별로 우호적이지는 못했다고 한다. 모차르트는 이 음울해 보이는 젊은이가 별로 감동적이지 못했다고 전한다. 베토벤도 당시에는 평범한 견습생에 불과했다.
- 아버지를 대신해서 집안의 가장이 된 베토벤이었지만 빈에서 음악가로서 성공하고 싶다는 꿈을 포기하지 않았다. 그는 결국 고향의 절친한 귀족들과 친구들의 도움으로 1792년에 빈으로 유학하여 죽을 때까지 빈에서 살게 된다.
- 빈에서 베토벤은 요제프 하이든(1732~1809)의 제자로 들어가서 가르침을 받지만, 베토벤은 그리 성실한 제자는 아니었다. 하이든 외에도 쉔크, 살리에리 등에게 배우며 음악가로서 성장한다.
- 1795년, 빈에서 피아니스트로 데뷔하여 성공적인 음악가로서의 인생을 걷는다. 이듬해에는 프라하, 드레스덴, 베를린 등으로 연주여행을 떠난다. 1800년에는 1번 교향곡과 6곡의 현악 4중주곡들을 발표해 성공을 거둔다.
- 그러나 음악가로서 승승장구하던 그 시점에서 베토벤은 귀가 점점 들리지 않게 되는 치명적인 문제를 안게 된다. 베토벤은 하일리겐슈타트로 가서 유서를 쓸 정도로 고통스러워한다. 이 시기에 쓴 '하일리겐슈타트 유서'(1802년 10월 10일)는 베토벤 사후에 발견된다.
- 이곳에서 자신에게 주어진 음악적 재능을 충분히 발휘하기 전에는 죽을 수 없다고 새롭게 결의를 다진 이후 걸작들을 쏟아내기 시작한다.
- 베토벤은 이전의 작곡가들과는 달리 귀족들에게 후원은 받았지만 그들에게 예속되지는 않았고, 유럽 각국의 출판사들이 그의 작품 악보들을 인쇄해 판매한 덕에 베토벤은 안정적으로 생활할 수 있었다. 또한 이 시기에 베토벤은 '불멸의 연인'에게 보내는 편지를 썼다고 한다. 이 편지의 주인공인 '불멸의 연인'이 누구인지는 지금도 오리무중이다.
- 베토벤의 말년의 삶은 피폐했다. 가장 큰 원인은 조카 카를의 문제였다. 자

식이 없던 베토벤은 동생 카스퍼(1815년에 43살로 사망)의 아들인 카를의 친권을 놓고 카스퍼의 부인과 법정갈등 끝에 카를의 친권을 획득했지만 죽을 때까지 카를과 갈등을 일으켰다. 베토벤은 하숙집에서도 괴팍한 모습을 자주 보였는데, 빈에서 사는 35년 동안 이사를 42번이나 했다고 한다.

- 1827년 3월 26일, 베토벤은 친구와 지인, 제자와 비서 앞에서 영원히 잠들었다.

3.4. 부퍼탈(Wuppertal)

- 슈베베반(Schwebebahn)의 도시. 슈베베반? 하늘에 매달려 달리는 현수식 모노레일이다.

▶ 자연

- 베르기셰스 란트(Bergisches Land, 옛 베르크 공작령) 지역의 최대 도시이자 이 지역 경제, 교육, 산업 및 문화의 중심지이다. 무엇보다도 공식 슬로건이 말해주듯이, 이 도시는 현수식 모노레일을 갖고 있다. 자의식과 역사의식을 갖춘 이 도시의 모노레일 노선을 따라가다 보면 정말 놀라운 것을 보게 된다.

▶ 역사

- 부퍼탈이 지도에 나타난 것은 불과 80여 년 정도밖에 되지 않았다. 하지만 이미 오래 전부터 엘버펠트와 바르멘이라는 대도시가 있었고 그 외에 론스도르프, 크로넨베르크, 포빙켈이라는 작은 마을들이 있었다. 이들은 1929년 바르멘-엘버펠트로 통합되었다. 1930년 주민투표를 통해 도시는 부퍼탈로 개명되었다. 도시가 자리 잡은 곳이 부퍼의 계곡(독일어: Tal)이기 때문이다.

▶ 문화

- 부퍼탈의 최고 명물이자 세계에서 단 하나뿐인 현수식 모노레일이 수로를 따라 도심 속을 수천 미터나 질주한다. 기술적으로 보면, 이 모노레일이 공중에 떠있는 것은 아니다. 정확하게 말하면, 매달려서 달리는 모노레일이다.

하지만 매일 이 모노레일을 이용하는 8만 명 이상의 승객에게 그 사실이 중요하지 않다. 안전하고, 그리고 무엇보다도, 체증이라고는 조금도 없는 이 교통수단을 그들은 사랑할 뿐이다. 모노레일은 1901년에 가동되었다. 모노레일을 전체적으로 손보면서 초창기 모습 그대로 보수하는 작업이 1997년부터 진행 중이다.

〈상식〉 현수식 모노레일의 변형들

- 모노레일은 크게 차량을 선로에 걸터앉히는 과좌식(跨座式)과 선로에 매다는 현수식(懸垂式)으로 대별된다. 모노레일이 처음 실용화된 것은 1880년경 아일랜드의 밸리뷰니온 철도에서 건설한 것이다. 본격적인 모노레일은 현재도 영업 중인 독일 부퍼탈의 현수식 모노레일이다. 이것은 단궤조에 쌍플런저가 달린 바퀴가 올라타고, 거기에서 현수장치로 차체가 현수된 전장 13.6km인 전철교식 복선 모노레일이다. 매달려서 이동하는, 세상에서 가장 먼저 생긴, 둘도 없는 모노레일이자 가장 오래된 도시철도다. 독일제국 시기인 1901년 3월 1일에 개통했으니 부퍼탈 도시가 성립되기도 전이다. 개통식 때 황제 빌헬름 2세가 탑승했던 차량이 '카이저바겐'이라는 '황제 차량'인데, 여전히 옛 모습 그대로 영업 중이다. 노선은 대부분 도시를 가로지르는 부퍼 강을 따라 건설되었다.
- 한국에는 두 곳에서 모노레일이 운영 중이다. 하나는 서울의 어린이대공원, 롯데월드, 에버랜드 등에서 유람용 모노레일이 건설되어 운행 중인 것이고, 다른 하나는 2015년 4월 23일 개통된 대구 도시철도 3호선에 대중교통용 모노레일이다.

- 현수식 모노레일처럼 세계적 명성을 누리는 극단 '피나 바우쉬 무용단'도 이 도시에 있다. 대연출가가 이끌었던 지난 36년 동안 무용은 재정립되고 새롭게 정의된 것과 다를 바 없다. 연극, 모던 댄스, 뮤지컬이 그에 의해 서로 융합하여 하나의 새로운 표현 형식으로 탄생했기 때문이다. 부퍼탈 오페라하우스인 '슈타트할레(Stadthalle)'는 현재 이 극단의 주 공연장이다.
- 네오바로크 양식의 이 오페라하우스는 웅장하지만 많은 멋진 건물 중 하나일 뿐이다. 제2차 세계대전 때 파괴되었음에도 부퍼탈에는 약 4,500개의 건축 문화재가 있다. 이는 노르트라인-베스트팔렌 주에서 두 번째 규모다. 특히 19세기 건축물이 독특하여 눈길을 끈다. 예를 들어 브릴러 지구는 독일에서 가장 큰 빌라 단지 중 하나이다. 흥미로운 건축물로는 부퍼탈 도시를 건설할 시기에 엘버펠트 중심가에서 가까운 곳에 세워진 박람회장이다. 엘버펠트에 소재하는 미술관 중에서 가장 중요한 것이 부퍼탈 미술관이다. 폰데어 호이트 박물관도 인상적인 박물관이다. 이 박물관은 17세기부터 현재

에 이르기까지 회화, 조각, 그래픽, 사진 등을 소장하고 있다. 컬렉션의 포커스는 19세기 프랑스 회화와 모더니즘이다. 파울라 모데르존 베커, 막스 스레포크트, 로비스 코린트, 칼 슈미트 로트루프, 바실리 칸딘스키, 오토 뮐러, 에밀 놀데, 프란츠 마르크, 아우구스트 마케, 알렉세이 폰 야우렌스키, 막스 베커만과 같은 대가들을 만날 수 있다. 엘버펠트에는 시계 박물관도 있다. 초창기부터 1950년대까지의 시간이 광범위하게 정리되어 있어서 시간 계측의 역사를 읽을 수 있다.

- 베르기셰스 란트의 향토음식은 세련된 레스토랑에서, 옛 스타일의 아늑한 선술집에서 확인할 수 있다. 이런 주점은 시내 곳곳에 널려 있다. 밤을 즐기는 야행성 방문객들은 클럽이나 바에서 흡족함을 얻을 수 있다. 이곳은 도시 면적의 약 절반을 농경제, 공원, 숲, 녹지대가 차지하고 있다. 독일에서 가장 아름다운 동물원 중 하나로 꼽히는 동물원도 있다. 그리고 토니 크랙의 조각 공원에서는 동시대 조각 작품들 사이로 산책도 할 수 있다.

3.5. 도르트문트(Dortmund)

- 중공업과 R&D 분야가 발달한 도시. 이 지역의 교통중심지이기도 하다.
- 뒤셀도르프에서 동쪽으로 60km 쯤에 있는 도르트문트는 1220년 신성로마제국의 자유도시가 되었고 그 뒤 한자동맹에 가담했다. 14세기에는 폭넓은 무역으로 부유해졌지만, 30년 전쟁 후 쇠퇴하기 시작해 1803년 자치도시의 특권을 잃었다.
- 19세기, 탄광과 철광석 광산이 개발되고 1899년에 운하를 완공하면서 라인-루르 대도시권의 일부가 되어 급속한 발전을 해왔다. 노르트라인-페스트팔렌 주의 지리적 중심부에 자리 잡았기에 경제적, 상업적 중심지가 되었다. 하지만, 제2차 세계대전 때 심하게 파괴되어 현대식 설계에 따라 도시를 재건했다. 현재는 독일에서 8번째로 큰 도시가 되었다.
- 독일 분데스리가 명문 팀인 보루시아(BVB: Ballspielverein Borussia) 홈구장이 이곳에 있다.

〈상식〉 분데스리가(Bundesliga)

- 독일의 프로축구 리그로 1963년에 설립되었다.
- 독일어의 'Bundes(연방)'와 'Liga(리그)'의 합성어. 독일이나 오스트리아에서 개최되는 모든 스포츠 종목의 리그를 뜻하지만, 일반적으로는 독일의 축구 리그를 가리킨다.
- 독일의 프로축구 리그는 크게 분데스리가 1부, 분데스리가 2부로 나누어져 있으며, 1부에 18개 클럽, 2부에 18개 클럽이 소속되어 있다. 분데스리가 산하에는 북부 · 남부 · 서부 · 남서부 · 북동부의 5개 지역리그가 있다.
- 전반기 리그는 매년 8월~12월 초, 후반기 리그는 다음해 2월~5월 중순 운영
- 홈앤드어웨이 방식의 팀당 34게임, 승리하면 3점, 비기면 1점, 패하면 0점을 주어 총점이 가장 높은 클럽이 우승하는 승점제.
- 2008년 분데스리가 구조 개편 이후 1부리그 16위팀과 2부리그 3부팀이 플레이오프를 진행하여 승격과 강등을 결정한다.

〈좌: 보루시아 도르트문트 팀 홈구장, 우: 도르트문트 맥주 엑스포트〉

- 도르트문트 산 맥주 엑스포트(Export)는 골든 라거(Golden Lager) 스타일의 맥주로, 독일의 도르트문트 지방의 경수(硬水)로 만든 맥주이다. 필스너보다 발효도가 높고 향미가 산뜻하고 쓴맛이 적다. 엑스포트는 고된 하루의 일과를 끝낸 광부들과 철강노동자들의 목을 축여주던 맥주였다. 뒤셀도르프는 한때 독일 최대의 맥주 양조 도시였다. DUB(Dortmunder Union Brauerei)와 DAB(Dortmunder Actien Brauerei)가 도르트문트의 대표적인 맥주이다.
- 하면발효 맥주(bottom fermentation beer): 발효 도중 효모가 밑으로 가라앉는 맥주로, 비교적 저온에서 발효된다. 일반적으로 라거(Lager) 계열이 여기에 속한다. 라거는 5~10℃의 저온에서 7~12일 정도 발효 시킨 후, 다시 1~2개월간 숙성기간을 거친다. 하면발효에서의 저온 숙성과정을 '라거링(lagering)'이라

고 한다. '라거'는 '저장하다'라는 뜻의 독일어 '라게른(lagern)'에서 유래했다. 이 라거 양조법은 맥주의 품질을 안정시키기 위해 근세에 개발된 것이다. 현재 라거 맥주는 영국을 제외한 전 세계 맥주시장을 주도(세계 맥주 생산량의 약 ¾ 정도)하고 있으며, 필젠(Pilsen), 도르트문트(Dortmund), 한국, 미국, 일본 등의 맥주가 여기에 속한다.

3.6. 쾰른(Köln)

- 노르트라인-베스트팔렌 주 최대 도시이자 독일에서 네 번째로 큰 도시.
- 프로이센 제국 시절 때는 프로이센 제2의 도시였다.
- 도시의 풀네임은 프랑크푸르트와 비슷하게 쾰른 암 라인(Köln am Rhein, '라인 강변의 쾰른').
- 현재는 독일 미디어의 수도. 공영방송인 ADR[56]의 핵심 멤버인 WDR (Westdeutscher Rundfunk, '서부독일 라디오 · 텔레비전방송'의 뜻)과 독일 주요 민영방송국인 RTL 그룹 본사가 있다.
- 도시의 상징인 쾰른 대성당과 현대 향수의 고향으로 유명하다. 쾰른 대성당은 1248년에 가톨릭 교단에서 가장 중요한 대성당 중 하나로 기공되었다. 이곳은 자칭 하나의 황금 관에 영면하는 삼왕을 기리는 대성당이다. 1880년 완공 당시에는 세계 최대의 건축물이었다. 높이가 157m나 된다. 현재는 독일에서 두 번째로 큰 교회건물이다. 고딕 건축의 걸작으로 유네스코 세계문화유산에 등재되었다. 533개의 계단을 올라가야 첨탑 꼭대기에 도달한다.

▶ 역사

- 게르만족의 일파인 우비 족이 이 일대에 거주했다. 서기 1세기 무렵 로마 제국이 국경선을 라인 강 일대로 확정짓는 과정에서 이 일대에 군사 기지를 세웠다. 이것이 오늘날 쾰른이라는 도시의 출발점이다. 라인 강 국경지대에서 가장 중요한 군사적 요충지였기 때문에 도시는 빠르게 성장해나간다. 로마가 이 일대에 설립한 속주인 저지 게르마니아의 주도로 지정되기도 한다.

---

56) Arbeitsgemeinschaft der öffentlich-rechtlichen Rundfunkanstalten der Bundesrepublik Deutschland' 의 약어. 글자 그대로 번역하면 '독일연방공화국 공영방송협회'의 뜻인데, 독일 제1텔레비전 방송이다.

- 로마제국 멸망 이후 이 지역은 프랑크 왕국의 영토로 편입, 9세기 프랑크 왕국이 분할될 때 체결된 베르됭 조약에 의해 동프랑크 왕국의 영토로 넘어간다.
- 라인 강의 수운을 이용한 동서간 무역의 거점 역할을 차지한 쾰른은 중세에도 이 일대에서 가장 강력한 도시 중의 하나로 살아남는다. 서기 13세기에는 신성로마제국의 일곱 선제후 중 하나였다. 쾰른 주교를 몰아내고 자유 도시로 지정받으면서 자치권을 획득하고, 이후 한자동맹에 가입하면서 더더욱 번성해나간다. 무역의 거점이었던 만큼 각종 상공업도 빠르게 성장해나갔다. 이 시기에 장인들이 자신들의 기득권을 지키기 위해 길드를 형성한다.
- 이런 자치권은 거의 600년간 유지되다가 프랑스 대혁명으로 무너지게 된다. 프랑스 제1공화국의 의용군에 의해 신성로마제국이 패배하면서 신성로마제국은 라인 강 서쪽 지방을 모두 프랑스에게 넘겨줘야 했고, 이 과정에서 쾰른도 프랑스의 손에 들어가게 된다. 프랑스는 부르봉 왕가 시절부터 꿈꿔왔던 라인 강 국경선 확보에 성공한 이후 나폴레옹에 의해 프랑스의 정식 영토로 편입된다. 나폴레옹의 몰락 이후 빈 회의에 의해 쾰른과 그 일대는 프로이센 왕국의 통치를 받게 된다. 전통적으로 가톨릭 세력이 강했던 쾰른 지방과 프로테스탄트가 우세한 프로이센의 만남은 필연적으로 갈등을 낳는다. 1837년에는 쾰른의 주교가 개신교도와 가톨릭교도 사이의 결혼을 인정할 것을 거부하다가 체포되기도 한다. 1870년대 비스마르크가 주도한 가톨릭 탄압 운동인 문화투쟁에 대한 격렬한 반발이 일어나면서 이 일대는 프로이센에 대한 반감이 깊게 자리 잡는다.
- 프로이센이 통치하면서 쾰른 일대는 빠르게 산업화된다. 1900년대 초반에 이미 인구 70만 명의 도시로 성장한다. 1차 대전 종전 후 베르사유 조약에 의해 라인 강 서안 지방은 연합군이 진주한다. 쾰른도 1920년대 후반까지 영국군의 지배를 받는다. 제2차 세계대전 때 영국군의 밀레니엄 작전에서 1,046대의 폭격기를 동원한 결과 쾰른 일대는 거의 초토화된다. 1945년 대성

〈쾰른의 자랑. 좌: 시청사, 중좌: 대성당, 중우: 쾰쉬 맥주, 우: 카니발〉

당을 제외한 쾰른의 95%가 파괴되었다. 오늘날의 쾰른 건물들은 대부분 새 건물이고 오래된 것처럼 보이는 탑들은 전쟁 후 재건된 것들이다.

▶ 명소

- 중앙역 근처가 모두 구도심이다. 2차 세계대전 때 드레스덴 다음으로 가장 처참하게 폭격된 도시이기 때문에 성당들을 제외하면 전통적인 건축물은 거의 없다.
- 독일에서 가장 오래된 시청사인 쾰른 시청사도 근처에 있고, 특산품인 쾰쉬 맥주를 파는 집과 18세기에 만들어져 나폴레옹도 애용했다는 세계적으로 유명한 향수 'Farina 1709'는 구시청사 바로 맞은편에, 'Eau de Cologne'(오 드 콜로뉴: '쾰른의 물'의 뜻) 《4711》 본점은 오페라 하우스 옆에 있다. 오 드 콜로뉴는 부향도가 낮은 향수 제품군을 아우르는 이름으로 사실상 보통명사화 되었다.
- 카니발 축제의 기원은 바로 쾰른이다. 유럽 최대 축제이며, 옥토버페스트보다 몇 배는 규모가 크다. 매년 11월 11일 11시 11분에 카니발 시작을 알리는데, 이날부터 축제의 하이라이트인 로젠몬탁(Rosenmontag, '장미의 월요일' 퍼레이드)은 2월 초 · 중순에 열린다. 미국의 할로윈을 방불케 하는 의상으로 치장한 사람들이 곧 관중이자 행렬로서 쾰른 시내 전체를 메운다. 퍼레이드 행렬을 구경하며 Kölle Alaaf!(쾰른 만세)를 부르면 사탕과 초콜릿 등을 뿌려준다.
- 세계적으로 유명한 미술박람회 'ART COLOGNE'가 열리는 도시이다. 볼만한 미술관도 많다. 중세미술에서 인상파까지 다루고 있는 발라프 리하르츠 미술관, 루드비히 현대미술관, 독일 사실주의 화가인 케테 콜빗츠 미술관, 아시아 미술관 등(한국고미술도 소장되어 있음)이 있다. 그 외에도 세계적으로 제일 큰 초콜릿 미술관이 있다.
- 루프트한자의 본사도 쾰른에 있다.
- 현대 서양음악의 한 장르인 전자음악의 발상지이기도 하다. 1951년 쾰른 라디오 방송국에서 전자음악 실험이 시작되었다.
- 독일의 게이 수도로도 불린다. 독일 게이들의 올림픽이라는 '게이 게임즈'도 쾰른에서 열렸다. 매년 여름에 열리는 CSD(크리스토퍼 스트리트 데이) 퍼레이드는 독일최대 규모이다. 카니발의 고장답게 CSD도 수많은 코스튬으로 거대하게 열린다.

〈상식〉 독일 사람들이 열광하는 17가지 축제들

마귀를 쫓는 풍습은 고대 로마시절부터 있었다. 로마인들은 사투르누스(Saturnus) 신에게 제사를 지냈고, 게르만 족들은 동장군을 몰아냈다. 기독교 교회가 4세기에 부활절 전 40일간의 사순절을 도입한 때가 오늘날의 카니발의 기원이 되었다. 기독교도들이 육류를 멀리하겠다고 선포하기 전에는 음악과 노래로 축제를 벌였다.

1. 쾰른의 삼성좌(Das kölsche Dreigestirn)

쾰른 주민들은 카니발을 위해 자신들을 거느릴 사람이 필요했다. 대개는 왕손부부가 이 역할을 떠맡았으나, 쾰른 주민들만은 왕자, 농부, 처녀 등의 "삼성좌"에게 맡겼다. 이 셋은 모두 남성들이 맡는데, 매년 새로 선발된다.

2. 바이버파스트나흐트(Weiberfastnacht, '여성 사육제')

이날은 대개 2월 목요일인데, 11시11분 정각에 거리카니발이 열린다. „Alaaf!"('만세!')라는 익살스런 외침은 쾰른에서, „Helau!"라는 외침은 뒤셀도르프나 마인츠에서 울려퍼진다. 여성들은 나이에 상관없이 함께 행진하며 남성의 넥타이를 싹둑 자른다. 몇몇 도시에서는 부인들이 시청으로 몰려와서 상징적으로 권력을 떠맡는다.

3. 뒤셀도르프 호페디츠(Hoppeditz, '난봉꾼대장')

카니발 시즌은 11월 11일 11시 11분에 시작된다. 뒤셀도르프에서는 호페디츠가 잠에서 깨어난다. 이 난봉꾼은 겨자포트(Senftopf)에서 나와서 시청사 앞에서 익살적이고 독설적인 연설을 한다. 시장은 발언기회를 얻으면 화답을 할 수 있다. 호페디츠는 재의 수요일에 상징적으로 소각된다.

〈좌: 쾰른의 삼성좌, 중: 바이버파스트나흐트, 우: 뒤셀도르프 호페디츠〉

4. 로젠몬탁 때만 가능한 것

카니발 무대들에서는 여러 쌍들이 이미 서로 가까워진 사이이기는 하지만 천진난만한 "뽀뽀(Bützje)"로 일관한다. 그래서 쾰른에서는 '뽀뽀'라고 부른다. 경찰들도 느닷없이 뽀뽀 세례를 받기도 하기에, 경찰들은 카니발 기간에는 어릿광대들을 조심한다. 특히 로젠몬탁(사육제 중의 월요일, '장미의 월요일') 행렬 때에는 더욱 긴장한다.

5. 로젠몬탁 행렬(Rosenmontagszug)

카니발의 정점인 로젠몬탁의 거대한 행렬용 장식차량은 카니발 협회가 수개월동안 수작업으로 장식한다. 지역 정책과 국제 정책을 익살스럽게 만들어 조립하기도 한다. 몇 킬로미터에 이르는 화려한 행렬도 시내를 가로지른다. 쾰른에서는 백만 명 이상의 인파가 길가를 메우기도 한다.

6. 사탕줍기(Kamellefang)

"카멜레(Kamelle)"는 카니발 참가자들이 차에서 익살스럽게 치장한 시민들에게 던져주는 사탕류이다. 쾰른이나 뒤셀도르프에서는 수백 톤이 소진되기도 한다. "Strüßjer"라 불리는 꽃다발도 하늘에서 비가 오듯 쏟아지는데, 잡는 사람이 임자다. 밴드가 지나가는 동안에는 이런 행사도 잠시 중단한다.

〈좌: 로젠몬탁에만 가능한 것, 중: 로젠몬탁 행렬, 우: 사탕줍기〉

7. 탄츠마리헨(Tanzmariechen)

유니폼을 입은 여성댄서들이 체조하듯 공중재비 등을 하며 어릿광대들을 열광시킨다. 로젠몬탁 행렬에서 공기를 가로지르며 재주를 부린다. 옛날에는 라인란트 지방에서만 푼케마리헨(Funkemariechen)이 있었는데, 현재는 오스트리아, 벨기에, 네덜란드의 카니발 협회들도 라인란트 지방의 마리헨을 도입했다.

8. "마인츠의 퉁퉁한 두상들(geschwollene Köpfe von Mainz)"

마인츠 사육제에서는 거대한 두상들("Schwellköpp"로 불림)이 빠질 수 없다. 이들은 전형적인 마인츠 시민의 캐리커처들인데, 로젠몬탁 행렬에 동참하며 시민들과 뒤섞이기도 한다. 두상의 무게가 대략 25킬로그램이나 되니 자진해서 이것을 쓰려는 사람을 찾기도 쉽지 않다. 행렬 노선은 약 7킬로미터 정도 된다.

9. 집회 카니발(Sitzungskarneval)

카니발 협회는 시즌에 다양한 음악과 다소 익살스런 연설가들로 가득한 대규모 집회를 조직한다. 방송국 합창단도 빠질 수 없다. 카니발 조합들이 배치되기도 한다. "자유분방한 거리 카니발 선호 어릿광대들이 카니발 때 쾰른 사람들은 즐거움이 뭔지 잘 모른다."고 더 비방하기도 한다.

〈좌: 탄츠마리헨, 중: 집회카니발, 우: 로트바일의 나렌슈프룽〉

10. 로트바일의 "나렌슈프룽(Narrensprung)"
로트바일(Rottweil)의 "나렌슈프룽"('바보들의 점프'의 뜻)은 남부독일에서 가장 화려한 시가행진 중 하나로 꼽힌다. 약 4000명의 마스크맨들이 이틀 동안 구시가를 가로지르며 점프도 하고 춤도 춘다. 수세기 전부터 외모에 대한 확실한 프레임이 있다. 순수 로트바일 시민들만 참여 가능한 시가행진은 엄격한 관례를 따른다.

11. 광장 여성들의 댄스
뮌헨사람들은 카니발을 "파쉥(Fasching)"이라고 한다. 거리보다는 거대한 홀에서 축제를 하는 경우가 더 많다. 정점은 픽투알리엔마르크트에서 열리는 '광장 여성들의 댄스(Tanz der Marktweiber)'이다. 이 여성들은 직접 재단을 한 화려한 의상을 입는다. 뮌헨에서는 이런 익살스런 카니발이 전통적으로 이들의 댄스와 함께 마무리된다.

12. 브레멘의 삼바
북부 독일 사람들은 카니발 축제에 별 관심이 없다. 그러나 브레멘은 예외. 브레멘에는 수백 년 된 전통들은 없지만 순수 삼바 리듬 축제는 있다. 1986년부터 브레멘 사람들은 브레멘 카니발에 리오-필링을 분출시키고 있다. 35,000여 명의 관중들은 매년 이 한자도시에서 유럽 최대 삼바-카니발을 개최한다.

〈좌: 로트바일의 나렌슈프룽, 중: 광장 여성들의 댄스, 우: 브레멘의 삼바〉

13. "누벨(Nubbel)" 태우기

재의 수요일에 모든 것이 끝난다. 라인란트에서는 카니발의 흔적을 상징적으로 없애버린다. 뒤셀도르프에서는 호페디츠가, 쾰른에서는 누벨이 사라진다. 직물인형이 카니발 기간에 저지른 모든 죄를 뒤집어쓰는 것이다. 카니발 화요일 자정에 이 직물인형은 대대적인 추도식 중에 화형장작더미 위에서 소각된다. 누벨을 소각한 후에는 전통적으로 주점으로 몰려가는데, 그곳에서 수많은 떨거지들이 새벽까지 축제의 여흥을 즐긴다. 카니발은 제의 수요일에 종료된다.

3.7. 노르트키르헨 성(Schloss Nordkirchen)

- 뮌스터 남쪽 25km 정도 떨어진 남부 뮌스터란트에 있는 바로크 양식 해자 궁전. 그 규모와 건축학적 구성에 근거하여 '베스트팔렌의 베르사유'라고도 한다.

- 궁전과 공원은 유네스코가 "국제적인 수준의 예술작품"으로서 보호할 가치가 있는 것으로 공표되었다.
- '베스트팔렌의 베르사유'. 1688년부터 뮌스터의 후작주교이던 프리드리히 크리스티안 폰 플레텐베르크(Friedrich Christian von Plettenberg, 1644~1706)의 주문으로 지어진 궁전. 고트프리트 라우렌츠 픽토리우스(Gottfried Laurenz Pictorius, 1663~1729)가 건축을 시작하여, 요한 콘라트 슐라운(Johann Conrad Schlaun, 1695~1773)이 30년 뒤 바로크 양식의 해자 성을 완성했다. 이 궁전은 네모꼴 해자(호)로 둘러싸인 섬 위에 있으며, 궁전도 프랑스의 모형에 따라 중앙에 거대한 공원이 있다. 인상적인 노르트키르헨 궁전의 중심은 본관건물(Corps de Logis)이다. 이 건물과 연결된 것이 날개건축물들이고, U자 형태로 나지막한 에렌호프(Ehrenhof)를 에워싸고 있다. 전체 건물복합체는 대칭을 이루는 구조인데, 이 형식으로 완벽하게 보존된 대표적인 바로크 시설물이기도 하다.
- '국제적 수준의 예술작품'. 노르트키르헨 궁전은 현재 약 1000명의 재학생을 가진 노르트라인-베스트팔렌 세무전문대학 소재지이다. 궁전에는 레스토랑이 들어섰고, 궁전 예배당은 결혼식장으로도 사용 가능하다.
- 오늘날의 궁전의 뿌리는 모리엔(Morrien) 가문[85]의 해자성이다. 이 해자성은 게르하르트 3세 폰 모리엔(±1488-?)이 16세기 초에 뮌스터란트에서 방어시설

로 가장 적합한 해자성 중 하나를 증축하게 한 것이다. 가문의 남자가 사멸한 후 상속인들은 이 시설물을 1694년 뮌스터 후작주교인 프리드리히 크리스티안 폰 플레텐베르크(1644~1706, 후작주교 1688~1706)에게 매각했다. 그의 가문은 이 궁전을 18세기에 30년 넘게 걸린 건설작업을 통해 개조했다. 1734년 건설작업을 마친 후 노르트키르헨 궁전정원은 유럽에서 가장 유명한 정

57) 이 이름은 별명, 모리안, 동방박사들(멜키오르(Melchior), 가스파르(Caspar), 발타자르(Balthazar)) 중 한 사람인 멜키오르에서 유래한 모리안에서 생겨난 것이다. 확실한 것은 이 이름이 그로트하우스(Grothaus)의 이름처럼 1174/1185년 이후 문서상 옛 베스트팔렌 귀족가문의 성(姓)인 '폰 젠덴(von Senden)의 자손이라는 점이다. 1350년과 1691년 사이 이 가문은 뮌스터 후작주교의 궁내대신의 관직을 소유했다. 이 가문은 뤼딩하우젠 근처의 노르트키르헨을, 1521년부터는 라이네에 팔겐호프를 보유했다. 또한 17, 18세기에는 신성로마제국의 클레베 공국령에서도 부동산을 보유했다.

원 중 하나가 되었다. 성주인 페르디난트 폰 플레텐베르크 백작(1690~1737)은 1737년 사망하면서 채무로 가득한 유산을 남겼는데, 이후 세대들이 유지 보존하기에는 벅찬 수준이었다. 플레텐베르크 가문이 1813년 부계혈통이 사멸되자 이 가옥은 상속녀인 마리아 폰 플레텐베르크를 거쳐 그녀의 헝가리 귀족 남편 가문인 에스테르하지 백작(Graf Esterházy)에게 넘어갔다. 이들은 정원과 내부공간을 바꾸었다. 노르트키르헨 궁전의 마지막 남자 에스테르하지가 자식 없이 죽게 되자 그의 헝가리 친척들은 이 시설물을 엥엘베르트-마리아 폰 아렌베르크(1872~1949) 공작에게 매각했다. 이 공작은 그 사이 낡아빠진 건물을 개량하고 현대화했을 뿐 아니라 본관건물을 확장하기도 했다. 거대한 궁전공원도 부분적으로 재건하고 확장했다. 공작 가문이 제2차 세계대전 종전 후 이 궁전을 더 이상 거주지로 사용하지 못하게 되자 시설물도 점차 쇠퇴해갔다. 노르트라인-베스트팔렌 주가 1950년부터 주립세무전문대학을 궁전건물들에 입주시키면서 비로소 상황이 달라졌다. 1958년 연방주는 본관건물을 포함한 궁전의 섬 및 공원 일부를 사들여서 장기간 수리에 들어갔는데, 1991년 궁전 북쪽에 위치한 바로크 양식 비너스 섬을 재건함으로써 잠정적으로 수리를 마쳤다.

- 명소

· 궁전 외부와 내부를 대부분 관람할 수 있다.

· 내부관람은 가이드와 함께 가능하며, 일요일과 공휴일에는 예약없이 가능하다.

겨울시즌(6개월)은 14시부터 16시까지 시간 단위로 가능

여름시즌(6개월)은 11시부터 17시까지 시간 단위로 가능

· 성인: 3 유로, 6세 이상 어린아이: 1유로, 6세까지 어린아이: 무료

· 시간: 약 45~60분

· 내부관람은 가이드와 함께 가능하며, 매일 9시부터 18시까지 신청 가능

· 1인당 3유로, 최소참여자: 10명

3.8. 오스나브뤼크(Osnabrück)

- 베스트팔렌 평화조약(1648년)과 관련해서 역사에 등장한 도시. 다채로운 측면도 많다. 예를 들면 식도락가의 도시로서 훌륭한 지역 음식과 식도락가

모임 등도 유명하다.

- 오스나브뤼크는 30년 전쟁의 소용돌이를 무사히 피해 갔다. 그래서 피로에 지친 전쟁 세력들은 이 도시와 이웃 도시 뮌스터를 평화협정 체결 지역으로 선택했다. 후기고딕 양식의 시청 건물은 1512년에 완공되었다. 그 안에는 당시 평화협상에 참석한 인물들의 초상화 42개가 걸려 있다. 위층에는 1633년 당시의 도시 모습을 보여주는 모형이 있다. 그리고 "파괴와 건설"이라는 명칭의 상설 전시회는 또 다른 전쟁인 제2차 세계대전 이후 오스나브뤼크의 재건 모습을 담고 있다.

〈좌: 목골가옥(Krahnstrasse 소재), 우: 펠릭스 누스바움 하우스〉

- 펠릭스 누스바움 하우스(Felix Nussbaum House). 폴란드계 미국인 건축가 다니엘 리베스킨트(Daniel Libeskind, 1946~)가 설계한 이 박물관은 지난 1944년 아우슈비츠에서 살해된 유대인 예술가이자 이 도시 출신 펠릭스 누스바움의 삶과 작품 세계를 조명하고 있다. 개성적이고 도발적인 디자인은 이미 누스바움의 운명을 떠올리게 한다. 이 건물은 예술사 박물관과 함께 시내 중심부에 위치해 있다. 이곳에서 출발하여 구도심을 한 바퀴 돌면서 6개의 유서 깊은 교회를 관람하는 것도 이 도시의 또 다른 매력이다.
- 유명한 반전 소설 〈서부 전선 이상 없다〉(1929)의 저자 에리히 마리아 레마르크(1898~1970)도 오스나브뤼크에서 태어났다. 이 사실도 평화조약의 도시와 잘 어울린다. 이 도시가 2년마다 수여하는 평화상의 이름도 그의 이름을 따서 제정되었다. 도시의 성문 앞은 역사적인 장소이기에 이곳에서의 시간도 훨씬 과거로 거슬러 올라가게 된다. 칼크리제 박물관 및 공원(Museum und Park Kalkriese) 자리에서는 서기 9세기에 바루스 전투, 즉 토이토부르거 발트 전투가 벌어졌던 것으로 추정된다. 1989년에 발굴 작업이 시작되는데, 로마

병사들의 수많은 동전, 무기, 도구들을 비롯하여 성벽 잔해가 햇빛을 보게 되었다. 이 자리에 바루스 전투 박물관 공원이 건립되기 시작했는데, 지난 2001년 40m 높이의 인상적인 전망대가 추가되면서 박물관은 완벽하게 마무리되었다. 오늘날까지 공원 부지에는 고고학 발굴 현장이 보존되어 일반인에게 공개되고 있다. 홀수 연도에는 "로마 게르만 시대"라는 행사가 열려서 수많은 관광객이 이곳을 찾는다. 박물관은 산업문화에 관한 역사 체험의 장으로 활용되기도 한다. 오스나브뤼크와 그 주변의 초기 석탄 광업이 체험 주제인데, 유리 승강기를 타고 지하 30m 깊이의 옛 지하 갱도로 내려가는 체험을 할 수 있다.

- 이렇듯 많은 과거사 속에서도 오스나브뤼크의 현재는 조금도 위축되지 않고 있다는 사실을 도시 곳곳에서 느낄 수 있다. 쇼핑, 음악, 카바레, 상가, 페스티벌, 이벤트 등이 그런 사실을 말해준다. 현대예술에 관한 전시회들은 도미니크수도회 미술관(Dominikanerlirche Kunsthalle)에서 열린다.

〈좌: 칼크리제 박물관 및 공원, 우: 도미니크수도회 미술관〉

▸ '테라.비타 유네스코 글로벌 지오파크(Global Geopark Terra.vita)'

- 2015년 11월 17일 유네스코가 공식 지정한 세계지질공원 중 하나. 2001년에 이미 이곳은 독일 최초의 자연공원으로서 유럽 지오파크로 인정받은 바 있다. 2004년부터 유네스코의 지오파크-네트워크에 소속되었고, 2008년에 국립지오파크로 지정되었다. 'Terra.vita'는 '자연공원과 지오파크의 이름'인데, '지구의 이력서'라고 번역할 수 있다. '테라.비타' 외에도 독일에는 5곳의 또 다른 지오파크가 있다. 현재 전 세계에는 120곳의 지오파크가 있다.
- '테라.비타 지역'은 멋진 풍광과 훌륭한 레저 시설을 갖춘 매력적인 투어지역

이다. 빌레펠트와 오스나브뤼크 같은 대도시도 이 지역에 들어있다. 이들 대도시 외 테클렌부르거 란트, 뮐렌 지구의 민덴-뤼베케, 오스나브뤼커 란트, 퀴터스로 지구 또는 빌레펠트와 오스나브뤼크 등에서도 누구나 자연과 지구의 생태계를 배우며 누릴 수 있다.

- '테라.비타 지역'은 100가지 이상의 천연기념물과 지질학적 현상, 40곳 이상이나 되는 유럽 특별보호지역을 품은 특수성을 가진 곳이다.
- 지형적인 특수성도 있다. 토이토부르거 발트와 비엔게비르게('비엔산맥'의 뜻), 늪지대와 습지대, 하천지대와 수원, 지질단층 (암석정보, 채석장, 모래와 점토 채취장), 빙퇴석지대, 고고학적 기념물 등 수많은 특성들을 경험할 수 있다.
- 이러한 지형적인 특수성을 살려서 이곳에서는 지질공원의 문화와 자연, 지질, 예술, 음악의 잠재력을 활용한 다양한 프로그램들을 운영하고 있을 뿐 아니라 돌과 나무, 돌과 음악 등의 주제에 따라 지질공원의 돌로 악기를 만들어 연주하거나 울 섬유로 돌 모형을 만드는 이벤트도 실시하고 있다.

3.9. 아헨(Aachen)

- 노르트라인-베스트팔렌 주에서 가장 서쪽에 위치한, 벨기에, 네덜란드와 국경을 마주한 도시. 국가가 인정한 온천도시.
- 독일 3대 공과대학 중 하나인 아헨공과대학교(RWTH Aachen University)가 있다.

1865년 프로이센 황제 빌헬름 1세에 의해 설립되었다.

- 작은 도시이지만 역사와 문화가 갖는 의미는 상상을 초월한다. 아헨은 독일 사람들에게는 정신적인 고향이 되는 도시 중 하나인 때문이다. 이 도시의 역사적인 의의는 프랑크 왕국의 카를 대제와 무관하지 않다. 카를 대제는 영어로는 찰스, 프랑스어로는 샤를마뉴 대제로 불린다. 768년에 프랑크 왕국의 왕이 되어 814년에 죽어서 아헨 대성당에 묻혔다. 그는 지금의 프랑스, 베네룩스 3국, 오스트리아, 스위스, 독일의 서쪽, 이탈리아 북쪽을 통일한 대제국을 이룩했다. 서로마제국이 망한 5세기 이후 처음으로 서유럽에 통일제국을 완성한 인물이자 통일 유럽의 꿈을 심어준 인물이다.
- 신성로마제국의 황제 오토 3세는 1000년에 카를 대제의 관을 열게 했다. 그때까지도 대제의 시신은 부패하지 않았다. 오토 3세는 카를 대제의 이를 하나 뽑아내고 관을 다시 닫았다. 카를 대제의 음덕을 보려는 생각이었다. 1165년에는 신성로마제국 황제 프리드리히 1세가 카를 대제의 시신을 발굴하여 그를 성인으로 만들고 새로운 관으로 옮겼다. 카를 대제의 성전으로 불리는 이 관은 호화로운 금세공으로 만든 집 모양의 관으로 1215년에 완성되었다. 당시 성인으로 만들 권한은 교황의 고유 권한이었다. 바르바로사 황제는 교황의 간섭을 배제하고 권력의 힘으로 교황청의 공인 없이 카를 대제를 성인 반열로 끌어올린 셈이다. 관의 표면에는 예수, 교황, 제자, 카를 대제, 성모 마리아 등이 새겨져 있다. 예수를 중심으로 그린 구도가 아니라 카를 대제를 주인공으로 삼았다.

▸ 명칭

- '아헨'의 어원은 라틴어 'Aquis'이다. 물, 목욕의 뜻이 있다. 중세의 라틴어 텍스트에서는 이곳이 간단히 Aquae로 표기되기도 하다가 점차 'Aquae Granni'로 지칭되었다. 후자는 고대 로마시대의 용어가 아니고 8세기에 프랑크 왕국의 라틴어 관청어로 만들어진 용어이다. 예를 들어 아헨의 프랑스어 이름('Aix-la-Chapelle')에 여타 프랑스어 도시명칭처럼 라틴어 'aqua'에 뿌리를 둔 구성성분인 'Aix'가 들어있다. 로만스어계와 게르만어계의 언어경계 지역의 온천지대 이름, 예컨대 아헨의 서쪽에 있는 마을 제펜트(Seffent, septem fontes, '7개의 샘'의 뜻)와 아헨의 이웃도시 에쉬바일러(Eschweiler) 지역의 두펜터(Duffenter, duo fontes, '2개의 샘'의 뜻)에서도 발견된다.

- 로마가 이곳을 지배할 당시 온천이 발견되었다. 지금도 수온이 섭씨 70도를 넘는다. 로마 사람들은 목욕을 즐겼다. 1981년 서울 올림픽이 결정된 독일 남부의 바덴-바덴도 독일을 대표하는 온천도시이다. 카를 대제는 평생을 영토 확장에 몸을 바친 까닭에 군장을 벗을 여유조차 없었다고 한다. 당연히 피부가 좋지 않아서 목욕을 즐겼다고 한다. 그러니 원정길에서 카를 대제가 머물었던 곳은 대부분 온천 지대였다. 아헨이 그렇고 체코의 카를로비바리도 그렇다. 그는 겨울에는 주로 아헨에 머물기 시작했기에 자연스레 궁정 건물이 들어서면서 수도 구실을 하게 되었다.

역사

- 서기 1세기 무렵까지 켈트족의 주거지였다. 그 후 인근의 다른 도시들처럼 로마 제국이 점령하였다. 이 지역에 온천이 발견되면서 로마인은 이곳을 군용 온천 마을로 조성하였다. 아헨 중앙역 인근의 부어트샤이트 지구는 당시의 로마식 온천이 있던 곳이다. 로마 제국의 세력이 약해지면서 이곳으로 프랑크족이 몰려들기 시작했다. 로마 제국 멸망 후 프랑크 왕국의 세력권에 편입되었다.
- 768년. 카를 대제가 아헨을 자신의 거주지로 삼았고, 814년에 사망할 때까지 아헨 대성당을 건축했다. 카를 대제는 800년 로마에서 교황 레오 3세로부터 '서로마 제국 황제'라는 칭호를 받았다. 5세기에 서로마가 멸망한 이후 황제라는 칭호가 처음으로 사용되었다(카를 대제는 그런 호칭을 사용하지 않음). 힘이 빠진 교황은 카를 대제에게 황제의 권위를 부여하고 그의 보호를 받을 의향이었다.
- 936년. 오토 1세가 아헨 대성당에서 대관식을 올린 이후 600여 년 동안 신성로마제국의 황제들이 아헨 대성당에서 대관식을 올렸다. 아헨이 제국의 수도 역할을 한 것이다. 30명의 독일왕과 12명의 여왕이 대관식을 올렸다. 독일왕은 신성로마제국의 황제를 겸했다. 여러 제후들이 선거를 통해 황제 겸 독일 왕을 뽑았다.
- 1165년. 신성로마제국의 황제 프리드리히 1세(재위 1152~1190)는 아헨에 시장 개설권과 조폐권을 부여했다. 그도 아헨 대성당에서 대관식을 치렀다.

- 1257년. 이때부터 약 100년간 도시의 외벽을 축조했다. 이 벽은 19세기까지 도시의 영역을 결정했다.
- 1531년. 페르디난트 1세(재위 1556~1564)의 대관식이 아헨 대성당에서 마지막으로 열렸고, 이후 제국의 중심지로서의 기능을 상실했다.
- 1656년. 아헨 대화재로 도시의 대부분이 소실되었다.
- 1794년. 이때부터 20년간 프랑스 혁명군의 통치 하에서 루르 지방의 중심지 기능은 하였지만 수많은 문화재가 프랑스로 반출되었다.
- 1815년. 빈 협약에 따라 아헨은 프로이센에 귀속되었다.
- 제1차 세계대전 후 1929년까지 벨기에가 점령. 당시 벨기에가 점령한 지역의 일부인 오이펜(Eupen, '외펜'이라고도 함) 등 현재 벨기에의 독일어 사용 지역은 여전히 벨기에의 땅으로 남았다.
- 1941년. 7월 연합군의 공습으로 도시 전체 건물의 65% 정도가 파괴되었다.
- 1946년. 다시 벨기에군이 점령했다.
- 1978년. 아헨 대성당이 유네스코 세계 문화유산에 지정되었다.

명소

▶ 아헨 대성당(Aachener Dom)

〈좌: 아헨 대성당, 우: 둥근 천장의 기하학적 무늬〉

- 그리스에서 가져온 기둥과 이탈리아산 대리석, 청동제 창문, 돔에 있는 가장 큰 모자이크(현재는 파괴되고 없음) 등으로 장식하였다. 이 유산은 고대 이래 알프스 북부 지역에서 둥근 지붕이 있는 최초의 건축물이다.
- 고전 양식과 비잔틴 양식의 전통을 온전히 따랐다. 카롤링 왕가의 르네상스

시기 뿐 아니라 중세 초기에도 종교적 건축물의 원형으로 유지되었다.

- 아헨 대성당은 설교단이 있는 중앙집중식 평면 구도를 기반으로 한 궁정 예배당의 특별한 사례이다.
- 카를 대제가 786년 아헨에 궁정 예배당을 건설할 때 그의 꿈은 '새로운 로마'를 창조하는 것이었다. 건설 당시 아헨 대성당의 핵심은 알프스 북부에서 가장 큰 돔이었다. 역사적으로 중요한 이 건축물의 정수는 고전 양식, 비잔틴 양식, 독일 프랑크 양식을 융합한 매혹적인 건축물이란 점이다. 936년부터 1531년까지 600여 년 동안 30여 명에 이르는 독일 왕이 아헨 대성당에서 대관식을 거행하였다. 대성당은 오늘날에도 과거의 역사적인 매력을 상당히 유지하고 있다. 대성당의 현재 형태는 천 년 이상 세월이 흐르면서 바뀌었다. 처음에 지은 건물 중 14세기에 지은 시청 건물에 위치한 대관식장(Aula Regia)과 궁정 예배당 두 곳이 지금까지 원래 모습을 유지하고 있다. 궁정 예배당을 건설한 뒤 그 주위에 대성당을 건설하였다.

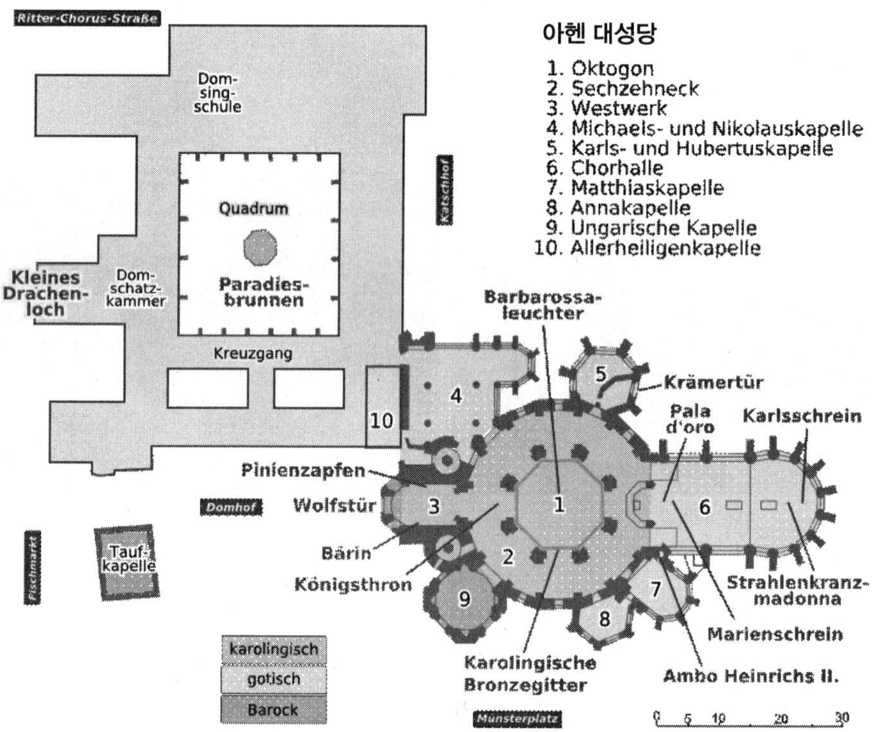

- 궁정 예배당은 790년~800년 무렵에 건축되었는데, 팔각형 평면 설계(위 그림에서 1. Oktagon)에 기초하였다. 원형으로 둘러싼 복도(2. Sechzehneck), 솟아오른 설교단, 돔형 지붕이 있다. 천장과 지붕은 벽돌로 되어 있다. 천장과 지붕이 벽에 너무 무거운 힘을 주어 무너지는 것을 막기 위하여 벽 안에 쇠로 만든 일종의 닻을 여러 개 달아 무게를 분산시키는 방식을 도입했다. 예배당은 구조가 독특하여 나중에 건축한 부분과 쉽게 구분할 수 있다. 서쪽에 있는 안마당은 주랑(portico) 현관을 따라 궁궐의 방으로 통한다. 고딕 양식의 제단 홀(6. Chorhalle)과 몇몇 예배당(4, 5, 7, 8, 9, 10)은 중세 시대에 건축하였는데, 아헨 대성당을 특징짓는 혼합형 배치를 이루고 있다.
- 예배당 내부는 큰 십자형 기둥 8개에 둥근 아치를 올린 1층, 여성을 위한 방들이 있는 2층으로 구분된다. 서민들은 예배당 아래 부분으로 들어왔고, 황제는 독일 왕들이 즉위하는 석재 왕좌 위 높은 곳에서 제단을 향해 앉아 있었다. 높은 돔에는 원통형 구조물 위에 있는 열린 아치형 8개의 창문으로 빛이 들어온다. 이 돔은 처음에는 보라색 가운을 입고 요한계시록의 장로들에게 둘러싸여 보좌에 오른 예수 모습을 묘사한 모자이크로 덮여있었다. 현재의 모자이크는 1870년부터 1873년까지 만들었다. 예배당 내부는 카를 대제가 로마와 라벤나에서 가져오게 했을 것으로 추정되는 색색의 대리석으로 장식하였다. 그 뒤에 증축하였음에도 궁정 예배당은 아헨 대성당의 구조적 중심을 이룬다.
- 아헨 대성당의 부속 보물실은 북유럽에서 가장 중요한 교회 보물실로 꼽힌다. 성당 지하실에는 보석을 아로새긴 금제 로타의 십자가(990년), 진주를 수놓은 짙은 청색의 벨벳 제의, 은과 금으로 만든 카를 대제의 성골함 흉상, 샤를마뉴 대제의 유해가 있다. 그리스 신화 중 페르세포네 납치 내용을 양각한 대리석 관도 있다.

▸ 시청사

- 14세기에 아헨 시장 게르하르트 코루스(Gerhard Chorus, 1285～1367)의 지휘로 카롤링 왕가 황제 거성의 궁전 대강당의 기본 성벽 위에 아헨 시민에 의해 고딕 양식으로 건축되었다. 두 개의 종탑 중 그라누스 탑만 카를 대제 시절에 건축된 것이고, 오른쪽의 마르크트 탑은 이후에 지은 것이다. 현재의 건물은 17～18세기에 바로크 양식으로 개축된 것이다.

〈좌: 시청사, 우: 2층의 대연회장에 있는 황제권력의 표장들〉

- 시청사 외벽은 무수한 조각상들로 장식되어 있다. 50명의 독일 왕들을 조각한 것이다.
- 시청사 2층에는 대관식 대연회장이 있다. 아헨 출신 화가 알프레트 레텔(Alfred Rethel, 1816~1859)의 프레스코화 5점이 이 벽들을 장식하고 있다. 이 프레스코화들은 카를 대제의 생애 중 전설적인 장면들을 묘사한 것이다. 또한 황제권력의 표장(表章, 예, 황제의 권력의 표장으로서 십자가를 단 지구의상, 제국 왕관, 검 등)과 카를 대제 대관식 복음서도 볼 수 있다.
- 지상 층에는 17~18세기에 자유 제국도시가 누린 경제적 전성기를 엿볼 수 있다. 이 시기에 시청사가 바로크 양식의 시립궁전으로 개축되었다.
- 시청사에 기대어 증축된 건물은 현재 레스토랑(상호명: 춤 포스트바겐(Zum Postwagen '역마차'의 뜻)으로 사용 중이다.
- 시청사는 샤를마뉴(카를) 가도(Route Charlemagne)에 편입되면서 2008년과 2009년에 시청사의 거의 모든 공간들이 일반인들에게 개방되었다.

3.10. 산업문화 로드(Route der Industriekultur/Route of Industrial Heritage)

- 이 로드는 길이가 400km나 되는, 출발지와 종착지가 같은 원형 코스이다.
- 갈색 여행자 표시판은 에센에서 뒤스부르크, 오버하우젠, 겔젠키르헨, 도르트문트를 거쳐 다시 에센에 이르는, 20개 이상의 산업문화 '접점'을 거치는 루트이다. 여행자들이 찾는 중심지이자 유네스코 세계문화유산은 에센의 '촐페어아인 탄광 산업단지(Zeche Zollverein)'이다.

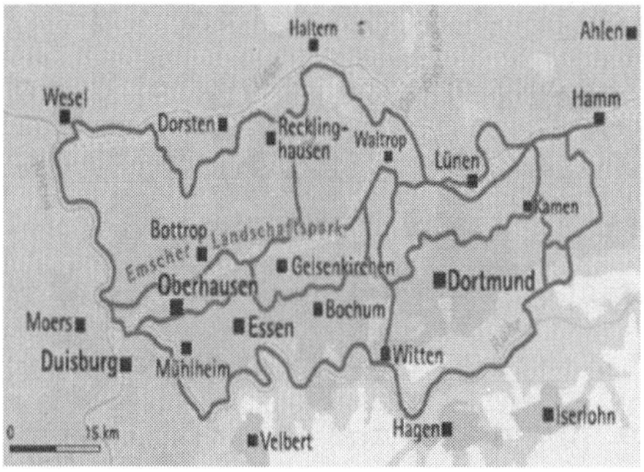

〈좌: 산업문화로드, 우: 산업문화로드의 볼거리〉

- 하이라이트:

  보훔: 철도박물관, 독일 광산박물관

  도르트문트: 촐레른 광산(Zeche Zollern II/IV), 한자 코크스제조소(Kokerei Hansa)

  뒤스부르크: 내륙 항구, 독일 내륙 항해박물관

  에센: 세계문화유산 광산관세협회, 루르지역박물관

  겔젠키르헨: 노르트슈테른 공원

  하겐: 베스트팔렌 호엔호프 야외박물관

  하팅엔: 헨리히 야금공장

  오버하우젠: 가스탱크, 라이니셰스 산업박물관

  발트로프: 옛 운하갑문, 헨리헨부르크

  비텐: 나이팅게일 광산, 무텐탈(Muttental, '무텐계곡'의 뜻, 광산산책로드 지역)

〈좌: 발도르프, 헨리헨부르크, 중: 보훔-달하우젠, 철도박물관, 우: 할데 호에바르트, 드래곤 브리지〉

[1] 촐페어아인 탄광산업단지

- 이 산업단지는 150년에 걸쳐 발달과 쇠락을 되풀이한 탄광 산업의 흔적을 보여주는 훌륭한 유산이다. 촐페어아인 제12탄광 공업 지대의 기술과 기타

구조물은 유럽의 전통적인 중공업 발달의 중요시기를 대변한다. 산업 발달에 맞먹는 건축 설계 기술의 적극적인 활용 양상도 알 수 있다. 이 채굴 갱도는 그 건물들이 산업 전반에 현대건축운동의 설계 개념을 적용한 우수 사례라는 점에서 뛰어난 산업 기념물로 간주된다. 13.2㎢ 달하는 촐페어아인의 광구권 불하 신청은 1847년 12월에 승인되었다. 당시 지역 최북단 광산이었던 촐페어아인은 땅속 깊이 평균 두께 1.17m 탄층이 형성된 겔젠키르헨 배사(背斜)층에 속했다. 채굴은 19세기 중반 지하 120m에서 시작되어 1,200m 깊이(14층)까지 이르렀다. 채굴 막바지에 지하 통로의 전체 길이는 120㎞에 달했다. 통로는 1932년에 만든 갱도 12개와 이어졌다. 촐페어아인 제12탄광 지대가 생긴 이후 그 이전에 생긴 갱도는 사람과 보급품을 옮기는 용도로만 사용되었고, 채굴 석탄은 전부 신설 갱도를 통해 광산이 문을 닫은 1986년까지 운반되었다. 1847년에 쾰른-민덴 노선에 오베르하우젠과 함 구간이 증설되었다. 촐페어아인의 초기 갱도들은 석탄과 코크스의 용이한 수송을 감안하여 이곳에서 500m 떨어진 곳에 설치되었다. 여객용 기차역의 운용은 그로부터 40년 뒤에야 시작되었다. 아울러 촐페어아인의 북서쪽 모퉁이를 가로지르는 엠셔 계곡 노선과의 연결선이 1847년에 개통되었다. 그 뒤 80년에 걸쳐 내부 연결노선이 연이어 개통되었다. 노선들은 1926년에 연합철강(Vereinigte Stahlwerke)이 촐페어아인을 인수한 이후, 근처의 보니파시우스 탄광과도 이어졌다.

- 채광 기술은 곡괭이를 사용한 방식에서 절탄기 사용으로 발전하였다. 촐페어아인에서 채굴되는 석탄은 코크스 제조에 특히 적합해서, 1857년에는 최초의 굴뚝형 코크스 제조용 가마가 이곳에 지어졌다. 코크스 제조 공장은 이후 수십 년에 걸쳐 그 범위를 크게 넓혔다. 그러나 철강 회사인 '페라이니히테 슈탈베르케'가 1926년에 촐페어아인 탄광을 인수한 뒤, 그곳에서 채굴된 석탄을 모두 가공 처리할 새로운 코크스 공장을 만들었다. 촐페어아인 탄광에서 코크스 생산이 재개된 것은 당시 지역 탄광들의 지주 회사였던 '겔젠키르헨 베르크베르크스 주식회사(Gelsenkirchen Bergwerks AG)'가 노르트슈테른 공장을 보완할 새로운 코크스 공장을 세우기로 결정한 1950년대 후반이었다. 각각 24개의 가마를 보유한 8개 구역으로 이루어진 이 새로운 공장은 1961년에 코크스를 생산하기 시작했다. 1일 생산량은 8,600t이나 되었다.

- 타르, 황산, 벤젠, 암모늄 복합물, 가스 등의 부산물을 처리하는 시설도 있었다. 공장은 코크스 수요가 감소함에 따라 1993년에 문을 닫았다. 석탄 채굴로 인해 발생한 엄청난 양의 폐기물은 탄갱 구덩이 속에 퇴적되어 있는데, 1895년 제1, 2 갱도 동쪽지역에 있던 초창기에 생긴 폐기물 더미 위에 나무를 심어 광산 임원을 위한 휴양 공간으로 활용하였다. 갱도 서쪽의 두 번째 폐기물 더미는 1932년부터 촐페어아인 제1, 2 채굴 갱도의 보일러 재와 석탄 슬러리를 건조하기 위한 용도로 활용되었다. 1880년부터 생긴 폐기물 더미는 광부들이 기거할 주택의 대지를 확보하기 위해 1958년에 일부 제거되기도 하였다. 다른 폐기물 더미는 가파르게 파인 탄층이나 버려진 이착륙장에서 석탄이 채굴된 뒤 생긴 공동(空洞)을 채우는 데 사용되었다.
- 집약적 채굴 방식 때문에 몇 곳은 토양이 침하되었는데, 심한 경우는 깊이가 25m에 이르렀다. 이 때문에 주택과 기타 시설의 복구가 불가능할 만큼 파손되어 시설 자체를 제거하기도 했다. 엠셔 지역의 경우, 광업으로 인한 부정적인 영향을 입었는데, 물 문제로 인해 토양 침하 현상이 더욱 악화된 것이다. 엠셔 지역은 물이 중력의 방향으로 흘러내리면서 거대한 규모의 늪지가 형성된 것이다.
- 지역의 행정 당국과 기업들이 창설한 엠셔 협회는 이러한 문제를 해결하기 위해 양수장 이용이나 간척지 조성 프로젝트들을 실시하였다. 19세기 말에 이러한 프로젝트에 동원된 노동자는 꾸준히 늘어나서 5,000여 명에 이르렀고, 20세기에는 8,000여 명 정도로 증가하였다. 1847년에는 별도의 택지 개발자가 없어서 노동자들이 기거할 주택을 직접 짓기 시작하였다. 이러한 건설 프로젝트는 탄광 운용 프로그램과 통합되었다. 1860년에는 넓은 대지를 구입하여 공동 주택 146개를 마련하였다. 당시 탄광에서 일하는 광부의 수는 710명에 달했다. 이 '헤게만스호프 탄광촌'은 꾸준히 확장되었고(세기전환 무렵 약 90ha가 됨), 이후 '오테캄프스호프'와 '바이첸'이라는 탄광촌 2개가 더 생겨났다. 제1차 세계대전에 이르러 탄광에 속한 지대는 720ha까지 늘어났지만, 이는 당시 5,000여 명에 달하는 인력을 수용하기에는 충분하지 못했다. 제1, 2차 세계대전 사이에 광부들이 기거할 주택이 새로이 개발되었는데, 여기에는 특히 광부주택 신탁청이 건설한 주택단지가 포함된다. 1920년대 후반에 연봉제 직원과 임원에게는 공동 주택을 공급할 수 있었지만,

8,000명에 이르는 노동자를 위한 주택은 3,000채에 불과했다. 제2차 세계대전 뒤인 1950년대부터는 칼데키르헤, 베스터브루흐, 카피트라커 등 공동 주택 구획을 포함한 새로운 주택단지를 연합철강이 설립한 주택협회에서 만들었다. 또 광부들이 스스로 글뤼카우프 주택 단지를 조성하였다. 주택은 개인이 소유하였으며, 수습생을 위한 '페스탈로치 마을'을 2개 만들기도 했다. 1958년에는 8,000명의 인력이 7,061개의 주거지를 이용 가능하게 되었다.

- 이곳은 탄광 운용 초기부터 직원들에게 저가로 음식이나 공업제품을 판매하는 시설을 갖추었다. 시설은 '조합' 기반으로 운용되어, 그 이윤은 연간 배당금 형태로 소비자에게 돌아갔다. 6개 판매점으로 구성된 체계는 연합철강이 인수한 이후 단일 회사에서 운영하였다. 회사는 제2차 세계대전 이후 상업적 업체들과 경쟁하느라 판매점을 서서히 감축하였고, 그나마 남은 판매점도 1970년대에 매각하였다.
- 촐페어아인 탄광은 1920년대 중반부터 피고용자에게 복지 서비스를 제공하였다. 최초의 복지센터는 1928년(1938년 개축), 두 번째는 1934년에 지었다. 1953년에는 프리츠 슈프(Fritz Schupp, 1896~1974)가 설계한 대규모 현대적 복지센터를 지었다. 그러나 촐페어아인 탄광의 복지시설은 루르 지역의 전반적인 흐름에 따라 1960년대 전반에 폐쇄되었다.
- 본래 만들었던 탄광에는 '말라코브 탑'의 기반만 남았다. 이 탑들은 현재의 헤드기어 옆에 세워져 있었다. 이들은 모두 프리츠 슈프가 바우하우스 양식으로 설계한 것이다. 1922년에 만든 주 저장고는 강화 콘크리트 프레임으로 되어 있다. 갱구의 욕실은 벽돌 홀의 형태로서 광부 3,000명을 수용할 수 있었다. 이 복합 건축물은 1906년에 웅장한 행정 건물, 1898년에 탄광 관리자의 저택, 1878년에 탄광 임원들의 주택 등이 증축되면서 완성되었다.
- 촐페어아인의 각 탄광에 있던 코크스 공장들은 모두 철거되었지만, 1993년 폐쇄된 이후에도 중앙 공장만은 보존되었다. 코크스 제조용 가마들은 옛 쾰른-민덴 노선과 평행을 이루며 1㎞ 가까이 뻗어 있다. 광산용 웨곤푸셔, 소화장, 석탄 찌꺼기 제거장, 적재장 등의 공장 설비는 가스 · 부산물 처리 설비, 부속 건물 등과 함께 모두 온전히 남아 있다. 철로 쾰른-민덴 노선, 베르기셰 매르키셰 노선(Bergische-Märkische Linie) 등 본래의 주 철로들은 도이체 반(Bahn AG, '독일철도청') 노선의 일부로 지금도 가동되고 있다. 쾰른-민덴 노선

에서 탄광을 거쳐 라인 헤르네 운하까지 이어지는 철로도 보존되어 있다. 탄광 폐기물 더미는 대부분 아직도 남아 있는데, 그중 일부는 나무를 심어 광산의 임원용 휴양공간으로 사용 중이다. 광부들의 숙소였던 옛 헤게만스호프 탄광촌과 오테캄프스호프 탄광촌 지역에 있던 주택은 아직도 상당수 남아 있다. 이 주택들은 대체로 십자형으로 된 4개의 주거용 건물로, 커다란 정원이 딸린 벽돌 건물이다. 판매 시설 2개가 남아 있는데, 그중 하나는 전쟁 때 파손되었으므로 대규모로 재건축되었다.

3.11. 하마란트 로드(Hamalandroute)

- 하마란트 로드는 북서부 뮌스터란트와 동부 네덜란드를 가로지르는 약 250km에 이르는, 국경을 넘나드는 문화사적 체험루트이다. 서기 3세기 게르만 민족의 흔적을 찾아서 하마란트 지역을 가로지르는 역사적인 루트이다. 자동차, 자전거, 도보여행 등을 위한 다양한 루트가 있는데, 구간에 따라서는 인라인 스케이트를 타고 여행할 수도 있다.
- 하마란트 로드는 과거로부터 현재로 넘어가는 징검다리이기도 하다. 옛 작센 행정단위인 현(Gau) 중 가장 아름다운 지역들, 독일-네덜란드 국경을 넘나드는 뮌스터란트와 네덜란드 지역인 아흐터휔크(Achterjoeck)와 트웬테(Twente)의 가장 아름다운 곳들을 지나간다.

‣ 세상 사람들이 잘 모르는 루트: 그러나 이제는 달라졌다. 물과 하늘이 하마란트의 풍경을 수놓는다. 이곳에는 뮌스터란트에 전형적인 공원 같은 풍광도 널려있다. 여행객이라면 누구든 사진을 찍고 싶은 목골가옥들로 가득한 아담한 마을들, 중세의 영지들, 비밀스런 수도원들, 옛 귀족저택들, 뮌스터란트만의 특징인 수많은 해자 성과 널브러진 낭만적인 고성들, 이 모든 것들이 이 로드를 따라 가다보면 수없이 만나는 유적들이다.

- 누구나 월경자가 된다: 이 풍경 속으로 끼어든 수많은 역사적인 풍차와 수차(물레방아)들이 "저지대"를 가로지르는 월경자들을 맞이한다. 문뜩 크루이(Croy) 공작의 야생마들을 둘러보는 여행도 가치가 있다. 될멘 시의 서쪽에 있는 메르펠트 습지에서 크루이 공작 가문이 자신의 야생마들을 사육하고 있다. 방목되고 있는 250마리 말들이 이곳 들판에서 유유자적하게 풀을 뜯어먹는다.
- 시계 바늘 방향으로의 시간여행: 하마란트 로드는 과거와 현재를 잇는 가교 역할을 한다. 이곳 로드를 여행하는 사람이라면 누구나 이곳 지역과 사람을 알게 되면서 풍경과 문화의 차이점과 공통점, 이웃의 자연과 건축을 새롭게 발견하게 될 것이다.

[1] 아하우스(Ahaus): 해자 성

- 중소기업에서부터 바로크 궁전으로. 900년의 역사를 가진 이 도시의 핵심을 이루는 것은 해자성이다. 17세기 말에 현재의 모습으로 건축되었는데, 뮌스터 후작주교의 여름별궁이었다. 하마란트 로드는 로터리에서 오른쪽으로 꺾어지지만 조금만 가면 궁전주차장 팻말이 나온다.
- 이 궁전은 제2차 세계대전 후 완전히 복구되면서 오래된 수목 공원에 둘러싸이게 되었다. 정원으로 향한 대청에서는 그뢰닝어-스튜디오의 조각들을 구경할 수 있다. 게다가 이 궁전에는 두 가지 흥미로운 박물관이 있다. 하나는 학교박물관이다. 이곳에서는 할아버지 시절의 수업 일상을 엿볼 수 있다. 다른 하나는 성문주택 박물관이다. 여기서는 아하우스의 도시역사를 고고학적으로 조망할 수 있다. 이 박물관들은 둘 다 무료 입장이 가능하다. 현재 이 궁전에는 아하우스 기술직업학교(Technische Akademie Ahaus, TAA)가 입주해 있는데, 이 도시의 문화 중심지로서 특별한 콘서트 무대가 자주 열리기도 한다. 이곳은 이 도시를 둘러보는 출발점이기도 하다.

보르켄(Borken): 수도원, 해자 성, 종교 건축물들, 자연보호구역
뒬멘(Dülmen): 야생말
게셔(Gescher): 종 박물관
레그덴(Legden): 달리아 마을, 역사적인 구시가지

[2] 래스펠트(Raesfeld): 해자 성, 성 마르틴 교회

〈좌/중: 래스펠트 성, 우: 페마이헤〉

- 베스트팔렌에서 가장 높은 고성첨탑. 그림 같은 이 해자성은 변두리에 있기는 하지만, 이름이 같은 마을의 중심지를 이룬다. 원래 14세기에 건축된 이 성은 17세기에 베스트팔렌에서 가장 화려한 해자성으로 탈바꿈했다. 당시에는 황제군 원수인 알렉산더 2세(Alexander II von Velen, "베스트팔렌의 발렌슈타인"으로 불림)의 관저로 사용되었다. 현재 이 성은 수공업기술학교(Akademie des Handwerks)로 사용 중이다. 주목을 끄는 것은 양파 모양의 다단형 지붕을 가진 첨탑이다. 이 첨탑이 높이가 52.5m나 되는, 베스트팔렌에서 가장 높은 고성첨탑이다.
- 아주 특이한 종의 나무가 래스펠트의 에를레(Erle) 구역에 있다. "페마이헤(Femeiche, '에를레의 떡갈나무'의 뜻)"라고 한다. 이 나무는 카를 대제가 어렸을 적에 식수한 것이라고 한다. 그러니 이 떡갈나무가 오늘날에도 나무 버팀목의 지지를 받고 있는 것은 당연하다. 15세기에 이 나무에 이런 별명이 붙었는데, 당시 이곳에 살인자가 매장되었기 때문이란다. 그리고 몇 년에 지나서 이 떡갈나무는 폭풍과 번개를 만나 꺾여서 썩은 속내가 잘려 나오게 되었다. 떡갈나무 속 중간에서 프로이센의 왕 프리드리히 빌헬름 4세(1795~1861, 재위 1840~1861)가 19세기에 두 명의 장군과 함께 아침식사를 했다는 이야기도 있다.

람스도르프(Ramsdorf): 성, 박물관
슈타트론(Stadtlohn): 종교 건축물들, 박물관들
펠렌(Velen): 자연공원, 해자 성 “펠렌 성(Schloss Velen)”
프레덴(Vreden): 하마란트-박물관, 공원이자 정원인 뮌스터란트

10
니더작센
(Niedersachsen)

독일에서 두 번째로 큰 연방주. 북쪽의 동 프리슬란트 섬들로부터 남쪽의 베저 강 상류와 베저-라이네 산악지역에 이르기까지, 서쪽의 엠스란트에서부터 동쪽의 엘베 강 상류, 벤트란트, 하르츠산맥, 아이히스펠트에 이르기까지 뻗어있다. 비록 농업지대가 넓게 분포되어 있기는 하지만 문화적인 볼거리도 풍부하다. 역사를 품은 대표적 도시들로는 올덴부르크, 힐데스하임, 고슬라르, 브라운슈바이크, 하노버 등이 있다.

1. 자연을 품은 니더작센

오늘날에도 폭풍우가 치는 밤에 자신의 기병대와 함께 샤움부르크 산악지대를 가로질러 유령처럼 나타난다는 용맹한 비두킨트 공작을 떠올릴 수 있는 곳이 바로 니더작센이다. 물론 이 주는 영국인들이 제2차 세계대전 후 동 프리슬란트, 하노버, 브라운슈바이크, 샤움부르크, 올덴부르크, 하이데, 하르츠 등의 사람들을 끌어 모아 하나의 연방 주로 뒤섞어서 인위적으로 만들어낸 곳이기는 하다. 뭉뚱그려 말하면, 북쪽에는 바다, 해안, 평평한 초원지대, 항구, 어촌 등이 있고, 남쪽에는 산, 숲, 목골가옥 도시, 고슬라르(옛 카이저팔츠가 있음)가 있고, 중간에는 하이데(습지), 오스나브뤼크, 브라운슈바이크, 볼펜뷔텔, 뤼네부르크, 첼레 같은 역사를 품은 지방 도시들이 있는 연방주이다. 니더작센은 하멜른의 쥐잡이, 뮌히하우젠 남작, 아이젠바르트 박사, 틸 오일렌슈피겔 같은 동화, 전설, 역사가 살아 숨쉬는 주이기도 하다. 이 연방주의 주도는 하노버. 하노버는 옛날에는 왕들의 도시로, 현재는 박람회의 도시로 유명하다.

- 독일에서 자치주 바이에른에 이어 두 번째로 큰 연방 주. 그래서인지 여러 연방주들과 인접해 있다. 북쪽은 함부르크, 슐레스비히-홀슈타인 주와, 동쪽은 메클렌부르크-포어포메른, 브란덴부르크, 작센-안할트 주와, 남동쪽에는 튀링겐, 헤센 주와, 남쪽은 노르트라인-베스트팔렌 주와 접경을 이루고 있다. 네덜란드와의 국경은 이 주의 서쪽에 있고, 북쪽은 동 프리슬란트 섬들이 있는 북해 연안이다.
- 주의 모든 하천들은 직간접적으로 북해로 흐른다. 일반적으로 엠스, 베저, 엘베 강의 세 집수지역(배수구역이라고도 함)으로 구분한다. 페히테(Vechte), 하를레(Harle), 야데(Jade), 마데(Maade) 등의 강들만 세 집수구역들 중 어디에도 속하지 않는다.
- 주의 풍경은 아주 다면적이다. 긴 해변이 있는가 하면 섬도 여러 개가 있고, 산악지대와 습지대도 있다.

면적 : 204,14 km²
인구 : 7.945.685명(2016년)
밀도 : 2496명/km²
차량번호 : H

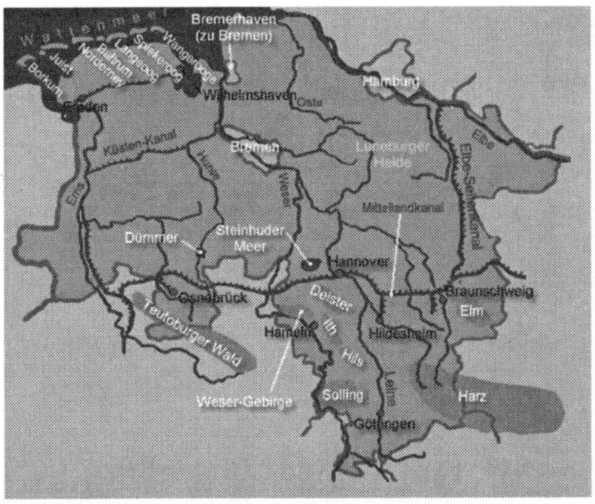

〈좌: 니더작센 주의 강들, 우: 독일과 네덜란드 간 국경분쟁지역〉

▸ 독일과 네덜란드의 국경문제

- 네덜란드의 오버레이설(Overijssel), 드렌터(Drenthe), 흐로닝언(Groningen) 등의 주들과 인접해있다.
- 엠스 강 하구 지역에 독일과 네덜란드의 정확한 경계선이 국제법상 명확하게 확정되어 있지 않다.
- 양국이 1960년 4월 8일부터 엠스하구에 협업 조례에 관한 독일과 네덜란드 왕국 간의 조약에서 합의를 보기는 했지만, 세부적인 문제에서는 여전히 의견일치를 보지 못하고 있다. 계획된 해상풍력발전파크(Offshore-Windpark)의 허가 문제가 그런 대표적인 사례이다.

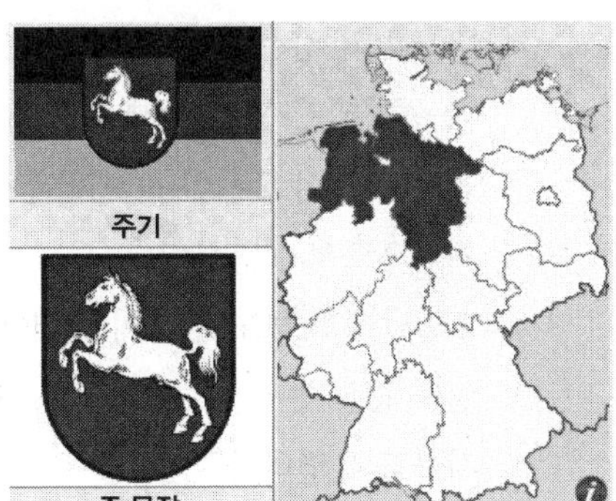

▸ 주기

- 바탕이 독일 국기처럼 3선(검정, 빨강, 황금)으로 되어 있다.
- 주의 문장 속의 흰색 작센 기마는 600년 전부터 이 지역 민중의 상징.

▸ 니더작센티켓(Niedersachsen Ticket)

독일철도청(DB)은 각 주마다 다양한 요금 프로그램을 운영 중이다. 'DB-니더작센티켓'(1인 23유로)도 그 중 하나다.

- 2016년 01월 기준 이용 조건들

니더작센 주, 브레멘 등에서 1일 동안 이용 가능하다.

평일(월~금) 아침 9시부터 다음날 새벽 3시까지. 토, 일, 공휴일은 00시부터 사용가능하다.

독일철도청(DB)에서 운영하는 지역열차, 각 지역별 일부열차, 함부르크의 A+B 존 HVV소속 차량 이용이 가능하다.

최대 5명까지 이용할 수 있고, 1인 추가시마다 4.00유로가 추가된다(26유로/2인, 30유로/3인 등).

성인 1명에 대해 15세 미만 어린이는 무료, 나머지 성인에 대한 어린이는 추가요금 4.00유로를 내야 한다.

▸ 주도 하노버(Hannover)

- 니더작센 주에서 가장 큰 도시.
- 역사적으로 영국의 하노버 왕가가 선제후(나중에 국왕)로 있었던 하노버 선제후령(나중에 하노버 왕국)의 수도이기도 하였다.
- 하노버라는 이름은 높은 강둑을 뜻하는 'Honovere'에서 유래한 것.
- 하노버는 작은 어촌에서 시작하여 13세기 무렵 규모가 큰 도시로 성장했다.
- 하노버의 성장은 라인 강을 이용한 무역의 발달과 밀접한 관련이 있다. 한자 동맹의 활동과 함께 하노버는 독일 북서부의 하르츠 산맥에서부터 한자 동맹의 중심 도시였던 브레멘에 이르기까지 독일 전역의 무역로를 연계하는 거점으로서 성장하였다.
- 오늘날에도 하노버는 이 지역에서 중요한 무역과 산업의 중심지이자 서비스업의 중심지이기도 하다. 하노버는 정보통신박람회(CeBIT)를 통해 박람회 도시로도 유명하다.

〈상식〉 세빗 하노버 정보통신(IT) 박람회

- 미국의 컴덱스(COMDEX)와 함께 세계 최대의 정보기술 박람회

▶ 차이

- 컴덱스: 최첨단 기술이나 신제품을 선보이는 시험대, 컴퓨터와 소프트웨어 부문에 주력, 그래서 기술발전의 추이를 알고 싶은 경우
- 세빗: 이미 양산중인 제품과 기술을 사고파는 시장 성격의 박람회, 네트워크와 디지털 및 온라인 이동통신 등 통신 분야(B2B 기업 간 거래)에 주력, 시장변화를 읽고 싶은 경우

▶ 기원

- 하노버 박람회를 주최하던 도이체 메세 주식회사(Deutche Messe AG)가 1970년 전시관 북쪽에 'CeBIT'('Center for Office and Information Technology'의 독일어 약자)이라는 사무기기 전시관을 개장한 것

▶ 출발

- 1986년 하노버 세빗 박람회라는 별도의 박람회 개최

▶ 사례: CeBIT 2014 - 8개 주제 영역

개최기간: 2014.03.10.-03.15

개최규모: 총 70개국 4.000개사, 참관객 285.000명

전시품목: PC/멀티미디어/온라인서비스/통신장비/보안시스템/디지털장비 등 IT 산업 전반

- 세빗 2014는 관람객과 전시 기업 모두의 입장에서 이해하기 쉽고 성과가 높은 행사를 만들기 위해 기존 4개 영역의 주제로 운영되던 구조를 변경해 8개의 클러스터로 나눠 운영: 전사전자원관리(ERP)/데이터 분석, 기업콘텐츠관리, 웹/모바일 솔루션 (예, IBM), IT 서비스, 보안, 통신/네트워크, 인프라/데이터 센터, 연구/혁신 등.

▶ 주도인 하노버 외에도 다섯 개의 대도시가 있다.

- 브라운슈바이크는 인구가 245.798명(2016년)으로 두 번째로 큰 도시. 올덴부르크(158.658명), 오스나브뤼크(155.625명), 볼프스부르크(121.758명), 괴팅겐(116.650명) 등이 있다. 볼프스부르크를 제외한 도시들은 모두 대학도시로도 유명하다. 그밖에 힐데스하임(99.224명)과 잘츠기터(98.095명) 같은 중소도시들도 있다.
- 북쪽에는 북해와 인접해 있다. 해안에서 5~10km 떨어진 곳에 북부프리슬란트 섬들이 있다. 이곳 몇몇 섬들에서는 간조시기 때 여울산책을 즐길 수 있는데, 육지까지 달려갈 수도 있다. 여행객들의 사랑을 받는 곳은 이 섬들과 육지의 수많은 풍차들이다.

오스나브뤼크의 인물들

▶ 아돌프 크니게 남작(Freiherr Adolph Franz Friedrich Ludwig Knigge)

- 1752년 10월 16일 하노버에서 출생. 1769년에서 1772년까지 괴팅겐에서 법학과 관방학을 공부했다.
- 상황에 능률적으로 대처하는 현실주의적 인간관계의 안목과 사람의 심리를 꿰뚫는 폭넓은 지식을 바탕으로 사교계의 전설이 되었고, 교제술의 대가로서 강연과 저술활동을 했다.
- 그는 인간관계라는 넓은 바다를 거침없이 헤엄칠 수 있는 처세술을 체계화했다. 그래서 독일어에서 그의 성을 딴 'Knigge'라는 단어가 '매너'로 등재될 정도로 인간관계론의 대가이다. 가까운 가족에서부터 이웃, 직장, 더 나아가 세상에서 접하게 되는 모든 인간관계에 적합한 교제술을 체계화했다.

▶ 빌헬름 부시(Wilhelm Busch)

〈〈막스와 모리츠〉와 빌헬름 부시 자화상〉

- 1832년 4월 15일 하노버에서 탄생.
- 처음에는 아버지의 뜻에 따라 괴팅겐에서 기계공학을 공부하다가, 친구를 따라 뒤셀도르프의 미술 학교에 입학하여 미술 공부를 하게 된다. 이때 시작한 미술 공부는 다시 안트베르펜과 뮌헨으로 학교를 옮기면서 계속된다. 뮌헨 아카데미를 다니면서 예술동호회 '젊은 뮌헨'의 일원으로 활동한다. 대학 졸업 후 잡지 〈프리겐덴 브레터〉, 〈뮌헤너 빌더버겐〉에 그림과 시를 발표했다. 대표작이라고 할 〈막스와 모리츠〉가 40개국 언어로 번역되어 읽히면서 작가는 세계적인 명성을 얻었다.

▶ 베르너 폰 지멘스(Werner von Siemens)

- 1816년 12월 16일 하노버 근처의 렌테(Lehnthe)에서 태어났다.

- 최초의 전신케이블(당시에는 'Telefonleitung'으로 지칭) 및 최초의 전기 철도와 최초의 전기 승강기를 발명했다.

독일 최북단 중부지역의 하르츠 산맥(Mittelgebirge Harz)

- 작센-안할트 주와 튀링겐 주까지 뻗어있다.
- 독일 사람들이 선호하는 휴가지역이기도 하다.
- 이곳에는 종유동, 원시림, 암벽타기용 바위, 겨울스포츠를 즐길 수 있는 수많은 시설물들로 가득하다.

▶ 브로켄 산

- 해발 1142m로 북부독일에서 가장 높다. '브로켄의 요괴(Brocken spectre)[58]'로 유명하다. 구동독 시절에는 구서독인들에게는 브로켄 산이 차단지역이었던 관계로 현재는 산 정상으로 수많은 인파들이 몰려들고 있다. 일출을 경험하고 싶거나 이른 아침에 일어나고 싶은 사람은 브로켄 호텔에서 숙박을 하며 이런 경험을 만끽할 수 있다. 등산하기가 귀찮은 사람들은 1992년 7월부터 정기적으로 운행되는 브로켄 철도를 이용할 수도 있다.

▶ 휘비헨슈타인(Hübichenstein)

- 바트 그룬트(Bad Grund) 근처에 있는, 높이가 40m를 넘는 석회바위. 바위에 계단이 만들어져 있어서 꼭대기까지 올라갈 수 있다. 1897년 빌헬름 1세를 기리기 위해 바위 꼭대기에 독수리상이 설치되었다. 옛날 전설에 따르면 난쟁이 왕 "휘비히(Hübich)"가 휘비헨슈타인 바위 밑 깊은 성에 살고 있었다.

58) 사물의 뒤에서 비치는 태양광이 구름이나 안개에 퍼져, 보는 사람의 그림자 주변에 무지개 같은 빛의 띠가 나타나는 일종의 대기광학 현상으로, 이 산에서 많이 볼 수 있다.

〈좌: 휘비헨슈타인의 석회바위(좌)와 독수리상, 우: 헥센탄츠플라츠의 발푸르기스의 홀〉

그의 바위 성으로 통하는 좁은 바위틈새를 가로질러 그의 제국 심장부까지 들어가 본 사람은 아직 아무도 없다고 한다.

▶ 헥센탄츠플라츠(Hexentanzplatz, 마녀가 춤추는 광장의 뜻)

- 하르츠 산맥에서 브로켄 산 다음으로 유명한 곳. 보데계곡(Bodetal)에서부터 가파르게 솟은 바위 위에 올라서면 하르츠 산맥의 멋진 풍광을 누릴 수 있다. 이곳에는 1901년에 건축된 발푸르기스 홀, 하르츠 산악극장, 봅슬레이 코스, 동물원과 기타 관광시설물들이 있다. 헥센탄츠플라츠는 탈레(Thale)에서 출발하는 케이블카를 타고 가는 것이 가장 좋지만, 보데계곡에서부터 가파른 길을 걸어서 올라가거나 곧장 승용차 편으로 올라갈 수도 있다. 블랑켄부르크에서 발렌슈테트에 이르는 하르츠 산맥 북쪽 언저리에는 진기하게 갈라진 암석층이 늘어선 '악마의 성벽'이 있다. 독일에서 가장 오래된 자연보호구역 중 하나이다. 가장 인상 깊은 곳 중 하나는 베더스레벤 근처에 있다. 나인슈테트와 베더스레벤 사이로 난 길가에 작은 주차장이 있는데, 거기

서부터 잠깐이면 악마의 성벽까지 갈 수 있다. 옛 전설에 따르면, 악마가 하르츠산맥을 자신의 영토로 삼으려고 성벽으로 둘러싸고 싶었지만 새벽까지 완성하지 못했다고 한다. 어느 농부의 아내가 시장에 내다팔려고 한 수탉이 새벽이 오기 전에 우는 바람에, 악마는 일을 끝내지 못해 화가 잔뜩 나서 큰 바위를 성벽 위로 던져서 자신의 미완성 성벽을 부숴버렸다고 한다. 이때 남은 잔해가 오늘날에도 볼 수 있는 명승지가 된 것이다.

■ 공항

하노버-랑엔하겐 국제공항(Flughafen Hannover-Langenhagen)

ICAO-코드	EDDV
IATA-코드	HAJ
개항	1952
면적	915 ha
터미널	4개 + GAT
여객	5.870.104 (2017)
화물	8.976 t (2017)
항공이동	75.256 (2017)
종사자	약 5200명(약 900명은 경영인)
이착륙 활주로	
09C/27C	780 m × 23 m 아스팔트
09R/27L	2340 m × 45 m 콘크리트
09L/27R	3200 m × 45 m 콘크리트

- 하노버 공항이라고도 하며, 니더작센 주에서 가장 큰 공항이자 가장 중요한 국제회항공항(Drehkreuz). 2016년 여객 수치 기준으로 독일 운항공항 중 9위를 차지했다. 하노버공항은 독일 제4위 항공사인 〈TUIfly〉의 허브공항이다.

▸ 역사

- 1952년 4월 26일 랑엔하겐에 개항. British European Airways, SAS Scandinavian Airlines, Pan American World Airways 등의 항공사들이 운항을 개시했다. 이후 KLM(1953), Air France(1954), Lufthansa(1955)도 운항을 시작했다.

- 1959년에 이륙활주로가 2340m로 연장되었다. 1년 후 북쪽에 2곳의 잔디 활주로가 개설되었다. 이후 1963년에 길이 780m의 짧은 중간 활주로가 탄생했다. 1966년에 남쪽 활주로와 나란히 개설된 북쪽 활주로(09L/27R)가 높이 45m의 두 번째 타워와 함께 운영되고 있다. 새 북쪽 활주로는 1969년에 2700m로 연장되었다.
- 1973년에 새 항공복합단지가 문을 열었는데, 상가로 연결된 터미널 A와 B 그리고 주차동 P1 등을 갖추고 있다. 같은 해에 하파크 로이드 항공(Hapag-Lloyd Flug)이 공항에 전략적, 기술적 기지를 구축했다. 옛 이륙 건물은 개축되었는데, 1976년에 항공화물센터로 새로 문을 열었다. 이때부터 루프트한자 소속 에어버스 380이 하노버와 프랑크푸르트 간 노선을 운항하고 있다.
- 항공화물센터가 개축과 신축을 거쳐 1988년 2월에 새로 개장했다. 3800m로 연장된 북쪽 활주로는 1990년 11월 16일 무제한 대륙 간 운항이 허용되었다. 1991년 랑엔하겐은 독일 공항으로서 최초로 독일연방체신청의 종합정보통신망(ISDN, integrated services digital network)에 연결되었다. 터미널 A는 2013년 10월과 2014년 7월에 개축을 거쳐 현대화되었다.
- 2010년 6월 3일 처음으로 에어버스 A380이 시험비행으로 하노버에 착륙했다. 2018년 봄부터 콘도르항공(Condor Airlines)이 하노버-두바이 간 장거리 노선을 운항하게 되면서 하노버공항도 장거리 운항시대를 맞이하게 되었다.

▸시설

- 이착륙 활주로. 3개의 이착륙활주로를 보유하고 있다. 북쪽 활주로는 길이 3200m, 폭 45m이고, 착륙진입비행은 전천후항행단계 ILS CAT-IIIb에서 양방향으로 허용된다. 남쪽 활주로는 길이 2340m, 폭 45m이고, 착륙진입비

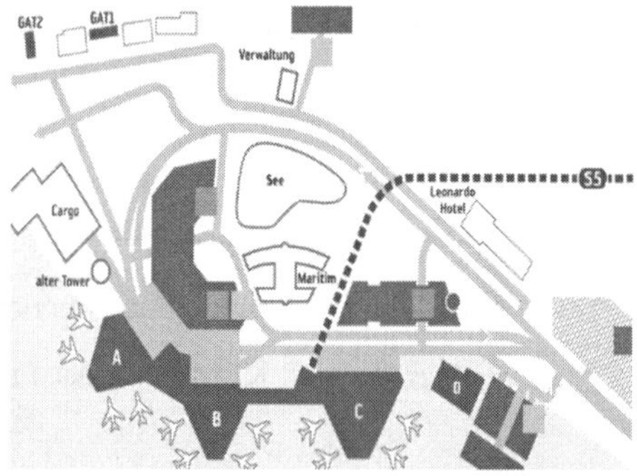

행은 전천후항행단계 ILS CAT~1에 따라서만 허용된다. 짧은 중간활주로 (780m × 22,5m)는 항공기의 경우 전체무게가 5.7t까지 가능하며, 유시계비행만 허용되고 있다. 따라서 이 공항은 거의 모든 날씨에도 착륙 가능하다. 일반적인 야간운항금지는 없다. 초경량 비행기도 허용되고 있기는 하지만 이런 크기의 비행기는 많지 않다. 1999년에 높이 74m의 세 번째 독일항공안전국 (DFS, Deutsche Flugsicherung GmbH) 관제탑이 신축되어 운영되고 있다.

〈상식〉 **계기착륙장치**(instrument landing system, ILS)

공항 근처 지상시설로부터 지향성 유도전파를 발사해 시야가 나쁠 때에서도 조종사가 계기만 보고도 항공기를 안전하게 활주로까지 착륙시킬 수 있게 하는 착륙유도장치이다. 계기착륙장치에는 활주로 중심선(좌우 진입 방향), 진입 각도(착륙 각도), 비행 위치 정보(남은 거리)를 제공하는 세 가지 장치가 있다.

- 유도정보: 방위각 제공시설(Localizer, LOC)/ 활공각 제공시설(Glide Path, GP)
- 거리정보: 마커비컨(Markerbeacon), DME
- 시각정보: 접근 등화, 접지 등화, 활주로 등화, 활주로 중심선 등
- 로컬라이저(LLZ : Localizer) = 활주로 중심선 = 활주로에 접근하는 항공기에게 활주로 중심선(좌우 진입 방향)에 맞추도록 하는 지상시설. 안테나에서 나오는 지향성 전파를 사용한다.
- 글라이드 슬로프(GS, GP : Glide Slope, Glide Path) = 진입각도를 알려주는 장치. 활주로에 착륙하기 위하여 접근중인 항공기에 가장 안전한 착륙각도인 3도의 활공각 정보를 제공하는 시설. 조종사에게는 강하하는 높낮이 경로를 체크해주는 장치. 이 시설은 활주로 진입말단에서 750~1250피트(228~381m) 사이에, 활주로 중심선에서 400~600피트(122~183m) 옆에 설치된 글라이드 슬로프에서 전파를 내보내며 접근하는 항공기의 중심선 오차를 알려준다. 로컬라이저가 활주로의 좌우 정렬을 맞추는 것이라면, 글라이드 슬롭은 항공기의 진입각도를 알려주는 장치이다.
- 마커비콘(Marker Beacon) = 통과하는 활주로 중심 연장선상의 일정한 지점에 설치하여 착륙하는 항공기에 수직상공으로 역원추형의 VHF전파를 발사하여 진입로상의 일정한 통과지점에 대한 위치정보(남은 거리)를 제공한다.

항공기는 각 안테나(ANT)로부터 LOC와 GS 전파의 정보로부터 목표의 경로와 현재 위치와의 차이를 산출해 CDI(Course Deviation Indicator, 코스 편향 지시기) 및 CDI를 포함한 통합 계기에 표시한다. 조종사는 자동 조종 장치가 이 차이를 잃도록 비행하는 것으로, 올바른 경로를 따라서 진입이 가능해진다. MKR 또는 T-DME은 수신시에 활주로까지의 거리를 알 수 있지만, 이때 고도를 확인해 경로를 체크한다. 최근에는 MKR의 대용으로 T-DME을 설치하고 있다. MKR은 상공을 통과하고 처음으로 거리를 알 수 있지만, T-DME는 접지점까지 단속적으로 거리 측정이 가능하다.

ILS의 세 가지 장비 중 핵심 장비는 진입각도를 조절해주는 글라이드 슬로프이다. 나머지 2개는 조종사가 직접 눈으로 확인 가능하지만 진입각도는 반드시 이 장치의 힘을 빌려야하기 때문이다.

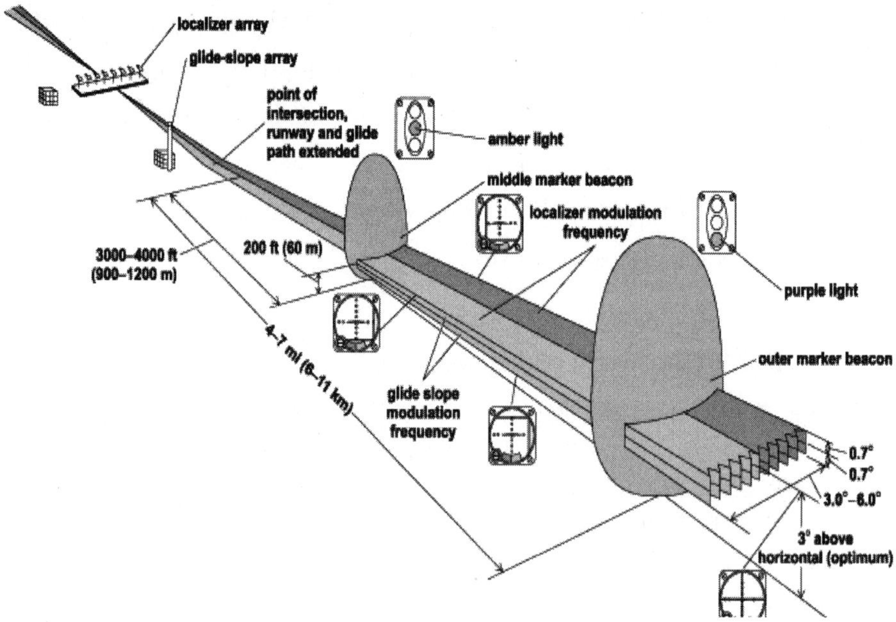

[참고] 아시아나항공 214편 여객기 착륙 사고가 발생한 미국 샌프란시스코국제공항(SFO)의 계기착륙시설(ILS)이 사고 당시 작동하지 않았다고 한다. 당시 샌프란시스코 공항이 공사 중인 관계로 아시아나항공 214편이 착륙하려던 28L활주로(바다 쪽에서 볼 때 2개 활주로 중 좌측)는 '글라이드 슬로프'(glide slope)가 꺼져 있었다고 한다.

- 터미널. 터미널 A와 B 및 1988년에 개통한 가장 큰 터미널 C는 유리로 만든 20개의 여객용 다리로 연결되어 있다. 유리로 만들지 않은 마지막 다리가 교체된 때는 2011년 11월이다. 추가로 활주로 주변에 27곳의 주차장이 있다. 2007년 터미널 A와 B 사이에 공항 플라자가 개원했다. 이곳 출발 층에는 상점이 7곳, 미용실, 저축은행 지점, 라운지가 각각 한 곳, 2개의 레스토랑이 있다. 도착 층에는 6개의 렌터카회사, 보험사, 주차서비스 센터 등이 있다. 그밖에 6개의 상점(그 중 5곳은 면세점), 라운지 3개, 레스토랑 10개, 바와 간의식당, 어린이놀이터 2곳, 키디랜드 5곳, '항공운항의 세계' 체험 전시장, 35곳 이상의 여행사, 예배당과 이슬람 기도실이 각각 한 곳, 은행지점, 현금자동인출기 등이 모든 층에 있다.

▶ 빈도가 높은 노선

순위	목적지	여객2017	가감	여객2016	출발2017	가감	출발2016
1	스페인	678.770	▲10,77 %	612.771	4.200	▲11,97 %	3.751
2	독일	560.638	▲4,43 %	536.845	9.826	▼~28,43 %	13.729
3	터키	429.080	▲4,01 %	412.553	2.836	▲1,54 %	2.793
4	영국	172.894	▼~7,18 %	186.277	2.156	▼~13,13 %	2.482
5	그리스	164.860	▲22,12 %	134.999	1.051	▲23,65 %	850
6	스위스	112.032	▼~11,03 %	125.920	1.371	▼~2,7 %	1.409
7	오스트리아	110.079	▼~18,29 %	134.712	1.066	▼~23,25 %	1.389
8	이집트	106.574	▲78,54 %	59.691	612	▲69,53 %	361
9	네덜란드	90.470	▲1,82 %	88.856	1.342	▼~4,69 %	1.408
10	프랑스	81.659	▼~1,18 %	82.637	1.527	▼~8,07 %	1.661
11	포르투갈	48.668	▲23 %	39.568	319	▲22,22 %	261
12	러시아	48.377	▲4,42 %	46.331	381	▼-0,26 %	382
13	이탈리아	44.632	▲54,42 %	28.903	572	▲59,78 %	358
14	불가리아	41.243	▼~20,32 %	51.759	266	▼~6,99 %	286
15	벨기에	29.748	▼~7,91 %	32.304	1.070	▲5,31 %	1.016
이 통계에는 출발만 포함됨(착륙 제외)							

2. 역사를 품은 니더작센

- 1946년 이전. '니더작센'이란 단어는 오늘날의 니더작센을 이루고 있는 이 지역과는 무관하다. '니더작센'이라고 불린 중심 지역은 작센의 게르만족 거주 지역이었다. 물론 프리슬란트 인이 거주해왔거나 옛 슬라브계 폴라벤 인들이 살았던 지역도 니더작센 주에 속한다.
- 베스트팔렌도 지배했던 마지막 작센 선제후가 사자왕 하인리히 3세(작센-바이에른 공작, 1129~1195)였다. 1180년 그의 권력이 쇠퇴함에 따라 '니더작센' 개념이 벨프 가문지역, 곧 베스트팔렌과 '작센'으로 불리는 상부 엘베 강 지역의 지배 영역의 경계 설정에 사용된 것이다.
- 제2차 세계대전 후. 현재의 니더작센은 영국 점령지역(1947년 6월 8일부터)이 되었다. 당시 이 주는 수많은 지역들로 구성되어 있었다.
- 1949년. 독일 연방 주에 편입되었다.
- 이 주의 이름과 문장은 작센의 게르만 족으로 거슬러 올라간다. 작센 종족 그룹의 일부가 3세기부터 시작된 민족이동 시기에 홀슈타인에 있던 그들의 고향에서 엘베 강을 넘어 남으로 이동했다. 그곳에는 이미 다른 종족들이 산발적으로 정주해 있었다(현재의 북서독일과 네덜란드의 북동부지역). 대략 7세기부터 작센 인들은 현재의 니더작센, 베스트팔렌 주, 작센-안할트 주의 서부와 북부 일부지역에 해당하는 취락지역을 점령했다. 작센 인들의 지역은 약 60개의 정치구역으로 분할되어 있었다. 프리슬란트 인들은 이 지역으로 이주하지 않았다. 이들은 수세기 동안 오늘날의 니더작센 주의 북서부 지역에서 자주 독립 국가를 유지하고 있었기 때문이다. 고대작센 지역에 사는 주민들의 (근원)언어는 저지독일어권의 방언인 작센어였다.

▸ 작센의 유래와 발전

- 작센이라는 명칭은 200년에서 700년 사이에 라인 강과 엘베 강 사이에 정주한 게르만의 작센 부족과 그들이 정복하고 병합한 지역을 가리키는 말이었다. 11세기 이전만 해도 홀슈타인과 오늘날의 니더작센 주에 해당하는 엘베

강 하류의 서쪽 지역이 원래의 작센 지방이었다.

- 카를 대제가 810년 작센족을 평정한 이후 이 곳에 작센 공작령이 들어섰고, 베르됭 조약(843년)으로 동프랑크 왕국의 땅이 되었다. 동프랑크 왕국은 독일의 5대 공작령 중 하나인데, 동프랑크 왕국 건국 때부터 있던 공작령 5곳을 부르는 말이었다. 다른 4곳은 각각 프랑켄, 바이에른, 슈바벤, 로트링겐이다. 신성로마제국 성립 후에는 자연스럽게 신성로마제국에 편입되었다. 작센은 크게 4개 지방으로 분류하여 서부는 베스트팔렌, 동부는 오스트팔렌, 북부는 노르트알빙기엔(Nordalbingien, 노르드알빙기아), 중부는 엥에른(Engern, 앙그리아)이라고 불렀다. 작센 공작 지위는 신성로마제국에서 황제 다음가는 지위인 선제후 직위에서 세속제후 중 첫 번째 서열이기도 했다.
- 961년, 작센 공작가문인 빌룽 가문에게, 1142년 벨프 가문의 사자왕 하인리히 3세에게로 차례대로 넘어갔다. 신성로마제국은 건국 초기 지금의 안할트 지방에 크베들린부르크, 막데부르크 등의 도시를 세우고 국력과 투자에 집중했다. 작센 공작들은 이런 분위기를 타고 동부의 슬라브족들을 격파하며 영토를 늘려나갔다. 결국 작센 공작령은 엘베 강을 넘어 마이센과 드레스덴까지 닿게 되었다. 1180년 사자왕 하인리히 3세는 황제 프리드리히 1세에게 반기를 들었다가 제국 추방령을 받고 모든 직위를 박탈당했다. 그 결과 1235년 제국의회에 의해 너무 비대해진 작센 공작령에서 원래 작센의 땅이었던 베스트팔렌 공작령과 브라운슈바이크-뤼네부르크 공작령이 분리되었다. 벨프 가문은 브라운슈바이크-뤼네부르크 공작령만 상속받게 되었다. 이후 엘베강 중류 지역으로 이동하여 좁아진 작센 공작령은 아슈카니아 가문의 통치를 받게 되었다. 1260년 홀슈타인 남동부의 작센-라우엔부르크와 엘베 강 중류 부근에 위치한 지금의 라이프치히 북쪽의 작센-비텐베르크로 나누어졌고, 두 지역이 치열하게 싸우다가 결국 작센-비텐베르크 쪽에서 작센 선제후로 인정받게 되었다.

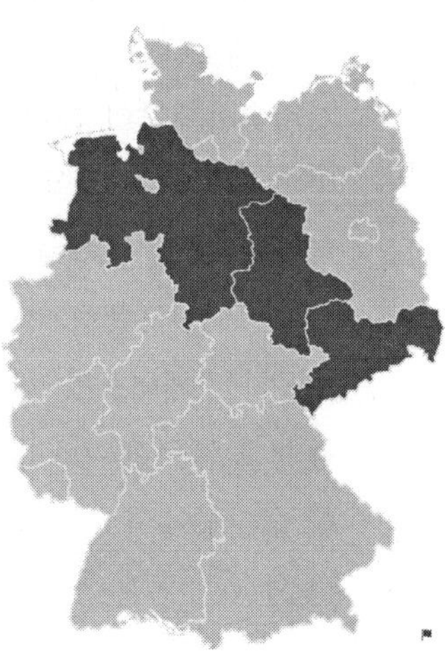

- 1422년, 작센-비텐베르크 가문이 대가 끊

기면서 작센-비텐베르크 공작 지위와 선제후 지위는 베틴 가문의 마이센 변경백인 프리드리히 4세(1384~1440)에게 주어졌고, 마이센 변경백의 영지를 구성하는 오스터란트(지금의 라이프치히 주변 지역)와 라우지츠 · 튀링겐 등과 작센-비텐베르크와 합쳐지면서 지금의 작센 주의 기원이 되었다. 그러나 1428년 프리드리히 4세가 사망하면서 두 아들인 에른스트와 알브레히트의 재산 문제로 결국 동서로 갈라졌다. 알브레히트가 현재의 작센 주에 속하는 작센 동부인 마이센 변경백령과 북부 튀링겐을 상속받았는데, 이것이 작센 주로 이어졌다. 에른스트가 작센 서부인 현재의 작센-안할트 주 지역의 비텐베르크와 남부 튀링겐을 상속받았는데, 이것이 튀링겐 주로 이어진 것이다.

- 동프랑크 왕국(843~918)은 843년 베르됭 조약에 따라 세 부분으로 나뉜 카롤링 왕가의 프랑크 왕국 중 동쪽에 있던 왕국으로, 카롤링 왕가 출신의 독일 국왕 루트비히(806~876, 동프랑크 왕 재위 843~876)가 차지한 영토이다. 동프랑크 왕국은 나중에 신성로마제국과 현대 독일의 모태가 되었다. 동프랑크 왕국은 4개의 공작령(슈바벤, 프랑켄, 작센, 바이에른)으로 나뉘어져 있었다.
- 869년, 로타르 2세의 서거로 로트링겐도 동프랑크 왕국에 편입된다. 이는 1268년 호엔슈타우펜 왕가가 끝날 때까지 유지된다. 911년 카롤링 왕가의 마지막 왕인 유아왕 루트비히 4세(893~911)가 사망하고 왕통이 단절되면서 선거에 의해 왕이 선출되는 독일 왕국(918~962)으로 바뀐다. 독일 왕국은 918년 카롤링 왕조의 단절부터 962년 오토 1세(912~973)의 신성로마제국 황제 취임 때까지의 기간이다. 이 기간 중 하인리히 1세(876~936)와 오토 1세는 스스로 게르만인의 왕이라고 칭한다. 962년 이후 독일 왕국은 멸망이 아니라 신성로마제국의 황제가 겸하는 것으로 통용된다. 1254년 대공위 시대에는 바이에른, 작센 등의 군주가 신성로마제국 황제와 독일왕을 겸하고, 합스부르크 왕가 집권 때에는 합스부르크 왕가가 오스트리아 왕과 신성로마제국 황제, 독일 국왕의 직위를 겸했다. 독일어의 'Reich'는 라틴어 'imperium'에 대응하는 개념으로 '제국'의 뜻이다. '신성'이란 표현은 1157년 호엔슈타우펜 왕가 출신의 프리드리히 1세(1122~1190, 별명: 붉은 수염의 왕)가 제후들에게 발포한 소환장에서 처음 등장한다. 본래 고대 로마 제국이나 카를 대제의 프랑크 왕국의 후계자를 자처한 것이었다. 이 정치체제의 군주는 처음에는 프랑

크 국왕, 나중에는 로마 국왕이었고, 이 직위를 얻은 사람이 로마에서 대관식을 거행하여 로마 황제로 취임한 것이다. 800년 12월 25일 프랑크 국왕 카를 대제가 로마 교황 레오 3세로부터 로마 황제의 관을 처음 수여받았다. 이후 962년 독일 국왕 오토 1세가 로마 교황 아가페투스 2세(재위 946~955)로부터 제관을 수여받았는데, 일반적으로 이 국왕을 신성로마제국(962~1602)의 초대 황제로 보고 있다.

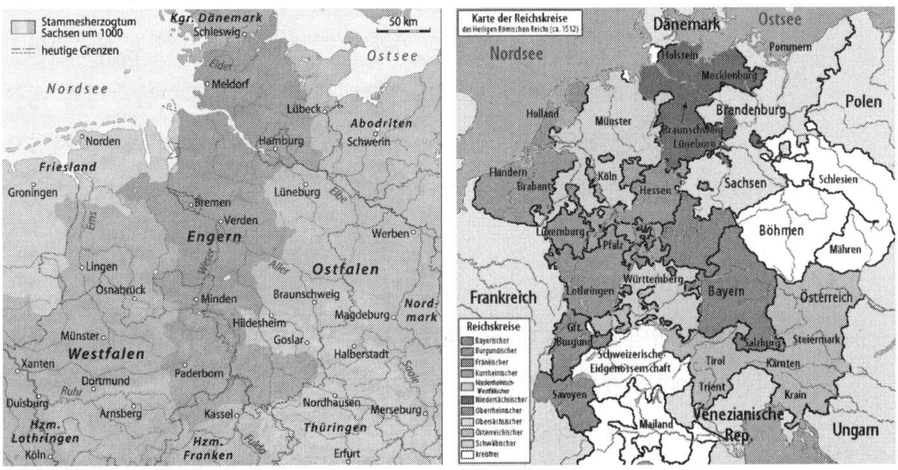

〈좌: 1000년 무렵의 작센공국, 우: 1500년 무렵의 신성로마제국〉

- 작센공국은 지역으로 보면 현대 독일의 슐레스비히-홀슈타인, 브레멘, 함부르크, 니더작센, 노르트라인-베스트팔렌, 작센-안할트에 해당한다. 다시 니더작센 지역을 보면 이곳은 12세기 신성로마제국의 지배시기에 니더작센이라 불린 지역이 베스트팔렌과 나눠지기 시작했다. 1260년 쾰른 대주교구와 브라운슈바이크-뤼네부르크 공국 간의 협약에 따라 이들의 관심지역들이 분할되었다. 경계는 베저 강을 따라 북쪽의 닌부르크(Nienburg)에까지 이르렀다. 베저-엠스 지역의 북부지방은 브라운슈바이크-뤼네부르크 공국의 세력권에 속했다.
- '니더작센'(Niedersachsen)이란 표현이 처음 사용된 곳은 1300년 전 네덜란드어로 된 운문(으로 쓴) 연대기였다. 14세기부터는 작센-라우엔부르크 공국을 지칭했다. 1500년부터 제국 영역들이 확립되면서 니더작센 제국 영역이 니더라인-베스트팔렌 제국 영역과 구분되었다. 후자에 속한 지역이 오늘날 니더

작센 주에 해당한다.[59] 동시에 옛 작센공국의 동부지역은 오버작센(Obersachsen, 상부작센)이라 불린 중부독일 제후국들과 나눠졌다. 앞의 오른쪽 지도는 16세기 초의 제국영역들을 표시한 것인데, 짙은 갈색 지역이 니더작센 제국영역이고 옅은 브라운색 지역이 니더라인-베스트팔렌 제국 영역이다.

- 1806~1813년, 오늘날의 니더작센 대부분 지역이 라인동맹에 소속되거나 아니면 프랑스의 나폴레옹 치하에 있었다. 라인 동맹은 프랑스의 속국으로 프로이센 및 러시아와 프랑스 사이의 완충 지대 역할을 수행할 목적으로 1806년 나폴레옹이 독일의 중소 영방 국가들을 부추겨서 결성한 동맹체제이지만, 시간이 흘러 오스트리아 제국과 프로이센 왕국, 헤센-다름슈타트 대공국을 제외한 모든 독일 영방국가가 가맹하였다. 나폴레옹의 꼭두각시였으며, 1815년 빈 회의 체결 이후 해체되었다.

■ **하노버 왕국** (1815-1866)

- 전성기 하노버의 영토는 면적이 40,000km^2 정도로 벨기에보다 크고 현재의 네덜란드, 덴마크보다 약간 작은 정도였다.
- 1636년, 수도를 하노버로 옮겨 하노버 공국으로 불린다. 1692년, 하노버 공작 에른스트 아우구스투스가 선제후가 되어 하노버 선제후국으로 불리게 되었다.
- 1714년, 하노버 선제후 게오르크 1세(1660-1727)가 조지 1세(재위 1714~1727)로서 영국의 왕이 되어 영국과 동군연합이 된다. 이 시기부터 하노버 왕조라고 한다. 영국은 영국대로 백년전쟁에서 상실했던 유럽 대륙의

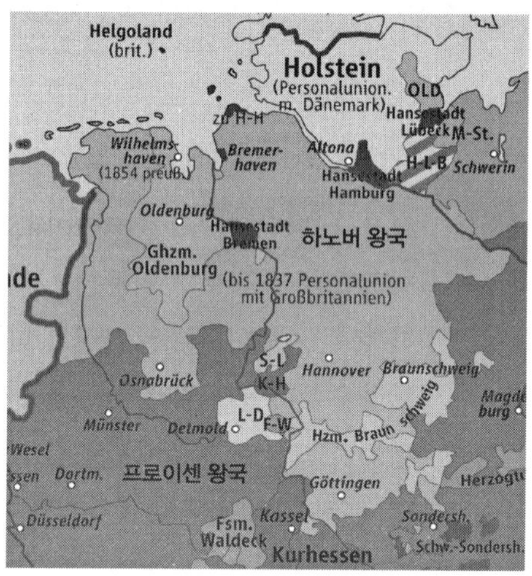

〈19세기의 하노버 왕국(1815-1866), 브라운슈바이크 공작령, 올덴부르크 선제후국과 샤움부르크-리페 제후국〉

59) 주교구(Hochstift): Osnabrück, Münster, 백작령(Grafschaft): Bentheim, Diepholz, Oldenburg, Schaumburg, Spiegelberg, Hoya, 후작령(Fürstentum): Ostfriesland, Verden.

거점을 오랜만에 얻는다. 고대로 거슬러 올라가면 영국의 주류 민족인 앵글로색슨의 고향이 바로 하노버가 위치한 니더작센 지방이다.

- 조지 1세는 영국 왕이 되었지만 대륙에 더 관심이 많아서 독일 내에서 하노버 공국의 세력 확대에 주력한다. 조지 1세는 뤼네부르크 제후국을 상속받고, 내륙에 머물고 있던 하노버를 북해로 진출시키려는 목적에서 대 북방전쟁에 참가하여 승리함에 따라 스웨덴으로부터 브레멘과 바덴을 할양받아 하노버 영토는 북해와 접하게 된다.
- 조지 2세(1683~1760)도 독일에서 출생했고, 영국과 하노버 선제후국의 선제후(재위 1727~1760)였다. 하노버 왕조의 왕은 조지 3세(1738~1820)에 와서 영국 출생이 된다.
- 나폴레옹 전쟁 시대에는 유럽 대륙을 나폴레옹이 모두 점령했는데, 독일 중앙에 영국의 동군연합이 있음을 간과하지 않았다. 1807년, 하노버 왕국은 베스트팔렌 왕국과 강제 합병되면서 멸망한다.
- 이렇게 되자 하노버의 장교와 군인들은 왕이 있는 영국으로 도망친다. 14,000명의 하노버 군인은 '왕의 독일인 군단(King's German Legion)'이란 부대로 재편되어 영국군으로 싸운다.
- 1813년, 나폴레옹은 패배하고 영국의 조지 3세가 하노버 공국을 재탈환한다.
- 1815년, 빈 회의에서 하노버 공국은 하노버 왕국으로 승격된다. 신성로마제국이 붕괴되는 바람에 공국 체계를 유지할 의미가 없어졌기 때문이다.
- 나폴레옹 전쟁 시기에 활약했던 왕의 독일인 군단은 재건된 고향 하노버 왕국으로 귀환하고 하노버 왕국의 군대로 복귀한다.
- 하노버 왕조의 왕들은 초기에는 영국보다 고향인 하노버를 더 중시한다. 그러나 영국 태생의 왕들이 즉위하고 영국의 국력이 크게 신장되면서 하노버에 대한 관심이 줄어들게 된다.
- 조지 4세(1762-1830)는 하노버에서 하노버 왕으로서 즉위식을 따로 가진다. 윌리엄 4세(1765~1837, 재위 1830~1837)는 하노버를 방문한 적이 한 번도 없었다. 케임브리지 공작이 총독으로 파견되어 하노버를 통치한다.
- 1833년, 하노버 왕국에서는 영국법의 영향을 받은 자유주의 헌법이 제정되어 자유주의적 통치가 시작된다.

- 1837년, 살리카 법에 따라 빅토리아 여왕이 하노버 왕에 즉위하지 못하고 동군연합은 해체된다. 윌리엄 4세의 동생 에른스트 아우구스투스(Ernst August)가 하노버 왕이 된다. 에른스트 아우구스투스는 자유주의 헌법을 폐기한다. 이에 반발하여 괴팅겐 대학의 교수 7명이 항의서를 냈지만 추방, 면직 등의 처분을 받았다. 이 7명 중에는 유명한 그림 형제도 들어있다.
- 하노버 왕가 출신의 마지막 군주 게오르크 5세(하노버의 조지 5세, 1819~1878, 재위 1851~1866)는 보오전쟁에서 오스트리아를 지원한다. 오스트리아가 패배하면서 하노버 왕국은 프로이센에 합병된다. 게오르크 5세는 가족과 함께 오스트리아로 망명하고, 하노버 왕국의 복구를 여러 열강국들에 요구하지만 실패한다.
- 독일에서는 하노버 왕국의 복원을 요구하는 보수주의 정치 결사 단체인 독일 하노버 당(Deutsch-Hannoversche Partei)이 생겨난다. 게오르크 5세는 프랑스에서 사비를 들여 하노버 탈환을 노리고 벨프 군단(Welfenlegion)이란 군사조직을 만드는 노력을 한다. 그러나 프랑스마저 보불전쟁에서 패배하면서 물거품이 된다. 게오르크 5세는 파리에서 사망하여 윈저 성 내 예배당에 묻힌다.
- 게오르크 5세의 아들 에른스트 아우구스트 2세(Ernst August Wilhelm Adolf Georg Friedrich, 1845-1923)는 친척들이 있는 영국으로 건너가서 하노버의 (마지막) 왕세자이자 영국의 컴벌랜드 공작(Duke of Cumberland)으로 활동한다. 그의 사촌인 독일의 브라운슈바이크 공작 빌헬름(Wilhelm, Herzog von Braunschweig, 1806~1884)은 자신이 사망하면 에른스트 아우구스트 2세에게 브라운슈바이크 공작 작위를 상속시키려 한다. 그러나 프로이센 정부에서 이를 반대한다. 이는 프로이센과 하노버 왕가가 적대 관계에 있었기 때문이다. 하노버 왕가와 호엔촐레른 왕가의 이러한 대립 관계는 에른스트 아우구스트 2세의 장남이 자동차 사고로 사망하자 독일 황제 빌헬름 2세(1859~1941)가 위로 서한을 보내면서 어느 정도 해소된다.
- 에른스트 아우구스트 2세는 마지막 남은 아들 에른스트 아우구스투스 3세(Ernst August III. 1887~1953)를 독일로 보낸다. 에른스트 아우구스트 3세는 프로이센의 마지막 독일황제 빌헬름 2세의 외동딸 빅토리아 루이제(Viktoria Luise, 1892~1980)와 사랑에 빠져 결혼한다. 이로서 문제가 없다고 여긴 독일에서는 브라운슈바이크 공으로 즉위하는 것을 허가한다. 3세는 독일제국에

충성을 맹세하고 영국 컴벌랜드 공작으로서의 상속권을 포기한다. 2세 쪽에서는 영국에서 컴벌랜드 공작으로 유지하고, 3세가 브라운슈바이크 공작이 된다.

- 이 때문에 에른스트 아우구스투스 3세는 독일에 충성을 맹세하고 독일군으로서 복무해야 했다. 이런 상황에서 제1차 세계대전이 벌어지자 영국에서 독일과 결탁한 하노버 왕가에 대한 이미지는 최악이 된다. 결국 1917년 작위박탈법이 제정되어 컴벌랜드 공작의 작위도 소멸된다.

3. 문화를 품은 니더작센

- 볼거리가 정말 많은 연방주이다. 주르후젠(Suurhusen)의 기울어진 첨탑, 하노버의 동물원, 아니면 오스나브뤼크의 동물원, 게르만족의 혼이 깃든 토이토부르거 발트, 첼레의 구시가, 고슬라르의 카이저팔츠, 하르츠산맥의 광산박물관 등 이루 헤아릴 수 없을 정도다. 하노버의 시청사와 인공호수 마쉬제(Maschsee) 같은 명소들을 둘러보아도 좋다. 아니면 옛 한자도시 노르트하임(Northeim)의 올드 타운을 사진에 담는 것도 멋진 추억이 될 것이다.
- 니더작센 주는 저지대에 있음에도 이처럼 독일에서 가장 많은 볼거리를 갖춘 곳이다. 게다가 교통망도 잘 갖춰져 있어서 가족이나 연인들이 나들이하기에도 좋다. 대중 교통수단과 기차의 연결망('니더작센 티켓'을 이용하면 돈도 절약 가능)이 그물처럼 엮여있다. 게다가 대부분의 도시들은 고속도로나 연방국도들과 잘 연결되어 있어서 유명한 볼거리들을 어렵지 않게 만날 수 있다.

〈인공호수 마쉬제(좌)와 노르트하임 구시가(1654)(우)〉

3.1. 첼레(Celle)

- 뤼네부르거 하이데로 가는 남쪽 관문으로, 400가구 이상의 목골가옥과 르네상스와 바로크 양식 고성을 품은 그림 같은 올드타운을 가진 고도이다.

▶역사

- 985년, 'Kellu'('강변 취락지'의 뜻)라는 이름으로 처음 역사서에 등장한다. 이 도시는 11세기에 주화 주조권한을 얻는다. 1292년 오토 2세 공작이 이미 10세기에 고성의 원형성벽 형태로 된 방어시설이 있던 알텐첼레를 포기하고, 북서쪽 4km 떨어진 곳의 고성이 있던 자리에 장방형 취락지를 건설한다. 1301년에 도시권리가 주어지면서 도시교회가 건축되기 시작한다.
- 1378년, 첼레는 작센-비텐베르크 공국(1296-1356) 공작들의 레지덴츠가 된다. 이 시기에 도시성벽을 가진 첼레 도시방어시설이 탄생한다. 1433년부터 뤼네부르크의 영주들이 첼레 성에서 거주한다. 1453년에 브라운슈바이크-뤼네부르크 공국의 경건한 프리드리히 공작(Friedrich der Fromme, 1418~1478)이 도시의 성문 앞쪽에 프란체스코 수도원을 건립한다. 1453년 10월 3일에 교황 니콜라우스 5세가 이 도시로 수도원의 이전을 허가했기 때문이다.
- 1464년, 곡물루트 독점권을 획득하면서 경제적인 도약을 할 수 있게 된다.
- 1524년, 첼레에도 종교개혁이 유입된다. 1570년 브라운슈바이크-뤼네부르크 공국의 빌헬름 공작(1535~1592)에 의해 궁전예배당을 건축, 1585년에 봉헌된다.

- 1660년, 첼레의 크리스티안 루트비히 공작(1622~1665)이 알텐하겐에 비문을 새긴 왜가리 기둥을 세웠는데, 왜가리 매사냥을 상기시키는 조형물이다. 1665년부터 1705년까지 첼레는 게오르크 빌헬름 공작(1624~1705) 시기에는 레지덴츠로서 문화적 전성기를 누린다. 이 시기에 프랑스 정원과 이탈리아 정원이 구상되었고, 첼레 성 안에 바로크 양식 궁전극장이 건립된다. 이 궁전극장은 현재 독일에서 가장 오래된 극장으로 알려져 있다.
- 1705년에 첼레의 마지막 공작이 사망하고, 뤼네부르크 공국은 하노버 벨프 가문에게 유증되면서 브라운슈바이크-뤼네부르크 선제후국의 일원이 된다. 첼레는 레지덴츠 도시의 위상을 잃어버린 대신에 고등법원, 교도소, 국립 말 목장 등과 같은 수많은 관공서들이 들어서면서 공무원과 법률가의 도시로 발전하게 된다. 오늘날에도 이 도시에는 특히 주립 니더작센-브레멘 공익법원과 니더작센 주의 대부분을 관할하는 고등법원이 있다. 더불어 '사법 집행기관'이란 뜻의 첼레 교도소(Justizvollzugsanstalt, JVA)도 있다.

▶ 문화

- 수많은 목골가옥들이 있는 구시가지, 르네상스와 바로크 양식이 어우러진 고성, 아기자기한 알러 강과 뤼네부르거 하이데의 남부 경계지역에 이르기까지 소박한 아름다움으로 가득한 고도이다.

▸ 구시청사와 신시청사

- 성모 마리아 교회(Stadtkirche St. Marien)와 함께 1292년에 완공되었다. 마리엔 교회 앞의 슈테흐반 광장에서 북쪽으로 길게 늘어선 건물이다. 1층의 관광 안내소에서 슈테흐반 광장 방향 출입구에 관광 안내소를 알리는 'i' 모습을 한 조형물이 있다. 1785년부터 죄수의 형틀을 설치했던 곳이다.
- 구 시청사는 베저 르네상스 양식의 진수를 엿볼 수 있는 건축물이다. 벽돌과 조각 같은 입체적인 문양은 실제의 벽돌과 조각이 아니라 모두 그림을 붙인 것이다. 슈테흐반 광장의 구 시청사 맞은편에는 붉은 색 목골가옥이 있는데, 이 가옥에 매일 오후 1시와 오후 4시에 시간을 알리는 타종시계가 있다.
- 첼레의 신 시청사는 구 시청사와는 완전히 다른 모습이다. 181m나 길게 늘어선 붉은 색 5층 건물이다. 프로이센이 독일을 통일한 1860~70년대에 전쟁

이 끊이지 않았던 당시 프로이센 연방 소속 하노버 왕국에서 군사 기지용으로 지은 건물이 바로 이 신시청사이다. 당시 이 건물에는 1200개나 되는 군내무반이 있었다고 한다. 당시 주둔한 군대가 77연대였기 때문에 지금도 신시청사 주변 거리는 '77번가'(77er Straße)라는 이름을 지녔다. 이곳은 2차 세계대전 후 국제연합이 난민 캠프를 설치하여 운영하였고, 1992년까지 승전국 영국군이 주둔하기도 하였다. 이후 1996년부터 첼레에서 건물을 리모델링하여 새로운 시청사로 사용 중이다. 시청사 주차장 외곽에는 아직도 옛 막사 건물이 남아있다. 신 시청사 정면은 시립 공원이다.

〈좌: 구시청사, 우: 첼레 성〉

▸ 첼레 성(Schloss Celle)

- '공작의 궁전'(Herzogschloss)으로도 불린다. 브라운슈바이크-뤼네부르크 공국의 영주가 머물던 성으로, 1292년 완공되었다. 처음에는 군사 요새의 성격이 강했기 때문에 주변에 해자를 만들었다. 그러나 현재는 그 해자가 성을 둘러싼 공원으로 재탄생했다. 1530년부터 르네상스 양식으로 개축되었고, 17세기 후반부터 현재 모습을 갖춘 바로크 양식의 성으로 개축되었다. 1671년부터 이 웅장한 궁전은 극장, 호화 저택, 박물관 등으로 사용되고 있다.
- 외관은 투박하고 특이하다. 정면에서 바라봤을 때 왼쪽과 오른쪽의 모서리 탑이 다르게 생겼다. 성을 보수하는 과정에서 도중에 중단되는 바람에 한쪽만 개조하였기 때문이란다. 투박한 외관과는 달리, 내부는 바로크 양식과 르네상스 양식으로 화려하게 장식되어 있다. 궁전 예배당과 공연장이 특히 유명하다. 궁전예배당은 15세기말에 고딕양식으로 건축되었고, 1485년에 복원되었다. 빌헬름 공작 2세(1535~1592)가 1568년까지 복음교회로 개축되었

다. 이 시기에 플란데런 출신 화가 마르텐 데 포스(Marten de Vos)가 내부장식용 그림을 그렸는데, 현재도 당시의 모습을 거의 간직하고 있다. '궁전극장(Schlosstheater)'은 북부독일에서 극소수 바로크 양식 극장 중 하나로서 현존하는 궁전극장 중 가장 오래 된 것이다.

- 내부는 레지덴츠 박물관이란 이름으로 공개되고 있는데, 벨프 가문과 하노버 왕국의 역사를 엿볼 수 있다. 고성 투어는 예배당과 극장을 포함한 고성 전체를, 레지덴츠 박물관은 궁전 예배당과 극장을 뺀 박물관 구역만 관람 가능하다.

▸목골가옥

- 쵤너거리와 그로서 플란 광장(Platz Großer Plan). 목골가옥 구시가지는 첼레 시에서 가장 매력적인 곳이다. 제2차 세계대전 중에도 손상되지 않고 살아남은 덕에 지난 수세기 동안의 수많은 목골가옥들을 찾아볼 수 있다. 일부는 오리지널에 충실하게 복원된 것들인데, 첼레의 유대교당(1740년 건축)과 첼레에서 가장 유명하고 아름다운 호페너 하우스(Hoppener Haus)가 그런 경우들이다. 호페너 하우스 맞은편에 '말하는 가로등'이란 뜻의 다섯 사람의 형상을 한 '슈프레헨데 라테르넨'(Sprechende Laternen)이 있다.
- 성모 마리아 교회(Stadtkirche St. Marien)와 구 시청사가 있는 슈테흐반 광장에서 뻗어나가는 쵤너 거리(Zöllnerstraße; 'Zöllner'는 '세금 징수원'의 뜻)는 첼레 구 시가지의 중심가. 목골가옥들이 줄지어 늘어선 곳이다.

<좌: 목골가옥 호페너 하우스, 중: 호페너 하우스 전면의 에른스트 공작 초상, 우: 유대교당>

- 각 건물들은 같은 듯 다른 듯 조화를 이룬다. 간혹 유독 화려하게 치장한 건물들도 보인다. 그리고 족히 500~600년은 되었을 법한 이 오래된 건물들이 아직도 사람들이 거주하며 생활하는 공간이라는 것도 인상적이다. 이 클래식한 건물을 옷가게로 사용하면서 목조 프레임 사이로 쇼윈도우를 만들어 조명을 밝히는 식으로 과거의 건물을 현대식으로 활용하고 있음에도 전혀 어색하지 않고 흥미롭기만 하다.
- 이런 목골가옥들은 췰너 거리뿐 아니라 주변의 시가지 전체에 산재해 있는데, 췰너 거리가 번화가인 만큼 이곳의 건물들이 가장 정돈이 잘 되어있고 또 가장 인상적이다.
- 췰너 거리와 암 하일리겐 크로이츠 거리(Am Heiligen Kreuz)가 만나는 지점에 첼레에서 가장 오래된 건물이 있다. 첼레의 역사적인 구시가지의 동쪽, 즉 라디오 · 텔레비전(공중파) 박물관(Rundfunk Museum) 바로 옆에 있다. 구시청사에서 여기까지는 도보로 3분 정도 거리에 있다. 1526년에 건축된 것인데, 외벽 색깔이 주변 건물들과는 달리 짙은 녹색인지라 눈에 잘 띈다. 그런데 이 건물은 따로 이름이 없다. 공식적으로도 '가장 오래된 건물(Ältestdatiertes Haus Celles)'로만 불리고 있다. 이 건물의 지상 층은 현재 옷가게로 사용 중이다.
- 첼레 구 시가지에서 목골가옥의 진수를 볼 수 있는 또 다른 곳으로는 췰너 거리 외에 '그로서 플란' 광장도 있다. 정확히는 광장과 거리의 중간쯤 되는 장소인데, 거리가 점점 넓어지면서 자연스럽게 광장이 된 구역이다. 그래서 광장에서 거리를 바라보면 점점 좁아지기 때문에 그 거리 양편을 가득 메운 목골가옥들이 췰너 거리와는 다른 독특한 모습을 보인다. 광장 중앙에는 니

〈좌: 목골가옥 거리, 우: 첼레에서 가장 오래된 건물(중앙)〉

더작센 주의 상징인 백마 문장을 든 사자상이 있다.

3.2. 고슬라르(Goslar)

- 고슬라르는 하르츠 산맥의 북서 줄기와 잘츠기터-회엔추크의 남쪽 끝머리 사이에 위치한다.
- 제2차 세계대전 때 피해를 입지 않은 덕분에 15세기의 독일 목골가옥들을 엿볼 수 있는 유일한 도시이다. 구시가 및 시의 남쪽 변두리에 위치한 옛 라멜스베르크 광산은 유네스코 세계문화유산에 등재된 곳이다.

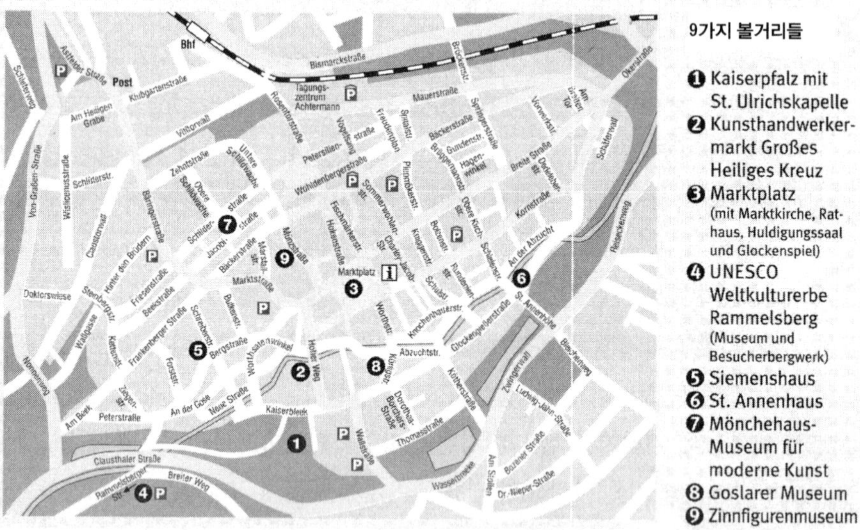

〈시청사[정면건물], 카이저보르트[왼쪽 건물]와 마르크트광장, 시내의 목골가옥〉

- 922년, 부근의 라멜스베르크 광산에서 은광이 발견되며 건설된 도시가 고슬라르. 세계 최대의 구리, 납, 아연 매장량을 갖고 있다. 라멜스베르크 광산은 968년에 처음 문헌에 등장하며 1988년에 가동이 중단되었다. 이후 광산에 박물관이 들어서면서 관광객을 끌어모으고 있다. 그래서 고슬라르는 과거의 황제 거성도시에서 현재의 관광도시로 탈바꿈했다. 11~12세기에 하인리히 3세(1017~1056, 재위 1039~1056)를 비롯한 신성로마제국의 여러 황제가 이 도시에서 기거했다. 그래서 황제거성도시란 명칭이 붙었다. 그것을 증명이라도 하듯 중심가 마르크트 광장에는 독수리 분수가 있다. 독수리는 독일 황제의 상징물. 마르크트 광장에서 주목을 끄는 또 다른 건물이 카이저보르트(Kaiserworth)다. 모직물 상인과 재단사 조합의 길드가 1484년 힘을 합쳐 지은 회관이지만, 벽에 역대 황제의 목조 조각상들을 붙인 까닭에 이런 이름을 얻었다. 1831년부터 이 건물은 식당과 호텔로 사용 중이다.

〈좌: 마르크트광장의 독수리분수, 우: 길드홀〉

- 고슬라르는 13세기에 한자동맹에 가입했다. 1320년 성문화된 도시법은 그 후 다른 도시의 도시법의 모범이 되었다.
- 11세기에 건축한 궁전(19세기에 중수)은 독일 최대의 로마네스크 양식 궁전. 12~13세기의 성당, 14세기의 길드 홀 등 역사적인 건축물들이 많다. 시가를 둘러싼 중세의 성벽과 성문 등 대부분이 잘 보존되어 있다.
- 카이저팔츠(Kaiserpfalz). 신성로마제국의 잘리어 왕가 출신 황제 하인리히 3세가 세운 궁전. 11세기 중엽 로마네스크 양식으로 건축한 것으로, 신성로마제국이 쇠락하면서 궁전도 자연스럽게 허물어졌지만, 1879년에 원래의 모습에 가깝게 복원되었다. 궁전 안에는 성 울리히 예배당(St. Ulrichkapelle)이 있다. 예

〈좌: 카이저팔츠 전경, 우: 카이저팔츠 내부 벽화〉

배당 지하에 하인리히 3세의 심장이 보관되어 있다. 그의 심장은 거대한 석관 속에 보관되어 있다. 그를 따르던 애완견도 황제를 따라 함께 순장하고 황제의 석관 발치에 개의 동상까지 세워두었다. 궁전의 1층은 라멜스베르크 광산에서 채취한 광물들의 샘플, 고슬라르의 역사 관련 자료 등을 전시하는 박물관이다. 2층은 황제의 방 등 복원된 궁전 내부들을 관람할 수 있는 곳이다. 궁전 내부 관람은 유료 입장이다.

- 고슬라르 시청사의 서충실(충성맹세홀, Huldigungssaal). 원래는 1505~1520년 시의회 회의실(Ratssitzungssaal)로 건축된 것이다. 이곳은 후기고딕 양식으로 내부 장식을 한 독특한 보석공간이다. 벽, 천장, 창틀 모두가 판자그림들로 장식되어 있다. 각각의 그림들은 압도적인 고품질 예술작품들이다. 변화무쌍한 덩굴모양의 목공예품이 유일한 벽면판자를 장식하고 있다. 서충실은 수년에 걸쳐 복구되었는데, 현재 이 예술작품은 필요한 보안, 기후, 조명 등의 첨단 기술 덕분에 변질로부터 보호되고 있다.

〈좌: 시청사, 우: 시청사 내 서충실(Huldigungssaal)의 내부인테리어, 1505~1520〉

3.2. 하멜른(Hameln)

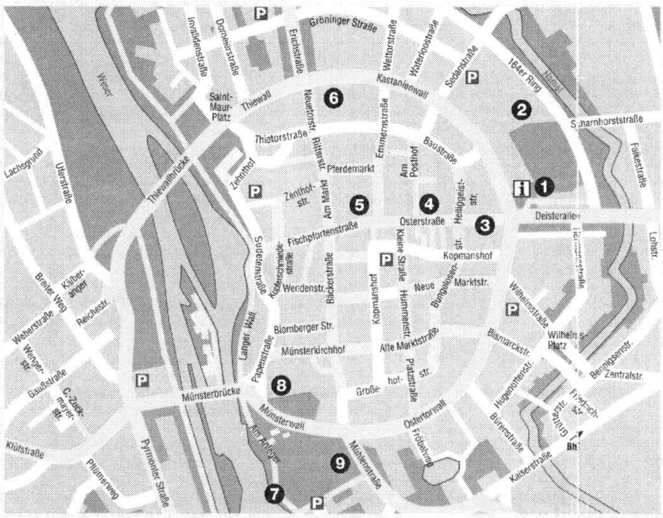

9가지 볼거리들

❶ Tourist-Information
❷ Weserbergland-Zentrum und Theater
❸ 쥐 잡는 사람의 집
❹ Leist- und Stiftsherrenhaus (Museum)
❺ 웨딩하우스
❻ Glashütte
❼ Schiffsanleger
❽ Münster St. Bonifatius
❾ Rattenfänger-Halle

- 고대 작센 족의 주거지였으며, 750년경 그리스도교 포교의 전초 기지가 되었다.
- 1200년경 도시로서의 권리가 인정되었고, 영주가 여러 차례 바뀌는 동안 대체로 독립적인 지위를 누렸다.
- 1426~1572년까지 한자동맹의 일원이었다. 1814년에는 하노버에, 1866년에는 프로이센에 귀속되었다.
- 현재 산업의 중심지로 철도의 분기점이다. 카펫, 화학, 기계, 식품가공 등의 제조업이 활발하다.
- 역사적 건물로는 14세기에 건립된 초기 고딕 양식의 교회, 1568년에 건립된, 그래서 하멜른에서 가장 오래된 여관 라텐크루크(Rattenkrug), 현재 시청사가 된 웨딩하우스(Wedding House:1610~1617년 건립) 등이 있다.
- 하멜른의 민중유혹자 전설(Die Sage vom Rattenfänger von Hameln, '하멜른의 피리 부는 사람'으로 알려짐)의 본향으로 관광객도 많이 찾는다. 흔히 '쥐 잡는 사람의 집(Ratcatcher's House)'이라고 알려진 건물(1602~1603년 건립)에는 이 전설을 묘사한 프레스코화가 장식되어 있다. 이 전설은 1284년 하멜른의 어린이들이 이

곳을 떠난 사실과 관련하여 16세기에 만들어졌다. 이것을 독일 젊은이들이 동부지역을 개척하기 위하여 떠난 사실과 결부시켜 생각하는 사람도 있다. 또 1212년 수천 명의 독일 소년을 데리고 소년십자군 원정에 나섰던 쾰른의 소년 니콜라스가 바로 피리 부는 사람이었다고 보기도 한다.

〈좌: 하멜른에서 가장 오래된 여관 라텐크루크, 우: 피리부는 사람의 집〉

- 쥐 잡는 사람의 집(Rattenfängerhaus): 1602년 돌로 지어진 건물 정면이 완공되었고, 목조건물로 된 '피리 부는 사람의 집'은 이보다 훨씬 이전에 건립되었을 것으로 추정된다. 정면은 하멜른 출신 건축가 요한 훈더토센 또는 1582년부터 1605년까지 하멜른에 거주한 에버하르트 빌케닝에 의해 베저 르네상스 양식으로 시장 헤르만 아렌데스를 위해 건립된 것인데, 정면은 많은 조각들로 장식되어 있다. 박공지붕은 전형적인 베저 르네상스 양식의 소용돌이 장식을 보여주고 있다. 실제로 '피리 부는 사람'(쥐 잡는 사람)이 살지는 않았지만 한쪽에 새겨진 비문 때문에 현재의 명칭으로 불리고 있다. 한 가족의 개인 소장품을 비롯해 목각물, 회화, 지도, 유화 등의 다양한 예술 작품들이 있다. 가장 오래된 그림은 현재는 볼 수 없는 과거의 화려한 건물들을 엿볼 수 있게 한다. 피리 부는 사람의 전설을 묘사해 놓은 프레스코화도 장식되어 있다. 1층에는 레스토랑이 입주해 있다.

3.3. 오스나브뤼크(Osnabrück)

- 독일 역사에서 양차 세계대전만큼 비참했던 전쟁이 '30년 전쟁'이다. 종교개혁 이후 신교와 구교가 대립하던 중 종교를 빌미로 세력싸움이 시작되어 주변 국가까지 가세하여 사실상 현재의 독일 영토 안에서 세계전쟁이 벌어진 것이다. 기나긴 전쟁 중 많은 도시가 황폐화되고, 농업과 상업의 기반이 붕괴되고, 많은 사람이 죽어야 했던 비극적인 전쟁이었다.
- 신교와 구교는 전쟁을 끝내기 위해 '베스트팔렌 조약'을 체결했다. 사실상 종교의 자유를 인정한 것이다. 당시 감정의 골이 극에 치달았던 신교와 구교는 협상 장소를 정하는 것부터 의견 대립이 상당했다. 결국 신교의 도시와 구교의 도시가 인접한 곳에서 각각 협상을 체결하기로 했다. 그래서 베스트팔렌 조약은 두 곳에서 체결될 수밖에 없었다. 그 중 신교의 도시에 해당되는 곳이 바로 오스나브뤼크이다.
- 그 '평화의 도시' 오스나브뤼크는 독일 서북부 국경 근처에 위치한다. 프랑크 왕국의 카를 대제 때부터 도시가 형성되었다. 이후 주변의 브레멘, 하노버 등과의 적극적인 교역으로 부강해졌다. 한자동맹의 일원이 된 14~15세기가 이 도시의 전성기였다. 당시 형성된 구시가지는 오스나브뤼크 관광의 핵심이자 전부다.
- 성 페터 대성당(Dom St. Peter). 구시가지에 우뚝 솟은, 구시가지의 상징이다. 특이하게도 두 첨탑의 높이와 두께가 다른 비대칭 구조다. 내부 역시 육중한 카리스마를 뽐내는 것은 마찬가지. 규모가 큰 대성당이지만 화려한 치장

〈좌: 성 페터 대성당, 우: 시청사〉

을 극소화하고 자연 채광을 극대화한 구조가 인상적이다. 천장에 달린 황금 십자가와 정면의 제단 정도만 금빛을 발산하지만 화려하기보다는 장중한 느낌이다. 최초의 성당은 카를 대제가 이곳에 교구를 설치한 지 15년이 지난 785년에 건축되었다. 노르만 바이킹이 100년 후 이 성당을 파괴했다. 현재의 모습은 1100년경 대화재로 대성당이 소실된 후 재건된 것에 기초한 것이다. 가장 오래된 건축물은 로마네스크 양식의 방형첨탑, 북쪽 파사드, 로마네스크-고딕 양식의 서쪽 파사드이다.

- 마르크트 광장. 대성당과 이어진 거리가 점점 넓어지면서 마르크트 광장이 나타난다. 그래서 시청사 쪽에서 광장을 바라보면, 멀어질수록 광장이 좁아지는 모습이다. 시청사와 성모교회, 빼곡하게 늘어선 중세 건물들, 울퉁불퉁한 벽돌 바닥 등 마르크트 광장은 독일의 전형적인 구시가지의 색채를 엿볼 수 있는 매력적인 공간이다. 1512년에 후기 고딕 양식으로 건축된 시청사는 베스트팔렌 조약(1648년)이 체결된 장소로도 유명하다. 건축은 15년 이상 걸렸다. "구 도시에 신시청사"란 표현에서 알 수 있듯이 이 건물은 당시에는 꽤 현대적인 시설물이었다. 그러나 오스나브뤼크 시민들은 시대정신을 따르면서도 건축 기금마련 때문에 세금이 인상되자 정치권력에 맞서는 데모도 불사했다. 시청사는 18m 높이의 물매지붕(Walmdach)이 독특하다. 그 지붕 끝자락에 6개의 첨탑이 있다. 양쪽에서 올라갈 수 있는 입구 개단은 출입구로 이어진다. 문고리에는 비둘기 모양과 1648이란 연도가 새겨져 있다. 방문객들은 1633년 오스나브뤼크 시의 모델 외 베스트팔렌 조약이 체결된 '평화의 방'도 관람할 수 있다. 입구 위의 동상은, 중앙이 카를 대제의 것이고 양쪽으로 신성로마제국의 황제들이 줄지어 있다. 마르크트 광장에는 오스나브뤼크의 상징과도 같은 조각 분수가 있다. 이 지역 출신의 석공이자 조각가인 한스 게르트 루베(Hans Gerd Ruwe)가 1986년에 완성하여 오스나브뤼크 시민들에게 헌정한 시민 분수이다. 오스나브뤼크

의 시대별 주요 사건들이나 도시의 상징적인 건물들을 묘사한 조각과 분수를 결합한 것이다. 분수 꼭대기에는 신성로마제국의 바르바로사 황제가 증서를 들고 있다. 오스나브뤼크의 어제와 오늘을 한 눈에 조망할 수 있는 곳이다.

3.4. 뤼네부르거 하이데와 뤼네부르크

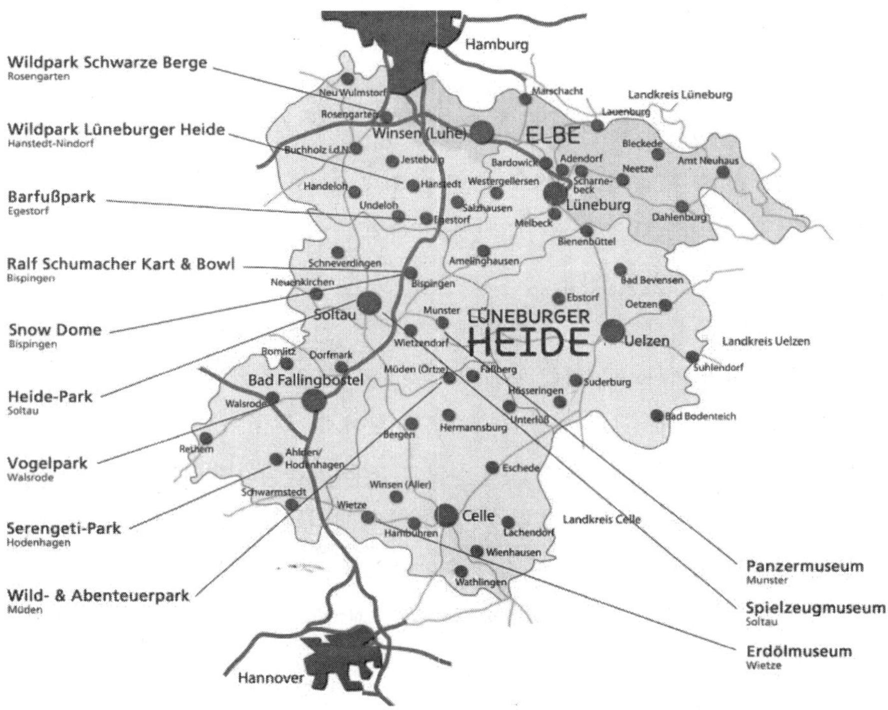

- '하이데(Heide)'란 단어의 의미에서 알 수 있듯이 수많은 수풀, 습지, 공원, 박물관들이 있다. 중세 때 이곳에서 생산된 소금으로 부를 누린 곳이기도 하다. 뤼네부르거 하이데의 중심도시인 뤼네부르크는 역사적인 소금 도시이자 한자동맹 도시인 동시에 멋진 풍경을 갖춘 도시이기도 하다.

■ 뤼네부르크(Lüneburg)

- 중세 시대의 정취와 바(Bar), 소금, 삶의 즐거움이 있는 도시
- 엘베 강과 하이데 사이에 위치한 목가적 도시

- 1,000년 이상의 역사를 간직한 도시인만큼 북부 독일의 가장 아름다운 도시 중 하나이다. 더구나 이 도시는 제2차 세계대전에서 피해를 입지 않은 덕에 중세 시대의 도시 모습을 고스란히 간직하여 세계인의 주목을 받는 곳이기도 하다. 뤼네부르크는 대학 도시(로이파나 대학(Leuphana Univ.))이기도 하고 독일에서 바가 가장 많은 도시 타이틀도 갖고 있다. 관광객은 뤼네부르크 곳곳에서 소금 양념이 된 도시의 역사를 느낄 수 있다. 1000년 이상 염전에서 소금이 생산되었고, 조미료 맛을 내는 '백금' 상업을 통해 높은 명망을 누린 곳이기 때문이다. 뤼네베르크는 베르겐과 비스뷔, 뤼베크 등과 함께 한자동맹의 가장 중요한 부자 도시였다. 과거 염전이었던 곳에는 독일 소금 박물관이 들어섰다. 중시 시대부터 현재까지 소금에 관한 모든 것을 알 수 있는 곳이다. 중세 때 이메나우 항구의 역사적 하역용 크레인과 오래된 크레인은 소금 매매에 사용된 것인데, 오늘날까지도 뤼네부르크의 상징물로서 온갖 용품들에 새겨져 있다.
- 도시의 구시가지는 야외 박물관을 닮았다. 선사 시대부터 1945년까지 동프로이센의 역사와 문화를 체험할 수 있는 동프로이센 주립 박물관이 있는가 하면, 그 옆에는 1200년간의 술잔들만 모아서 전시한 북부독일 양조장 박물관이 있다. 구시가지에서 외곽 쪽으로 조금만 걸어가면 1172년에 세워진 뤼네 베네딕트 수녀원이 있다. 이 수녀원은 과일나무들과 고목들이 즐비하여 사막이 아닌 밀림 속의 쾌적한 오아시스에 온 듯한 착각을 하게 만드는 곳이다. 구시가지 남쪽에는 영국공원을 본떠 만든 자연 상태공원인 쿠어공원이 있다. 이곳은 지금까지도 염천수가 솟아오르는 뤼네부르크 염수 온천인 'SaLü'(Salztherme Lüneburg)와 맞닿아 있다. 소금 가지에서 떨어지는 물을 맞고

〈좌: 소금박물관, 우: 하이드슈누케〉

소금 안개처럼 뿜어져 나오는 공기를 들이마시면 폐를 건강하게 해준다는 속설도 있다. 뤼네부르크는 예나 지금이나 소금에 살고 소금으로 살아가는 중세풍 도시임에 틀림없다.

■ 뤼네부르거 하이데

- 곳곳에는 하이드슈누케(Heidschnucke)라고 불리는 독특한 양들이 서식하고 있다. 잿빛 뿔을 가진 하이드슈누케의 머리는 쥐색이면서 유별나게 길고, 다리, 꼬리, 두상은 검정색이고, 새끼 양은 검정색으로 태어나서 2살이 되면 어미의 색깔로 바뀐다. 물론 흰색 변종도 있다. 이 두 종류는 모두 2개의 뿔을 가지고 있다. 매년 7월 두 번째 목요일에 뮈덴에서 하이드슈누켄의 날(Heidschnuckentag)이 열리는데, 검증을 거친 싱싱한 수컷들이 사육사와 구경꾼들에게 공개된다. 가장 좋은 양들이 최고의 가격을 받게 된다. 이어지는 경매에서 하이드슈누켄 수컷들의 가격은 한없이 치솟을 수도 있다.
- 슈타인후더 호수(Steinhuder Meer). 하노버 근처에 위치. 이 호수는 아주 얕아서 새들의 중요한 산란장이기도 하다.
- 베저베르크란트(Weserbergland). 낮은 언덕과 작은 계곡들이 여러 실개천, 강들과 어우러져 있다. 교회와 수도원들도 널려있다.
- 니더작센 주의 가장 중요한 강들: 엘베(Elbe), 알러(Aller), 베저(Weser), 엠스(Ems) 강.

[4] 니더작센 풍차가도(Niedersächsische Mühlenstraße)[60]

- 니더작센 주가 독일의 해상풍력발전산업을 주도하고 있는 것도 우연이 아니다. 과거에 이미 이에 버금가는 풍차산업이 활발했기 때문이다. 그 흔적을 찾아서 만든 가도가 풍차가도이다.
- 풍차가도는 북해, 엘베 강과 베저 강 사이에 260km 정도의 규모로 조성되어 있다. 풍차 마니아들은 니더작센 풍차가도를 따라 100개 이상의 풍력과 수력 풍차들을 경험할 수 있다. 이 가도에는 수많은 숨겨진 보물들도 있다.

---

60) 이 장은 주로 다음의 자료를 참고하였음.
http://www.economyinsight.co.kr/news/articlePrint.html?idxno=1175
www.niedersaechsische-muehlenstrasse.de

〈좌: 풍차가도 표지판, 우: 네덜란드 국경 근처의 풍차〉

- 네덜란드 국경 근처에는 네덜란드보다 더 많은 풍차들이 있다. 노르트라인-베스트팔렌 주의 〈라인란트: 라인 강 서쪽에서 네덜란드 국경까지〉에는 19세기 중엽까지만 하더라도 300여 개의 풍차들이 있었다고 한다. 지금도 65개나 남아 있다. 네덜란드의 유명한 〈잔제 스칸스〉 풍차마을이자 민속마을도 풍차가 6개 밖에 없다.

독일 풍력에너지의 유구한 역사

- 독일의 풍력발전은 그 어느 때보다 높은 관심과 논쟁의 대상이 돼왔다. 그러나 이 관심과 논쟁은 사실은 유구한 역사를 지녔다. 그 역사를 이해하는 것이 미래 그린에너지 산업을 이해하는 한 열쇠가 된다. 풍력에 대한 찬반 논쟁은 아직 끝나지 않았지만, 풍력은 점차 미래의 대안에너지로서 자기 자리를 찾아가고 있다.

▸증기기관이 발명되기 이전은 풍력의 '최고 전성기'

- 19세기만 하더라도 풍력은 지극히 자연스러운 동력원이었다. 독일제국의 통계수치에 따르면, 1882년 독일은 풍차를 1만8901개나 운영하고 있었다. 당시 유행하던 로마네스크 양식의 유화에 셀 수 없이 등장하는 풍차는 시골의 평화로운 삶의 정서를 그대로 전달했다. 풍차 개수는 19세기 말에 최고치를 기록했다. 풍차의 건설과 운영은 오랫동안 군주와 교회의 감독과 규제를 받아왔다. 그러나 19세기 들어 인구가 급속하게 증가하면서 밀가루 수요가 늘

어나자, 밀을 가루로 만드는 데 쓰는 풍차에 대한 규제 완화가 시급해졌다. 이후 증기기관이 풍차의 급속한 성장세를 꺾을 때까지 풍차는 기하급수적으로 늘어났다. 하지만 19세기 말 동력에 의한 밀가루 제분소가 생겨나면서 풍차는 급속도로 쇠퇴했다.

- 물론 풍력에너지의 역사는 이보다 훨씬 더 오래됐다. 풍력에너지의 시초는 기원전 1750년 바빌론으로 거슬러 올라간다. 바빌론에는 미니 풍차로 돌아가는 일종의 오르골과 유사한 대형 악기가 있었다. 고대 중국과 페르시아에서는 풍차날개와 풍속계가 사용되었다. 13세기 풍차는 이미 대중에게 익숙한 동력원이었으며, 유럽에서 산업화 시대 이전에는 풍차가 중요한 동력원이었다. 이때까지 풍차의 일반적인 구조는 풍차 몸체를 기준으로 위에는 면소재 돛으로 만들어진 풍차날개가, 아래에는 바람 방향에 따라 회전하는 받침대가 있었다. 이후 네덜란드 출신 엔지니어이자 풍차건조자이던 얀 아드리아손 레그바터(Jan Adraaaszoon Leeghwater, 1575~1650)가 1736년 발명한 네덜란드 양식 풍차로 일대 변혁을 일으켰다. 이제는 전체 풍차가 아니라 윗부분의 풍차날개만 회전하게 됐다.
- 물레방아와 더불어 '순수' 풍차도 발전을 거듭했다. 미국의 엔지니어 대니얼 핼러데이(Daniel Halladay, 1826~1916)는 1853년 최초로 물을 퍼올리는 용도의 풍차 모델(farm windpump)을 설계하면서 이 분야의 선구자가 되었다. 핼러데이가 설계한 풍차는 수직축에 설치된 카누용 노 모양의 날개 8개로 구성되며, 이외에 수평으로 조립된 추가 풍차를 자동으로 이상적인 방향으로 회전시킨다. 핼러데이의 일리노이 주 'US윈드 엔진 펌프컴퍼니'는 날로 번창했다. 그리고 1876년 필라델피아에서 개최된 세계풍차전시회는 국제적으로 풍차에 일대 변혁을 일으켰다. 미국의 풍차 기술은 유럽으로 이전되기 시작했고, 20세기 초반 미국과 오스트레일리아에 설치된 소형 날개바퀴 수가 수백만 개에 달했다. 날개바퀴의 에너지로 양수 · 배수뿐만 아니라 전력도 생산됐다.

▸ 나치도 풍력발전에 높은 관심을 보였다.

- 독일 니더라인 지역의 뫼어스 출신 기계제작자 아돌프 피퍼(Adolf Pieper)는 "대기 기류에 엄청난 에너지가 매장되어 있다"고 표현했다. 피퍼는 1900년경

지름이 최대 18m에 달하는 풍차(Windsheel)를 개발했고, 이를 '저렴한 동력'으로 높이 평가했다. 값비싼 전력을 생산하는 풍력은 시간이 지날수록 선풍적 인기를 모았다. 후일 영국의 물리학자 윌리엄 톰슨은 1881년 자연에너지원에 대한 유명한 강연을 했다. 강연에서 석탄의 유한성을 경고하면서 풍력이 주요 동력원이 되는 시대가 도래할 것이라고 내다봤다. 납축전지가 발명되어 풍력으로 생산된 에너지를 저장할 수 있게 됐다.

- 풍차는 20세기에도 석탄 고갈 위험과 에너지 부족에 대비한 방안으로 계속 연구됐다. 심지어 나치도 풍력발전에 관심을 가졌다. 거대한 것을 광적으로 신봉하던 나치는 베를린에 거주하는 바덴 출신의 발명가이자 풍력에너지 개척자 헤르만 호네프(Hermann Honnef, 1878~1961)의 계획에 열광했다. 독일국가사회주의노동당 당 기관지는 1932년 2월호에 호네프의 계획을 "현 경제 상황을 총체적으로 변혁시킬 엄청난 프로젝트"라고 보도했다. 호네프는 '석탄연료의 고갈'을 경고하면서, "농부들이 추가 수확을 할 수 있도록 풍력에 의해 생산된 전력을 들판에 공급하겠다"고 했다.
- 호네프는 기존 풍차와 달리 높은 대기층의 풍력을 이용하려 했다. 높이 250m 탑에 지름 60m인 풍차 여러 대에 맞먹는 용량을 가진 대규모 풍력발전소를 대도시 중심부에 건설하는 것이었다. 그는 "풍력에너지로 국가 전체에 대규모 전력을 공급할 수 있다"고 열성적으로 선전했다. 히틀러가 호네프의 풍력발전소 계획에 관심을 보였지만, 함부르크와 베를린에 건설하려던 거대한 풍력발전소는 끝내 실현되지 못했다.
- 제2차 세계대전 이후 유럽 복구와 더불어 유럽 전역에서 에너지 수요가 증대했다. 영국 · 프랑스 · 덴마크 · 네덜란드는 다시 풍력에너지 연구를 집중적으로 추진하지만, 1950년대에 원자력에너지가 르네상스를 맞이하면서 여타 에너지원은 뒷전으로 밀려났다. 독일의 풍력발전소 또한 기나긴 불황의 시대에 접어들었다. 원자력발전소 연구기금은 계속 증액되었고, 1979년까지 원자력발전소 연구예산액은 총 연구 예산액의 60%까지 늘어났다. 반면 태양열에너지, 풍력에너지 등 여타 그린에너지에 대한 연구예산액은 4%에 불과했다.
- 하지만 대형 풍력발전소의 높은 경제성 때문에 에너지 공급업체들은 풍력에 여전히 매력을 느끼게 되었다. 미국은 풍력에너지에 대해 '싱크빅'(Think big!)

〈좌: 그로비안, 우: 미니그로비안〉

이라는 광고 문구를 사용했다. 1979년 미국항공우주국 나사(NASA)는 노스 캐롤라이나에 지름 61m의 세계에서 가장 큰 풍력터빈을 가동시켰다. 그러자 이에 질세라 독일은 1976년 6월 아헨 인근의 율리히 핵에너지 연구소에서 과학연구부 주관으로 구성된 30명의 연구원들이 대형 풍력시설을 건설하기로 했다. 그러나 이 프로젝트는 당시 화폐로 무려 9천만 마르크를 투입했음에도 처참하게 실패했다.

▸ 무너져 내린 100m 거대 풍차의 꿈

- '그로비안(Growian)'이라 부른 이 프로젝트는 시작부터 삐걱거렸다. 에너지 공급 업체에서는 세계에서 가장 큰 풍력발전소라고 해서 무조건 지원할 생각은 없었다. 지연을 거듭한 끝에 그로비안은 1983년 2월 완공됐다. 독일 슐레스비히-홀슈타인 주 디트마르쉬 지역의 카이저 빌헬름 코그(Kaiser-Wilhelm-Koog)에 대형 그로비안이 건설되었다. 그로비안은 높이 100m, 양 날개 길이 50.2m로 총중량이 420t에 달했다. 그로비안의 출력은 3MW로 풍력에너지의 선도국가 덴마크의 최대 규모 풍력설비보다 무려 50배나 크다.
- 그로비안의 짧은 운영 기간도 뼈아픈 실패의 연속이었다. 바퀴통 균열, 날개 파열, 로터모터의 가열 현상과 원인 모를 기기 오류 등 문제가 끊임없이 발생했다. 끊임없이 보수를 거쳤지만, 그로비안은 정상 가동 후 불과 331시간 만인 1988년 여름에 결국 철거됐다.

- 하지만 그로비안이 완전히 헛된 노력은 아니었다. MAN은 1979년 봄 그로비안을 건설하기 전 연습용으로 넓이 11m 로터(회전자)인 일종의 미니 그로비안인 '에어로만'(Aeroman)을 건설했다. 진동하는 탑이 설치된 소형 풍차는 기술표준이 되었으며, 전 세계로 470회 수출됐다.
- 진정한 '풍력 르네상스'가 시작된 것은 원전에 대한 들뜬 분위기가 가라앉고 새로운 대안으로 그린에너지에 대한 관심이 재고되면서부터다. 덴마크가 선두다. 1986년 원자력산업의 미래이던 체르노빌 원전사고가 터졌을 때, 덴마크에는 1200개에 달하는 상업 풍차가 가동 중이었다. 독일에는 전문적 풍차 설비가 기껏해야 최대 50개에 불과했다.
- 덴마크는 1985년 에벨토프트 카테가트 해협 인근의 길이 800m 방파제에 세계 최초의 해양풍력공원이 문을 열었다. 해양풍력공원의 풍차 16개는 인구 4천 명이 사용할 수 있는 전력을 공급했다. 덴마크는 미국 캘리포니아 등지의 해양풍력공원 수출에도 큰 성공을 거두었다. 미국 외 지역에서도 풍력에너지 시장이 형성되었다.
- 독일의 경우 1990년 12월 7일에 결의된 '전력 공급법'과 10년 뒤 게르하르트 슈뢰더 총리의 사민당-녹색당 연정에 의해 전력공급법이 확대된 재생에너지법은 풍력발전의 토대가 됐다.

▸ 리우 환경 회의 이후 풍차 수 10배 증가

- 브라질 리우 지구정상회의를 계기로 독일의 풍력에너지는 초기 지원을 받게 되었다. 1992년 리우 지구정상회의는 기후변화를 전 지구적 담론으로 만들었으며, 깨끗한 풍력에너지와 태양열에너지의 의미는 더욱 커졌다. 1990년대 말경 독일의 풍차 수는 무려 10배로 늘어났다. 그리고 최초의 풍력공원과 풍력에너지에 재정지원을 했다. 독일의 재생에너지법은 얼마 지나지 않아 국제적으로 이목을 끌게 됐다. 지금까지 총 61개국이 독일의 재생에너지법을 모델로 한 법을 통과시켰다. 독일의 재생에너지법은 태양열, 풍력에너지, 바이오매스에 대한 합리적 초기 재정지원의 세계적 기준이 됐다.
- 1992년 전기공학자 알로이스 보벤이 구동장치 없는 풍력기(wind turbine)를 개발했다. 이는 일대 변혁이었다. 보벤이 개발한 진일보한 풍력바퀴는 얼마 지나지 않아 '풍력산업의 메르세데스'로 불리게 되었다. 보벤이 집 주차장에서

시작한 구멍가게 수준의 에너콘회사(Enercon)는 세계 상위 5대 기업으로 성장했다.

- 풍력산업은 일자리 창출의 일등공신이기도 하다. 한국 등에 밀려 쇠퇴한 독일 조선업계는 선박 건조 대신 풍력발전용 날개를 제조하고 있다. 독일 정부는 2020년까지 북해와 발트 해에 40개의 해양풍력단지가 건설되면 약 3만 개의 일자리가 창출될 것으로 전망한다. 2030년까지는 약 1200만 가구에 해양풍력을 통해 생산한 전력을 공급할 수 있을 것으로 예측한다.
- 이 야심찬 계획의 중심에 브레머하펜이 있다. 해양풍력의 베이스캠프로 브레머하펜이 최적지로 꼽히기 때문이다. 해양풍력 항만은 대형 부품의 보관 및 조립이 가능한 넓은 용지와 초중량 화물용 크레인 등이 필수이다. 이러한 입지 요건을 기반으로 10년 전부터 해상풍력을 신 성장 동력으로 삼은 브레머하펜 시는 독일 최대 해양풍력발전 생산업체인 리파워와 아레바의 조립시설 유치에 성공했다. 브레머하펜은 수출입을 위한 기존의 항구 시설을 해양풍력발전용으로 개조 중이다.
- 독일 풍력산업의 경쟁력은 어디에서 온 것일까? 풍부한 연구개발 인프라이다. 브레머하펜 외곽의 풍력발전시험단지에 위치한 '파워윈드'사는 중소형 풍력발전기 제조업체. 이 업체는 발전용량이 900kW인 '파워윈드56'을 2008년 이후 현재까지 독일 외 미국, 이탈리아, 폴란드, 루마니아, 불가리아, 아제르바이잔 등에 100기 이상을 설치했다.
- 독일은 해양풍력연구에서는 후발주자였다. 덴마크의 리소연구소, 네덜란드의 에너지연구센터와 같은 신재생에너지 분야 대형 연구소가 없어서 연구개발 역량이 국가적으로 결집되지 못했기 때문이다. 그래서 만들어진 것이 브레머하펜의 프라운호퍼 풍력 및 에너지시스템연구소. 이 연구소는 정부, 기업, 연구소 간의 협력을 조율하는 역할을 맡기도 했다.
- 이러한 산학연 협력은 독일 해양풍력의 핵심 경쟁력이다. 아레바와 리파워 같은 대형 업체들은 인근 대학의 '풍력에너지공학과'와 활발히 교류하고 있다. 풍력시장이 미래 성장산업으로 떠오른 현재 독일은 첨단기술과 고부가가치 친환경 에너지원인 해양풍력산업에 집중하고 있다.

11
브레멘(Bremen)

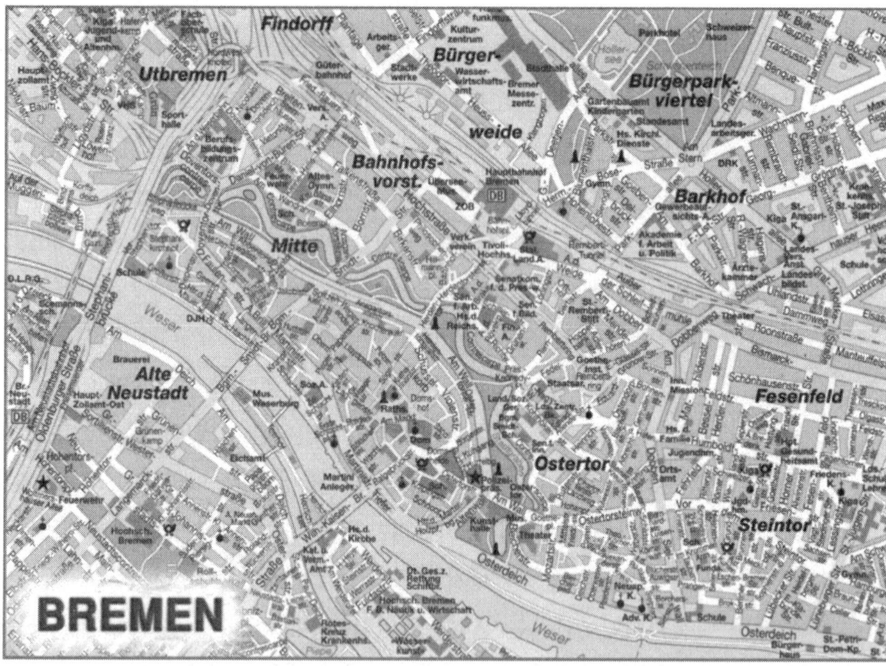

1200년 전에 카를대제가 브레멘 주교를 임명했다. 브레멘 마르크트 광장은 1100년 전부터 있었고, 800년 전부터 시의 권리가 주어졌다. 이처럼 유구한 역사를 가진, 유럽에서 가장 오래된 이 도시공화국은 자치권을 수백 년 이상 지킬 수 있었다. 브레멘은 현대적인 대도시이기도 하다. 곳곳에 산재한 건축물들에서 이런 면모를 확인할 수 있다. 540,000여 명의 시민이 살고 있는 브레멘은 독일이 말하는 대도시 중 한 곳으로서, 브레머하펜과 함께 가장 작은 연방주를 이루고 있다. 브레머하펜 항구는 도시 브레멘을 양분하고 있는데, 함부르크에 이어 독일에서 두 번째로 큰 항구이기도하다.

1. 자연을 품은 브레멘

이곳 베저 강 외곽은 19세기 초 건설 당시에는 한자도시 브레멘이 지속적으로 바다에 접근할 수 있는 단순 길목 역할을 하던 곳이었다. 그러나 지정학적인 중요성과 역동적인 교역량의 증가로 길목의 기능을 넘어 고속 성장을 하게 되었다. 1847년 브레머하펜은 유럽과 아메리카 간 최초 증기선 정기노선의 종점이 되었다. 곧이어 운송 화물과 해외이주민 사업이 활발해지면서 경제적으로 엄청난 도약을 했다. 도시체제를 갖춘 때는 1851년이었다. 결정적인 영향은 당시 세계 최강의 선박회사로 부상한 브레멘 선박회사 '노르트도이처 로이드'에 의한 발전이었다. 그동안 고속성장의 모델이 된 북해 연안의 이 항구는 복합 서비스 산업 중심지로 탈바꿈하였다. 해상무역, 어업, 조선업 외 R&D와 관광업도 중요한 경제 요인이 되었다.

1947년부터 브레머하펜은 연방주 브레멘에 귀속되면서 니더작센 주의 영토로 인해 진기한 두 도시 주로 불리고 있다. 브레멘 시의회의 100석 중 20석은 이 해안도시의 의원들 몫이다.

〈좌: 브레멘 시청사(왼쪽)와 성 페트리 대성당(중간), 시의회(오른쪽), 우: 브레머하펜 전경〉

▸ 일반

- 독일에서 가장 작은 연방 주. 특별시 브레멘은 독일 북부의 니더작센 주에 안겨있다. 항구도시 브레머하펜과 자유 한자도시 브레멘(Freie und Hansestadt Bremen)으로 구성되어 있다. 주청사는 브레멘에 있다. 브레멘과 브레머하펜

은 서로 60km나 떨어져 있어서 하나의 연방 주가 둘로 나눠진 유일한 곳이다. 베저 강이 이 도시들을 연결하고 있다. 베저 강이 브레멘을 거쳐 북해의 브레머하펜으로 흘러들기 때문이다.

면적: 325,42 km²
인구: 565.719명(2016년)
차량번호: HB

▸문장

- 은색 열쇠는 사도 바울 상징. 사도 바울은 브레멘 대성당의 수호성자.

▸주기

- 한자동맹의 색깔들인 빨강과 흰색으로 구성되어 있다. 일상어로 베이컨 깃발이라고도 한다. 주의 정체 깃발은 중앙에 열쇠와 3 마리 사자가 있는 깃발 문장을 포함한다. 업무용 깃발은 열쇠 깃발만 사용한다.

▸도시의 두 가지 상징물

- 롤란트 석상. 기사가 검을 들고 있고 시청 광장에 있다. 이 석상은 이 도시민들에게는 자유의 상징이자 이 도시의 독립의 상징이기도 하다.
- '음악대', 이 동화와 관련된 동상도 브레멘 구 시청사 옆에 있다. 이 동화는

〈좌: 브레멘 음악대, 우: 브레멘의 롤란트 상〉

닭, 고양이, 개, 당나귀가 그리는 음악 모험 이야기이다. 그러나 이들 동물은 브레멘에는 오지 않았다.

▶ 지형

- 면적만으로는 독일에서 가장 큰 도시 중 하나이다. 브레멘과 브레머하펜 두 도시로 구성되어 있지만 자연도 풍부하다. 이 연방 주를 가로지르는 가장 큰 강은 베저 강. 그러나 브레멘에는 뷔메(Wümme, 레줌 강의 수원), 게스테(Geeste, 베저 강의 마지막 지류로서 브레머하펜으로 흘러감), 레줌(Lesum, 브레멘 시내의 베저 강 오른쪽 지류), 오흐툼(Ochtum, 베저 강의 왼쪽 지류) 등의 강들도 있다. 이 강들의 연안을 따라 경작지가 있다. 게다가 자연보호로 지정된 초원지대도 있다.
- 브레멘과 브레머하펜의 항구 전체가 독일에서 두 번째로 큰 해항이기도 하다. 이곳에서는 주로 자동차, 생선, 커피가 운송된다. 거대한 컨테이너 터미널에는 상품들이 대형 크레인으로 화물선에 적재된다. 브레멘에는 제철소와 제련소 외 자동차, 항공기, 식품을 제조하는 대형 공장들도 몰려있기 때문이다. 이 해항은 독일에서 가장 중요한 어업항구 중 하나이기도 하다.
- 다임러 회사(Daimler AG)는 이 도시에서 가장 큰 사기업이다. 이 회사는 특히 C-클래스, T-모델, SL-로드스터 자동차를 생산한다. 근처에 수많은 하청업체들이 입주해 있다. 이 중 가장 큰 업체가 헬라 그룹의 헬라자동차부품회사이다. 이 회사 근처(제발트브뤼크 구역)에는 독일철도청(Bundesbahn)의 철도공장이 있다.
- 조선과 제철 산업은 지난 몇 십 년 동안 구조조정을 겪었다. 수많은 회사들 중 두 대형 조선소 베저 주식회사(AG Weser)와 브레머 불칸(Bremer Vulkan)만 살아남았다. 이와는 달리 항공 우주 산업은 함께 변화를 겪으면서 브레멘을 서비스와 하이테크 도시로 변모시켰다.
- 브레멘은 식품 분야에서도 선도적인 위치를 차지하고 있다. 육가공품회사 비타크라프트(Vitakraft), 노르트밀히(Nordmilch), 쾨네케(Könecke)와 초콜릿회사 하케츠(Hachez, 하세스라고도 함)의 본점이 이곳에 있다. 유명한 벡스 맥주회사(Beck & Co., 회사 소유주는 벨기에의 뤼벵에 본사를 둔 Anheuser-Busch InBev임), 켈로그와 크라프트 푸드, 밀카 초콜릿의 지점도 있다.
- 특히 독일에서 가장 많이 팔리는 맥주 중 하나인 벡스 맥주의 원산지는 브

레멘이다. 그래서 브레멘에 있는 벡스 공장에서 제공하는 공장 견학 투어도 인기 상품이다. 벡스 공장 방문자 센터에서 출발하는 공장 투어는 2시간 정도 걸리는데, 벡스 맥주, 브레멘과 그 주변에만 유통되는 로컬 맥주 하케-벡(Haake-Beck) 맥주의 역사와 제조 박물관, 양조시설, 저장고 등을 관람할 수 있다. 투어가 끝난 뒤에는 공장에서 갓 양조한 세 종류의 맥주를 무료로 시음할 수 있다.

2. 역사를 품은 브레멘

- 8, 9세기, 브레멘의 기원은 이 도시가 주교령이 된 시기로 거슬러 올라간다.
- 780년. 카를 대제가 앵글로색슨인 선교사 빌해드(Willehad, 원명은 Vilhaed, 740~789, 770년부터 프리슬란트와 작센 지역 선교사, 787년부터 브레멘 주교)를 브레멘으로 파견한다. 782년 브레멘이 처음 역사에 등장한다. 빌해드가 787년 브레멘의 주교가 되면서 브레멘은 주교좌 도시가 된다.
- 965년. 관세권과 조세권을 획득한다.
- 1035년. 브레멘은 잘리어 왕가 출신의 신성로마제국 황제 콘라트 2세(990~1039, 재위 1027~1039) 때부터 봄과 가을에 시장을 열 수 있는 권리를 얻는다. 가을시장은 오늘날까지 유지되고 있는데, 프라이마르크트(Freimarkt ['노천시장'])가 그것이다.
- 1186년. 시민들이 특허장의 승인에 따라 시민공동체(universitas civium) 연합을 구성한다. 1225년에는 집정관으로 구성된 시의회가 존재한다. 이 시의회에서는 시민에게 적용되는 시민법을 마련한다.
- 1303년. 최초의 브레멘 도시권리인 "Statut['규약']"에 관한 기록이 있다.
- 1350년. 페스트가 브레멘에도 맹위를 떨친다. 도시 인구의 1/3에 해당하는 7000여 명이 사망한다.

〈좌: 브레멘에 파견된 선교사 빌해드, 우: 1600년경 브레멘 마르크트 광장의 옛 모습〉

- 1358년. 한자 동맹에 합류한다. 브레멘 상인들이 플랑드르, 영국, 스칸디나비아와 활발한 무역을 추진하며 경제적, 정치적 힘을 가지게 된다.
- 1404/1405년. 1366년에 불타버린 목재 롤란트 동상 자리에 현재의 롤란트 석상이 건립되고, 이후 자유도시 브레멘의 상징이 된다. 일 년 후인 1405년 고딕양식의 시청사가 건립되기 시작한다.
- 1545년. '하우스 제파르트(Haus Seefahrt'['해운재단']) 건립. 이후부터 현재까지 매년 브레멘 항해선장들과 상인들 간의 결속을 다지는 '샤퍼말차이트'(Schaffermahlzeit, '항해선장들의 향연')가 열린다. 아래의 왼쪽 그림은 1663년도의 해운재단 정문이고, 오른쪽 그림은 1867년에 해운재단에서 열린 항해선장들의 향연 모습이다. 항해선장들의 향연은 해운재단에서 조직된 브레멘 상인들과 선장들의 최대 전통축제인데, 1952년부터는 제단건물에서 개최되지 않고 브레멘 시청사의 2층 회관에서 매년 2월에 개최되고 있다.

- 1580년. 이 무렵에 슐라흐테(Schlachte, 브레멘 구도심지의 베저 강변에 위치한 강변산책로) 지역에 신 항구로 부설된다.
- 1600년. 경제적, 문화적 전성기를 누린다. 쉬팅 지역, 시청사 파사드 등이 탄생한다.
- 1646년. 공식적으로 자유 제국 도시로 승인받는다.
- 1744년. 브레멘 인구가 약 28,000명에 육박한다.
- 1776년. 미합중국 독립: 브레멘 상인들이 대서양 횡단 무역을 시작한다.
- 1802년. 요새성벽과 성루가 철거되고, 성벽시설물이 탄생한다.

〈1405년부터 짓기 시작한 구 시청사의 파사드 모습(1683년 초)〉

- 1806년. 신성로마제국의 해체로 브레멘은 자유 한자도시로 불린다.
- 1827년. 브레멘은 하노버왕국(1814-1866)으로부터 해선(海船) 항구 시설용으로 헤스테 강어귀의 북쪽 강변 지역을 확보하여 브레머하펜을 건설한다.
- 1847년. 하노버 행 철도노선 개통으로 브레멘이 철도망과 연결된다.
- 1857년. 상인 헤르만 헨리히 마이어(Hermann Henrich Meier, 1809~1898)가 〈노르트도이처 로이드 선박회사(Norddeutscher Lloyd)〉를 창건한다.
- 1872년. 베저 주식회사 창건. 나중에 브레멘 최대 조선기업이 된다.
- 1926년. 뵈트허거리(Böttcherstraße) 개장. 1923~26년 루트비히 로젤리우스(Ludwig Roselius, 1874~1943)에 의해 건설된다.
- 1934년. 시민권이 국가사회주의 정부에 의해 소멸된다. 브레멘 주는 독립을 잃고 베저-엠스-가우에 통합된다.
- 1939~1945년. 제2차 세계대전 중 총 173회의 공습으로 브레멘 시 대부분이 그리고 항구는 완전히 파괴된다. 1944년 18/19일 집중 공격 때 1000명 이상이 사망한다.
- 1945년. 미군정이 빌헬름 카이젠(SPD)을 브레멘 시장 겸 상원의장으로 임용한다. 그는 이후 20년 동안 도시 재건에 헌신한다.
- 1947년. 주의 신헌법이 10월 21일 공표된다. 구 도시 "베저뮌데"가 브레머하펜으로 개명된다. 당시 브레멘은 영국 점령지였고, 브레머하펜은 미군이 이용 중이었다. 브레멘은 브레멘과 브레머하펜으로 이루어지게 된다.

- 1949년. 독일의 독립 연방 주가 된다.
- 1961년. 1924년에 건립된 보르크바르트(Borgward) 자동차회사가 파산한다.
- 1971년. 브레멘 대학교가 개교한다.
- 1983년. 역사적인 베저 주식회사가 폐쇄된다.
- 2004년. 마르크트 광장의 브레멘 시청사와 롤란트 석상이 유네스코 세계문화유산에 등재된다.

3. 문화를 품은 브레멘

- 문화유적은 구시가지에 몰려있다. 구시가지에 들어가고 있음을 알려주는 이정표가 있다. 공원 중앙에 고즈넉하게 돌아가고 있는 풍차다. 이 지역을 암 발(Am Wall)이라고 부르는 까닭에 이 풍차도 간단히 암 발 풍차(Mühle am Wall)라고도 한다.
- 암 발 지역은 구 시가지에서 베저 강 반대편에 인공적으로 만든 해자와 그 주변 공원 지역이다. 해자는 특이하게 지그재그 모양으로 마치 이빨과 같은 모양을 하고 있다. 이 곳은 구 시가지의 절반을 두른 긴 해자와 공원인데, 원래 총 8개의 풍차가 있었다. 17~18세기 무렵에 공원을 조경하기 위해 네덜란드식 풍차를 만든 것이다. 하지만 8개의 풍차 중 오늘날까지 남아있는 것은 단 한 개뿐이다. 그마저도 1898년 화재로 소실된 것을 다시 복원한 것이다. 풍차는 현재 레스토랑으로 사용 중이다.

[1] 롤란트 석상

- 시청사 앞에 서 있는 커다란 동상이 롤란트 석상이다. 이것은 도시를 수호하는 성자의 이미지를 나타낸 것인데, 긴 칼과 방패를 들고 있는 모습이 영락없는 수호신의 그것이다. 1990년 시청사와 함께 유네스코 세계문화유산으로 등재되었다.
- 원래 독일의 북부 지역에는 이러한 롤란트 동상이 여럿 있었다고 한다. 브레멘에서도 이미 1300년대부터 나무로 만든 롤란트 동상이 있었다. 이후 사암으로 다시 만들어 지금의 모습으로 유지되고 있다. 머리 부분만 새로 만들어 교체하였다. 원래의 머리 부분은 브레멘 북쪽 외곽에 있는 포케 박물관(Focke Museum)에 따로 보관 중이다. 제2차 세계대전 때 연합군의 폭격으로 파괴될 것을 염려해 복사본으로 대체한 때문이다.
- 롤란트 동상의 눈빛은 성 페트리 대성당을 향하고 있다. 그런데 이 눈빛이 안내하는 곳이 바로 대성당 박물관과 블라이켈러(Bleikeller)이다. 이 블라이켈러는 성 페트리 대성당의 동쪽 지하납골당을 지역 통용어로 나타낸 것인

〈시청 앞 광장의 롤란드 동상(좌), 브레멘 블라이켈러에 있는 미이라(우)〉

데, 이곳에서 몇 구의 미라들이 발견되었다.

- 블라이켈러의 미라들은 1698년 무렵 우연히 오르간 제작자인 아르프 슈니트거(Arp Schnitger)의 도제들에 의해 발견되었다. 이 도제들은 동쪽 지하납골당을 작업장으로 할당받은 인물들이었다. 미라의 발견은 당시에는 센세이션이었다. 미라 중 하나는 오랫동안 대성당 기와장이인 것으로 여겼다. 이 기와장이는 지붕에서 굴러 떨어져서 동쪽 지하 납골당에 임시로 보관됐는데, 미라가 되어 다시 발견될 때까지 기억에서 사라진 인물이이라는 것이었다. 그런데 이 '기와장이'는 근래에 엑스레이 촬영 결과에 따르면 등에 총알이 박혀 있는 것으로 판명되었다. 아마도 30년 전쟁이나 그 이후 브레멘에서 있었던 스웨덴 전쟁에서 총을 맞고 사망한 장교인 것으로 추측하고 있다. 미라 중에는 대성당의 스웨덴인 관리인도 발견되었다. 게오르크 베른하르트 폰 엥엘브레히텐(Georg Bernhard von Engelbrechten, 1658~1730)이다. 그는 그의 소망에 따라 대성당 지하묘지의 호화석관에 매장된 인물이다. 미라 중에는 2명의 또 다른 군인들이 있는데, 한 명은 포메른 출신으로 스웨덴 구스타프 호른 군 연대장인 그레고르 폰 빈젠(Gregor von Winsen, ?~1653)이고 다른 한 명은 이름이 알려지지 않은 기병기수이다. 미라들은 1968년부터 유리관에 들어있는데, 미라의 머리카락과 2~3개의 손가락들은 없는 상태이다. 없어진 손가락들은 과거에 사람들이 기념으로 가져가버린 탓이다. 블라이켈러 미라의 손가락 하나는 현재 바이마르의 괴테하우스에 보관되어 있다. 아이의 손은 천연두로 죽게 되어 우선 블라이켈러에 매장되었다가 1823년 이후 고향의 교회묘지에 안장된 귀족 자녀들의 것으로 추정하고 있다. 브레멘의 블라이켈러는 현재 4월부

터 10월까지 방문객들에게 개방하고 있다.

〈상식〉 롤란트(롤랑)에 얽힌 이야기

- 롤랑의 노래. 778년에 실재했던 롱스발 전쟁을 다루고 있다. 실제 싸움은 바스크인과의 사소한 분규였지만 이 시는 그것을 사라센에 대항한 전쟁으로 바꾸어 테르모필레 전투[61]에 버금가는 것으로 만든다.
- 이야기는 사라고사를 제외한 스페인 전역을 정복한 카를 대제가 사라센 왕의 제의에 따라 평화 협상을 하도록 롤랑의 의붓아버지 가늘롱 기사를 보내는 데서 시작된다. 의붓아들 롤랑이 위험한 일에 자신을 추천한 것에 화가 난 가늘롱은 롤랑을 파멸시키려고 사라센과 음모를 꾸민다. 그리하여 사라센에서 돌아온 그는 스페인에서 군대를 철수시킬 때 롤랑에게 군의 후위경비 지휘를 맡긴다. 군대가 피레네 산맥을 넘을 때 후위경비대는 롱스발 계곡에서 압도적으로 수가 많은 사라센 군대에게 포위된다. 궁지에 몰려서도 용감히 싸운 롤랑은 패배 중 승리하는 불굴의 전사의 귀감이 된다. 첫 부분에는 용감한 롤랑과 신중한 친구 올리비에 간의 대조적인 성격이 그려진다. 이것은 봉건적인 충성심에 대한 서로 다른 개념간의 갈등이기도 하다. 자신의 명성에 집착한 나머지 판단이 흐려진 롤랑은 나팔을 불어 샤를마뉴에게 원조를 요청하자는 올리비에의 권고를 뿌리친다. 그리하여 승산 없는 전쟁은 벌어졌고 한창 나이의 많은 프랑크족 기사들이 죽어간다. 결국 나팔을 불었을 때는 너무 늦어서 올리비에도, 튀르펭도, 롤랑도 살아남지 못한다. 롤랑은 실명한 올리비에가 잘못 휘두른 칼에 맞아 죽는다. 나팔소리를 듣고 온 샤를마뉴 대제는 그의 영웅적인 부하들에게 복수한다. 프랑스에 돌아온 황제가 롤랑의 약혼자이자 올리비에의 여동생인 오드에게 소식을 알려주자 그녀는 황제 앞에 엎어져 죽고 만다. 작품은 가늘롱의 재판과 처형으로 끝난다.
- 아더 왕에게 '엑스칼리버(Excalibur)'라는 명검이 있듯, 롤랑에게도 샤를마뉴대제로부터 하사받은, 요정이 만든 '듀란달(Durandal)'이라는 명검이 있다.

▸ 롤란트 석상의 모습

- 1404년 건립(목재로 만든 이전 동상은 1366년 대주교의 하인에 의해 소실됨)
- 크기: 5,5m (받침돌부터 천개(天蓋)까지 10,21m)
- 그 당시의 기사다운 젠틀맨
- 중간 길이의 곱슬머리
- 의상과 무기: 가죽조끼, 사슬 옷, 허리띠, 검과 방패
- 그의 황제 문장(紋章)은 시민들의 위조된 황제증서 덕분이다.

---

61) 기원전 480년 테르모필레 지역에서 벌어졌던 페르시아 군과 그리스 연합군 사이의 전쟁으로, 레오니다스 왕을 비롯한 그리스 연합군 대부분이 크세르크세스 왕이 이끈 페르시아 군에게 전멸되었다. 테르모필레 전투 승리 이후 사기가 높아진 페르시아 군은 아르테미시온까지 뚫고 아테네로 진격하였으나 살라미스 해전(BC480년)에서 그리스 군에게 참패했다.

- 문장의 음역:

원문	번역
"Vryheit do ik yu openbar de karl und mennich vorst vorwar desser stede ghegheven hat, des dankt gode is min radt."	„자유를 내가 여러분에게 공포하노라, 자유를 카를대제와 기타 여러 영주들이 참으로 이 도시에 주었노라, 하느님께 감사하노니, 이는 내 제안이라."

- 설명: 이 연설은 카를 대제의 것인데, 그는 여타 영주들과 함께 브레멘에 수많은 권리와 여러 가지 특권을 부여할 수 있었다.
- 그의 뾰족한 무릎의 거리는 브레멘의 엘레(독일의 옛 치수 단위; 55~85cm)
- 그의 눈길은 대성당, 즉 당시의 대주교좌를 향하고 있다.
- 그의 발에는 에마 폰 레줌(Emma von Lesum, '레줌 출신의 에마'의 뜻)의 전설을 담은 "불구자(Krüppel)"가 누워있다.

에마 폰 레줌(Emma von Lesum, 975/980?~1038) 전설(정리)

- 에마 백작부인은 "Imma von Stiepel"라고도 불리는데, 실명으로 거론된 최초의 브레멘 여성이다. 975년과 980년 사이에 출생한 것으로 전해진다. 확실한 것은 그녀가 사람들 사이에서 '성녀'로 칭송받았다는 사실이다.
- 그녀의 이름은 고대고지독일어로 '고상한 여성'이란 뜻이다. 이렇듯 그녀는 언제나 행동거지가 올곧았다. 1011년에 그녀의 남편인 리우트거(Liutger)가 사망하며 큰 유산을 남겼다. 하지만 사치하는 대신에 사람들에게 좋은 일을 하는 데 사용하기로 마음먹었다. 그녀의 친척인 브레멘 대성당의 대주교 운반(Unwan)에게 항상 지원을 아끼지 않았다. 슈티펠(Stiefel) 마을에 있던 교회 전체를 그에게 선물하기도 했다. 특히 가난한 사람들에게 온갖 선행을 베풀었다. 그녀의 이러한 선행은 브레멘 시민이라면 누구나 알고 있었다.
- 1032년경 브레멘 시민이 부족한 목초지 때문에 시위를 시작하자 에마는 자기 토지의 일부를 그 시민들에게 선물로 주었다. 그녀는 '남자가 빠른 걸음으로 돌아도 한 시간은 족히 걸리는' 목초지를 선물로 주겠다고 말했다. 약삭빠른 그녀의 형부 베노 폰 작센 공작은 이 목초지를 측량할 요량으로 도움 없이는 움직이지도 못하는, 길모퉁이에 앉아있던 불구자를 선발했다. 그러나 백작부인 에마는 조용히 그녀의 손을 거지의 머리 위에 얹고 기도하며

해보라고 권했다. 그는 달리지도 못하고 기어가기만 했다. 시민들은 실망했고, 거지가 거대한 목초지를 '기어서라도 돌아올 거라고 기대한 사람은 거의 없었다. 그러나 그 '불구자'는 부단히 기어가기 시작하여 저녁때가 되어서야 그 넓은 지역의 규모를 측정할 수 있었다고 한다. 오늘날에도 이 지역은 '시민의 목초지'로 알려져 있다. 브레멘 시민들은 그 '불구자'를 잊지 않고 롤란트 석상의 발 사이에 부조하여 기리고 있다.

- 에마 백작부인은 1038년에 사망하였는데, 16세기까지도 그녀의 무덤은 브레멘 대성당에 있었다고 한다. 이와 관련한 1973년의 발굴에서 발견된 것은 없었다.
- 오늘날에도 이 선량한 백작부인의 이름은 브레멘 도처에 영원히 남아있다. 그녀는 브레멘 슈누르 지구의 성 요한 교회 창문을 제단과 함께 장식하고 있다. 레줌의 마르크트 광장에는 그녀를 기리는 청동상이 서있고, 슈바흐하우젠에는 또 다른 기념비가 그녀의 역사적인 퇴장을 기억하고 있다. 에마호수(Emmasee), 상부와 하부 에마 계곡(Emmatal), 에마베르크와 에마슈트라세 같은 거리이름도 그녀의 이름을 딴 것들이다.
- 롤란트 동상과 관련된 두 가지의 재미있는 에피소드도 있다.
- 하나는 롤란트 동상이 들고 있는 방패에 새겨진 쌍두(雙頭) 독수리 문양이다. 이것은 독일 황제의 문양이다. 당연히 황제의 허가 없이는 사용할 수 없는 것. 그런데 황제의 통치에서 벗어나서 자유를 보장받은 자유도시 브레멘에서 황제의 문양을 새긴 롤란트 동상을 만들 수 있었던 이유가 무엇일까? 어이없게도 정답은 '문서 위조'라고 한다. 황제의 문서를 위조하여 마치 황제로부터 허가를 받은 것처럼 속여 문양을 넣을 수 있었다는 것이다.

〈좌: 슈바흐하우젠의 에마 백작부인과 베노 공작 조각상(1988년), 중: 레줌의 마르크트 광장의 에마-입상(2009년), 우: 롤란트 석상 발 사이의 '불구자' 부조〉

- 다른 하나는 나폴레옹에 관련된 것이다. 나폴레옹은 독일을 침략한 뒤 브레멘에 이르렀을 때 롤란트 동상을 본국으로 가져가려 하였다. 만약 그의 뜻대로 이루어졌다면 아마도 지금은 롤란트 동상이 브레멘이 아닌 파리 루브르 박물관에 있었을 것이다. 하지만 브레멘 시민들은 롤란트 동상을 지키기 위해, 이것이 문화적으로 별 볼일 없는, 가치 없는 허접한 것이라고 강조하여 나폴레옹의 마음을 바꾸었다고 한다. 덕분에 롤란트 동상은 원래 자리에 그대로 살아남을 수 있었다.

[2] 구 시청사

- 시청사는 동부의 옛 도시 지역 중심에 위치한다. 남쪽의 시장과 북쪽의 대성당 광장을 분리시키는 역할을 한다. 시장의 중앙에는 롤란트 석상이 있다. 시장 건너편에는 과거에 상인 단체인 상공회의소가 있다. 오른쪽에는 브레멘 대성당과 현대풍의 시의회가, 왼쪽에는 성모교회가 있다. 광장 서쪽에는 게르하르트 마르크스(Gerhard Marcks, 1889-1981)의 작품인 '브레멘 음악대 상'이 있다. 1960년대에는 시장 동쪽에 자치 도시의 입법기관인 현대풍의 시의회 건물이 들어섰다.
- 구 시청사는 브레멘이 한자동맹에 가입한 후 세워진 건물이다. 처음에는 1408년에 고딕 양식으로 지어졌다가 200여 년이 지난 후 르네상스 양식으로 변경되었다. 이때 주랑(柱廊)의 11개 기둥 중 중간의 3개 사이에 커다란 직사

〈좌: 마르크트광장과 시청사(좌) 그리고 성 페트리대성당(우), 우: 옛 시청교회인 '성모교회〉

각형 창문과 높은 박공이 추가되면서 이른바 베저 르네상스 양식을 구현하게 되었다. 브레멘 시청사와 같은 르네상스 양식은 베저 강 연안 도시에서 주로 발견되는 독특한 건축미를 인정받아 베저 르네상스 양식으로 분류한다.

- 구 시청사는 평면이 직사각형인 2층 건물이다. 담장은 벽돌로, 바닥은 나무로 되어 있다. 외관의 벽돌은 어둡고 밝은 층이 교대로 겹쳐 있고 지붕은 초록색 구리로 덥혀 있다. 1층은 상업 활동과 연극 공연에 쓰였다. 1층과 규모가 같은 2층은 주 정부의 행사장으로 사용되었다. 창문 사이에 세운 황제와 선제후의 석상은 그 연원이 고딕 양식 시대로 거슬러 올라가지만, 도시의 자치를 상징하는 후기 르네상스 시대의 조각적인 특징도 있다.
- 건물은 정면과 측면의 느낌이 완전히 다르다. 정면은 물론이고 측면 또한 출입문과 동상 등으로 고유의 건축미를 자랑한다. 내부도 화려함의 극치를 보인다. 다만 정해진 시간의 유료 가이드 투어(독일어, 영어)로만 내부 관람이 가능하다. 1990년 유네스코 세계문화유산으로 등재되었다.
- 구 시청사 지하 식당에서는 와인을 맛도 보고 구매도 할 수 있다.
- 시청사의 서쪽 성벽 옆에 브레멘 음악대 동상이 있다. 이곳에서 독일 동화가도(그림형제가 태어난 하나우로부터 그림형제가 활약한 도시들을 거쳐 브레멘에 이르는 600km의 동화 관련 거리)가 끝난다. 옛 시청교회인 '성모교회'(운저러 리벤 프라우엔, Unsere Lieben Frauen)도 이곳에서 합류한다. 이것은 고딕 양식의 교회인데, 두 개의 첨탑 중 하나는 뾰족하게 하늘을 찌르고 다른 하나는 평평하게 깎여있는 불균형 구조가 독특하다.
- 구 시청사와 연결된 건물이 1913년 네오르네상스 양식으로 건축된 신 시청사이다. 이 건물은 뮌헨의 건축가 가브리엘 폰 자이들(Gabriel von Seidl)이 설계했는데, 건축 경연대회를 거쳐 1909~1913년에 만들어졌다. 3층으로 된 신청사는 의원단과 관청 직원용으로 사용되고 있다. 청사의 정면은 외장용 클링커 타일(clinker tile)을 입혔으며, 건물 내부는 남부 독일의 석회암으로 만들었다. 현재는 브레멘 주정부(Senatskanzlei)가 입주해 있다.
- 구시청사 옆에는 성 페트리 대성당(St. Petri Dom)이 있다. 마르크트 광장 한 쪽에 두 개의 탑을 우뚝 세운 고딕 양식의 거대한 성당이다. 역사적으로는 굴곡이 많았던 건물이다. 한자도시 브레멘은 일찍이 황제의 권력에서 독립하여 그들 스스로의 부를 이루었다. 당연히 종교 권력에도 우호적이지 않기는

마찬가지. 특히 종교개혁이 시작된 16세기경에는 가톨릭의 권한 남용의 상징으로 지목되어 성당이 폐쇄되기에 이른다. 비슷한 시기에 시청사 앞에 세워진 롤란트 석상이 거대한 칼을 들고 도시의 수호신 역할을 한다고 했는데, 흥미롭게도 롤란트가 바라보고 있는 곳이 바로 이 대성당이다. 즉, 시민들이 가톨릭의 종교 권력으로부터도 스스로를 보호하기 위한 마음가짐이 롤란트 동상에 투영된 것이라 할 수 있다. 이후 성당은 폐쇄와 개방을 반복했다. 1638년에는 설상가상으로 첨탑이 붕괴되어 사람이 죽는 사고도 발생하여 도시의 미운 오리새끼가 되었다. 결국 훗날 루터파 개신교의 교회로 변경되기에 이르렀고, 제2차 세계대전으로 완전히 붕괴되었다가 재건된 것이 불과 36년 전인 1982년이다. 현재는 다시 가톨릭 성당으로 사용 중이다. 성모교회와 마찬가지로, 내부 입장은 무료이지만 개장시간이 짧다. 한 쪽 첨탑은 전망대로 개방되어 있다.

[3] '쉬팅(Schütting)' [62)]

- 마르크트 광장에서 시청사의 맞은편에 있는 르네상스 양식 건물이다. 15세기에 지어진 브레멘 상인들의 길드 조합건물이다. 쉬팅이라는 이름의 기원에 대해서는 의견이 분분하다. 그 중 가장 신뢰할 만한 것은 '보호하다'라는 의미의 독일어인 'schützen'에서 유래했다는 설이다. 즉, 상인들의 권익을 보호하고자 만들었다는 것. 또는 '납세하다'라는 뜻의 독일어인 'schossen'에서 유래했다는 설도 있다.
- 건물 입구 위에는 쉬팅의 모토가 황금색으로 선명하게 적혀있다. "Buten un Binnen / Wagen un Winnen"("밖과 안, 도전과 승리")라는 뜻이다. 무역을 통해 번성했던, 즉 밖에서 돈을 벌어들여서 성공한 브레멘의 상인들에게 어울리는 문구다. 1849년부터 브레멘 상공회의소로 사용되고 있다.

[4] "슈노르 지구(Der Schnoor)"

- 브레멘의 아주 특이한 도시구역. 특정 거리를 지칭하는 것이 아니라 한 구역 전체를 지칭한 곳이다.

62) 이 명칭의 유래는 분분하다. 저지독일어로는 schütten(수확이 좋다)이란 개념에 해당한다. 쉬팅이란 이름의 조합회관은 브레멘 외에 노르웨이의 베르겐(Scotting)과 뤼벡, 뤼네부르크, 올덴부르크(1604년부터), 오스나브뤼크, 로슈토크에도 있었다.

- 13세기에 슈노르가 처음 문서에 등장했다. 이 지구에는 특히 어부, 수공업자, 상공인들이 거주했다. 현재까지 보존된 가장 오래된 건축물은 14세기에 탄생한 것이다. 이 시기에 오늘날의 슈노르 지구 변두리에 프란체스코 수도원도 건립되었는데, 그 중 현재까지 보본되어 있는 것이 교회이다. 이 교회는 성 요한이란 이름을 가지고 있는데, 슈노르의 명소 중 하나이다. 20세기 초에는 슈노르가 이를테면 자동차가 그곳 골목길을 지나갈 수 없을 정도로 장소가 협소해서 빈민굴로 개발되었다.
- 현재의 슈노르는 브레멘 구시가지에 있는 중세의 보행자 전용구역이다. 가장 오래된 취락중심지로 추정되고 있다. 이 구역의 명칭은 옛 조선 수작업장에서 따온 것이다. 중세에는 이곳에서 밧줄과 닻줄이 생산되었다(저지독일어 Schnoor = Schnur[끈, 줄]). 브레멘이 한자도시로 번창할 때, 경제 중심에 있었던 상인, 어부, 무역업자 등의 주택들이 모여 있던 곳이었다. 그래서 권력의 상징처럼 화려하게 뭔가를 과시하는 것은 없지만, 저마다의 개성과 품격을 지닌 주택들이 여러 블록에 걸쳐 모여 있다. 대부분의 건물은 17~18세기에 지어진 것들인데, 아직도 많이 보전되어 있다.
- 옛날에 이곳에는 선원과 하천어부들이 살았지만, 현재는 가옥들에 수많은 레스토랑들이 입주해 있다.

〈좌: 쉬팅, 중: 슈노르 지구, 우: 뵈트허 거리〉

[5] 뵈트허 거리(Böttcherstrasse)

- 마르크트 광장에서 베저 강까지 100여 미터에 이르는, 상업, 예술, 문화가 어우러진 골목길이다. 중세에는 강과 시내를 오가는 물류 중심지였다. 현대에 와서 본래의 기능은 상실하고 매력적인 상업지구로 변신하였다.
- 좁은 거리의 양편은 붉은 벽돌의 화려하고 웅장한 건물들로 가득하다. 이 건물들의 대부분은 20세기 초에 브레멘에 기반을 둔 커피상인 루트비히 로

〈좌: 로빈슨 크루소 하우스, 중1: 좌측 건물은 파울라-모데르존-베커 하우스(박물관), 우측건물은 성 페트루스 하우스, 중2: 수공업자 안뜰의 지벤-파울렌-분수, 우: 로젤리우스 하우스(박물관)〉

젤리우스(Ludwig Roselius, 1874-1943)[63]가 예술가들을 모아 중세거리를 재현해 볼 요량으로 붉은 벽돌로 10채(1. 로빈슨 크루소 하우스, 2. 아틀란티스 하우스, 3./5. 성 페트루스 하우스, 4. 글로켄슈필 하우스, 6. 로젤리우스 하우스, 7. 지벤 파울렌 하우스, 8. 파울라-모데르존-베커 하우스)를 지은 것들이다. 덕분에 레스토랑과 수공예 가게, 갤러리 등 문화공간까지 어우러진 지금의 뵈트허 지구가 탄생할 수 있었다. 이렇게 좁은 골목길에서도 브레멘 음악대의 흔적을 찾을 수 있다. 브레멘이란 도시에서 동화 '브레멘 음악대'는 도시 마케팅의 알파이자 오메가다.

- 박물관 마니아라면 뵈트허 거리의 두 박물관을 탐문할 필요가 있다. 한 곳은 뵈트허 거리 6번지에 있는 로젤리우스-하우스 안에 있는 박물관이다. 이곳은 저지독일 지역의 거주문화와 중세부터 바로크 시대까지의 북유럽 예술작품들을 감상할 수 있다. 다른 한 곳은 파울라 모데르존-베커 박물관(Paula Modersohn-Becker Museum)이다. 이곳은 한 여류화가에게 헌정된, 그 여류화가의 작품과 현대 작품의 특별전시회가 열리는 세계 최초의 하우스이다. 현대의 응용미술을 위한 공간도 파울라-베커-모데르존 하우스 내 수공업자뜰에 마련되어 있다. 1926년부터 이곳에서 공예가들의 작업 모습을 관찰할 수 있으며, 오늘날도 여전히 지나는 사람들은 금세공술과 유리가공술을 눈으로 확인할 수 있다. 사탕과자의 라이브생산과정을 관람하는 것도 색다른 즐거움이다.
- 거리의 입구에는 거대한 황금 부조가 설치되어 있다. 천사가 악마를 제압하는 명쾌한 권선징악의 메시지를 담고 있다.

63) 그는 현재도 생산되고 있는 유명 커피브랜드 'Kaffee HAG'(1906년)의 창업자이기도 하다.

[6] 실습선 '도이칠란트(Schulschiff Deutschland)'

〈1962년형(좌)과 2007년형(우)〉

- 현재는 항해기념물로 사용 중이다. 브레멘-페게자크(Bremen-Vegesack)에 있다.
- 이 범선은 과거 북해와 동해를 왕래했다. 이 바다 위에서 수병들은 큰 범선으로 항해기술을 배웠다. 실습선은 1927년 건조되었다.

[7] 전통음식 : '콜 운트 핀켈' 요리(Kohl und Pinkel)

- 브레멘과 그 주변지역의 전통음식. 돼지기름으로 만든 라드, 햄, 거칠게 빻은 곡물, 소금, 양파로 만든 훈제 소시지('Pinkel). 감자, 겨자 소스 등을 곁들여서 맥주와 같이 먹는다. 북부 독일, 특히 올덴부르크와 브레멘 및 프리슬란트 주변 지역에서는 오그라기 양배추(Grünkohl)가 곁들여진다. 반면에 북부 독일의 동부 지역에서는 도축한 가축의 골이 들어간 소시지가 전통적인 지역 양배추요리이다.
- 게다가 핀켈은 북부 독일의 일부에서는 아인토프(Eintopf), 그러니까 죽 요리에도 사용된다. 특히 소박한 '겨울요리'에 이용되는데, 대개는 고기가 함께 추가된다.
- 콜 운트 핀켈 요리투어(Kohl-und-Pinkel-Tour). 가족, 친구, 친지 그리고 친목단체 등의 이른바 '콜-요리 투어(Kohlfahrt)'가 북부 독일에서는 겨울 피크닉 중 하나로 정착되었다. 특히 브레멘과 주변지역 및 올덴부르크 지방에서 특히 즐기는 음식기행이다. 이런 투어 전통의 창립자는 1859년에 창립된 올덴부르크 체조협회(Oldenburger Turnerbund)이다.

〈좌: 콜 운트 핀켈 요리, 중: 핀켈이 들어간 양배추요리, 우: 콜-요리투어에서 만나는 양배추요리(감자, 핀켈 소시지, 삶아서 먹는 소시지, 돼지목살훈제(Kassler), 베이컨, 겨자가 곁들여짐)〉

III. 남부문화권

01. 바덴-뷔르템베르크 주

02. 자치주 바이에른

01
바덴-뷔르템베르크 (Baden-Württemberg)

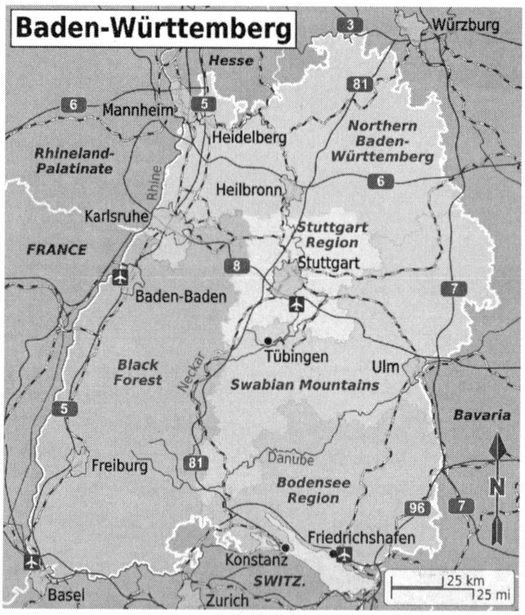

"랜들레(Ländle)". 이 말은 1952년 바덴, 뷔르템베르크-바덴과 뷔르템베르크-호엔촐레른에서 탄생한 바덴-뷔르템베르크 주를 일컫는 표현이다. 슈바르츠발트와 보덴제에서부터 상부슈바벤 바로크 건축지대와 하이델베르크 같은 대학도시들에 이르기까지 자연경관과 문화유산도 엄청나다. 그 어떤 지역에서도 이곳만큼 작가와 사상가가 많은 곳은 없다. 그래서 이런 모토가 생겨났다: "횔덜린과 헤겔은 우리에게는 규범이다(Hölderlin und Hegel sind bei uns die Regel.)"

1. 자연을 품은 바덴-뷔르템베르크

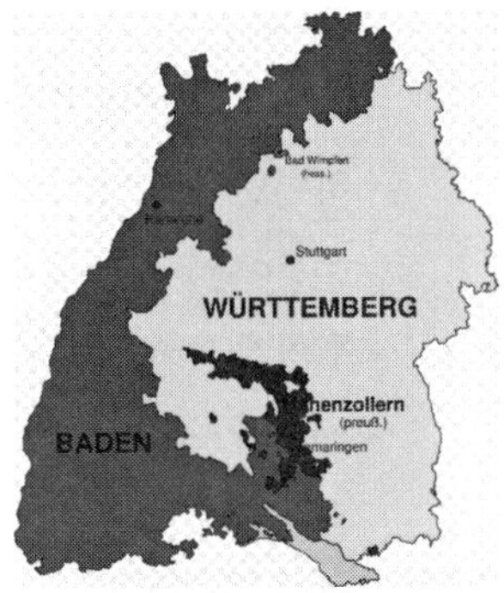

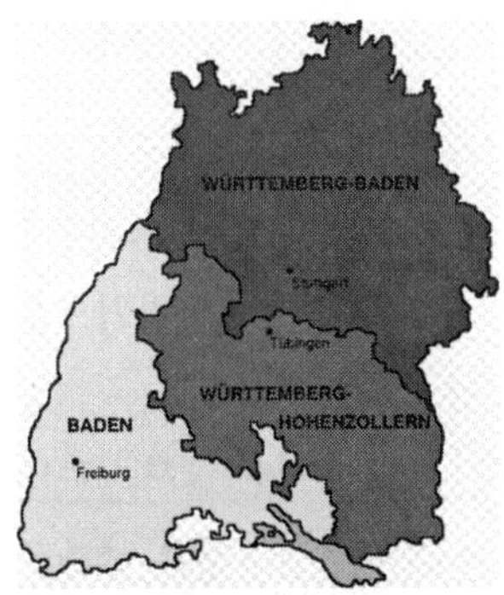

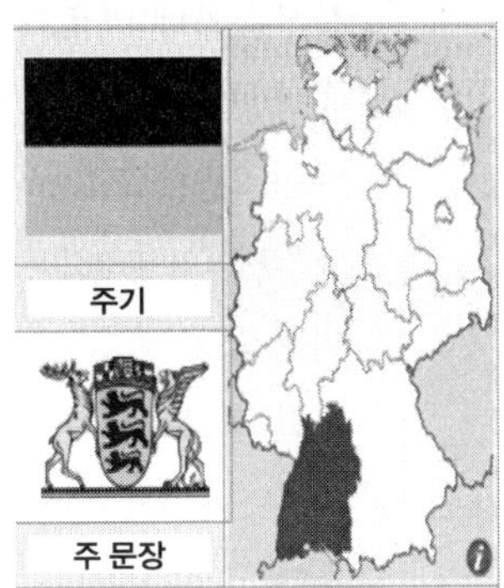

- 독일 서남부에 위치한 연방 주. 서북쪽은 라인란트-팔츠 주, 서쪽은 프랑스, 남쪽은 스위스, 동쪽은 바이에른 주, 북쪽은 헤센 주에 접해 있다.
- 주도는 슈투트가르트. 1918년까지는 바덴 대공국과 뷔르템베르크 왕국의 영토였다.
- 1945년부터는 프랑스 점령 지역이던 쥐트(남부) 뷔르템베르크-호엔촐레른과 쥐트(남부) 바덴, 미국 점령 지역이던 뷔르템베르크-바덴으로 나뉘어 있다가, 이들 영토를 합쳐서 1952년에 만들어진 연방주이다.
- 스위스 바젤 시내의 바젤 바디셔 역(Basel-Badischer Bahnhof)의 승강장과 대합실 일부는 바덴-뷔르템베르크 주의 치외 법권 지대이다. 1852년에 바덴 대공국과 스위스 연방이 맺은 조약에 따라 역의 일부를 바덴 대공국의 영역으로 하여 바덴 대공국 철도회사가 운영하게 되었고, 이게 시간이 지나면서 독일 영토와 독일철도 운영으로 바뀐 것이다.

언어: 독일어
주도: 슈투트가르트
인구: 11,010,202명(2017년)
밀도: 307명/km²

■ 주요 도시

- 슈투트가르트(Stuttgart): 세계 정상급의 오페라 하우스(Staatstheater)를 가진 청

정도시이자 주도.

- 카를스루에(Karlsruhe): 부채꼴 모양의 아름다운 카를스루에 궁전, 연방헌법재판소를 품은 도시
- 만하임(Mannheim): 독일에서 거의 유일한 '광장 도시'
- 프라이부르크(Freiburg): '슈바르츠발트의 보석', 친환경 슬로시티, 대학도시, 독일에서 햇빛이 가장 많고 가장 따뜻한 기후를 가진 도시 중 하나
- 하이델베르크(Heidelberg): 독일에서 가장 오래된 대학 도시이자 고성 도시
- 울름(Ulm): 세계에서 가장 높은 첨탑 교회가 있는 칼뱅교 도시
- 튀빙겐(Tübingen): 구시가지가 목골가옥으로 가득한 아름다운 대학 도시
- 콘스탄츠(Konstanz): 스위스, 오스트리아와 국경을 마주한 콘스탄츠 호반 도시
- 바덴-바덴(Baden-Baden): 슈바르츠발트의 언저리에 위치한 온천도시

■ **로드문화**

- 말 그대로 역사적인 연방주라서 가도(로드) 문화가 곳곳에 산재해 있다.
- 슈타우펜 왕가로드: 배센보이렌부터 샤를로텐횔레까지 약 300km에 이르는 문화루트
- 슈바벤 알프스로드(Schwäbische Albstraße)
- 호엔촐레른 왕가로드(Hohenzollernstraße)
- 상부슈바벤 바로크로드(Oberschwäbische Barockstraße)
- 슈바벤 작가로드(Schwäbische Dichterstraße)
- 바덴 와인로드(Badische Weinstraße): 바덴-바덴부터 프라이부르크를 거쳐 바일 암 라인('라인 강변의 바일')까지 가장 중요한 바덴 와인지역 160km를 관통하는 와인로드.
- 독일 가로수길(Deutsche Alleenstraße): 뤼겐부터 보덴호수 내의 마이나우 섬까지의 로드문화.
- 독일 고성가도(Die Deutsche Burgenstraße): 만하임에서 시작하여 슈베칭엔, 하이델베르크, 바트 빔펜, 하일브론을 거쳐 슈배비쉬 할에 이르는 고성문화길. 이 가도는 계속해서 뉘른베르크를 거쳐 프라하까지 이어지는 고성가도의 일부이다.

- 베르타 벤츠 기념로드(Bertha Benz Memorial Route): 다임러 벤츠가 개발한 자동차를 그의 부인이 타고 세계 최초로 도전한 장거리여행의 흔적을 밟는 길(만하임, 라덴부르크, 하이델베르크, 비스로흐, 브루흐잘, 포르츠하임, 슈베칭엔, 만하임).
- 슈바르츠발트 산악로드(Schwarzwaldhochstraße): 바덴-바덴과 프로이덴슈타트 사이 북부슈바르츠발트의 파노라마를 즐기는 길.

■ **베르크 가도(Bergstraße)**

- 베르크 슈트라세(Bergstraße)는 직역하면 'mountain road'의 뜻이니 산을 주제로 한 산길 문화이다. 헤센 주 남부의 오덴발트 서쪽 끝머리에서 바덴-뷔르템베르크 주의 북부에 이르는 지역이다.
- 이 로드는 다름슈타트에서 시작하여 하이델베르크를 거쳐 비스로흐(Wiesloch)에까지 이른다. 이곳에서는 수많은 고성과 도시들과 만나는데, 크게 두 가지 로드로 나뉜다. 하나는 헤센 베르크 가도(Hessische Bergstraße) (다름슈타트 - 헤펜하임), 다른 하나는 바덴 베르크 가도(Badische Bergstraße) (라우덴바흐 - 비스로흐)
- 베르크 가도는 전체 지역이 그러하듯이 이미 로마인들에게 알려진 길(Platea montana)이었다. 로마시대 당시 '베르크 가도'의 일부가 1955년 헤펜하임에서 운하 건설 작업 중에 발견되었다. 약 20m² 규모의 표본부분이 현재 페르디난트-포이어바흐-시설물(Ferdinand-Feuerbach-Anlage)에 있다.
- 베르크 가도는 1971년부터 와인경작지를 따라 두 갈레로 나뉘었다. 헤센 베르크 가도(405 헥타르)는 리슬링 와인(뮐러-투르가우와 그라우부르군더 품종)으로 유명하다. 바덴 베르크 가도의 일부 경작지와 리터부르크 대규모 경작지를 가진 바덴의 핵심 품종은 리슬링과 질바너이다. 바이스부르군더와 그라우부르군더 품종도 맑은 날이 많아서 성숙도가 좋은 편이다.

■ **바덴-뷔르템베르크 주의 공항들**

① 슈투트가르트 공항(STR). 바덴-뷔르템베르크 주의 최대 공항. 연 100만 명 이용. 독일에서 가장 중요한 공항 중 하나.
② 카를스루에/바덴-바덴 지역공항(FKB).

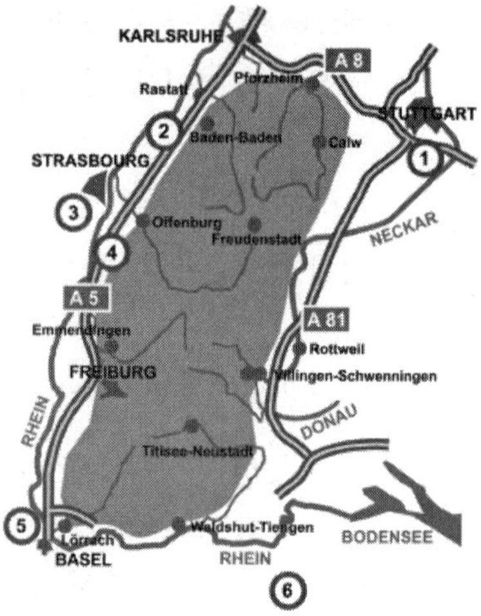

③슈트라스부르크-엔트하임 공항(SXB), 켈(Kehl) 남서쪽 15km에 위치. 구간열차가 공항과 슈트라스부르크 시내와 연결한다.

④ 슈바르트발트 공항(라르 소재).

⑤ 바젤/뮐루즈/프라이부르크 공항(EAP). 바젤 프랑스 지역 북서쪽 6km에 위치.

⑥ 취리히 공항(ZRH)(스위스). 중요한 국제 환승공항. 남부 슈바르츠발트에서 50km 떨어진 곳에 위치.

▪ 슈투트가르트 공항

ICAO 코드	EDDS
IATA 코드	STR
개항	1936년
경영자	슈투트가르트 공항공사
면적	395 ha
터미널	4개
여객	10.975.639(2017)
화물	36.853t(2017)
환승	127.981(2017)

- 오늘날의 부지에 최초로 들어선 시설물은 1936년에 건축된 것이다. 현재의 모습은 1986년부터 2004년까지 개축된 것이다. 이 공항은 바덴-뷔르템베르크 주에서 가장 큰 공항으로, 독일에서 승객 이용 규모로 따지면 8위에 랭크되는 공항이다(2016년). 공항 근무자는 약 9500명에 이른다.
- 2014년 7월 15일, 슈투트가르트 공항은 사망한 전임 슈투트가르트 시장 만프레트 로멜(Manfred Rommel)을 기려서 "슈투트가르트 공항 - 만프레트 로멜 공항"으로 개명되었다.
- 슈투트가르트 공항주식회사(FSG)는 2014년 유럽 공항위원회(Airport Council International, ACI)로부터 5백~1천만 승객 공항범주에서 '유럽 최고 공항'으로

선정되기도 하였다.

역사

▸ 초기시대

- 1911년 에른스트 하인켈(Ernst Heinkel)이 이곳에서 직접 만든 비행기로 이륙했다. 1919년 착륙장이 부설되었다. 1921년부터 24년까지 파울 슈트랠레(Paul Strähle)가 바덴에서부터 우편 비행기들을 운항했지만, 규칙적인 민간 항공영업은 하지 않았다.
- 슈투트가르트 지역 최초의 민간 운항공항은 뵈블링엔 공항(Flughafen Böblingen)이었는데, 이곳에서 1925년 4월 20일에 최초의 계획적인 착륙연습이 개최되었다. 1930년대에 독일 루프트한자가 이 공항에서부터 슈투트가르트를 다른 세상과 연결하였다.

▸ 제2차 세계대전

- 이 공항은 1939년 뷔블링엔 공항을 대체할 목적으로 건설된 것이다. 1945년 미군이 이 공항을 넘겨받아 사용하다가 1948년 독일정부에 돌려주었다.
- 냉전 시기에는 활주로와 편이시설들이 미군과 공동으로 사용되었다.

▸ 최근의 발전

- 공항은 제2차 세계대전 후 확장되었다. 활주로는 1948년 1,800m(5,906 ft)로, 1961년 2,250m (7,382ft)로, 마지막으로 1996년 3,345m (10,974ft)로 늘렸다.
- 1938년의 원년 터미널은 2004년에 현재의 모습으로 대체되었는데, 최대 1200만여 명의 여객을 수용할 수 있는 4개의 터미널을 갖추고 있다.
- 정치인, 도시 계획입안자와 인근 주민들이 수년 동안 제2 활주로 건설을 두고 논쟁을 벌였다. 그러나 2008년 6월 25일 귄터 외팅어 하원의장이 앞으로 8~12년 내에 제2 활주로 건설은 없을 것이며 야간 운행 제한도 도입하겠다고 발표했다.
- 2014년 9월 유나이티드 에어라인은 델타 에어라인의 애틀랜타 행 장거리 노선만 남긴다는 슈투트가르트 공항의 불성실한 요구 때문에 뉴욕 발 슈투트가르트 행 노선을 취소했다.

- 2014년 10월 이지젯(EasyJet)이 2015년 3월부터 슈투트가르트를 일곱 번째 취항지로 결정했음을 공시했다. 2014년 12월 라이언에어(Ryanair)도 2015년 4월부터 슈투트가르트-맨체스터 노선을 주당 6회 운항할 것임을 공표했다.
- 에어 베를린(Air Berlin)은 2014년 12월부터 아부다비 노선을 공시했고, 2016년 5월 31일 아부다비 행 운항을 중단했다. 2016년 10월 에어 베를린은 비용절감과 기업혁신방안으로 인해 슈투트가르트 공항에서 철수한다고 공표했다.

공항시설

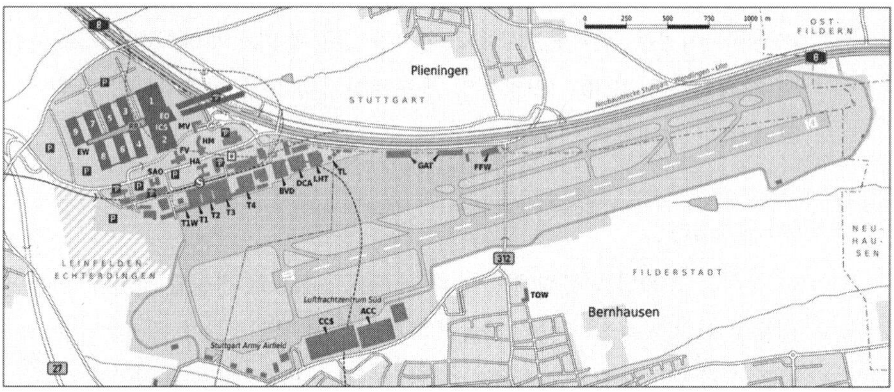

▶ 출발 및 도착 활주로

- 이 공항은 콘크리트로 건설된 출·착 활주로가 하나뿐이다. 길이는 동-서 방향 3345m이며, 폭은 45m이다. 두 개의 활주로 N과 S는 출·착 활주로의 북쪽에 있다.

▶ 청사(터미널)

- 슈투트가르트 공항은 체크인 시설과 입국장이 나눠진, 그러나 서로 연결된 4개의 여객터미널로 구성되어 있다.
- 제1 터미널은 2개의 랜드사이드 메인 홀 중 첫 번째 홀인데, 터미널 서쪽에 50개의 체크인 카운터를 운영 중이다. 제1 터미널은 제2, 제3 터미널과 한 지붕 아래에서 나눠 쓰고 있다. 주로 저먼윙즈와 루프트한자가 이용한다.
- 제2 터미널은 9개의 체크인 카운터와 1개의 보안검사대가 있는 작은 구역이

다. 이곳 제1 터미널과 제3 터미널의 메인 홀 사이에 쇼핑 지역이 있다. 제2 터미널은 저먼윙즈가 이용하는데, 저먼윙즈의 카운터는 제1 터미널에 있다.

- 제3 터미널은 제1 터미널과 제2 터미널의 동쪽에 있는 2개의 랜드사이드 메인 홀 중 두 번째 홀인데, 39개의 체크인 카운터가 운영 중이다. 이 터미널은 여타 항공사들 중 TUIfly와 KLM이 이용한다.
- 제4 터미널은 앞의 3 터미널과는 달리, 기본 시설만 갖춘 분리된 건물로 제1-제3 터미널 동쪽에 있기는 하지만, 통로를 통해 이들 터미널과 연결되어 있다. 이 터미널은 17개 이상의 체크인 카운터와 여러 개의 버스 탑승 게이트가 운영 중인데, 대개는 법정휴일에만 운영된다.

가장 바쁜 항공노선(STR출발)

순위	목적지	여객2016	여객2015	출발2016	출발2015
1	독일 Berlin-Tegel	493.812	481.921	4.573	4.553
2	스페인 Palma de Mallorca	367.288	328.378	2.344	1.869
3	독일 Hamburg	362.092	360.619	3.176	3.114
4	터키 Istanbul-Atatürk	206.589	218.021	1.674	1.726
5	독일 Frankfurt/Main	185.066	181.150	1.930	1.918
6	오스트리아 Wien	183.569	172.705	2.119	2.109
7	터키 Antalya	182.936	248.743	1.121	1.414
8	영국 London-Heathrow	161.452	170.128	1.614	1.626
9	네덜란드 Amsterdam	156.682	142.088	1.903	1.819
10	스페인 Barcelona	119.255	112.935	877	864

2. 역사를 품은 바덴-뷔르템베르크

[1] 바덴(Baden)

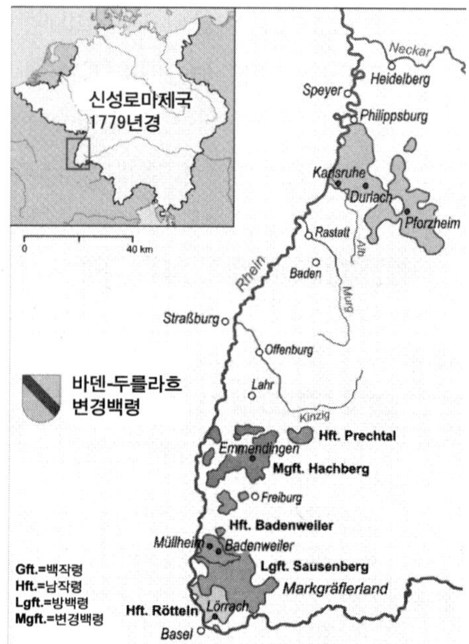

- 독일 남서부의 라인 강 동쪽에 위치한 옛 변경백령. 오늘날은 독일의 바덴-뷔르템베르크 주의 서부에 해당한다.
- 바덴 변경백령은 라인 강 유역의 동쪽 절반과 인접한 산맥으로 구성되어 있었다. 특히 샤프하우젠과 스트라스부르 사이에서 라인 강이 굽이쳐 만드는 커다란 만곡부에 자리 잡고 있는 슈바르츠발트 산악지대가 유명하다.
- 고대의 바덴은 켈트인의 땅이었다가 게르만족에게 넘어갔다. 서기 1세기에 로마에 정복당한다. 그러나 3세기에 알레만 부족 동맹의 지배를 받게 되고, 8세기에 이 지역을 완전 정복한 프랑크 인들이 그리스도교를 보급한다.
- 바덴 변경백의 작위는 1112년 처음 생겨난다. 바덴 변경백의 지위를 얻은 체링엔 가문 사람들은 1218년 브라이스가우 백작령 일부를 획득한다. 이후에 라인 강 서부의 다른 땅들을 영지에 덧붙인다. 1535년 그들의 영지는 남쪽의 바덴바덴과 북쪽의 바덴-두를라흐 변경백령으로 양분된다. 이 두 변경백령은 종교개혁 때 프로테스탄트로 개종하지만, 바덴바덴은 1570년대에 로마 가톨릭으로 복귀한다. 이 두 변경백령은 통치권을 둘러싸고 상호 경쟁을 거듭해 인접한 독일 제후령들에 비해 갈수록 세력이 약해진다. 바덴은 30년 전쟁(1618~48) 때 거의 폐허가 되고, 포르츠하임 · 두를라흐 · 바덴 시는 17세

기말 프랑스 왕 루이 14세가 벌인 영토 확장 전쟁 때 또다시 파괴된다.

- 1677~1707년, 바덴바덴 변경백 루트비히 빌헬름 1세(Ludwig Wilhelm von Baden-Baden, 1655~1707)는 신성로마제국 군을 지휘해 오스만 튀르크와 프랑스를 상대로 싸운 전쟁들에서 크게 활약한다. 그는 라슈타트 궁전을 건설한다. 1709~38년에 바덴-두를라흐 변경백이었던 카를 3세 빌헬름(1679~1738)은 카를스루에를 도읍으로 정한다. 그의 손자 카를 프리드리히 폰 바덴(1728~1811)은 바덴 두를라흐 변경백(1738~1811)을 지낸다. 바덴바덴 변경백 집안의 혈통이 끊어진 1771년부터는 바덴바덴 변경백까지 겸직하여 바덴을 재통일한다. 카를 프리드리히의 통치시기에 바덴은 번영과 행복의 시대였다.

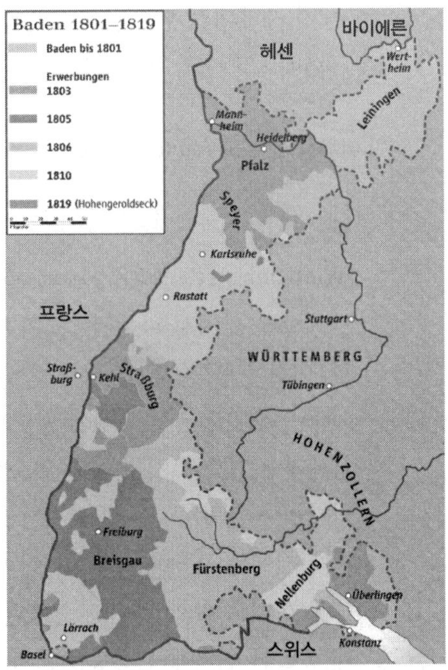

- 그러나 카를 프리드리히는 1790년대 프랑스 혁명공화국에 라인 강 서부의 영토를 양도해야 했으며, 1796년에는 동맹조약 체결을 강요받는다. 이렇게 해서 바덴은 프랑스의 위성국이 되지만, 새 동맹자로부터 잃어버린 영토에 대해 충분한 보상을 받는다. 1803~06년 프랑스는 바덴에 대한 보상으로 그 영토를 북쪽으로 마인 강까지, 남쪽으로 보덴제 호수까지 넓혀주었으므로 바덴 변경백령은 원래 크기의 4~5배로 영토가 확장된다. 1803년 바덴은 신성로마제국의 선제후 영지가 되고, 따라서 1806년 신성로마제국이 소멸하자 대공령 겸 나폴레옹의 라인 연방의 일원이 된다.
- 1814~15년, 바덴은 빈 회의에서 새로 결성된 독일연방 소속의 한 주권국으로 인정받는다. 또한 나폴레옹 시대에 획득한 영토도 대부분 그대로 유지한다. 1836년에는 프로이센 중심의 관세동맹에 가담한다. 1818년 바덴 대공은 헌법을 공포해 바덴을 독일 최초로 의회대표제가 확립된 국가로 만든다. 레

오폴트 대공 치세(1830~52) 때 자유주의 개혁이 이루어지지만, 급진적 요구에 부응하지 못해 결국 1848년 프리드리히 헤커(1811~1881)와 구스타프 폰 슈트루베(1805~1870)가 이끄는 혁명이 일어난다. 프로이센 군대는 혁명정부를 무력으로 진압하고 1849년 레오폴트 대공(1790~1852)을 복위시킨다.

- 1852~1907년에 바덴 대공을 지낸 프리드리히 1세(Friedrich I. von Baden, 1826~1907)는 1866년의 7주 전쟁 시기만 빼고 프로이센의 동맹자로서 독일제국의 창건을 지원한다. 바덴의 마지막 대공인 프리드리히 2세(1857~1928)는 제1차 세계대전 말기인 1918년에 폐위된다.
- 1919년 헌법에 따라 바덴은 대공령 지위를 상실하고 독일제국의 한 주가 된다.
- 제2차 세계대전 후 미국과 프랑스는 바덴을 분할 점령. 결국 신설된 바덴-뷔르템베르크 주의 행정구역으로 굳어진다.

[2] 뷔르템베르크(Württemberg)

▶ 명칭

- 'Württemberg'(옛 명칭은 Wirtenberg)는 슈투트가르트-로텐베르크에 있는 뷔르템베르크 산에서 파생된 것. 이 명칭은 켈트어에 뿌리를 둔 것으로 추측된다. 이것은 프랑스의 도시 베르됭처럼 켈트 어 단어인 'Virodunum(viro는 남자, dunun은 산의 뜻)에서 파생된 것일 수도 있다. 뷔르템베르크에는 1819년까지 11세기에 건축된 옛 본성인 뷔르템베르크 성이 있었는데, 그 자리에 1824년 카타리나 폰 뷔르템베르크 여왕의 영묘예배당이 건축되었다. 14세기 중엽까지 문서에는 'Wirtenberg' 형태만 발견된다. 이 명칭이 'Wirtemberg'처럼 'm'이 있는 형태로 바뀐 것은 단순화된 발음 때문이다. 즉, 소리 /m/과 /b/는 구강 내 동일한 위치에서 형성된다. 'Württemberg'라는 표기법은 나폴레옹 1세에 의해 뷔르템베르크 왕국으로 승격되면서 공식 국명이 되었다.
- 백작령으로 출발한 뒤 차례로 공작령 · 왕국 · 공화국으로 바뀌다가 제2차 세계대전 후 분할되었다.

▶ 지형

- 지금의 바덴-뷔르템베르크 주의 중부와 동부에 해당한다. 독립해 있던 시절 말기에 이곳은 남쪽 경계선 안으로 튀어나와 있는 호엔촐레른(1849년부터 프

로이센의 영토) 지역을 제외하고는 북동쪽과 동쪽으로 바이에른, 남동쪽으로 바이에른 및 콘스탄츠 호, 남서쪽 · 서쪽 · 북서쪽으로 바덴과 경계를 이루었다. 수도는 슈투트가르트였다. 라인 강 평야지대를 제외하고는 슈바벤 쥐라 산맥과 슈바르츠발트를 포함하는 산악 · 언덕 지대로 이루어졌고 네카어 강이 흐른다.

▶ 역사

- 중세시대, 초기에는 슈바벤으로 알려진 지역에 속했다. 11세기말부터 세습 백작가문인 비르템베르크 가문(뷔르템베르크 가문)이 그들의 영역을 슈바벤의 넓은 지역으로 확장하기 시작한다. 1495년 뷔르템베르크가 공작령이 되었을 때는 대의 기관인 신분의회(Estates)가 이 공작령의 행정에서 중요한 역할을 하게 된다.
- 1534년, 합스부르크 가문의 가신이 된 울리히 공작(Gurk Ulrich, Herzog, 1498-1550)이 공작령에 루터주의를 도입하고 교회의 토지들을 몰수한다. 그의 아들인 크리스토퍼 공작(재위 1550~68)이 중앙집권적인 국교회를 설립하여 독일 신교의 지도자가 되고, 신분의회의 재정 관리권에 대한 인정을 포함한 그의 사법 및 민권 개혁이 2세기 동안 지속된다. 프리드리히 공작(1593~1608)은 공작령을 합스부르크 가문의 지배로부터 독립시키고, 다른 루터파 및 칼뱅파 군주들과 더불어 신교 동맹을 결성한다(1608년). 30년 전쟁 중 황폐화되고, 아욱스부르크 동맹 전쟁 중이던 1688~93년 프랑스인들의 침략에 희생당한다. 그러나 정치적 측면은 발전해서 1649년 의무교육제도가 도입된다. 에

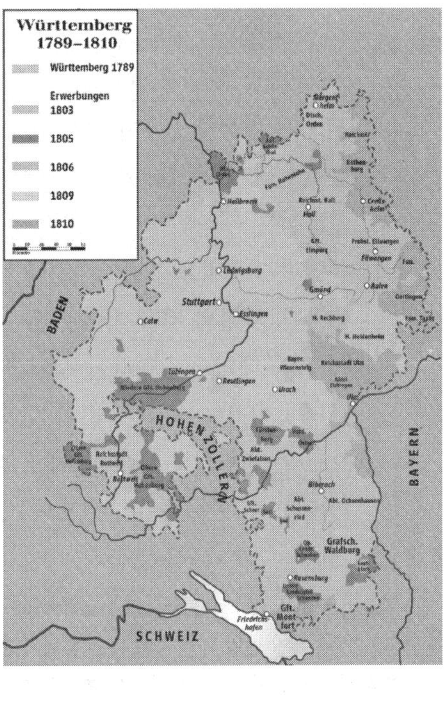

버하르트 루트비히 공작(재위 1693~1733)은 공작령의 방어시설과 학교들을 개선하고 유명한 루트비히스부르크(Ludwigsburg) 궁전을 건립하고, 섬유 및 기타 여러 산업들을 공작령에 소개한 프랑스 출신의 발도 종파(Waldenser) 난민들을 받아들인다.

- 1802~13년, 프랑스와 동맹관계를 맺는데, 그 보답으로 나폴레옹은 이곳에 많은 영토를 하사한다. 이 영토 중에는 슈바벤에 있는 합스부르크 가문의 많은 토지와 제국도시 · 교회 토지 등이 포함된다. 이렇게 영토가 추가됨으로써 뷔르템베르크의 면적은 1810년경에 2배가 된다. 그 결과 공작령은 선제후령(1803)과 왕국(1806)으로 격상되어 나폴레옹 실각 이후까지 그 지위를 유지한다. 1815년부터 1819년까지 정치적 불안으로 인해 1819년 뷔르템베르크 왕 빌헬름 1세(1781~1864, 재위 1816~1864)가 양원 제도를 확립하는 헌법을 발표하게 된다. 19세기의 독일에서 이곳은 자유주의의 중심지였다. 1834년 프로이센의 주도로 독일관세동맹을 체결하지만, 카를 1세 왕(1864~91)은 프로이센-오스트리아 전쟁(1866)[1]에서 오스트리아 편을 들어 패배한 탓에 승리한 프로이센에게 보상해야 했다. 프랑스와 독일간의 전쟁(1870~71)에서는 프로이센 편을 들어 새 독일제국에 가담한다.
- 1876~1900년, 헤르만 폰 미트나흐트(1825~1909)를 총리를 한 뷔르템베르크 공화국은 내정 · 종교 · 교육에서뿐만 아니라 우편과 철도운영에 있어서도 독립성을 유지하면서 신생 독일에서 안정된 입지를 확보한다. 또한 납세 · 군사 문제에서도 특별한 권리를 가진다. 기계류 · 자동차 · 정밀공업 · 섬유 · 시계 · 악기 · 출판 등의 산업을 성공적으로 발전시키고, 이전에 높았던 이주비율을 감소시킨다.
- 1891년, 카를의 뒤를 이어 그의 큰 조카인 빌헬름 2세(1891~1918 재위)가 왕위에 올라 대의제에 입각한 정치개혁을 추진하고 예술과 연극을 부흥시킨다. 그러나 이러한 발전은 제1차 세계대전으로 인해 중단되고, 1918년 11월 혁명으로 인해 빌헬름 2세는 강제로 퇴위된다.
- 1919년, 공화정 헌법이 선포되고, 바이마르 헌법 하에 독일의 한 주가 됨으

1) 소독일주의로 통일을 추구하던 프로이센과 대 독일주의를 지향하던 오스트리아의 합스부르크 왕조 간에 독일 연방 내의 주도권을 둘러싸고 벌인 전쟁. 이 전쟁에서 프로이센이 승리하여 독일은 프로이센 중심의 소독일주의로 통일하게 된다. 보오전쟁이라고도 한다.

로써 뷔르템베르크는 이전의 제도에서 누렸던 모든 특권을 상실한다. 1933년 나치 체제 밑에서 뷔르템베르크에 지방장관이 임명된다. 1934년 주 정부는 독일제국에 예속되고 주 의회는 해산된다. 제2차 세계대전 후 미국 점령지역과 프랑스 점령지역으로 분할된다.

- 1949년, 독일연방공화국이 탄생되면서 바덴 · 뷔르템베르크바덴 · 뷔르템베르크 호엔촐레른이라는 3개의 주가 생긴다. 이들 주는 1952년에 통합되어 현재의 바덴-뷔르템베르크 연방주가 된다.

[3] 정리

- 뷔르템베르크 가문은 11세기 후기에 처음 등장한다. 1083년에 성립된 뷔르템베르크 백작령의 콘라트 1세(1083~1110, 최초로 언급된 때는 1081년)가 시조이다.
- 역사적인 발전 개관

<table>
<tr><th>형 식</th><th>시 기</th><th colspan="2">설 명</th></tr>
<tr><td>신성로마제국의 영토</td><td>12세기부터</td><td colspan="2">뷔르템베르크 백작령, 1442~1482년 슈투트가르트 라인과 우라흐 하인으로 분할,
1495년부터 공국, 1803년부터 선제후국</td></tr>
<tr><td rowspan="3">독일국가,
1871년까지 독립국가,
독일제국의 연방주</td><td>1806~1918</td><td colspan="2">뷔르템베르크 왕국</td></tr>
<tr><td>1918~1933</td><td colspan="2">뷔르템베르크 공화국</td></tr>
<tr><td>1933~1945</td><td colspan="2">독일제국의 통합 행정단위</td></tr>
<tr><td rowspan="2">1945년 이후 당시까지
통용되던 형태의 주가 사라진다.</td><td>1945~1952</td><td>뷔르템베르크-호엔촐레른 주(F)의 일부</td><td>뷔르템베르크-바덴 (USA) 주의 일부</td></tr>
<tr><td>1952년 이후</td><td colspan="2">바덴-뷔르템베르크 주의 일부</td></tr>
</table>

3. 문화를 품은 바덴-뷔르템베르크

- 바덴-뷔르템베르크 주를 횡단하는 판타스틱 가도. 북쪽의 하이델베르크로부터 남쪽의 보덴 호수까지 약 400km에 이르는 문화로드이다. 고급 온천 휴양지 바덴-바덴, 자동차가 탄생한 도시 슈투트가르트, 네카어 강변의 아름다운 대학도시 하이델베르크와 튀빙겐, 뻐꾸기시계의 고향 슈바르츠발트('검은 숲') 지대, 꽃의 섬 마이나우 등 다양한 매력을 가진 도시들이 연결된 환상적인 가도이다.

3.1. 판타스틱가도

[1] 바인하임(Weinheim)

- 숲으로 둘러싸인, 인구 45000여 명(2016년)의 고성 도시
- 바덴-뷔르템베르크 주의 북서쪽, 만하임에서 북쪽으로 18km, 하이델베르크에서 동북쪽으로 약 18km 지점에 위치한다. 이 도시는 '라인-네카어 대도시권'((Rhine-Neckar triangle)에 속하며, '환상가도'의 첫 번째 회원도시이다.
- 이 도시에는 방어용 빈데크(Windeck) 성과 바헨부르크(Wachenburg) 폐성이 있기에 2개의 고성 도시로도 불린다.
- 남국적인 분위기의 마르크트 광장에는 구 시청사와 음식거리가 있다. 도시의 중심에는 궁전공원과 외래 수목들로 가득한 삼림공원과 헤르만스호프 식물원 등으로 구성된 '녹색의 마일'로 불리는 그린벨트가 있다.

[2] 하이델베르크(Heidelberg)

- 고성과 대학의 도시
- 매년 300만 명 이상의 여행객들이 찾는, 라인 강의 지류인 네카어 강변을 따라 바로크 건축물들이 즐비한 관광도시
- '하일리겐베르크'(Heiligenberg), 즉 '신성한 산'이란 뜻에서 알 수 있듯이 중세 고성 아래의 아름다운 구시가지가 숨어있는, 강 건너편 언덕에 괴테, 헤겔,

〈좌: 하이델베르크 전경, 중: 춤 로텐 옥센 주점, 우: 황태자의 첫사랑 영화 포스터〉

하이데거가 사색을 즐기던 '철학자의 길'이 있는 대학도시. 15만여 명의 인구 중 교수와 학생의 수가 3만여 명이나 되는 하이델베르크 대학교는 1386년에 창설된 독일어권에서 세 번째로 오래된 대학이다.

- 이 대학을 무대로 한 희곡 〈알트 하이델베르크(1954, '황태자의 첫사랑', Alt Heidelberg)〉와 학생들이 맥주를 마시며 부르는 〈학생들의 노래(Studentische Lieder)〉 중 〈Drink, Drink, Drink〉는 대학생들의 음주문화의 전형이 되었다. 황태자가 친구들과 대형 맥주잔을 기울이던 선술집 〈Zum Roten Ochsen[춤 로텐 옥센]〉('붉은 황소'의 뜻)은 지금도 성업 중이다.

‣ 올드타운. 구시가지의 중앙로 양쪽에는 각종 상점과 카페, 레스토랑이 다닥다닥 붙어있다. 사이사이에 아담한 광장과 구시가지 곳곳에 흩어진 대학건물들도 보인다. 시청사와 성령교회(Heiliggeistkirche) 등의 명소들이 에워싸고 있는 마르크트 광장을 지나면 옛 아우구스티누스 수도회가 있었던 광장 바닥에는 당시의 논쟁을 기념하는 명판이 있다. 루터 파문 이후 신교와 구교 사이에 벌어진 종교전쟁(30년 전쟁)은 30여 년이나 이 아름다운 도시를 파괴시켰다. 오늘날 올드타운의 대다수 건물들이 18세기 이후 바로크 양식으로 재건된 것도 이 때문이다. 올드타운에서 하이델베르크 성으로 가려면 카를 테오도르 다리(Alte Brücke, '옛 다리'의 뜻)를 건너가야 한다.

▶ 하이델베르크 성(Schloss Heidelberg)

- 4세기 이상 팔츠 선제후가 거주한 궁전
- 13세기부터 17세기까지 반복된 증축과정을 거쳤다. 원래는 고딕양식으로 건축되어 요새의 기능도 할 수 있도록 설계되었다. 현재는 대다수 건물들이

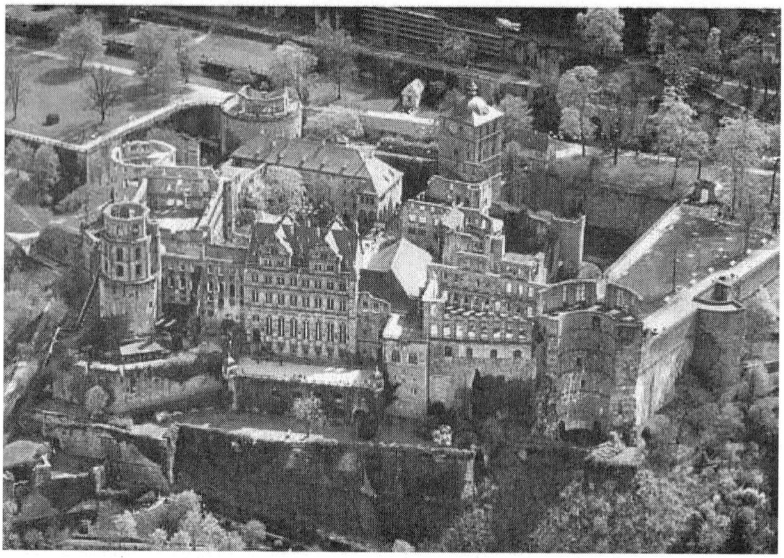

〈좌→우: 종탑, 유리관, 프리드리히 궁, 와인술통관, 영국관, 방벽탑; 그 앞쪽 테라스〉

무너진 상태로 보존되어 있다.

- 16세기에 독일에서 가장 아름다운 르네상스 양식의 주거궁전으로 탈바꿈했다. 그러나 30년 전쟁(1618~48), 17세기 후반 팔츠 공국과 프랑스와의 왕위계승전쟁(Erbfolgekrieg, 1688~1697), 1764년 낙뢰와 화재 등으로 완전히 파괴되었다. 18세기 초에 바로크 양식으로 재건되었다.

〈상식〉 팔츠 공국과 프랑스 간 왕위계승전쟁(대동맹 전쟁)

- 프랑스의 루이 14세(1638~1715)가 일으킨 3번째 전쟁(1689~97). 이 전쟁으로 영국과 네덜란드 및 오스트리아 합스부르크 왕가의 동맹 세력이 루이 14세의 팽창 정책을 막아냈다. 전쟁의 근본 요인은 경쟁 관계에 있는 부르봉 왕가와 합스부르크 왕가 간 세력 균형이었다.
- 특히 팔츠 지역은 팔라틴 백작(카를 루프레히트 공)이 소유한 영지였는데, 하부 팔츠(라인 강 유역의 팔츠)와 상부 팔츠(나프 강 양안의 바이에른 북부 팔츠)로 분할되어 있었다.
- 팔츠는 종교개혁 초기에 로마가톨릭을 고수했지만, 비텔스바흐 가문의 분가 팔츠 지메른 슈폰하임 가문 출신 선제후 프리드리히 3세 폰 데어 팔츠(1515~1576)가 집권하던 1560년대에 칼뱅주의를 채택하면서 독일에서 개신교의 대의명분을 지키는 보루가 되었다. 1608년 선제후 프리드리히 4세(1574~1610)가 프로테스탄트 연합의 신교 군사동맹체 지도자가 되었다. 1619년 그의 아들 프리드리히 5세(1596~1632, 팔츠 선제후 1610~1623, 보헤미아 왕 1619~1620)는 보헤미아 왕위계승을 수락함에 따라 팔츠에 재난을 안겨준 30년 전쟁이 발발하게 되었다. 프리드리히 5세는 1620년 보헤미아에서 축출되었고, 1623년 독일 영토와 황제 선출 자격을 박탈당했

다. 로마가톨릭계 군대는 라인 강 유역의 팔츠를 황폐화시켰다. 베스트팔렌 평화조약(1648년)으로 프리드리히 5세의 아들 카를 루트비히는 라인 강 유역의 영토와 선제후 직위도 다시 돌려받았다. 상부 팔츠는 그 후 계속 바이에른의 소유였다.

- 대동맹 전쟁 중 프랑스 루이 14세의 군대가 라인 강 유역 팔츠를 침략하여 많은 독일인들이 이주하게 되었다. 초기에 미국으로 이주한 독일인(펜실베이니아 이주 독일인) 중 상당수가 팔츠 출신의 난민들이었다. 프랑스 혁명과 나폴레옹 전쟁 중 라인 강 서쪽 제방에 접해 있던 팔츠 토지는 프랑스로 합병된 반면, 라인 강 동쪽 토지는 대부분 인근의 바덴과 헤센으로 분할되었다. 나폴레옹 패전 이후(1814~15) 열린 빈 회의에서 동쪽 제방의 영토를 바이에른에게 주기로 결정했고, 이 영토는 인근의 다른 영토와 함께 1838년 팔츠라는 이름을 다시 얻게 되었다. 제1차 세계대전에서 독일이 패한 후 영국 군대가 라인란트 지역을 잠시 점령했다. 제2차 세계대전 후 라인강 유역 영토의 일부가 독일의 라인란트-팔츠 주로 편입되었다

- 프리드리히 궁(Friedrichsbau, 1601~1607). 36세에 요절한 선제후 프리드리히가 건축. 건축 전면에 16명의 선제후 입상(복제품)이 있다.
- 루프레히트 궁(Ruprechtsbau, 1400~1410). 하이델베르크 성에서 가장 오래된 고딕양식 건물, 1400년 비텔스바흐 가문의 선제후 루프레히트 3세(1352~1410)가 독일 왕으로 선출 (루트비히 1세, 재위 1400~1410)되면서 건축한 것.
- 부인관(Frauenzimmerbau). 16세기 전반기에 선제후 루트비히 5세(1478~1544, 팔츠 선제후 1508~1544) 시절에 루프레히트 궁/도서관 건물과 최초의 궁전예배당(나중에는 프리드리히 궁) 사이에 건축된 것. 그의 이름에 따라 위층에는 궁녀들의 방들이 있었고, 아래층에는 거대한 대연회장이 있었지만, 1689년 화재로 소실되었다. 이후 옛 연회장은 술통 제조업자들이 '거대한 술통(Großes Fass)'을 만드는 공간으로 사용되었다. 1930년대에 아래층은 하이델베르크 시립 연회장소로 재건되었다.
- 프리드리히 5세가 부인을 위해 세운 엘리자베트 문. 성의 유일한 로코코 양식 건축물이다.

〈좌: 프리드리히 궁, 중: 루프레히트 궁, 우: 부인관〉

〈좌: 엘리자베트 문, 중: 포도주 술통, 우: 페르케오 목상〉

- 하이델베르크 성의 지하에는 세계에서 가장 큰 와인 술통이 있다. 이 술통은 1751년 선제후 카를 테오도르(1724~1799) 때 제작되었다. 술통의 높이는 약 7미터이며 폭은 약 8.5미터에 이른다. 약 221,726리터(58,124갤런)만큼 술을 보관할 수 있다.
- 거대한 술통의 맞은편에는 페르케오(Perkeo, 원명은 Clemens Pankert)의 목상이 서 있다. 페르케오는 하루에 18리터의 와인을 15년 동안이나 마신 대주가로서 항상 술에 취해 있었다. 그는 80세까지 장수하였으나, 의사가 건강을 위해 술을 끊어야 한다고 하자 바로 그 다음날 세상을 떠났다.
- 오토 신데볼프 빌딩의 아래층에 약제상 박물관이 있다. 관광객들은 이 박물관을 통해 약품 조제실이나 약품의 역사를 알아볼 수 있다. 약제상 박물관에는 약사의 사무실, 실험실, 약전 등이 위치하고 있다. 박격포나 플라스크의 다양한 기술들도 설명하고 있으며 17-19세기 의학을 대표하는 1,000가지의 원료 의약품도 전시되어 있다.
- 하이델베르크 성의 축제는 대개 매년 6월부터 8월 사이에 열린다. 하이델베르크 성의 축제는 라인-네카어 강변 축제들 중 상위 15개 축제 중 하나이며, 오페라, 오페레타, 연주회, 어린이와 청소년 극장, 콘서트 등의 콘텐츠가 포함되어 있다.
- 독일의 대문호 괴테는 하이델베르크에서 유부녀인 빌레머 부인(로테)과 잊지 못할 사랑을 나누게 되는데, 이 때문에 그녀를 연모하는 심정을 고백한 '서동시집'을 내기도 했다. 또한 이를 기념하여 "여기서 나는 사랑을 하고, 그리하여 사랑을 받으며 행복했노라."라는 내용의 비석을 만들기도 했다.
- 하이델베르크 성에서 결혼식을 올리는 커플도 있다. 2009년 2월부터 이 성

에서 결혼식을 올릴 수 있게 되었다. 하이델베르크 성 내부의 예배당에서는 매년 100 커플 정도가 결혼식을 올린다.

- 또한 성에서는 6월과 9월의 첫째 주 토요일과 7월의 둘째 주 토요일에 라이팅 쇼를 벌이기도 한다. 원래는 1689년, 1693년, 1764년 세 번의 성의 침체기를 기념하기 위해 벌인 것이었다. 처음 두 번은 프랑스와의 전쟁으로 인한 것이었다. 1764년에는 번개를 맞아 성이 훼손된 바 있다.

하이델베르크 대학교(Ruprecht-Karls-Universität Heidelberg)

- 1386년 건립된 유럽에서 가장 오래된 대학교 중 하나, 현재 독일에서는 가장 오래된 대학교. 참고로 유럽에서 가장 오래된 대학은 볼로냐대학교(1088년 개원)이다.
- 신성로마제국 내에 세워진 대학교 중 프라하 대학교(1384년 개원), 비인 대학교(1365년 개원)에 이어 세 번째로 오래 되었다.
- 1385년 10월 23일에 하이델베르크는 교황 우르바노 6세로부터 대학을 설립할 특권을 얻었으며, 1386년 팔츠 선제후였던 루프레히트 1세에 의해 설립된 이후 4개의 학부(신학, 법학, 의학, 철학)로 구성되었다. 1890년에 자연과학부가 5번째 학과로 처음으로 추가되었다. 1969년에는 16개의 특성화 학부로 나뉘었다가 2002년 재개편되어 12 학부로 조직되었다. 재학생은 3만 명을 상회한다.
- 2011~2012년도 QS 세계 대학 랭킹에서 독일 최고의 대학교로 선정되었다.
- 노벨상 수상자 순위로는 유럽 전체 4위, 세계 전체 13위.

[3] 바덴-바덴(Baden-Baden)

- 2000여 년 전에 이미 온천이 발견된, 슈바르츠발트의 북쪽에 위치한 온천 도시다. 주변은 말 그대로 숲과 포도원들로 가득하다. 18~19세기에 호텔과 카지노가 집중적으로 들어섰고, 유럽의 왕족과 문화인들이 많이 찾았다. 그래서 자연스럽게 세계적인 고급 온천 휴양지로 탈바꿈했다. 고급 호텔, 화려한 카지노, 유명 브랜드를 모은 쇼핑 아케이드, 세계적인 콘서트 홀, 축제 극장 등 휴양과 오락을 한껏 즐길 수 있는 시설들로 가득하다.
- 카라칼라 온천장(Caracalla)은 실내와 실외의 온도가 다른 온천 풀이 있다. 인

접한 프리드리히 온천장(Friedrichsbad)은 1877년에 완성한 로마식 온천장이다. 온도가 다른 온천과 증기욕, 온천욕 등 순서에 따라서 2시간을 돌 수 있을 정도로 규모가 크다. 나체로 입욕 가능하고 오직 혼욕만 가능한 곳이기도 하다. '쿠어하우스' 옆에 있는 '트링크 할레'에서는 원천에서 솟아나는 온천수를 무료로 마실 수 있다.

[4] 겐엔바흐(Gengenbach)

- '흑림'의 중북부 자연공원 안에 있고, '바덴 와인가도'에 인접한 곳이기도 하다. 프라이부르크, 바덴-바덴 등의 도시에서 자동차로 30분이면 갈 수 있는 위치. 도시 안은 온통 꽃으로 장식되어 있다. 중세의 분위기가 가득한 구시가지와 목골가옥들이 줄지어 있는 거리는 '보석 같은 도시', '바덴의 니즈'라는 찬사에도 아깝지 않다. 역사적인 축제들도 많이 남아 있고, 문화의 도시에 걸맞은 프로그램, 박물관, 미술관도 있다. 옛 자유 제국도시의 분위기를 여기저기서 느낄 수 있다.

[5] 브라이자흐(Breisach)

- 슈바르츠발트 산지 기슭의 라인 강변에 위치한다. 라인 강변을 중심으로 독일의 바덴 지방과 프랑스의 알자스 지방 두 와인 산지를 연결한다. 이 도시의 상징은 라인 강과 도시를 조망할 수 있는 '성 슈테판 성당'이다. 성당의 첨탑에서 보면 동쪽은 라인 평야의 흑림지대, 서쪽은 프랑스 쪽의 보시(Vosges) 산맥이다. 도시의 중심에는 포도경작지가 산재한 에카르츠베르크(Eckartsberg)가 있다.
- 유명한 바덴 와인 산지 카이저슈툴과 투니베르크도 지척에 있다.

[6] 튀빙겐(Tübingen)

- 슈투트가르트에서 남쪽으로 약 30km 떨어진 네카어 강변에 위치한 아름답고 낭만적인 도시이다. 1477년 설립한 유서 깊은 대학의 영향으로 독일의 세계적인 학자, 시인, 철학자들이 여기서 활동했다. 헤세(Hesse, Hermann), 횔덜린(Hölderlin, Friedrich, 1770~1843), 뫼리케(Moerike, Eduard), 헤겔 (G. W. F. Hegel, 1770~1831), 폰 셸링 (F. W. J. von Schelling, 1775~1854) 등이 대표적인 인물들이다. 그래

서 튀빙겐은 예술, 문화 및 기타 여러 분야에 관한 국제회의 개최지로도 유명하다.

[7] 호엔촐레른 성(Burg Hohenzollern)

- 튀링겐에서 남쪽으로 약 25km를 가면, 약간 높은 언덕 위에 우아한 실루엣을 가진 성이 나타난다. 이것이 호엔촐레른 성이다. 노이슈반슈타인 성과 함께 독일의 유명한 성들 중의 하나이다. 프리드리히 대왕과 프로이센 가문 출신의 독일제국 황제의 성이다. 성내의 일부는 가이드 투어로 견학이 가능하다.

[8] 메어스부르크(Meersburg)

- 목골가옥들의 다채로운 성벽이 아름다운 호반 도시이다. 그림책의 세계에 들어 온 것 같은 착각을 느낀다. 여기서 보덴제 호수와 동부 스위스 알프스의 장관을 전망할 수 있기 때문이다. 명소로는 두 개의 성과 체펠린 박물관 등이 있다. 질이 좋은 와인 산지로도 유명하다.

[9] 마이나우 섬(Insel Mainau)

- 보덴 호에 떠 있는, 면적이 45ha에 불과한 꽃의 섬이다. 중세에는 500년간 독일의 기사가 소유했고, 1974년부터 베르나도테 백작(Graf von Wisborg, 1909~2004)이 소유했다. 1732년에 세워진 바로크 궁전과 부속 채벨을 중심으로 섬 전체가 정원으로 되어있다. 9000그루의 장미가 피는 이탈리아식 장미원, 세계의 나비들이 보이는 나비 집, 열대원 등이 있다.
- 3월부터 10월까지 다양한 꽃들이 만발한다. 섬에는 숙박 시설은 없고, 가볍게 식사를 할 수 있는 레스토랑만 있다. 꽃 이름이 붙은 메뉴를 즐길 수 있다.

[10] 콘스탄츠(Konstanz)

- 보덴제 호수 서쪽에 위치한 스위스와 국경 도시이자 대학도시이다. 보덴 호반의 최대 도시로, 항구는 항상 유람선의 출입으로 분주하다. 여름이 되면 많은 요트가 뜨고, 스위스 알프스의 산 들을 조망할 수 있다.

3.2. 호엔촐레른 가도: 슈바벤계 호엔촐레른 왕가의 유적 로드

- 북쪽의 상부 네카어 강변에 위치한 프로이센 왕들과 독일 황제들의 주거주지 슈베비셰 알프(Schwäbische Alb)에서부터 도나우 계곡과 상부 슈바벤 일부를 거쳐 남쪽의 보덴제 근처에 이르는 300km의 길. 바덴과 뷔르템베르크에서 가장 중요한 궁전들과 왕가의 역사적인 현장을 엿볼 수 있다. 그 어떤 왕조도 호엔촐레른 왕가만큼 독일의 운명에 밀접한 관련을 맺은 왕조는 없다.

▸ 하이라이트:

- 알프슈타트(Albstadt): 최대의 촐레른 가문 도시
- 발링엔(Bahlingen): 박물관, 촐레른 궁전들
- 보이론(Beuron): 수도원
- 비징엔(Bisingen): 호엔촐레른 성
- 하이거로흐(Haigerloch): 궁전, 방사선 폐기물 박물관(Atomkeller-Museum)
- 오스트라흐(Ostrach): 합스탈 수도원
- 슈베닝엔(Schwenningen): 시계산업
- 지그마링엔(Sigmaringen): 영주 궁전(Fürstenschloss)

호엔촐레른 성(Burg Hohenzollern)

▸ 위치

- 정상의 고성은 855m 높이의 호엔촐레른 원형산지에 위치해 있다. 이 원형산지는 지금도 주민들 사이에서는 촐러베르크(Zollerberg) 또는 간단히 촐러(Zoller)로도 불린다. 이 이름은 '죌러(Söller)'에서 파생된 것인데, 'Höhe'[고지]의 뜻이 있다.

▸ 역사

이 고성에 제2차 세계대전 이후부터 빌헬름 2세의 왕관이 있다.

- 최초의 고성

출레른 백작령의 최초 고성은 1267년에 처음 등장했는데, 추측컨대 11세기로 소급된다. 이 고성은 1423년 5월 15일 슈바벤 제국 직속 자유시 동맹이 거의 1년간 포위하여 공격하고 정복하는 과정에서 완전히 파괴되었다.

- 두 번째 고성

1454년부터 신축한 이후 30년 전쟁 중인 1634년 뷔르템베르크 가문에게 잠시 정복되기도 하였다. 30년 전쟁 이후에는 주로 합스부르크 왕가의 소유였고, 오스트리아 왕위계승전쟁 때인 1744/45년 겨울에 프랑스 군에게 점령되었다. 1798년 오스트리아의 점령에서 벗어난 이후 쇠퇴하기 시작했고, 19세기 초에는 폐허만 남았다. 유일하게 남은 것은 성 미카엘 예배당(St. Michaelskapelle)이었다.

- 세 번째 고성

이 고성을 재건하겠다는 생각을 한 것은 프로이센 왕 프리드리히 빌헬름 4세(재위 1840~1861)가 왕자시절이던 1819년이었다. 이때 그는 이탈리아 여행에서 자기 혈통의 뿌리도 알고 싶어서 그 산을 등정했다. 그는 1844년 왕이 되어 이렇게 썼다. "19세 때 내 기억으로는 너무나 아름다웠는데, 마치 아름다운 꿈을 꾸는 듯했다. 정말이지 여러 성루들 중 한 곳에서 바라본 석양은 아름다운 꿈을 꾸는 듯 했다."

- 프리드리히 빌헬름 4세

현재의 고성은 베를린 건축가 슈틸러(Friedrich August Stüler, 1800~1865)의 작품이다. 그는 1842년 쉰켈(Karl Friedrich Schinkel, 1781~1841)의 제자이자 후임자로서 '왕의 건축가'로 임명되었다. 이 고성은 독일어권에서 신고딕 양식의 전형적인 사례로 간주되고 있다.

하나는 호엔촐레른 성이 당시의 낭만주의 정신을 표현하면서 중세 당시의 기사고성의 이상을 구현한 점이다. 그런 점에서 역사적인 건축 사상은 바이에른 주의 노이슈반슈타인 성(환상적-연극적인 과대포장은 제외)과 비교되기도 한다. 다른 하나는 이 고성이 그들 조상의 본성이 재건된 모습을 보고 싶어 했던 프로이센 군주들의 정치적인 재현 의지의 결과물이란 점이다.

1850년에 초석이 놓였다. 건축 자금은 호엔촐레른의 브란덴부르크-프로이센계와 군주-슈바벤계가 공동으로 부담했다. 자금 조달을 둘러싼 분쟁으로 1852년 3월 22일 오토 폰 비스마르크와 게오르크 폰 핀케(Georg von Vincke) 간에 격렬한 논쟁이 있은 후 핀케-비스마르크 결투로 이어졌다. 1867년 10월 3일 빌헬름 1세 시절에 건축이 완공되어 봉헌되었다. 1978년 9월 3일 지진 때 이 고성도 심하게 훼손되었는데, 복구 작업은 1990년대까지 이어졌다.

- 형태

원추형 산꼭대기 거의 전체를 활용한 이 건축물은 크게 방어시설, 궁전건물, 예배당, 고성정원의 네 요소로 구성되어 있다.

- 방어시설

'독수리 휘장 성문'(Adlertor)은 '도개교'(Zugbrücke)를 가지고 있는데, 주출입구이기도 하다. 4개의 꾸불꾸불한 오솔길을 통과하면 고성 뜰에 도착한다. 첫 번째 길은 빌헬름 첨탑으로 통하는 길이다. 두 성벽 사이의 공간(해자)을 지나면 두 번째 길이 나타난다. 여기서부터 연결된 것이 나선형 비탈첨탑의 돔(둥근 천장)이 있는 세 번째 길이고, 바로 그 위에 있는 네 번째 길은 지붕이 없는 출구가 있다. 그 다음에 만나는 곳이 슈나르 감시망루인데, 이곳에서 볼(Boll) 마을과 드라이퓌르스텐슈타인 마을의 멋진 조망을 누릴 수 있다. 이곳에서부터 사각형 모양의 상부 성문첨탑을 거쳐 곧장 올라가면 고성 마당으로 가거나 성루를 거쳐 바깥에서부터 궁전 마당으로 들어갈 수 있다. 시계바늘 반대방향으로 슈나르 감시망루로 올라가면 새 망루(북동쪽), 푹스로

〈좌: 독수리 휘장 성문, 우: 몬비주 성(베를린 소재)〉

호 망루(북쪽), 꼭대기(북서쪽), 샤르펙 망루(서쪽), 가르텐 망루(남서쪽), 성 미카엘 망루(남쪽)가 있다. 이 망루들 사이에 프로이센 왕들의 입상이 있다.

- 궁전건물

궁전건물은 남동쪽 방향으로 U자형을 하고 있는데, 그 끝에 개신교와 가톨릭 예배당이 있다. 외벽은 두 번째 고성시설의 옛 기본 성벽을 이용하고 있다. 옛 병영 너머로 수많은 조그만 고딕양식 첨탑들로 장식된 3층 건축물들이 우뚝 솟아있다. 네 개의 중심 첨탑들은 나란히 푹스로호 망루 쪽으로 난 황제 첨탑의 시계바늘 반대방향에 있다. 주교 첨탑은 꼭대기 쪽으로, 변경백 첨탑은 샤르펙 망루 쪽으로 나있고, 미카엘 첨탑은 가든 망루 앞에 있다. 고성마당(뜰)에는 감시 첨탑이 있다.

- 예배당

호엔촐레른 고성에는 세 종류의 기독교 예배당이 있다. 성 미카엘 가톨릭 예배당은 1853년 확장되었다. 이 예배당의 중세 부분은 1454년부터 1461년까지로 적혀있는데, 이로 미루어 두 번째 고성에서 유일하게 보존된 건축물인 셈이다. 수많은 창문들은 옛 슈테텐 수도원의 교회에서 가져온 것인데, 1280년부터 1290년 사이에 만들어진 것이다.

크리스투스 개신교 예배당(Christuskapelle)은 뉘른베르크 대성당의 서쪽 제단에 기대어 슈틸러가 만든 작품이다. 사도 성문(Apósteltor)은 베를린의 파괴된 카이저 빌헬름 기념교회의 것이다.

크리스투스 예배당 밑에는 러시아 정교회 부활 예배당이 있다. 이것은 20세기 후반에 루이스 페르디난트 폰 프로이센 왕자(1907~1994)가 자기 부인인 키라 키릴로브나 로마노바(1909~1967, 러시아 황제 알렉산데르 2세의 증손녀)를 위해 건립한 것이다.

▸ 이용

이 고성은 재건 후 비교적 오랜 기간 동안 거주한 적이 한 번도 없었고, 오로지 대표적인 기능만 있었다. 프로이센의 마지막 황태자인 빌헬름(1882-1951)만 포츠담에서 벗어나서 1945년 말까지 몇 달간 이 고성에서 거주했다. 빌헬름과 그의 부인 황태자비 체칠리에(Cecilie, 1886~1954)와 자녀들은 이 고성의 성 미카엘 성루의 장교정원에 있는 조그만 가족묘지에 안장되어 있다.

루이스 페르디난트 왕자와 그의 부인 키라와 자녀들의 유골함은 러시아 정교회 부활예배당에 묻혀있다. 1952년부터 프리드리히 빌헬름 1세와 프리드리히 대왕의 관들은 이 고성에 있었는데, 독일 통일 후인 1991년 다시 포츠담으로 이송되었다.

호엔촐레른 고성은 예나지금이나 사유재산이다. 이 성은 2/3가 호엔촐레른 가문의 브란덴부르크-프로이센 계에, 1/3이 슈바벤 계에 속한다. 가옥 주인은 1994년부터 호엔촐레른 가문의 업무 수장을 맡고 있는 게오르크 프리드리히 왕자(Georg Friedrich Prinz von Preußen, 1976~)이다.

1952년부터 이 고성에 있던 이 가문의 소유재산과 이전 호엔촐레른 박물관의 프로이센 역사와 관련된 예술품과 기념물들은 몬비주 성(Schloss Monbijou, 베를린의 슈프레 강변에 있는 성으로 현재 보데 박물관 맞은편에 위치함)에 전시되어 있다.

호엔촐레른 고성은 오늘날 매년 3십여만 명의 방문객들이 관람하는 매력적인 관광지이다. 관람의 정점은 예술사적으로 가치가 있는 보석 방이다. 그 중에는 연회용 은식기와 도자기, 프리드리히 대왕의 담배상자와 총탄구멍이 난 그의 전설적인 제복 상의, 루이제 폰 마리 엘리자베트(1838~1923) 프로이센 여왕의 화려한 드레스 및 프로이센 왕관도 있다. 그밖에도 마케팅 활동으로 전시회, 콘서트, 연극공연과 영화상영 및 크리스마스 마켓 등이 열리고 있다.

카페-레스토랑도 있고, 여름에는 고성 가든에 있는 왕의 보리수나무 그늘에 150석 규모의 야외음식점이 들어서기도 한다.

1953년에는 이 고성의 보석 방에 있던 일부 보물들이 도난당하기도 했다. 범인은 나중에 체포되어 6년 형을 언도받았다. 약탈한 보물들을 그는 녹여서 없애버리거나 도주 과정에서 마인 강에 던져버렸다.

3.3. 역사를 품은 도시들

[1] 슈투트가르트(Stuttgart)

- 바덴-뷔르템베르크주의 주도이자 최대 도시. 독일에서 6번째로 큰 도시
- 메르세데스-벤츠, 포르셰, 보쉬의 본사가 있어서 자동차 관련 산업이 발달하였다. 슈투트가르트를 연고로 하는 메르세데스-벤츠와 뮌헨을 연고로 하는

BMW의 경쟁 관계는 유명하다.

▶ 역사

- 13세기에 도시로서의 권리를 인정받는다.
- 1320년경 뷔르템베르크 백작의 주거주지가 되고, 1482년 이후 뷔르템베르크 백작령, 공작령, 왕국, 주 등의 도읍지였다.
- 16세기에 번성하지만 30년 전쟁(1618~1648), 루이 14세 때의 프랑스 침공(1681~1684) 등으로 19세기 산업혁명 이전까지는 침체기를 맞는다.
- 제2차 세계대전 때는 도심지가 완전히 파괴된다.

▶ 유적

- 역사적 건축물로는 13세기에 건립되었다가 1553~1578년에 중건된 고성, 자연사박물관으로 탈바꿈한 로젠슈타인 성(Schloss Rosenstein: 1824~1829), 고딕 양식의 성 레오나르트 성당(St. Leonard's Church: 1463~1474), 12세기 로마네스크 양식의 바실리카가 고딕 양식으로 완성된 수도원 부속 성당(Stiftskirche: 1436~1495) 등이 있다.
- 그밖에 메르세데스-벤츠 박물관과 포르셰 박물관이 있다. 메르세데스-벤츠 박물관은 방대한 규모로 유명하고 포르셰 박물관은 크기가 벤츠 박물관보다는 작지만 전시물이 꽤 알차다. 포르셰 박물관에서는 시승도 가능하다.

〈로젠슈타인 성(좌, 슈투트가르츠 수도원 부속 성당(우)〉

▸슐로스플라츠('궁전 광장'의 뜻)

- 역사적 건물들로 둘러싸인, 이 도시에서 가장 인기 있는 만남의 광장. 이 광장은 약 1.2km나 되는 슈투트가르트의 핵심 보행자전용도로인 쾨니히슈트라세('왕의 거리'의 뜻)를 양분한다. 본역 방향의 아래쪽 쾨니히슈트라세와 로테뷜플라츠(Rotebühlplatz) 방향의 위쪽 쾨니히슈트라세로 나뉜다. 넓은 산책로가 관통하는 여러 개의 잔디밭이 대칭을 이룬다.

〈좌: 슐로스플라츠가 있는 신 궁전, 우: 올가 여왕 건물〉

- 슐로스플라츠는 분수와 야외 음악당이 있는 바로크 양식 정원으로 구성되어 있다. 광장 중앙에는 20m 높이의 꼭대기에 금빛 콩코르디아[2] 여신상이 있는 전승 기념탑(1841년)이 있고, 기념탑의 양쪽에 2개의 장식용 분수가 있다. 광장 서쪽에는 고풍스러운 야외 음악당이 있다. 이 광장은 1977년 연방정원전람회에 즈음하여 변형되었는데, 현재까지 이 형태를 유지하고 있다.
- 동쪽 방향으로 광장의 끝부분을 이루는 곳이 신 궁전이다. 이것은 뷔르템베르크의 공작 카를 오이겐(1728~1793)이 왕실 휴양지로 건설하게 한 것이다. 궁전의 화려한 방을 관람하는 것은 가이드 투어로만 가능하다. 신 궁전이 연장되어 - 교통번화가에 의해 분리됨 - 남쪽의 르네상스 양식 구 궁전(13세기 건설, 재건 1533~73년)과 연결되고 있다. 서쪽에는 상업의 신(Merkur) 기념탑이 있는 옛 관청이 있다. 이 기념탑은 1598년 휴양정원의 분수용 저수탑으로 만들어진 것이다. 황금 청소년 상은 1862년에 만들어진 것이다.
- 신 궁전의 북쪽 오른쪽 구석에는 뷔르템베르크 미술협회의 전람회장이 있다. 그 옆에 올가 여왕 건물(König-Olga-Bau)이 있다. 현재는 오래전부터 드레

2) 콩코르디아(Concordia)는 로마 신화의 조화와 평화의 여신.

스드너 은행(Dresdner Bank) 슈투트가르트 지점이 입주해 있다.

- 연중 내내 광장과 정원에서 다양한 문화 행사가 열린다. 8월에는 4일간의 요리와 라이브 음악 이벤트인 슈투트가르트 여름 축제가 열린다. 축제 장소는 근처 슐로스가르텐까지 확장된다. 12월에는 도시 크리스마스 마켓의 일부인 음식 가판대, 수공예품 노점상, 놀이기구, 작은 동굴이 광장을 장악한다. 영국의 록 밴드 핑크 플로이드의 기타리스트 겸 보컬이자 싱어송라이터인 데이비드 길모어(David Gilmour) 같은 세계적으로 유명한 음악가들도 이곳에서 공연했다.

▶ 포르셰 박물관

- 슈투트가르트 북부의 주펜하우젠에 위치하며, 도심과는 5.6km 정도 떨어져 있다. 박물관까지 운행되는 버스는 없지만 도보 거리에 기차역이 있다.
- '포르셰'는 1931년에 페르디난트 포르셰(Ferdinand Porsche)가 설립했다. 이 자동차 엔지니어는 회사 설립 전에 휘발유와 전기로 동력을 공급 받는 세계 최초의 하이브리드 자동차를 개발하기도 했다. 폭스바겐 비틀의 개발 프로젝트에도 참여했다.
- 80대 이상 전시된 자동차를 통해 포르셰 자동차의 변천사를 살펴보거나 스포츠카 기술에 대해 알아보거나 포르셰의 정비공들이 작업하는 모습을 직접 구경할 수 있다.
- 1898년에 디자인된 세계 최초의 포르셰 P1을 포함한 방대한 컬렉션과 포르셰 1939 타입 64도 관람할 수 있다. 이 레이싱카의 유선형 공기역학적 차체는 포르셰의 수많은 후속 디자인에 영향을 미쳤다. 포르셰 브랜드가 최초로 사용된 1948년의 포르셰 356~1도 있다.
- 포르셰의 레이싱 카는 전 세계의 자동차 경주 대회에서 28,000회 이상의 승리를 거머쥐었다. 다양한 우승컵과 트로피가 진열되어 있는 커다란 트로피 캐비닛도 있다. 현재 이곳에 전시되어 있는 포뮬러1 서킷용 차량에서 레이싱카와 관련된 기술을 엿볼 수도 있다. 여러 장인과 정비공이 클래식 레이싱카와 스포츠카를 정비하는 모습을 보며 포르셰 자동차의 작동 원리를 살펴볼 수도 있다. 박물관 로비에는 자동차 점검 및 수리를 위한 작업장이 들여다보이는 커다란 창문이 있다.

- 월요일과 일부 공휴일을 제외하고 매일 개관한다. 만 14세 이하의 어린이는 입장료 면제. 오후 5시 이후에는 입장료가 할인된다. 추가 요금을 지불하면 포르셰 공장에서 진행되는 가이드 투어도 참여할 수 있다.

〈좌: 포르셰 박물관, 우: 메르세데스 벤츠 박물관〉

▶ 메르세데스-벤츠 박물관

- 슈투트가르트 도심에서 6.5km 떨어진 곳에 위치한다.
- 벤츠의 역사는 곧 현대 자동차의 역사이기도 하다. 메르세데스-벤츠의 창립자는 카를 벤츠. 카를 벤츠의 본명은 카를 프리드리히 미하엘 바일렌트(Carl Friedrich Michael Wailend, 1844~1929)였다. 기관차 운전기사였던 그의 아버지가 그가 2세 되던 해에 철도 사고로 사망하자 아버지를 기리고자 이름을 카를 프리드리히 벤츠(Carl Friedrich Benz)로 개명한 것이다.
- 1860년 9월 30일, 15세의 나이로 카를스루에 폴리텍대학(Polytechnikum, 1825년 설립)을 수학한 후 7년간 여러 회사를 전전하다가 아우구스트 리터(August Ritter)와 〈Eisengießerei und mechanische Werkstätte〉 공장(1871년)을 설립했다. 그는 1878년 최초의 가솔린 2행정 엔진을 발명하고 1879년 특허 등록을 마치면서 자동차 발명의 길을 열었다. 1883년에 〈Benz & Cia Rheinische Gasmotorenfabrik Mannheim〉회사를 설립하고, 1886년 세계 최초의 삼륜 가솔린 엔진을 탑재한 자동차 특허를 얻었다. 동년 고트리프 다임러(Gottlieb Wilhelm Daimler, 1834~1900)가 부인 베르타 링어(Bertha Ringer, 1849~1944)의 생일 선물로 마차를 개조하여 휘발유 엔진을 단 네 바퀴 자동차를 세계 최초로 발명했다. 이후 카를 벤츠는 다임러사와 합병하여 다임러-벤츠 주식회사를 설립했다.
- 다임러 설립자인 고트리프 다임러는 1890년 동료인 빌헬름 마이바흐(Wilhelm

Maybach, 1846~1929)와 함께 칸슈타트(Cannstatt)에 기관제작소인 다임러 자동차 회사를 설립했다. 그는 "Das Beste, Oder Nicht"(최고가 아니면 만들지 않는다)는 말로도 유명하며, 카를 벤츠보다 앞서서 현재의 4기통 자동차를 발명했지만 1879년 카를 벤츠가 등록한 내연 기관 특허 때문에 최초의 자동차 제작자는 카를 벤츠가 된 것이다.

- 박물관 개관: 세계에서 가장 유명한 기술적으로 진보했던 최초의 자동차들을 둘러보며 100년이 넘은 자동차의 역사를 살펴볼 수 있는 곳. 160대 이상의 자동차와 1,500점의 전시물이 9층에 걸쳐 전시되어 있다. 위에서 아래로 내려오면서 관람하도록 설계되어 있다. 전시물은 19세기 후반부터 오늘날의 기술 혁신 시대에 이르는 자동차 산업 개발사의 중요한 순간들을 아우르고 있다.
- 9층의 전시관에서는 시대별 또는 주제별로 마련된 두 종류의 관람 코스를 둘러볼 수 있다. 1886년에 카를 벤츠가 만든 최초의 자동차 벤츠 파텐트 모토바겐(Benz Patent Motorwagen)이 먼저 눈에 들어온다. 휘발유 차량이 발명된 과정과 그 유명한 자동차 브랜드가 탄생하게 된 배경을 소개하는 자동차와 전시물도 있다. 세계 최초의 디젤 엔진 차량 중 하나인 메르세데스 벤츠 260D도 관람할 수 있다.
- 주제별 투어: 유명인 갤러리(Gallery of Celebrities)와 영웅 갤러리(Gallery of Heroes)를 포함한 다섯 개의 전시관으로 나뉘어 있다. 독일의 황제였던 빌헬름 2세, 다이애나 왕세자비와 교황 요한 바오로 2세 등 유명 인사들이 소유했던 자동차들도 전시되어 있다. 두 투어 코스 모두 각 층에서 합류하므로 쉽게 코스를 바꿔서 관람할 수 있다. 두 코스는 모두 실버 애로우 - 경주 및 기록(Silver Arrows - Races and Records) 전시관에서 끝난다. 이곳은 메르세데스 벤츠가 1901년부터 자동차 경주 분야에서 한 역할을 알아볼 수 있는 곳이다. 1955년 이탈리아의 밀레 밀리아(Mille Miglia) 내구레이스 경주[3]에서 스털링 모스에게 우승컵을 안겨 준 300 SLR을 비롯한 전설적인 경주용 자동차들이

3) 밀레 밀리아는 레이싱 전용 트랙이 아닌 일반 도로에서 경주가 이루어지는 독특한 레이스. 1957년 안전상의 이유로 중단되었던 밀레 밀리아는 20년 뒤 밀레 밀리아 스토리카(Mille Miglia Storica)라는 이름으로 재개된, 세계에서 가장 유서 깊은 클래식 카 내구 레이스. 1927년에서 1957년 사이 오리지널 레이스에 참가했던 모델에만 참가 자격이 주어지며, 오늘날 450개의 엄선된 팀만이 참여할 수 있는 레이스.

있다.

- 월요일과 일부 공휴일을 제외하고 매일 개관한다. 14세 미만의 어린이는 입장료 면제, 만 14세 이상의 미성년자는 요금 할인. 어린이에게는 연령에 맞는 내용을 담은 오디오 가이드가 제공된다.

▶ 슈투트가르트 포도재배지역

- 전통은 로마 황제들이 포도재배를 권장한 기원 후 3세기경으로 거슬러 올라간다. 슈투트가르트는 독일 최대 포도 재배지역 중 한 곳. 시가 소유한 포도재배 면적을 초월한 독일 유일의 도시이다. 슈투트가르트 와인박물관은 2000년의 와인 역사에 관한 지식을 얻을 수 있는 곳이다.
- 뷔르템베르크 지방 - 독일 레드와인의 최대 생산지역. 뷔르템베르크는 구릉이 많은 전원지대로, 바덴에 인접하며 프랑켄 남부와 접하고 있다. 슈투트가르트와 하일브론이 와인 산업의 중심지. 그러나 포도원은 대부분 네카어강 유역에 산재한다. 포도재배 면적은 11'500ha. 독일 13지역 중 면적으로는 4번째로 크다. 와인 생산의 60%가 레드 와인이어서 독일 최대의 레드 와인 생산지로 꼽힌다. 재배 주종은 트롤링거(Trolinger)과 렘베르거(Lemberger)이다. 최근에 접종한 도른펠더(Dornfelder)도 재배되고 있다. 뷔르템베르크 지역의 와인은 다른 지역에서 찾아 볼 수 없는 독특한 맛과 향기가 있다.
- 'Stuttgarter Weindorf'(슈투트가르트 와인 마을). 매년 8월말부터 9월초까지 전 세계의 와인 전문가와 애호가들이 이곳 슈투트가르트로 모여든다. 120개 이상의 아름답게 장식한 와인 노점에는 뷔르템베르크와 바덴의 500종류 이상의 와인들이 선보인다.

[2] 울름(Ulm)

- 바덴-뷔르템베르크 주의 동부, 도나우 강 서쪽 연안에 위치한다. 이곳에서 일러 강과 블라우 강이 도나우 강에 합류한다. 도나우 강 대안은 바이에른 주에 속하며, 노이울름과 하나의 도시권을 이룬다.
- 울름은 선사 시대 때부터 사람이 정착하여 살았으며, 9세기에 처음 문헌에 등장했다. 12세기 프리드리히 1세 시기에 제국 자유도시로 발전하였다. 슈바벤의 중심도시이자 도나우 강 상류의 교역 중심지로 번영하였다.

- 14세기(1377년)부터 거대한 울름 대성당(Ulm Münster)이 건축되었다. 종교개혁으로 개신교 도시가 되어 울름 대성당도 개신교 예배당으로 바뀌었다. 신성로마제국의 자유도시로서 독립적인 지위에 있었지만, 16세기 이후 신대륙의 발견으로 교역 중심지의 기능을 상실했다. 17세기에 30년 전쟁으로 쇠퇴하기 시작했다.
- 1802년 바이에른에 귀속되어 독립적인 지위를 완전히 잃었다. 1805년 이 곳을 배경으로 울름 전투가 일어났고, 1810년 뷔르템베르크에 넘어갔다. 그 후 산업과 교통의 발달로 다시 발전하였다. 제1차 세계대전과 제2차 세계대전 때 크게 파괴되었다가 다시 복구되었다.
- 현재는 도나우 강 최상류의 거점도시로서 선박이 이곳까지 다닌다. 유럽 각지로 통하는 도로와 철도가 교차한다.
- 가톨릭의 성당이었다가 개신교로 넘어간 울름 대성당은 규모 면에서 교회 건축물로는 쾰른 대성당 다음가는 규모다. 1890년에 완성된 첨탑의 높이는 161,53m로, 세계에서 가장 높은 교회첨탑이다.
- 울름은 알베르트 아인슈타인(Albert Einstein)의 출생지로도 알려져 있다.

〈상식〉 울름 대성당의 특징

- 남부독일에서 가장 거대한 고딕 양식 건축물들 중 하나. 첨탑의 높이가 161,53m로, 오늘날 세계에서 가장 높은 교회첨탑이다. 대성당의 제대는 오른쪽과 왼쪽에 있는 높이 86m의 두 제대 첨탑에 의해 둘러싸여 있다. 교회건물의 길이는 123,56m, 폭은 48,8m나 된다. 중앙본당의 높이는 41,6m, 측면본당의 높이는 20,55m에 달한다. 대성당의 넓이는 약 190,000km^2, 높은 서쪽 첨탑의 기반은 무게가 51,500톤에 이른다. 1377년 기초를 세울 때 이 교구의 교회는 시민들의 교회였다고 한다. 1만여 명의 시민들이 자금을 조달해주었기 때문이다. 이 대성당은 주교구의 수도로

계획된 것이 아니어서 처음부터 한 개의 중앙 서쪽 첨탑과 2개의 제단 첨탑만 내정된 것이다. 그래서 교회에는 납골당이나 매장지도 없다. 2개의 첨탑으로 둘러싸인 중앙 파사드들은 일반 주교좌성당과 대수도원에만 허용된 것이다.

- 흥미로운 것은 사용된 건축 재료들이다. 교회당 신도석의 모든 가장자리와 첨탑의 거의 모든 부분들은 사암으로 만들었다(신고딕 양식으로 된 부분에만 부분적으로 석회암이 사용된다). 그래서 외벽들이 대부분 벽돌로 건축되었음을 거의 알아볼 수 없을 정도다. 그런 점에서 이 대성당은 양식 면에서는 프라이부르크 대성당(Münster)이나 프랑크푸르트 대성당(Dom)과 거의 유사하지만, 벽돌교회라고도 볼 수 있다. 이런 벽돌교회 중에서는 이 대성당이 볼로냐의 산 페트로니오 성당(San Petronio)과 뮌헨의 프라우엔 교회(Frauenkirche) 다음으로 큰 교회이다. 단치히의 마리엔 교회(Marienkirche)보다 더 크다.[4]
- 이 대성당은 일반 의자로 2000개의 좌석을 가지고 있다. 중세에는 2만 명에서 2만 2천 명이 앉을 수 있는 좌석이 있었는데, 당시 미사에서는 통상적인 수치였다.
- 중앙첨탑은 첨탑지붕의 1/3 지점인 143m 높이에 위치한 회랑까지는 768개의 계단을 올라가야 한다. 이곳에서 내려다보는 이 도시와 도시 주변의 파노라마는 환상 그 자체다. 1년에 며칠뿐이지만 푄현상이 있는 날에는 상부 슈바벤 지역은 물론 알프스까지도 조망할 수 있다.

〈좌-우: 울름대성당, 쾰른대성당, 뮌헨 프라우엔교회, 베를린 카이저 빌헬름기념교회〉

[3] 프라이부르크(Freiburg im Breisgau)

- 바덴뷔르템베르크 주 서남부에 위치, 프랑스와 스위스 국경에서 가깝다. 라인 강과도 가깝다. 슈바르츠발트 삼림 지대의 서쪽 기슭 지역에 있다.

---

4) 높이는 울름 대성당→ 쾰른 대성당→ 뮌헨 프라우엔교회→ 베를린 카이저 빌헬름 기념교회→ 아헨 대성당의 순서로 낮다.

▶ 역사

- 1120년에 시작. 이후 교역의 중심지로 번영한다. 그러나 합스부르크 · 바이에른 · 오스트리아 · 프랑스 등 여러 왕조의 지배를 받는다. 17세기 30년 전쟁 때 전쟁터로 큰 피해를 본다.
- 1805년. 브라이스가우 지방이 바덴에 귀속된다. 1827년 가톨릭의 프라이부르크 대교구가 형성되어 대주교좌 소재지가 되고, 이후 가톨릭의 중심지로 발전한다.
- 프라이부르크 대주교좌 대성당(Freiburger Münster)은 13세기에 고딕 양식으로 건립된다.
- 1457년에 개설된 프라이부르크 대학교(알베르트 루트비히 대학교)가 있는 대학도시이기도 하다. 대성당과 옛 건물들로 가득한 구 시가지에는 매년 3백만 명 이상의 관광객이 찾아온다.
- 바덴-뷔르템베르크 주는 독일 정신사의 주요 인물들도 많이 배출했다. 작가로는 프리드리히 실러(1759~1805), 프리드리히 휠덜린(1770~1843)이 있고, 철학자로는 빌헬름 프리드리히 헤겔(1770~1831), 프리드리히 빌헬름 셸링(1775~1854), 마르틴 하이데거(1889~1976) 등이 유명하다.

▶ 환경도시

- 검은 숲 티티제 호수. 프라이부르크 인근에 슈바르츠발트가 있다. 도심을 벗어난, 이국에서의 산책과 경등산은 여행의 백미이다. 슈바르츠발트 언저리에는 티티제(Titisee, '티티 호수'의 뜻)가 있어 여행의 고즈넉함을 더해준다. 티티제 호수는 이 지역의 명소로 인근 유럽에서도 매년 많은 여행자들이 방문하는 곳이다. 이 지역의 특산물 뻐꾸기시계, 수공예품, 꿀, 잼 등을 구경하거나 맛볼 수 있다. 슈바르츠발트라는 이름은 빽빽하게 심어진 전나무 특유의 검은 몸통에서 유래한 삼림지역이다.

〈좌: 검은 숲 티티제, 우: 친환경 생태마을 보방지구〉

- 친환경 생태마을 보방 지구(Quartier Vauban). 누구나 한 번쯤은 아파트 단지와 빌딩 숲을 벗어나고플 것이다. 주변이 나무로 둘러싸이고 집 앞 정원에 꽃이 피는 자연과 주거공간이 하나가 되는 곳, 그곳이 바로 프라이부르크의 생태마을 보방 지구이다. 독일에서 일조량이 가장 많은, 180여 일의 햇살을 이용하는 태양에너지로 전기를 공급하고, 가정에서 자가 생산한 전기를 회사에 되파는 마을이기도 하다. 프라이부르크는 도시 쓰레기 제로라는 원대한 포부에 도전장을 내밀었다. 보방 지구는 프랑스 군사시설이 있던 곳이다. 주민들은 대부분 자전거로 이동한다. 사람보다 자전거가 많은 마을이다. 서울 청계천의 모티브가 되었던 이 지역의 아름다운 드라이잠(Dreisam) 강변에서 마시는 커피 한잔도 잊지 못할 추억.
- 프라이부르크 대성당(Freiburger Münster). 프라이부르크에서 대성당 첨탑보다 높은 건물은 없다. 완공에 300년 이상이나 걸렸다. 2차 세계대전 때 크게 훼손되어 복구되었다. 로마네스크 양식과 고딕 양식이 공존한다. 첨탑에 걸린 "호산나"라는 종은 1258년에 주조된, 현존하는 독일 최고(最古)의 종이다.
- 프라이부르크 구시가. 유럽 유일의 작은 수로와 도심 곳곳에 촘촘히 박혀 있는 아름다운 문양은 프라이부르크의 또 다른 매력이다. 중세 유럽 합스부르크 왕가의 상업도시로 융성했던 문화를 만끽할 수 있다. 프라이부르크 시내에는 유명 건물이나 상점 앞에 흥미로운 표지석이 깔려 있다. 맥주 집 앞에는 맥주문양이, 신발가게 앞에는 부츠 문양이, 보석상 앞에는 다이아몬드 문양이 깔려있다. 프라이부르크를 유명하게 만든 좁은 수로는 슈바르츠발트에서 흐르는 물을 도심으로 돌린 것인데, 대기오염을 정화시키고 여름철

〈좌: 프라이부르크 대성당, 우: 프라이부르크 구시가〉

온도를 조절하는 기능이 있다. 물론 어린이에게는 최상의 놀이터다. 수로 전체의 길이가 자그마치 15km나 된다. 한국의 전주 한옥마을에도 이런 흉내를 낸 곳이 있다.

02
자치주 바이에른
(Freistaat Bayern)

자치주 바이에른은 다채로운 경관들을 품고 있다. 마인 강과 도나우 강변에서부터 가르니쉬-파르텐키르헨이나 베르히테스가덴 근처 알프스 고산지대에 이르는 웅장함은 독일 어디에서도 찾아볼 수 없다. 수많은 궁전, 고성, 수도원, 교회들은 이곳이 문화적, 정치적 역사가 얼마나 풍성했던가를 입증해준다. 바이에른은 전통 친화적인 곳인지라서 민족적으로나 국가적으로 독자적인 정신을 유지한 곳이기도 하다.

1. 자연을 품은 바이에른

- 독일 남동부에 위치한 독일 최대 자치주이다. 서쪽에는 바덴-뷔르템베르크 주, 서북쪽에 헤센 주, 북쪽에 튀링겐 주, 동북쪽에 작센 주, 동쪽에 체코, 동남쪽과 남쪽에 오스트리아, 서남쪽에 스위스와 접한다. 직접 닿아있진 않지만 리히텐슈타인과도 가까운 편이며, 오스트리아를 통해 알프스 산맥을 넘으면 이탈리아가 나타난다.
- 이곳과 오스트리아 티롤 주의 경계 부근에 독일 판 백두산이라고 할 수 있는, 높이 2962~3m의 추크슈피체(Zugspitze) 산이 있다.

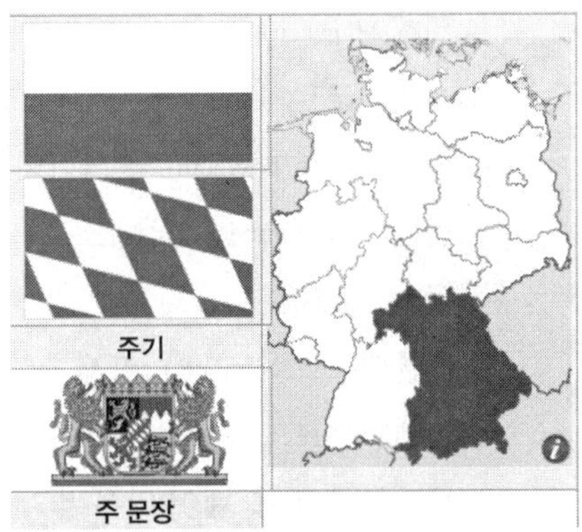
주기
주 문장

언어: 독일어
주도: 뮌헨
인구: 12.860.010명(2016년)
밀도: 182명/km²

▸문장, 주기, 주가

- 바이에른 주 문장은 6개의 문장 부문들로 구성되어 있다: 황금사자[5]는 현재의 오버팔츠를, "프랭키셔 레헨(프랑켄 격자)"은 프랑켄 구역을, 하늘색 표범은 고대 바이에른을, 세 마리 흑색 사자는 슈바벤을 대변한다. 희고 파란 심장모양의 방패는 바이에른 주 전체를 암시하고, 민중왕관은 왕정 폐지 이후 주권재민을 나타낸 것이다.
- 자치주 바이에른은 대등한 주기가 둘이다. 흰색 마름모와 파란 마름모 모양이 들어간 주기와 흰색과 파랑색으로 나뉜 주기가 그것이다. 마름모 주기는 관찰자의 시각에서 보면 언제나 왼쪽이 위를 향하는데, 흰색 마름모(문장 속에도 있음)와 최소 21개의 마름모로 되어 있다.
- 동일한 희고 파란 마름모꼴은 역사적인 팔츠 선제후국(Kurpfalz) 지역(및 한

5) 이것은 원래 라인 강변의 비텔스바흐 가문(Wittelsbach) 팔츠와 관련이 있다.

번도 바이에른에 속하지 않았던 라인 강 우측 도시와 군들, 예컨대 네카어-오덴발트-지역권(Neckar-Odenwald-Kreis))의 여러 도시와 지역 문장들에서도 발견된다.

대형 주 문장

소형 주 문장

주기(Rautenflagge)

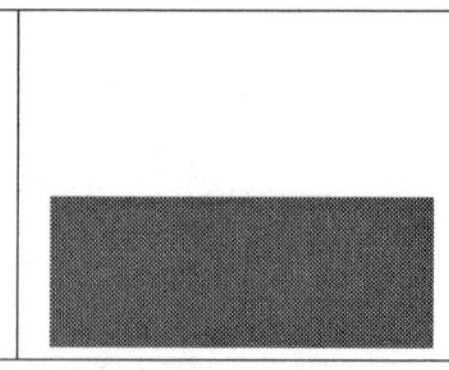

주기 (Streifenflagge)

▶ 바이에른 주의 주요 도시

- 뮌헨(München). 옥토버페스트의 도시, 바이에른 주도.
- 아욱스부르크(Augsburg). 고대 로마인의 도시, 제국도시. 푸거 가문의 도시.
- 바이로이트(Bayreuth). 바그너의 고향. 바그너 축제의 도시.
- 밤베르크(Bamberg). 유네스코 세계문화유산에 등재된 역사적인 도시. 훈제맥주의 본고장.
- 뉘른베르크(Nürnberg). 황제거성도시.
- 레겐스부르크(Regensburg). 유네스코 세계문화유산에 등재된 도시.
- 로텐부르크 옵 데어 타우버(Rothenburg ob der Tauber). 중세도시의 표본.
- 뷔르츠부르크(Würzburg). 매력적인 대학도시.

▶ 바이에른 주의 주요 공항

- 국제공항만 두 곳(뉘른베르크, 뮌헨)이나 있다. 지역공항도 메밍엔에 있고, 특수목적 공항, 비행장, 군용비행장 등이 수없이 그물망처럼 운집한 곳이 바이에른 주다.

뮌헨 국제공항(Flughafen München Franz Josef Strauß)

- IATA 코드: MUC
- ICAO 코드: EDDM
- 터미널 2개
- 활주로 2개 08R/26L 4000m × 60m, 08L/26R(〉 08C/26C) 4000m × 60m, 08L/26R (계획 중) 4000m × 60m

▸ 일반

- 1992년에 개항한, 독일에서 두 번째로 바쁜 공항이다.

▸ 터미널

- 루프트한자의 허브공항이다. 일반 항공사들은 터미널 1을 쓰고 루프트한자와 스타얼라이언스 항공사들은 터미널 2를 쓴다. 루프트한자가 인천에 주 6회(LH718/719) 취항 중이며, A340-600이 투입된다.
- 퍼스트 클래스 혹은 비즈니스 클래스 좌석을 이용하는 고객들을 위한 라운지는 넓고 아름답기로 유명하다. 이용객은 라운지 내에서 각종 간식과 독일 맥주를 맛볼 수 있다.

▸ 교통연계

- 뮌헨-공항 연계 교통수단에는 S반 S1, S8이 있고, ICE, IC 등 장거리 열차는 없다.

▸ 통계

- 아래의 도표는 뮌헨 공항의 운항빈도 관련 정보들이다.

운항연도	승객	항공화물[t]	항공기 이동
1992	12.018.202	056.847	192.153
1995	14.867.922	070.519	213.951
2000	23.125.872	133.234	319.009
2005	28.619.427	202.844	398.838
2010	34.721.605	274.729	389.939
2011	37.763.701	303.655	409.956
2012	38.360.604	290.301	398.039

2013	38.672.644	287.809	381.951
2014	39.700.515	309.361	376.678
2015	40.981.522	336.162	379.911
2016	42.261.309	353.650	394.430

메밍엔 지역공항(Flughafen Memmingen)

- IATA 코드: FMM
- ICAO 코드: EDJA
- 터미널 1개
- 활주로 1개. 06/24 2401m×30m

▶ 일반

- 알고이 공항(Allgäu Airport). 메밍엔 뮌헨-웨스트 공항(Flughafen Memmingen München-West)으로도 불린다.
- 공항 시설을 처음 계획한 때는 1934년이다. 1936년 1월 21일 300m x 1500m
- 크기의 군용비행장을 메밍어베르크(Memmingerberg) 근처에 건설하기 시작했다. 1936년 10월 18일 상량식을 올리고, 1937년 새해 즈음에 전투비행대대의 일부인 255 알펜비행대대(나중에 51 에델바이스 비행대대로 명칭변경)가 이곳에 주둔했다. 이 시기에 특히 이 비행장에는 He 111, Do 17, Ju 88 유형의 비행기들이 투입되었다. 1939년까지 6개의 격납고가 완성되었다. 이것을 건설한 목적은 2개 편대의 전투기 수용능력을 확보하기 위함이었다. 1953년부터 2003년까지는 군용비행장으로, 2004년부터 현재까지 알고이 지역공항으로 허가되어 사용 중이다.

▶ 교통연계

- 공항은 메밍엔 동쪽으로 대략 3km, 고속도로에서는 2km 떨어진 곳에 있다.

- 대중교통으로는 3km 정도 떨어진 메밍엔 역을 왕래하는 시내버스노선(2번)과 시외버스노선(810/811번)이 있다. 기차의 경우, 뮌헨과 취리히 방향 유로시티 연결편이 있고, 매일 루르지역 등의 방향 인터시티 연결편이 있다.
- 알고이-에어포트 익스프레스 버스회사의 직행버스(Expressbus)가 공항과 뮌헨, 장크트 갈렌, 취리히 등의 도시들을 매시간 왕래한다. "Bus and Fly" 버스회사의 시외버스는 공항과 뮌헨, 아욱스부르크, 밤베르크, 에어랑엔, 인골슈타트, 뉘른베르크 등의 도시들을 왕래한다. "MFB MeinFernbus"의 노선버스 29번과 63번이 2015년부터 공항을 왕래한다.

▸통계

- 메밍엔 공항 출발 국가별 운항 통계

순위	목표국가	여객2016	변동	여객2015	출2016	변동	출2015
1	스페인	93.792	▼~6,04 %	99.821	574	▼~6,97 %	617
2	포르투갈	51.688	▲9,86 %	47.051	303	▲11,4 %	272
3	루마니아	51.676	▲54,76 %	33.392	381	▲56,79 %	243
4	영국	50.098	▼~4,27 %	52.334	342	▼~6,81 %	367
5	아일랜드	35.876	▼~7,34 %	38.719	217	▼~11,07 %	244
6	이탈리아	35.456	▼~34,02 %	53.740	249	▼~36,32 %	391
7	러시아	30.872	▲440.928,57 %	7	246	▲8.100 %	3
8	마케도니아	24.332	▲1,73 %	23.918	156	▼-0,64 %	157
9	세르비아	21.416	▲33,84 %	16.001	147	▲40 %	105
10	불가리아	21.372	▲220,23 %	6.674	141	▲200 %	47

바이에른의 와인

- 대개 와인이라고 하면 아직까지는 유럽에서도 프랑스나 이탈리아 또는 스페인이 유명하다. 그러나 적어도 화이트와인만큼은 독일이 더 유명하다. 실제로 캐나다에서 더 유명해진 아이스와인의 원조도 독일이다.
- 독일 남부 알프스 산으로 둘러싸인 바이에른 주에서 와인을 마셨거나 포도를 재배한 흔적은 로마시대로까지 거슬러 올라간다.
- 현재 바이에른 주에서 와인은 주로 마인 강 남쪽 경사면을 따라 있는 아샤펜부르크에서부터 슈바인푸르트까지 이어지는 가도에 들어선 포도원 지역에서 주로 생산한다. 우리에게는 로맨틱가도로 잘 알려진 지역이 바로 이곳

이다. 이 일대 약 6천 헥타르 규모의 포도밭에는 약 7천여 개의 와이너리가 있다. 매년 50만 헥타르의 와인을 생산한다. 독일 내 13개 와인 대표 생산지 중 전체 생산량의 6%를 차지하는 규모이다.

- 주로 생산하는 와인은 레드와인과 고품질의 화이트 와인이다. 그 중에서도 바이에른 와인하면 프랑켄 와인이 가장 유명하다. 이 지역의 대표적인 와인 도시는 로맨틱가도의 마지막 지점인 뷔르츠부르크이다. 유네스코가 지정한 이 도시의 레지덴츠 지하에는 중세시대부터 대규모의 와인셀러가 갖춰져 있었을 정도다.

- 이곳 와인은 복스보이텔(Bocksbeutel)이라는 독특한 와인 병 때문에 더욱 유명해진 곳이다. 게다가 맛과 품질 면에서도 이미 세계적인 명성을 얻고 있다. 와인 애호가나 와인평가사들조차 프랑켄 와인의 드라이하면서도 독특한 과일 향을 내는 와인을 많이 찾고 있다.

1) Silvaner. 질바너는 가장 오래된 포도 품종 중 하나로, 17세기 중반에 문서상에 처음 언급되었다. 현재 프랑켄에서 가장 중요한 재배 품종 중 하나인데, 프랑켄 포도 재배지역의 약 20%가 실바너를 재배하고 있을 정도다. 이 와인은 과일향 보다는 약간의 그린 애플, 민트, 건초, 구스베리 같은 향을 가지고 있어서 어떤 종류의 식사에 곁들여도 어울린다. 그러나 와인의 은은한 향을 감안한다면 아스파라거스나 생선요리에 특히 일품이다.

2) Riesling. 리슬링은 독일에서도 가장 좋은 와인을 만들 때 사용하는 품종이다. 최소 500여 년 전부터 재배한 품종으로 알려져 있다. 리슬링은 강한 신맛이 나며, 오랫동안 숙성시키는 와인이다. 프랑켄 지역은 여름이 뜨겁고 겨울이 일찍 찾아오는 날씨 때문에 그 향과 맛이 독일의 다른 포도재배지역에 비해 한층 더 독특하다. 실제로 대부분의 리슬링은 포도가 충분히 익은 후에 수확을 하므로 포도가 완숙될 수 있게 하는 환경이 무엇보다 중요하다. 맛은 복숭아, 살구, 시계꽃 열매와 함께 짜릿한 신맛이 특징적이다.

3) Müller-Thurgau (또는 Rivaner). 뮐러-투르가우는 프랑켄 대부분의 지역에서

골고루 재배되는 품종이다. 19세기 말에 구테델(희고 단 포도의 일종)과 리슬링(백포도의 일종)을 섞어서 많이 생산했다. 이 와인은 어리고 가장 신선할 때 수확을 하여 만들므로 오래 숙성하지 않고 마시는 것이 특징이다. 이 와인은 신선한 과일맛과 함께 강한 향신료 아로마가 장점인데, 이런 독특한 향과 중성적인 부드러운 신맛으로 인해 여름에 마시면 더욱 좋다.

4) Pinot-Blanc. 피노블랑은 사과, 배, 아몬드 향을 내포하고 있다. 상대적으로 산도가 낮아서 장기 저장에 좋다. 이 와인은 주로 오래된 나무통을 이용해 숙성시키며, 생선, 닭고기, 각종 야채요리와 함께 먹으면 좋다.

5) Pinot Noir. 피노누아는 강한 루비 색깔을 띠는 레드와인이다. 상큼한 과일향과 약간의 아몬드나 땅콩향이 난다. 처음에는 다소 강한 맛이 느껴질 수도 있지만 맛은 부드러운 특징이 있다. 피노누아는 주로 코스요리 중 메인 식사에 곁들어 먹으면 좋다. 그 외 치즈, 잼, 각종 구이, 달지 않은 플레인 초콜릿과 함께 먹어도 좋다.

6) Domina. 도미나는 프랑켄 지역에서 가장 일반적으로 제조되는 레드와인 품종이다. 포르투기저(Portugieser)와 피노누아를 혼합해서 만든다. 도미나 와인은 진한 레드 빛을 띤다. 검붉은 체리와 블랙베리의 강한 아로마 향이 특징이다. 적당한 타닌에 상큼한 과일향이 조화를 이룬 풀바디 레드와인이다. 그래도 은은한 체리 향 덕분에 지중해 요리와 특히 잘 어울린다.

7) Rotling. 로틀링은 가볍고 간단하게 즐길 수 있는 프랑켄의 일반 와인이다. 백포도와 적포도를 섞어서 만든다. 이 와인의 특징은 상큼하게 톡 쏘는 맛이 나면서도 달콤한 과일 향을 내포하고 있어 여름에 마시기에 좋다.

2. 역사를 품은 바이에른

- 기원전 바이에른 지방에 처음 정착한 주민은 켈트족이었다. 그들은 기원전 마지막 10년 동안 북쪽의 튜턴 족과 남쪽의 로마인들 사이에서 압박을 받았다.
- 로마 제국은 이 지방을 정복해 남부지역을 라에티아(Laetia)와 노리쿰(Noricum)으로 나누었고, 북쪽 경계를 따라 요새들을 건설해 튜턴족의 남침을 막았다. 아우스부르크, 켐프텐, 레겐스부르크, 파사우 등의 번영하는 로마 식민지들이 남부에서 생겨났다.
- 5세기, 로마인들이 게르만족의 지속적인 침공에 시달렸다. 결국 동쪽과 북쪽으로부터 게르만족이 이곳으로 들어와 남아 있던 켈트족 · 로마인들과 뒤섞여 정착했다.
- 488~520년, 오늘날 지명의 어원이 된 바바리아족이 남부에 정착, 548년부터 788년까지 바이에른 공작이자 랑고바르드 왕국의 유력 귀족 가문이었던 아길롤핑 공작가문(Agilolfinger)이 세운 바이에른 공국(수도: 프라이징)의 통치를 받았다.
- 7~8세기, 바이에른은 성 보니파티우스, 성 코르비니언, 성 에머람, 성 루퍼트 등과 같은 아일랜드와 스코틀랜드의 수도사들에 의해 기독교화 되었다.
- 788년, 프랑크 왕국의 카를 대제는 아길롤핑 가문의 마지막 공작인 타실로 3세(749~788)를 폐위시키고 바이에른 공작령을 합병시켰다.
- 817년, 카롤링거 제국의 분할 후 바이에른 공작령은 경건왕 루트비히(778~840)의 차지가 되었고, 이어 그의 아들로 동프랑크의 왕위에 오른 독일왕 루트비히(829~865)의 소유령이 되면서 이후 독일 역사에 귀속되었다.
- 10세기, 바이에른은 공작령의 지위를 유지하면서 신성로마제국의 일부가 되었다. 이후 1180년 호엔슈타우펜 왕가 출신 프리드리히 1세(1122~1190)가 팔츠 백작이었던 비텔스바흐 가문의 오토에게 바이에른 지역을 증여함에 따라 바이에른 선제후국의 오토 1세(재위 1180~1183, 황제와 동명이인)로 비텔스바흐 왕가의 역사가 시작되었다. 처음에는 현재의 바이에른 남동부 지방만을 비텔스바흐 가문이 소유했고, 나머지는 수많은 제국도시, 수도원 보유지, 기

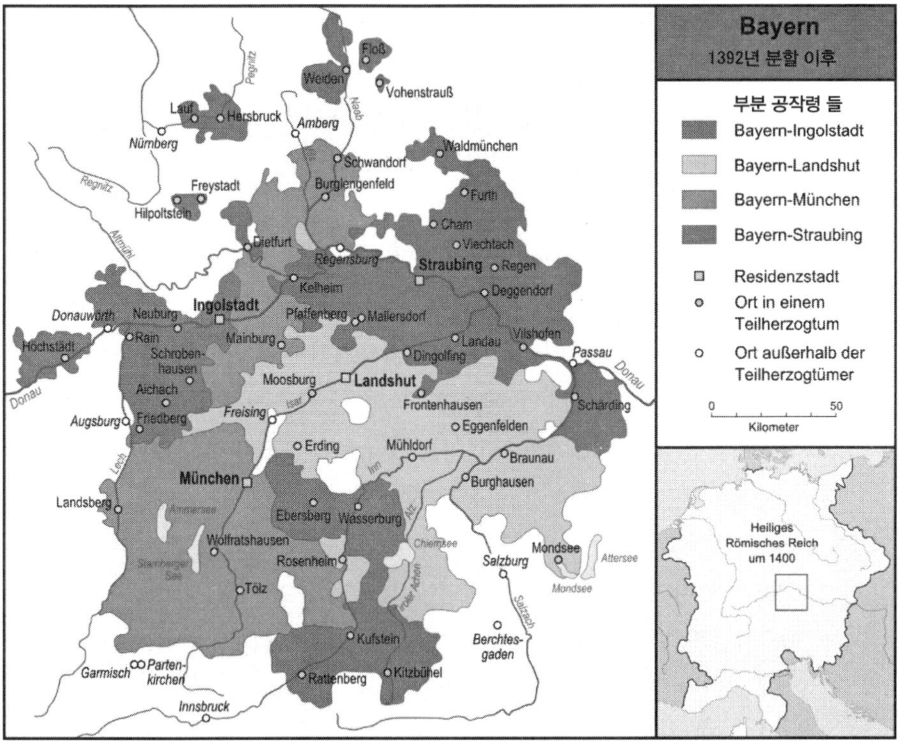

타 가문 소유지들로 조각나 있었다.

- 14~15세기, 비텔스바흐가 공작들의 세력은 계속되는 집안싸움으로 약화, 중간에 신성로마제국 황제 루트비히 4세(1294~1347)[6]가 등장해 이 지역을 통합하는 데 성공하였다. 그러나 선제후 직을 그대로 팔츠 계 비텔스바흐 가문에게 양도해야 했다. 14세기 말에는 비텔스바흐 가문의 여러 분가가 바이에른을 3개의 공작령으로 분할했다.
- 1506년, 바이에른-뮌헨의 현명공 알브레히트 4세(1447-1508)가 장자 상속 원칙을 세움에 따라 영토의 통합이 시작되었다. 또한 그는 뮌헨을 그의 공작령 수도로 삼았다.
- 1545년, 알브레히트의 아들 빌헬름 4세(1493~1550, 바이에른 공작 1508~1550)는 이곳을 하나의 공작령으로 재통합할 수 있었다. 빌헬름 4세는 종교개혁을

6) 1294년부터 1301년까지 바이에른의 대공, 1314년부터 독일의 왕이었다. 1328년부터는 신성로마제국황제였다. 별칭은 바이에른인 루트비히(Louis the Bavarian). 독일의 국왕으로는 루트비히 5세가 된다.

반대했고, 그의 후계자인 알브레히트 5세(1528~1579, 바이에른 공작 1550~1579) 밑에서 바이에른은 엄격한 로마 가톨릭 령이 되었다.

- 30년 전쟁, 막시밀리안 1세(1573~1651, 1597년부터 바이에른 공작, 1623년부터 신성로마제국 선제후)는 합스부르크 왕가의 편에서 싸웠고, 그 덕에 영토도 넓어지고, 그 자신도 선제후가 되는 특권을 얻었다.
- 18세기, 바이에른은 스페인과 오스트리아의 왕위 계승 전쟁들 때문에 계속 유린되었다.
- 1777년, 바이에른의 지배권은 분가였던 팔츠의 선제후 카를 테오도르(1724~1799)에게 넘어갔다. 이렇게 해서 바이에른과 팔츠는 통합되었다. 바이에른 왕위계승전쟁(1778~79)에서 프로이센 왕국의 프리드리히 대왕(프리드리히 2세, 1712~1786)은 바이에른의 대부분 지방에 대해 권리를 주장하며 합병하려는 오스트리아를 성공적으로 막아냈다.
- 1790년대, 바이에른은 프랑스 혁명에 맞서 제1 · 2차 반 프랑스 연합에 가담했으나 1796년에 프랑스 혁명군, 1799년에 오스트리아, 다시 1800년에 프랑스에 잇따라 점령당하는 고통을 겪었다.
- 1801년, 바이에른은 프랑스의 동맹국이 되어 오스트리아를 희생시키며 영토를 확장할 수 있었다. 1805년 프레스부르크 조약에 따라 거의 현재와 같은 영토를 얻었다. 이 조약은 바이에른 공작령을 왕국 수준으로 격상시켰고, 통치자인 선제후 막시밀리안 4세는 바이에른 국왕 막시밀리안 1세(1756~1825)가 되었다. 그러나 바이에른은 나폴레옹 전쟁 후기인 1813년 라이프치히 전투 직전에 나폴레옹을 버렸고, 1815년에는 나폴레옹에 대항해 신성동맹에 가담했다. 바이에른은 이렇게 시기적절하게 진영을 바꿈으로써 빈 회의(1814~15) 후에도 이미 취득한 영토의 대부분을 그대로 유지할 수 있어서 오스트리아와 프로이센에 이어 3번째로 큰 독일 영방 내 국가가 되었다.
- 1818~19년, 막시밀리안의 계속된 치세 중 바이에른 최초의 헌법과 의회가 발족했다. 막시밀리안의 아들인 루트비히 1세(1786~1868) 치하에서 지방자치제와 여타 개혁들이 취해졌다. 그러나 루트비히는 아일랜드의 여류 모험가인 롤라 몬테즈와 열애에 빠져 왕위를 지킬 수 없게 되자 결국 1848년에 퇴위했다.
- 1850년 루트비히의 아들이자 후계자인 막시밀리안 2세(1811~1864, 재위 1848~

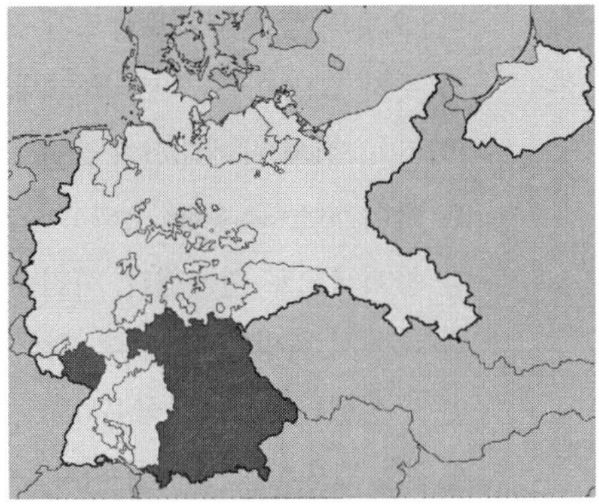

〈좌: 1866년 바이에른 왕국의 50굴덴 지폐, 우: 바이마르 공화국 시절의 바이에른 자치주〉

1864)는 작센 · 하노버 · 뷔르템베르크 등과 동맹을 맺었다. 이들의 목적은 압도적으로 우세한 오스트리아와 프로이센에 대항하는 제3세력으로서 독일 내에 중간 크기의 나라들을 건설하는 것이었다. 바이에른은 이들 중 가장 큰 나라였다. 바이에른은 그 후 프로이센에 반대해 오스트리아-헝가리 이중제국을 지지했다.

- 1866년, 막시밀리안의 후계자인 루트비히 2세(1845~1886)는 바이에른을 프로이센이 주도하는 독일령으로 합치자는 프로이센의 수상 오토 폰 비스마르크의 제안을 거절하고, 프로이센과 오스트리아 간의 보오전쟁에서 오스트리아 편에 섰다. 그러나 프로이센 측의 조속한 승리와 바이에른에 대한 그들의 온건한 정책으로 바이에른은 1870년 보불전쟁 때 프로이센 편이 되었다. 그 후 프로이센 왕 빌헬름 1세(1797~1888, 재위 1861~1888)의 주도하에 독일제국 수립 때 도움을 주었다.
- 1871년, 바이에른 왕국은 독일제국에 가맹했다. 바이에른은 제정된 독일헌법 하에서 독일제국의 다른 어떤 구성국보다도 큰 독자성을 얻었다. 외교활동, 군사행정, 우편 · 전신 업무, 철도 등에서 자치권을 보유했다. 제국 내에서 프로이센에 이어 제2위의 영토를 가졌다.
- 1886년, 루트비히 2세는 이전부터 정신불안 증세를 나타내기 시작했다. 특히 노이슈반슈타인 성을 건설하는 등 그의 과도한 건설 사업들은 바이에른의 국고를 바닥냈다. 결국 1886년 루트비히 2세는 정신이상자로 공포되었다. 왕위는 그의 동생인 오토에게 넘어갔지만 오토 역시 정신질환을 앓고 있었

다. 오토의 삼촌 루이트폴트가 같은 해에 섭정이 되었다. 1912년 루이트폴트가 죽자 그의 아들 루트비히 3세(1845~1921)가 마지막 왕이 되었다.

- 1918년, 제1차 세계대전이 끝난 11월 혁명을 통해 사회주의자 혁명가인 쿠르트 아이스너(Kurt Eisner, 1867-1919)가 비텔스바흐 왕조를 무너뜨리고 바이에른을 공화국으로 선포했다. 하지만 1919년 아이스너는 암살되었고, 잇따른 혼란 속에서 혁명위원회들이 '적색 테러'를 자행하고 단명한 소비에트 공화국을 구성했다. 이 공화국은 1919년 5월 독일의 육군부대들과 민방위대들이 뮌헨을 탈환하고, 공산주의자들에게도 무자비한 '백색 테러'를 가하면서 끝장났다.
- 1919년, 8월에 통과된 새로운 바이에른 헌법에 따라 바이에른은 전후 독일의 바이마르 공화국의 자치주 중 하나가 되었다. 그러나 바이에른의 정국은 여전히 혼란한 상태였다. 1920, 1921년에는 우익 쿠데타가 있었으나 실패했다. 아돌프 히틀러의 국가사회주의 운동이 뮌헨에서 시작되었다. 아돌프 히틀러가 뮌헨의 맥주홀에서 쿠데타를 일으키려다 실패하였다.
- 1933년, 나치당이 권력을 잡자 독일의 모든 주들 중 가장 보수적이던 바이에른은 나치즘의 요새가 되었다. 대표적인 도시가 뉘른베르크. 가톨릭이 나치에 긍정적이지는 않았으나 히틀러에게 가톨릭이 협력했다고 하면 바이에른이었다. 그래서 제2차 세계대전 발발 당시 독일의 다른 주들에 비해 연합국의 폭격을 많이 받지 않았다.
- 전후 바이에른은 미국 점령지역의 일부가 되었다. 팔츠는 1946년 분리되어 새로 창설된 라인란트-팔츠 주에 편입되었다. 1949년의 서독 기본법에 따라 바이에른은 독일연방공화국의 한 주가 되었다.
- 제2차 세계대전 전까지 바이에른 영토는 팔츠 지방(현재 라인란트-팔츠 주의 남부 지역)도 포함하고 있었다. 1920년 작센-코부르크-고타 공국의 코부르크 지역을 흡수하였다.

3. 문화를 품은 바이에른

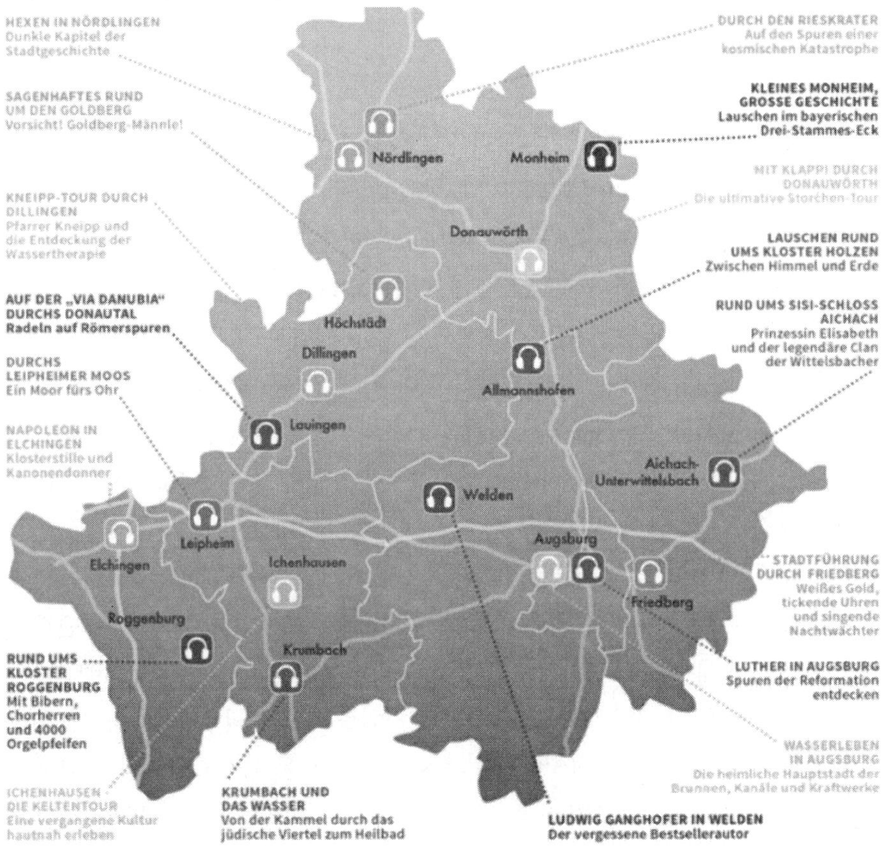

3.0. 프라이징. 바이에른의 시작

- 뮌헨 북쪽으로 30km 정도 떨어진 이자르 강변에 위치한 역사적인 도시.
- 최초의 바이에른 족 공작의 본거지이자 중세 초기 주교구 수도였다. 나중에 신성로마제국의 프라이징 대주교구의 중심도시가 되었다. 뮌헨이 부상하고 1803년에 세속화되면서 이 도시는 퇴색되었다. 오늘날 프라이징은 프라이징 군의 행정중심지이다.
- 옛 바이엔슈테판 수도원(Kloster Weihenstephan) 주변에 뮌헨공과대학교의 바이

엔슈테판 과학센터 및 바이엔슈테판-트리스도르 대학교와 기타 연구소와 교육시설들이 있어서 대학도시로도 불린다. 이 도시 인근의 옛 에르딩 늪지대(에르딩과 프라이징 사이 늪지대)에 뮌헨공항이 들어섰다. 이로 인해 이 도시는 인구가 5만 명(2017년 50,093명)을 넘어서면서 바이에른 주에서 가장 최근에 도시로 승격한 신도시가 되었다.

▶ 종교의 도시, 세상의 모든 종교들이 만날 수 있는 곳

- 로마 가톨릭. 프라이징 대성당(Freisinger Dom)은 '성모 마리아와 성 코르비니안 대성당'(Dom St. Maria und St. Korbinian)이란 긴 명칭을 가졌는데, 간단히 '마리엔 대성당(Mariendom)'으로 불리고 있다. 715년에 오늘날 교회의 전신이 이 도시의 중앙에 있는 돔베르크에서 탄생했다. 바로 프라이징 후작주교의 대성당이었다. 현재는 뮌헨-프라이징 대주교의 공동 대성당이다. 현재에도 대주교의 서품식이 이곳에서 개최된다. 프라이징은 뮌헨과 프라이징 대주교에 소속되어 있다. 1803년까지 프라이징은 독일황제 직속 대주교이자 프라이징 후작주교의 관저도시였다.
- 원래 로마네스크 양식으로 건축되었으나, 1723/24년 다미안(Cosmas Damian)과 아삼(Egid Quirin Asam)에 의해 바로크 양식으로 개조되었다. 이 돔은 뮌헨과 프라이징 대주교이던 추기경 요제프 라칭어(Joseph Ratzinger, 나중에 베네딕트 16세 교황이 됨)의 노력으로 공동 대성당의 지위를 가지게 되었다. 이 대성당은 노이슈티프트의 교회(지오바니 비스카르디가 건축함), 돔베르크 박물관과 함께 이 도시가 자랑하는 볼거리 중 하나이다. 돔베르크 박물관은 로마의 바티칸 박

〈좌: 프라이징 대성당, 중: 성찬대와 천장프레스코화, 우: 돔베르크 박물관〉

물관 다음으로 큰, 세계 제2의 교회박물관이다.

- 옛 후작주교 관저(현재는 되프너 추기경 하우스)에는 현재 뮌헨과 프라이징 주교구의 교육센터가 들어서 있다. 이곳에서는 신학, 교육학, 사회철학과 음악 분야의 세미나들이 개설되고 있으며, 일 년에 두 번 바이에른 주교회의(프라이징 주교회의로 불림)와 관련된 집회장소의 기능도 한다.
- 성 클라라 수도원(Kloster St. Klara). 1846년 당시 시 주임신부이던 플랑크가 옛 주교 궁전 부속공원에 예배당이 딸린 성 클라라 수도원을 건축했다, 그는 1850년 어린이와 청소년들을 돌보기 위해 뮌헨의 '성모 마리아의 가난한 교육 수녀회(Arme Schulschwester unserer lieben Frau)'를 불러들였다. 원래는 성 프란치스코 수도회, 즉 빈자를 위한 수녀회(ordo sanctae Clarae, Klarissin) - 그래서 이름이 성 클라라 - 가 내정되어 있었으나, 이 도시의 수도회가 받아들이지 않았다. 아무튼 이 수녀회는 당시 31명의 수도회 수녀들이 거주하는 유일한 수녀원이었다. 이 수도원과 연결되어 있는 것이 성 클라라 수도원교회이다.
- 이곳에는 1429~35년 무렵에 만들어진 유명한 고딕 양식의 양문 개방형 제단(Flügelaltar)이 있다. '바이혀 슈틸 양식(Weicher Stil, '부드러운 양식'의 뜻, 1400년 무렵 남부독일의 후기고딕 회화와 조각 예술사조)' 잘츠부르크 회화의 주요작품이 제단 후벽 그림(1429년)인데, 1865년 요아힘 지크하르트(Joachim Sighart)를 통해 사들인 것이다.
- 후벽 양쪽의 그림들은 마리아의 생애를 그린 것들이다. 제단 벽감(초상 등을 놓는 벽의 오목한 부분)에 있는 마돈나상은 후기고딕 시대 성모마리아상, 이른

〈좌: 성 클라수도원의 작은 예배당, 우: 양문 개방형 제단 벽면의 성모마리아상〉

바 바일도르프 마돈나(Weildorfer Madonna, 1430년)의 복제품이다. 복장은 당시에 걸맞은 은혜의 상징이었다. 즉, 복장에 주름이 많은 것은 마리아가 은총으로 가득함을 상징적으로 나타낸 것이다. 마리아는 하늘의 왕관을 쓰고 팔에 신의 아이를 안고 있다. 아이의 손에 든 사과는 이브의 죄를 상징하는 것이다. 안쪽과 바깥 족에는 명대(銘帶)(중세의 그림에 붙여서 그 내용을 설명하는 글띠)를 각각 하나씩 가진 2명의 예언자가 그려져 있다.

- 팔로틴 수도원(Pallottinerkloster). 1919년 팔로티 사도회[7]가 프라이징으로 왔다. 성 요한 팔로티 사도교회(Pallottinerkirche St. Johannes der Täufer)는 1928/30년 현대식 교회건축으로 건립되었다. 이 교회 건축물에 부속된 것이 신학대학이다.
- 프로테스탄트교. 최초의 프로테스탄트교 집단이 조직된 것은 이른바 스페크크뇌델-봉기가 일어났던 1520년대 중기였다. 19세기 전반기부터 프라이징에 개신교도들이 있었다. 공동체가 커지자 1864년에 시 교회는 예수승천교회로 봉헌되었는데, 1945년에 파괴되었다. 구 교회가 파괴된 지 7년이 지난 1952년 5월 22일에 소박한 새 교회가 임무를 이어받았다. 이 교회의 첨탑은 2002년에야 다시 건립된 것이다.
- 이슬람교. 몇 년 전부터 프라이징에 이슬람 문화센터가 자리를 잡았다. 이곳에는 이 도시와 주변의 무슬림들이 금요일 기도를 위해 운집한다.
- 불교. 2009년 2월에 보디 비하라(Bodhi Vihara)라는 이름의 불교사원이 돔베르크에 건립되었다. 2011년 5월에 두 번째 사원이 피셔가세(Fischergasse, '어부의 골목'의 뜻)에 개원했다. 불교 승려들의 작은 마을과 조그만 불교 공동체의 탄생은 최근 이 도시에서 만날 수 있는 색다른 종교문화이다. 독일에 불교사원의 수가 미미한 사실 때문에 프라이징은 불교사원 소재지로서 전국적인 유명세를 타고 있다.
- 프라이징 시내는 보존이 잘 된 구시가지가 특히 인상적이다. 화려한 서민주택들과 역사적인 건물들은 프라이징을 찾는 여행객들의 주목을 끌기에 충분하다. 이미 1300년이나 된 초기중세의 고도시인 때문이기도 하다. 시립박물관 관람은 특히 역사 마니아라면 필수다. 이 박물관은 옛 주교구 대학교 안에 자리잡고 있다. 이곳에서 주교구 도시의 숱한 역사가 세상에 모습

7) 빈첸시오 팔로티(1795~1850)가 1835년 로마에서 창설. 수도회가 아닌 이 회는 처음에 '가톨릭 사도회'로 불렸으나, 1854년 '포교의 거룩한 회(Pia Societas)'라는 공식 명칭을 받았다.

을 드러낸 것은 2007년에야 완벽하게 수리된 전시공간들에서이다. 특히 주목을 끄는 것은 마리엔 광장 중앙에서 주2회 열리는 시장이다. 지역 특산물, 꽃과 과일 그리고 야채 같은 상품들이 팔린다.

3.1. 뉘른베르크(Nürnberg)

- 마인 강의 지류 페그니츠 강 우안의 해발고도 300m 지점에 위치하고 있다. 바이에른 주에서는 뮌헨 다음의 규모를 자랑한다(인구 511628명, 2016년). 독일 유수의 상공업도시이기도 하다

〈뉘른베르크 올드타운의 1945년과 현재의 모습〉

- 신성로마제국의 오랜 제국도시로서 옛 형태를 잘 유지하고 있다. 환상성벽과 역사적인 첨탑, 재건된 고성이나 교회가 중세의 모습을 잘 간직하고 있다.
- 11세기 중엽 잘리어 왕가 출신 하인리히 3세(1017~1056년)가 뉘른베르크 성을 건조하면서 발전했다. 1219년 제국자유도시가 되었고, 제국의회가 열렸지만, 이후 영주에 대한 독립투쟁이 일어나서 1427년 시에 이 성을 매각하였다.
- 16세기까지 예술과 과학의 최전성기로서 화가 알브레히트 뒤러, 조각가 아담 크라프트, 바이트 슈토스, 황동 주조공 비셔, 시인 한스 작스 등이 활약하였다.
- 1525년, 종교개혁 시기에는 프로테스탄트 쪽에 섰으며, 1532년에는 '뉘른베르크의 종교회의'를 체결하는 등 지도적 역할을 하였다. 그러다가 1806년 신성로마제국이 해체되면서 바이에른 왕국에 편입되었다.

〈좌: 뉘른베르크 제국도시 전경, 우: 뉘른베르크 성〉

- 1919년, 독일제국이 무너지면서 이후 바이마르 공화국 하에서 바이에른 자유주의 일부가 되었다. 1933년 10일부터 16일까지 독일 국민 50만여 명이 참가한 뉘른베르크 나치 전당대회가 열린 장소이기도 하다. 이 때문인지 제2차 세계대전 직후인 1945년부터 1948년까지 뉘른베르크 전범 재판이 열리기도 했다.
- 근대부터는 공업의 중심지로 자리 잡았기 때문에 교외에 금속 · 전기 · 기계 · 자동차 · 광학기계 · 완구 · 문방구 등의 공장이 많다. 페그니츠 강 연안을 따라 새로운 공장지대가 형성되었다.
- 특히 완구박람회가 열리는 도시로 널리 알려졌다. 마인 강과 페그니츠 강 사이에 운하를 개통하면서 상업도 활발하다.
- 문화적으로는 옛 고도이기에 뉘른베르크 성, 장크트 제발트 성당 등의 많은 유적지가 있다. 바그너가 작곡한 희가곡 〈뉘른베르크의 마이스터징거〉로도 유명세를 탔다.
- 그 외에도 나치의 발상지이기도 해서 알베르트 슈페어가 설계한 나치 전당대회장과 전당대회장이 건축되기 이전에 전당대회가 열린 체펠린 비행장이 있다. 이 중 전당대회장은 전쟁 중에는 시공이 중단되었기에 파사드만 완성된 상태였다. 현재는 나치의 만행을 고발하는 박물관으로 활용되고 있다.

3.2. 밤베르크(Bamberg)

- 바이에른 주 북부, 프랑켄 지방의 레그니츠 강과 마인 강의 합류점에 위치한다.
- 밤베르크는 옛날에 수도사들이 금식기도를 할 때 음식대신 맥주를 마셨기 때문에 전통적으로 맥주산업이 발달했다. 특히 너도밤나무의 축축한 장작을 사용하여 훈제 향을 내게 만든 라우흐비어(Rauchbier, 훈제맥주)는 이 도시의 명물이다. 훈제맥주는 맥주를 양조할 때 보리나 밀의 맥아를 먼저 훈제한 것이기에 독특한 향과 맛을 낸 것이다. 맥주 고유의 청량한 느낌보다는 무겁고 강한 맛이 난다. 이것은 맥아를 로스트한 뒤 양조하는 구운 맥주 슈바르츠 비어(Schwarzbier)나 둥켈비어(Dunkelbier)와는 맛이 다르다. 훈제맥주의 양대 산맥은 슐렌케를라(Schlenkerla)와 슈페치알(Spezial) 양조장에서 생산되는 것이다.
- 역사적으로 밤베르크는 오래 전부터 인간의 정착촌이었지만, 역사에 처음 등장한 때는 바벤베르크의 성곽과 관련해서 언급된 902년이다.
- 신성로마제국의 하인리히 2세(973/978~1024) 시대인 1007년에 가톨릭 교구가 설정되었다. 이후 주교령이 형성되어 신성로마제국의 중심도시로 발전했다. 주요 건물들은 화재로 파괴되었는데, 13세기에 로마네스크와 고딕 양식으로 개축되었다.
- 1802년 주교령이 폐지되어 바이에른에 귀속되었다. 1817년 대교구가 설정되어 현재도 독일 가톨릭 중심지의 한 곳으로 남아 있다.
- 7개의 언덕이 있어서 '프랑켄의 로마'라고 불렸는데, 언덕 위에는 수많은 성당과 수도원이 세워졌다. 이 건물들은 거의 완벽하게 남아 있어서 오늘날 밤베르크의 랜드 마크로 자리 잡고 있다.
- 본래 체코 프라하에 있다가 이곳에서 다시 창단된 밤베르크 교향악단은 독

일 유수의 교향악단이다. 1647년에 세워진 신학교 'Academia Bambergensis'는 1972년부터 1979년 사이 종합대학의 틀을 갖췄고, 1988년 1월 1일 부터는 오토 프리드리히 대학교(Otto-Friedrich-Universität Bamberg)로 개명됐다.

- 마인-도나우 운하가 부근에서 시작되었기 때문에 수상 교통의 요지이기도 하다.
- 밤베르크는 그 역사적 가치를 인정받아서 1993년에 세계문화유산으로 지정되었다.

▶ 구 시청사(Altes Rathaus)

- 밤베르크에서 가장 매력적인 볼거리는 단연코 시청사이다. 강 중간에 위치한 이 시청사는 화려한 벽화와 낭만적인 풍경으로 여행자들의 시선을 끌어들인다. 현재의 시청사는 1461~1467년에 건립되었지만, 1744~1756년에 바로크와 로코코 양식을 가미해서 지금의 모습을 갖추게 되었다. 구 시청사는 건물 자체만으로도 빼어나지만 시청사를 더욱 돋보이게 하는 것은 외벽에 그려진 프레스코화이다.
- 전설에 따르면, 밤베르크의 대주교는 시민들에게 단 한 평의 땅도 주고 싶지 않았다고 한다. 그래서 시민들은 할 수 없이 강 위에 작은 섬을 만들고 시청사를 지은 것이라고 한다. 언덕에 위치한 성직자들의 구역과 시민과 상인들의 공간인 시내의 경계지점에 시청사를 건립한 이유 중 하나는 시민의 권리를 얻고자 노력한 것에 대한 자부심에서 나온 것이다.

〈좌: 구시청사, 우: 밤베르크 대성당〉

▸ 밤베르크 대성당(Bamberger Dom)

- 밤베르크 언덕 위에 4개의 탑을 가진, 웅장하고 중요한 건축물 중 하나.
- 1007년에 밤베르크의 주교 관구를 창립했던 하인리히 2세(973~1024, 재위 1014~1024)에 의해 설립되었으며, 사도 베드로(1년?~66)와 성 게오르기우스(?~303, 초기 기독교의 순교자이자 14성인 중 한 명)에 봉헌된 성당이다. 1081년과 1085년의 대화재로 원래의 교회는 소실되고 1237년 대규모 개조 공사를 통해 후기 로마네스크와 초기 고딕양식을 띤 현재의 모습으로 탈바꿈했다. 성당의 재건축에는 당대의 우수한 기술자와 예술가들이 함께 참가해 로마네스크양식에서 고딕 양식으로 넘어가는 과도기를 대표하는 걸작을 낳았다. 내부는 겉에서 보이는 웅장함과는 대조적으로 소박한 모습을 뛰고 있다. 밤베르크 대성당의 진정한 매력은 아름다운 조각에서 찾아볼 수 있다. 《두 예언자》《두 사도》《아담과 하와》 등의 장식 조각과 《마리아 상》《엘리자베스》 등의 조상은 밤베르크가 번영하던 시기의 수준 높은 조각술을 대변한다.
- 대성당 옆의 교구 박물관은 밤베르크 역사의 한 단면을 보여주는 유물들이 많다. 밤베르크가 주교관구로 발전했기 때문에 주로 종교와 관련된 조각과 의류, 그림 등이 전시되어 있다.
- 1002년 왕위에 오른 하인리히 2세의 최대 고민은 신성로마제국에 충성을 거부하는 모라비아와 보헤미아 같은 동쪽 국경지대의 나라들이었다. 하인리히 2세는 이런 상황에 대응하기 위해 동쪽 국경 근처에 머물기로 하고 1007년에 밤베르크 주교구를 창설했다. 자신에게 충성을 다하는 성직자들을 교회와 세속의 요직에 앉힌 하인리히 2세는 막대한 자금을 바탕으로 밤베르크의 성당들을 호화롭게 치장했다. 당시 밤베르크는 '세상에서 가장 걸출한 도시'라는 평을 받았지만, 19세기 초 주교령이 해체되면서 도시의 종교색도 퇴색됐다.

▸ 노이에 레지덴츠(Neue Residenz)

- 돔 광장에 있는 웅장하고 호화로운 4면체 건물로, 서로 다른 시기에 건립되었다.
- 후방의 두 쪽 날개는 1602년 겝자텔(Johann Philipp von Gebsattel, 1555~1609, 재위

〈좌: 노이에 레지덴츠, 우: 노이에 레지덴츠의 장미정원에서 바라본 성 미카엘 성당〉

1599~1609) 후작주교에 의해 르네상스 양식으로 세워졌고, 나머지 두 부분은 쇤보른(Lothar Franz von Schönborn, 1655~1729, 밤베르크 후작주교(1693~1729), 마인츠 선제후와 대주교(1695~1729))에 의해 설립되었다. 이곳은 1697~1703년 밤베르크 주교의 공관으로 이용되기도 했다. 현재는 밤베르크 주립 갤러리와 도서관으로 이용되고 있다. 주교가 머물던 곳의 화려한 프레스코 화가 주요 볼거리이다.

▸성 미카엘 성당(St. Michael Kirche)

- 하인리히 2세에 의해 1015년에 설립되었지만, 화재로 소실되었다가 1610년에 후기 고딕양식을 가미해서 새로 지은 것이다. 원래는 베네딕트 수도원의 부속 성당이었으나, 점차 교육의 중심지로서 중요한 역할을 담당해 왔다. 지금은 양로원으로 이용되고 있다.
- 이 성당은 바로크 예술의 극치를 보여주는 곳이다. 천정에 그려진 578송이의 꽃과 약초 그림으로 유명하다. 바로크 풍의 정면부도 볼만하다. 정원의 전망대에서는 웅장한 밤베르크의 전망이 파노라마처럼 펼쳐진다.
- 이 성당에는 1102~1139년까지 밤베르크의 주교를 지낸 오토 폰 밤베르크의 묘가 있다. 오늘날까지 '포메른의 사도'로 존경받고 있는 그의 무덤에 참배하는 사람은 병이 치유된다는 전설이 있다.

3.3. 안스바흐(Ansbach)

- 748년 굼베르트라는 이름의 남자가 베네딕트 수도회 소속의 수도원을 설립

〈좌: 마르틴루터광장과 주변 - 성 굼베르투스, 슈타트하우스, 게오르크-브루넨 변경백, 시청사, 우: 후작 레지덴츠〉

하면서 도시의 역사가 시작되었다.

- 1460년부터 1791년까지 안스바흐는 폰 브란덴부르크-안스바흐 변방 후작들의 본거지였으며, 1791년에 프로이센에 합병되었다. 그 후 1806년 바이에른에 양도되었다. 구시가지 북동쪽에는 호엔촐레른 가문의 저택이 있다.

▸ 안스바흐 로코코 축제

- 17, 18세기 궁중의 찬란함을 엿볼 수 있는 축제. 궁중 정원의 후작 오랑주리[8] 무대에서 펼쳐지는 음악과 춤이 펼쳐진다. 방문 시기가 축제가 열리는 시기가 아니더라도 1726년부터 1728년까지 프랑스 오랑주리를 본떠 만든 오랑주리는 꼭 방문해야 할 명소. 이 궁전은 당대의 영광이 살아 있는 접견실이 27개나 되는데, 바로크 시대의 찬란한 역사를 확인할 수 있다. 접견실은 2층으로 구성된 파티장과 거울의 방, 거울의 미술관, 만찬실, 알현실 등을 포함한 27개의 방들이 옛 모습을 그대로 간직하고 있다. 현재는 파이앙스(투명 유약을 바른 채색도기) 및 도자기 박물관이 있다. 이웃한 호프가르텐은 길이가 102m에 달하는 오랑주리 - 이곳에 현재 카스파 하우저 전시관이 들어섰다.

‣ 18세기 중반에 만들어진 유대교 회당: 외부에서 눈에 잘 띄지 않지만 매우 중요한 남부 독일의 바로크 유대교 회당 중 하나. 오늘날 회당에는 유대교 교구가 더 이상 없어서 기념물 전시관과 박물관으로 사용되고 있다. 도시 관광 시 방문이 가능하다.

8) orangerie = '오렌지의 온실'이란 의미로, 겨울철에 루브르 궁전의 오렌지나무를 보호하는 온실로 사용되었던 곳. 파리의 오랑주리 미술관이 유명한 것은 모네의 수련 연작이 있기 때문.

- 바로크 시대의 후작들과 건축가들은 안스바흐에 그들의 흔적을 남겼다. 근대 역사의 수수께끼 인물, 카스파 하우저(Kaspar Hauser, 1812?-1833)가 그 대표적인 사례. 카스파 하우저는 넝마를 입은 거지의 모습으로 1828년 뉘른베르크에 나타났다. 하지만 1833년 안스바흐 궁중 정원에서 칼에 찔린 채 발견되었을 당시, 그는 학구열이 대단한 교양 있고 예의바른 젊은 귀족이었다. 그의 정체는 많은 추측만 있을 뿐 아직까지도 밝혀지지 않고 있다. 예술적 기념비가 이 의문의 사나이를 기념하고 있으며, 그가 살해당한 위치에 있는 추모비와 후작 박물관에 새로 만들어진 방, 그의 무덤이 "시대의 수수께끼, 의문의 출생, 비밀스런 죽음"을 기리고 있다. 안스바흐는 1998년부터 2년마다 카스파 하우저 축제를 개최하고 있다. 도시 전체가 축제 장소이며, 일 년 내내 개방되고 온통 즐거움으로 가득하다.

▸후작 레지덴츠(Markgräfliche Residenz)

- 브란덴부르크-안스바흐 영주국의 옛 후작 레지덴츠로서 18세기에 프랑켄에서 가장 중요한 건축물 중 하나
- 원래는 해자성이었는데, 1565~1575년 변경백 프리드리히 1세(Georg Friedrich I., 1539~1601) 시기에 강력한 르네상스 궁전으로 탈바꿈했다. 현재의 모습은 1705~1738년 건축가 데 가브리엘리(Gabriel de Gabrieli, 1671~1747)와 폰 초하(Karl Friedrich von Zocha, 1683~1749)가 만든 건물이다. 이들은 이 궁전을 바로크 양식의 날개를 네 개나 가진 하나의 건물로 개축했다. 이탈리아 건축가 네오폴트 레티(Leopold Retti, 1704~1751)는 1734년부터 1745년까지 이 궁전을 화려하게 개조했다. 이 궁전의 독특한 양식 때문에 "안스바흐의 로코코"라는 별칭을 얻게 되었다. 브란덴부르크-안스바흐 영주국의 마지막 변경백 카를 알렉산더(1736~1806)는 1791년에 면직되면서 이 레지덴츠를 프로이센 왕국에 양도했다. 이 레지덴츠의 백미는 복층으로 된 대연회장, 마이센 산 도자기로 가득한 거울의 방, 그리고 옛 안스바흐 파엔차 도기공장에서 제조된 2800여 개의 타일로 장식된 방이다. 지상층에 있는 고딕양식의 홀은 안스바흐의

파엔차 도기와 도자기를 모아놓은, 가장 크고 중요한 박물관으로 사용되고 있다. 이 박물관과 27개나 되는 화려한 방들은 궁전가이드를 통해 들어갈 수 있다. 후작의 레지덴츠는 현재 중부프랑켄 군청사로 사용 중이다.

▸ 호프가르텐(궁전정원)이 있는 오랑주리(Orangerie und Hofgarten Ansbach)

- 오랑주리는 호프가르텐의 중심 건물.
- 1726년 후작부인 크리스티아네 샤를로테(1694~1729) 시기에 시작되어 그녀의 아들인 카를 프리드리히(1712~1757) 시절인 1728년에 완성되었다. 이 시설은 궁정건축가 폰 초하(1683~1749)의 모범에 따라 건축된 것이다. 건물의 북면은 루브르의 주랑, 남면과 그랜드 트리아농은 베르사유의 그랜드 트리아농을 연상시킨다. 현재는 콘서트와 학회 장소뿐 아니라 카페와 레스토랑으로도 사용 중이다. 오랑주리의 경건함에 맞춰서 호프가르텐도 프랑스 정원의 모범에 따라 새로 장식되었다. 1833년 12월 14일에 이곳에서 카스파 하우저가 미스터리하게 흉기로 피살되었다. 호프가르텐에서는 매년 7월 초에 로코코-축제가 열린다.

3.4. 로맨틱가도(Romantische Straße).

- 독일어로는 '로만티셰 슈트라세', 한국에서는 '로맨틱가도'로 통한다. 독일 바이에른 주의 중북부 뷔르츠부르크와 바이에른 슈바벤 지역의 퓌센을 연결하는 길이다. 길이는 평균 413km. 표지판은 흰색 바탕에 노랑색.
  주제: 예술, 문화, 음식, 자연, 활동
  이용: 자동차, 오토바이, 자전거길 D9, 로맨틱 가도 올레길, 유로버스
  길이: 자동차루트 385km, 자전거길 D9 440km, 올레길: 474km
  연방주: 바이에른, 바덴-뷔르템베르크
  지역: 프랑켄, 타우버탈, 슈바벤, 알고이-바이에른 슈바벤, 상부바이에른
- 고대 로마 시대에 로마인들이 군사도로를 만든 것에서 유래했기에 붙여진

명칭이다. 1950년대부터 관광 자원으로 개발되었다. 아름다운 성벽으로 둘러싸인 중세의 도시를 가득 채운 빨간색 지붕과 뾰족한 탑, 아기자기한 골목길, 동화 속 고성을 연상시키는 사연 많은 성들이 길을 따라 즐비하다. 이 길을 이용하는 중요한 교통수단은 유로버스(Europabus)이지만, 여건이 되면 렌터카를 이용하는 것이 더 좋다. 유로버스를 이용할 경우, 각각의 정차 장소에서 일정 시간 외에는 관광이 허용되지 않지만 렌터카로는 여유롭게 명소들을 훑어볼 수 있기 때문이다.

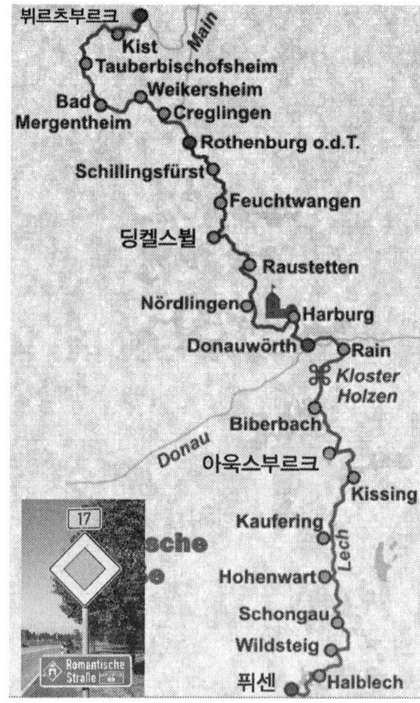

[1] 뷔르츠부르크(Würzburg)

- 독일 현대작가 헤르만 헤세(Hermann Hesse, 1877~1962)가 고향을 선택할 수 있는 기회가 주어진다면 자신의 고향으로 삼고 싶었다는 도시. 제2차 세계대전 중 폭격으로 도시의 80퍼센트가 파괴되었으나, 재건 후 현재 독일인이 가고 싶다는 10대 도시 중의 하나로 옛 명성을 되찾은 도시이다.
- 1000년이 넘는 역사를 간직한 이 도시에서 해마다 6월이 되면 '모차르트 음악제'가 열린다. 장소는 레지덴츠. 이곳은 남부 독일에서 손꼽히는 바로크 시대의 대표적인 건축물로, 내부의 호화로운 장식 때문에 유명하다. 18세기

〈뷔르츠부르크 올드 타운과 Fortress Marienberg(앞쪽은 Old Main Bridge)〉

중엽에 완성된 이 궁전은 아름다운 정원과 함께 계단, 황제 등으로 명명된 방들로 꾸며져 있다. 특히 음악제가 열리는 '황제의 방'과 '하얀 방'의 호화로움은 여행객들을 압도한다. 이 방의 샹들리에 불빛 아래서 또는 아름다운 정원의 달빛 아래서 열리는 음악제는 세계 일급 연주가들과 지휘자들의 참여로 명성이 높다.

- 프랑켄 와인은 뷔르츠부르크 라이프 스타일에 필수적이다. 오감을 자극하는 도시 분위기는 프랑켄 와인에서부터 시작한다. 성 킬리안 대성당의 우뚝 솟은 2개의 첨탑이 도시로 향하는 길을 안내한다. 브루노 주교에 의해 1040년에 지어진 이 대성당은 105m 길이로서 독일에서 네 번째로 큰 로마네스크 양식의 종교 건물이다. 유네스코 세계문화유산인 왕궁은 궁정 공원과 왕궁 광장을 갖고 있다. '마리엔베르크 요새'는 뷔르츠부르크의 상징으로 알려진 곳이다. 180m 길이의 위엄을 자랑하는 '알테 마인브뤼케('옛 마인 다리'의 뜻)'도 마찬가지로 도시의 얼굴이다.
- 이곳에서 생산되는 와인. 둥그스름하고 납작한 '복스보이텔' 와인 병은 이 지역 전체를 상징할 만큼 독특하다. 이 와인 병이 옛 휴대용 물통에서 유래한 것인지는 정확히 알 수 없지만, 데굴데굴 구르지 않는다는 큰 장점이 있다.

- 마인 강의 어느 쪽이든 언제나 아담한 음식점과 프랑켄 지역의 조리법으로 요리하는 전통 와인 선술집과 어디에 내놓아도 부끄럽지 않은 세계 수준의 레스토랑들도 있다. 식사 때 프랑켄 와인 한 병을 반주로 주문하는 것은 이곳에서 자연스럽다.
- 시내 중심부에 위치한 뷔르거슈피탈(Bürgerspital, '시민 양로원'의 뜻)은 14세기에 창설된 구호 단체. 그밖에도 자체적으로 와인을 생산하는 또 하나의 중요한 전통을 가지고 있다. 아름다운 포도원은 복스보이텔의 출생지인 셈이다. 마찬가지로 시내 중심부에 레스토랑 '뷔르거슈피탈 바인슈투베'(Weinstube, '와인 전문주점'의 뜻)가 있는데, 이곳이 세계 복스보이텔의 본부이다.
- 주목할 만한 박물관 중 하나가 마리엔부르크 요새 위의 박물관이다. 이곳은 1483년부터 주로 뷔르츠부르크에서 활약한 저명한 목공예가이자 조각가인

틸만 리멘슈나이더의 작품들을 대거 소장하고 있다. 이 위대한 예술가의 자취는 대성당 미술관에서도 볼 수 있다. 과거 천 년 세월을 간직한 약 300점의 회화와 조각상이 전시되고 있다. 에른스트 바를라흐, 요제프 보이스, 오토 딕스, 디나 드래거, 캐테 콜비츠, 볼프강 마토이어, 베르너 튀브케, 앤디 워홀과 같은 현대 예술가의 종교적 작품들이 옛 대가들(리멘슈나이더, 게오르크 안톤 우어라우프, 요한 페터 바그너, 요한 치크 등)의 작품과 나란히 전시되어 있다. 더 현대적인 작품들은 옛 항구에 있는 쿨투어슈파이혀 박물관에 있다. 3,500m² 크기의 공간에 19세기부터 현재까지의 예술품들이 전시되어 있다. 세계의 예술, 세계를 위한 예술: 쿨투어스파이혀 박물관에는 독특한 분위기의 구체 미술을 구사한 루퍼트의 컬렉션도 있다. 또한 마틴 폰 바그너 박물관의 고대 미술품들도 볼만하다. X-레이가 뷔르츠부르크에서 발명되었다는 사실이 얼핏 보기에는 이런 예술적 분위기와 잘 맞아떨어지지 않는다. 빌헬름 콘라트 뢴트겐의 발명품은 수많은 예술작품의 분석과 보존에 이바지했기 때문이다.

▸ 레지덴츠(Residenz, ‘주교관’)

- 유네스코 세계문화유산에 선정된 것은 독일의 바로크 건축과 미술의 걸작으로 인정받은 때문이다. 나폴레옹도 유럽에서 가장 아름다운 레지덴츠라고 했다. 영주 주교의 저택으로 사용되었다.
- 1719년 영주 주교였던 요한 필리프 프란츠 폰 쇤보른(Johann Philipp Franz von Schönborn, 1673~1724)의 지시로 건축을 시작하여 1744년에 완성되었다. 이후 현재의 모습은 증축과 개축을 거친 형태이다. 남부독일의 후기 바로크 시대

를 대표하는 건축가 중 한 사람인 발타자르 노이만(Balthasar Neumann, 1687~1753)의 총지휘로 유럽의 유명 건축가, 화가, 조각가들이 합심하여 완성한 대작이다. 노이만은 100여 개의 다리, 교회, 수도원, 궁전, 주택과 상가건물을 바로크와 로코코 양식으로 지은 인물이기도 하다.

- 건물은 전체적으로 'ㄷ'자 모양을 하고 있으며, '황제의 정원'을 비롯하여 여러 개의 정원이 조성되어 있다. 이들 정원은 건물이 완공된 이후 1765년부터 1780년 사이에 조성된 것이다. 바로크 양식 정원은 18세기 말(1779년)에 보헤미아 출신의 궁전조경사 요한 마이어(Johann Prokop Mayer, 1735~1804)의 작품이다.
- 중앙 주출입구에서부터 1층 정원실, 대(大)계단실을 거쳐 2층의 하얀 방, 황제의 방, 그리고 몇 개의 방들(각각 벽과 천장의 그림, 장식이 있음)로 연결되어 있다.
- 내부의 300개나 되는 방들은 각각 모습을 달리하고 있으며, 홀도 5개나 된다. 레지덴츠 내부는 로코코 양식으로 꾸며져 있다. 특히 '계단의 방'의 천장화는 이탈리아 화가 조반니 바티스타 티에폴로(Giobvanni Battista Tiepolo, 1696~1770)가 그린 프레스코 천장화는 크기가 600m^2(가로 세로 18x30미터)나 되는 세계 최대 규모이다. '예술의 비호자 영주 주교를 찬양함'이라는 제목으로 1752부터 1753년 사이에 그린 것인데, 유럽, 아메리카, 아프리카, 아시아 대륙을 상징하는 그림이다. 이외에도 티에폴로의 프레스코 천장화와 화려한 장식으로 유명한 '황제의 방', 남부독일 프레스코화가 요하네스 치크(Johannes Zick, 1702~1762)의 천장화가 그려진 '정원의 방', 로코코 양식 인테리어의 진수를 보여주는 '거울의 방' 예배당 등이 유명하다.

〈좌1: 1층 현관, 좌2: 계단실 천정 프레스코화, 우1: 하얀 방(계단실을 올라가면 만나는 방)(Antonio Bossi의 작품), 우2: 황제의 방, Giovanni Battista Tiepolo의 프레스코화〉

〈좌: 남쪽 황제의 방 중의 거울의 방, 우: 〈주교관교회 (주교관 광장으로 가는 입구)〉

[2] 로텐부르크(Rothenburg ob der Tauber)

- 중세의 분위기에 젖어보고 싶다면 타우버 강변의 로텐부르크가 제격이다.
- 바이에른 주 서부 변방에 위치한 옛 자유제국도시로서, 현재 주민은 12,000명. 타우버 강변의 60m 깊이 계곡의 가파른 절벽까지 뻗어있고, 중세 독일 도시의 전형이다. 이 도시의 장엄한 위치 때문에 '프랑켄의 예루살렘'이라 불린다. 이 도시를 가로지르는 산책은 지난 수세기를 가로지르는 역사여행에 다름아니다.

▸ 역사

- 기원전 500년 무렵에 켈트족의 장벽 - 엥겔스부르크(Engelsburg)라고 함 - 이 타우버 강변 계곡에 구축되었다.
- 1142년. 오늘날의 고성가든 자리에 신성로마제국 황제 콘라트 3세(1093-1152, 재위 1138~1152) 독일왕에 의해 제국고성(Reichsburg)이 건축되었는데, 이것이 고성도시의 토대가 되었다.
- 1274년. 합스부르크 왕가 출신 최초의 왕 루돌프 1세(Rudolf von Habsburg, 1218-1291, 재위 1278~1282)에 의해 자유 제국도시가 되었다. 근처의 귀족재산을 구입함으로써 지역이 생기면서 로텐부르크 옵 데어 타우버 시가 조성되었다.
- 당시 시장 하인리히 토플러(Heinrich Toppler, 1372~1408)가 통치하면서 최고의 전성기를 누렸다. 1400년 이 도시의 인구는 6000명에 달했다. 이 시장이 죽은 후 찬란했던 시기는 끝나고, 이 도시의 운명도 굴곡졌다. 1525년 농민전

쟁 때 시민들이 많이 죽었다.

- 30년 전쟁이 한창이던 1631년 구교도 측의 장군 '막데부르크의 도살자'로 알려진 요한 체르클라에스 폰 틸리 백작(Johann T'Serclaes von Tilly, 1559~1632)이 로텐부르크를 점령했을 때, 도시가 위험에 빠진 상황에서 한 시의원이 틸리 장군에게 3리터 보다 더 큰 컵에 와인을 따라 건넸다. 그러자 로텐부르크를 불로 태우려 했던 틸리 장군은 기분이 좋아져 이 컵의 술 와인을 단번에 마시는 사람이 있다면 도시를 불태우지 않고 보존해주겠다는 제안을 했다. 이에 전임 시장 게오르크 누시(Georg Nusch, 1588~1668)가 엄청난 양(3.25톤)의 와인 잔을 한 번에 비워냈다. 틸리는 이에 감동하여 도시를 불태우지 않았다. 이 이야기가 진짜인지는 알 수 없지만 이에 근거해서 매년 역사적 축제인 "마이스터 트룽크" 축제가 개최되고 있다.
- 1802년. 바이에른 주에 소속되었다. 불리한 교통여건 때문에 19세기의 경제 발전의 혜택을 받지 못해서 중세와 르네상스 시대에 이룩한 상태에 머물게 되었다. 이 시기에 작가와 화가들, 그 중 낭만주의자 루트비히 리히터(Adrian Ludwig Richter, 1803~1884)가 이 도시의 그림 같은 아름다움을 발견했다. 그때부터 가장 아름다운 중세도시로 간주되고 있다.
- 1945년. 부활절 토요일 동쪽 구시가지가 융단폭격을 받아 완전히 파괴되었지만 중심가는 온전하였다. 파괴된 구역은 전후 열악한 상황에서도 역사적인 유물에 충실하게 재건되었다.
- "살아있는 박물관". 매년 백만 명 이상의 여행객들이 방문한다.

▸ 마르크트 광장

- 14세기 고딕 양식과 르네상스 양식이 혼재된 건물, 60m 높이의 첨탑 꼭대기까지는 200개 좁은 계단을 올라간다. 여기서부터 마르크트 광장을 감싸고 있는 찬란한 도시귀족저택들을 구경할 수 있다. 10시부터 22시까지 매 시간마다 시청지하주점 벽에 있는 시계가 여행객들을 즐겁게 맞이한다. 여행객들은 역사적인 축제극 '마이스터 트룽크'의 마지막 장면에서 시선을 떼지 못한다. 전직 시장인 누시는 1631년 10월에 가톨릭계 황제군의 지휘관 틸리 백작이 이끄는 군대가 이 도시를 파괴하려하자 틸리가 제안한 3.25 리터나 되는 프랑켄 와인을 마시고 이 도시를 구했다는 이야기 때문이다.

〈좌: 마르크트 광장, 우: 광장의 시청사〉

- 1632년에도 마르크트 광장은 스웨덴 왕 구스타프-아돌프 2세(Gustav-Adolf, 1594~1632)가 이끄는 군대와 함께 로텐부르크에서 야영할 때 사건의 중심에 있었다. 이 왕 자신은 시청에서 잤다.
- 너무도 끔찍한 사건이 1525년 6월에 있었다. 브란덴부르크-쿨름바흐 변경백 카지미르 폰 안스바흐(1481~1527)가 농민전쟁의 17명의 주모자들을 공개적으로 마르크트 광장에서 참수케 한 것이다. 이들의 시체는 저녁때까지 방치되었는데, 이로 인해 "피가 작은 개천처럼 슈미트 소로를 흘러내렸다."고 한다.
- 이와는 달리 평화로운 일도 있었다. 1474년 축제사건이 그것이다. 신성로마제국 황제 프리드리히 3세(1415~1493, 재위 1452~1493)가 홀슈타인 지역을 덴마크 왕 크리스티안 1세(1426~1481, 재위 1448~1481)에게 봉토로 준 일이다.

▸ 시청사

- 화려한 르네상스 파사드가 있는 시청 건물이 마르크트 광장을 내려다보고 있다. 토박이 건축가 레온하르트 바이트만이 설계하였다. 1572~78년에 알프스 이북에서 가장 장엄한 당대 양식의 건축물을 지었다.
- 1250년부터 이곳에 고딕 양식의 쌍둥이 건물(Doppelbau)이 있었는데, 성 야콥 교회의 주 제단에 있는 도판 중 하나에 전해 내려오고 있다. 화가 프리드리히 헤를린(Friedrich Herlin, 1430~1500)이 그린 것이다.
- 동쪽 부분이 1501년 화재의 희생양이 되었다면, 날렵한 종탑이 있는 서쪽 부분은 오늘날까지 보존되고 있다. 뒤쪽의 고딕 양식 건물은 13/14세기의 것. 마르크트 광장 쪽의 바로크 양식으로 된 아케이드는 1681년에 건축되었다.

옛 시청의 합각머리 중앙에 55m 높이의 시청첨탑이 솟아있다. 7명의 선제후들의 문장들이 원형아치들을 장식하고 있다.

▸ 고성정원

- 이 명칭은 잘못된 것이다. 12세기의 고성은 정원이 없었기 때문이다. 정확히는 'die Gärten anstelle der Burg'(고성 대신 정원)이란 표현이 더 어울릴 것 같다. 이곳에 1142년 호엔슈타우펜 왕가가 제국고성을 건설했기 때문이다. 독일왕 콘라트 3세(1093~1152)는 이곳에서 제국을 다스리기는 하였지만, 로텐부르크 고성을 이용한 유일한 통치자였다. 그의 두 아들이 일찍 죽었기 때문에 이 고성 가치도 빠르게 퇴색되었다. 그렇지만 이 도시가 발전할 수 있는 씨앗은 잃지 않았다.
- 이 고성에서부터 취락지가 언덕에 넓게 퍼져있었다. 1400년에는 6000명 이상의 주민이 거주했는데, 신성로마제국의 10대 대도시에 들었다. 1356년 지진으로 고성의 시설물들이 파괴되었다. 그 잔해 바위들은 도시성곽 건설에 사용되었다. 블라지우스 예배당(Blasiuskapelle)만 지진 이후에 개축되었다. 그러나 이 건물은 원래는 예배당이 아니고 이른바 "Hohe Haus der Herzoge", 곧 왕이 손님들을 접대하던 영빈관이었다. 개축 후 이 건물은 예배당으로 봉헌되었고, 현재는 양차세계대전의 전몰장병 기념관으로 이용되고 있다. 특히 블라지우스 예배당에는 1298년의 소수민족학살 위령 추모비가 있는데, 추모비석의 원본은 제국박물관에 있다.

▸ 시의회 영빈관(Ratsherrentrinkstube)

- 예전에 시의원들이 왕래하던 곳에는 현재 로텐부르크 방문객들을 맞이하는 여행안내소가 있다. 이곳에서 로텐부르크에 관한 간단한 역사 지식을 얻을 수 있다. 건물 파사드에 걸린 인조시계에 1631년의 전설적인 음주대가(마이스터 트룽크) 이야기가 묘사되어 있다. 이 시계는 10~22시 사이에 매 시간마다 창문을 연다. 옛 시장인 누시가 틸리 백작의 명령에 따라 3.25 리터 술잔을 단숨에 비우고는 파괴 직전의 로텐부르크를 지켜낸 것을 기념한 내용이 담겨있다.

〈좌: 고성정원, 중: 시의회영빈관, 우: 성 야콥교회〉

- 시청 지하주점의 합각머리로 눈길을 돌리면 합각머리를 장식하고 있는 것들이 보인다. 1683년의 거대한 도시시계와 날짜표시기 옆에 1768년에 설치된 해시계, 유명한 제국도시 문장(紋章) 등이 있다.

▸성 야콥 교회(St. Jakobs-Kirche)

- 루터파 복음교회. 1270년경에 로마네스크 양식으로 건축되었다. 이후 로텐부르크 교구는 독립교구가 되었다. 1311년 동쪽 제단을 건축하기 시작하여 1322년에 완성했다. 이 동쪽 제단은 현재 로마네스크 양식의 시민교회와 순례예배당에 연결되어 있다. 건축을 중단했다가 1373년부터 1436년 사이에 본당(주랑)이 건립되었다. 성혈 예배당(Heilig-Blut-Kapelle)이 있는 서쪽 제단은 1453~1471년에 건립되었다. 교회 전체의 축성식은 1485년에 있었다. 1544년 종교개혁이 유입되었다. 2005~2011년에는 필요한 곳을 전면적으로 수리했는데, 소요비용이 약 9백만 유로에 달했다고 한다.
- 날렵한 모습의 고딕양식이 이채롭다. 남쪽 첨탑은 55,2m, 북쪽 첨탑은 57,7m로 첨탑의 높이가 다르다. 동쪽 제단의 기하학 무늬 창문들은 귀중한 그림들로 채색되어 있다. 가장 오래된 그림은 1350년의 것이고, 나머지는 1400년에 장식된 것들이다.
- 성혈제단(Heiligblutaltar). 서쪽 발코니에 뷔르츠부르크 출신 나무조각가 틸만 리멘슈나이더의 유명한 성혈 제대가 있다. 이것은 1500~1505년 사이에 성혈 성유물을 위해 조각한 것이다. 이 성유물은 성유물 십자가 수정캡슐 안에 보관되어 있다(1270년경). 성혈 성유물은 최후의 만찬 때 성배에서 흘러내

〈좌: 성혈제단, 우: 12사도 제단〉

린, 그리스도의 피로 변한 포도주 방울이다. 1499년 그 케이스는 로텐부르크 시의회가 에르하르트 하르쉬너(Erhart Harschner)에게 주문한 것이다. 틸만 리멘슈나이더와 조각품 계약을 맺은 때는 1501년 4월 15일이었다. 1502년 5월 8일 성유물 상자는 야콥교회의 서쪽 제단에 성유물 십자가와 함께 배치되었다. 피규어들은 1505년 1월까지 추가되었다. 피규어를 이루는 주제는 예루살렘 입성(문장학(紋章學)으로는 오른쪽 측면 부분), 최후의 만찬(성유물 상자), 올리브동산(문장학으로는 오른쪽 측면 부분)이다. 여기에서 혁신적인 것은 대가의 장엄한 조각 기술뿐 아니라 단색의 표현 양식과 고정 진열품으로서 뒤쪽 제단을 구성한 점이었다. 깨어진 성유물과 빈틈없는 부조 작품은 당시까지만 하더라도 미지의 혁명적인 광채작법과 연결되고 있다. 중심 피규어는 우리에게 통상적인 예수 자신이 아니라 유다이다. 유다와 예수는 더욱이 표정에서 놀라운 유사성을 보인다. 유다의 피규어를 끄집어내면 성유물의 두 부조덩이 사이의 틈새를 가릴 수 있다. 유다의 피규어를 끄집어내면 비로소 그 뒤에 놓인 사도 요한을 온전히 볼 수 있다. 이 사도 요한은 자기 팔로 머리를 괴고 잠을 자고 있다.

- 12사도 제단(Zwölf-Boten-Altar). 이 교회의 주제단은 1466년에 만들어진 12사도 제단이다. 후기고딕 양식의 이 측면 제단에는 그리스도가 십자가에 못 박힌 고행과 성인들을 조각한 것이 있는데, 교회의 동쪽 성단소(제대)에 서있다. 측면과 조각된 받침돌 옆에 있는 제단의 외면과 후면은 그림으로 장식되어 있다. 이 제단의 그림들은 프리드리히 헤를린(Friedrich Herlin, 1425/30-1500)의 것

인데, 조각가이자 화가인 한스 물처(Hans Multscher, 1400?-1467)[9]의 영향을 받은 울름 학파의 조형 미술품이다. 제단의 몸체는 헤를린과 함께 1462년 이미 뇌르틀링의 성 게오르크 교회의 주 제단을 만든 경험이 있는 한스 바이덴리히라는 가구제작자가 완성한 것이다. 측면 날개의 후면에는 로텐부르크에서 가장 오래된 이 도시 그림과 야고보의 길(산티아고 가는 길) 순례자들에 관한 진기한 그림 설명이 있다. 제단 내부의 상태가 양호한 것은 종교개혁 이후 비교적 오랜 기간 동안 폐쇄된 상태로 있었기 때문인 것으로 추측된다. 지금도 볼 수 있는 야고보에 관한 가톨릭 관련 그림은 1582년 마르틴 그로일리히라는 화가가 그리스도 수난 장면으로 덧칠하여 그린 것이다. 중간에 있는 두 그림의 두 가지 배경은 원본 그대로인데, 그 중 하나는 로텐부르크의 마르크트 광장이다. 이 그림은 1922년 원본대로 다시 복원되었다.

▸ 성문(Burgtor)

- 성문을 건축하게 된 이유는 로텐부르크에서 1356년에 있었던 지진으로 고성시설물들이 파괴된 자연재해 때문이었다. 방어능력을 갖춘 성문으로 하여금 침입자들이 이 도시를 서쪽에서부터 침입하지 못하도록 막으려는 것이었다. 이 시기에 야간에 로텐부르크를 떠나려는 사람은 심의회의 명시적인 허가가 필요했다. 이른바 'Nadelöhr'('바늘구멍'의 뜻)이 열리면 이 좁은 통로를 통하여 이 도시를 떠났다. 성문은 고성정원으로 가는 입구이기도 하다.

▸ 플뢴라인(Plönlein)과 지버스첨탑(Siebersturm)

- 작은 삼각형 모양의 광장. 독일에서 가장 아름다운 중세 도시 모습 중 하나.
- 앞쪽에 조그만 분수가 있는 한 채의 좁은 목골가옥이 코볼첼 성문과 드높은 지버스 첨탑으로 에워싸여 있다. 오른쪽과 왼쪽에는 앙증맞게 수리된 서민 주택들이 멋진 앙상블을 이루는 상징적인 장소이다.
- '플뢴라인'이란 명칭은 라틴어의 'planum'('평평한 곳'의 뜻)에서 온 것이다.
- 지버스 첨탑은 1385년 처음으로 도시가 확장되기 전의 도시성문이었다.

9) 독일 후기고딕 양식 조각가이자 화가의 대표자 중 한 사람. 울름대성당 서쪽정면 현관부의 조상 〈수난의 그리스도〉(1439)가 유명하다.

〈좌1: 성문, 좌2: 플뢴라인과 지버스첨탑, 우1: 중세범죄박물관, 우2: 프란치스코 교회〉

▸ 중세범죄박물관

- 과거 700년에 걸친 유럽의 법과 형벌의 역사를 전시하고 있다. 단두대나 목자르는 칼 등 무시무시한 것에서부터 정조대, 사기범에게 씌웠다는 징계 마스크 등 독특한 전시품이 3000점 이상 진열되어 있다.

▸ 프란체스코 교단 교회(Franziskanerkirche)

- 프란체스코 교도들의 옛 수도원이다. 옛 수도원교회는 현재 루터파 복음 교구교회로 변신했다.
- 1281년에 창건되어 성모 마리아에게 봉헌된 이 수도원은 1548년 종교개혁의 물결로 사멸되었다. 버려진 수도원의 건물들에 처음에는 라틴어학교가, 나중에는 목사의 미망인용 숙소가 들어섰다. 1805년 이후 이 건물은 특히 소금창고로 사용되었다. 시설물의 일부(안뜰을 둘러싸고 있는 회랑, 식당 등)는 철거되었고, 가구는 파괴되었거나 매각되었다(예, 나무조각가 틸만 리멘슈나이더(1460-1531)의 비블링 제단). 그렇지만 이 교회는 탁발수도회(Bettelorden) 교회의 중요한 사례로서 여전히 중요한 보물들을 간직하고 있다. 탁발수도회는 로마가톨릭교회의 수도회 중 하나로, 수도회 회칙에 따라 사유재산을 인정하지 않는 수도회이다.

[3] 딩켈스뷜(Dinkelsbühl)

- 안스바흐에서 남서쪽으로 32km 떨어진, 도나우 강의 지류인 뵈르니츠 강변에 위치한 성곽도시.
- 10세기에 주요 무역로인 동해-중부독일-이탈리아와 보름스-프라하-크라쿠프의 교차점인 관계로 요새 도시로 발전했다. 이 도시의 이름은 1188년 황제 바르바로사(프리드리히 1세)의 아들인 콘라트 폰 로텐부르크(1172~1196)의

〈좌: 성 게오르게 성당, 우: 독일 기사단 고성〉

혼인증명서에서 처음으로 'burgum tinkelspuhel [부르굼 팅켈스푸홀]'로 명명되었다. 이곳은 당시에 교통의 요지였던 까닭에 주요 상업중심지이자 슈타우펜 왕가의 근거지였다.

- 1274년 신성로마제국의 자유도시가 되었고 1351년 제국 자유령이 되었다.
- 14~15세기에 번성했다. 1488년에 결성된 슈바벤 동맹이 16세기 종교 개혁 때 해체되면서 딩켈스뷜은 슈바벤 관구의 일부로서 북동부 지역 전초기지의 역할을 하였다. 슈바벤 관구에서도 이 도시는 도시들의 은행 역할을 대표했는데, 31개 제국 도시들 중에서도 13위를 차지했다.
- 30년 전쟁(1618~1648) 때 여덟 번이나 포위 공격을 이겨냈지만 1632년에 스웨덴의 구스타브 2세에게 함락되었다. 제2차 세계대전 중에도 피해를 입지 않아서 독일의 전형적인 중세 마을의 모습을 간직하고 있다. 해자로 둘러싸여 있고, 10세기 때 건립된 성벽이 아직도 이 도시를 에워싸고 있다. 게다가 현재까지도 이곳 주민들은 주택을 천연색으로만 칠해야 하고, 간판의 글씨체도 로만고딕체만 사용하고, 창문색도 두 가지 색만 사용해야 하는 규제를 지켜왔기에 도시의 원형이 그대로 보존될 수 있었다.
- 1802년 딩켈스뷜은 제국도시의 자주독립성을 잃으면서 바이에른 선제후국의 일부가 되었다. 교역을 통해 딩켈스뷜은 1804년 프로이센 행정구역인 안

스바흐-바이로이트에 편입되었다. 이 행정구역의 2곳의 이전 지방은 프랑켄 관구에 속했었다. 안스바흐-바이로이트와 함께 이 도시는 1806년 다시 바이에른에 편입되었다. 이 바이에른은 동시에 바이에른 왕국으로 승격되었다. 바이에른이 슈바벤, 프랑켄, 바이에른 등의 행정구로 분리될 때 그 이전 제국관구와 연관되었다. 딩켈스뷜은 수백 년간 정치적으로는 슈바벤에 속하기는 했었지만 1804~1806년 안스바흐에 소속됨에 따라 최종적으로 중부프랑켄에 귀속되었다. 딩켈스뷜은 1972년 딩켈스뷜 군이 해체될 때까지 이 군의 군청소재지(Kreisstadt)였다.

▸ 성 게오르크 성당(St. Georgs Kirche)

- 마르크트 광장에 있다. 1448~1499년 니콜라우스 에젤러(Nikolaus Eseler der Ältere, 1410~1483)의 설계에 따라 건립된 후기 고딕 양식으로, 독일에서 가장 아름다운 홀 형식 가톨릭 종교 건물들 중 하나이다. 홀 형식은 지성소와 신도석이 같은 높이로 되어 있는 교회당을 말한다. 로마네스크양식의 첨탑(높이 65m)이 있다. 창문도 특이하다. 독일 전통 빵인 브레첼 무늬를 하고 있다. 성당을 건축할 때 창문유리를 기증한 제빵 장인에게 감사의 표시로 브레첼 무늬를 넣었다고 한다.

▸ 독일기사단의 고성(1761~1764년 재건)

- 도이체스 하우스(Deutsches Haus). 1440년에 한스 폰 드렉셀-도이프슈테텐(Hans von Drechsel-Deufstetten)에 의해 건립된 고딕 양식의 석조가옥이었다. 원래의 명칭은 '드렉셀 하우스'였다. 현재는 목골가옥으로 성 게오르크 성당 맞은편에 있으며, 호텔과 레스토랑으로 사용 중이다. 고원산지를 제외한 이탈리아, 스페인, 프랑스 등의 마을에서 흔한 일반주택은 전통적으로 석재를 많이 활용했는데, 알프스 인근과 이북의 독일 문화권에서는 숲이 많아 풍성했던 목재 때문에 목골가옥을 선호했다. 부잣집은 1층은 석재를 이용하여 위층을 지탱하게 짓는 경우가 많았다. 2층부터는 목재로 뼈대를 갖추고 비스듬한 뼈대로 벽체를 보강하여 짚을 섞은 흙이나 얇은 나뭇가지로 짠 틀을 덧댄 후 자갈을 흙과 함께 채워 넣는 등의 방식으로 외벽을 만든 가옥양식이다. 1593/94년 후기르네상스 양식의 파사드가 하나 추가되었다. 이 가옥은 1540

년 사망한 시참사회 의원이자 시장인 한스 드렉셀(Hans von Drechsel)의 소유였다. 시장이자 주인인 그의 아들 페터 드렉셀 1세가 1543년에 이 건물을 2층부터 알레만식 목골가옥(Alemannisches Fachwerk)으로 개축했다. 입구에는 사망일자(1591년)를 새긴 그의 묘비명이 있다. 다시 드렉셀 1세의 아들인 시장 페터 드렉셀 2세는 1593/94년 목골가옥 파사드를 사암으로 건축된 지상층 위에 설치하게 했다. 이 시기에는 집에서 꿀술이 제조되지도 판매되지도 않았다. 드렉셀 가문의 부유한 명문가는 15세기부터 딩켈스뷜 안팎에 가옥과 토지를 많이 소유하고 있었다. 2세기 동안 이 가문의 남자들은 도시의 주요 관직들을 가졌는데, 시참사회 의원과 시장에까지 올라갔다. 페터 드렉셀 1세는 'von und zu Unterdeufstetten'이라는 타이틀의 귀족 신분을 부여받았다. 그의 형제들인 멜히오르 드렉셀(귀족의 일원이 되었음) 박사는 슈파이어의 황제직속 대법원의 배석판사가 되었고, 발터 드렉셀(귀족의 일원이었음) 박사는 도나우 강변의 노이부르크 궁중백 영지의 제상이 되었다.

- 한스 드렉셀 시장은 1544년 무렵 '운터도이프슈테텐(Unterdeufstetten)'이란 귀족 작위를 받았다. 그곳에 1600년경에 건축한 사람은 파터 드렉셀 2세이다. 한스 드렉셀 시장이 도이체스 하우스를 소유하고 그의 아들들이 그곳에서 탄생하였기 때문에 이 가옥은 '폰 드렉셀 백작의 본가'인데, '폰 운트 추 운터도이프슈테텐 남작의 본가'라고 할 수 있을 것이다. 발터 드렉셀은 백작 라인의 시조였고, 페터 1세는 자작 라인의 시조였다. 이곳 문장들은 옛날의 가옥 소유주를 떠올리기에 충분하다.
- 도이체스 하우스는 독일 후기르네상스 양식 목골가옥 건축의 걸작으로 꼽힌다. 이 가옥의 유일무이한 파사드에서 드러난 목재골조와 조각장식 및 회색으로만 채색된 형태와 외양은 가지각색임에도 불구하고 완벽한 조화를 이루고 있다.
- 마녀사냥. 딩켈스뷜에서의 마녀사냥들 중에서 알려진 마녀재판만 총 12번에 이른다. 도시 아카이브에 마녀재판에 관한 기록은 없지만, 내부 회의의사록들이 번역되었다. 1611년 마술을 부리는 3명의 여인이 기소되었고, 1613년에는 2명이 사형선고를 받았고, 1645년에는 개신교도 조산원의 사형집행이 있었고, 1655년과 1656년에는 기소된 8명의 여성에 대한 연속재판이 열렸다. 오이프로지네(Euphrosine)라는 이름의 개신교도 조산원은 1645년 마녀로서 구

속되었는데, 유죄판결을 받고 동년 7월 7일 칼로 처형되어 소실되었다. 몇 년 전부터 딩켈스빌의 로텐부르크 성문첨탑(Rothenburger Torturm)에서 마녀사냥 상설전시회를 관람할 수 있다.

[4] 뇌르트링엔(Nördlingen)

- 현대 독일 전역에서 도시 성곽이 보존된 세 개의 도시들(로텐부르크 옵 데어 타우버와 딩켈스빌) 중 하나.
- 기원전 85년경. 이 도시의 남부에 로마의 성채가 들어선다. 이 성채는 259/260년 오늘날의 남부독일이 알레만 인에게 정복될 때 붕괴된다. 이 취락지가 'Septemiacum'인 듯하다. 그러나 오늘날의 뇌르트링엔이 로마인의 취락지역였는지는 확실하지 않다. 로마인의 농장(Villa rustica)이 홀하임(Holheim) 시구에서 발굴된다. 현재는 누구나 관람 가능하다.
- 6, 7세기. 알레만 인이 정주한다. 이 시대의 지정무덤 묘지 3개가 지금까지 뇌르트링엔에서 발굴된다.
- 898년. 처음으로 '노르디링가(Nordilinga)'가 문헌에서 카롤링 왕가 왕궁으로 언급된다. 레겐스부르크 주교의 본거지이던 시기에 뇌르트링엔은 상업적으로 성장한다.
- 1215년. 신성로마제국의 프리드리히 2세에 의해 제국 자유도시로 지정되어 1802년까지 유지된다. 1215년에 최초의 도시성벽이 축조되었는데, 그 수평단면은 지금까지 남아있다.
- 1219년. 뇌르트링엔 오순절 미사가 문헌에 처음 등장한다. 2개의 대규모 무역로(Frankfurt-Würzburg-Augsburg, Nürnberg-Ulm)의 교차점에 위치한 이 도시는 가장 중요한 곡물, 가축, 섬유, 모피, 금속제품의 시장으로 도약한다. 프랑크푸르트와 더불어 뇌르트링엔은 독일에서 가장 중요한 원거리무역장터 중 하나였다.

- 1238년. 화재로 도시의 대부분이 파괴되었지만 빠르게 복구된다. 90여 년이 지난 후 도시성벽 바깥에는 대규모 수공업자들, 특히 피혁업자와 직물업자들이 이주해온다. 1327년에는 도시 전체를 4개의 성벽으로 감싼 원형 외벽이 건설되었는데, 지금도 있다. 1427년 성 게오르크 교회의 건축이 시작된다.
- 1529년. 이 도시가 슈파이어의 제국의회에서 프로테스탄트교 소수자를 대변했다. 도시 주민은 프로테스탄트교를 아무런 방해 없이 전파할 수 있도록 해줄 것을 요구한다. 1555년 뇌르트링엔에서도 종교개혁이 선언된다.
- 뇌르트링엔에서도 마녀사냥이 있었다. 1589~1598년 사이에 34명의 여성과 한 명의 남성이 마술로 인해 화형장에서 처형된다. 함께 고소당한 조산원 바르바라 리어하이머(Barbara Lierheimer)는 이미 구치소 안에서 사망한다. 특히 마리아 홀과 레베카 렘프에 대한 마녀재판은 유명하다. 1589년 빌헬름 프리드리히 루츠 목사는 1590년 5월에 뇌르트링엔 의회가 최초의 마녀들을 처형하도록 허가하기 전에 뇌르트링엔 의회의 급진적인 마녀사냥에 반대하는 설교를 한다. 3명의 여성들 중 한 명이 1589년 11월에 체포되어 1590년 5월 15일 소각된 마부의 딸 우르줄라 하이더(Ursula Haider)였다.
- 30년 전쟁(1618~1648). 이때부터 몰락의 길을 걷는다. 1634년 신성로마제국의 장군 갈라스(Matthias Gallas, 1584~1647)가 지휘하는 제국 군대가 이곳 뇌르트링엔 전투에서 베른하르트 폰 작센-바이마르 공작(1604~1639)이 이끄는 군대를 격파한다. 이 때문에 이듬해에 프랑스군도 30년 전쟁에 개입한다.
- 1645년. 독일군(신성로마제국 편)이 이곳에서 루이 2세 드 콩데 친왕(Louis II, Prince of Condé, 1621~1686)이 지휘하는 프랑스군(신교의 스웨덴 편을 듬)에게 패배한다. 18세기 프랑스혁명 전쟁 때도 지금의 구시가를 에워싸고 있는 중세의 성벽 외곽에서 전투가 벌어진다.
- 1803년. 바이에른에 귀속된다.

▶ 명소들

- 14~16세기에 세워진 성벽, 14세기에 건립된 시청사, 1427~1505년 건립된 후기 고딕 양식의 성 게오르크 성당 및 1381~1422년 건립된 성 잘바토어 성당, 16~17세기에 건축된 주택들이 많이 남아 있다.
- 구시가지. 뇌르트링엔 구시가지 전체가 중세와 르네상스 시대의 화려한 가

〈좌: 슈나이트셰스 하우스, 중: 카이스하이머 하우스, 우: 하일리히-가이스트 슈피탈〉

옥들로 가득하다. 마르크트 광장에서 북서쪽으로 몇 걸음만 가면 아이젠가세(Eisengasse, '철물 골목'의 뜻)를 거쳐 탠델 광장(Tändelplatz, '고물 광장'의 뜻)과 이와 연결된 하펜 광장(Hafenmarkt, '항구 시장'의 뜻)에 이른다. 옛날에 이곳에 철물 상인들이 눌러앉았기에 붙여진 아이젠가세에는 특히 1563년에 건축된 슈나이트셰스 하우스(Schneidt'sches Haus)가 주목을 끈다. 30년 전쟁 중에 스웨덴 왕 구스타프 2세가 1632년 11월 이틀간 숙박한 곳이다.

- 하펜 광장에는 1278년부터 1802년까지 카이스하임 제국양로원의 저장창고 건물이던 카이스하이머 하우스가 있다. 1955년 5월 3일 화재가 일어날 때까지 이곳에는 1425년에 지어진 화려한 옛날식 대형 상점도 있었다.
- 탠델 광장의 북서쪽 모퉁이에는 거대한 수도원이 있다. 옛 프란체스코 수도원이다. 종교개혁 와중에 이 수도원은 점차 외톨이가 되었다. 1536년에 도시가 이 건물을 매각했고, 1584~1587년에는 곡물창고로 개조했다. 재단은 철거되었고, 지금은 거대한 박공벽으로 대체된 상태이다.
- 서쪽은 이와 연결된 게르버 지구인데, 전형적인 게르버 목골가옥들 중 몇 개는 숙박이 가능하다. 게르버 지구의 물 부족 문제는 이 지구를 관통하는 에게르 운하에 의해 해소되었다. 이 지구의 북쪽 끝에 위치한 다리 근처에는 거대한 물레방아형 수차가 있다.
- 1233년경에 건립된 하일리히-가이스트 슈피탈(Heilig-Geist-Spital)은 옛날에는 노인과 약자들을 위한 양로원으로 이용된 곳이다. 그 시대의 수많은 유사 시설물들처럼 이 양로원도 기부금으로 자금을 조달하고 확장해나갔다. 이 양로원 옆에 들어선, 13세기에 지어진 슈피탈 교회의 안쪽 벽면에는 14세기에 그려진 유명한 벽화들이 있다. 두 개의 본관 건물은 15세기와 16세기에 지어진 것인데, 현재는 시립박물관이 입주해 있다.

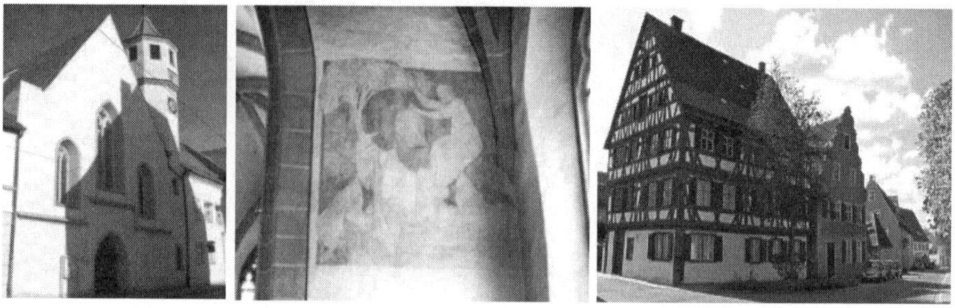

〈좌: 슈피탈 교회, 중: 슈피탈 교회 안쪽 벽면의 벽화, 우: 빈터셰스 하우스〉

- 구시가지의 남쪽 지역에는 1697년에 건축된 빈터셰스 하우스(Winter'sches Haus)가 있다. 이 거대한 대칭구조 목골가옥은 그 뒤쪽의 2층과 3층에 꽃으로 장식된 행랑을 가진 독특한 가든이 있다. 바인마르크트 광장(Weinmarkt, '와인 시장'의 뜻)에는 대표적인 서민가옥들과 1541~1543년 사이에 건축된 거대한 홀형 건물들이 줄지어 있다. 이들은 옛날에는 이 도시의 소금창고와 와인창고로 이용되었다. 바인마르크트 광장에는 옛 게스트하우스도 있는데, 이 여관의 여주인 마리아 홀은 마녀재판 때문에 유명해진 인물이다.
- 몇몇 서민가옥들이 폴리차이가세('경찰서 골목'의 뜻)에 있는데, 이 골목을 통해 바인마르크트 광장이 마르크트 광장과 연결된다. 그 아래에는 알테 포스트(Alte Post, '옛 우체국'의 뜻), 뫼첼셰스 하우스(Mötzelsches Haus)와 아인호른-약국이 있다.
- 게오르크 성당 동쪽 뤼벤 시장 광장(Rübenmarkt)에는 전사의 분수가 있다. 1902년 조각가 게오르크 브르바(Georg Wrba, 1872~1939)에 의해 독일-프랑스 전쟁(1870/71년)을 기념하기 위해 만든 유겐트슈틸 건축물이다.
- 도시성벽. 완전하게 보존된 도시성벽(1327년)은 성문첨탑이 딸린 5개의 성문, 11개의 또 다른 첨탑들 그리고 2개의 성루들로 구성되어 있다. 방어통로도 완전하게 보존되어 있어서 걸어 다닐 수 있다. 가장 규모가 큰 도시성문은 남쪽에 있는 베르거 성문이다. 시계바늘과 같은 방향으로 서쪽에 발딩어 성문, 북쪽에 뢰징어 성문이 있는데, 후자에는 도시성벽 박물관도 있다. 이어서 북동쪽에 다이닝어 성문과 동쪽에 라임링어 성문이 있다. 첨탑들은 시계바늘과 같은 방향으로 파일투름('줄 탑'의 뜻), 뢰벤투름('사자의 탑'의 뜻), 오버러 바서투름('위쪽 물탑'의 뜻), 박오펜투름('오븐 탑'의 뜻), 슈피츠투름('꼭대기 탑'의 뜻),

운터러 바서투름(아래쪽 물 탑'의 뜻), 라이스투름('할퀸 탑'의 뜻)이 줄지어 있다. 옛 성루는 완벽하게 보존되어 있지만, 새 성루는 1808~1826년 파괴되었다. 사람들이 걸어 다닐 수 있기 때문에 2.6km나 되는 성벽투어를 하면서 도시 전체를 둘러볼 수 있다.

[5] 도나우뵈르트(Donauwörth)

- 뮌헨과 뉘른베르크 사이에 위치한다. 아욱스부르크에서 북쪽으로 46km 정도 떨어져 있다.
- 립프라우엔 뮌스터(Liebfrauenmünster, 수도원 소속 성모 대성당). 3랑식 홀형 벽돌 고딕 양식 성당이다. 라이히 거리에서 가장 높은 지점에 위치한다. 1444년에서 1467년까지 건축되었다. 뮌스터의 첨탑은 1732년까지 고딕 양식 꼭대기에 투구모양의 지붕이 있었지만, 2번이나 번개를 맞아 파괴되었다. 첨탑에는 5개의 성당 종이 매달려있다. 그 중 푸메린(Pummerin)은 슈바벤에서 가장 큰 종이다. 이 성당은 몇 가지 흥미로운 예술작품들을 포함하고 있다. 그 중 정면 재단 위에는 1513년에 만든 고딕 양식 그리스도상이 있고, 오른쪽 측면 재단 위에는 1508년에 만든 피에타 상이 있다. 가장 오래된 예술작품은 제의실 입구 위에 있는 석재 마돈나 상인데, 1425년경에 만들어진 것으로 추측된다. 이 뮌스터는 제2차 세계대전 때 포격으로 심한 손상을 입었다.
- 독일기사단의 집(Deutschordenshaus). 독일 기사단의 가장 오래된 거주지 중 하나이다. 이 기사단은 1197년에 창건되었다. 프리드리히 2세(1194~1250, 재위 1220~1250)가 1214년 독일 기사단의 병원 직원들에게 옛 도나우 강 다리의 교두보 옆에 건축된 예배당을 양도했는데, 이 예배당에 빈자를 위한 구호물자

〈좌: 립프라우엔뮌스터, 중좌: 정면제단, 중상: 마리아상, 중하: 피에타, 우: 스테인드글라스〉

들이 모여들었다. 오늘날과 같은 형태의 건물은 1774년부터 1778년까지 건축된 것이다. 현재는 시립 미술관과 도나우뵈르트 경찰청이 입주해 있다.

- 시청사는 1236년부터 있었는데, 1308년 쇠퇴한 만골트슈타인 고성의 직육면체로 확장되었다.
- 이 건물은 14세기에 두 번이나 화재를 입었다. 16세기에는 4층을 증축했다. 독특한 이중물매지붕을 올린 때는 18세기 말이었다. 1853년 신고딕 양식으로 개축할 때 성첩과 작은 고딕양식 첨탑들이 설치되었다. 1973/75년과 1985/86년에 시청은 완전히 보수되었다. 1986년 '도나우뵈르트 시청 750주년' 기념일에 즈음하여 시청 건물의 서쪽 박공벽에 카리용이 설치되었다. 이 카리용은 매일 이 도시의 운명과 관련된 민속음악들을 연주하는데, 이 도시 출신의 작곡가 베르너 에크(Werner Egk, 1901~1983)의 오페라 "마법의 바이올린(Zaubergeige)"의 노래도 흘러나온다.

- 라이히 거리(Reichsstraße). 이 도시의 중심부를 이룬다. 이 거리는 신성로마제국 시기에 제국도시들인 뉘른베르크와 아욱스부르크를 잇는 도로의 일부였다. 이 거리는 현재는 로맨틱 가도의 일부인데, 이 거리를 따라 서민들의 박공지붕 가옥들이 줄지어 있다. 1945년 4월 11일과 19일에 포격으로 라이히 거리는 대부분 파괴되었다. 1946년에 원래대로 재건되었다.

〈좌: 라이히 거리: 시청방향, 우: 립프라이우엔 뮌스터 방향〉)

〈좌: 리더 토어, 중: 왹센퇴를, 우: 푸거하우스〉

- 도시성벽의 4개의 거대한 관문들 중 마지막으로 남아 있는 성문이 '리더 토어(Rieder Tor)'이다. 현재의 모습은 1811년의 것인데, 1945년에 심하게 파손되었다. 현재는 '도시역사의 집'이란 박물관이 들어섰다. 남아있는 또 다른 도시성문은 구시가지의 북동쪽에 위치한 비교적 작은 왹센퇴를(Öchsentörl, '황소의 성문'의 뜻)'이다.
- 라이히 거리의 서쪽 끝에 있는 것이 인상적인 박공벽을 가진 푸거하우스(Fuggerhaus)이다. 이 건물은 1539년 르네상스 양식으로 건축된 것이다. 현재는 도나우-리스(Donau-Ries) 군청청사가 입주해있다.

[6] 아욱스부르크(Augsburg)

- 뮌헨에서 ICE로 30여분, RE로는 50분이면 도착하는, 인구 30여만 명의 찬란했던 도시. 레히 강과 베르타흐 강이 합류하는 삼각지점에 위치한다.
- 기원전 15년, 로마 군단의 주둔지로서 도시의 역사가 시작되었다. 로마시대에는 라에티아 지방의 주도였고, 8세기에는 교구청이 있었다. 1276년에는 제국 직할도시였다. 황제에 의해 세워진 아욱스부르크는 이후 황제 직속 자유도시로서 로마에서부터 뷔르츠부르크에 이르는 로맨틱 가도('로마인의 도로'의 뜻)를 이용한 상업 중심지로서 부유한 도시로 성장하였다.
- 도시의 이름은 당시 로마 황제였던 아우구스투스(Augustus, 63BC-AD14)에서 유래한다. 도시의 중심인 시청사 앞에는 중간에 아우구스투스 동상을 가진 아우구스투스 분수가 있다. 시청 광장에서 시작하는 막시밀리안 거리는 아욱스부르크 올드타운의 중심 거리이다.
- 상업 중심지로 성장한 아욱스부르크는 종교적인 측면에서 중요한 위치를 차지한다. 이는 1530년 제국의회에서 있었던 아욱스부르크 신앙고백과 이

로 인한 구교와 신교간의 종교 갈등이 1555년에 열린 제국의회에서 아욱스부르크 화의로 봉합될 때까지 중심에 있던 도시였다.

- 아욱스부르크 화의는 한 나라의 종교는 황제가 아니라 각지의 제후가 결정한다는 내용으로, 이 화의를 통해 최초로 개신교는 정식으로 신앙의 자유를 인정받았다. 이로써 개신교회는 일단 공식적으로 인정을 받게 되었고, 개신교와 로마가톨릭교의 싸움은 끝났다. 그러나 이것은 어디까지나 지방 영주제의 승리로, 종교적 관용이 이루어진 것은 아니었다. 즉, 아욱스부르크 화의에서 공식적으로 승인받은 것은 루터파 뿐이었고, 당시 유럽에서 세력을 확장해 나가고 있던 칼뱅파는 여전히 그 존재를 인정받지 못했다는 점이다. 결국 칼뱅파에 대한 어정쩡한 처리는 30년 전쟁이라는 최초의 국제전쟁의 단초가 되었다.

▶ 아욱스부르크 대성당(Augusburger Dom)

- 아욱스부르크의 랜드 마크. 944년에 건축되었는데, 12세기에 만들어진, 독일에서 가장 오래된 스테인드글라스가 있다. 14세기에 부분적으로 고딕양식으로 개축되었다. 스테인드글라스는 당대 유럽 최고의 초상화가로 꼽히는 한스 홀바인(1497~1543)의 작품으로, 구약성서의 예언을 담았다. 화려한 스테인드글라스와 함께 한스 홀바인의 초상화도 있다. 11세기에 만들어진, 성경 내용을 부조로 만든 청동문도 빠트릴 수 없는 작품이다.
- 아욱스부르크 역을 나와서 계속 걸어가다가 첫 번째 횡단보도를 건너면 만나는 광장이 쾨니히스 플라츠(Königsplatz), 즉 '왕의 광장'이다.
- 황금의 방(Goldener Saal)이 있는 르네상스 양식 시청사. 시청사 앞에는 시청광장이 있다. 시청사는 입장료를 내고 관람할 수 있다. 입장권을 구입해서 계

〈좌: 아우크스부르크 대성당, 중: 홀바인의 스테인드글라스, 우: 황금의 방〉

단을 올라가면 황금색으로 치장된 황금의 방이 나온다. 2.6kg 정도의 금이 사용되었으니 황금의 방임에 틀림없다.

▸ 성 모리츠 교회(St. Moritzkirche)

- 성인으로 추앙받던 기사들의 수호성인 성 모리츠(Mauritius, 3세기~287)의 무덤을 위해 만든 교회. 1층에는 상업 시설이 들어선 독특한 교회 건물이다.

▸ 성 울리히와 아프라 교회(Basilika St. Ulrich und Afra)

- 이 도시의 수호성인 두 명의 이름을 따서 지은 교회. 루터파를 최초로 공인한 아욱스부르크 종교화의를 기념하여 건축된, 개신교와 로마가톨릭의 화합을 상징하는 교회. 하나의 교회 안에 2개의 예배당이 있고, 출입문도 각각 있다. 큰 탑은 구교를, 작은 탑은 신교를 뜻한다. 르네상스와 바로크 시대에 만들어진 장식이 달린 후기고딕 양식의 바실리카와 90미터에 육박하는 양파 모양의 지붕이 달린 탑이 인상적이다. 신교 교회는 2층에 있고, 예수의 일대기를 그린 스투코(stucco, 바르는 형식) 천장으로 유명하다. 정교한 창살과 수많은 예술품, 주교 아프라, 울리히, 짐페르트의 묘비가 있다.

▸ 섀츨러 궁전(Schäzlerpalais)

〈좌: 섀츨러 궁전, 우: 로코코 댄스홀〉

- 놀라운 것은 길이가 100m 이상인 이 건물이 모두 '사유지'라는 사실. 말하자면 궁전이라고는 하지만 귀족의 저택이었다. 이미 1346년에 이곳에 건물 한 채가 있었는데, 1499년 돌출창과 발코니가 있는 신축 건물로 바뀌었다. 제국의회가 필립 아들러(1461~1532)에게 주문한 것이다. 나중에 제국의 황제 막시밀리안 1세(1459~1519, 재위 1508~1519)가 여러 번 이 가옥에서 숙박했다. 아들러의 딸 안나는 프란츠 벨저와 결혼하여 둘 사이에 딸 필리페 벨저를 낳았다. 이 딸이 탄생한 가옥은 시간이 지나면서 지역 유지들(벨저, 레링엔, 줄처, 슈테텐)의 소유지가 되었다.
- 이 집은 프랑스의 마리 앙투아네트 왕비가 14세 때 신부가 되어 베르사유로 가던 중 이곳 중간 기착지에 머물면서 로코코 댄스홀에서 춤을 춘 곳이기도 하다. 이 궁전은 1765~1770년에 로코코 양식의 신축 건물로 대체되었다. 현재는 한스 홀바인을 비롯한 16~18세기 독일 회화작품을 전시하는 옛 거장 국립 갤러리(Staatsgalerie Alte Meister)로 사용 중이다. 60여 개의 방들 중에는 '축제의 방'이 가장 유명하다. 이 갤러리의 가장 좋은 위치에 독일 르네상스 시대 대표적 화가인 뒤러(Albrecht Dürer, 1471-1528)가 그린 '야콥 푸거의 초상'(1518/19)이 있다. 당시 유럽 최고의 부자가문의 수장으로 보기에는 너무나 수수한 차림새이다. 검은색 망토 위에 장신구 하나 없이 자줏빛 숄을 걸치고 있다. 이 그림이 그려진지 3년이 지나서 야콥 푸거(Jakob Fugger, 1459~1525)는 1521년 아우스부르크에 푸거라이(Fuggerei)를 건설했다. 그의 개인 재산과 기업 가치는 당시 신성로마제국의 국민소득의 10%에 달했을 정도였다고 한

〈좌: 푸거 초상화, 우: 푸거라이〉

다. 그는 초상화에서도 읽을 수 있듯이 수단과 방법을 가리지 않는 냉철한 사업가였다. 신성로마제국의 황제들에게 막대한 정치자금을 지원하며 은, 구리 등의 광산을 독점했고, 가톨릭교회 주교들의 돈을 굴려 수익을 창출해 주기도 했다. 주교들의 자금에는 면죄부 판매와 관련된 돈도 포함되어 있었다. 그래서 마르틴 루터는 야콥 푸거를 '도둑이나 강도보다 더 지독한 사람이다'고 독설을 퍼부었다. 그러나 뒤러는 '냉정하고 과묵한 사업가'로 칭송했다. 그런 그가 건설한 푸거라이는 500년 전에 이미 부의 사회 환원이자 노블레스 오블리주의 전형이라 할 수 있다. 푸거라이는 빈민 구제를 목적으로 설립했던 세계 최초의 사회 공동 주거시설이다. 일 년에 당시 화폐 단위였던 한 굴덴(Gulden, 현재의 0.88유로, 한화 약 1100원~1200원 상당)의 임대료만 내면 거주할 수 있는 공간이었다. 단돈 천 원에 해당하는 금액으로 잠잘 곳 걱정 없이 일 년간 거주할 수 있다는 사실은 500년 전인 당시로서도 굉장히 획기적인 일이었다. 오늘날까지도 그 명맥이 이어져 오고 있으니 놀라지 않을 수 없다. 푸거라이는 설립된 이래 대를 이어오며 오늘날까지 같은 방식으로 푸거 가문에서 운영 및 관리하고 있다. 푸거라이라는 이름 자체도 야콥 푸거의 성(姓)인 푸거에 독일어에서 행위나 행위가 이뤄지는 장소를 나타내는 여성명사형 접미사 -ei가 결합되어 완성된 말이다.

- 이곳에서 살았던 가장 유명한 인물로는 작곡가 볼프강 아마데우스 모차르트의 증조부인 프란츠 모차르트가 있다. 현재는 140여 개의 거주 공간에 150명 정도가 이곳에 살고 있다. 푸거라이 안에는 8개의 골목과 7개의 대문을 비롯해 교회, 정원, 분수, 레스토랑 등 없는 것 없이 필요한 모든 것이 갖춰져 있다. 도시 성벽, 성문, 돌로 된 백합 문장(紋章) 등도 있어 하나의 독립적인 도시를 방불케 한다. 뿐만 아니라 전쟁을 피했던 벙커도 존재한다. 이 벙커는 1944년 세계 2차 대전 당시 파괴됐다가 다시 복원되어 오늘날 전시실, 녹지 시설로 통하는 입구 역할을 하고 있다.
- 미텔가세(Mittelgasse, '중앙골목'의 뜻) 13, 14번지로 가면 푸거라이 박물관이 있다. 지금까지 이어져온 역사를 살펴볼 수 있고, 예전의 주거 공간을 재연해 놓아서 당시의 생활을 경험할 수 있다. 당시 사람들의 신장에 맞춰서 건물이 지어진 관계로 문과 천장 높이가 낮다. 옥센가세(Ochsengasse, '황소 골목'의 뜻) 51번지에는 오늘날에 제공되고 있는 주거 공간(60m^2 크기로 대략 17~18평 정

도)을 엿볼 수 있다.

- 난방비를 제외한 일 년 임대료가 1유로도 안 된다고 하는데, 이곳에서 거주하려면 어떤 자격을 갖춰야 할까? 아욱스부르크 시민이어야 하며, 가톨릭 신자여야 하며, (저지른 범죄 등이 없이) 평판이 좋아야 하며, 설립자 야콥 푸거를 위해 매일 기도해야 한다. 이 네 가지 조건을 충족하면 이곳에서 살 수 있다. 단시간 내에 큰 부자가 되었던 야콥 푸거는 자신의 행위로 본인이 지옥에 가게 될 것이라는 염려에서 네 번째 조건을 넣었다고 한다.
- 푸거 가문의 상업 및 금융 제국은 아드리아 해에서 북해까지, 대서양에서 동유럽까지 퍼져 있다. 야콥 푸거와 그의 형제들은 푸거라이 외에도 푸거 예배당(성 안나 성당 내 위치)을 설치하였다. 이들은 알프스 북부에서 가장 오래된 르네상스 건물이다. 야콥 푸거의 조카인 안톤 푸거는 16세기 중반에 세계에서 가장 부유한 남자로 통했는데, 아욱스부르크를 거대한 방어 시설과 성벽으로 둘러싸는 과업을 수행했다. 그 일부가 오늘날까지 남아 있다. 이 성벽 안에는 많은 금은 세공업자가 거주했다. 그들의 조합은 수백 년에 걸쳐 높은 명성을 쌓았다. 이들이 만든 세공품은 여러 박물관과 전시 장소에서 볼 수 있다. 오늘날까지도 명맥을 잇는 수많은 소규모 세공가게에서 이 세공품을 구입할 수 있다. 이 도시와 밀접한 관련이 있는 두 번째 가문이 모차르트이다. 볼프강 아마데우스 모차르트의 아버지인 레오폴트가 이곳에서 태어났다. 그래서 아욱스부르크 모차르트 페스티벌이 전통적으로 5월에 개최되는 이유이기도 하다. 레오폴트와 볼프강 아마데우스의 유명 작품만을 전면에 내세우는 것이 아니라 그의 시대, 가족, 친구, 음악적 경쟁자와 적수 등에 관한 깊이 있는 이해를 전달한다. 브레히트 페스티벌은 여러 장르를 아우르는 연례 연극제이다. 이 도시에서 태어난 브레히트(Bertolt Brecht, 1898~1956)는 처음에는 표현주의 작가로 출발하였으나 나중에는 사회주의 리얼리즘을 추구한 불세출의 극작가이다.

[7] 퓌센

- 알프스를 넘어 로마로 갈 때 만나는 독일의 마지막 도시. 가장 인기 있는 장소는 역시 노이슈반슈타인 성. 바이에른 지방의 알프스와 숲, 호수들이 만들어내는 그림 같은 풍경을 품은 이 성은 바이에른 국왕인 루트비히 2세가

17년간 막대한 비용을 들여 만들었다. 월트 디즈니가 디즈니랜드를 만들 때 모델로 해서 화제가 되기도 했다. 오페라에 매료됐던 왕 루트비히 2세는 성 곳곳에 오페라의 명장면들을 벽화로 그려 넣게 했다. 바그너의 오페라 '로엔그린'의 백조 전설 때문에 '백조의 성'이란 별명도 있다.

▶ 노이슈반슈타인 성(Schloss Neuschwanstein)

- 의미: 새로운(Neu) 백조(schwan) 석성(stein/Schloss).
- 건너편을 보면 노란색 성이 보이는데, 이 성이 호엔슈반가우 성이다. 이 성은 루트비히 2세의 아버지인 막시밀리안 2세가 사들인 것으로, 구매 당시에는 폐성이였다. 이후 이 성을 고쳐서 사용했고, 루트비히 2세는 이 성에서 자랐다. 때문에 루트비히 2세는 어렸을 적부터 건축에 대해 깊은 관심과 열정을 갖고 있었다. 또, 그는 음악가 리하르트 바그너와 함께 어린 시절을 보냈다. 바그너는 게르만 민족의 신화를 토대로 한 오페라 작품들을 썼고, 이 때문에 루트비히는 게르만 민족의 신화에도 관심을 갖게 되었다.
- 1862년 그가 18세의 나이로 왕위에 오르게 되면서 실행에 옮겨지게 되었다. 그는 노이슈반슈타인 성을 건설하기 전 뮌헨 왕궁의 통로에 바그너가 쓴 오페라 니벨룽의 반지에 등장하는 장면을 벽화로 그렸다. 그리고 자신의 궁전을 바로크 양식으로 개조하고, 치엠 호수에 베르사유 궁전을 본 딴 궁전을 짓게 하는 등 자신의 생각을 실천에 옮기기 시작했다. 이 때 그는 어린 시절을 함께 보냈던 바그너를 다시 불러 자신의 구상에 가담시켰다. 그러나 바그너로 인해 국고가 낭비되자, 국민들의 반발을 사게 되었고, 결국 루트비히

〈좌: 호엔슈반가우 성, 우: 노이슈반슈타인 성〉

2세는 바그너를 축출할 수밖에 없었다.

- 이 일로 루트비히 2세는 의욕상실에 빠졌고, 퇴위를 생각하게 되었다. 그러나 그는 새로운 구상을 떠올리면서 생기를 되찾았다. 그는 왕위에 오르기 전 바르트부르크 성을 보고 깊은 감명을 받았는데, 이와 같은 성을 호엔슈반가우 성 맞은편에 지어야겠다는 생각을 했다.
- 대포의 발명으로 성이 이미 쓸모가 없어진 시대였으므로 루트비히 2세는 순전히 취미로서 성을 지은 것이다. 이 순수한 취미 때문에 바이에른 경제는 파탄이 났다. 바이에른의 루트비히 2세는 성이 관광지 따위로 전락하는 것을 보고 싶지 않으니 자신이 죽으면 성을 부숴 버리라고 유언했다. 물론 성은 관광지로서 최고의 가치가 있었기에 부서지지 않았고, 지금도 바이에른의 훌륭한 관광 자원이 되었다. 루트비히 2세 생전에 완공이 되지 않았다. 디즈니랜드의 신데렐라성도 이 성을 본뜬 것이다.

〈가수의 홀(Sängersaal)과 왕의 홀(Thronsaal)의 앱스(다각형 평면의 내부공간)〉

〈좌: 거실, 우: 침실〉

투어 때 자유롭게 들어가지 못하고 투어 가이드를 따라 들어가야 한다. 호엔슈방가우 성도 마찬가지이다. 호엔슈방가우 마을에서 표를 끊고, 시간에 맞춰 성으로 들어가면 된다. 노이슈반슈타인 성이 고지대에 있어서 올라가기 힘드니 미리 올라가 있는 것도 괜찮다.

- 참고: 보통 숙소는 퓌센에서 잡는다. 대개는 버스를 타고 성으로 가지만, 퓌센에서 성에 이르는 구간의 경치도 볼만하니 걸어가거나 마차를 이용하는 것도 괜찮다.
- 대중문화 속의 노이슈반슈타인 성 - 디즈니랜드의 잠자는 숲 속의 미녀 성도 이것의 디자인을 따온 것이다.

참고문헌

본문에서 사용된 지도와 사진은 필자가 직접 찍은 것들이 아닌 경우는 대부분 아래의 웹사이트와 참고문헌들에서 직접 또는 간접 인용하였다. 일일이 사진이나 지도에 출처를 병기해야 옳지만, 가독성을 위해 특별한 경우를 제외하고는 웹사이트 주소와 참고문헌 소개로 대신한다. 이 자리를 빌려 관련 원저자에게 감사한다.

https://www.diercke.de/
http://www.germany.travel/kr/index.html
https://www.hessen.de/
https://namu.wiki/
https://www.wikipedia.org/
https://www.dreamstime.com/stock-vector-illustrations-clipart
http://reisende.tistory.com/
https://www.derweg.org/deutschland/geschichte/
http://www.germanwine.de/weinanbaugebiete/weinanbaugebietsaale-unstrut/
http://www.rennsteigtipp.de/
http://www.joongdo.co.kr/main/view.php?key=20180129010011877
http://germangirlinamerica.com/where-is-schleswig-holstein/
https://de.wikipedia.org/wiki/K%C3%A4se

김기홍(2015). 항공서비스경영. 도서출판 청람.
김선형(2017). 독일문화산책. 세창출판사.
김순임 외(2000). 독일문화와 사회. 도서출판 이유.
김창우(2008). 영화로 보는 독일문화, 신아사.
김홍섭(2009). "양식의 수용과 변형: 13～14세기 독일 교회건축을 중심으로". 독일언어문학 44, 143～167.
김홍섭(2012). 미술로 읽는 독일문화. 전남대출판부.
독일이야기: http://dogilstory.tistory.com/
루셔, 레나테(1998). 통일 독일의 문화와 예술. 김이섭 외 옮김. 담론사.
박민수(2011). "중세 한자도시의 건축과 예술". 독일언어문학 52, 203～228.
박혜정 외(2016). 항공경영의 이해. 백산출판사.
유상현(2016). 독일의 발견. 꿈의지도.
임석재(2011). 서양건축사. 북하우스.
임종대 외(2000). 독일이야기. 1.2. 거름.
조두환(2006). 독일 뮌스터 문학예술 산책. 서울: 자연사랑.

조수진(2011). "역사적 전환기를 바라보는 새 세대 감독들의 시선 - 오스카 뢸러의 〈갈 곳 없는 삶〉(2000), 플로리안 헹켈 폰 돈너스마르크의 〈타인의 삶〉(2006)을 중심으로". 독일어문학 55, 205~226.

Der Bleikeller am Dom zu Bremen. Deutscher Kunstverlag, München/Berlin 1987.

Eickhölter, Manfred(2016). Als sie in Lübeck ein neues Holstentor bauten, in: Lübeckische Blätter, 2. Juli 2016, S. 229-231

Faulstich, Werner(Hrsg.)(2011). Die Kultur des 20. Jahrhunderts im Überblick. Wilhelm Fink, Paderborn.

Fischer, Bernd(1989). Münster und das Münsterland. 5. Auflage. DuMont Buchverlag, Köln.

Gaile, Jochen(2009). Wir Deutschen. Neue Deutsche Geschichte im Grundriss. Franz Steiner Verlag, Stuttgart.

Graf, Margarete(2007). Schnellkurs Deutschland. DuMont, Köln.

Gutmann, Hermann(2004). Kohl- und Pinkelgeschichten und warum Männer so gern ohne ihre Frauen auf eine Kohlfahrt gehen. Edition Temmen, Bremen.

Hengi, B.I.(2011). Fluggesellschaften weltweit. Allershausen: Nara Verlag.

Hermand, Jost(2006). Deutsche Kulturgeschichte des 20. Jahrhunderts. Primus, Darmstadt.

MacGregor, Neil(2015). Deutschland. Erinnerungen einer Nation. München.

Schäfer, Hermann(2015). Deutsche Geschichte in 100 Objekten. Piper Verlag, München

Schliesky, Utz et al.(Hrsg.)(2014). Schleswig-Holstein in Europa. Gedankenskizzen zur Zukunft eines Bundeslandes. Wachholtz, Hamburg und Neumünster.

Schildt, Axel/Siegfried, Detlef(2009). Deutsche Kulturgeschichte: Die Bundesrepublik von 1945 bis zur Gegenwart. Carl Hanser, München.

Schulze, Hagen(1998). Kleine deutsche Geschichte. Beck, München.

Witt, Jann M./Vosgerau, Heiko(Hrsg.)(2002). Schleswig-Holstein von den Ursprüngen bis zur Gegenwart. Eine Landesgeschichte. Hamburg.

Zander, M./Zander, M.(2011). Magdeburg. Stadtführer, 2., aktualisierte Auflage, Mitteldeutscher-Verlag, Halle (Saale).

찾아보기

ㄱ

ㄴ

ㄷ

ㄹ

ㅁ

ㅂ

ㅅ

ㅇ

ㅎ

이성만

독일 트리어대학교 독어학 박사(Dr. Phil.)
현재 배재대학교 항공운항과 교수

텍스트언어학 분야에서 연구하여 박사 학위를 받고 귀국 후 텍스트언어학에 매진하여 100여 편의 논문과 몇 편의 저서([미디어언어의 텍스트화용론])와 역서([브링커, 텍스트언어학의 이해])를 집필하였다. 어느 날부터 텍스트언어학을 뒤로 하고 유학 중에 틈틈이 유럽의 역사와 문화를 곁눈질하여 쌓아두었던 얄팍한 지식을 밑거름 삼아 <스위스문화이야기>, <역사를 품은 발칸유럽>에 이어 <독일의 재발견>을 내놓았다. 앞으로 유럽 각국의 문화와 매너와의 관계, 텍스트언어학의 이론과 실제, 공항의 구조와 기능 등을 밝히는 글도 쓸 예정이다.

독일의 재발견

역사를 품은 독일문화산책

초판 발행 _ 2019년 2월 28일

저　　자 • 이 성 만
발 행 인 • 정 현 걸
발　　행 • 신 아 사
인　　쇄 • 대명프린팅
출판등록 • 1956년 1월 5일 (제9-52호)
주　　소 • 서울특별시 은평구 통일로 59길 4
전　　화 • 02)382-6411 · 팩스 02)382-6401
홈페이지 • www.shinasa.co.kr
E-MAIL • shinasa@daum.net

ISBN : 978-89-8396-328-4(93920)

정가 *29,000*원